FRAGMENTOS
DE UM ENSINAMENTO
DESCONHECIDO

P. D. OUSPENSKY

FRAGMENTOS DE UM ENSINAMENTO DESCONHECIDO
(EM BUSCA DO MILAGROSO)

Editora
Pensamento
SÃO PAULO

Título do original francês: *Fragments D'un Enseignement Inconnu.*

Título do original inglês: *In Search of the Miraculous – Fragments of an Unknown Teaching.*

Copyright © Tatiana Nagro.

Copyright da edição brasileira © 1982 Editora Pensamento-Cultrix Ltda.

1ª edição 1982.

17ª reimpressão 2019.

Traduzido por Eleonora Leitão de Carvalho com a colaboração de membros da Sociedade para o Estudo e Pesquisa do Homem — Instituto Gurdjieff (Caixa Postal 1571, Rio de Janeiro).

Todos os direitos reservados. Nenhuma parte deste livro pode ser reproduzida ou usada de qualquer forma ou por qualquer meio, eletrônico ou mecânico, inclusive fotocópias, gravações ou sistema de armazenamento em banco de dados, sem permissão por escrito, exceto nos casos de trechos curtos citados em resenhas críticas ou artigos de revistas.

A Editora Pensamento não se responsabiliza por eventuais mudanças ocorridas nos endereços convencionais ou eletrônicos citados neste livro.

Direitos de tradução para a língua portuguesa adquiridos com exclusividade pela
EDITORA PENSAMENTO-CULTRIX LTDA., que se reserva a
propriedade literária desta tradução.
Rua Dr. Mário Vicente, 368 – 04270-000 – São Paulo, SP
Fone: (11) 2066-9000 – Fax: (11) 2066-9008
http://www.editorapensamento.com.br
E-mail: atendimento@editorapensamento.com.br
Foi feito o depósito legal.

ÍNDICE

CAPÍTULO I   17

Retorno da Índia.
A guerra e a "busca do milagroso".
Conferências sobre a Índia em Moscou.
Encontro com G.
Uma alusão ao grupo dos "buscadores da verdade".
O balé "A Luta dos Magos" e o estudo de si.
O homem é uma máquina governada pelas influências externas.
"Psicologia" e "mecânica".
Tudo "acontece". Ninguém pode "fazer" nada.
Para fazer, é necessário ser.
A consideração, escravidão interior.

CAPÍTULO II   45

São Petersburgo em 1915.
Um grupo é o começo de tudo.
Dar-se conta de que se está na prisão.
Por que o conhecimento é mantido secreto?
A materialidade do saber.
Pode-se dizer que o homem possui a imortalidade?
Segundo os ensinamentos antigos, o homem compõe-se de quatro corpos.
Imagem da formação de um segundo corpo: a fusão dos pós.
O caminho do faquir, o caminho do monge, o caminho do iogue.
Existe outra possibilidade, a de um quarto caminho: o caminho do homem astuto.

CAPÍTULO III 71

Alguns pontos fundamentais do ensinamento de G.
A ausência de unidade no homem.
Os centros no homem: centros intelectual, emocional e motor, centro instintivo, centro sexual.
Trabalho do centro sexual com sua energia própria.
Como deve ser compreendida a evolução do homem.
A Lua alimenta-se da humanidade.
A evolução do homem é a evolução de sua consciência.
O homem não possui um "Eu" permanente e imutável.
O homem é comparado a uma casa sem amo nem mordomo.
Os faquires de Benares. O budismo do Ceilão.

CAPÍTULO IV 84

O desenvolvimento do homem opera-se em duas linhas: "saber" e "ser".
O homem moderno caracteriza-se pela ausência de unidade em si mesmo.
Seu traço principal é o sono.
O saber é uma coisa, a compreensão é outra.
A compreensão é função de três centros.
Uma nova linguagem baseada no princípio de relatividade.
O homem n? 1, o homem n? 2, o homem n? 3.
O homem n? 4 é o produto de um trabalho de escola; possui um centro de gravidade permanente.
A lei fundamental: a "Lei de Três" ou Lei das Três Forças.
A idéia da unidade das três forças no Absoluto.
A multiplicidade dos "mundos". O raio de criação.

CAPÍTULO V 103

Representação do Universo sob a forma do raio de criação.
Do Absoluto à Lua.
Energia necessária ao crescimento da Lua.
Libertação do jugo da Lua.
O homem é um "universo em miniatura".

Os quatro estados de qualquer substância: "Carbono", "Oxigênio", "Nitrogênio", "Hidrogênio".
O homem tem a possibilidade de uma existência depois da morte.
A parábola da carruagem, do cavalo, do cocheiro e do amo.
Possibilidade de uma linguagem universal.
Uma explicação da Santa Ceia.

CAPÍTULO VI 121

A meta do Ensinamento e as metas pessoais.
Destino, acidente, vontade.
Como tornar-se um Cristão?
"Conhece-te a ti mesmo".
Os métodos de observação de si.
Estudar é uma coisa, mudar é outra.
A imaginação, causa do mau trabalho dos centros.
Os "hábitos".
Combate à expressão das emoções negativas.
Relação do centro instintivo com o centro motor.

CAPÍTULO VII 140

O que é a consciência?
"Há diferentes graus, diferentes níveis de consciência".
Para conseguir observar-se realmente, é necessário em primeiro lugar "lembrar-se de si mesmo".
Tentativas de Ouspensky. "Divisão" da atenção.
"Nós não nos lembramos de nós mesmos". Possibilidade de um despertar.
Necessidade de um estudo paralelo do homem e do mundo. A unidade fundamental de tudo o que existe.
A "Lei de Sete" ou a Lei de Oitava, segunda lei fundamental.
Descontinuidade das vibrações, desvio das forças.
A idéia de oitava aplicada à música.
"Intervalos" no desenvolvimento das vibrações.
Desenvolvimento correto das oitavas.
A grande oitava cósmica: o raio de criação.
"Deus Santo, Deus Forte, Deus Imortal".
Necessidade de "choques adicionais".

Oitavas cósmicas descendentes (criadoras); oitavas ascendentes (evolutivas). Oitavas fundamentais e oitavas secundárias (ou interiores).
"A vida orgânica, órgão de percepção da Terra".
Uma oitava lateral no raio de criação. A significação da nota *ré*, alimento para a Lua.

CAPÍTULO VIII   166

Quatro estados de consciência possíveis: sono, estado de vigília, lembrança de si, consciência objetiva.
O "estado de vigília" do homem ordinário é o sono.
Sem ajuda externa um homem nunca pode se ver.
O estudo de si e a observação de si com vistas ao despertar.
Identificação, consideração interior e consideração exterior.
"A sinceridade deve ser aprendida".
Amortecedores: aparelhos destinados a amortecer as contradições internas.
O conceito de "consciência moral" nada tem em comum com o de moralidade.
Ninguém faz nada deliberadamente para servir ao mal.
Essência e personalidade, seus papéis respectivos. Intervenção da "educação".
Libertar-se de seu destino.
A questão do dinheiro.

CAPÍTULO IX   195

O "raio de criação" sob forma de três oitavas de radiações.
O lugar do homem e sua função no universo criado.
Os "intervalos" das oitavas cósmicas e os "choques" que os preenchem.
As doze tríades que formam a estrutura da matéria.
A Tabela dos Hidrogênios.
Relação entre as funções do homem e os planos do universo.
O homem possui energia suficiente para empreender o trabalho sobre si.
"Aprenda a separar o sutil do espesso".

Digestão das três espécies de alimentos — os alimentos, o ar e as impressões — a partir dos quais se constituem os "corpos superiores".
A lembrança de si, primeiro choque consciente adicional.
O segundo choque consciente é dado pelo trabalho sobre as emoções.
Os centros superiores estão plenamente desenvolvidos; mas os centros inferiores não.
Todos os processos interiores são materiais.

CAPÍTULO X   230

Por que é impossível dizer onde começa o caminho.
O centro magnético, um lugar liberado da lei do acidente.
O encontro do mestre, primeiro degrau na "escada" que conduz ao caminho.
"Macrocosmos" e "microcosmos". A doutrina integral dos sete cosmos.
A relação de um cosmos a outro é a de zero ao infinito.
O que é um milagre?
O sistema dos cosmos do ponto de vista da teoria pluridimensional de Ouspensky.
Uma observação complementar de G.: "o tempo é respiração".
O homem só tem existência dentro dos limites do sistema solar.

CAPÍTULO XI   250

"Despertar, morrer, nascer", três etapas sucessivas.
Milhares de apegos, de "eus" inúteis impedem o homem de despertar.
O que quer dizer "dar-se conta de sua própria nulidade"?
A coragem de "morrer".
Certas forças mantêm o homem sob o poder de seus sonhos.
História do mago e dos carneiros. Kundalini, poder da imaginação.
O sono do homem é hipnótico.
Necessidade de uma conjugação de esforços. Um homem só não pode fazer nada. "Para despertar um homem adormecido, é necessário um bom choque".
Condições gerais da organização dos grupos.
O mestre. A condição de obediência. O segredo.

A luta contra as mentiras em si mesmo. A luta contra os medos.
Sinceridade para consigo mesmo.
Só contam os super-esforços.
"Grande acumulador" e pequenos acumuladores da máquina humana.
Como dispor da energia necessária? Papel do centro emocional.
Papel do bocejo e do riso como descarga de energia.

CAPÍTULO XII 273

Agosto de 1916. O trabalho se intensifica.
Quais são os homens que podem estar interessados pelas idéias deste ensinamento?
"É preciso se ter decepcionado".
Uma experiência feita em comum: contar sua vida.
O que significa "ser sincero".
Uma pergunta e uma resposta a respeito do Eterno Retorno.
Outra experiência: separar a essência da personalidade.
Papel do "tipo" nas relações do homem e da mulher.
Poder do sexo. Escravidão e libertação. Formação do corpo astral.
A abstinência sexual é útil ao trabalho? O abuso do sexo.

CAPÍTULO XIII 298

Ouspensky se prepara para as experiências prometidas por G.
O "milagre" começa para um grupo restrito.
"Conversações mentais" com G. O sono cessou.
O estudo dos fenômenos superiores exige um estado emocional particular.
O traço principal desvendado.
Os que abandonam o trabalho.
O silêncio como um teste.
O sacrifício no processo de despertar. "Sacrificar seu sofrimento".
A Tabela dos Hidrogênios ampliada, "diagrama móvel".
O tempo é limitado — a astúcia é necessária.

CAPÍTULO XIV 318

Como transmitir a "verdade objetiva"?

A ciência considerada do ponto de vista da consciência.
A idéia da unidade de todas as coisas, fundamento da ciência objetiva.
Possibilidade do estudo simultâneo do homem e do mundo através dos mitos e dos símbolos.
Abordagem correta ou falsa dos símbolos, segundo o nível de compreensão.
O método simbólico nos diferentes caminhos fundamentais.
O símbolo do eneagrama. A "Lei de Sete" em sua relação com a "Lei de Três".
Fazer a experiência do eneagrama pelo movimento.
Uma linguagem universal.
Arte objetiva e arte subjetiva.
A música objetiva baseada nas oitavas interiores.
Condições necessárias para compreender a arte objetiva.

CAPÍTULO XV   341

A religião corresponde ao nível do ser.
"Aprender a orar".
A igreja cristã é uma escola, da qual não se sabe mais que é uma escola.
Significação dos ritos.
A vida orgânica sobre a Terra.
A parte da vida orgânica que evolui é a humanidade.
Todo processo de evolução começa pela formação de um núcleo consciente.
A humanidade representada por quatro círculos concêntricos.
Os caminhos do faquir, do monge e do iogue são permanentes; as escolas do quarto caminho só existem por um tempo.
"A verdade só pode chegar aos homens sob a forma de mentira".
Como reconhecer uma verdadeira escola? Iniciações.
"Cada um deve iniciar a si mesmo."

CAPÍTULO XVI   359

Os acontecimentos históricos do inverno 1916-1917.
A consciência da matéria, seus graus de inteligência.

Classificação de todas as criaturas com base em três traços cósmicos.
O "diagrama de todas as coisas vivas".
G. deixa definitivamente São Petersburgo.
G. tal como o viram seus alunos e como o descreve um jornalista.
Na ausência de G., o estudo teórico dos diagramas prossegue.
Construção de uma "tabela do tempo nos diferentes cosmos" estendendo-se às moléculas e aos elétrons.
Dimensões temporais dos diferentes cosmos.
Aplicação da fórmula de Minkovski.
Relação dos diferentes tempos com os centros. Cálculos cósmicos do tempo.
Ouspensky reencontra G. em junho de 1917 em Alexandrópolis. Relações de G. com sua família.
"Os acontecimentos não estão, de modo algum, contra nós".
Uma nova "sensação de si".
Breve permanência de Ouspensky em São Petersburgo e Moscou. Uma mensagem aos grupos.
Volta ao Cáucaso.

CAPÍTULO XVII 391

Agosto de 1917. As seis semanas de Essentuki.
Pôr em prática o trabalho sobre si. Necessidade imperiosa de uma escola. Os super-esforços.
Complexidade da máquina humana.
Desperdício de energia resultante de uma tensão muscular inútil.
O exercício de "stop".
Uma experiência de jejum, o obstáculo da tagarelice.
O que é um pecado?
Não existe caminho fora dos "caminhos"?
Os "caminhos", uma ajuda dada a cada um de acordo com o seu tipo.
Os caminhos das escolas e o caminho da vida; o *obyvatel.*
Ser sério.
O caminho árduo da escravidão e da obediência.
O que se está pronto para sacrificar? O conto armênio do lobo e dos carneiros.
Astrologia e tipos.
G. anuncia a dissolução do grupo.

CAPÍTULO XVIII

Outubro de 1917. Retorno ao Cáucaso com G.
Atitude de G. em relação a um de seus alunos.
O trabalho prossegue, mais difícil.
Ouspensky decide ir embora. Outros deixam G.
O eneagrama tal como Ouspensky o estudou.
Ouspensky, primeiro no Cáucaso, mais tarde em Constantinopla, reúne um grupo de pessoas em torno das idéias de G.
Por seu lado, G. fundou um Instituto em Tíflis e abre outro em Constantinopla. Ouspensky ajuda G., mas afasta-se novamente.
G. autoriza Ouspensky a escrever e publicar um livro sobre seu ensinamento.
1921. Londres. G. parte para a Alemanha.
1922. G. organiza seu Instituto em Fontainebleau.
Katherine Mansfield.
Diferentes espécies de respiração. A "respiração pelos movimentos".
1923: Demonstrações de movimentos no Théatre des Champs-Elysées.
Partida de G. para a América.
Ouspensky decide prosseguir seu trabalho em Londres, independentemente.

O *Autor*

Piotr Demianovich Ouspensky nasceu em Moscou em 1878 e morreu na Inglaterra em 1947. Seu primeiro livro, *Strange Life of Ivan Osokin*, escrito em 1905, era uma história baseada na idéia do eterno retorno. "... só quando nos damos conta de que a vida não nos está levando a parte alguma é que ela começa a ter sentido". As etapas da busca de Ouspensky por um sentido para a vida estão registradas em *Tertium Organum: A Key to the Enigmas of the World* (1912),[1] *A New Model of the Universe: Principles of the Psychological Method in its Application to Problems of Science, Religion and Art* (1913-1929),[2] *The Psychology of Man's Possible Evolution* (1934-1950)[3] e *In Search of the Miraculous: Fragments of an Unknown Teaching* (1949).[4] "Fragments", talvez sua obra mais conhecida, era lida em voz alta especialmente nos grupos londrinos de Ouspensky de 1926 em diante; trata-se de uma exposição vívida do seu trabalho com Gurdjieff (Georges Ivanovitch Gurdjieff, a quem se refere nesta obra pela inicial "G"). Esse trabalho desenvolveu-se, basicamente, durante três anos, de 1915 a 1918, sob as difíceis condições da guerra e da revolução.

---

(1) *Tertium Organum: chave para os enigmas do Universo.*

(2) *Um Novo Modelo do Universo: Princípios do método psicológico em sua aplicação aos problemas da ciência, religião e arte.*

(3) Editado, no Brasil, pela Editora PENSAMENTO, com o título *Psicologia da Evolução Possível ao Homem*, 1981.

(4) *Em Busca do Milagroso ou Fragmentos de Um Ensinamento Desconhecido.*

Capítulo Um

Voltei à Rússia no começo da primeira guerra mundial, em novembro de 1914, após uma viagem relativamente longa pelo Egito, Ceilão e Índia. A guerra me surpreendera em Colombo, de onde embarquei para retornar pela Inglaterra.

Ao partir de São Petersburgo, tinha declarado que ia em busca do milagroso. É muito difícil definir o "milagroso". Mas, para mim, esta palavra tinha sentido bem definido. Há muito já chegara à conclusão de que, para escapar do labirinto de contradições em que vivemos, era necessário encontrar um caminho inteiramente novo, diferente de tudo o que havíamos conhecido ou seguido até então. Mas, onde começava esse caminho novo ou perdido eu era incapaz de dizer. Já reconhecera então, como fato inegável, que, para além da fina película de falsa realidade, existia outra realidade de que, por alguma razão, algo nos separava. O "milagroso" era a penetração nessa realidade desconhecida. E parecia-me que o caminho para esse desconhecido podia ser encontrado no Oriente. Por que no Oriente? Era difícil dizer. Talvez houvesse nesta idéia uma dose de romantismo. Em todo caso, havia também a convicção de que nada poderia ser encontrado aqui na Europa.

Durante a viagem de regresso e as poucas semanas que passei em Londres, todas as conclusões que tirara de minha busca foram transtornadas pelo absurdo selvagem da guerra e por todas as emoções que pairavam no ar, invadiam as conversas, os jornais e, freqüentemente, me afetaram contra minha vontade.

Mas quando, de regresso à Rússia, reencontrei os pensamentos com que partira, senti que minha busca e as mínimas coisas relacionadas com ela, eram mais importantes que tudo que acontecia ou poderia acontecer num mundo de "absurdos evidentes".[1] Disse-me, então, que a guerra devia ser

---

(1) Isto se refere a um livrinho que possuía na infância. Chamava-se "Absurdos Evidentes" e pertencia à "Pequena Coleção Stupin". Era um livro de imagens deste tipo: um homem carregando uma casa nas costas, um carro de rodas quadradas, etc. Este livro me impressionara muito na época, porque continha numerosas figuras nas quais não podia descobrir o caráter absurdo. Elas pareciam exatamente com as coisas comuns da vida. E, depois, cheguei a pensar que este livro dava efetivamente imagens da vida real, tendo-me convencido, cada vez mais, ao crescer, que a vida inteira é feita só de "absurdos evidentes". Minhas experiências ulteriores só me confirmaram essa convicção.

considerada uma dessas condições de existência, geralmente catastróficas, no meio das quais devemos viver, trabalhar e buscar respostas às nossas perguntas e às nossas dúvidas. *A guerra*, a grande guerra européia, em cuja possibilidade não sentia necessidade de crer e cuja realidade por muito tempo não quisera reconhecer, tornara-se um fato.

Estávamos nela e vi que devia ser considerada um grande "memento mori", mostrando ser urgente apressar-se e ser impossível crer numa "vida" que não levava a parte alguma.

A guerra não me podia tocar pessoalmente, pelo menos não antes da catástrofe final que me parecia, além do mais, inevitável para a Rússia e talvez para toda a Europa, porém não ainda iminente. Apesar de que, nessa época, a catástrofe em marcha parecesse apenas temporária e ninguém tivesse podido ainda imaginar toda a amplitude da ruína, da desintegração e da destruição, tanto interior quanto exterior, em que teríamos que viver no futuro.

Resumindo o conjunto de minhas impressões do Oriente e particularmente as da Índia, devia admitir que, na volta, meu problema parecia ainda mais difícil e mais complicado que na partida. Não só a Índia e o Oriente nada haviam perdido de seu miraculoso atrativo mas, ao contrário, este encanto tinha-se enriquecido de novos matizes de que não podia suspeitar antes. Tinha visto claramente que se podia encontrar no Oriente algo que há muito deixara de existir na Europa e considerava que a direção tomada por mim era boa. Mas, ao mesmo tempo, convenci-me de que o segredo estava escondido bem mais profundamente e bem melhor do que eu poderia prever.

Quando de minha partida, já sabia que ia em busca de uma ou várias *escolas*. Chegara a esse resultado há muito tempo, ao dar-me conta de que esforços pessoais independentes não podiam bastar e de que era indispensável entrar em contacto com o pensamento real e vivo que seguramente existe em alguma parte, mas com o qual perdemos toda ligação.

Isso eu compreendia, mas até a idéia que fazia das escolas deveria modificar-se muito durante minhas viagens; num sentido, tornou-se mais simples e mais concreta; noutro, mais fria e mais distante. Quero dizer que as escolas perderam o seu caráter de contos de fada.

No momento de minha partida, admitia ainda muitas coisas fantásticas a respeito das escolas. Admitir talvez seja palavra forte demais. Melhor dizendo, sonhava com a possibilidade de um contacto não físico com as escolas, um contacto, de algum modo, "noutro plano". Não podia explicá-lo claramente, mas parecia-me que o primeiro contacto com uma escola já devia ter *caráter milagroso*. Imaginava, por exemplo, a possibilidade de entrar em contacto com escolas que existiram num passado remoto, como a escola de Pitágoras, as escolas do Egito ou a escola dos monges que construíram a Catedral de Nôtre Dame e assim por diante. Parecia-me que as barreiras do espaço e do tempo desapareceriam por ocasião de um tal contacto. A idéia das escolas era, por si só, fantástica e nada do que lhes dizia respeito me parecia demasiado fantástico. Assim, não via contradição alguma entre minhas idéias e meus esforços para encontrar escolas reais na Índia. Pois me parecia ser possível, precisamente na Índia, estabelecer uma espécie de contacto que poderia vir depois a tornar-se permanente e independente de todas as interferências exteriores.

Durante minha viagem de regresso, repleta de encontros e impressões de todo tipo, a idéia das escolas tornou-se muito mais real e quase tangível para mim; perdeu o caráter fantástico. E isto, sem dúvida, porque, como então me dei conta, "uma escola" não exige somente uma busca, mas uma "seleção" ou uma escolha — quero dizer: de nossa parte.

De que houvessem escolas, não podia duvidar. Mas acabaria por me convencer de que as escolas de que ouvira falar e com as quais teria podido entrar em contacto não eram para mim. Eram de natureza francamente religiosa ou semi-religiosa e de tom nitidamente devocional. Não me atraíam principalmente porque, se tivesse buscado um caminho religioso, teria podido encontrá-lo na Rússia. Outras escolas, mais moralizantes, eram de tipo filosófico ligeiramente sentimental com um matiz de ascetismo, como as escolas dos discípulos ou fiéis de Ramakrishna; entre estes últimos, havia pessoas agradáveis, mas tive a impressão de que lhes faltava um conhecimento real. Outras escolas, comumente descritas como "escolas de ioga" e que se baseiam na criação de estados de transe, participavam um pouco demais, a meus olhos, do gênero espírita. Não podia confiar nelas; levavam inevitavelmente a mentir-se a si mesmo ou, então, àquilo que os místicos ortodoxos da literatura monástica russa chamam "sedução".

Havia outros tipos de escolas, com as quais não pude entrar em contacto e de que somente ouvi falar. Essas escolas prometiam muito, mas pediam igualmente muito. *Exigiam tudo de uma vez*. Teria sido, pois, necessário ficar na Índia e abandonar para sempre qualquer pensamento de voltar à Europa; teria que renunciar a todas as minhas idéias, a todos os meus projetos, a todos os meus planos e entrar num caminho de que nada poderia saber de antemão.

Essas escolas interessavam-me muito e as pessoas que tinham estado em relação com elas e que me haviam falado delas, destacavam-se claramente da média. Parecia-me, entretanto, que devia existir um tipo mais racional dessas escolas e que um homem tinha o direito, até certo ponto, de saber para onde ia.

Paralelamente, chegava à conclusão de que uma escola — pouco importa o nome: escola de ocultismo, de esoterismo ou de ioga — deve existir no plano terrestre comum como qualquer outra espécie de escola: escola de pintura, de dança ou de medicina. Dava-me conta de que a idéia de escolas "noutro plano" era simplesmente sinal de fraqueza; significava que os sonhos haviam tomado o lugar da busca real. Assim, compreendia que os sonhos são um dos maiores obstáculos em nosso caminho eventual para o milagroso.

A caminho da Índia, fazia planos para futuras viagens. Dessa vez desejava começar pelo Oriente muçulmano. Estava atraído sobretudo pela Ásia Central russa e a Pérsia. Mas nada disso estava destinado a se realizar.

De Londres, pela Noruega, Suécia e Finlândia, cheguei a São Petersburgo, já rebatizada "Petrogrado", e onde o patriotismo e a especulação estavam no auge. Pouco depois, parti para Moscou a fim de reassumir o trabalho no jornal de que fora correspondente na Índia. Estava ali há umas seis semanas, quando ocorreu um pequeno fato que devia ser o ponto de partida de numerosos acontecimentos.

Certo dia que me encontrava na redação do jornal, preparando o número seguinte, descobri, creio que no *A Voz de Moscou*, uma nota relativa à encenação de um balé intitulado "A Luta dos Magos", que diziam ser obra de um "hindu". A ação do balé devia situar-se na Índia e dar um quadro completo da magia do Oriente, com milagres de faquires, danças sagradas, etc. Não gostei do tom fanfarrão dessa nota, mas como os autores de balés hindus eram bastante raros em Moscou, recortei-a e inseri-a em meu artigo, juntando-lhe a pequena restrição de que, nesse balé, encontrar-se-ia com certeza tudo o que não podemos encontrar na verdadeira Índia, mas que os turistas vão procurar lá.

Pouco depois, por diversas razões, deixei o jornal e fui para São Petersburgo.

Em fevereiro e março de 1915, fiz ali conferências públicas sobre minhas viagens à Índia. Os títulos eram "Em Busca do Milagroso" e o "Problema da Morte". Nessas conferências, que deviam servir de introdução a um livro que projetava escrever sobre minhas viagens, dizia que, na Índia, o "milagroso" não era buscado onde devia ser; que todos os caminhos habituais eram vãos e a Índia guardava seus segredos muito melhor do que se supunha; mas que o "milagroso" ali existia de fato e era assinalado por muitas coisas ao lado das quais se passava, sem se apreender o seu verdadeiro alcance e significado oculto ou sem saber como delas se aproximar. Era ainda nas "escolas" que pensava.

Apesar da guerra, minhas conferências despertaram considerável interesse. Cada uma delas atraiu mais de mil pessoas ao Hall Alexandrowski da Duma Municipal de São Petersburgo. Recebi numerosas cartas, pessoas vieram visitar-me e senti que, com base numa "busca do milagroso", seria possível reunir um número muito grande de pessoas que não podiam mais suportar as formas habituais da mentira e da vida na mentira.

Depois da Páscoa, parti novamente para fazer as mesmas conferências em Moscou. Entre as pessoas encontradas por ocasião dessas conferências, houve duas, um músico e um escultor, que logo se puseram a falar-me de um grupo de Moscou empenhado em diversas pesquisas e experiências "ocultas" sob a direção de certo G., um grego do Cáucaso. Compreendi que se tratava justamente do "hindu", autor do libreto do balé mencionado no jornal que caíra em minhas mãos três ou quatro meses antes. Devo confessar que interessou-me muito pouco tudo o que esses dois homens me disseram desse grupo e do que ali se passava — prodígios de auto-sugestão de todo o tipo. Já ouvira muitas vezes histórias desse gênero e formara opinião bem clara a seu respeito.

. . . Senhoras que vêem, de súbito, flutuarem em seus quartos olhos que as fascinam e que elas seguem de rua em rua até à casa de certo oriental, ao qual esses olhos pertencem. Ou então, pessoas que, diante desse mesmo oriental, têm bruscamente a impressão de que ele as está atravessando com o olhar, vê todos os seus sentimentos, pensamentos e desejos; e têm uma estranha sensação nas pernas, não podem mais se mover e caem em seu poder, a ponto de ele poder fazer delas tudo o que desejar, mesmo à distância . . .

Tais histórias sempre me pareceram ficção de má qualidade. As pessoas inventam milagres para si mesmas e inventam exatamente o que se espera delas. Trata-se de uma mistura de superstição, auto-sugestão e debilidade intelectual; mas tais histórias, segundo o que pude observar, nunca surgem sem certa colaboração dos homens a que se referem.

Prevenido assim por minhas experiências anteriores, só diante dos persistentes esforços de um dos meus novos conhecidos, M., é que aceitei encontrar-me com G. e ter uma conversa com ele.

Minha primeira entrevista modificou totalmente a idéia que tinha dele e do que podia dar-me.

Lembro-me muito bem dela. Tínhamos chegado a um pequeno bar situado fora do centro, numa rua barulhenta. Vi um homem que não era mais jovem, de tipo oriental, com bigode negro e olhos penetrantes. Inicialmente, causou-me espanto, porque parecia estar completamente deslocado nesse lugar e nessa atmosfera. Estava ainda repleto de minhas impressões do Oriente e esse homem com rosto de rajá hindu ou de xeque árabe que imaginaria sob um albornoz branco ou um turbante dourado, produzia, nesse pequeno café de lojistas e vendedores, com seu capote negro de gola de veludo e chapéu-coco negro, a impressão inesperada, estranha e quase alarmante, de um homem mal disfarçado.

Era um espetáculo constrangedor, como quando a gente se encontra diante de um homem que não é o que pretende ser e com o qual, entretanto, deve-se falar e portar-se como se nada se percebesse. G. falava um russo incorreto, com forte sotaque caucasiano, e esse sotaque, ao qual costumamos associar não importa o que, menos idéias filosóficas, reforçava mais a estranheza e o caráter surpreendente dessa impressão.

Não me lembro do início de nossa conversa, creio que falamos da Índia, do esoterismo e das escolas de ioga. Guardei a impressão de que G. viajara muito, fora a certos lugares de que eu apenas ouvira falar e tinha desejado vivamente visitar. Não só minhas perguntas não o embaraçavam, mas me pareceu que punha, em cada resposta, bem mais do que eu tinha pedido. Agradava-me seu modo de falar, ao mesmo tempo prudente e preciso. M. deixou-nos. G. falou-me do que fazia em Moscou. Não o compreendia bem. Ressaltava do que dizia que, em seu trabalho, de caráter sobretudo psicológico, a *química* desempenhava importante papel. Como o escutava pela primeira vez, tomei naturalmente suas palavras ao pé da letra.

— O que o Sr. diz faz-me lembrar um fato que me foi relatado sobre uma escola do sul da Índia. Ocorreu em Travancore. Um brâmane, homem excepcional sob vários aspectos, falava a um jovem inglês de uma escola que estudava a química do corpo humano e provara, dizia, que, introduzindo ou eliminando diversas substâncias, podia-se modificar a natureza moral e psicológica do homem. Isto parece muito com aquilo de que o Sr. me fala.

— Sim, disse G., é possível, mas talvez não seja absolutamente a mesma coisa. Algumas escolas empregam aparentemente os mesmos métodos, mas os compreendem de modo completamente diferente. Uma semelhança de métodos ou mesmo de idéias nada prova.

— Há outra questão que me interessa muito. Os iogues servem-se de diversas substâncias para provocar determinados estados. Não se trataria, às vezes, de narcóticos? Eu mesmo fiz numerosas experiências desse gênero e tudo que li sobre magia me prova claramente que as escolas de todos os tempos e de todos os países fizeram amplo uso dos narcóticos para a criação desses estados que tornam a "magia" possível.

— Sim, respondeu G., em muitos casos essas substâncias são o que você chama "narcóticos". Mas podem ser empregadas, repito, para fins diferentes. Algumas escolas servem-se dos narcóticos da forma correta. Seus alunos os tomam então para estudar-se a si mesmos, para melhor se conhecerem, para explorar suas possibilidades e discernir, de antemão, o que poderão atingir efetivamente ao final de um trabalho prolongado. Quando um homem pôde assim tocar a realidade do que aprendeu teoricamente, trabalha a partir de então conscientemente, sabe para onde vai. É, às vezes, o caminho mais fácil para se persuadir da existência real das possibilidades que o homem freqüentemente suspeita em si mesmo. Existe uma química especial para esse fim. Há substâncias particulares para cada função. Cada função pode ser reforçada ou debilitada, despertada ou adormecida. Mas é indispensável profundo conhecimento da máquina humana e dessa química especial. Em todas as escolas que seguem esse método, as experiências são efetuadas só quando realmente necessárias e somente sob o controle experimentado e competente de homens que podem prever todos os resultados e tomar todas as medidas necessárias contra os riscos de conseqüências indesejáveis. As substâncias empregadas nessas escolas não são, portanto, apenas "narcóticos", como você as chama, embora grande número delas seja preparado a partir de drogas como o ópio, o haxixe, etc.

"Outras escolas empregam substâncias idênticas ou análogas, não para fins de experiência ou estudo, mas para alcançar, mesmo que por pouco tempo, os resultados desejados. O uso adequado de tais drogas pode tornar um homem momentaneamente muito inteligente ou muito forte. É claro que, depois disso, ele morre ou fica louco, mas isso não é levado em consideração. Tais escolas existem. Você vê, pois, que devemos falar das escolas com prudência. Podem fazer praticamente as mesmas coisas, mas os resultados serão totalmente diferentes."

Tudo o que G. acabava de dizer interessara-me profundamente. Senti que ali havia pontos de vista novos, que não se pareciam com coisa alguma do que encontrara até então.

Convidou-me a acompanhá-lo até uma casa onde alguns de seus alunos deviam reunir-se.

Tomamos uma carruagem para ir a Sokolniki. No caminho, G. disse-me o quanto a guerra viera interferir em seus planos: grande número de seus alunos tinha partido desde a primeira mobilização, aparelhos e instrumentos muito caros, encomendados no estrangeiro, se tinham perdido. Depois, falou-me das pesadas despesas que sua obra exigia, dos apartamentos muito caros que alugara e para os quais me pareceu que iríamos.

A seguir, informou-me que sua obra interessava a numerosas personalidades de Moscou, "professores" e "artistas" disse-me. Mas, quando lhe perguntei de *quem* se tratava precisamente, não me deu nenhum nome.

— Faço-lhe esta pergunta porque nasci em Moscou. Por outro lado, trabalhei aqui como jornalista durante dez anos, de modo que conheço mais ou menos todo mundo.

G. nada respondeu.

Chegamos a um grande apartamento vazio em cima de uma escola municipal; evidentemente, pertencia aos professores dessa escola. Penso que ficava na praça da antiga Lagoa Vermelha.

Vários alunos de G. estavam reunidos; três ou quatro rapazes e duas senhoras que pareciam ser professoras. Já estivera em locais como este. Até a falta de mobiliário confirmava minha idéia, porque não se dá mobiliário às professoras das escolas municipais. Ao pensar nisso, experimentei estranho sentimento em relação a G.. Por que me contara essa história de apartamentos muito caros? Primeiro, este não era o seu; depois, era isento de aluguel, e, finalmente, seu aluguel não poderia custar mais de 10 rublos por mês. Havia nisso um "bluff" evidente demais. Disse a mim mesmo que isso devia significar alguma coisa.

É difícil para mim reconstituir o início da conversa com os alunos de G.. Ouvi várias palavras que me surpreenderam; esforcei-me por descobrir em que consistia o trabalho deles, mas não me deram resposta direta, empregando com insistência, em certos casos, terminologia fora do comum e ininteligível para mim.

Sugeriram ler o início de um relato que, segundo eles, fora escrito por um dos alunos de G., ausente de Moscou, naquele momento.

Naturalmente aceitei e um deles começou em voz alta a leitura de um manuscrito. O autor contava como travara conhecimento com G.. Chamou-me a atenção o fato de que, no início da história, o autor lia a mesma nota que eu lera, no inverno anterior, no *A Voz de Moscou*, sobre o balé "A Luta dos Magos". A seguir — e isso me agradou extremamente porque o esperava — o autor contava como, em seu primeiro encontro, sentira que, de certo modo, G. punha-o na palma da mão, sopesava-o e o deixava cair novamente. A história intitulava-se "Vislumbres da Verdade" e fora escrita por um homem evidentemente desprovido de qualquer experiência literária. Mas, apesar de tudo, impressionava, porque deixava entrever um sistema do mundo onde eu sentia algo muito interessante que teria sido, aliás, inteiramente incapaz de formular para mim mesmo. Certas idéias estranhas e de todo inesperadas sobre a arte encontraram também em mim ressonância muito forte.

Soube mais tarde que o autor era uma pessoa imaginária e que o relato fora escrito por dois dos alunos de G., presentes à leitura, com a intenção de expor suas idéias sob a forma literária. Mais tarde ainda, soube que a própria idéia desse relato provinha de G..

A leitura deteve-se no fim do primeiro capítulo. G. escutara o tempo todo com atenção. Estava sentado num sofá, sobre uma perna dobrada. Bebia café preto num grande copo, fumava e, por vezes, lançava-me um olhar. Gostava de seus movimentos assinalados por uma espécie de segurança e de graça felina; até o seu silêncio tinha algo que o distinguia dos outros. Senti que teria preferido encontrá-lo, não em Moscou, não nesse apartamento, mas num desses lugares que acabava de deixar, no adro de uma das mesquitas do Cairo, entre as ruínas de uma cidade de Ceilão, ou num dos templos do sul da Índia — Tanjore, Trichinopolis ou Madura.

— Bem, que tal acha esta história? perguntou G., após breve silêncio, quando a leitura terminou.

Disse-lhe que a escutara com interesse, mas que a meu ver tinha o defeito de não ser clara. Não se compreendia exatamente do que se tratava. O autor falava da impressão muito forte produzida nele por um ensinamento novo, mas não dava nenhuma idéia satisfatória desse mesmo ensinamento. Os alunos de G. me objetaram que eu não compreendera a parte mais importante do relato. G. mesmo não disse uma palavra.

Quando lhes perguntei o que era o sistema que estudavam e seus traços distintivos, a resposta deles foi das mais vagas. Depois falaram do "trabalho sobre si", mas foram incapazes de explicar-me em que consistia esse trabalho. De modo geral, minha conversa com os alunos de G. foi bem mais difícil e senti neles algo calculado e artificial, como se representassem um papel previamente aprendido. Além disso, os alunos não estavam à altura do mestre. Todos eles pertenciam a essa camada particular da "intelligentsia" mais pobre de Moscou, que eu conhecia muito bem e da qual nada podia esperar de interessante. Pensei até que era estranho, na verdade, encontrá-los nos caminhos do milagroso. Ao mesmo tempo, achava-os todos gentis e de boas maneiras. As histórias que M. me contara não vinham evidentemente dessa fonte e nada tinham a ver com eles.

— Queria perguntar uma coisa, disse G., depois de um silêncio. Este artigo pode ser publicado por um jornal? Pensávamos interessar deste modo o público pelas nossas idéias.

— É totalmente impossível, respondi. Em primeiro lugar, não se trata de artigo, quero dizer: não é algo com princípio e fim; é apenas o começo de uma história e é longa demais para um diário. Veja bem, contamos por linhas. A leitura leva mais ou menos duas horas, o que dá cerca de três mil linhas. O senhor sabe o que chamamos de folhetim, num jornal; um folhetim comum consta de cerca de trezentas linhas. De modo que, esta parte da história exigiria dez folhetins. Nos jornais de Moscou, um folhetim em série nunca é publicado mais de uma vez por semana, o que levaria dez semanas. Ora, trata-se da conversa de apenas uma noite. Isto só poderia ser aceito por uma revista mensal, mas não vejo nenhuma de gênero correspondente. Em todo caso, lhe seria pedida toda a história, antes de lhe darem a resposta.

G. nada respondeu e a conversa terminou. Mas eu experimentara de imediato, ao contato com esse homem, um sentimento extraordinário e, à medida que a reunião se prolongava, essa impressão só se reforçara. No momento da despedida, atravessou-me o espírito como um relâmpago este pensamento: devia *imediatamente, sem demora,* dar um jeito para revê-lo e, se não o fizesse, arriscava-me a perder todo contato com ele. Perguntei-lhe, pois, se não poderia encontrá-lo mais uma vez, antes de minha partida para São Petersburgo. Disse-me que estaria no mesmo café, no dia seguinte, à mesma hora.

Saí com um dos rapazes. Sentia-me num estado esquisito; uma longa leitura que compreendera pouco, pessoas que não respondiam às minhas perguntas, o próprio G., com os seus modos de ser incomuns e sua influência sobre os alunos, que eu tinha constantemente sentido, tudo isto provocava em mim um insólito desejo de rir, de gritar, de cantar, como se acabasse de escapar de uma aula ou de alguma estranha detenção.

Sentia a necessidade de comunicar minhas impressões a esse rapaz e de fazer algum gracejo sobre G. e essa história passavelmente pretensiosa e cansativa. Via-me contando essa reunião a alguns de meus amigos. Felizmente, parei a tempo pensando: "mas ele vai correr para o telefone para contar-lhes tudo! São todos amigos."

Tentei, pois, conter-me e, sem dizer nada, acompanhei-o até o bonde que nos devia levar de volta ao centro de Moscou. Depois de um percurso relativamente longo, chegamos à Praça Okhotny Nad, perto da qual eu morava e, lá, sempre em silêncio, apertamo-nos as mãos e nos separamos.

Voltei, no dia seguinte, ao mesmo café onde encontrara G. da primeira vez e o mesmo sucedeu no dia imediato e todos os dias seguintes. Durante a semana que passei em Moscou, vi G. todos os dias. Depressa percebi que ele dominava muitos assuntos que eu queria aprofundar. Por exemplo, explicou-me certos fenômenos que eu tivera ocasião de observar na Índia e sobre os quais ninguém me pudera dar esclarecimentos, nem no local nem mais tarde. E, em suas explicações, eu sentia a segurança do especialista, uma análise muito apurada dos fatos e um *sistema* que não podia compreender, mas cuja presença sentia, porque suas palavras faziam-me pensar, não só nos fatos que se discutiam, mas em muitas outras coisas que eu já observara ou cuja existência previa.

Não tornei a ver mais o grupo de G.. Sobre si mesmo, G. falava pouco. Uma ou duas vezes, mencionou suas viagens ao Oriente. Interessava-me muito saber exatamente onde tinha ido, mas fui incapaz de tirar isso a limpo.

Quanto ao seu trabalho em Moscou, G. dizia ter dois grupos sem relação um com o outro e ocupados em trabalhos diferentes "segundo suas forças e seu grau de preparação", para citar suas próprias palavras. Cada membro desses grupos pagava 1.000 rublos por ano e podia trabalhar com ele, ao mesmo tempo que prosseguia o curso de suas atividades ordinárias na vida.

Disse-lhe que, a meu ver, 1.000 rublos por ano parecia-me preço elevado demais para aqueles que não possuíam fortuna.

G. respondeu-me que não havia outro jeito, porque não podia ter grande número de alunos, devido à própria natureza do trabalho. Aliás, não desejava e *não devia* — acentuou essas palavras — gastar seu próprio dinheiro para a organização do trabalho. Sua obra não era, não podia ser, do gênero caritativo e os próprios alunos deviam encontrar os fundos indispensáveis à locação dos apartamentos onde poderiam se reunir, para as experiências e tudo mais. Além disso, dizia, a observação tinha mostrado que as pessoas débeis na vida revelam-se igualmente débeis no trabalho.

— Esta idéia apresenta vários aspectos, disse G.. O trabalho de cada um pode exigir gastos, viagens e sei lá que mais. Se a vida de um homem está tão mal organizada que uma despesa de 1.000 rublos pode detê-lo, será preferível para ele que nada empreenda conosco. Suponha que um dia seu trabalho exija que vá ao Cairo ou a qualquer outro lugar, ele deve ter meios para isso. Através de nossa exigência, vemos se é capaz de trabalhar conosco ou não.

"Além disso, prosseguiu, tenho verdadeiramente pouquíssimo tempo para sacrificá-lo aos outros, sem ao menos estar certo de que isto lhes fará bem. Prezo muito meu tempo, porque tenho necessidade dele para meu trabalho, porque não posso e, como já disse, não quero gastá-lo de modo improdutivo. Há ainda uma última razão: é necessário que uma coisa custe para que seja valorizada."

Eu escutava essas palavras com estranho sentimento. De um lado, tudo o que G. dizia agradava-me. Atraía-me essa ausência de todo elemento sentimental, de todo palavreado convencional sobre o "altruísmo" e o "bem da humanidade", etc. Mas, por outro lado, estava surpreendido pelo desejo visível que ele tinha de me *convencer* sobre essa questão de dinheiro, *quando eu não tinha nenhuma necessidade de ser convencido*.

Se havia um ponto sobre o qual não estivesse de acordo, era esse modo de reunir dinheiro, porque nenhum dos alunos que vira podia pagar 1.000

rublos por ano. Se G. realmente descobrira no Oriente traços visíveis e tangíveis de uma ciência escondida e se continuava suas pesquisas nessa direção, era claro, então, que sua obra necessitava de fundos, do mesmo modo que qualquer outro trabalho científico, como uma expedição em alguma parte desconhecida do mundo, escavações a serem feitas nas ruínas de uma cidade desaparecida ou quaisquer outras investigações de ordem física ou química que exigissem experiências numerosas e minuciosamente preparadas. Não era, de modo algum, necessário tentar convencer-me de tudo isso. Ao contrário, pensava que, se G. me desse a possibilidade de conhecer melhor o que fazia, eu seria provavelmente capaz de encontrar todos os fundos de que ele pudesse necessitar para erguer solidamente sua obra e pensava também em trazer-lhe pessoas mais bem preparadas. Mas, evidentemente, eu ainda só tinha uma idéia muito vaga do que poderia ser o seu trabalho.

Sem dizê-lo abertamente, G. deu-me a entender que me aceitaria como um de seus alunos, se eu expressasse esse desejo. Disse-lhe que o maior obstáculo, no que me dizia respeito, era ser-me impossível no momento residir em Moscou, porque me comprometera com um editor de São Petersburgo, e estava preparando várias obras. G. disse-me que ia às vezes a São Petersburgo; prometeu-me que iria lá em breve e me preveniria de sua chegada.

— Mas, se me junto a seu grupo, disse-lhe, me verei diante de um problema muito difícil. Não sei se o senhor exige dos alunos a promessa de guardar segredo de tudo o que aprendem; eu não poderia fazer tal promessa . Por duas vezes em minha vida teria podido juntar-me a grupos cujo trabalho era análogo ao seu, segundo creio compreender, e isso me interessava muito. Mas, nos dois casos minha adesão teria significado que me comprometeria a guardar segredo de tudo o que pudesse aprender e, em ambos, recusei, porque antes de tudo sou um escritor; desejo ficar absolutamente livre para decidir por mim mesmo o que escreverei ou não. Se prometo guardar segredo do que me disserem, talvez seja muito difícil para mim, depois, separar aquilo que me tiver sido dito do que poderia ocorrer-me a esse respeito ou do que surgisse em mim espontaneamente. Por exemplo, hoje ainda não sei quase nada de suas idéias; entretanto, estou certo de que, assim que começarmos a falar, chegaremos bem depressa às questões do espaço e do tempo, das dimensões de ordem superior e assim por diante. São questões sobre as quais trabalho há longos anos. Aliás, não tenho nenhuma dúvida de que devem ocupar lugar muito grande em seu sistema.

G. concordou.

— Bem, o senhor vê que, se estivéssemos falando agora sob a promessa de sigilo, eu não saberia mais, desde este momento, o que posso escrever e o que não posso mais escrever.

— Como vê então essa questão? disse-me G. . Não devemos falar em demasia. Há coisas que somente são ditas aos alunos.

— Só poderia aceitar esta condição temporariamente. Naturalmente, seria ridículo que me pusesse logo a escrever sobre o que tivesse aprendido do senhor. Mas se, por princípio, não quer fazer segredo de suas idéias, se apenas zela para que não sejam transmitidas de forma distorcida, posso então aceitar tal condição e esperar ter adquirido melhor compreensão de seu ensinamento. Aconteceu-me freqüentar um grupo de pessoas empenhadas numa série de experiências científicas em escala muito vasta. Não faziam mistério de seus trabalhos. Tinham, porém, estabelecido a condição de que nenhum deles teria o direito de falar ou escrever sobre experiência alguma, a menos que fosse capaz de levá-la a termo. Enquanto fosse incapaz de repetir a experiência, devia calar-se.

— Não poderia haver fórmula melhor, disse G., e se houver por bem observar esta regra, tal questão nunca se levantará entre nós.

— Existem condições para entrar em seu grupo? perguntei. E um homem que faça parte dele estaria doravante ligado a ele, bem como ao senhor? Noutros termos, desejo saber se ele é livre de se retirar e abandonar o trabalho ou, então, se deve assumir obrigações definitivas. E que faz o senhor com ele, caso não as cumpra?

— Não há nenhuma condição, disse G., nem pode haver. Partimos do fato de que o homem não se conhece a si mesmo, de que *não é* (acentuou essas palavras), isto é, não é o que pode e o que deveria ser. Por essa razão, não pode comprometer-se nem assumir nenhuma obrigação. Nada pode decidir quanto ao futuro. Hoje é uma pessoa e amanhã, outra. Não está, pois, ligado a nós de modo algum e, se desejar, pode abandonar o trabalho a qualquer momento e ir embora. Não existe nenhuma obrigação nem em nossa relação com ele, nem na dele conosco.

"Se quiser, pode estudar. Terá que estudar por muito tempo e trabalhar muito sobre si mesmo. Se um dia chegar a aprender o suficiente, então será diferente. Verá por si mesmo se gosta ou não de nosso trabalho. Se desejar, poderá trabalhar conosco; se não, poderá partir. Até esse momento, é livre. Se permanecer depois disso, será capaz de decidir ou tomar providências para o futuro.

"Por exemplo, considere isto: um homem pode encontrar-se — é claro que não no início, porém mais tarde — numa situação em que deva guardar segredo, pelo menos por algum tempo, sobre algo que tenha aprendido. Como poderia um homem que não se conhece a si mesmo prometer guardar um segredo? Naturalmente, pode prometê-lo, mas poderá cumprir sua promessa? Pois não é *um*, há uma multidão de homens nele. *Um deles* promete e acredita que quer guardar segredo. Mas amanhã *um outro nele* dirá a sua mulher ou a um amigo, diante de uma garrafa de vinho ou, então, deixará que qualquer sabido lhe dê corda e contará tudo, sem mesmo perceber. Ou ainda, gritarão com ele inesperadamente e, intimidando-o, farão dele o que quiserem. Que espécie de obrigações poderia, pois, assumir? Não, com tal homem não falaremos seriamente. Para ser capaz de guardar um segredo, um homem deve *conhecer-se* e deve *ser*. Ora, um homem como o são todos os homens, está muito longe disso.

"Algumas vezes, fixamos condições temporárias para as pessoas. É uma prova. Ordinariamente, elas deixam muito depressa de observá-las, mas isso não tem importância, porque nunca confiamos um segredo importante a um homem em quem não temos confiança. Quero dizer que, para nós, isto não importa, embora destrua certamente nossa relação com ele e, assim, esse homem perca a oportunidade de aprender algo de nós, supondo-se que haja algo a aprender de nós. Isto pode também ter repercussões desagradáveis para todos os seus amigos pessoais, embora possam não esperar isso."

Lembro-me de que, numa das minhas conversas com G., durante a primeira semana em que nos conhecemos, comuniquei-lhe a intenção de voltar ao Oriente.

— Vale a pena pensar nisso? perguntei-lhe; e acredita o senhor que possa encontrar lá o que busco?

— É bom ir lá para repousar, em férias, disse G., mas, para o que você busca, não vale a pena. Tudo isso pode ser encontrado aqui.

Compreendi que falava do trabalho com ele. Perguntei-lhe:

— Mas as escolas encontradas no Oriente, no âmago de todas as tradições, não oferecem algumas vantagens?

Em sua resposta, G. desenvolveu várias idéias que só compreendi muito mais tarde.

— Supondo-se que encontrasse escolas, só encontraria escolas "filosóficas". Na Índia, só existem escolas "filosóficas". Há bastante tempo, as coisas tinham sido repartidas assim: na Índia a "filosofia", no Egito a "teoria" e, na região que corresponde hoje à Pérsia, à Mesopotâmia e ao Turquestão, a "prática".

— E continua sendo do mesmo modo atualmente?

— Em parte, mesmo hoje em dia, respondeu, mas você não capta claramente o que quero dizer com "filosofia", "teoria" e "prática". Essas palavras não devem ser entendidas no sentido em que o são ordinariamente.

"Hoje em dia, no Oriente, só encontrará escolas *especiais*; não existem escolas gerais. Cada mestre ou *guru* é especialista em algum assunto. Um é astrônomo, outro escultor, o terceiro, músico. E os alunos devem estudar, antes de tudo, o assunto da especialidade do mestre, depois do que passam a outra matéria e assim por diante. Levaria uns mil anos para estudar tudo.

— Mas, o senhor como estudou?

— Não estava só. Havia, entre nós, especialistas de todos os gêneros. Cada qual estudava segundo os métodos de sua ciência particular. Depois do que, quando nos reuníamos, compartilhávamos os resultados que tínhamos obtido.

— E onde estão, agora, seus companheiros?

G. ficou silencioso e, depois, olhando ao longe, disse lentamente:

— Alguns morreram, outros prosseguem seus trabalhos, outros estão enclausurados.

Essa expressão da linguagem monástica, ouvida num momento em que menos esperava, fez-me experimentar estranho sentimento de constrangimento.

E, de repente, dei-me conta de que G. estava fazendo certo "jogo" comigo, como se tentasse deliberadamente lançar-me, de vez em quando, uma palavra que pudesse interessar-me e orientar meus pensamentos numa direção definida.

Quando tentei perguntar-lhe mais claramente onde encontrara o que sabia, em que fontes recolhera seus conhecimentos e até onde se estendiam, não me deu resposta direta.

— Sabe, disse-me, quando partiu para a Índia, os jornais falaram de sua viagem e de suas pesquisas. Dei a meus alunos a tarefa de ler seus livros, de determinar através deles *quem* você era e de estabelecer sobre tal base o que seria capaz de encontrar. Assim, enquanto ainda estava a caminho, já sabíamos o que encontraria.

Interroguei um dia G. sobre o balé que fora mencionado nos jornais, com o nome de "A Luta dos Magos", e de que falava o relato intitulado "Vislumbres da Verdade". Perguntei-lhe se esse balé teria o caráter de um "mistério".

— Meu balé não é um "mistério", disse G. . Tinha em mira produzir um espetáculo a um só tempo significativo e magnífico. Mas não tentei colocar em evidência nem acentuar o sentido oculto. Certas danças ocupam um lugar importante. Explicarei brevemente por quê. Imagine que para estudar os movimentos dos corpos celestes, por exemplo, dos planetas do sistema solar, se construa um mecanismo especial para dar uma representação animada das leis desses movimentos e para fazer-nos lembrar delas.

Nesse mecanismo, cada planeta, representado por uma esfera de dimensão apropriada, está colocado a certa distância de uma esfera central que representa o sol. Posto o mecanismo em movimento, todas as esferas começam a girar sobre si mesmas, deslocando-se ao longo das trajetórias que lhes foram determinadas, reproduzindo de forma visível as leis que regem os movimentos dos planetas. Esse mecanismo traz-lhe à lembrança tudo que sabe do sistema solar. Existe alguma coisa análoga no ritmo de certas danças. Através dos movimentos estritamente definidos dos dançarinos e de suas combinações, certas leis se tornam manifestas e inteligíveis àqueles que as conhecem. São as danças ditas "sagradas". Durante minhas viagens pelo Oriente, fui muitas vezes testemunha de tais danças, executadas em templos antigos durante os ofícios divinos. Algumas delas são reproduzidas em meu balé.

"Além disso, "A Luta dos Magos" se baseia em três idéias. Se, porém, apresentar esse balé num palco comum, o público nunca as compreenderá."

O que G. disse a seguir fez-me compreender que este não seria um balé no sentido estrito da palavra, mas uma série de cenas dramáticas e mímicas, ligadas por um enredo, tudo acompanhado de música e entremeado de cantos e danças. Para designar essa série de cenas, a palavra mais apropriada teria sido "revista", mas sem nenhum elemento cômico. As cenas importantes representavam a escola de um "Mago Negro" e a de um "Mago Branco", com os exercícios dos alunos e os episódios de uma luta entre as duas escolas. A ação devia situar-se no coração de uma cidade oriental e incluir uma história de amor de sentido alegórico, tudo entrelaçado com diversas danças nacionais asiáticas, danças dervixes e danças sagradas.

Fiquei particularmente interessado, quando G. disse que *os mesmos* atores deveriam representar e dançar na cena do "Mago Branco" e na do "Mago Negro", e que, na primeira cena, deveriam ser tão belos e atraentes em si mesmos e por seus movimentos, quanto disformes e horrendos na segunda.

— Compreenda isso, dizia G., desse modo eles poderão ver e estudar todos os lados de si mesmos; esse balé apresentará, pois, imenso interesse para o estudo de si.

Na época, estava muito longe de poder dar-me conta disso e o que mais me chamou a atenção foi, sobretudo, uma contradição.

— Na nota de imprensa que eu li, dizia-se que esse balé seria representado em Moscou e que alguns dançarinos célebres tomariam parte nele. Como o senhor concilia isso com a idéia do estudo de si? Esses dançarinos não representarão nem dançarão para estudar-se a si mesmos.

— Nada está decidido ainda e o autor da nota que leu não estava

bem informado. Talvez o façamos de modo completamente diferente. Entretanto, o que é certo é que aqueles que vão representar nesse balé, queiram ou não, deverão ver-se a si mesmos.
— E quem está escrevendo a música?
— Isto também não está decidido.

G. não acrescentou mais nada e eu não ouviria falar mais desse "balé" por cinco anos.

Certo dia, em Moscou, falava com G. sobre Londres, onde estivera por pouco tempo, alguns meses atrás. Dizia-lhe da terrível mecanização que invadia as grandes cidades européias e sem a qual era, provavelmente, impossível viver e trabalhar no turbilhão desses enormes "brinquedos mecânicos".

— As pessoas estão se transformando em máquinas, dizia eu, e não duvido que se convertam um dia em máquinas perfeitas. Mas será que são ainda capazes de pensar? Não creio. Se tentassem pensar, não seriam tão belas máquinas.

— Sim, respondeu G., é verdade, mas só em parte. A verdadeira questão é esta: de *que pensar* se servem em seu trabalho? Se se servem do pensar conveniente, poderão até pensar melhor dentro de sua vida ativa e no meio das máquinas. Mas, uma vez mais, sob a condição de se servirem do pensar conveniente.

Não compreendi o que G. entendia por "pensar conveniente" e só o compreendi muito mais tarde.

— Em segundo lugar, continuou, a mecanização de que fala não é em absoluto perigosa. Um homem pode ser um *homem* — acentuou essa palavra — mesmo trabalhando com máquinas. Há outra espécie de mecanização bem mais perigosa: é ser ele mesmo uma máquina. Você já pensou alguma vez no fato de que todos os homens são *eles mesmos* máquinas?

— Sim, de um ponto de vista estritamente científico, todos os homens são máquinas governadas pelas influências exteriores. Mas a questão é saber se o ponto de vista científico pode ser totalmente aceito.

— Científico ou não científico, é a mesma coisa para mim, disse G.. Peço-lhe que compreenda o que digo. Olhe, todas essas pessoas que vê — indicava a rua — são simplesmente máquinas, nada mais.

— Creio compreender o que quer dizer e muitas vezes tenho pensado em como são pouco numerosos, no mundo, os que podem resistir a essa forma de mecanização e escolher seu próprio caminho.

— Aí justamente está seu erro mais grave! disse G.. Pensa que alguma coisa pode escolher seu próprio caminho ou resistir à mecanização; pensa que tudo não é igualmente mecânico.

— Mas é claro! exclamei. A arte, a poesia, o pensamento, são fenômenos de ordem totalmente diferente.

— São exatamente da mesma ordem. Essas atividades são exatamente tão mecânicas quanto todas as outras. Os homens são máquinas e de máquinas não se poderia esperar outra coisa a não ser ações maquinais.

— Muito bem, disse-lhe, mas não existem pessoas que não são máquinas?

— Pode ser que haja, disse G.. Mas você não pode vê-las. Não as conhece. É isso que quero fazê-lo compreender.

Pareceu-me bastante estranho que insistisse de tal modo nesse ponto. O que ele dizia parecia-me evidente e incontestável. Nunca tinha, entretanto, gostado das metáforas em duas palavras que pretendem dizer tudo. Sempre omitem *as diferenças*. Ora, eu sempre afirmara que as diferenças são o que mais importa e que, para compreender as coisas, era necessário, antes de tudo, considerar os pontos em que diferem. Parecia-me estranho, portanto, que G. insistisse de tal modo numa verdade que me parecia inegável, sob a condição, porém, de não fazer dela um absoluto e de reconhecer exceções.

— As pessoas se parecem muito pouco, disse eu. Considero impossível colocá-las todas dentro do mesmo saco. Há selvagens, há pessoas mecanizadas, há intelectuais, há gênios.

— Nada mais exato, disse G.. As pessoas são muito diferentes, mas a diferença real entre as pessoas você nem conhece nem pode ver. Fala de diferenças que simplesmente não existem. Isso deve ser compreendido. Todas essas pessoas que vê, que conhece, que pode vir a conhecer, são máquinas, verdadeiras máquinas trabalhando apenas sob a pressão das influências exteriores, como você mesmo disse. Máquinas nasceram e máquinas morrerão. O que vêm fazer aqui os selvagens e os intelectuais? Agora mesmo, neste exato momento, enquanto falamos, vários milhões de máquinas esforçam-se por se aniquilarem umas às outras. Em que então elas diferem? Onde estão os selvagens e onde os intelectuais? São todos a mesma coisa...

"Mas é possível deixar de ser máquina. Nisto é que deveria pensar e não nas diversas espécies de máquinas. Claro, as máquinas diferem: um automóvel é uma máquina, uma vitrola é uma máquina e um fuzil é uma máquina. Mas que diferença faz? É a mesma coisa — são sempre máquinas".

Essa conversa lembra-me uma outra.

— Que pensa da psicologia moderna? perguntei um dia a G., com a intenção de levantar a questão da psicanálise, da qual desconfiara desde o primeiro dia.

Mas G. não me permitiu ir tão longe.

— Antes de falar de psicologia, disse, devemos compreender claramente de que trata essa ciência e de que não trata. O objeto próprio da *psicologia* são os homens, os seres humanos. De que *psicologia* — sublinhou a palavra — se trata quando cuidamos somente de máquinas? É da mecânica e não da psicologia que necessitamos para o estudo das máquinas. Por isso é que começamos pelo estudo da mecânica. Ainda falta percorrer um longo caminho para chegar à psicologia.

Perguntei:

— Pode um homem deixar de ser máquina?

— Ah! aí está toda a questão, disse G. . Se tivesse feito mais freqüentemente semelhantes perguntas, talvez nossas conversas tivessem podido levar-nos a alguma parte. Sim, é possível deixar de ser máquina, mas, para isto, é necessário, antes de tudo, *conhecer a máquina*. Uma máquina, uma máquina real, não se conhece a si mesma e não pode conhecer-se. Quando uma máquina se conhece, desde esse instante deixou de ser máquina; pelo menos não é mais a mesma máquina que antes. Já começa a ser responsável por suas ações.

— Isso significa, segundo o senhor, que um homem não é responsável por suas ações?

— *Um homem* — frisou esta palavra — é responsável. Uma *máquina* não é responsável.

De outra vez, perguntei a G.:

— Qual é, na sua opinião, a melhor preparação para o estudo de seu método? Por exemplo, será útil estudar o que se chama literatura "oculta" ou "mística"?

Dizendo-lhe isto, tinha mais particularmente em vista o "Tarô" e toda a literatura referente ao "Tarô".

— Sim, disse G. . Pode-se encontrar muito pela leitura. Por exemplo, considere seu caso: já poderia conhecer muitas coisas *se soubesse ler*. Explico-me: se tivesse *compreendido* tudo o que leu em sua vida, já teria o conhecimento daquilo que busca agora. Se tivesse compreendido tudo o que está escrito em seu próprio livro, qual é seu título? — pronunciou então algo totalmente ininteligível a partir das palavras "Tertium Organum"[1] — eu é que deveria ir a você, curvar-me e pedir-lhe que me ensinasse. Mas *você não compreende* nem o que lê nem o que escreve. Não compreende nem o que significa a palavra *compreender*. A compreensão é, entretanto, o essencial e a leitura só pode ser útil com a condição de que se compreenda

---

(1) Título de uma obra de Ouspensky (Edição inglesa 1922).

o que se lê; mas, é evidente que nenhum livro pode dar uma preparação real. É, pois, impossível dizer que livros são os melhores. O que um homem conhece *bem* — acentuou a palavra "bem" — isto é uma preparação para ele. Se um homem sabe bem como fazer café ou como fazer bem calçados, então já é possível falar com ele. Infelizmente ninguém sabe bem seja o que for. Tudo é conhecido de qualquer jeito, de maneira inteiramente superficial."

Era mais uma dessas voltas inesperadas que G. dava às suas explicações. Suas palavras, além do sentido ordinário, continham sempre outro totalmente diferente. Mas eu já entrevia que, para decifrar esse sentido escondido, tinha que começar por captar-lhes o sentido usual e simples. As palavras de G., tomadas do modo mais simples possível, estavam sempre cheias de sentido, mas tinham também outras significações. A significação mais ampla e mais profunda permanecia velada por muito tempo.

Outra conversa ficou-me na memória. Perguntei a G. o que um homem devia fazer para assimilar seu ensinamento.

— O que deve *fazer*? exclamou, como se esta pergunta o surpreendesse. Mas ele é incapaz de *fazer* seja o que for. Ele deve, antes de tudo, *compreender* certas coisas. Tem milhares de idéias falsas e de concepções falsas, principalmente sobre si mesmo e deve começar por se libertar ao menos de algumas delas, se quer algum dia adquirir seja o que for de novo. Doutro modo o novo seria edificado sobre base falsa e o resultado seria ainda pior.

— Como pode um homem libertar-se das idéias falsas? perguntei. Dependemos das formas de nossa percepção. As idéias falsas são produzidas pelas formas de nossa percepção.

G. fez que não com a cabeça:

— Fala ainda de outra coisa. Fala dos erros que provêm das percepções, mas não se trata disso. Dentro dos limites de dadas percepções, pode-se errar mais ou menos. Como já lhe disse, a suprema ilusão do homem é sua convicção de que pode *fazer*. Todas as pessoas pensam que podem fazer, todas as pessoas querem fazer e sua primeira pergunta se refere sempre ao que terão que fazer. Mas, para dizer a verdade, ninguém faz nada e ninguém pode fazer nada. É a primeira coisa que é preciso compreender. *Tudo acontece*. Tudo o que ocorre na vida de um homem, tudo o que se faz através dele, tudo o que vem dele — *tudo isso acontece*. E isso acontece exatamente como a chuva cai porque a temperatura nas regiões superiores da atmosfera se modificou, como a neve se derrete sob os raios do sol, como a poeira se levanta com o vento.

"O homem é uma máquina. Tudo o que faz, todas suas ações, todas suas palavras, seus pensamentos, seus sentimentos, suas convicções, suas opiniões, seus hábitos, são os resultados das influências exteriores, das impressões exteriores. Por si mesmo, um homem não pode produzir um único pensamento, uma só ação. Tudo o que diz, faz, pensa, sente, tudo isso acontece. O homem não pode descobrir nada, não pode inventar nada. Tudo isso acontece.

"Mas, para estabelecer esse fato, para compreendê-lo, para convencer-se de sua verdade, é preciso libertar-se de milhares de ilusões sobre o homem, sobre seu ser criador, sobre sua capacidade de organizar conscientemente sua própria vida e assim por diante. Nada disso existe. Tudo acontece — os movimentos populares, as guerras, as revoluções, as mudanças de governo, tudo isso acontece. E acontece exatamente do mesmo modo como tudo acontece na vida do homem individual. O homem nasce, vive, morre, constrói casas, escreve livros, não como deseja mas como isso acontece. Tudo acontece. O homem não ama, não odeia, não deseja — tudo isso acontece.

"Mas nenhum homem jamais acreditará em você, se lhe disser que ele não pode fazer nada. Não se pode dizer nada de mais desagradável e ofensivo às pessoas. É particularmente desagradável e ofensivo porque é a verdade e porque ninguém quer conhecer a verdade.

"Se você o compreender, será mais fácil falarmos. Uma coisa, porém, é captar com o intelecto que o homem não pode fazer nada e, outra, experimentá-lo "com toda a sua massa", estar realmente convencido de que é assim e nunca esquecê-lo.

"Essa questão de *fazer* (G. acentuava esta palavra a cada vez) suscita, aliás, uma outra. Parece sempre às pessoas que os outros nunca fazem nada como deveriam, que os outros fazem tudo errado. Invariavelmente, cada um acha que poderia fazer melhor. Ninguém compreende, nem sente a necessidade de compreender, que o que se faz agora — e principalmente *o que já foi feito* — de certa maneira, não se poderia fazer de outra maneira. Já observou como todos eles falam da guerra? Cada qual tem seu próprio plano, sua própria teoria. Cada qual é de opinião que não se faz nada convenientemente. Em verdade, no entanto, tudo é feito da única maneira possível. Se uma só coisa pudesse ser feita de modo diferente, tudo poderia tornar-se diferente. E talvez, então, não tivesse havido a guerra.

"Tente compreender o que digo: tudo depende de tudo, todas as coisas estão ligadas, nada há separado. Todos os acontecimentos seguem, portanto, o único caminho que podem seguir. Se as pessoas pudessem mudar, tudo poderia mudar. Elas, porém, são o que são e, por conseguinte, as coisas também são o que são."

Isso era muito difícil de engolir.

— Não há nada, absolutamente nada, que possa ser feito? perguntei.
— Absolutamente nada.
— E *ninguém* pode fazer nada?
— Essa é outra questão. Para fazer é preciso *ser*. E é preciso, antes de tudo, compreender o que significa *ser*. Se prosseguirmos estas conversas, verá que nos servimos de uma linguagem especial e, para estar em condições de falar conosco, é necessário aprender essa linguagem. Não vale a pena falar na linguagem comum, porque nela é impossível compreender-se. Isso o espanta. Mas é a verdade. Para chegar a compreender, deve-se aprender outra linguagem. Na linguagem em que falam, as pessoas não podem se compreender. Verá mais tarde porque é assim.

"A seguir, deve-se aprender a dizer a verdade. Isso também lhe parece estranho. Você não se dá conta de que devemos aprender a dizer a verdade. Parece-lhe suficiente desejar ou decidir dizê-la. E digo-lhe que é relativamente raro que as pessoas digam uma mentira deliberada. Na maioria dos casos, pensam dizer a verdade. E, no entanto, mentem o tempo todo, quer quando querem mentir, quer quando querem dizer a verdade. Mentem continuamente, mentem a si mesmas e mentem aos outros. Por conseguinte, ninguém compreende os outros, nem se compreende a si mesmo. Pense nisto: — poderia haver tantas discórdias e mal-entendidos profundos e tanto ódio ao ponto de vista ou à opinião do outro, se as pessoas fossem capazes de se compreender? Elas, porém, não podem se compreender, porque não podem deixar de mentir. Dizer a verdade é a coisa mais difícil do mundo; será necessário estudar muito e durante muito tempo, para poder um dia dizer a verdade. O desejo só não basta. *Para dizer a verdade, é preciso ter-se tornado capaz de conhecer o que é a verdade e o que é uma mentira — e, antes de tudo, em si mesmo. Mas isto ninguém quer conhecer.*"

As conversas com G. e o giro imprevisto que dava a cada idéia, cada dia interessavam-me mais, mas eu devia partir para São Petersburgo.

Lembro-me de minha última conversa com ele. Tinha-lhe agradecido a consideração que me dispensara e suas explicações que, já o via, mudaram muitas coisas para mim.

— Ainda assim, disse-lhe, o mais importante são os *fatos*. Se pudesse ver fatos reais, autênticos, de caráter novo e desconhecido, só eles poderiam convencer-me de que estou no bom caminho.

Estava ainda pensando nos "milagres".

— *Haverá fatos*, disse-me G. . Prometo-lhe. Mas não se pode começar por aí.

Não compreendi, então, o que ele queria dizer; só o compreendi mais tarde, quando G., cumprindo a promessa, pôs-me realmente diante de "fatos". Mas isso só se deveria produzir uma ano e meio mais tarde, em agosto de 1916.

De nossas últimas conversas em Moscou, guardo ainda a lembrança de certas palavras pronunciadas por G. e que também só se tornaram inteligíveis para mim mais tarde.

Falava-me de um homem que eu encontrara uma vez em sua companhia e das relações dele com certas pessoas.

— É um homem fraco, dizia-me. As pessoas se servem dele inconscientemente, é claro. E isso porque ele as *considera*. Se não as considerasse, tudo mudaria e elas próprias mudariam.

Pareceu-me estranho que um homem não devesse considerar os outros.

— Que quer o senhor dizer com a palavra *considerar*? disse-lhe. Ao mesmo tempo que o compreendo, não o compreendo. Essa palavra tem significações muito diferentes.

É o contrário, disse G.; essa palavra só tem uma significação. Tente pensar nisso.

Mais tarde, compreendi o que G. entendia por *consideração*. E dei-me conta do lugar enorme que ocupa em nossa vida e de tudo o que daí decorre. G. chamava "consideração" essa atitude que cria uma escravidão interior, uma dependência interior. Tivemos, depois, muitas ocasiões de falar novamente sobre isso.

Lembro-me de outra conversa sobre a guerra. Estávamos sentados no café Phillipoff, na Tverskaya. Estava repleto e muito barulhento. A especulação e a guerra mantinham uma atmosfera febril, desagradável. Tinha até recusado ir a esse café. Mas G. insistira e, como sempre ocorria com ele, eu tinha cedido. Já compreendia, na época, que ele criava, às vezes deliberadamente, situações que deviam tornar a conversa mais difícil, como se quisesse exigir de mim um esforço suplementar e um ato de resignação a condições penosas ou desconfortáveis, *pelo gosto de falar com ele*.

Mas, dessa vez, o resultado não foi particularmente brilhante; o barulho era tal que não conseguia ouvir as coisas mais interessantes. A princípio, compreendia suas palavras. Mas o fio escapou-me pouco a pouco. Depois de fazer várias tentativas para acompanhar suas observações, das quais só me chegavam palavras isoladas, deixei finalmente de escutar e pus-me a observar simplesmente *como falava*.

A conversa se iniciara pela minha pergunta:
— A guerra pode ser detida?
E G. respondera:

— Sim, isso é possível.

No entanto, acreditava ter adquirido, das nossas conversas anteriores, a certeza de que responderia: "*Não, isso é impossível*".

— Mas a questão toda é: "como?", prosseguiu. É necessário um grande saber para compreendê-lo. O que é a guerra? *A guerra é um resultado de influências planetárias*. Em algum lugar, lá em cima, dois ou três planetas aproximaram-se demais; disso resulta uma tensão. Já observou como fica tenso, quando um homem roça em você numa calçada estreita? A mesma tensão se produz entre os planetas. Para eles, isso talvez só dure um ou dois segundos. Mas aqui, na terra, as pessoas começam a se massacrar e continuam massacrando-se durante anos. Em tais períodos, parece-lhes que se odeiam umas às outras; ou talvez que seja seu dever massacrarem-se por algum propósito sublime; ou então, que devam defender alguma coisa ou alguém e que seja muito nobre fazê-lo; ou qualquer outra coisa deste gênero. São incapazes de se darem conta de até que ponto são simples peões num tabuleiro de xadrez. Atribuem a si uma importância; crêem-se livres de ir e vir a seu bel prazer; pensam que podem decidir fazer isto ou aquilo. Mas, na realidade, todos os seus movimentos, todas as suas ações, são o resultado de influências planetárias. E sua própria importância é nula. Quem tem o grande papel é a lua. Mas falaremos da Lua mais tarde. Basta compreender que, nem o Imperador Guilherme, nem os generais, nem os ministros, nem os parlamentos, não significam nada e nada fazem. Numa grande escala, tudo o que acontece é governado do exterior, seja por combinações acidentais de influências, seja por leis cósmicas gerais.

Foi tudo o que ouvi. Só muito mais tarde compreendi que ele havia querido explicar-me, então, como as influências acidentais podem ser desviadas ou transformadas em alguma coisa relativamente inofensiva. Ali estava uma idéia realmente interessante, que se referia à significação esotérica dos "sacrifícios". Mas, em todo caso, essa idéia só tem atualmente valor histórico e psicológico. O que era mais importante — e que dissera, de certo modo, de passagem, de forma que no momento não lhe dei atenção e só me lembrei mais tarde, ao tentar reconstituir a conversa — se referia à diferença dos tempos para os planetas e para o homem.

Mas, mesmo quando me lembrei disso, por muito tempo não consegui compreender a plena significação dessa idéia. Mais tarde, ficou claro para mim que era fundamental.

Foi mais ou menos nessa época que tivemos uma conversa sobre o *sol, os planetas e a lua*. Embora me tivesse tocado vivamente, esqueci-me de como começou. Lembro-me, entretanto, de que G., tendo desenhado um pequeno diagrama, tentou explicar-me o que denominava "correlação das forças nos diferentes mundos". Isso se referia ao que ele dissera anteriormente das influências que agem sobre a humanidade. A idéia era, grosso modo, a seguinte: a humanidade ou, mais exatamente, *a vida orgânica sobre a terra*, está submetida a influências simultâneas provenientes de fontes várias e de mundos diversos: influências dos planetas, influências da lua, influências do sol, influências das estrelas. Agem todas a um só tempo, mas com predominância de uma ou de outra, conforme os momentos. E, para o homem, existe certa possibilidade de fazer *uma escolha de influências*; ou seja, de passar de uma influência a outra.

— Explicar *como* exigiria desenvolvimentos demasiadamente extensos, disse G.. Falaremos disso de outra vez. Por enquanto, queria que compreendesse isto: é impossível libertar-se de uma influência sem se submeter a outra. Toda a dificuldade, todo o trabalho sobre si, consiste em escolher a influência à qual você quer se submeter e em realmente cair sob essa influência. Para esse fim, é indispensável que saiba prever a influência que lhe será mais proveitosa.

O que me havia interessado nessa conversa era que G. havia falado dos planetas e da Lua como de *seres vivos*, com idade definida, período de vida igualmente definido e possibilidades de desenvolvimento e de passagem a outros planos do ser. De suas palavras, ressaltava que a Lua não era um "planeta morto", como geralmente se admite, mas, ao contrário, um "planeta em estado nascente", um planeta em seu estágio inicial de desenvolvimento, que ainda não havia alcançado o "grau de inteligência que a Terra possui", para citar suas próprias palavras.

— A Lua cresce e se desenvolve, disse G., e um dia talvez chegue ao mesmo nível de desenvolvimento da Terra. Então, perto dela, surgirá uma Lua nova e a Terra tornar-se-á o Sol de todas as duas. Houve tempo em que o Sol era como a Terra hoje e a Terra, como a Lua atual. Em tempos mais longínquos ainda, o Sol era uma Lua.

Isso havia chamado a minha atenção de imediato. Nada me parecera sempre mais artificial, mais suspeito, mais dogmático, que todas as teorias habituais sobre a origem dos planetas e dos sistemas solares, a começar pela de Kant-Laplace até as mais recentes, com tudo o que mudaram e acrescentaram nelas. O "grande público" considera essas teorias ou pelo menos a última de que se tenha conhecimento, como cientificamente provadas. Mas, na verdade, nada é menos científico e nada é menos provado. Eis por que, o fato de o sistema de G. admitir uma teoria totalmente diferente, uma teoria *orgânica* originando-se de princípios inteiramente novos e revelando uma ordem universal diferente, pareceu-me muito interessante e importante.

— Qual a relação entre a inteligência da Terra e a do Sol? perguntei.

— A inteligência do Sol é divina, respondeu G.. Entretanto, a Terra pode chegar à mesma elevação; mas é claro que nada disto é assegurado: a Terra pode morrer antes de ter chegado a alguma coisa.

— De que depende isso?

A resposta de G. foi das mais vagas.

— Há um período definido, disse, durante o qual certas coisas podem ser realizadas. Se, ao fim do tempo prescrito, o que teria de ser feito não o foi, então a Terra pode perecer, sem ter chegado ao grau que teria podido alcançar.

— Esse período é conhecido?

— Ele é conhecido, disse G., mas as pessoas não teriam vantagens em sabê-lo. Seria até pior. Uns acreditariam, outros não acreditariam e outros ainda pediriam provas. Depois começariam a quebrar a cara uns dos outros. Sempre termina assim com as pessoas.

Na mesma época, em Moscou, tivemos várias conversas interessantes sobre a arte. Referiam-se ao relato que fora lido na primeira noite em que vi G..

— Atualmente, disse ele, você não compreende ainda que os homens podem pertencer a níveis muito diferentes, sem parecer diferir em nada uns dos outros. Ora, há diferentes níveis de arte, assim como diferentes níveis de homens. Mas você não vê hoje que a diferença entre esses níveis é muito maior do que imagina; coloca tudo no mesmo plano, justapõe as coisas mais diferentes e imagina que os diferentes níveis lhe são acessíveis.

"Tudo o que você chama arte é apenas reprodução mecânica, imitação da natureza — quando não de outros "artistas" — simples fantasia ou ainda ensaio de originalidade: tudo isso não é arte para mim. A arte verdadeira é totalmente diferente. Em certas obras de arte, em particular nas obras mais antigas, você é tocado por muitas coisas que não se podem explicar e que não se encontram nas obras de arte modernas. Mas, como não compreende onde está a diferença, esquece disso muito depressa e continua a englobar tudo sob o mesmo rótulo. E, no entanto, a diferença entre a sua arte e a de que falo é enorme. Em sua arte, tudo é subjetivo: a percepção que o artista tem desta ou daquela sensação, as formas nas quais procura expressá-la e a percepção dessas formas pelos outros. Em presença de um só e mesmo fenômeno, um artista pode sentir de certo modo e outro artista de modo inteiramente diferente. Um mesmo pôr de sol pode provocar sensação de alegria num e de tristeza noutro. E eles podem esforçar-se por exprimir a mesma percepção por métodos ou formas sem relação entre si; ou, então, percepções muito diversas sob uma mesma forma, segundo o ensinamento que receberam ou em oposição a ele. E os espectadores, os ouvintes ou os leitores perceberão, não o que o artista lhes queria comunicar ou o que sentiu, mas o que as formas pelas quais tiver expressado suas sensações lhes façam experimentar por associação. Tudo é subjetivo e tudo é acidental, isto é, baseado em associações: as impressões acidentais do artista, sua *"criação"* (acentuou a palavra "criação") e as percepções dos espectadores, ouvintes ou leitores.

"Na arte verdadeira, ao contrário, nada é acidental. Tudo é matemático. Tudo pode ser calculado e previsto de antemão. O artista *sabe* e *compreende* a mensagem que quer transmitir e sua obra não pode produzir certa impressão num homem e impressão completamente diferente noutro, sob a condição, naturalmente, de que se tomem pessoas de um mesmo nível. Sua obra produzirá sempre, com certeza matemática, a mesma impressão.

"Entretanto, a mesma obra de arte produzirá efeitos diferentes sobre homens de níveis diferentes. E os de nível inferior nunca extrairão dela tanto quanto os de nível mais elevado. Eis a arte verdadeira, *objetiva*. Tome, por exemplo, uma obra científica — um livro de astronomia ou química. Não pode ser compreendido de duas maneiras; qualquer leitor suficientemente preparado compreende o que o autor quis dizer e precisamente do modo pelo qual o autor quis ser compreendido. Uma obra de arte objetiva é exatamente semelhante a um desses livros, com uma única diferença: de que se dirige à emoção do homem e não à sua cabeça.

— Existem em nossos dias obras de arte desse gênero?

— Naturalmente que existem, respondeu G. . A grande Esfinge do Egito é uma delas, do mesmo modo que certas obras arquitetônicas conhecidas, certas estátuas de deuses e muitas outras coisas ainda. Certos rostos de deuses ou de heróis mitológicos podem ser lidos como livros, não com o pensamento, repito, mas com a emoção, desde que esta esteja suficientemente desenvolvida. No curso de nossas viagens à Ásia Central, encontramos no deserto, ao pé do Hindu Kush, uma curiosa escultura que, à primeira vista, pensamos representar um antigo deus ou demônio. Causou-nos a princípio somente uma impressão de estranheza. Cedo, porém, começamos a *sentir* o conteúdo dessa figura: era um grande e complexo sistema cosmológico. Pouco a pouco, passo a passo, deciframos esse sistema: estava inscrito sobre seu corpo, sobre as pernas, sobre os braços, sobre a cabeça, sobre o rosto, sobre os olhos, sobre as orelhas e sobre todas as suas partes. Nada tinha sido deixado ao acaso nessa estátua, nada era desprovido de significação. E, gradualmente, esclareceu-se em nós a intenção dos homens que a haviam erigido. Podíamos, daí por diante, sentir seus pensamentos, seus sentimentos. Alguns dentre nós acreditavam ver seus rostos e ouvir suas vozes. Em todo caso, havíamos captado o sentido do que queriam nos transmitir através de milhares de anos e, não somente esse sentido, mas todos os sentimentos e emoções que estavam ligados a ele. Isto era verdadeiramente arte."

Estava muito interessado pelo que G. dissera a respeito da arte. Seu *princípio* de divisão entre arte subjetiva e arte objetiva era muito evocador para mim. Ainda não compreendia tudo o que ele colocava nessas palavras. Mas sempre sentira, na arte, certas divisões e gradações, que eu não podia, aliás, definir nem formular e que ninguém jamais formulara. Entretanto, sabia que essas divisões e gradações existiam. De modo que todas as discussões sobre arte que não as admitiam pareciam-me frases ocas, vazias de sentido e inúteis. Graças às indicações que G. me dera dos diferentes níveis que não chegamos a ver nem compreender, sentia que devia existir um caminho de acesso a essa mesma gradação que eu sentira, mas não havia podido definir.

Em geral, muitas coisas ditas por G. me espantavam. Havia nelas idéias que eu não podia aceitar e me pareciam fantásticas, sem fundamento. Outras, ao contrário, coincidiam estranhamente com o que eu mesmo pensara ou confirmavam resultados aos quais já havia chegado há muito tempo. Sobretudo estava interessado no *encadeamento* do que ele dissera. Sentia já que seu sistema não era um amontoado de idéias, como todos os sistemas filosóficos e científicos, mas um todo indivisível, do qual, aliás, até então, só vira alguns aspectos.

Tais eram meus pensamentos, no trem noturno que me levava de Moscou a São Petersburgo. Perguntava-me se tinha realmente encontrado o que buscava. Seria possível que G. *conhecesse* efetivamente o que era indispensável conhecer para passar das palavras ou das idéias aos atos, aos "fatos"? Não estava ainda seguro de nada e não teria podido formular nada com precisão. Tinha, porém, a convicção íntima de que alguma coisa já mudara para mim e de que agora tudo iria tomar um caminho diferente.

Capítulo Dois

Em São Petersburgo, o verão corria em meio ao trabalho literário habitual. Eu preparava novas edições de meus livros, corrigia provas . . . Era esse terrível verão de 1915, de atmosfera cada vez mais deprimente, da qual não conseguia me livrar, apesar de todos os esforços. Lutava-se agora em solo russo e a guerra aproximava-se de nós a cada dia. Tudo começava a se abalar. Essa secreta tendência ao suicídio, tão determinante na vida russa, transparecia cada vez mais. Jogava-se uma "prova de forças". Os impressores faziam greve continuamente. Meu trabalho estava parado. E eu não podia mais duvidar de que a catástrofe cairia sobre nós, antes que tivesse podido realizar meus projetos. No entanto, meus pensamentos voltavam freqüentemente às conversas de Moscou. Quantas vezes disse a mim mesmo, quando as coisas se tornavam particularmente difíceis: "Vou abandonar tudo e juntar-me a G. em Moscou". A esse pensamento, experimentava sempre um alívio.

O tempo passava. Um dia — já era outono — fui chamado ao telefone e ouvi a voz de G. . Viera por alguns dias a São Petersburgo. Fui logo ao seu encontro e, entre uma conversa e outra com visitantes, falou-me como o fizera em Moscou.

Na véspera de sua partida, disse-me que voltaria breve. Na sua segunda visita, ao falar-lhe de certo grupo de São Petersburgo que eu freqüentava e onde se discutiam todos os assuntos imagináveis, da guerra à psicologia, disse-me que poderia ser útil o relacionamento com tais grupos, pois ele se propunha empreender em São Petersburgo um trabalho análogo ao que dirigia em Moscou.

Voltou para Moscou prometendo-me regressar dentro de quinze dias. Falei dele a meus amigos e começamos a esperar a sua chegada.

Ainda dessa vez, vinha só por poucos dias. Consegui, entretanto, levar-lhe algumas pessoas. No que se referia a suas intenções e planos, desejava, dizia, organizar seu trabalho numa escala maior, fazer conferências públicas, coordenar uma série de experiências, de demonstrações, a fim de atrair para sua obra pessoas cuja preparação fosse mais ampla e variada.

Tudo isso lembrava-me um pouco do que ouvira em Moscou. Mas não compreendia bem de que "experiências" e "demonstrações" ele falava; isso só deveria tornar-se claro mais tarde.

Recordo-me de uma conversa — como de costume com G. —, num pequeno café da Perspectiva Nevsky.

G. falou-me, com alguns detalhes, da organização de grupos para seu trabalho e do papel deles nesse trabalho. Uma ou duas vezes, se serviu da palavra "esotérico", que nunca empregara diante de mim. Quis saber o que ele entendia por isso. Mas, ao tentar interrompê-lo para perguntar-lhe o sentido que dava a essa palavra, evitou responder.

— Não tem importância; chame isso como quiser. A questão não está aí. Eis o essencial: um "grupo" é o começo de tudo. Um homem só não pode fazer nada, nada pode atingir. Um grupo realmente dirigido pode fazer muito. Tem pelo menos a oportunidade de chegar a resultados que um homem sozinho nunca seria capaz de obter.

"Você não se dá conta de sua própria situação. Você está na prisão. Tudo o que pode desejar, se você for sensato, é escapar. Mas, como escapar? É preciso cavar um túnel sob as muralhas. Um homem só não pode fazer nada. Mas suponha que sejam dez ou vinte e que trabalhem em rodízio; ajudando-se uns aos outros, podem terminar o túnel e evadir-se.

"Além disso, ninguém pode escapar da prisão sem a ajuda daqueles *que já escaparam*. Só eles podem dizer de que modo é praticável a evasão e fazer chegar aos cativos as ferramentas, as limas, tudo o que lhes é necessário. Mas um prisioneiro *isolado* não pode encontrar esses homens livres nem entrar em contato com eles. É preciso uma organização. Nada poderia ser realizado sem uma organização.

G. devia voltar, muitas vezes, a esse exemplo da "prisão" e da "fuga da prisão". Era às vezes o ponto de partida de tudo o que dizia e ele gostava de acentuar que cada prisioneiro pode encontrar um dia sua oportunidade de evasão, com a condição, entretanto, de que saiba *dar-se conta de que está na prisão*. Mas, enquanto um homem não compreende isso, enquanto acreditar que é livre, que oportunidade poderia ter? Ninguém pode, pela força, ajudar à libertação de um homem que não queira ser livre, que deseja exatamente o contrário. A libertação é possível, mas só pode resultar de trabalhos prolongados, de grandes esforços e, acima de tudo, de esforços conscientes na direção de uma meta definida.

Apresentei, pouco a pouco, a G. um número cada vez maior de pessoas. E, a cada vez que ele vinha a São Petersburgo, eu organizava, na casa de amigos ou com grupos já existentes, palestras e conferências de que ele participava.

Trinta ou quarenta pessoas costumavam assistir a essas reuniões. A partir de janeiro de 1916, G. veio regularmente a São Petersburgo de quinze em quinze dias, às vezes com alguns de seus alunos de Moscou.

G. tinha um modo próprio de organizar essas reuniões, que eu não compreendia muito bem. Por exemplo, era raro que me autorizasse a fixar-lhes com antecedência uma data precisa. Geralmente ficava-se sabendo, no fim de uma reunião, que G. voltaria a Moscou no dia seguinte. Mas, na manhã seguinte, ele dizia ter decidido ficar até a noite. Passava o dia inteiro nos cafés, onde se encontrava com as pessoas que o queriam ver. Só pouco antes da hora de nossas reuniões habituais é que me dizia:

— Por que não nos reunirmos hoje à noite? Chame os que quiserem vir e diga-lhes que estaremos em tal lugar.

Precipitava-me para o telefone, mas às sete ou sete e meia da noite, naturalmente todo mundo já estava comprometido e só podia reunir pequeno número de pessoas. Para as que moravam fora de São Petersburgo, em Tsarkoye, etc., era sempre impossível reunir-se a nós.

Não via, então, por que G. agia assim. Seus motivos escapavam-me. Mas, com o tempo, discerni claramente o principal deles. G. não queria, de modo algum, *facilitar* a aproximação de seu ensinamento. Ao contrário, considerava que era só através da superação das dificuldades acidentais ou mesmo arbitrárias que as pessoas poderiam aprender a apreciá-lo.

— Ninguém aprecia o que chega sem esforços, dizia. E se um homem já sentiu alguma coisa, acredite-me, ficará o dia todo ao lado do telefone, para o caso de ser convidado. Ou então, ele próprio chamará, se deslocará, irá à caça de notícias. E, se um homem está à espera de ser chamado ou se ele próprio se informa com antecedência para tornar as coisas mais cômodas, deixe-o esperar ainda. É claro que, para quem não mora em São Petersburgo, é difícil. Mas nada podemos quanto a isto. Mais tarde talvez tenhamos reuniões em datas fixas. Atualmente, é impossível. É necessário que as pessoas se manifestem e possamos ver como apreciam o que ouviram.

Todos esses pontos de vista e muitos outros ainda ficaram na época meio incompreensíveis para mim.

Mas, em geral, tudo o que G. dizia, nas reuniões ou fora delas, interessava-me cada vez mais.

Durante uma conferência, alguém fez uma pergunta sobre a reencarnação e sobre a possibilidade de se acreditar em casos de comunicação com os mortos.

— Há várias possibilidades, disse G. . Mas deve-se compreender que o ser de um homem, tanto durante a vida quanto depois da morte — se ele deve existir depois da sua morte — pode ser de qualidade muito diferente.

O "homem máquina", para quem tudo depende das influências exteriores, para quem tudo acontece, que é, neste momento, um homem e, no momento seguinte, um outro e, mais tarde ainda, um terceiro, não tem futuro algum de qualquer espécie; é enterrado e é tudo. *É apenas pó e ao pó retorna.* Estas palavras aplicam-se a ele. Para que haja vida futura, seja de que ordem for, é necessária certa cristalização, certa fusão das qualidades interiores do homem; é necessária certa autonomia em relação às influências exteriores. Se houver no homem alguma coisa que possa resistir às influências exteriores, então essa mesma coisa poderá resistir também à morte do corpo físico. Mas, pergunto-lhes: o que poderia resistir à morte do corpo físico num homem que desmaia ao cortar o dedinho? Se existir seja o que for num homem, isto poderá sobreviver; mas, se nada existir, então nada poderá sobreviver. Entretanto, mesmo que essa "alguma coisa" sobreviva, seu futuro pode ser variável. Em certos casos de cristalização completa, pode ocorrer, depois da morte, o que as pessoas chamam uma "reencarnação" e, em outros, o que denominam uma "existência no além". Nos dois casos, a vida continua no "corpo astral" ou com a ajuda do "corpo astral". Você sabe o que significa esta expressão. Mas os sistemas que conhece e que falam de "corpo astral" afirmam que *todos os homem* têm um. É completamente falso. O que se pode chamar "corpo astral" é obtido por fusão, isto é, por uma luta e um trabalho interior terrivelmente duros. O homem não nasce com um "corpo astral". E somente um número muito pequeno de homens adquire um. Se ele chegar a se constituir, poderá continuar a viver depois da morte do corpo físico e poderá renascer num outro corpo físico. Eis a "reencarnação". Se ele não é renascido, então, com o tempo, morre também; não é imortal, mas pode viver por muito tempo depois da morte do corpo físico.

"Fusão e unidade interior obtêm-se por "atrito", pela luta do "sim" e do "não", no homem. Se um homem vive sem conflito interior, se tudo acontece nele sem que a isto se oponha, se vai sempre ao sabor da corrente, na direção em que o vento sopra, permanecerá então tal qual é. Mas, se uma luta interior se iniciar e, sobretudo, se nessa luta seguir uma linha determinada, então, gradualmente, certos traços permanentes começam a formar-se nele; ele começa a cristalizar-se. Entretanto, a cristalização tanto é possível numa base justa, quanto numa base falsa. A fricção, a luta entre o "sim" e o "não", pode facilmente ocorrer em base falsa. Por exemplo, o medo do pecado ou uma fé fanática numa idéia qualquer podem provocar uma luta terrivelmente intensa do "sim" e do "não" e um homem pode cristalizar-se sobre tais bases. Mas será uma cristalização imprópria e incompleta. Tal homem perderá assim toda possibilidade de desenvolvimento posterior. Para que a possibilidade de um desenvolvimento posterior lhe seja restituída, deverá ser previamente "refundido" e isso não se pode realizar sem terríveis sofrimentos.

"A cristalização é possível sobre não importa que base. Tome-se, por exemplo, um bandido de boa estirpe, um autêntico bandoleiro. Conheci alguns no Cáucaso. Um bandido desses, fuzil nas mãos, se manterá nas imediações de uma estrada, por trás de um rochedo, durante oito horas, sem um movimento. Poderia você fazer o mesmo? Compreenda, trava-se nele uma luta a cada instante. Sente calor, tem sede, as moscas o devoram; mas não se mexe. Outro é um monge, tem medo do diabo; a noite toda bate com a cabeça no chão e reza. Assim se completa a cristalização. Por caminhos como esses, as pessoas podem gerar em si mesmas enorme força interior, podem suportar a tortura, podem obter tudo o que quiserem. Isso significa que há nelas agora algo sólido, permanente. Tais pessoas podem tornar-se imortais. Mas onde está a vantagem? Um homem dessa espécie torna-se uma "coisa imortal" — "uma coisa", embora certa quantidade de consciência seja, às vezes, conservada nele. É necessário, entretanto, lembrar-se de que se trata aí de casos excepcionais."

Nas conversas que se seguiram essa noite, um fato me tocou: de tudo o que G. dissera, ninguém tinha compreendido a mesma coisa; alguns só tinham prestado atenção a observações secundárias, não essenciais e não se lembravam de nada mais. Os princípios fundamentais expostos por G. tinham escapado à maioria. Muito raros foram os que fizeram perguntas sobre a essência do que fora dito. Uma dessas perguntas ficou-me na memória:

— Como se pode provocar a luta entre o "sim" e o "não"?
— É necessário o sacrifício, disse G.. Se nada é sacrificado, nada pode ser obtido. E é indispensável sacrificar o que lhes é precioso no próprio momento, sacrificar muito e sacrificar durante longo tempo. *Não para sempre, entretanto*. De ordinário, isso é pouco compreendido e, no entanto, nada é mais importante. São necessários sacrifícios, mas quando o processo de cristalização está concluído, as renúncias e as privações, os sacrifícios, não são mais necessários. Um homem pode, então, ter tudo o que quer. Não há mais lei para ele, ele é sua própria lei.

Entre as pessoas que vinham à nossas reuniões, destacou-se progressivamente um pequeno número de pessoas, que nunca perdiam uma ocasião de ouvir G. e se reuniam entre si em sua ausência. Foi o começo do primeiro grupo de São Petersburgo.

Nessa época, encontrava-me muito com G. e começava a compreendê-lo melhor. Ficava-se tocado por sua grande simplicidade interior e por sua naturalidade, que faziam esquecer totalmente que ele representava para nós o mundo do milagroso e do desconhecido. Sentia-se muito fortemente nele, também, a ausência total de qualquer espécie de afetação ou desejo de causar impressão. Além disso, sentia-se que era completamente desinteressado, inteiramente indiferente às suas comodidades, ao seu conforto e capaz de não poupar esforços em seu trabalho, qualquer que fosse. Gostava de estar em companhia vivaz, alegre; gostava de organizar jantares abundantes onde se consumia uma enorme quantidade de bebidas e alimentos, dos quais, aliás, ele praticamente nada comia nem bebia. Por isso muitas pessoas ficavam com a impressão de que era guloso, que gostava da boa vida em geral, mas para nós parecia freqüentemente que procurava criar essa impressão; todos já havíamos compreendido que "representava um papel".

Nosso sentimento em relação a esse seu "representar" era excepcionalmente forte. Nós nos dizíamos, freqüentemente, que não o víamos e nunca o veríamos. Em qualquer outro homem, tanta "representação" teria produzido uma impressão de falsidade. Nele, o "representar" dava uma impressão de força, embora, como disse, nem sempre: às vezes era excessivo.

Gostava particularmente do seu senso de humor e da completa ausência nele de quaisquer pretensões à "santidade" ou a posse de poderes "miraculosos", embora, como mais tarde nos convencemos, possuísse o saber e a capacidade de criar fenômenos inabituais de ordem psicológica. Mas ria sempre das pessoas que esperavam milagres dele. Sabia tudo e podia fazer tudo; os talentos desse homem eram extraordinariamente variados. Disse-me um dia ter trazido uma coleção de tapetes de suas viagens ao Oriente, entre os quais muitas duplicatas e outros sem valor artístico especial. Por outro lado, tinha descoberto que o preço dos tapetes era mais alto em São Petersburgo que em Moscou e, em cada uma de suas viagens, trazia um fardo deles.

Segundo outra versão, simplesmente comprava os tapetes em Moscou, na "Tolkutchka" e vinha vendê-los em São Petersburgo.

Eu não compreendia muito bem as razões dessa manobra, mas sentia que estava ligada à idéia de "representar um papel".

A venda desses tapetes era, em si mesma, notável. G. punha um anúncio nos jornais e vinham pessoas de toda espécie. Em tais ocasiões, tomavam-no naturalmente por um simples mercador de tapetes caucasiano. Acontecia-me passar horas a observá-lo, enquanto ele falava com as pessoas. Vi como as apanhava algumas vezes pelos seus lados fracos.

Um dia que ele estava com pressa ou cansado de bancar o mercador de tapetes, ofereceu a uma senhora, visivelmente rica mas ávida de lucro, que escolhera uma dúzia de belas peças pelas quais regateava como uma desesperada, todos os tapetes que estavam no aposento por cerca da quarta parte do preço dos que ela escolhera. No momento, ela mostrou-se surpresa, mas depois recomeçou a regatear. G. sorriu; disse-lhe que ia refletir sobre o assunto e lhe daria resposta no outro dia. Mas, no dia seguinte, deixara São Petersburgo e a mulher não conseguiu absolutamente nada. Episódios desse gênero repetiam-se com freqüência.

No papel de mercador de tapetes, G. dava a impressão de um homem disfarçado, uma espécie de Harum-al-Raschid ou do homem do "chapéu que torna invisível" dos contos de fadas.

Um dia quando eu não estava lá, um "ocultista" do tipo charlatão veio procurá-lo. O homem era mais ou menos conhecido nos meios espíritas de São Petersburgo; mais tarde, sob os bolchevistas, seria promovido à dignidade de professor. Começou dizendo que ouvira falar muito de G. e de sua ciência e desejava conhecê-lo.

Conforme o próprio G. me disse, ele assumiu o seu papel de mercador de tapetes. Com o seu mais forte sotaque caucasiano e num russo entrecortado, pôs-se a convencer o "ocultista" de seu erro, afirmando que só vendia tapetes; e de imediato começou a desenrolá-los para que os comprasse.

O "ocultista" foi embora acreditando ter sido enganado por seus amigos.

— O velhaco, é evidente, não tinha um tostão, completou G.. De outro modo, eu lhe teria passado pelo menos um par de meus tapetes.

Um persa ia a sua casa para reparar os tapetes. Um dia, encontrei G. observando muito atentamente o trabalho dele.

— Queria compreender como faz e ainda não consigo. Está vendo o gancho de que se serve ? Todo o segredo está nele. Quis comprá-lo, mas recusou-se a vender.

No dia seguinte, cheguei mais cedo que de costume. G. estava sentado no chão, reparando um tapete exatamente como o persa. Lãs de cores variadas estavam esparsas em torno dele e servia-se da mesma espécie de gancho que eu vira nas mãos do persa. Visivelmente, ele próprio o fabricara com uma lima, a partir da lâmina de um canivete barato e, no espaço de uma manhã, tinha sondado todos os mistérios da reparação de tapetes.

Aprendi muito com ele sobre os tapetes, que representavam, dizia, uma das formas mais arcaicas de arte. Falava dos antigos costumes relacionados com sua fabricação, ainda em vigor em certas localidades da Ásia. Uma aldeia inteira trabalha num mesmo tapete; todos, jovens e velhos, se reúnem nas longas noites de inverno, numa casa grande onde se repartem em grupos, sentados ou em pé, segundo ordem previamente conhecida e fixada pela tradição. Cada grupo começa então seu trabalho. Uns retiram da lã pequenas pedras ou farpas de madeira. Outros a amaciam com bastões. Um terceiro grupo penteia. Um quarto fia. Um quinto tinge. Um sexto, ou talvez o vigésimo sexto, tece o verdadeiro tapete. Homens, mulheres, crianças, todos têm seu próprio trabalho tradicional. E, do início ao fim, o trabalho é acompanhado de música e cantos. As fiandeiras, enquanto manejam os fusos, dançam uma dança especial e, em sua diversidade, os gestos de todos fazem como que um só e mesmo movimento num só e mesmo ritmo. Além disso, cada localidade tem seu próprio tema musical, seus próprios cantos, suas danças próprias, associadas desde tempos imemoriais à fabricação dos tapetes.

E, enquanto ele me falava, atravessou-me o pensamento de que talvez o desenho e o colorido dos tapetes tivessem correspondência com a música, fossem sua expressão na linha e na cor; que os tapetes podiam muito bem ser registros dessa música, as partituras que permitiam a reprodução dos temas. Nada havia para mim de estranho nessa idéia, porque acontecia muitas vezes "ver" a música sob forma de desenhos coloridos e complexos.

Por algumas conversas fortuitas com G., pude fazer idéia de sua vida.

Passara a infância na fronteira da Ásia Menor, em condições de existência estranhas, arcaicas, quase bíblicas. Rebanhos de carneiros incontáveis. Andanças de lugar em lugar. Encontros com povos extraordinários . . . Sua imaginação fora particularmente tocada pelos iezidas, os "Adoradores do Diabo", seus costumes incompreensíveis e sua dependência insólita a leis desconhecidas. Dizia-me, por exemplo, ter observado, quando criança, que os meninos iezidas eram incapazes de sair de um círculo traçado no chão em torno deles.

Seus primeiros anos transcorreram numa atmosfera de contos de fada, de lendas e de tradições. À sua volta, o "milagroso" tinha sido um fato real. Predições que ouvira e nas quais os que o rodeavam tinham fé integral, se haviam realizado e lhe tinham aberto os olhos para muitas outras coisas.

O conjunto de todas essas influências criara assim nele, desde a mais tenra idade, propensão para o misterioso, o incompreensível e o mágico.

Disse-me ter viajado muito pelo Oriente, quando ainda era bem jovem.

Que havia de verdadeiro em seus relatos? Nunca pude precisá-lo. Mas, durante suas viagens, seguramente entrara em contato com mil fenômenos que haviam evocado para ele a existência de certo conhecimento, de certos poderes, de certas possibilidades do homem, e tinha conhecido pessoalmente pessoas que possuíam o dom da clarividência e outros poderes miraculosos. Pouco a pouco, disse-me, suas partidas da casa paterna e suas viagens começaram a tomar direção definida. Ia em busca do conhecimento e das pessoas que o possuíam. Depois de grandes dificuldades, descobriu, por fim, as fontes desse conhecimento, junto com vários companheiros, também buscadores do "milagroso".

Em todas as histórias que contava sobre si mesmo, havia muitos elementos contraditórios e pouco críveis. Mas já me dera conta de que nada se devia pedir-lhe de comum. Não se deixava reduzir a nenhuma de nossas medidas.

Não se podia estar certo de coisa alguma com ele. Podia dizer uma coisa hoje e amanhã outra, inteiramente diferente, sem que, se pudesse num sentido, acusá-lo jamais de contradição; era necessário compreender e descobrir o vínculo que unia o todo.

Das escolas e dos locais onde encontrara o conhecimento que indubitavelmente possuía, falava muito pouco e sempre de maneira evasiva. Mencionava mosteiros tibetanos, o Chitral, o Monte Atos, escolas sufis na Pérsia, em Bucara e no Turquestão Oriental; citava ainda dervixes de diferentes ordens que conhecera, mas sem dar jamais dados precisos.

Um grupo permanente começava a tomar forma. Um dia que estávamos com G., perguntei-lhe: "Por que o conhecimento se mantém tão cuidadosamente secreto? Se o antigo conhecimento foi preservado e se existe, falando de um modo geral, um conhecimento diferente de nossa ciência e de nossa filosofia que até as ultrapasse, por que ele não se torna propriedade comum? Por que seus detentores recusam-se a deixá-lo entrar no circuito geral da vida, favorecendo uma luta mais decisiva contra a mentira, o mal e a ignorância?"

Tal pergunta, creio, deve surgir em todos os espíritos que encontram, pela primeira vez, as idéias do esoterismo.

— Há duas respostas, disse-me. Primeiro, esse conhecimento não se mantém secreto; segundo, ele não pode, por sua própria natureza, tornar-se propriedade comum. Examinaremos, em primeiro lugar, este segundo ponto. Vou lhe provar em seguida que o *conhecimento* — acentuou esta palavra — é muito mais acessível do que geralmente se acredita àqueles que são capazes de assimilá-lo; todo o mal é que as pessoas ou não querem ou não podem receber.

"Mas, antes de tudo, deve-se entender que o conhecimento não pode pertencer a todos, não pode sequer pertencer à maioria. Tal é a lei. Você não a compreende porque não se dá conta de que, como qualquer coisa no mundo, o conhecimento é *material*. É material — isto significa que possui todos os caracteres da materialidade. Ora, um dos primeiros caracteres da materialidade implica numa limitação da matéria, quero dizer que a

53

quantidade de matéria, num dado lugar e em dadas condições, é sempre limitada. Até a areia do deserto e a água do oceano existem em quantidade invariável e estritamente medida. Por conseguinte, dizer que o conhecimento é material é dizer que há uma quantidade definida num lugar e num tempo dados. Pode-se, pois, afirmar que, durante certo período, digamos um século, a humanidade dispõe de uma quantidade definida de conhecimento. Sabemos, porém, por uma observação mesmo elementar da vida, que a *matéria do conhecimento* possui qualidades inteiramente diferentes, conforme seja absorvida em pequena ou em grande quantidade. Tomada em grande quantidade num dado lugar — por um homem, por exemplo, ou por um pequeno grupo de homens — produz muito bons resultados; tomada em pequena quantidade por cada um dos indivíduos que compõem uma massa muito grande de homens, não dá resultado algum, a não ser, por vezes, resultados negativos, contrários aos que se esperavam. Portanto, se uma quantidade definida de conhecimento vier a ser distribuída entre milhões de homens, cada indivíduo receberá muito pouco e essa pequena dose de conhecimento nada poderá mudar, nem em sua vida nem em sua compreensão das coisas. Seja qual for o número dos que absorvam essa pequena dose, o efeito em suas vidas será nulo, a não ser que se torne ainda mais difícil.

"Mas se, ao contrário, grandes quantidades de conhecimento puderem ser concentradas em um pequeno número, então este conhecimento trará grandes resultados. Desse ponto de vista, é muito mais vantajoso que o conhecimento seja preservado por um pequeno número e não difundido entre as massas.

"Se, para dourar objetos, tomamos certa quantidade de ouro, devemos conhecer o número exato de objetos que ela nos permitirá dourar. Se tentarmos dourar um número muito grande de objetos, ficarão dourados desigualmente, com manchas, e parecerão bem piores do que se nunca tivessem sido dourados; de fato, teremos desperdiçado o nosso ouro.

"A repartição do conhecimento baseia-se num princípio rigorosamente análogo. Se o conhecimento fosse dado a todo mundo, ninguém receberia nada. Se for reservado a um pequeno número, cada qual receberá o suficiente, não apenas para guardar o que recebe, mas para aumentá-lo.

"À primeira vista, essa teoria parece muito injusta, porque a situação daqueles a quem o conhecimento, de certo modo, é recusado para que outros possam receber mais, parece muito triste, imerecida e mais cruel do que deveria ser. A realidade é, entretanto, muito diferente; na distribuição do conhecimento não há sombra de injustiça.

"É um fato que a enorme maioria das pessoas ignora o desejo de conhecer; recusam sua quota de conhecimento, descuidam até de tomar, na distribuição geral, a parte que lhes cabe para as necessidades de sua vida. Isto é particularmente evidente em períodos de loucura coletiva, de guerras, revoluções, quando os homens parecem perder, de repente, até o grãozinho de bom senso que tinham comumente e, tornados em perfeitos autômatos, entregam-se a massacres gigantescos, como se não tivessem mais sequer o instinto de conservação. Enormes quantidades de conhecimento permanecem assim, de certo modo, não reclamadas e podem ser distribuídas aos que sabem apreciar-lhe o valor.

"Não há nada de injusto em tudo isso, porque os que recebem o conhecimento não estão tirando nada que pertença a outros, não despojam ninguém; apenas tomam o que foi rejeitado como inútil e que ficaria, em todo caso, perdido se não o tomassem.

"O acúmulo do conhecimento por uns depende da rejeição do conhecimento por outros.

"Na vida da humanidade, há períodos que coincidem geralmente com o começo do declínio das civilizações, em que as massas perdem irremediavelmente a razão e se põem a destruir tudo o que séculos e milênios de cultura haviam criado. Tais períodos de loucura que coincidem freqüentemente com cataclismos geológicos, perturbações climáticas e outros fenômenos de caráter planetário, liberam uma quantidade muito grande dessa matéria do conhecimento. O que requer um trabalho de recuperação, sem o qual ela se perderia. Assim, o trabalho de recolher a matéria esparsa do conhecimento coincide freqüentemente com o declínio e a ruína das civilizações.

"Esse aspecto da questão é claro. As massas não procuram o conhecimento, não o querem, e seus chefes políticos — por interesse — só reforçam essa aversão, esse medo a tudo o que é novo e desconhecido. O estado de escravidão da humanidade tem por fundamento esse medo. É até difícil imaginar todo o seu horror. Mas as pessoas não compreendem o valor do que perdem assim. E, para entender a causa de tal estado, basta observar como vivem as pessoas, o que constitui a razão de viver delas, o objeto de suas paixões ou aspirações, em que pensam, de que falam, o que servem e o que adoram. Veja para onde vai o dinheiro da sociedade culta de nossa época; deixando de lado a guerra, considere o que dita os mais altos preços, para onde vão as multidões mais densas. Refletir por um momento em todos esses desperdícios, deixa claro, então, que a humanidade tal qual é atualmente, com os interesses pelos quais vive, não pode esperar outra coisa senão o que tem. Mas, como já disse, não poderia ser diferente. Imagine que haja, para toda a humanidade, apenas meio quilo de conhecimento disponível por ano! Se esse conhecimento fosse difundido entre as massas, cada qual receberia tão pouco que continuaria sendo o louco de sempre.

Mas, devido a que só alguns homens desejam esse conhecimento, os que o pedem poderão receber dele, por assim dizer, cada qual um grão e adquirir a possibilidade de se tornarem mais inteligentes. Todos não poderiam se tornar inteligentes, mesmo que o desejassem. E se isto acontecesse não serviria para nada, pois existe um equilíbrio geral que não poderia ser invertido.

"Eis um aspecto. O outro, como já disse, refere-se ao fato de que ninguém esconde nada; não há o menor mistério. Mas a aquisição ou transmissão do verdadeiro conhecimento exige grande trabalho e grandes esforços, tanto da parte do que recebe como da que dá. E os que possuem esse conhecimento fazem tudo o que podem para transmiti-lo e comunicá-lo ao maior número possível de homens, para lhes facilitar a aproximação e torná-los capazes de se prepararem para receber a verdade. Mas o conhecimento não pode ser imposto pela força àqueles que não o querem e, como acabamos de ver, um exame imparcial da vida do homem médio, de seus interesses, do que preenche seus dias, demonstrará imediatamente que é impossível acusar os homens que possuem o conhecimento de escondê-lo, de não desejarem transmiti-lo ou de não desejarem ensinar aos outros o que eles mesmos sabem.

"Aquele que deseja o conhecimento deve fazer, ele mesmo, os primeiros esforços para encontrar a sua fonte, para aproximar-se dela, ajudando-se com as indicações dadas a todos, mas que as pessoas, via de regra, não desejam ver nem reconhecer. O conhecimento não pode vir aos homens gratuitamente, sem esforços de sua parte. Eles compreendem isso muito bem, quando se trata apenas dos conhecimentos ordinários, mas, no caso do *grande conhecimento*, quando admitem a possibilidade de sua existência, acham possível esperar algo diferente. Todo mundo sabe muito bem, por exemplo, que um homem deverá trabalhar intensamente durante vários anos, se quiser aprender chinês; ninguém ignora que são indispensáveis cinco anos de estudos para aprender os princípios da medicina e talvez duas vezes mais para o estudo da música ou da pintura. E, no entanto, certas teorias afirmam que o conhecimento pode vir às pessoas sem esforços de sua parte, que pode ser adquirido *até mesmo dormindo*. O simples fato da existência de semelhantes teorias constitui uma explicação suplementar para o fato de que o conhecimento não pode alcançar as pessoas. Entretanto, não é menos essencial compreender que os esforços *independentes* de um homem para alcançar seja o que for nessa direção não podem dar nenhum resultado por si mesmos. Um homem só pode alcançar o conhecimento com a ajuda dos que o possuem. Isso deve ser compreendido desde o início. *É necessário aprender com os que sabem".*

Numa das reuniões seguintes, em resposta a uma pergunta sobre a imortalidade, G. desenvolveu algumas das idéias que já dera sobre a reencarnação e a vida futura.

No início da reunião, alguém tinha perguntado:

"Pode-se dizer que o homem possui a imortalidade?

— A imortalidade, disse G., é uma dessas qualidades que o homem se atribui, sem ter compreensão suficiente do que isso quer dizer. Outras qualidades desse gênero são a "individualidade", no sentido de unidade interior, o "Eu permanente e imutável", a "consciência" e a "vontade". Todas essas qualidades *podem* pertencer ao homem — acentuou a palavra "podem" — mas isto, certamente, não significa que já lhe pertençam *efetivamente* ou possam pertencer a qualquer um.

"Para compreender *o que é* o homem hoje, isto é, no nível atual de seu desenvolvimento, é indispensável poder imaginar, até certo ponto, o que ele pode ser, isto é, o que pode atingir. Pois, só na medida em que um homem chega a compreender a seqüência correta de seu possível desenvolvimento, é que pode cessar de atribuir-se o que ainda não possui e que só poderá talvez atingir através de grandes esforços e de grandes trabalhos.

"Segundo antigo ensinamento, cujos traços subsistem em numerosos sistemas de ontem e de hoje, quando o homem atinge o mais completo desenvolvimento que lhe seja possível em geral, ele se *compõe de quatro corpos*. Esses quatro corpos são constituídos por substâncias que se tornam cada vez mais finas, se interpenetram e formam quatro organismos que têm entre si relação bem definida, embora sejam independentes e capazes de ação independente.

"O que permite a existência de quatro corpos é ter o organismo humano, isto é, o corpo físico, uma organização tão complexa que nele pode se desenvolver, sob certas condições, um organismo novo e independente, que oferece à atividade da consciência um instrumento muito mais adequado e mais sensível que o corpo físico. A consciência manifestada nesse novo corpo está apta a governá-lo e tem pleno poder e pleno controle sobre o corpo físico. Nesse segundo corpo, sob certas condições, pode-se formar um terceiro corpo, ele também com características próprias. A consciência manifestada nesse terceiro corpo tem pleno poder e pleno controle sobre os dois primeiros; e o terceiro corpo pode adquirir conhecimentos inacessíveis, tanto ao segundo quanto ao primeiro. No terceiro corpo, sob certas condições, pode crescer um quarto corpo, que difere tanto do terceiro quanto este do segundo e o segundo do primeiro. A consciência manifestada no quarto corpo tem pleno controle sobre esse próprio corpo e sobre os três primeiros.

"Esses quatro corpos são definidos de diferentes maneiras pelos diversos ensinamentos."

G. traçou o quadro reproduzido na figura abaixo e disse:

— Segundo a terminologia cristã, o primeiro é o corpo físico, o corpo "carnal", o segundo, o corpo "natural", o terceiro, o corpo "espiritual" e o quarto, segundo a terminologia do *Cristianismo esotérico*, o corpo "divino".

"Segundo a terminologia teosófica, o primeiro é o corpo físico, o segundo, o "corpo astral", o terceiro, o "corpo mental" e o quarto, o "corpo causal"[1].

1º CORPO	2º CORPO	3º CORPO	4º CORPO
Corpo carnal	Corpo natural	Corpo espiritual	Corpo divino
"Carruagem" (corpo)	"Cavalo" (sentimentos, desejos)	"Cocheiro" (pensamentos)	"Amo" (Eu, consciência, vontade)
Corpo físico	Corpo astral	Corpo mental	Corpo causal

"Na linguagem cheia de imagens de certos ensinamentos orientais, o primeiro é a *carruagem* (corpo), o segundo, o *cavalo* (sentimentos, desejos), o terceiro, o *cocheiro* (pensamentos) e o quarto, o *Amo* (Eu, consciência, vontade).

"Encontram-se paralelos ou comparações desse gênero na maioria dos sistemas que reconhecem no homem algo mais que o corpo físico. Mas quase todos esses sistemas quanto repetem de forma mais ou menos familiar as definições e divisões do ensinamento antigo, esqueceram ou omitiram seu traço mais importante, a saber, que o homem não nasce com os corpos sutis e que estes requerem um cultivo artificial, possível somente em certas condições, exteriores e interiores, favoráveis.

"O "corpo astral" não é indispensável ao homem. É um grande luxo que não está ao alcance de todos. O homem pode muito bem viver sem

---

(1) Isto é, o corpo que contém em si mesmo as *causas* de suas ações: é independente das causas exteriores, é o *corpo da vontade*.

corpo astral. Seu corpo físico possui todas as funções necessárias à vida. Um homem sem "corpo astral" pode até dar a impressão de ser um homem muito intelectual e até mesmo *espiritual* e, assim, enganar não só os outros, mas a si mesmo.

"Naturalmente, isso é ainda mais verdadeiro para o "corpo mental" e o quarto corpo. O homem comum não possui esses corpos, nem as funções que lhes correspondem. Mas, freqüentemente ele acredita que os possui e consegue fazer que os outros o acreditem. As razões desse erro são, em primeiro lugar, o fato de o corpo físico trabalhar com as mesmas substâncias de que se constituem os corpos superiores; mas essas substâncias não se cristalizam nele, não lhe pertencem; em segundo lugar, o corpo físico tem todas as funções análogas às dos corpos superiores, embora, naturalmente, difiram muito delas. A principal diferença, entre as funções de um homem que só possui o corpo físico e as funções dos *quatro corpos*, é que, no primeiro caso, as funções do *corpo físico* governam todas as outras; noutros termos, tudo é governado pelo corpo que é, por sua vez, governado pelas influências exteriores. No segundo caso, o comando ou o controle emana do corpo superior.

"Podem-se pôr em paralelo as funções do corpo físico e as funções dos quatro corpos."

G. traçou outro quadro que representava as funções paralelas de um homem de corpo físico e de um homem de quatro corpos.

Autômato que trabalha sob a pressão das influências exteriores.	Desejos produzidos por esse automatismo.	Pensamentos provenientes dos desejos.	Múltiplas "vontades" contraditórias produzidas pelos desejos.
Corpo que obedece aos desejos ou às emoções submetidas à inteligência.	Forças emocionais e desejos que obedecem ao pensamento inteligente.	Funções do pensar que obedecem à consciência e à vontade.	Eu Ego Consciência Vontade.

"No primeiro caso, disse G., isto é, no caso das funções de um homem de corpo físico apenas, o autômato depende das influências exteriores e as três outras funções dependem do corpo físico e das influências exteriores que recebe. Desejos ou aversões — "desejo", "não desejo", "gosto", "não gosto" — isto é, as funções que ocupam o lugar do segundo corpo, dependem dos choques e das influências acidentais. O pensar, que corresponde às funções do terceiro corpo, é um processo inteiramente automático. A "vontade" falta no homem mecânico: só tem desejos e o que se chama sua vontade forte ou fraca, é apenas a maior ou menor *permanência* de seus desejos e de suas vontades.

"No segundo caso, isto é, no caso de um homem que possui quatro corpos, o automatismo do corpo físico depende da influência dos outros corpos. Em vez da atividade discordante e freqüentemente contraditória dos diferentes desejos, há um só Eu, inteiro, indivisível e permanente; há uma *individualidade* que domina o corpo físico e seus desejos e pode superar suas aversões e suas resistências. Em lugar de um pensar mecânico, há a *consciência*. E há a *vontade*, isto é, um poder, não mais composto simplesmente de desejos variados e geralmente contraditórios, pertencentes aos diferentes "eus", mas um poder oriundo da consciência e governado pela Individualidade ou um Eu único e permanente. Só essa vontade se pode dizer "livre", porque é independente do acidente e não pode mais ser alterada nem dirigida de fora.

"Um ensinamento oriental descreve as funções dos quatro corpos, seu crescimento gradual e as condições desse crescimento, da seguinte maneira:

"Imaginemos um recipiente ou cadinho cheio de diversos pós metálicos. Entre esses pós, em contato uns com os outros, não há relações definidas. Cada mudança acidental da posição do cadinho modifica a posição relativa dos pós. Se sacudirmos o cadinho, se batermos nele com o dedo, o pó que estava em cima pode então aparecer no fundo, no meio ou inversamente. Nada há de permanente na situação respectiva desses pós e, em tais condições, nada pode aí existir de permanente. É uma imagem fiel de nossa vida psíquica. A todo momento, novas influências podem modificar a posição dos grãos que se encontram em cima e fazer surgir em seu lugar outros grãos, de natureza completamente oposta. A ciência chama esse estado relativo dos pós, estado de mistura mecânica. A característica fundamental das relações mútuas, nesse estado de mistura, é sua versatilidade e instabilidade.

"É impossível estabilizar as relações mútuas dos pós que se encontram num estado de mistura mecânica. Mas eles podem ser fundidos; sua natureza metálica torna possível a operação. Para isso, pode-se acender um fogo especial sob o cadinho; ao aquecê-los, o fogo opera a fusão de uns com os outros. Assim fundidos, os pós se encontram em estado de composto químico. A partir daí, não podem mais ser agitados tão facilmente como no estado de mistura mecânica, quando bastava uma batida com o dedo para separá-los ou fazê-los mudar de lugar. O conteúdo do cadinho tornou-se agora indivisível, "individual". É uma imagem da formação do segundo corpo. O fogo, graças ao qual se obtém a fusão, é o produto de uma "fricção" que, por sua vez, é o produto da luta, no homem, do "sim" e do "não". Se um homem nunca resiste a nenhum de seus desejos, se é conivente com eles, se os adula, se até os encoraja, jamais haverá conflito interior, jamais haverá "fricção" e fogo. Mas se, para atingir uma meta definida, ele combate os desejos que se atravessam em seu caminho, cria desse modo um fogo que transformará gradualmente seu mundo interior num Todo.

"Voltemos ao nosso exemplo. O composto químico obtido por fusão possui certas qualidades, certo peso específico, certa condutibilidade elétrica e assim por diante. Essas qualidades constituem as características da substância em questão. Mas, se se trabalha sobre ela de certo modo, o número de suas características pode aumentar, isto é, pode-se conferir à liga novas propriedades que não lhe pertenciam primitivamente. Será possível imantá-la, torná-la radioativa, etc.

"O processo pelo qual se pode comunicar novas propriedades à liga corresponde ao processo de formação do terceiro corpo, bem como ao da aquisição de um novo conhecimento e de novos poderes com a ajuda desse terceiro corpo.

"Quando o terceiro corpo estiver formado e tiver adquirido todas as propriedades, poderes e conhecimentos que lhe são acessíveis, resta ainda o problema de fixá-los, pois todas essas propriedades novas que lhe foram comunicadas por influências de certa espécie podem ser-lhe retiradas, tanto por essas mesmas influências como por outras. Mas, por meio de um trabalho especial que os três corpos têm que fazer em conjunto, os caracteres adquiridos podem tornar-se propriedade permanente e inalterável do terceiro corpo.

"O processo de fixação desses caracteres adquiridos corresponde ao processo de formação do quarto corpo.

"Na verdade, enquanto seus quatro corpos não estiverem totalmente desenvolvidos, nenhum homem tem o direito de ser chamado Homem, no pleno sentido dessa palavra. Assim, o homem verdadeiro possui numerosas propriedades que o homem comum não possui. *Uma dessas propriedades é a imortalidade*. Todas as religiões, todos os ensinamentos antigos, trazem essa idéia de que, pela aquisição do quarto corpo, o homem adquire a imortalidade; e todos eles indicam caminhos que conduzem à aquisição do quarto corpo, isto é, à conquista da imortalidade.

"Sob esse aspecto, alguns ensinamentos comparam o homem a uma casa de quatro quartos. O homem vive no menor e mais miserável, sem suspeitar de forma alguma, até que lhe tenham dito, da existência dos três outros, que estão repletos de tesouros. Quando ouve falar nisto, começa a buscar as chaves desses quartos e, especialmente, do último quarto, o mais importante. E, quando um homem encontrou o meio de penetrar nele, torna-se realmente o dono de sua casa, porque só então a casa lhe pertence plenamente e para sempre.

"O último quarto dá ao homem a imortalidade, cujo caminho todos os ensinamentos religiosos se esforçam por lhe mostrar. Há um grande número de caminhos, mais ou menos longos, mais ou menos duros, mas todos, sem exceção, levam ou se esforçam por levar numa mesma direção, que é a da *imortalidade*."

Na reunião seguinte, G. prosseguiu:

— Da última vez, dizia que a *imortalidade* não é uma propriedade com a qual o homem nasce, mas que se pode adquirir. Todos os caminhos que conduzem à imortalidade — os que são geralmente conhecidos e os outros — podem se distribuir em três categorias:

1. *O caminho do faquir.*
2. *O caminho do monge.*
3. *O caminho do iogue.*

"O caminho do faquir é o da luta com o corpo físico, é o caminho do trabalho sobre o primeiro quarto. É longo, difícil e incerto. O faquir esforça-se por desenvolver a vontade física, o poder sobre o corpo. Consegue isso através de terríveis sofrimentos, torturando o corpo. Todo o caminho do faquir é feito de exercícios físicos incrivelmente penosos. Mantém-se em pé, na mesma posição, sem um movimento, durante horas, dias, meses ou anos; ou então, sentado numa pedra nua, sob o sol, a chuva, a neve, mantém os braços estendidos; ou então inflige-se o suplício do fogo ou o do formigueiro no qual mantém suas pernas nuas e assim por diante. Se não adoece ou não morre, o que se pode chamar vontade física desenvolve-se nele; ele atinge então o último quarto, isto é, a possibilidade de formar o quarto corpo. Mas suas outras funções — emocionais, intelectuais — permanecem não desenvolvidas. Conquistou a vontade, mas nada possui em que possa aplicá-la, não pode fazer uso dela para adquirir o conhecimento ou aperfeiçoar-se a si mesmo. Em geral, está velho demais para começar um trabalho novo.

"Mas, onde há escolas de faquires há também escolas de iogues. Os iogues, geralmente, não perdem de vista os faquires. E, quando um faquir atinge aquilo a que aspirava, antes de estar velho demais, levam-no para uma de suas escolas para tratá-lo; restauram nele o poder de movimento, depois do que começam a instruí-lo. Um faquir deve reaprender a falar e a andar, como um bebê. Mas possui agora uma vontade que superou dificuldades incríveis e que poderá ajudá-lo a ultrapassar as dificuldades que ainda o esperam na segunda parte de seu caminho, quando tratar de desenvolver suas funções intelectuais e emocionais.

"Vocês não podem imaginar as provações a que se submetem os faquires. Não sei se já viram verdadeiros faquires. De minha parte já encontrei muitos; lembro-me de um deles que vivia no pátio interno de um templo da Índia; até dormi ao seu lado. Dia e noite, durante vinte anos, mantivera-se na ponta dos dedos das mãos e dos pés. Não era mais capaz de se levantar nem de se deslocar. Os seus discípulos o carregavam, levavam-no até o rio, onde o lavavam como um objeto. Mas um resultado como esse não se obtém num dia. Pensem em tudo aquilo sobre que teve que superar, nas torturas que teve de sofrer para atingir esse grau.

"E um homem não se torna faquir por sentimento religioso ou porque compreende as possibilidades e os resultados desse caminho. Em todos os países do Oriente onde existem faquires, a camada mais baixa do povo costuma dedicar aos faquires a criança nascida após qualquer acontecimento feliz. Acontece também que os faquires adotam órfãos ou compram os filhos de indigentes. Estas crianças se tornam seus alunos e os imitam livremente ou são obrigadas a isso; algumas só o fazem em aparência, mas há outras que se tornam realmente faquires.

"Acrescente-se que outros seguem esse caminho simplesmente por terem sido tocados pelo espetáculo de algum faquir. Ao lado de todos os faquires que se podem ver nos templos, encontram-se pessoas que os imitam, sentadas ou em pé, na mesma postura. Não o fazem por muito tempo, é claro, mas algumas vezes durante longas horas. E acontece também que um homem que entrou acidentalmente num templo, num dia de festa, depois de ter começado por imitar um faquir que o tenha impressionado, nunca mais volte para casa, mas se reúna à multidão de seus discípulos; mais tarde, ele próprio se tornará faquir. Deve compreender que, em tais casos, não dou mais à palavra "faquir" seu sentido próprio. Na Pérsia, o termo *faquir* designa simplesmente um mendigo; na Índia, com freqüência, os malabaristas, os saltimbancos chamam a si mesmos faquires. E os europeus, notadamente os europeus cultos, dão com muita freqüência o nome de faquir a *iogues*, bem como a *monges* itinerantes de diversas ordens.

"Na realidade, porém, o caminho do faquir, o caminho do monge e o caminho do iogue são inteiramente diferentes. Só falei até agora dos faquires. É o primeiro caminho.

"O segundo é o do monge. É o caminho da fé, do sentimento religioso e dos sacrifícios. Um homem que não tenha emoções religiosas muito fortes e uma imaginação religiosa muito intensa não se pode tornar um "monge" no verdadeiro sentido desta palavra. O caminho do monge é também muito duro e muito longo. O monge passa anos e dezenas de anos lutando contra si mesmo, mas todo o seu trabalho se concentra no "segundo quarto", no segundo corpo, isto é, nos *sentimentos*. Submetendo todas as suas outras emoções a uma só emoção, a fé, ele desenvolve em si mesmo a *unidade*, a vontade sobre as emoções e por este caminho atinge o último quarto. Mas seu corpo físico e suas capacidades intelectuais podem permanecer não desenvolvidos. Para ser capaz de se servir do que tiver atingido, deverá cultivar-se física e intelectualmente. Isso só poderá ser levado a cabo através de novos sacrifícios, novas austeridades, novas renúncias. *Um monge deve tornar-se ainda um iogue e um faquir.* Muito raros são os que vão tão longe; mais raros ainda os que vencem todas as dificuldades. A maioria morre antes de chegar a isso, ou eles só se tornam "monges" em aparência.

"O terceiro caminho é o do iogue. É o caminho do conhecimento, o caminho do intelecto. O iogue trabalha sobre "o terceiro quarto" para conseguir penetrar no último quarto por seus esforços intelectuais. O iogue consegue alcançar o "último quarto" desenvolvendo o intelecto, mas seu corpo e suas emoções permanecem não desenvolvidos e, como o faquir e o monge, é incapaz de tirar partido de sua vitória. Sabe tudo, mas não pode fazer nada. Para tornar-se capaz de fazer, deve conquistar o domínio de seu corpo e de suas emoções, isto é, do primeiro e segundo quartos. Para consegui-lo, ele deve voltar a trabalhar e não obterá resultados sem esforços prolongados. Nesse caso, entretanto, tem a vantagem de compreender sua posição, de conhecer o que lhe falta, o que deve fazer e a direção que deve seguir. Mas, como no caminho do faquir e do monge, muito raros são os que, no caminho do iogue, adquirem tal conhecimento, isto é, atingem o nível em que um homem pode saber aonde vai. A maior parte se detém num certo grau e não vai mais longe.

"Os caminhos diferem também muito uns dos outros, em relação ao mestre ou ao guia espiritual.

"No caminho do faquir, um homem não tem mestre no verdadeiro sentido desta palavra. O mestre, nesse caso, não ensina, serve apenas de exemplo. O trabalho do aluno limita-se a imitar o mestre.

"O homem que segue o caminho do monge tem um mestre e, parte de seus deveres, parte de sua tarefa, é ter fé absoluta em seu mestre; deve submeter-se absolutamente a ele, *na obediência*. Mas o essencial no caminho do monge é a fé em Deus, o amor a Deus, os esforços ininterruptos para obedecer a Deus e servi-lo, embora em sua compreensão da idéia de Deus e do serviço de Deus possa haver grande parte de subjetividade e muitas contradições.

"No caminho do iogue, não se pode fazer nada e não se deve fazer nada sem um mestre. O homem que abraça este caminho deve, no início, imitar seu mestre como o faquir e crer nele como o monge. Mas, a seguir, torna-se gradualmente seu próprio mestre. Aprende os métodos de seu mestre e exercita-se gradualmente em aplicá-los a si mesmo.

"Mas, todos os caminhos, o caminho do faquir assim como o do monge e o do iogue, têm um ponto comum. Todos começam pelo que há de mais difícil, uma mudança total de vida, uma renúncia a tudo o que é deste mundo. Um homem que tem uma casa, uma família, deve abandoná-las, deve renunciar a todos os prazeres, apegos e deveres da vida e partir para o deserto, entrar num mosteiro ou numa escola de iogues. Desde o primeiro dia, desde o primeiro passo no caminho, deve morrer para o mundo; só desse modo é que pode esperar alcançar alguma coisa num desses caminhos.

"Para apreender a essência deste ensinamento é indispensável dar-se muito bem conta de que os *caminhos* são os *únicos* métodos capazes de assegurar o desenvolvimento das possibilidades ocultas do homem. Isso, aliás, mostra quanto tal desenvolvimento é raro e difícil. O desenvolvimento dessas possibilidades não é uma lei. A lei, para o homem, é uma existência dentro do círculo das influências mecânicas, é o estado do "homem-máquina". O caminho do desenvolvimento das possibilidades ocultas é um caminho *contra a natureza, contra Deus.* Isso explica as dificuldades e o caráter exclusivo dos caminhos. São estritos e estreitos. Entretanto, nada poderia ser atingido sem eles. No oceano da vida ordinária, especialmente da vida moderna, os caminhos aparecem apenas como um fenômeno minúsculo, mal perceptível, que, do ponto de vista desta vida, não tem a menor razão de ser. Mas esse fenômeno minúsculo contém em si mesmo *tudo* aquilo de que o homem dispõe para o desenvolvimento de suas possibilidades ocultas. Os caminhos opõem-se à vida de todos os dias baseada em outros princípios e sujeita a outras leis. Nisso reside o segredo do poder deles e de sua significação. Numa vida comum, por mais preenchida que seja por interesses filosóficos, científicos, religiosos ou sociais, nada há e *nada pode haver* que ofereça as possibilidades contidas nos caminhos, pois eles conduzem, ou poderiam conduzir, o homem à imortalidade. A vida do dia a dia, mesmo a mais bem sucedida, leva à morte e não poderia levar a nada diferente. A idéia dos caminhos não pode ser compreendida se admitirmos a possibilidade de evolução do homem sem sua ajuda.

"Geralmente é duro para um homem resignar-se a essa idéia; ela parece exagerada, injusta e absurda. Tem uma compreensão pobre do sentido da palavra "possibilidade". Imagina que, se possui algumas possibilidades em si mesmo, elas devem ser desenvolvidas e que deve haver meios de desenvolvimento ao seu alcance. Partindo de uma recusa total em reconhecer em si mesmo algum tipo de possibilidade, o homem, em geral, passa subitamente a uma exigência imperiosa de seu desenvolvimento inevitável. É difícil para ele acostumar-se à idéia de que não só suas possibilidades podem ficar em seu estado atual de subdesenvolvimento, mas podem atrofiar-se definitivamente e que, além disso, seu desenvolvimento exige dele esforços prodigiosos e perseverantes. De modo geral, se considerarmos as pessoas que não são nem faquires, nem monges nem iogues e das quais podemos afirmar, sem receio, que nunca serão faquires, monges ou iogues, estaremos em condições de afirmar, com absoluta certeza, que suas possibilidades *não podem ser desenvolvidas e nunca serão desenvolvidas*. É indispensável persuadir-se disso profundamente para compreender o que vou dizer.

"Nas condições ordinárias da vida civilizada, a situação de um homem, mesmo inteligente, que busca o conhecimento, é sem esperança, porque não tem a menor chance de encontrar ao seu redor alguma coisa que se assemelhe a uma escola de faquires ou a uma escola de iogues; quanto às religiões do Ocidente, degeneraram a tal ponto que há muito nada mais existe de vivo nelas. Enfim, do lado "ocultista" ou "espírita", nada mais se pode esperar além de experiências ingênuas.

"E a situação seria verdadeiramente desesperada, se não existisse outra possibilidade, a de um *quarto caminho*.

"O quarto caminho não pede que uma pessoa se retire do mundo, não exige que abandone tudo aquilo de que tinha vivido até então. Começa muito mais longe que o caminho do iogue. Isso significa que é preciso estar preparado para entrar no quarto caminho e essa preparação, das mais sérias, deve ser adquirida na vida ordinária e incluir muitos lados diferentes. Além disso, o homem que quer seguir o quarto caminho deve reunir, em sua vida, condições favoráveis ao trabalho ou, pelo menos, que não o tornem impossível. Pois é necessário convencer-se bem de que, na vida exterior assim como na vida interior, certas condições podem constituir barreiras intransponíveis para o quarto caminho. Acrescentemos que este caminho, ao contrário dos do faquir, do monge e do iogue, não tem forma definida. Antes de tudo, deve *ser encontrado*. É o primeiro teste. E é difícil, porque o quarto caminho está muito longe de ser tão conhecido quanto os outros três caminhos tradicionais. Numerosas são as pessoas que nunca ouviram falar dele, numerosos são os que negam simplesmente sua existência ou mesmo sua possibilidade.

No entanto, o início do quarto caminho é mais fácil que o início dos caminhos do faquir, do monge e do iogue. É possível seguir o quarto caminho e trabalhar nele enquanto continuamos ocupados com as tarefas ordinárias nas condições de vida habituais, sem romper as relações com as pessoas, nem abandonar nada. Este caminho não exige a renúncia. Ao contrário, as condições de vida em que um homem se encontra colocado, quando empreende o trabalho — onde o trabalho, por assim dizer, o surpreende — são as *melhores possíveis* para ele, pelo menos no início. Porque elas lhe são naturais. *Elas são esse próprio homem*, porque a vida de um homem e suas condições correspondem ao que ele é. A vida criou-as à sua medida; por conseguinte, quaisquer outras condições seriam artificiais e, nesse caso, o trabalho não poderia tocar imediatamente todos os lados de seu ser.

"Assim, o quarto caminho atinge todos os lados do ser humano simultaneamente. É um trabalho imediato *sobre os três quartos ao mesmo tempo*. O faquir trabalha sobre o primeiro quarto, o monge sobre o segundo, o iogue sobre o terceiro. Quando chegam ao último quarto, o faquir, o monge e o iogue deixam para trás muitas tarefas inacabadas e não podem utilizar o que alcançaram, porque não dominam todas as suas funções. O faquir é dono de seu corpo, mas não de suas emoções nem de seu pensamento; o monge é senhor de suas emoções, mas não de seu corpo nem de seu pensamento; o iogue é senhor de seu pensamento, mas não de seu corpo nem de suas emoções.

"O quarto caminho difere, pois, dos outros pelo fato de colocar diante do homem, antes de tudo, a exigência de uma compreensão. O homem nada deve fazer sem compreender — salvo a título de experiência, sob o controle e a direção de seu mestre. Quanto mais um homem compreender o que faz, mais válidos serão os resultados de seus esforços. É um princípio fundamental do quarto caminho. Os resultados obtidos no trabalho são proporcionais à consciência que se tem desse trabalho. Não se requer "fé" nesse caminho; ao contrário, a fé, qualquer que seja a sua natureza, é um obstáculo. No quarto caminho, um homem deve se assegurar por si mesmo da verdade do que lhe é dito. E, enquanto não tiver adquirido essa certeza, não deve fazer nada.

"O método do quarto caminho é o seguinte: ao começar um trabalho sobre um dos quartos, deve-se empreender simultaneamente um trabalho correspondente sobre os dois outros. Noutros termos, enquanto se trabalha sobre o corpo físico, se deve trabalhar simultaneamente sobre o pensamento e sobre as emoções; enquanto se trabalha sobre o pensamento, é necessário trabalhar sobre o corpo físico e as emoções; enquanto se trabalha sobre as emoções, cumpre trabalhar sobre o pensamento e sobre o corpo físico. O que permite chegar a isso é que, no quarto caminho, é possível utilizar um certo conhecimento inacessível nos caminhos do faquir, do monge e do iogue. Esse conhecimento dá a possibilidade de um trabalho nas três direções ao mesmo tempo. Toda uma série de exercícios paralelos sobre os três planos, físico, mental e emocional, serve a essa meta. Além disso, no quarto caminho, é possível individualizar o trabalho de cada um; ou seja, cada um só deve fazer o que lhe é necessário e nada daquilo que *não tem utilidade para ele*. Pois o quarto caminho dispensa todo esse supérfluo que é mantido, por simples rotina, nos outros caminhos.

"Assim, quando um homem alcança a vontade através do quarto caminho, pode servir-se dela, porque adquiriu o controle de todas as suas funções físicas, emocionais e intelectuais. E, além disso, poupou muito tempo trabalhando, simultânea e paralelamente, sobre os três lados de seu ser.

"O quarto caminho é chamado às vezes *o caminho do homem astuto*. O "homem astuto" conhece um segredo que o faquir, o monge e o iogue não conhecem. Como o "homem astuto" aprendeu esse segredo, ninguém sabe. Talvez o tenha achado em algum livro antigo, talvez o tenha herdado, talvez o tenha comprado, talvez o tenha roubado de alguém. Dá no mesmo. O "homem astuto" conhece o segredo e, com sua ajuda, deixa muito atrás o faquir, o monge e o iogue.

"O faquir é, entre os quatro, o que age da maneira mais grosseira; sabe muito pouco. Suponhamos que consiga, após um mês de torturas intensas, desenvolver certa energia, certa substância que produza nele mudanças definidas. Ele o faz completamente no escuro, às cegas, sem conhecer nem a meta, nem os métodos, nem os resultados; por simples imitação.

"O monge sabe um pouco melhor o que quer; é guiado por seu sentimento religioso, por sua tradição religiosa, por um desejo de realização, de salvação; tem fé em seu mestre, que lhe diz o que deve fazer, e crê que seus esforços e sacrifícios "agradam a Deus". Suponhamos que, numa semana de jejuns, de orações contínuas, de privações e penitências, consiga atingir o que o faquir só conseguirá desenvolver em si após um mês de torturas.

"O iogue sabe muito mais. Sabe o que quer, sabe por que o quer, sabe como pode atingi-lo. Sabe, por exemplo, que, para alcançar seus fins, deve desenvolver em si certa substância. Sabe que essa substância pode ser produzida em um dia por determinado tipo de exercício mental ou por uma certa concentração mental. Por isso, mantém durante um dia inteiro, sem se permitir nenhuma idéia estranha, sua atenção fixa nesse exercício e obtém aquilo de que necessita. Desse modo, um iogue consegue num dia, a mesma coisa que o monge em uma semana e o faquir em um mês.

"Mas, no quarto caminho, o conhecimento é ainda mais exato e mais perfeito. O homem que o segue conhece com precisão de que substâncias tem necessidade para atingir seus fins e sabe que essas substâncias podem ser elaboradas no corpo por um mês de sofrimento físico, uma semana de tensão emocional ou um dia de exercícios mentais — e, também, *que essas substâncias podem ser introduzidas de fora no organismo, se soubermos como fazer*. E, assim, em vez de perder um dia inteiro em exercícios como o iogue, uma semana em orações como o monge e um mês em suplícios como o faquir, o homem que segue o quarto caminho se contenta em preparar e engolir uma pequena pílula que contém todas as substâncias requeridas e, deste modo, sem perder tempo, obtém os resultados desejados".

— É preciso notar ainda, disse G., que fora desses caminhos justos e legítimos, há também caminhos artificiais, que só dão resultados temporários, e caminhos francamente maus que podem até dar resultados permanentes, mas nefastos. Nesses caminhos também o homem busca a chave do último quarto e, algumas vezes, a encontra. Mas o que encontra no último quarto ninguém sabe.

"Acontece também da porta do último quarto ser aberta artificialmente com uma chave mestra.

"E, nesses dois casos, pode-se encontrar o quarto vazio."

Durante uma das reuniões que se seguiram, devia ser abordada uma vez mais a questão dos *caminhos*.

— Para um homem de cultura ocidental, dizia eu, é naturalmente difícil acreditar e aceitar esta idéia de que um faquir ignorante, um monge ingênuo ou um iogue retirado do mundo possam estar no caminho da evolução, enquanto um europeu culto, armado de sua "ciência exata" e dos mais recentes métodos de investigação, não tem, ele próprio, nenhuma possibilidade e gira num círculo do qual não pode esperar escapar.

— Sim, é porque as pessoas acreditam no progresso e na cultura. Mas *não há nenhum progresso*, de nenhuma espécie. Nada mudou há milhares de anos. A forma exterior muda. A essência não muda. O homem permanece exatamente o mesmo. As pessoas "cultas" e "civilizadas" vivem dos mesmos interesses que os selvagens mais ignorantes. A civilização moderna baseia-se na violência, na escravidão e nas belas frases. Mas todas as belas frases sobre a civilização e o progresso são apenas palavras.

Isso não podia deixar de produzir em nós uma impressão particularmente profunda, porque era dito em 1916, quando o último benefício da "civilização", sob a forma de uma guerra como o mundo jamais vira, só fazia crescer e ampliar-se, arrastando a cada semana milhões de homens em sua órbita.

Lembrava-me de ter visto, alguns dias antes, na Liteyny, dois enormes caminhões carregados, até o teto, de muletas novas de madeira e que não tinham nem sido pintadas. Não sei por que esses caminhões me tinham impressionado tanto. Nessas montanhas de muletas *para pernas que ainda não tinham sido ceifadas*, havia uma ironia particularmente cínica com relação a todas essas coisas com que as pessoas se iludem. Sem querer, eu imaginava caminhões exatamente iguais rodando em Berlim, Paris, Viena, Londres, Roma e Constantinopla. E, agora, todas essas cidades que eu conhecia e amava, exatamente devido a seus contrastes, tinham se tornado hostis para mim, como seriam hostis entre si, daí por diante, separadas por novas muralhas de ódio e de crime.

Um dia em que estávamos reunidos, falei desses caminhões e de seu carregamento de muletas e dos pensamentos que se levantaram em mim.

— Que quer você, disse G. Os homens são máquinas. As máquinas são obrigatoriamente cegas e inconscientes. Não podem ser de outro modo. E todas as suas ações devem corresponder à sua natureza. *Tudo acontece*. Ninguém faz nada. O "progresso" e a "civilização", no sentido real dessas palavras, só podem aparecer ao término de esforços *conscientes*. Não podem aparecer como resultado de ações inconscientes e mecânicas. Que esforços conscientes poderia fazer uma máquina? E se uma máquina é inconsciente, então cem máquinas também o são e mil máquinas e cem mil máquinas e milhões. A atividade inconsciente *de milhões de máquinas* deve necessariamente resultar em extermínio e ruína. É precisamente nas manifestações inconscientes ou involuntárias que está todo o mal. Você não compreende ainda e não pode imaginar todas as conseqüências dessa calamidade. Mas virá o tempo em que compreenderá.

Capítulo Três

Em novembro de 1915 eu já captara alguns dos pontos fundamentais do ensinamento psicológico de G. .

O primeiro, sobre o qual ele mais insistia, era a *ausência de unidade no homem*.

— O pior erro, dizia ele, é crer numa unidade permanente do homem. Mas o homem nunca é *um*. Muda continuamente. Raramente permanece idêntico, mesmo por meia hora. Pensamos que um homem chamado Ivan é sempre Ivan. Nada disso. Agora é Ivan, um minuto mais tarde Pedro e, mais tarde ainda, Nicolau, Sérgio, Mateus, Simão. Mas todos pensam que ele é Ivan. Sabem que Ivan não pode praticar certos atos, não pode mentir, por exemplo. E agora descobrem que Ivan mentiu e ficam muito surpresos porque ele, Ivan, tenha podido fazer tal coisa. É verdade, Ivan não pode mentir; foi Nicolau quem mentiu. E, a cada vez, Nicolau mentirá de novo, porque Nicolau *não pode deixar de mentir*. Ficarão espantados quando se derem conta da multidão desses Ivan e desses Nicolau que vivem num só homem. Se aprenderem a observá-los, não sentirão mais necessidade de ir ao cinema.

— Não haverá aí alguma relação com a consciência das diferentes partes e órgãos do corpo? perguntei. Creio compreender o que o senhor disse, pois muitas vezes senti a realidade dessas consciências. Sei que não só cada órgão, mas cada parte do corpo, com uma função distinta, tem uma consciência distinta. A mão direita tem uma consciência, a esquerda, outra. A rigor é essa a sua idéia?

— Não de todo, disse G. . Essas consciências existem também, mas são relativamente inofensivas. Cada uma conhece o seu lugar e sabe o que tem de fazer. As mãos sabem que devem trabalhar e os pés que devem andar. Mas esses Ivan, Pedro, Nicolau, são inteiramente diferentes: todos se chamam de "Eu". Todos se consideram o senhor e nenhum quer reconhecer o outro como tal. Cada um é califa por uma hora, faz tudo o que quer, sem consideração seja por quem for; depois, os outros deverão pagar. Nenhuma ordem reina entre eles. Aquele que domina é o senhor. Distribui chicotadas para todos os lados e não leva nada em conta. Mas, no momento seguinte, quando outro tomou o chicote, é a sua vez de apanhar. E assim vão as coisas por toda a vida. Imaginem um país onde cada um pudesse ser rei por cinco minutos e, durante esse tempo, fizesse de todo o reino exatamente o que quisesse. Eis a nossa vida.

G. devia voltar ainda uma vez à idéia dos diferentes corpos do homem.

— Que o homem possa ter vários corpos, disse, deve ser compreendido como idéia, como princípio. Mas isso não se aplica a nós. Sabemos que temos um corpo físico e nada mais sabemos. É o corpo físico que devemos estudar. Somente devemos nos lembrar de que a questão não se limita ao corpo físico e de que certos homens podem ter dois, três e mais corpos. Mas para nós, pessoalmente, o que é que isso altera? Rockfeller, na América, pode ter milhões de dólares. Será que os milhões dele me ajudarão, se eu não tiver nada para comer? É exatamente a mesma coisa. Que cada um, pois, pense em si mesmo; é ridículo e insensato descansar nos outros ou se consolar com o pensamento de riquezas que não possuímos.

— Como se pode saber que um homem possui um corpo astral? perguntei.

— Há maneiras bem precisas de reconhecê-lo. Em certos casos, o corpo astral pode ser visto, pode ser separado e até fotografado ao lado do corpo físico. Mas é mais fácil estabelecer a existência do corpo astral pela simples consideração de suas *funções*. O corpo astral tem funções bem definidas que o corpo físico não pode ter. A presença dessas funções indica a presença do corpo astral. A ausência dessas funções prova a ausência do corpo astral. É, porém, muito cedo ainda para falar disso. Toda a nossa atenção deve dirigir-se para o estudo do corpo físico. É indispensável compreender a estrutura da máquina humana. Nosso erro principal é crer que temos um só cérebro. Chamamos as funções desse cérebro: o consciente; tudo o que não se inclui nele chamamos o inconsciente ou o subconsciente.

"Aí está nosso erro principal. Falaremos mais tarde do consciente e do inconsciente. Nesse momento, quero explicar-lhes que a atividade da máquina humana, isto é, do corpo físico, é regida não por um, mas por vários cérebros de todo independentes uns dos outros, com funções distintas e diferentes esferas de manifestação. É isso que se deve compreender antes de tudo, porque tudo mais tarde dependerá disso."

G. explicou a seguir as diferentes funções do homem e os centros que as regem, da maneira como são expostas nas "Conferências Psicológicas".[1]

---

(1) Obra de P. D. Ouspensky, publicada em português, pela Editora Pensamento, sob o título: *Psicologia da Evolução Possível ao Homem*.

Essas explicações e todas as conversas relacionadas com elas se alongaram bastante, porque voltávamos quase sempre às idéias fundamentais da "mecanicidade" do homem, da sua ausência de unidade, da impossibilidade da escolha, da incapacidade de *fazer* e assim por diante. Naturalmente é impossível restabelecer todas essas conversas exatamente como se desenrolaram. Por isso é que distribuí todo o material psicológico e todo o material cosmológico em duas séries distintas de "Conferências".

A esse respeito, deve-se notar que as idéias não nos foram dadas na forma em que estão expostas em minhas "Conferências". G. revelava as idéias pouco a pouco, como se as defendesse de nós. Ao tocar em temas novos, só esboçava as linhas gerais, reservando, freqüentemente, o mais essencial. Às vezes ele mesmo indicava as aparentes contradições nas idéias que expusera, devidas justamente às suas reservas e omissões. Na vez seguinte, retomando o mesmo assunto, tanto quanto possível de ângulo diferente, ampliava-o mais. E, na terceira vez, mais ainda. Quando se tratou das funções e dos centros, por exemplo, na primeira vez só falou de *três centros*: intelectual, emocional e motor; tentava inicialmente ensinar-nos a distinguir essas funções, a encontrar exemplos e assim por diante. Só depois disso apresentou o centro instintivo, considerando-o como uma máquina independente, auto-suficiente; depois o centro sexual. Lembro-me de que algumas de suas observações prenderam minha atenção. Por exemplo, ao falar do centro sexual, dizia que nunca trabalhava praticamente de maneira autônoma, porque estava sempre na dependência dos outros centros, intelectual, emocional, instintivo e motor.

A propósito da energia dos centros, voltava sempre ao que chamava mau trabalho dos centros e ao papel do centro sexual nesse trabalho. Falava muito da maneira como todos os centros roubam energia do centro sexual e produzem com essa energia um trabalho equivocado, cheio de excitações inúteis, dando em troca ao centro sexual uma energia inutilizável, com a qual ele é incapaz de trabalhar. Lembro-me dessas palavras:

"É uma grande coisa quando o centro sexual trabalha com sua *própria* energia, mas isso só acontece muito raramente."

Lembro-me também de uma observação que mais tarde me fez perceber a causa de grande número de raciocínios falsos e de conclusões errôneas. Dizia ele que os três centros do andar inferior, os centros instintivo, motor e sexual, trabalham, um em relação ao outro, à maneira das *três forças* e que o centro sexual, nos casos normais, desempenha o papel de força neutralizante em relação aos centros instintivo e motor, que agem como forças ativa e passiva.

O método de exposição de que estou falando e as restrições de G. em suas primeiras exposições produziram múltiplos mal-entendidos, sobretudo nos grupos que se seguiram e com os quais não trabalhei.

Inúmeras pessoas achavam contradições entre a primeira exposição de uma idéia dada e as explicações subseqüentes e, às vezes, tentando ater-se tão estritamente quanto possível à primeira, elaboravam teorias fantásticas sem a menor relação com o que G. dissera. Assim, a idéia dos *três centros* era mantida por certos grupos com os quais, repito, eu não tinha nenhuma relação. E essa idéia ligava-se, de certo modo, a das *três forças*, embora essas idéias não tivessem, na verdade, nada em comum, porque, antes de tudo, não existem no homem comum três centros, mas cinco.

Essa conjunção de duas noções de ordem inteiramente diferente, que se situam numa outra escala e têm significação totalmente diversa, falseava radicalmente o sistema todo para aqueles que pensavam assim. A idéia dos três centros (intelectual, emocional e motor) como expressão das três forças talvez tenha nascido da observação de G., mal compreendida e mal repetida, sobre a natureza da relação entre os três centros do andar inferior.

Por ocasião das primeiras conversas sobre os centros, G. acrescentava uma idéia nova a quase cada reunião. Como já disse no início, ele falara primeiro de três centros, em seguida de quatro, de cinco e, finalmente, de sete centros.

Quase não se falava das subdivisões dos centros. G. dizia que os centros estavam subdivididos numa parte positiva e numa parte negativa, mas não indicou que essa divisão não é *idêntica* para todos os centros. Dizia que cada centro está dividido em três partes, ou em *três andares*, eles próprios, por sua vez, divididos em três; mas não dava exemplos e não ressaltava que o estudo da atenção torna possível distinguir o trabalho das diferentes partes dos centros. Tudo isso devia ser estabelecido mais tarde, assim como muitas outras coisas. Por exemplo, embora tenha incontestavelmente dado os princípios fundamentais para o estudo das emoções negativas, de seu papel e significação, bem como os métodos de luta contra essas emoções — métodos que se referem à não-identificação, à não-consideração e à não-expressão dessas emoções — , não deu desenvolvimento a essas teorias e também não explicou que as emoções negativas são inteiramente *supérfluas* e que não existe para elas nenhum centro normal.

Tentarei reproduzir, exatamente como me lembro, tudo o que foi dito no grupo de São Petersburgo e nos grupos seguintes, tentando ao mesmo tempo não voltar ao que já foi dado nas "Conferências Psicológicas". Entretanto, é impossível, em certos casos, evitar repetições e, além do mais, uma exposição fiel das idéias do ensinamento de G., tal como ele as apresentava, tem, no meu entender, grande interesse.

Alguém perguntou durante uma reunião:
— Como se deve compreender a evolução?
— Pode-se compreender a evolução do homem, respondeu G., como o desenvolvimento nele de faculdades e poderes que nunca se desenvolvem por si mesmos, isto é, mecanicamente. Só essa espécie de desenvolvimento ou crescimento marca a evolução real do homem. Não há nem pode haver outra espécie de evolução.

"Consideremos o homem na atual etapa de seu desenvolvimento. A natureza o fez tal qual é e, tomado de modo coletivo, tão longe quanto possamos ver, assim permanecerá. Mudanças que se oponham às exigências gerais da natureza só podem se produzir para unidades distintas.

"Para compreender a lei da evolução do homem, é indispensável compreender que tal evolução, além de certo grau, não é de modo algum necessária, vale dizer, não é em absoluto necessária à natureza, em momento nenhum, para o seu próprio desenvolvimento. Em termos mais precisos, a evolução da humanidade corresponde à evolução dos planetas, mas o processo evolutivo dos planetas desenrola-se para nós segundo ciclos de tempo infinitamente longos. No espaço de tempo que o pensamento humano pode abarcar, nenhuma mudança essencial ocorre na vida dos planetas e, por conseguinte, nenhuma mudança essencial pode ocorrer na vida da humanidade.

"A humanidade não progride, da mesma forma que não evolui. O que nos parece ser progresso ou evolução é uma modificação parcial, que pode ser imediatamente contrabalançada por uma modificação correspondente na direção oposta.

"A humanidade, como o resto da vida orgânica, existe sobre a Terra para os fins próprios da Terra. E ela é exatamente o que deve ser para responder às necessidades da Terra no momento presente.

"Só um pensamento tão teórico e afastado dos fatos como o pensamento europeu moderno podia imaginar a possibilidade de uma evolução do homem *independentemente da natureza ambiente*, ou considerar a evolução do homem como uma gradual *conquista da natureza*. Isso é completamente impossível. Quer viva, morra, evolua ou degenere, o homem serve igualmente aos fins da natureza ou, antes, a natureza serve-se também — embora talvez, por motivos diferentes — quer dos resultados da evolução, quer dos resultados da degeneração. A humanidade considerada como um todo nunca pode escapar à natureza uma vez que, mesmo lutando contra a natureza, o homem age de conformidade com os fins dela. A evolução de grandes massas humanas opõe-se aos fins da natureza. A evolução de pequena porcentagem de homens pode conciliar-se com os fins da natureza. O homem contém em si mesmo a possibilidade de sua evolução. Mas a evolução da humanidade em seu conjunto, isto é, o desenvolvimento dessa possibilidade em todos os homens, ou na maioria deles apenas ou em grande número, não é necessária aos desígnios da Terra ou do mundo planetário em geral e isto poderia, de fato, ser-lhe prejudicial ou mesmo fatal. Há, por conseguinte, forças especiais (de caráter planetário) que se opõem à evolução das grandes massas humanas e que as mantêm no nível em que devem permanecer.

"Por exemplo, a evolução da humanidade além de certo grau ou, mais exatamente, além de certa porcentagem, seria fatal para a *Lua*. Atualmente, a Lua se nutre da vida orgânica, nutre-se da humanidade. A humanidade é uma parte da vida orgânica; isto significa que a humanidade é um *alimento* para a Lua. Se todos os homens se tornassem inteligentes demais não quereriam mais ser comidos pela Lua.

"As possibilidades de evolução, no entanto, existem e podem ser desenvolvidas em indivíduos *isolados*, com o auxílio de conhecimentos e métodos apropriados. Tal desenvolvimento só se pode verificar no interesse do homem, em oposição às forças e, poderíamos dizer, aos interesses do mundo planetário. O homem deve compreender bem: sua evolução só interessa a ele. Ninguém mais está interessado nisso. E não deve contar com o auxílio de ninguém. Porque ninguém é obrigado a lhe ajudar e ninguém tem essa intenção. Ao contrário, as forças que se opõem à evolução das grandes massas humanas opõem-se também à evolução de cada homem. Cabe a cada um levar a melhor sobre essas forças. Mas, se *um* homem pode levar a melhor, a humanidade *não pode*. Compreenderão mais tarde que todos esses obstáculos são muito úteis; se não existissem, seria necessário criá-los intencionalmente, pois só superando os obstáculos é que um homem pode desenvolver em si as qualidades de que necessita.

"Tais são as bases de uma concepção correta da evolução do homem. Não há evolução obrigatória, mecânica. A evolução é o resultado de uma luta consciente. A natureza não precisa dessa evolução; não a quer e a combate. A evolução só pode ser necessária ao próprio homem, quando ele se dá conta de sua situação e da possibilidade de mudá-la; quando se dá conta de que tem poderes que não emprega em absoluto e riquezas que não vê. E é no sentido da tomada de posse desses poderes e dessas riquezas que a evolução é possível. Mas *se todos os homens*, ou a maioria deles, compreendessem isso e desejassem obter o que lhes cabe por direito de nascença, a evolução, ainda uma vez, se tornaria impossível. O que é possível para cada homem é impossível para as massas.

"O indivíduo tem esse privilégio de ser muito pequeno e, por conseguinte, de não contar na economia geral da natureza, onde não faz nenhuma diferença que haja um homem mecânico a mais ou a menos. Podemos ter idéia dessa relação de grandezas, comparando à que existe entre uma célula microscópica e o nosso corpo inteiro. A presença ou a ausência de uma célula não altera nada na vida do corpo. Não podemos ser conscientes disso e isso não pode ter influência sobre a vida e as funções do organismo. Exatamente do mesmo modo, um indivíduo isolado é pequeno demais para influenciar a vida do organismo cósmico, no qual está (no que se refere ao tamanho) como uma célula em relação ao nosso organismo todo. É justamente isso que torna sua evolução possível; é nisso que se baseiam suas "possibilidades".

"No que se refere à evolução, é indispensável, desde o início, convencer-se plenamente de que não há evolução mecânica possível. A evolução do homem é a evolução de sua consciência. *E a "consciência" não pode evoluir inconscientemente*. A evolução do homem é a evolução de sua vontade e a "vontade" não pode evoluir involuntariamente. A evolução do homem é a evolução de seu poder de "fazer" e "fazer" não pode ser o resultado do que "acontece".

"As pessoas não sabem o que é o homem. Têm que lidar com uma máquina muito complicada, muito mais complicada do que uma locomotiva, um automóvel ou um avião — mas não sabem nada, ou quase nada, da estrutura, do funcionamento e das possibilidades dessa máquina; não compreendem mesmo suas mais simples funções, porque não conhecem a finalidade dessas funções. Imaginam vagamente que um homem deveria aprender a dirigir sua máquina como deve aprender a dirigir uma locomotiva, um carro ou um avião e que uma manobra incompetente da máquina humana é exatamente tão perigosa quanto uma manobra incompetente de qualquer outra máquina. Todo mundo se dá conta disto, quando se trata de um avião, de um carro ou de uma locomotiva. Mas é muito raro que se leve isto em consideração, quando se trata do homem em geral ou de si mesmo em particular. Crê-se justo e legítimo pensar que a natureza deu ao homem o conhecimento necessário de sua própria máquina; e, no entanto, as pessoas terão que convir que um conhecimento instintivo dessa máquina está longe de ser suficiente. Por que estudam a medicina e recorrem a seus serviços? Evidentemente, porque se dão conta de que não conhecem suas próprias máquinas. Mas não suspeitam que poderiam conhecê-las muito melhor do que o consegue a ciência e que, então, poderiam obter delas um trabalho totalmente diferente."

Freqüentemente, em quase todas as conversações, G. voltava à ausência de unidade no homem.

— Um dos erros mais graves do homem, dizia, aquele que deve ser constantemente lembrado, é a ilusão em relação ao seu "Eu".

"O homem tal qual o conhecemos, o homem-máquina, o homem que não pode "fazer", o homem a quem e através de quem "tudo acontece", não pode ter um "Eu" permanente e único. Seu "eu" muda tão depressa quanto seus pensamentos, seus sentimentos, seus humores e ele comete um erro profundo quando se considera sempre uma só e mesma pessoa; em realidade, *é sempre uma pessoa diferente*, nunca é aquela do momento anterior.

"O homem não tem "Eu" permanente e imutável. Cada pensamento, cada humor, cada desejo, cada sensação, diz "Eu". E, cada vez, parece-nos certo que esse "Eu" pertence ao *Todo* do homem, ao homem inteiro, e que um pensamento, um desejo, uma aversão, são a expressão desse Todo. De fato, nenhuma prova poderia ser dada em apoio dessa afirmação. Cada um dos pensamentos do homem, cada um de seus desejos, se manifesta e vive de modo completamente independente e separado de seu Todo. E o Todo do homem nunca se expressa, pela simples razão de que não existe como tal, salvo fisicamente como uma coisa e, abstratamente, como um conceito. O homem não tem "Eu" individual. Em seu lugar há centenas e milhares de pequenos "eus" separados, que a maior parte das vezes se ignoram, não mantêm nenhuma relação ou, ao contrário, são hostis uns aos outros, exclusivos e incompatíveis. A cada minuto, a cada momento, o homem diz ou pensa "Eu". E a cada vez seu "eu" é diferente. Num instante era um pensamento, agora é um desejo, depois uma sensação, logo após outro pensamento e assim por diante, sem fim. *O homem é uma pluralidade*. O seu nome é legião.

"A alternância dos "eus", suas lutas pela supremacia, manifestadas todos os instantes, são comandadas pelas influências exteriores acidentais. O calor, o sol, o bom tempo, chamam imediatamente todo um grupo de "eus". O frio, a neblina, a chuva, chamam outro grupo de "eus", outras associações, outros sentimentos, outras ações. E nada há no homem que esteja em condições de controlar essas mudanças dos "eus", principalmente porque o homem não as nota ou não tem nenhuma idéia delas; vive sempre em seu último "eu". Alguns, naturalmente, são mais fortes que outros; mas não por sua própria força consciente. Foram criados pela força dos acidentes ou por excitações mecânicas externas. A educação, a imitação, a leitura, o hipnotismo da religião, das castas e das tradições ou a sedução da última moda, dão nascimento, na personalidade de um homem, a "eus" muito fortes que dominam séries inteiras de outros "eus" mais débeis. Mas sua força é apenas a dos rolos[1] nos centros. E todos esses "eus" que constituem a personalidade do homem têm a mesma origem que as inscrições dos rolos: uns e outros são os resultados das influências exteriores, são postos em movimento e comandados pelas últimas a chegar.

"O homem não tem individualidade. Não tem um grande "Eu" único. O homem está fragmentado numa multidão de pequenos "eus".

"Cada um deles, porém, é capaz de chamar-se a si mesmo de Todo, de agir em nome do Todo, de fazer promessas, tomar decisões, estar de acordo ou não estar de acordo com o que outro "eu" ou o Todo teria que fazer. Isso explica por que as pessoas tão freqüentemente tomam decisões e tão raramente as mantêm. Um homem decide levantar cedo a partir do dia seguinte. Um "eu" ou grupo de "eus" toma essa decisão. Mas levantar já é assunto de outro "eu", que não está absolutamente de acordo e pode até nem ter sido posto a par. Naturalmente o homem não dormirá menos na manhã seguinte e, à noite, tornará a decidir a acordar cedo. Isso pode acarretar conseqüências muito desagradáveis. Um pequeno "eu" acidental pode fazer uma promessa, não a si mesmo, mas a outra pessoa, em determinado momento, simplesmente por vaidade ou para divertir-se. Depois desaparece. Mas o homem, isto é, o conjunto dos outros "eus", que estão completamente inocentes, terá talvez que pagar toda a vida por essa brincadeira. A tragédia do ser humano é que qualquer pequeno "eu" tem o poder de assinar promissórias e que o homem, ou seja, o Todo, é que deva fazer face a elas. Vidas inteiras passam-se assim a saldar dívidas contraídas por pequenos "eus" acidentais.

"Os ensinamentos orientais estão cheios de alegorias dedicadas a retratar, desse ponto de vista, a natureza humana.

"Em um deles, o homem é comparado a uma casa sem Amo nem mordomo, ocupada por uma multidão de serviçais. Esses esqueceram completamente seus deveres; ninguém quer cumprir sua tarefa; cada qual se esforça por ser o amo, ainda que por um minuto e, nessa espécie de anarquia, a casa fica ameaçada pelos mais graves perigos. A única possibilidade de salvação é um grupo de serviçais mais sensatos se reunir e eleger um *mordomo* temporário, isto é, um *mordomo-suplente*. Esse *mordomo-suplente* pode então pôr os outros serviçais nos seus lugares e obrigar cada um deles a fazer o seu trabalho: a cozinheira na cozinha, o cocheiro na estrebaria, o

---

(1) Os rolos são descritos, na *Psicologia da Evolução Possível ao Homem*, como os aparelhos registradores de cada centro, sobre os quais vêm gravar-se as impressões. O conjunto das inscrições desses rolos, análogos aos rolos (de fita ou discos) de gravação sonora, constitui o material de associações de um homem.

jardineiro na horta e assim por diante. Desse modo, a "casa" pode estar pronta para a chegada do verdadeiro mordomo que, por sua vez, preparará a chegada do verdadeiro Amo.

"A comparação do homem com uma casa à espera do amo é freqüente nos ensinamentos orientais que conservaram traços do antigo conhecimento e, como sabem, essa idéia também aparece em formas variadas em numerosas parábolas dos Evangelhos.

"Mas, ainda que o homem compreendesse, mesmo do modo mais claro, suas possibilidades, isso não poderia fazê-lo progredir um passo no sentido de sua realização. Para estar em condições de realizar essas possibilidades, deve ter um desejo muito ardente de libertação, deve estar pronto a tudo sacrificar, a tudo arriscar para sua libertação."

A esse período estão ligadas ainda duas conversas interessantes.

Eu havia mostrado a G. uma fotografia que tirara em Benares de um "faquir sobre uma cama de pontas de ferro".

Esse faquir não era simplesmente um prestidigitador hábil, como os que vira no Ceilão, embora fosse sem dúvida um "profissional". Tinham-me dito que, no pátio da Mesquita Aurangzeb, às margens do Ganges, havia um faquir deitado sobre uma cama de pontas de ferro. Isso soava muito misterioso e terrífico. Mas, quando cheguei, só havia o leito, sem o faquir. Disseram-me que o faquir fora buscar a vaca. Quando voltei pela segunda vez, o faquir estava lá. Mas não estava deitado em sua cama e, tanto quanto compreendi, só se deitava nela à chegada dos espectadores. Por uma rúpia, mostrou-me toda a sua arte. Deitava-se realmente, quase nu, sobre a cama eriçada de longos pregos de ferro bastante ponteagudos. E embora, evidentemente, tomasse cuidado para não fazer nenhum movimento brusco, virava-se e revirava-se sobre os pregos e fazia carga *com todo o seu peso* sobre eles, com as costas, as costelas, o estômago. Ora, era visível que não penetravam nele e não o arranhavam. Tirei duas fotografias dele, mas não consegui entender a significação do fenômeno. Esse faquir não dava a impressão de ser homem inteligente ou religioso, seu rosto tinha uma expressão embotada, aborrecida e indiferente; nada nele falava de aspirações ao sacrifício ou ao sofrimento.

Contei tudo isso a G., mostrando-lhe a fotografia, e perguntei-lhe o que pensava daquilo.

— É difícil explicar em duas palavras, respondeu G.. Primeiro, o homem não é evidentemente um "faquir" no sentido em que tenho usado essa palavra. Entretanto, tem razão de pensar que não se trata exatamente de um truque. *Pois ele mesmo não sabe como faz.* Se lhe desse uma gorjeta, talvez ele contasse o que sabe e lhe diria então, sem dúvida, que conhece *certa palavra* que deve dizer a si mesmo, depois do que pode deitar-se sobre os pregos. Talvez tivesse até consentido em lhe dizer essa palavra. Mas isso não lhe teria adiantado nada, porque a palavra em questão seria uma palavra comum; não teria efeito algum sobre você. Esse homem vinha de uma escola, mas nela não era um aluno, *era uma experiência*. Serviam-se dele para experimentar. Com certeza fora hipnotizado muitas vezes e, sob hipnose, sua pele havia sido tornada insensível às pontas e capaz de resistir a elas. A coisa é, aliás, possível em pequena escala, mesmo para hipnotizadores europeus comuns. A seguir, a insensibilidade e a impenetrabilidade da pele foram tornadas permanentes nele por uma sugestão pós-hipnótica. Sabe o que é sugestão pós-hipnótica? Um homem é adormecido e, enquanto dorme, dizem-lhe que cinco horas depois de despertar deverá executar determinada ação ou pronunciar certa palavra e que, nesse momento preciso, terá sede ou crerá que está morto — ou qualquer coisa no gênero. Depois do que, é acordado. À hora marcada, sente irresistível desejo de fazer o que lhe foi sugerido; ou então, lembrando-se da palavra que lhe foi dita, a pronuncia e cai imediatamente em transe. Eis exatamente a história de seu "faquir". Acostumaram-no, sob hipnose, a deitar sobre pregos; em seguida, disseram-lhe que, todas as vezes que pronunciasse certa palavra, seria de novo capaz de fazê-lo. Essa palavra o coloca em estado de hipnose. Eis por que, sem dúvida, tem o olhar tão adormecido, tão apático. Isso acontece freqüentemente em tais casos. Talvez tenham trabalhado sobre ele durante longos anos; depois, deixaram-no simplesmente ir embora para viver como pudesse. Então, instalou essa cama cheia de pontas — sem dúvida ganha desse modo algumas rúpias por semana. Tais homens são numerosos na Índia. As escolas os tomam para suas experiências. Geralmente são comprados, quando ainda crianças, de pais que lucram com isso. Mas é claro que o homem nada compreende do que faz, nem do modo como o faz."

Essa explicação me interessou muito, porque nunca lera nem ouvira nada semelhante.

Em todas as tentativas de explicações que encontrara dos "milagres de faquires", ora os milagres eram "explicados" como prestidigitações, ora pretendia-se que o executante sabia muito bem o que fazia e, se não contava o segredo, era porque não queria ou tinha medo de fazê-lo. No caso presente, o ponto de vista era completamente diferente. A explicação de G. parecia, não só provável mas, se ouso dizê-lo, a única possível. O próprio faquir não sabia como operava seu "milagre" e, naturalmente, não teria podido explicá-lo.

Noutra ocasião, falávamos do Budismo do Ceilão. Eu expressava a opinião de que os budistas *devem ter uma magia*, cuja existência não reconhecem e cuja possibilidade é negada pelo Budismo oficial. Sem nenhuma relação com essa observação e enquanto mostrava minhas fotografias a G., falei-lhe de um pequeno relicário que vira numa casa amiga, em Colombo, onde havia, como de costume, uma estátua de Buda e, ao pé desse Buda, uma pequena dágaba de marfim em forma de sino, isto é, uma pequena réplica cinzelada de uma verdadeira dágaba, interiormente vazia. Meus anfitriões abriram-na em minha presença e mostraram-me alguma coisa que era considerada uma relíquia, — uma pequena bola redonda, do tamanho de uma bala de fuzil de grosso calibre, cinzelada, segundo me parecia, numa espécie de marfim ou de nácar.

G. escutava-me atentamente.

— Não lhe explicaram a significação dessa bola? perguntou.

— Disseram-me que era um fragmento de osso de um discípulo do Buda; que era uma relíquia sagrada de grande antigüidade.

— Sim e não, disse G.. O homem que lhe mostrou o fragmento de osso, como você diz, nada sabia ou nada queria lhe dizer. Pois não era um fragmento de osso mas uma formação óssea particular que surge em torno do pescoço como uma espécie de colar, em decorrência de certos exercícios especiais. Já ouviu essa expressão: "colar de Buda?"

— Sim, disse, mas o sentido é completamente diferente. É a cadeia das reencarnações do Buda que chamam "colar de Buda".

— É exato que esse seja um dos sentidos dessa expressão, mas falo de um outro sentido. Esse colar de ossos que rodeia o pescoço, sob a pele, está diretamente ligado ao que é chamado "corpo astral". O corpo astral está, de certo modo, ligado a ele ou, para ser mais preciso, esse "colar" liga o corpo físico ao corpo astral. Ora, se o corpo astral continua a viver depois da morte do corpo físico, a pessoa que possui um osso desse "colar" poderá sempre se comunicar com o corpo astral do morto. Essa é a magia deles. Mas eles nunca falam dela abertamente. Tem, pois, razão em dizer que têm uma magia, e temos aqui um exemplo dela. Isso não significa que o osso que viu seja verdadeiramente um osso. Encontrará ossos semelhantes em quase todas as casas; estou lhe falando apenas da crença que está na base desse costume.

E eu devia admitir uma vez mais que nunca encontrara tal explicação.

G. esboçou para mim um desenho que mostrava a posição dos ossinhos sob a pele; formavam, na base da nuca, um semi-círculo que começava um pouco adiante das orelhas.

Esse desenho relembrou-me de imediato o esquema ordinário dos gânglios linfáticos do pescoço, tais como são representados nos quadros anatômicos. Mas nada mais pude saber.

Capítulo Quatro

As exposições de G. provocavam muitas conversas em nossos grupos. Tudo ainda não se tornara claro para mim. Entretanto, muitas coisas já se haviam conectado e, com freqüência, de forma totalmente inesperada, uma coisa esclarecia outra que não parecia ter a menor relação com ela. Certas partes do sistema começavam vagamente a tomar forma, como uma figura ou paisagem que aparece, pouco a pouco, numa chapa fotográfica durante a revelação. Mas ainda havia muitos lugares em branco ou quase vazios. E o que se revelava era, às vezes, bem o contrário do que eu esperava. Esforçava-me, porém, para não concluir e para esperar. Muitas vezes, uma palavra nova ou que ainda não notara vinha modificar todo o quadro e eu era obrigado a reconstruir tudo. Assim, devia render-me à evidência: seria necessário ainda muito tempo antes que pudesse me considerar capaz de dar um esboço correto do sistema inteiro. Ficava sempre muito surpreso de constatar como pessoas que tinham vindo a uma só de nossas reuniões *haviam compreendido tudo de uma só vez*, explicavam-no aos outros e formavam, não apenas sobre o que tínhamos dito, mas sobre nós mesmos, opiniões bem definidas. Devo confessar que, nessa época, relembrei muitas vezes meu primeiro encontro com G. e a noite passada com o grupo de Moscou. Também eu, naquele tempo, estivera muito perto de fazer sobre G. e seus alunos um julgamento definitivo. Mas alguma coisa me detivera. E agora que começara a me dar conta do prodigioso valor dessas idéias, ficava quase aterrorizado diante do pensamento de que por pouco eu teria passado por elas sem perceber. Com que facilidade teria podido ignorar a existência de G. ou perder seu rastro, se não lhe tivesse perguntado quando poderia revê-lo.

G. voltava, em quase todas as exposições, ao tema que evidentemente considerava da mais alta importância, mas que muitos de nós tinham muita dificuldade em assimilar.
— O desenvolvimento do homem, dizia, opera-se em duas linhas: "saber" e "ser". Para que a evolução se faça corretamente, as duas linhas devem avançar juntas, paralelamente, sustentando-se uma à outra. Se a linha do saber ultrapassar demais a linha do ser ou a linha do ser ultrapassar

demais a do saber, o desenvolvimento do homem não se poderá fazer regularmente; cedo ou tarde deverá deter-se.

"As pessoas percebem o que se deve entender por "saber". Reconhecem a possibilidade de níveis diferentes de saber; compreendem que o saber pode ser mais ou menos elevado, isto é, de qualidade mais ou menos boa. Mas não aplicam essa compreensão ao ser. Para elas, o ser designa simplesmente a "existência", que contrapõem à "não existência". Não compreendem que o ser pode situar-se em níveis muito diferentes e incluir várias categorias. Tomem, por exemplo, o ser de um mineral e o ser de uma planta. São dois seres diferentes. O ser de uma planta e o ser de um animal são também dois seres diferentes. O ser de um animal e o ser de um homem, igualmente. Dois homens, entretanto, podem diferir em seu ser mais ainda que um mineral e um animal. É exatamente o que as pessoas não percebem. Não compreendem que o *saber depende do ser*. E não só não compreendem, como não o querem compreender. Na civilização ocidental muito particularmente, admite-se que um homem pode possuir um vasto saber, pode ser, por exemplo, um sábio eminente, autor de grandes descobertas, um homem que faz progredir a ciência e, ao mesmo tempo, pode ser e tem o direito de ser um pobre egoísta, discutidor, mesquinho, invejoso, vaidoso, ingênuo e distraído. Parece que aqui se considera que um professor tem que esquecer sempre seu guarda-chuva. E, no entanto, este é o seu ser. Mas, no Ocidente, pensa-se que o saber de um homem não depende de seu ser. As pessoas dão o maior valor ao saber, mas não sabem dar ao ser valor igual e não têm vergonha do nível inferior de seu ser. Não compreendem sequer o que isso quer dizer. Ninguém compreende que o grau do saber de um homem é função do grau de seu ser.

"Quando o saber sobrepuja em demasia o ser, torna-se teórico, abstrato, inaplicável à vida; pode até se tornar nocivo porque, em vez de servir à vida e ajudar as pessoas na luta contra as dificuldades que as assaltam, tal saber começa a complicar tudo; a partir de então, traz novas dificuldades, novos problemas e calamidades de toda espécie que não existiam antes.

"A razão disso é que o saber que não está em harmonia com o ser jamais pode ser bastante grande ou, melhor dizendo, suficientemente qualificado para as necessidades reais do homem. Será o saber de *uma coisa* ligado à ignorância *de outra*; será o saber do *detalhe* ligado à ignorância do *todo*; o saber da *forma*, ignorante da *essência*.

"Tal preponderância do saber sobre o ser pode-se constatar na cultura atual. A idéia do valor e da importância do nível do ser foi completamente esquecida. Não se sabe mais que o nível do saber é determinado pelo nível do ser. De fato, a cada nível de ser correspondem certas possibilidades de saber bem definidas. Dentro dos limites de um "ser" dado, a *qualidade* do saber não pode ser mudada e a única possibilidade, dentro desses limites, é o acúmulo das informações de uma só e mesma natureza. Sem uma mudança na natureza do ser, é impossível uma mudança na natureza do saber.

"Considerado em si, o ser de um homem apresenta múltiplos aspectos. O do homem moderno caracteriza-se sobretudo pela ausência de *unidade em si mesmo* e pela ausência ainda de qualquer traço dessas propriedades que lhe agrada de modo especial atribuir-se: a "consciência lúcida", a "vontade livre", um "Ego permanente" ou "Eu" e a "capacidade de fazer". Na verdade, por mais que isso possa lhes parecer espantoso, direi que o traço principal do ser de um homem moderno, o que explica *tudo o que lhe falta, é o sono.*

"O homem moderno vive no sono. Nascido no sono, morre no sono. Do sono, sua significação e seu papel na vida, falaremos mais tarde. Agora, reflitam apenas nisto: que pode saber um homem que dorme? Se pensarem nisto, lembrando-se ao mesmo tempo de que o *sono* é o traço principal de nosso ser, ficará logo evidente que um homem, se quiser realmente saber, deverá refletir, antes de tudo, nas maneiras de despertar; isto é, de mudar o seu *ser*.

"O ser exterior do homem tem muitos lados diferentes: atividade ou passividade, veracidade ou má fé, sinceridade ou falsidade, coragem, covardia, controle de si, licenciosidade, irritabilidade, egoísmo, disposição para o sacrifício, orgulho, vaidade, presunção, assiduidade, preguiça, senso moral, depravação; todos estes traços e muitos outros compõem o ser de um homem.

"Mas tudo isso, no homem, é inteiramente *mecânico*. Se mente, isso significa que não pode impedir-se de mentir. Se diz a verdade, isso significa que não pode impedir-se de dizer a verdade — e é assim com tudo. Tudo *acontece*; um homem não pode *fazer nada*, nem interior nem exteriormente.

"Há, entretanto, limites. Regra geral, o ser do homem moderno é de qualidade muito inferior. Algumas vezes de qualidade tão inferior que não há mudança possível para ele. Nunca esqueçam disso. Aqueles cujo ser ainda pode ser mudado devem se considerar felizes. Há tantos definitivamente doentes, máquinas quebradas com as quais nada mais se pode fazer. É a grande maioria. Raros são os homens que podem receber o verdadeiro saber; se refletirem nisso, compreenderão por que os outros não podem: o ser deles opõe-se a isso.

"Em geral, o *equilíbrio* entre o ser e o saber é mais importante até que o desenvolvimento separado de um ou de outro. Porque o desenvolvimento separado do ser ou do saber não é, de modo nenhum, desejável, embora seja precisamente esse desenvolvimento *unilateral* que parece atrair mais especialmente as pessoas.

"Quando o saber predomina sobre o ser, o homem *sabe, mas não tem o poder de fazer*. É um saber inútil. Inversamente, quando o ser predomina sobre o saber, o homem *tem o poder de fazer*, mas não sabe o que fazer. Assim, o ser que adquiriu não lhe pode servir para nada e todos os seus esforços foram inúteis.

"Na história da humanidade, encontramos numerosos exemplos de civilizações inteiras que pereceram, quer porque seu saber sobrepujava seu ser, quer porque seu ser sobrepujava seu saber."

— O que resulta de um desenvolvimento unilateral do saber e de um desenvolvimento unilateral do ser? perguntou um dos ouvintes.

— O desenvolvimento da linha do saber sem um desenvolvimento correspondente da linha do ser, respondeu G., produz um *iogue fraco*, ou seja, um homem que sabe muito, mas nada pode fazer, um homem que *não compreende* (acentuou essas palavras) o que sabe, um homem *sem apreciação*, isto é, incapaz de avaliar as diferenças entre um gênero de saber e outro. E o desenvolvimento da linha do ser sem um desenvolvimento correspondente do saber produz o *santo estúpido*, um homem que pode fazer muito, mas não sabe o que fazer, nem com que; e, se faz alguma coisa, age como escravo de seus sentimentos subjetivos, que podem desencaminhá-lo e fazê-lo cometer graves erros, isto é, de fato o contrário do que quer. Por conseguinte, num caso e noutro, tanto o *iogue fraco* como o *santo estúpido* chegam a um ponto morto, tornam-se incapazes de qualquer desenvolvimento ulterior.

"Para perceber essa distinção e, de modo geral, a diferença de natureza entre o saber e o ser e sua interdependência, é indispensável compreender a relação do saber e do ser, tomados em conjunto, com a compreensão. O *saber é uma coisa, a compreensão é outra*. Mas as pessoas confundem freqüentemente essas duas idéias ou então não vêem com clareza onde está a diferença.

"O saber por si mesmo não dá compreensão. E a compreensão não poderia ser aumentada apenas por um acréscimo do saber. A compreensão depende da relação entre o saber e o ser. A compreensão resulta da conjunção do saber e do ser. Por conseguinte, o ser e o saber não devem divergir em demasia; de outro modo, a compreensão se mostraria afastada demais de um e de outro. Dissemos que a relação entre o saber e o ser não muda pelo simples acréscimo de saber. Só muda quando o ser cresce paralelamente ao saber. Noutros termos, a compreensão só cresce em função do desenvolvimento do ser.

"Com seu pensamento habitual, as pessoas não distinguem entre saber e compreensão. Pensam que, quando se sabe mais, deve-se compreender mais. Eis por que acumulam o saber ou o que denominam assim, mas não sabem como se acumula compreensão e nem se importam com isso.

"Entretanto, uma pessoa exercitada na observação de si sabe com certeza que, em diferentes períodos da vida, compreendeu uma única e mesma idéia, um único e mesmo pensamento, de maneiras totalmente diferentes. Parece-lhe estranho, muitas vezes, que tivesse podido compreender tão mal o que acredita compreender tão bem agora. E dá-se conta, entretanto, de que seu saber permaneceu o mesmo; que não sabe hoje mais do que ontem. O que mudou então? Foi seu ser que mudou. Uma vez que o ser muda, a compreensão também deve mudar.

"Entre o saber e a compreensão, a diferença torna-se clara, quando percebemos que o *saber* pode ser a função de um só centro. A compreensão, ao contrário, é a função de três centros. Assim, o aparelho do pensar pode *saber* algo. Mas a compreensão só aparece quando um homem tem o *sentimento e a sensação* de tudo o que se liga a seu saber.

"Falamos anteriormente da mecanicidade. Um homem não pode dizer que compreende a idéia da mecanicidade, quando a *sabe* apenas com a cabeça. Deve *senti-la* com toda a sua massa, com todo o seu ser. Então a compreenderá.

"No campo das atividades práticas, as pessoas sabem muito bem diferenciar o simples saber da compreensão. Dão-se conta de que saber e *saber fazer* são duas coisas completamente diferentes e que *saber fazer* não é o fruto apenas do saber. Mas, fora do campo da atividade prática, as pessoas não compreendem mais o que significa "compreender".

"Regra geral, quando as pessoas se dão conta de que não compreendem uma coisa, tentam *encontrar-lhe um nome* e, quando encontraram um nome, dizem que "compreendem". Mas "encontrar um nome" não significa que se compreenda. Infelizmente, as pessoas, de modo habitual, se satisfazem com nomes. E um homem que conhece grande número de nomes, isto é, uma porção de palavras, é reputado possuidor de uma grande compreensão, exceto das coisas práticas, em que sua ignorância não tarda a se evidenciar.

"Uma das razões da divergência entre a linha do saber e a linha do ser em nossa vida, noutros termos, a falta de compreensão, em parte a causa e, em parte, o efeito dessa divergência, está na linguagem que as pessoas falam. Essa linguagem está cheia de falsos conceitos, de falsas classificações e de falsas associações. E eis o pior: as características essenciais do pensar ordinário, sua incerteza e imprecisão, fazem com que cada palavra possa ter milhares de significados diferentes, segundo a bagagem de que dispõe aquele que fala e o complexo de associações em jogo no próprio momento. As pessoas não se dão conta de quão subjetiva é sua linguagem, quão diferentes são as coisas que dizem, embora todas empreguem as mesmas palavras. Não vêem que cada qual fala sua própria língua, sem nada compreender, ou compreendendo vagamente a dos outros, sem ter a menor idéia de que o outro lhe fala sempre numa língua que lhe é desconhecida. As pessoas estão absolutamente convencidas de que têm uma linguagem comum e se compreendem umas às outras. De fato, tal convicção não tem o menor fundamento. As palavras que usam estão adaptadas às necessidades da vida prática. Podem intercambiar assim informações de caráter prático, mas logo que passam a um domínio pouco mais complexo, ficam perdidas e cessam de compreender-se, embora não tenham consciência disto. Freqüentemente, senão sempre, as pessoas acreditam que se compreendem e, em todo caso, imaginam que poderiam se compreender se quisessem dar-se esse trabalho; imaginam, também, que compreendem os autores dos livros que lêem e que não são as únicas capazes disso. É ainda uma dessas ilusões que as pessoas têm e no meio das quais vivem. Na realidade, ninguém compreende ninguém. Dois homens podem dizer a mesma coisa com profunda convicção, mas dar-lhe nomes diferentes e discutirem então interminavelmente, sem suspeitar de que seu pensamento é exatamente o mesmo. Ou então, inversamente, dois homens podem empregar as mesmas palavras e imaginar que estão de acordo, que se compreendem, quando, na realidade, estão dizendo coisas absolutamente diferentes e não se compreendem de forma alguma.

"Tomemos as palavras mais simples, as que voltam constantemente aos nossos lábios e tratemos de analisar o sentido dado a elas; veremos que, a todo momento, um homem atribui a cada palavra um sentido especial que outro homem nunca lhe dá ou sequer suspeita.

"Tomemos a palavra "homem", por exemplo, e imaginemos uma conversa em que esta palavra ocorresse com freqüência. Sem exagero, haverá para a palavra "homem" tantas significações quantas forem as pessoas presentes e essas significações nada terão em comum entre si.

"Ao pronunciar a palavra "homem", cada um a considerará involuntariamente do ponto de vista em que vê o homem em geral, ou do qual o vê atualmente por tal ou qual razão. Assim, uma pessoa pode estar preocupada com a questão sexual. Então, a palavra "homem" perderá para ela o sentido geral e, ao ouvi-la, perguntará imediatamente: quem? homem ou mulher? Outro pode ser devoto e sua primeira pergunta será: cristão ou não cristão? Um terceiro talvez seja médico e o conceito "homem" se reduzirá para ele a sadio ou doente... e, naturalmente, do ponto de vista de sua especialidade! Um espírita pensará no homem do ponto de vista de seu "corpo astral" e da "vida no além", etc. e dirá, se interrogado, que há duas espécies de homens: os médiuns e os não médiuns. Para um naturalista, o centro de gravidade dos pensamentos será a idéia do homem como tipo zoológico, terá em vista, pois, em especial, a estrutura craniana, a distância interocular, o ângulo facial . . . Um legista verá no "homem" uma unidade estatística ou um objeto para a aplicação das leis, um criminoso em potencial ou um possível cliente. Um moralista, ao pronunciar a palavra "homem", não deixará de introduzir a idéia do bem e do mal. E assim por diante, sem fim.

"As pessoas não notam todas essas contradições, não vêem que falam sempre de coisas diferentes, que nunca se compreendem. É absolutamente claro que, para um estudo adequado, para um troca exata de pensamentos, é necessária uma linguagem exata, uma linguagem que torne possível expressar efetivamente o que se quer dizer, que permita incluir, a cada vez, uma indicação do ponto de vista de que se encara um conceito dado, a fim de que o centro de gravidade desse conceito seja bem determinado. Essa idéia é perfeitamente clara e cada ramo da ciência esforça-se por elaborar e estabelecer uma linguagem exata. Mas não há uma linguagem universal. As pessoas não cessam de confundir as linguagens das diferentes ciências e nunca podem estabelecer suas relações justas. Mesmo dentro de cada ramo da ciência tomado isoladamente, surgem constantemente novas terminologias e novas nomenclaturas. E quanto mais avançam as coisas, piores se tornam. A incompreensão mútua, longe de diminuir, só faz aumentar e tudo leva a pensar que isto se ampliará sempre mais. As pessoas se compreenderão cada vez menos.

"Para uma compreensão exata é necessária uma linguagem exata. E o estudo dos sistemas do antigo conhecimento começa pelo estudo de uma linguagem que permitirá precisar imediatamente o que é dito, de que ponto de vista isso é dito e em relação a que. Essa nova linguagem não contém, por assim dizer, termos novos e nomenclaturas novas, mas *sua estrutura se baseia num princípio novo: o princípio de relatividade*. Em outros termos, introduz a relatividade em todos os conceitos e torna possível assim uma determinação precisa do ângulo do pensamento, pois o que mais falta na linguagem usual são termos que expressem a relatividade.

"Quando um homem assimilou essa nova linguagem então, com sua ajuda, lhe podem ser transmitidos todos os conhecimentos e informações que não podem ser transmitidos pela linguagem comum, mesmo com grandes reforços de termos filosóficos e científicos.

"A propriedade fundamental dessa nova linguagem é que nela *todas* as idéias se concentram em torno *de uma só idéia*; noutros termos, são todas encaradas, em suas relações mútuas, do ponto de vista de uma idéia única, a idéia da *evolução*. Não, naturalmente, no sentido de uma evolução *mecânica*, porque esta não existe, mas no sentido de uma evolução consciente e voluntária, que é a única possível.

"Nada existe, no mundo, desde o sistema solar ao homem e do homem ao átomo, que não se eleve ou não desça, que não evolua ou não degenere, que não se desenvolva ou não decaia. *Mas nada evolui mecanicamente*. Só a degeneração e a destruição decorrem mecanicamente. O que não pode evoluir conscientemente, degenera. O auxílio do exterior só é possível na medida em que for apreciado e aceito, mesmo que no início seja apenas pelo sentimento.

"A linguagem que permite a compreensão baseia-se no conhecimento da relação entre o objeto que se examina e sua evolução possível, no conhecimento de seu *lugar* na escala evolutiva.

"Para este fim, grande número de nossas idéias habituais é *dividido* de conformidade com as etapas dessa evolução.

"Ainda uma vez, tomemos a idéia do *homem*. Na linguagem de que falo, em vez da palavra "homem", usam-se *sete palavras*, a saber: homem n? 1, homem n? 2, homem n? 3, homem n? 4, homem n? 5, homem n? 6 e homem n? 7. Com essas sete idéias, estaremos em condições de nos compreendermos quando falarmos do homem.

"O homem n? 7 chegou ao mais completo desenvolvimento possível ao homem e possui tudo o que o homem pode possuir, notadamente a vontade, a consciência, um "Eu" permanente e imutável, a individualidade, a imortalidade e numerosas outras propriedades que, em nossa cegueira e ignorância, nos atribuímos. Só até certo grau é que podemos compreender o homem n? 7 e suas propriedades, bem como as etapas gradativas pelas quais podemos nos aproximar dele, isto é, o processo do desenvolvimento que nos é possível.

"O homem n? 6 segue de perto o homem n? 7. Só difere dele por algumas de suas propriedades, que ainda não se tornaram *permanentes*.

"O homem n? 5 é também, para nós, um tipo de homem inacessível, pois atingiu a *unidade*.

"O homem n? 4 é um grau intermediário: dele falarei a seguir.

"Os homens n? 1, 2 e 3 constituem a humanidade mecânica; permanecem no nível em que nasceram. O *homem n? 1* tem o centro de gravidade de sua vida psíquica no centro motor. É o homem do corpo físico, em quem as funções do instinto e do movimento predominam sempre sobre as funções do sentimento e do pensar.

"*O homem n? 2* está no mesmo nível de desenvolvimento, mas o centro de gravidade de sua vida psíquica está no centro emocional; é, pois, o homem em quem as funções *emocionais* predominam sobre todas as outras, é o homem do sentimento, o homem emocional.

"*O homem n.º 3* também está no mesmo nível de desenvolvimento, mas o centro de gravidade de sua vida psíquica está no centro intelectual; noutros termos, é um homem em quem as funções intelectuais predominam sobre as funções emocionais, instintivas e motoras; é o homem racional, que tem uma teoria para tudo o que faz, que parte sempre de considerações mentais.

"Cada homem nasce n.º 1, n.º 2 ou n.º 3.

"*O homem n.º 4* não nasceu n.º 4. Nasceu n.º 1, 2 ou 3 e só se torna 4 depois de esforços de caráter bem definido. O homem n.º 4 é sempre o *produto de um trabalho de escola*. Não pode nascer assim, nem se desenvolver acidentalmente; as influências comuns da educação, da cultura, etc., não podem produzir um homem n.º 4. Seu nível é superior ao do homem n.º 1, 2 ou 3; *tem um centro de gravidade permanente* que é feito de suas idéias, de sua apreciação do trabalho e de sua relação com a escola. Além disso, seus centros psíquicos já começaram a se equilibrar; nele, um centro não pode mais ter preponderância sobre os outros, como é o caso dos homens das três primeiras categorias. O homem n.º 4 já começa a se conhecer, começa a saber para onde vai.

"O homem n.º 5 já é o produto de uma cristalização; não pode mais mudar continuamente como os homens n.º 1, 2 e 3. Mas deve-se notar que o homem n.º 5 pode ser o resultado tanto de um trabalho justo como de um trabalho falso. Pode ter-se tornado n.º 5 depois de ter sido n.º 4 e pode ter chegado a n.º 5 *sem ter sido n.º 4*. Nesse caso, não se poderá desenvolver além disto e não se poderá tornar n.º 6 e n.º 7. Para chegar a n.º 6, ser-lhe-á necessário, primeiro, refundir completamente sua essência já cristalizada, terá que perder intencionalmente seu ser de homem n.º 5. Ora, isso só pode ser levado a cabo através de terríveis sofrimentos. Felizmente, tais casos de desenvolvimento equivocado são muito raros.

"A divisão do homem em sete categorias explica milhares de particularidades que não poderiam ser compreendidas de outro modo. Essa divisão é uma primeira aplicação do conceito de *relatividade* ao homem. Coisas aparentemente idênticas podem ser completamente diferentes, segundo a categoria de homens a que pertençam de fato ou em função da qual as consideramos.

"Segundo essa concepção, todas as manifestações interiores e exteriores do homem, tudo o que lhe é próprio, todas as suas criações, são igualmente divididas em sete categorias.

"Podemos, pois, dizer agora que há um saber n.º 1, baseado na imitação, nos instintos ou decorado, repisado. O homem n.º 1, se é um homem nº 1 no pleno sentido desse termo, adquire todo o seu saber como um macaco ou um papagaio.

"O saber do homem nº 2 é simplesmente o saber do que gosta. O homem nº 2 não quer saber nada do que não gosta. Sempre e em tudo quer algo que lhe agrade. Ou então, se é um doente, é atraído, ao contrário, por tudo aquilo que lhe desagrada, fascinado por suas próprias repugnâncias, por tudo que provoca nele horror, pavor e náusea.

"O saber do homem nº 3 é um saber fundado num pensar subjetivamente lógico, em palavras, numa compreensão literal. É o saber dos ratos de biblioteca, dos escolásticos. São homens nº 3, por exemplo, os que contaram quantas vezes ocorria cada letra do alfabeto árabe no Alcorão e sobre isso basearam todo um sistema de interpretação.

"O saber do homem nº 4 é de espécie completamente diferente. É um saber que provém do homem nº 5, que o havia recebido do homem nº 6, que o recebera, por sua vez, do homem nº 7. Entretanto, é claro que o homem nº 4 só assimila desse conhecimento o que corresponde aos seus poderes. Mas, em comparação com o saber dos homens nºs 1, 2 e 3, o saber do homem nº 4 começou a se libertar dos elementos subjetivos. O homem nº 4 está a caminho na direção do saber objetivo.

"O saber do homem nº 5 é um saber total e indivisível. O homem nº 5 já possui um Eu indivisível e *todo* o seu conhecimento pertence a esse Eu. Não pode mais ter um "eu" que saiba alguma coisa sem que outro "eu" esteja informado disso. O que ele sabe, sabe com a totalidade de seu ser. Seu saber está mais próximo do saber objetivo do que pode estar o do homem nº 4.

"O saber do homem nº 6 representa a integralidade do saber acessível ao homem; mas ainda pode ser perdido.

"O saber do homem nº 7 é bem dele e não lhe pode mais ser tirado; é o saber *objetivo* e totalmente *prático* de *Tudo*.

"Com o ser ocorre exatamente o mesmo. Há o ser do homem nº 1, isto é, daquele que vive através de seus instintos e de suas sensações; há o ser do homem nº 2, que vive de seus sentimentos, de suas emoções; e o ser do homem nº 3, o homem da razão, o teórico e assim por diante. Compreende-se assim por que o saber nunca pode estar muito afastado do ser. Os homens nºs 1, 2 e 3 não podem, em razão de seu ser, possuir o saber dos homens 4, 5 e mais acima. Qualquer coisa que lhes seja dada, eles interpretarão a seu modo reduzindo tudo ao seu próprio nível inferior.

"A mesma espécie de divisão em sete categorias é aplicável a tudo o que diz respeito ao homem. Há uma arte nº 1, que é a arte do homem nº 1, uma arte de imitação, de simulacro ou então grosseiramente primitiva e sensual, como a música e as danças dos povos selvagens. Há uma arte nº 2, uma arte de sentimento; uma arte nº 3, que é intelectual, inventada; e deve haver uma arte nº 4, nº 5, etc ...

"Exatamente do mesmo modo, há uma religião do homem nº 1, isto é, uma religião feita de ritos, de formas exteriores, de sacrifícios e de cerimônias brilhantes, que podem ser, às vezes, de imponente esplendor ou, ao contrário, de caráter lúgubre, selvagem, cruel, etc. . . Há uma religião do homem nº 2; a religião da fé, do amor, dos arrebatamentos, da adoração e do entusiasmo, que não tarda em se transformar numa religião de perseguição, de esmagamento e de extermínio dos "hereges" ou dos "pagãos". Há uma religião do homem nº 3, intelectual e teórica, uma religião de provas e de argumentos, fundada em raciocínios, interpretações e deduções lógicas. As religiões nºs 1, 2 e 3 são realmente as únicas que conhecemos; todas as formas religiosas conhecidas por nós pertencem a uma ou outra dessas três categorias. Quanto à religião dos homens nº 4, nº 5, nº 6 e nº 7, não as conhecemos nem podemos conhecê-las, enquanto permanecermos o que somos.

"Se, em vez de tomar a religião em geral, considerarmos o Cristianismo, veremos então que existe, do mesmo modo, um Cristianismo nº 1, ou seja um paganismo sob um nome cristão. O Cristianismo nº 2 é uma religião de sentimento, algumas vezes muito pura, mas desprovida de força, algumas vezes sanguinária e atroz, levando à Inquisição, às guerras religiosas. O Cristianismo nº 3, de que as diferentes formas de protestantismo oferecem exemplos, funda-se em teorias, argumentos, em toda uma dialética, etc. . . Depois, há um Cristianismo nº 4, de que os homens nºs 1, 2 e 3 não têm a mínima idéia.

"De fato, o Cristianismo nºs 1, 2 ou 3 não passa de uma imitação exterior. Só o homem nº 4 se esforça por tornar-se um cristão e só o homem nº 5 pode realmente ser um cristão. Porque, para ser um cristão, é necessário ter o ser de um cristão, isto é, viver de conformidade com os preceitos de Cristo.

"Os homens nºs 1, 2 e 3 não podem viver de conformidade com os preceitos de Cristo, porque para eles tudo "acontece". Hoje é uma coisa, amanhã outra. Hoje estão prontos a dar a última camisa e amanhã a despedaçar um homem porque se recusou lhes dar a sua camisa. São arrastados ao acaso dos acontecimentos, vão à deriva. Não são seus próprios senhores e, por conseguinte, mesmo que decidam ser cristãos, não podem realmente ser cristãos.

"A ciência, a filosofia e todas as manifestações da vida e da atividade humana podem ser divididas, exatamente da mesma maneira, em sete categorias, mas a linguagem comum dos homens está muito longe de levar em conta essas divisões e é por isto que é tão difícil para eles se compreenderem.

"Analisando os diferentes sentidos subjetivos da palavra "homem", vimos quão variados e contraditórios são e, acima de tudo, quão velados e sutis, mesmo para quem fala, são os significados e as nuances de significados criados pelas associações habituais que podem ser postos numa palavra.

"Tomemos outra palavra; por exemplo a palavra "mundo". Cada qual a compreende a seu modo. Cada um, ao dizer ou ouvir a palavra "mundo", tem suas associações particulares, inteiramente incompreensíveis para outro. Cada "concepção do mundo", cada forma de pensar habitual, comporta suas próprias associações, suas próprias idéias.

"Para um homem com uma concepção religiosa do mundo, um cristão, por exemplo, a palavra "mundo" evoca imediatamente toda uma série de idéias religiosas e associa-se necessariamente à idéia de Deus, à idéia da criação do mundo ou do fim do mundo, deste mundo "pecador" e assim por diante.

"Para um adepto do Vedanta, o mundo será, antes de tudo, ilusão, "Maya".

"Um teosofista pensará nos diferentes "planos", físico, astral, mental, etc...

"Um espírita pensará no mundo "do além", no mundo dos espíritos.

"Um físico considerará o mundo do ponto de vista da estrutura da matéria, será um mundo de moléculas, de átomos, de elétrons.

"Para o astrônomo, o mundo será um mundo de estrelas e de galáxias.

"E não é tudo ... O mundo dos fenômenos e o do númeno, o mundo da quarta e outras dimensões, o mundo do bem e do mal, o mundo material e o imaterial, a relação das forças entre as diversas nações do mundo, o homem pode ser "salvo" no mundo? etc., etc.

"As pessoas têm sobre o mundo milhares de idéias diferentes, mas falta-lhes essa idéia geral que lhes permitiria compreenderem-se mutuamente e determinar imediatamente de que ponto de vista pretendem olhar o mundo.

"É impossível estudar um sistema do universo sem estudar o homem. Ao mesmo tempo, é impossível estudar o homem sem estudar o universo. O homem é uma imagem do mundo. Foi criado pelas próprias leis que criaram o conjunto do mundo. Se um homem se conhecesse e se compreendesse a si mesmo, conheceria e compreenderia o mundo inteiro, todas as leis que criam e governam o mundo. E, inversamente, através do estudo do mundo e das leis que o regem, aprenderia e compreenderia as leis que governam a ele próprio. A esse respeito, certas leis são compreendidas e assimiladas mais facilmente através do estudo do mundo objetivo e outras só podem ser compreendidas através do estudo de si. O estudo do mundo e o estudo do homem devem, pois, ser conduzidos paralelamente, um auxiliando o outro.

"No que se refere ao sentido dessa palavra "mundo", é necessário, desde o início, compreender que há uma multiplicidade de mundos e que não vivemos num mundo único, mas em vários. É difícil captar essa idéia, porque, na linguagem comum, a palavra "mundo" é geralmente empregada no singular. E quando se emprega o plural "mundos", é apenas para acentuar, de certo modo, a mesma idéia ou expressar a idéia de mundos diferentes que existem paralelamente uns aos outros. A linguagem habitual não comporta a idéia de mundos contidos uns dentro dos outros. E, no entanto, a idéia de que vivemos em mundos diferentes implica precisamente mundos contidos uns dentro dos outros, com os quais estamos em relações diferentes.

"Se procurarmos uma resposta à pergunta: o que são o mundo ou os mundos nos quais vivemos, deveremos nos perguntar, antes de tudo, qual é o mundo que nos concerne de modo mais íntimo e imediato.

"A isso podemos responder que damos, freqüentemente, o nome de mundo ao mundo dos homens, à humanidade de que fazemos parte. Mas a humanidade faz parte integrante da vida orgânica sobre a Terra, por conseguinte será justo dizer que o mundo mais próximo de nós é *a vida orgânica sobre a Terra*, o mundo das plantas, dos animais e dos homens.

"Mas a vida orgânica está também no mundo. Que é, pois, o mundo para a vida orgânica?

"O mundo, para a vida orgânica, é nosso planeta, a Terra.

"Mas a Terra também está no mundo. Que é, pois, o "mundo" para a Terra?

"O "mundo" para a Terra é o mundo dos planetas do sistema solar de que a Terra faz parte.

"Que é o "mundo" para todos os planetas tomados em conjunto? O Sol, a esfera de influência solar ou o sistema solar de que os planetas fazem parte.

"Para o Sol, por sua vez, o "mundo" é nosso mundo de estrelas ou a Via Látea, enorme acúmulo de sistemas solares.

"E, mais longe ainda, de um ponto de vista astronômico, é totalmente possível presumir a existência de uma porção de mundos, a enormes distâncias uns dos outros, no espaço de "Todos os Mundos". Esses mundos, tomados em conjunto, serão o "mundo" para a Via Látea.

"E agora, passando às conclusões filosóficas, podemos dizer que "Todos os Mundos" devem formar, de algum modo desconhecido e incompreensível para nós, uma *Totalidade* ou uma *Unidade* (como uma maçã é uma unidade). Essa Totalidade ou Unidade, esse *Todo* — que pode ser chamado o "Absoluto" ou o "Independente", porque, incluindo tudo em si mesmo, ele próprio não depende de nada — é o "mundo" para "todos os mundos". Logicamente, é bem possível conceber um estado de coisas onde o Todo forme uma só Unidade. Tal Unidade será certamente o Absoluto, o que significa o Independente, pois, sendo Todo, não pode deixar de ser indivisível e infinito.

"O Absoluto, isto é, esse estado de coisas em que o Conjunto constitui um Todo, é de certo modo o estado primordial, fora do qual, por divisão e diferenciação, surge a diversidade dos fenômenos que observamos.

"O homem vive em todos os mundos, mas de modos diferentes.

"Isso significa que é influenciado, antes de tudo, pelo mundo *mais próximo*, em cujo contato imediato vive, pois faz parte dele. Os mundos mais afastados também influem no homem, quer diretamente, quer através dos mundos intermediários, mas sua ação diminui na razão direta de seu afastamento ou de sua diferenciação do homem. Como veremos mais tarde, a influência *direta* do Absoluto não alcança o homem. Mas a influência do mundo imediatamente consecutivo a ele, a do mundo das estrelas, já é completamente clara na vida do homem, embora a "ciência", por certo, nada saiba a respeito."

Com essas palavras, G. terminou a exposição.

Na reunião seguinte, todos tínhamos muitas perguntas a fazer, principalmente sobre as influências dos diferentes mundos e, notadamente: por que a influência do Absoluto não chega até nós?

— Antes de abordar estes assuntos, começou G., bem como as leis da transformação da Unidade em Pluralidade, devemos examinar *a lei fundamental* que cria todos os fenômenos em toda a diversidade ou a unidade de todos os universos.

"É a "Lei de Três", a lei dos *Três Princípios* ou das *Três Forças*. Segundo esta lei, todo fenômeno, em qualquer escala e em qualquer mundo que ocorra, do plano molecular ao plano cósmico, é o resultado da combinação ou encontro de três forças diferentes e opostas. O pensamento contemporâneo reconhece a existência de duas forças e a necessidade dessas duas forças para a produção de um fenômeno: força e resistência, magnetismo positivo e negativo, eletricidade positiva e negativa, células masculina e feminina e assim por diante. Ainda assim, não constata sempre nem em toda parte a existência dessas duas forças. Quanto à terceira força, jamais se preocupou com ela ou, se lhe aconteceu um dia levantar tal questão, ninguém disso se apercebeu.

"Segundo o verdadeiro e exato conhecimento, uma força ou duas forças jamais podem produzir um fenômeno. A presença de uma terceira força é necessária porque somente com seu auxílio é que as duas primeiras podem produzir um fenômeno, em qualquer plano.

"A doutrina das três forças está na raiz de todos os sistemas antigos. A primeira força pode ser denominada ativa ou positiva; a segunda, passiva ou negativa; a terceira, neutralizante. Mas são *simples nomes*. Na realidade, essas três forças são tão ativas uma quanto a outra; aparecem como ativa, passiva e neutralizante, unicamente em seus pontos de encontro, isto é, *apenas no momento em que entram em relação umas com as outras*. As duas primeiras forças são, mais ou menos, compreensíveis e a terceira pode ser descoberta, às vezes, quer no ponto de aplicação das forças, quer em seu "meio", quer em seu "resultado". Mas, em geral, é difícil observar e compreender a terceira força. A razão disso deve ser buscada nos limites funcionais de nossa atividade psicológica comum e nas categorias fundamentais de nossa percepção do mundo dos fenômenos, isto é, em nossa sensação do espaço e do tempo, resultante dessas limitações. Os homens não podem nem perceber nem observar diretamente a terceira força, do mesmo modo que não podem perceber especialmente a "quarta dimensão".

"Mas, estudando-se a si mesmo, estudando as manifestações de seu pensamento, de sua consciência, de sua atividade, de seus hábitos, de seus desejos, etc., pode-se aprender a observar e a ver em si mesmo a ação das três forças. Suponhamos, por exemplo, que um homem queira trabalhar sobre si mesmo para mudar certas características, para alcançar um grau mais elevado de ser. Seu desejo, sua iniciativa, será a força ativa. A inércia de toda a sua vida psicológica habitual, que se opõe a essa iniciativa, será a força passiva ou negativa. Ou bem as duas forças se contrabalançarão ou bem uma vencerá completamente a outra, mas será desde então fraca demais para qualquer ação ulterior. Assim, as duas forças deverão, de algum modo, girar uma em torno da outra, uma absorvendo a outra, e não produzirão nenhuma espécie de resultado. E isso pode prolongar-se durante toda uma vida. Um homem pode experimentar um desejo de iniciativa. Mas toda a sua força de iniciativa pode ser absorvida por seus esforços para vencer a inércia habitual da vida, nada lhe sobrando para atingir a meta para a qual deveria tender sua iniciativa. E isto pode permanecer assim até que a terceira força apareça, por exemplo, sob a forma de um *novo saber*, que mostrará imediatamente a vantagem ou a necesssidade de um trabalho sobre si e que, deste modo, sustentará a iniciativa e a reforçará. Então, a iniciativa, com o apoio da terceira força, poderá vencer a inércia e o homem tornar-se-á ativo na direção desejada.

"Exemplos da ação das três forças e dos momentos em que a terceira força entra em jogo podem ser descobertos em todas as manifestações de nossa vida psíquica, em todos os fenômenos da vida das comunidades humanas, da humanidade considerada em seu conjunto e em todos os fenômenos da natureza que nos rodeia.

"No início, bastará compreender o princípio geral: cada fenômeno, por maior que seja, é necessariamente a manifestação de três forças; uma ou duas forças não podem produzir um fenômeno e, se observarmos uma parada no que quer que seja ou uma hesitação infindável no mesmo lugar, podemos dizer que nesse lugar falta a terceira força. Para tentar compreendê-la, é necessário ainda lembrar-se de que não podemos ver os fenômenos como manifestações das três forças porque, nos nossos estados subjetivos de consciência, o mundo objetivo escapa a nossas observações. "E, no mundo dos fenômenos, subjetivamente observado, vemos apenas a manifestação de uma ou de duas forças. Se pudéssemos ver a manifestação de três forças em qualquer ação, veríamos então o mundo tal qual é (as coisas em si mesmas). É necessário apenas lembrar-se aqui de que um fenômeno de aparência muito simples pode na realidade ser complicado, isto é, pode ser uma combinação muito complexa de trindades. Sabemos, entretanto, que não podemos ver o mundo tal qual é e isso deveria ajudar-nos a compreender por que não podemos ver a terceira força. A terceira força é uma propriedade do mundo real. O mundo subjetivo ou fenomenal de nossa observação só é real relativamente, em todo caso não é completo.

"Voltando ao mundo em que vivemos, podemos dizer agora que, no Absoluto — como, por analogia, em qualquer outra coisa — três forças são ativas: a força ativa, a força passiva e a força neutralizante. Mas, visto que no Absoluto, devido a sua própria natureza, cada coisa constitui um todo, as três forças também constituem um todo. Além disso, formando um todo independente, as três forças possuem uma vontade plena e independente, uma consciência plena, uma compreensão plena de si mesmas e de tudo o que fazem.

"A idéia da unidade das três forças no Absoluto forma a base de muitos ensinamentos antigos: a Trindade consubstancial e indivisível; Trimúrti: Brahma — Vishnu — Siva e assim por diante.

"As três forças do Absoluto, constituindo um todo, separadas e unidas por sua própria vontade e por sua própria decisão, criam, em seus pontos de junção, fenômenos, "mundos". Esses "mundos", criados pela vontade do Absoluto, dependem inteiramente dessa vontade em tudo o que diz respeito a sua própria existência. Em cada um deles as três forças agem ainda. Entretanto, uma vez que, agora, cada um desses mundos não é mais o todo, mas apenas uma de suas partes, as três forças cessam, desde então, de formar neles um só todo. Há agora três vontades, três consciências, três unidades. Cada uma das três forças contém em si mesma a possibilidade das três, mas, em seu ponto de encontro, cada uma delas só manifesta um princípio: o ativo, o passivo ou o neutralizante. As três forças juntas constituem uma trindade que produz novos fenômenos. Mas essa trindade é diferente, não é mais a que era no Absoluto, onde as três forças, constituindo uma totalidade indivisível, possuíam uma só vontade e uma só consciência. Nos mundos da segunda ordem, as três forças estão agora divididas e seus pontos de junção são de outra natureza. No Absoluto, o instante e o ponto de sua junção são determinados por sua vontade única. Nos mundos da segunda ordem, onde não há mais uma vontade única, mas três vontades, os pontos de manifestação são determinados por uma vontade separada, independente das outras e, por conseguinte, o ponto de encontro torna-se acidental, mecânico. A vontade do Absoluto cria os mundos da segunda ordem e os governa, mas não governa seu trabalho criador, onde aparece um elemento de mecanicidade."

G. traçou um diagrama:
— Imaginemos o Absoluto como um círculo e, nele, uma multidão de outros círculos; serão os mundos da segunda ordem. Consideremos o primeiro desses círculos. O Absoluto é designado pelo número 1, visto que, no Absoluto, as forças constituem um todo. Quanto aos pequenos círculos, serão designados pelo número 3, pois, num mundo da segunda ordem, as três forças já estão divididas.

"Em cada um desses mundos da segunda ordem, as três forças divididas criam, ao se encontrarem, novos mundos de uma terceira ordem. Consideremos um desses mundos. Os mundos da terceira ordem, criados pelas três forças que agem semi-mecanicamente, não dependem mais da vontade única do Absoluto, mas de três leis mecânicas. Esses mundos são criados pelas três forças. E, uma vez criados, manifestam três forças novas de sua própria ordem. Por conseguinte, as forças que agem nos mundos da terceira ordem serão em número de 6. No diagrama, o círculo da terceira ordem é designado pelo número 6 (3 mais 3). Nesses mundos são criados mundos de uma nova ordem, a quarta ordem. Nos mundos da quarta ordem, agem as três forças do mundo da segunda ordem, as seis forças do mundo da terceira ordem e três forças de sua própria ordem, ou seja, doze forças ao todo. Tomemos um desses mundos e o designemos pelo número 12 (3 mais 6 mais 3). Sujeitos a um número maior de leis, esses mundos estão ainda mais afastados da vontade única do Absoluto e são ainda mais mecânicos. Os mundos criados dentro desses mundos serão governados por 24 forças (3 mais 6 mais 12 mais 3). Por sua vez, os mundos criados dentro desses novos mundos serão governados por 48 forças, sendo o número quarenta e oito assim constituído: três forças do mundo mais próximo do Absoluto, seis forças do mundo consecutivo, doze forças do seguinte, vinte e quatro ainda do subseqüente e três de sua própria ordem (3 mais 6 mais 12 mais 24 mais 3), ou seja, ao todo, quarenta e oito. Os mundos criados dentro dos mundos 48 serão governados por 96 forças (3 mais 6 mais 12 mais 24 mais 48 mais 3). Os mundos da ordem seguinte, se é que existem, serão governados por 192 forças e assim por diante.

"Se tomarmos um dos numerosos mundos criados no Absoluto, isto é, um mundo 3, ele representará a totalidade dos mundos de estrelas análogos a nossa Via Látea. Se tomarmos um dos mundos criados dentro desse mundo 3, isto é, o mundo 6, será essa acumulação de estrelas que chamamos Via Látea. O mundo 12 será um dos sóis que compõem a Via Látea — o nosso Sol. O mundo 24 será o mundo planetário, isto é, todos os planetas do sistema solar. O mundo 48 será a Terra. O mundo 96 será a Lua. Se a Lua tivesse um satélite, esse seria o mundo 192 e assim por diante.

"A cadeia dos mundos, cujos elos são o Absoluto, Todos-os-Mundos, Todos-os-Sóis, nosso Sol, Todos-os-Planetas, a Terra e a Lua, forma o "raio de criação" no qual nos encontramos. O raio de criação é para nós o "mundo", no sentido mais amplo desse termo. Mas o raio de criação, naturalmente, é o *mundo* apenas para nós, visto que o Absoluto dá surgimento a indefinida quantidade de mundos diferentes, cada um dos quais emite novo raio de criação. Além disso, cada um desses mundos contém, por sua vez, uma quantidade de mundos que representam nova refração do raio e, ainda aí, entre todos esses mundos, só escolhemos um: nossa Via Látea. A Via Látea é formada por uma quantidade de sóis, mas entre eles só escolhemos um sol, aquele que está mais próximo de nós e do qual dependemos imediatamente, nosso Sol, no qual vivemos, nos movemos e temos nosso ser. Cada um dos outros sóis representa outra refração do raio, mas não podemos estudar esses raios do mesmo modo que o nosso, o raio onde estamos situados. Por outro lado, dentro do sistema solar, o mundo planetário está mais próximo de nós que o próprio Sol e, dentro do mundo planetário, o mundo mais próximo de nós é a Terra, o planeta sobre o qual vivemos. Não temos necessidade de estudar os outros planetas do mesmo modo que estudamos a Terra; basta que os consideremos todos em conjunto, isto é, numa escala consideravelmente menor que a utilizada para a Terra.

"O número de forças em cada mundo 1, 3, 6, 12, etc., indica o número de leis às quais está submetido o mundo em questão.

"Quanto menos leis houver num mundo dado, mais próximo estará da vontade do Absoluto; quanto mais leis houver, num mundo dado, tanto maior será sua mecanicidade, tanto mais afastado estará da vontade do Absoluto. Vivemos num mundo submetido a quarenta e oito ordens de leis, isto é, muito longe da vontade do Absoluto, num canto muito longínquo, muito sombrio do Universo.

"Assim, o raio de criação nos ajuda a determinar e compreender nosso lugar no mundo. Mas, como vêem, não respondemos ainda às perguntas sobre as influências. Para poder compreender a diferença entre as influências dos diversos mundos, devemos, primeiramente, ver mais a fundo a Lei de Três. Depois do que, devemos estudar outra lei fundamental, a Lei de Sete ou Lei de Oitava."

Capítulo Cinco

"Consideremos o universo tridimensional como um mundo de *matéria* e *força*, no sentido mais simples e mais elementar dessas palavras. Discutiremos, mais tarde, dimensões de ordem superior, novas teorias sobre a matéria, o espaço e o tempo e outras categorias do conhecimento do mundo que a ciência ignora. Agora, é necessário visualizarmos o universo sob a forma esquemática do raio de criação do Absoluto à Lua.

"O "raio de criação" aparece, à primeira vista, como um esquema muito elementar do universo, mas, na realidade, quando o estudamos, torna-se claro que esse simples esquema permite coordenar e fazer a síntese de uma porção de concepções do mundo, filosóficas, religiosas e científicas, atualmente em conflito. A idéia do raio de criação pertence ao conhecimento antigo e grande número dos ingênuos sistemas geocêntricos que nos são conhecidos eram, na verdade, apenas exposições imperfeitas do raio de criação ou deformações dessa idéia, devidas a uma compreensão literal.

"Observe-se que a idéia do raio de criação e de seu crescimento a partir do Absoluto contradiz algumas teorias modernas, que, aliás, não são, de modo algum, científicas. Consideremos, por exemplo, a seqüência: Sol, Terra, Lua. Segundo as concepções habituais, a Lua é um corpo celeste frio e morto, que teria possuído outrora, como a Terra, um fogo interno e que, em tempos ainda mais recuados, teria sido uma massa em fusão como o Sol. A Terra, segundo as mesmas concepções, foi outrora como o Sol e também ela se está resfriando gradualmente; cedo ou tarde, se tornará uma massa gelada como a Lua. Supõe-se comumente que também o Sol se está resfriando e, a seu tempo, se tornará como a Terra e, mais tarde ainda, como a Lua.

"É preciso observar, naturalmente, que semelhante teoria não tem nenhum direito a ser chamada "científica", no sentido estrito da palavra, porque, na ciência, isto é, em astronomia, ou, mais exatamente, em astrofísica, há grande quantidade de teorias e hipóteses diferentes e contraditórias a respeito e nenhuma delas possui base séria. Mas essa teoria é uma das mais difundidas e tornou-se a do homem médio dos tempos modernos no que se refere ao mundo em que vivemos.

"Repito, a idéia do raio de criação e de seu crescimento a partir do Absoluto contradiz, em geral, todas as maneiras de ver de nossos contemporâneos.

"Segundo essa idéia, a Lua é um planeta que ainda não nasceu; é, por assim dizer, um planeta que está nascendo. Aquece-se progressivamente e, a seu tempo (no caso de um desenvolvimento favorável do raio de criação), se tornará como a Terra e terá seu próprio satélite, uma nova lua. Um novo elo terá sido acrescentado à cadeia do raio de criação. A Terra também não se resfria pouco a pouco; ao contrário, se aquece e poderá, a seu tempo, tornar-se como o Sol. Observamos um desenvolvimento análogo, por exemplo, no sistema de Júpiter, que é um sol para seu satélites.

"Para resumir tudo o que acaba de ser dito sobre o raio de criação, que desce do mundo 1 até o mundo 96, lembremos que os números pelos quais os mundos são designados indicam o número de forças ou de ordens de leis que governam os mundos em questão. No Absoluto, só há uma força e uma só lei — a vontade única e independente do Absoluto. No mundo seguinte, há três forças ou três ordens de leis. No subseqüente, seis ordens de leis; no que se segue ainda, doze e assim por diante. Em nosso mundo, isto é, sobre a Terra, estamos sujeitos a quarenta e oito ordens de leis, que governam toda a nossa vida. Se vivêssemos na Lua, estaríamos sujeitos a noventa e seis ordens de leis, isto é, nossa vida e nossa atividade seriam ainda mais mecânicas e não teríamos as possibilidades que temos agora de escapar à mecanicidade.

"Como já disse, a vontade do Absoluto só se manifesta no mundo que foi criado imediatamente por ele, dentro de si mesmo, isto é, no mundo 3; a vontade imediata do Absoluto alcança o mundo 6 e nele se manifesta apenas sob a forma de leis mecânicas. Mais além, nos mundos 12, 24, 48 e 96, a vontade do Absoluto tem cada vez menos possibilidades de se manifestar. Isso significa que, no mundo 3, o Absoluto, de certa forma, cria um plano geral de todo o resto do Universo, o qual, mais adiante, se desenvolve mecanicamente. A vontade do Absoluto não pode se manifestar fora desse plano nos mundos seguintes e, quando ali se manifesta de acordo com esse plano, toma a forma de leis mecânicas. Noutros termos, se o Absoluto quisesse manifestar sua vontade, digamos, em nosso mundo, em oposição às leis mecânicas às quais este mundo está submetido, teria então que destruir todos os mundos intermediários entre ele próprio e o nosso mundo.

"A idéia de um milagre, no sentido de violação de leis pela vontade que as criou não se opõe apenas ao senso comum, mas a própria idéia de vontade. Um milagre só pode ser uma manifestação de certas leis geralmente ignoradas dos homens ou raramente conhecidas. Um milagre é, neste mundo, a manifestação das leis de outro mundo.

"Sobre a Terra, estamos muito afastados da vontade do Absoluto; estamos separados dela por 48 ordens de leis mecânicas. Se pudéssemos nos libertar de metade dessas leis, ficaríamos submetidos apenas a 24 ordens de leis, isto é, às leis do mundo planetário e estaríamos um degrau mais próximos do Absoluto e de sua Vontade. Se pudéssemos então nos libertar de metade dessas leis, estaríamos submetidos às leis do Sol (doze leis) e, por conseguinte, um degrau mais próximo ainda do Absoluto. E, se pudéssemos, uma vez mais, nos libertar de metade dessas leis, estaríamos então submetidos às leis do mundo das estrelas e separados apenas por um degrau da vontade imediata do Absoluto.

"Existe, pois, para o homem a possibilidade de se libertar gradualmente das leis mecânicas.

"O estudo das 48 ordens de leis a que o homem está submetido não pode ser abstrato, como o estudo da astronomia; só há uma maneira de estudá-las; é observá-las em si *e conseguir libertar-se delas*. No início, um homem deve simplesmente compreender que não tem nenhuma necessidade de permanecer escravo de mil pequenas leis fastidiosas, que outros homens criaram para ele ou que ele criou para si mesmo. Mas, se tentar libertar-se delas, verá que não pode. Se fizer longos e persistentes esforços nessa direção, eles não tardarão a convencê-lo de sua escravidão. Essas leis que mantém o homem sob sua sujeição só podem ser estudadas lutando-se contra elas, esforçando-se por libertar-se delas. É necessário, porém, um grande conhecimento para conseguir libertar-se de uma lei, sem criar outra em seu lugar.

"As ordens de leis e suas forças variam de conformidade com o ponto de vista do qual consideramos o raio de criação.

"Em nosso sistema, o término do "raio de criação", o broto do ramo, por assim dizer, é a Lua.

"A energia necessária ao crescimento da Lua, isto é, ao seu desenvolvimento e à formação de novos brotos, lhe chega da Terra, onde é criada pela ação conjunta do Sol, de todos os outros planetas do sistema solar e da própria Terra. Essa energia é recolhida e conservada num gigantesco acumulador, situado na superfície da Terra. Este acumulador é a vida orgânica sobre a Terra. A vida orgânica alimenta a Lua. Tudo o que vive na superfície da Terra, os homens, os animais, as plantas, servem de alimento à Lua. A Lua é um gigantesco ser vivo que se alimenta de tudo o que respira e de tudo o que brota sobre a Terra. A Lua não poderia existir sem a vida orgânica sobre a Terra, do mesmo modo que a vida orgânica sobre a Terra não poderia existir sem a Lua. Além disso, a Lua, em sua relação com a vida orgânica sobre a Terra, é um enorme eletroímã. Se a ação do eletroímã viesse a se interromper, a vida orgânica imediatamente se reduziria a nada.

"O processo de aquecimento e crescimento da Lua está em íntima conexão com a vida e a morte sobre a Terra. Todos os seres vivos liberam, no instante da morte, certa quantidade da energia que os animou; essa energia ou o conjunto das "almas" de todos os seres vivos: plantas, animais, homens – é atraída para a Lua como por um eletroímã colossal e leva-lhe o calor e a vida de que depende seu crescimento, isto é, o crescimento do raio de criação. Na economia do universo, nada jamais se perde e, quando uma energia terminou seu trabalho num plano, passa a outro.

"As almas que vão para a Lua, possuindo talvez certa soma de consciência e de memória, se encontram ali submetidas a 96 leis, em condições de vida mineral ou, noutros termos, em condições tais que não há mais salvação possível para elas fora de uma evolução geral, dentro de ciclos de tempo incomensuravelmente longos. A Lua está "na extremidade", no término do mundo; ela é essa "treva exterior" da doutrina cristã, onde haverá choros e ranger de dentes.

"A influência da Lua sobre todos os seres vivos se manifesta em tudo o que acontece sobre a Terra. A Lua é a força dominante ou, mais exatamente, a força motriz mais próxima, a mais imediata, de tudo o que se produz na vida orgânica sobre a Terra. Todos os movimentos, todas as ações e manifestações dos homens, dos animais e das plantas dependem da Lua e são comandados por ela. A fina película sensível de vida orgânica que recobre o globo terrestre é inteiramente dependente da influência desse formidável eletroímã que suga sua vitalidade. O homem, como qualquer outro ser vivo, não pode, nas condições normais da vida, libertar-se da Lua. Todos os seus movimentos e todas as suas ações, por conseguinte, são comandados pela Lua. Se mata um homem, é a Lua que o faz; se ele se sacrifica pelos outros, é ainda a Lua. Todas as más ações, todos os crimes, todos os sacrifícios, todos os feitos heróicos, bem como os mínimos fatos e gestos da vida ordinária, tudo isso é comandado pela Lua.

"A liberação, que vem com o crescimento dos poderes e das faculdades mentais, é uma *libertação do jugo da Lua*. A parte mecânica de nossa vida depende da Lua, está sujeita à Lua. Mas se desenvolvermos em nós mesmos a consciência e a vontade e, se sujeitarmos a elas toda a nossa vida mecânica, todas as nossas manifestações mecânicas, escaparemos ao poder da Lua.

"Outra idéia que nos é necessário assimilar é a idéia da materialidade do universo, considerado na perspectiva do "raio de criação". Tudo, nesse universo, pode ser pesado e medido. O próprio Absoluto não é menos material, menos ponderável e mensurável que a Lua ou o homem. Se o Absoluto é Deus, isto significa que Deus pode ser pesado e medido, decomposto em seus elementos constituintes, "calculado" e posto em fórmula.

"Mas o conceito de "materialidade" é tão relativo quanto qualquer outro. Se nos lembrarmos de como o conceito de "homem" e de tudo o que com ele se relaciona: bem, mal, verdade, mentira, etc., está dividido em diferentes categorias (homem nº 1, homem nº 2, etc.), nos será fácil compreender que o conceito de "mundo" e tudo o que com ele se relaciona está também dividido em diferentes categorias. O raio de criação estabelece sete planos no mundo, sete mundos um dentro do outro. Tudo o que se relaciona com o mundo também está dividido em sete categorias, uma dentro da outra. A materialidade do Absoluto é uma materialidade de ordem diferente da de "Todos os Mundos". A materialidade de "Todos os Mundos" é de ordem diferente da de "Todos os Sóis". A materialidade de "Todos os Sóis" é de ordem diferente da do nosso Sol. A materialidade do nosso Sol é de ordem diferente da de "Todos os Planetas". A materialidade de "Todos os Planetas" é de ordem diferente da da Terra e a materialidade da Terra é de ordem diferente da da Lua. Essa idéia, à primeira vista, é difícil de captar. As pessoas estão acostumadas a pensar que a *matéria* é a mesma em toda a parte. A física, a astrofísica, a química, métodos tais como a análise espectral, etc., se baseiam todos nessa assertiva. E é verdade que a matéria é sempre a mesma, mas a *materialidade* é diferente.

E os diferentes graus de materialidade dependem diretamente das qualidades e propriedades da energia manifestada num ponto dado.

"A matéria, ou a substância, pressupõe necessariamente a existência da força ou da energia. Isso não significa absolutamente que seja preciso adotar uma concepção dualista do universo. Os conceitos de matéria e de força são tão relativos quanto qualquer outra coisa. No Absoluto, onde tudo é um, a matéria e a força também são um. Mas, no caso, a matéria e a força não são tomadas como princípios reais do mundo em si, mas como propriedades ou caracteres do mundo dos fenômenos que observamos. Para empreender o estudo do universo, é suficiente ter uma idéia elementar da matéria e da energia, tal como nos é dada pelas observações imediatas através dos nossos órgãos dos sentidos. O que é "permanente" é considerado material, matéria, e as "mudanças" que intervêm no estado do que é permanente ou da matéria, são chamadas manifestações de força ou de energia. Todas essas mudanças podem ser consideradas a resultante de vibrações ou movimentos ondulatórios que partem do centro, isto é, do Absoluto e vão em todas as direções, entrecruzando-se, entrando em colisão ou fundindo-se uns com os outros, até o fim do raio de criação onde todos eles se detêm.

"Deste ponto de vista, pois, o mundo é feito de movimentos ondulatórios ou de vibrações e de matéria ou de matéria em estado de vibrações, de matéria vibratória. A velocidade das vibrações está na razão inversa da densidade da matéria.

"É no Absoluto que as vibrações são mais rápidas e a matéria menos densa. No mundo imediatamente consecutivo, as vibrações são mais lentas e a matéria mais densa; além dele, a matéria é ainda mais densa e as vibrações mais lentas.

"A "matéria" pode ser considerada constituída de "átomos". Os átomos são tomados aqui como o resultado da divisão final da matéria. Em qualquer ordem de matéria, eles podem ser considerados simplesmente *partículas* infinitesimais da matéria dada, indivisíveis apenas no plano dado. Só os átomos do Absoluto são realmente indivisíveis. O átomo do plano seguinte, isto é, do mundo 3, é constituído de 3 átomos do Absoluto, noutros termos, é três vezes maior e três vezes mais pesado e seus movimentos são de lentidão correspondente. O átomo do mundo 6 é constituído de 6 átomos do Absoluto, fundidos juntos de certo modo e formando um só átomo. Seus movimentos são também de lentidão correspondente. O átomo do mundo seguinte é constituído de 12 partículas primordiais e os dos mundos seguintes, de 24, de 48 e de 96. O átomo do mundo 96 é de tamanho enorme em comparação com o átomo do mundo 1; seus

□	UM ÁTOMO DO ABSOLUTO
▭▭▭	UM ÁTOMO DE "TODOS OS MUNDOS"
⊞	UM ÁTOMO DE "TODOS OS SÓIS"
⊞⊞	UM ÁTOMO DO SOL
⊞⊞⊞	UM ÁTOMO DE "TODOS OS PLANETAS"
⊞⊞⊞⊞	UM ÁTOMO DA TERRA
⊞⊞⊞⊞⊞	UM ÁTOMO DA LUA

movimentos são também de lentidão correspondente e a matéria constituída por tais átomos é, ela própria, mais densa.

"Os sete mundos do raio de criação representam sete ordens de materialidade. A materialidade da Lua é diferente da da Terra; a materialidade da Terra é diferente da do mundo planetário; a materialidade do mundo planetário é diferente da do Sol, etc.

"Assim, em vez de um só conceito de matéria, temos sete espécies de matérias, mas nossa concepção ordinária da materialidade só abrange a materialidade dos mundos 96 e 48 e, ainda assim, com dificuldade.

"A matéria do mundo 24 é rarefeita demais para ser considerada matéria do ponto de vista científico de nossa física e de nossa química; uma matéria como essa é praticamente hipotética. A matéria ainda mais fina do mundo 12 não possui mais, para a investigação ordinária, nenhum caráter de materialidade. Todas essas matérias pertencentes a ordens variadas do universo não estão dispostas em camadas separadas, mas se mesclam, ou melhor, se interpenetram umas às outras. Podemos fazer idéia de tal interpenetração das matérias de diferentes densidades, partindo da experiência que podemos ter da penetração de uma matéria conhecida nossa por outra igualmente conhecida. Um pedaço de madeira pode estar saturado de água, esta água pode, por sua vez, conter gases. Pode-se observar exatamente a mesma relação entre espécies diferentes de matérias em todo o universo; as matérias mais finas penetram as matérias mais grosseiras.

"A matéria com as características da materialidade que nos é compreensível divide-se, para nós, segundo sua densidade, em diferentes estados: sólido, líquido, gasoso e comporta, além disso, gradações tais como: energia radiante ou eletricidade, luz, magnetismo e assim por diante. Em cada plano, isto é, em cada ordem de materialidade, podem-se encontrar relações e divisões análogas entre os diferentes estados de uma matéria dada: mas, como já disse, a matéria de um plano superior não é, em absoluto, material para os planos inferiores.

"Toda a matéria do mundo que nos rodeia, o alimento que comemos, a água que bebemos, o ar que respiramos, as pedras de que são construídas as nossas casas, nossos próprios corpos — cada coisa é atravessada por todas as matérias que existem no universo. Não é necessário estudar cientificamente o Sol para descobrir a matéria do mundo solar; essa matéria existe em nós mesmos, é o resultado da divisão de nossos átomos. Do mesmo modo, temos em nós a matéria de todos os outros mundos. O homem é, no sentido pleno dessa palavra, um "universo em miniatura". Todas as matérias de que é constituído o universo estão nele. As mesmas forças, as mesmas leis que governam a vida do universo, agem nele. É por isso que, ao estudar o homem, podemos estudar o universo inteiro, exatamente do mesmo modo que, estudando o mundo, podemos estudar o homem.

"Mas o único homem que pode realmente ser posto em paralelo com o mundo é o homem em toda a acepção desse termo, isto é, o homem total, no qual os poderes interiores foram completamente desenvolvidos. Um homem não desenvolvido, um homem que ainda não alcançou o termo de sua evolução, não pode ser considerado uma imagem integral ou perfeita do universo — é um mundo inacabado.

"Repetindo: o estudo de si deve seguir lado a lado com o estudo das leis fundamentais do universo. As leis são as mesmas em toda parte e em todos os planos. Mas as leis idênticas que se manifestam nos diferentes mundos, isto é, em condições diferentes, produzem fenômenos diferentes. O estudo da relação entre as leis e os planos nos quais elas se manifestam leva-nos ao estudo da *relatividade*.

"A idéia da relatividade ocupa lugar muito importante neste ensinamento e, mais tarde, voltaremos a ela. Mas, antes de tudo, é necessário compreender a relatividade de cada coisa e de cada manifestação, *segundo seu lugar* na ordem cósmica.

"Estamos sobre a Terra e dependemos inteiramente das leis que operam no seu nível. A Terra ocupa um lugar muito mau, de um ponto de vista cósmico; ela é comparável às regiões mais remotas da Sibéria gelada, está longe de tudo, é fria e a vida nela é muito dura. Tudo o que noutros lugares vem espontaneamente ou se obtém sem esforços só pode ser adquirido sobre a Terra por um trabalho duro; tudo deve ser conquistado, tanto na vida de cada dia como no trabalho sobre si. Acontece às vezes, na vida, que um homem recebe uma herança e vive, em seguida, sem fazer nada. Mas, no trabalho, isto jamais acontece. Aqui todos são iguais e todos são igualmente mendigos.

"Voltemos à Lei de Três. É necessário aprender a reconhecer suas manifestações em tudo que fazemos e em tudo que estudamos. Não importa em que domínio, a aplicação dessa lei nos revelará imediatamente muitas coisas novas, de que nunca tínhamos suspeitado antes. Tomem a química, por exemplo. A ciência ordinária nada sabe da Lei de Três e estuda a matéria sem levar em consideração suas propriedades cósmicas. Mas, ao lado da química ordinária, há uma outra, uma química especial ou uma alquimia, se quiserem, que estuda a matéria levando em consideração suas propriedades cósmicas. Como já foi dito anteriormente, as propriedades cósmicas de cada substância são determinadas, primeiramente, por *seu lugar*; em seguida, pela força que age através dela no momento dado. Mas, independentemente de seu lugar, uma dada substância sofre grandes mudanças em sua própria natureza, segundo a força que se manifesta através dela. Cada substância pode ser condutora de uma ou de outra das três forças e, em conseqüência, pode ser *ativa, passiva* ou *neutralizante*. E pode não ser nem ativa, nem passiva, nem neutralizante, se não houver força que se manifeste através dela no momento dado ou, então, se for encarada independentemente de sua relação com a manifestação das forças. Assim, cada substância aparece, de certo modo, sob quatro aspectos ou estados diferentes. E em relação a isto, deve-se notar que, quando falamos de matéria, não estamos falando dos elementos químicos. A química especial de que falo considera cada substância que tem uma função separada, mesmo a mais complexa, um elemento. Somente assim é possível estudar as propriedades cósmicas da matéria, porque todos os compostos complexos têm sua própria significação ou sua própria finalidade cósmica. Desse ponto de vista, um átomo de uma substância dada é a menor quantidade dessa substância que retém todas as suas propriedades químicas, físicas e cósmicas. Em conseqüência, o tamanho do "átomo" das diferentes substâncias não é o mesmo. E, em certos casos, um "átomo" pode ser uma partícula visível mesmo a olho nu.

"Os quatro aspectos ou estados de qualquer substância têm nomes definidos.

"Quando uma substância é condutora da primeira força, isto é, da força ativa, é denominada "Carbono" e, como o carbono da química, é designada pela letra C.

"Quando uma substância é condutora da segunda força ou força passiva, é denominada "Oxigênio" e, como o oxigênio da química, é designada pela letra O.

"Quando uma substância é condutora da terceira força ou da força neutralizante, é denominada "Nitrogênio" e, como o nitrogênio da química, é designada pela letra N.

"Quando uma substância é encarada fora de sua relação com a força que se manifesta através dela, é chamada "Hidrogênio" e, como o hidrogênio da química, é designada pela letra H.

"As forças ativa, passiva e neutralizante são designadas pelos números 1, 2 e 3 e as substâncias, pelas letras C, O, N e H. Essas designações devem ser compreendidas.

— Será que esses quatro elementos correspondem aos quatro antigos elementos da alquimia, o fogo, a água, o ar, a terra? perguntou um de nós.

— Sim, correspondem a eles, disse G., mas não levaremos isso em conta. Mais tarde, compreenderão por que."

O que eu ouvira interessava-me muito, porque punha o sistema de G. em relação com o do Tarô, que me parecera, num dado momento, uma possível chave do conhecimento oculto. Ademais, isto me mostrava uma relação de *três* a *quatro*, nova para mim, e que não fora capaz de compreender quando estudava o Tarô. O Tarô baseia-se nitidamente na *lei dos quatro princípios*. Até então G. só falara na *lei dos três princípios*. Mas eu via agora como *três* passava a quatro e compreendia a necessidade dessa divisão, visto que a divisão da *força* e da *matéria* é evidente para a observação imediata. "Três" relaciona-se à força e "Quatro" à matéria. Naturalmente havia um sentido mais profundo que permanecia ainda obscuro para mim; entretanto, as poucas indicações dadas por G. prometiam muito para o futuro.

Acrescentarei que estava muito interessado pelos nomes dos elementos: "Carbono", "Oxigênio", "Nitrogênio" e "Hidrogênio". Devo observar aqui que G., embora tivesse positivamente prometido nos explicar por que esses nomes tinham sido escolhidos em vez de outros, nunca o fez. Mais tarde voltarei, ainda uma vez, a essas denominações. Os esforços que fiz para estabelecer sua origem fizeram-me compreender muitos aspectos do sistema de G., assim como de sua história.

Durante uma reunião para a qual fora convidado número bastante grande de pessoas que ainda não tinham ouvido G., foi feita esta pergunta: "O homem é imortal ou não?"

— Tentarei responder a essa pergunta, disse G., mas aviso que isto não pode ser feito de modo plenamente satisfatório com os elementos que a ciência e a linguagem ordinárias põem a nossa disposição.

"Você pergunta se o homem é imortal ou não.

"Eu responderei ao mesmo tempo sim e não.

"Esta questão tem numerosos aspectos. Primeiro, que significa *imortal*? Você fala da imortalidade absoluta ou admite diferentes graus? Se, por exemplo, depois da morte do corpo subsiste alguma coisa que vive um certo tempo ainda, conservando sua consciência, pode isso ser chamado imortalidade ou não? Noutros termos, quanto tempo, na sua opinião, deve durar tal existência para ser chamada imortalidade? Isso não implica então a possibilidade de uma imortalidade "diferente" conforme os homens? E tantas outras perguntas. Só digo isso com o propósito de mostrar quão vagas são palavras tais como "imortalidade" e como podem facilmente nos iludir. De fato, nada é imortal; até Deus é mortal. Mas é grande a diferença entre Deus e o homem e, naturalmente, Deus é mortal de outro modo que o homem. Seria muito preferível substituir a palavra "imortalidade" pelas palavras *"existência depois da morte"*. Responderei então que o homem tem a possibilidade de uma existência após a morte. Mas a *possibilidade* é uma coisa e a realização da possibilidade é outra.

"Examinemos, agora, de que depende essa possibilidade e o que significa sua realização."

G. repetiu, em poucas palavras, tudo o que já fora dito sobre a estrutura do homem e do mundo. Reproduziu o esquema do raio de criação (*página 103*) e os dos quatro corpos do homem (*página 58*). Mas, a respeito dos corpos do homem, introduziu um detalhe que não dera antes. Recorreu, ainda uma vez, à comparação oriental do homem com uma carruagem, um cavalo, um cocheiro e um amo e, retomando o esquema, acrescentou:

— O homem é uma organização complexa. É formado de quatro partes que podem estar ligadas, não ligadas ou mal ligadas. A carruagem está ligada ao cavalo pelos varais, o cavalo ao cocheiro pelas rédeas e o cocheiro a seu amo pela voz de seu amo. Mas o cocheiro deve ouvir e compreender a voz do amo, deve saber como conduzir; e o cavalo deve ser treinado para obedecer às rédeas. Quanto à relação entre o cavalo e a carruagem, ele deve estar corretamente atrelado. Assim, entre as quatro partes dessa complexa organização, existem três relações, três ligações (*ver figura a, página 115*). Se uma só delas apresentar qualquer defeito, o conjunto não poderá se comportar como um todo. Portanto, as ligações não são menos importantes do que os "corpos". Trabalhando sobre si mesmo, o homem trabalha simultaneamente sobre os "corpos" e as "ligações". Mas trata-se aí de duas espécies de trabalho.

"O trabalho sobre si deve começar pelo cocheiro. O cocheiro é o intelecto. A fim de poder ouvir a voz do amo, o cocheiro, antes de tudo, não deve *estar adormecido*, deve se despertar. Em seguida, pode acontecer que o amo fale uma língua que o cocheiro não compreenda. O cocheiro deve aprender essa língua. Quando a souber, compreenderá seu amo. Mas isso não basta; ele deve também aprender a conduzir, a atrelar e a alimentar o cavalo, a cuidar dele e a conservar bem a carruagem, porque de nada serviria compreender seu amo, se não estivesse em condições de fazer o que quer que fosse. O amo dá a ordem de partida. Mas o cocheiro é incapaz de arrancar porque o cavalo não foi alimentado, não foi atrelado e o cocheiro não sabe onde estão as rédeas. O cavalo são as emoções. A carruagem é o corpo. *O intelecto* deve aprender a comandar as emoções. As emoções arrastam sempre o corpo atrás delas. É nessa ordem que o trabalho sobre si deve ser conduzido. Mas, notem bem: o trabalho sobre os "corpos", isto é, sobre o cocheiro, o cavalo e a carruagem, é uma coisa. E o trabalho sobre as "ligações", isto é, sobre a "compreensão do cocheiro" que o une a seu amo, sobre as "rédeas" que o ligam ao cavalo, sobre os "varais" e os "arreios" que ligam a carruagem ao cavalo — é coisa totalmente diferente.

"Acontece, às vezes, de os corpos estarem em excelente estado, mas que não se façam as "ligações". Então, para que serve toda a organização? Como ocorre com os corpos não desenvolvidos, toda a organização é então inevitavelmente comandada *de baixo*. Noutros termos: não pela vontade do amo, mas por acidente.

"No homem que tem dois corpos, o segundo corpo é ativo em relação ao corpo físico; isto significa que a consciência no "corpo astral" tem pleno poder sobre o corpo físico."

G. colocou o sinal (+) sobre o "corpo astral" e o sinal (−) sobre o corpo físico (*página 115, figura c.*).

"No homem que tem três corpos, o terceiro, isto é, o "corpo mental", é ativo em relação ao "corpo astral" e ao corpo físico; isto quer dizer que a consciência no "corpo mental" tem pleno poder sobre o "corpo astral" e sobre o corpo físico.

G. colocou o sinal (+) sobre o "corpo mental" e o sinal (−) sobre o "corpo astral" e o corpo físico, reunidos por uma chave (*figura c.*).

"No homem que tem quatro corpos, o corpo ativo é o quarto. Isso significa que a consciência, no quarto corpo, tem pleno poder sobre o "corpo mental", o "corpo astral" e o corpo físico.

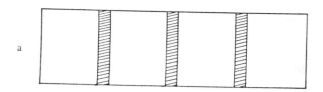

G. colocou o sinal (+) sobre o quarto corpo e o sinal (−) sobre os outros três reunidos (*figura c.*).

"Como vêem, disse ele, há quatro situações completamente diferentes. Num caso, todas as funções são comandadas pelo corpo físico. Ele é ativo; em relação a ele, todo o resto é passivo (*figura b.*). Num outro caso, o segundo corpo tem poder sobre o corpo físico. No terceiro caso, o

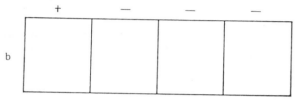

"corpo mental" tem poder sobre o "corpo astral" e sobre o corpo físico. E, no último caso, o quarto corpo tem poder sobre os três primeiros. Já vimos que, no homem que só tem o corpo físico, pode-se estabelecer, entre suas diversas funções, exatamente a mesma espécie de relação que

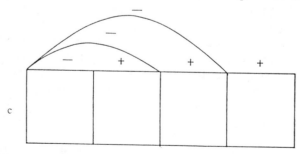

entre os diferentes corpos. As funções físicas podem comandar o sentimento, o pensamento e a consciência. O sentimento pode comandar as funções físicas. O pensamento pode comandar as funções físicas e o sentimento. E a *consciência* pode comandar as funções físicas, os sentimentos e o pensamento.

"No homem de dois, três a quatro corpos, o corpo mais ativo vive também mais tempo; noutros termos, é "imortal" em relação a um corpo inferior."

Desenhou de novo o diagrama do raio de criação e, ao lado da Terra, colocou o corpo físico do homem.

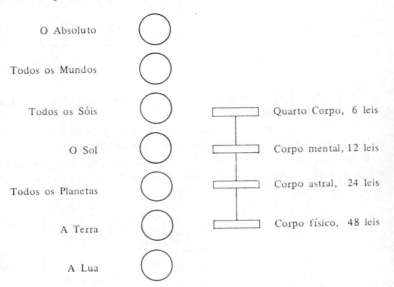

— Este é o homem comum, disse, o homem número 1, 2, 3 e 4. Só possui o corpo físico. Quando esse corpo morre, nada resta dele. O corpo físico é composto de elementos terrestres e, por ocasião da morte, volta à Terra. *É pó e ao pó retorna*. É impossível falar de qualquer espécie de imortalidade para um homem desse gênero. Mas se um homem possui o segundo corpo (colocou o segundo corpo no diagrama, paralelamente aos planetas), esse segundo corpo é formado de elementos do mundo planetário e pode sobreviver à morte do corpo físico. Não é imortal no sentido pleno da palavra, porque, depois de certo tempo, por seu turno morre. Mas, em todo caso, não morre com o corpo físico.

"Para um homem que possui o terceiro corpo (colocou o terceiro corpo no diagrama, paralelamente ao Sol) esse corpo, composto de elementos do Sol, pode existir depois da morte do "corpo astral".

"O quarto corpo é formado de elementos do *mundo das estrelas*, isto é, de elementos que não pertencem ao sistema solar e, por conseguinte, se ele se cristalizou dentro dos limites do sistema solar, não há nada dentro desses limites que possa destruí-lo. *Isso significa que um homem que possui o quarto corpo é imortal dentro dos limites do sistema solar*.

"Vêem por que é impossível responder, de imediato, à pergunta: o homem é imortal ou não? Um homem é imortal, outro não é, um terceiro se esforça na direção da imortalidade, um quarto imagina ser imortal e, no entanto, é apenas um pedaço de carne."

Quando G. ia a Moscou, nosso grupo se reunia sem ele. Guardo a lembrança de várias conversas.

Giravam em torno da idéia de milagre e do fato de que o Absoluto não pode manifestar sua vontade em nosso mundo, que essa vontade se manifesta apenas sob forma de leis mecânicas e que ela própria não se pode manifestar violando essas leis.

Não sei mais qual de nós se recordou primeiro de uma anedota bem conhecida, mas pouco respeitosa, em que vimos, de imediato, uma ilustração dessa lei.

Tratava-se da história do velho seminarista que, em seu exame final, ainda não compreendia a idéia da onipotência divina.

— Bem, dê-me um exemplo de alguma coisa que o Senhor não possa fazer, diz o bispo examinador.

— É muito simples, Eminência, responde o seminarista, todo mundo sabe que o próprio Senhor não pode ganhar do ás de ouro com o dois comum.

Nada podia ser mais claro.

Havia mais sentido nesta anedota que em mil tratados de teologia. As leis de um jogo são a essência desse jogo. Uma violação dessas leis destruiria todo o jogo. O Absoluto não pode interferir em nossa vida e substituir por outros os resultados naturais das causas acidentalmente criadas por nós ou fora de nós, da mesma maneira que não pode ganhar do ás de ouro com o dois comum. Turguenieff escreveu em algum lugar que todas as orações ordinárias podem ser reduzidas a esta: "Senhor, fazei com que dois e dois não dê "quatro". É a mesma coisa que o ás de ouro do seminarista.

De outra vez, falávamos da Lua e de sua relação com a vida orgânica na Terra. E um de nós encontrou ainda um excelente exemplo para ilustrar essa relação.

A lua representa os pesos de um relógio de pêndulo. A vida orgânica corresponde ao seu mecanismo, posto em marcha pelos pesos. Os pesos puxam a corrente que passa em volta da roda denteada, que movimenta as pequenas engrenagens do relógio e seus ponteiros. Se tirássemos os pesos, o relógio pararia imediatamente. A lua é, pois, um gigantesco peso suspenso à vida orgânica e que a faz andar. Quaisquer que sejam nossos atos, bons ou maus, inteligentes ou estúpidos, todos os movimentos das rodas e dos ponteiros de nosso organismo dependem desses pesos, que exercem continuamente pressão sobre nós.

Pessoalmente, estava muito interessado pela questão da relatividade encarada sob o aspecto do *lugar*, quero dizer, do lugar no mundo. Já chegara há longo tempo à·idéia de uma relatividade dependente de uma interrelação das grandezas e das velocidades. Mas a idéia de *lugar* na ordem cósmica era inteiramente nova para mim, bem como para todos os outros. Como me pareceu estranho, quando pouco depois me convenci de que era a mesma coisa, noutros termos, quando compreendi que a grandeza e a velocidade determinavam o *lugar* e o *lugar* determinava a grandeza e a velocidade.

Lembro-me, ainda, de outra conversa que ocorreu no mesmo período. G. fora interrogado sobre a possibilidade de uma *linguagem universal*.

— É possível uma linguagem universal, disse G., mas as pessoas nunca a inventarão.

— Por que? perguntaram.

— Primeiro, porque já foi inventada há muito, respondeu G. . Depois, porque a capacidade de compreender e expressar idéias nessa linguagem não depende apenas do conhecimento dessa linguagem, mas também do *ser*. Direi até mais. Não há uma, mas três linguagens universais. A primeira, pode ser falada e escrita, permanecendo dentro dos limites de nossa própria linguagem. A única diferença é que as pessoas, quando falam em sua linguagem comum, não se compreendem umas às outras, mas nessa outra linguagem elas se compreendem. Na segunda linguagem, a linguagem escrita é a mesma para todos os povos; vejam, por exemplo, os números e as fórmulas matemáticas; as pessoas falam ainda sua própria linguagem, no entanto, cada uma compreende a outra, embora a outra fale numa língua que lhe é desconhecida. A terceira linguagem, escrita ou falada, é a mesma para todos. A diferença de linguagens desaparece inteiramente nesse nível.

— Não é a mesma coisa que foi descrita nos Atos como a descida do Espírito Santo sobre os Apóstolos, quando começaram a compreender todas as línguas? perguntou alguém.

Já notara que tais perguntas tinham o dom de irritar G. .

— Não sei, eu não estava lá, disse.

Mas, noutras ocasiões, uma pergunta oportuna levava a novas e inesperadas explicações.

Durante uma palestra, perguntaram-lhe se havia o que quer que fosse de real ou que pudesse permitir alcançar algo de real nos ensinamentos e ritos das religiões existentes.

— Sim e não, disse G. . Imaginem que estejamos um dia aqui, falando de religiões e a empregada Masha ouça a nossa conversa. Compreenderá, naturalmente, a seu modo e repetirá o que tiver guardado a Ivan, o porteiro; Ivan também compreenderá a seu modo e repetirá o que tiver retido a Pedro, o cocheiro da casa ao lado. Pedro vai para o campo e conta, na aldeia, aquilo de que falam os senhores da cidade. Pensam vocês que o que ele contar conservará alguma semelhança com o que dissemos? Tal é, precisamente, a relação entre as religiões existentes e o que havia em sua origem. Recebemos os ensinamentos, as tradições, as orações e os ritos, não de quinta mão, mas de vigésima quinta e, naturalmente, quase tudo foi desfigurado a ponto de se ter tornado irreconhecível; o essencial perdeu-se há muito tempo.

"Por exemplo, em todas as confissões cristãs, dá-se grande importância à tradição da Santa Ceia, a última refeição de Cristo com seus discípulos. As liturgias e toda uma série de dogmas, de ritos e de sacramentos, têm origem aí.

Essa tradição deu lugar a cismas, a separações de Igrejas, a formação de seitas. Quantas pessoas morreram porque se recusavam a aceitar esta ou aquela interpretação. Mas é um fato que ninguém compreende verdadeiramente o que Cristo fez com seus discípulos nessa noite. Não há explicação que se assemelhe, mesmo aproximadamente, à verdade, primeiro porque o próprio texto dos Evangelhos foi muito alterado pelos copistas e tradutores; depois, porque eles foram *escritos para aqueles que sabem*. Para aqueles que não sabem, os Evangelhos nada podem explicar. Quanto mais se esforçam por compreendê-los, mais afundam no erro.

"Para compreender o que ocorreu durante a Ceia, é indispensável conhecer primeiro certas leis.

"Lembram-se do que disse a respeito do "corpo astral"? Vamos resumir em poucas palavras. Os homens que têm um "corpo astral" podem se comunicar uns com os outros à distância, sem recorrer a meios físicos. Mas, para que tais comunicações se tornem possíveis, devem estabelecer alguma "ligação" entre eles. Com este propósito, se eles se separam, os que partem levam com eles, algumas vezes, um objeto pertencente à pessoa com a qual querem permanecer em relação, de preferência um objeto que tenha estado em contato com seu corpo e tenha podido, assim, ser penetrado por suas emanações. Do mesmo modo, para manter uma relação com uma pessoa morta, seus amigos têm o hábito de conservar objetos que lhe tenham pertencido. Estes deixam, de certo modo, um *rastro* atrás de si, algo assim como fios ou filamentos invisíveis, que ficam estendidos no espaço. Esses fios ligam o objeto dado à pessoa, viva ou morta, a quem pertencia esse objeto. Os homens têm este conheci-

mento desde os tempos mais remotos e dele fizeram os usos mais diversos.
"Podem-se encontrar seus vestígios nos costumes de muitos povos. Vocês sabem, por exemplo, que muitos dentre eles praticam o rito da *irmandade de sangue*. Dois ou mais homens misturam seu sangue no mesmo cálice e bebem desse cálice. São, a seguir, considerados *irmãos de sangue*. Mas a origem desse costume deve ser buscada num plano mais profundo. Primitivamente, tratava-se de uma cerimônia mágica para estabelecer uma ligação entre "corpos astrais". O sangue tem qualidades especiais. Certos povos, como os judeus, por exemplo, atribuíam ao sangue significação particular e propriedades mágicas. Compreendem agora, que, segundo as crenças de certos povos, se uma ligação entre "corpos astrais" tiver sido estabelecida, ela não será destruída pela morte.

"Cristo sabia que devia morrer. Isto fora decidido previamente. Ele sabia e os discípulos também. E cada um deles conhecia o papel que tinha que desempenhar. Mas, ao mesmo tempo, queriam estabelecer com seu Mestre uma ligação permanente. E, para esse fim, Cristo lhes deu seu sangue para beber e sua carne para comer. Não era absolutamente pão e vinho, mas sua verdadeira carne e seu verdadeiro sangue.

"A Santa Ceia foi um *rito mágico*, análogo a uma "irmandade de sangue", para estabelecer uma ligação entre "corpos astrais". Mas quem é que sabe disso nas religiões atuais e compreenderia o seu sentido? Há muito que tudo foi esquecido e que se substitui o sentido original por interpretações completamente diferentes. As palavras permaneceram, mas o significado delas perdeu-se há séculos."

Essa exposição, e sobretudo seu final, provocou muitas conversas em nossos grupos. Inúmeros se chocaram pelo que G. dissera sobre o Cristo e sobre a Ceia; outros, ao contrário, sentiam aí uma verdade que jamais teriam podido alcançar por si mesmos.

Capítulo Seis

Numa das reuniões seguintes, foi feita a seguinte pergunta: *Qual é a meta de seu ensinamento?*
— Tenho certamente minha meta, respondeu G., mas vocês me permitirão não falar dela, pois minha meta nada pode ainda significar para vocês. Para vocês, o que conta agora é que possam definir sua própria meta. *Quanto ao ensinamento em si, não pode ter meta.* Ele só indica aos homens o melhor meio de alcançar suas metas, sejam quais forem. A questão das metas é primordial. Enquanto um homem não definiu sua própria meta, não é sequer capaz de começar a "fazer". Como se poderia "fazer", se não se tem meta? Antes de mais nada, "fazer" pressupõe uma meta.
— Mas a questão da meta da existência é uma das mais difíceis, replicou uma das pessoas presentes. O senhor nos pede para resolvê-la logo de início. Talvez tenhamos vindo aqui precisamente porque buscávamos uma resposta a essa pergunta. O senhor espera de nós que já a conheçamos. Mas, neste caso, já saberíamos realmente tudo.
— Você me compreendeu mal, disse G. . Não falava da meta da existência num sentido filosófico. O homem não a conhece nem a pode conhecer, enquanto permanecer o que é.

"E, em primeiro lugar, porque a existência não tem apenas uma só meta, mas muitas. Além disso, todas as tentativas para resolver esse problema pelos métodos habituais são absolutamente sem esperança e inúteis. Eu propunha uma pergunta bem diferente. Interrogava sobre a meta *pessoal*, sobre o que querem atingir e não sobre a razão de ser de sua existência. Cada um deve ter sua própria meta: um homem quer a riqueza, outro a saúde, um terceiro o reino dos céus, um quarto quer ser general, etc. É sobre metas desse gênero que os interrogava. Se me disserem qual a sua meta, poderei dizer se seguimos ou não o mesmo caminho.

"Pensem na maneira pela qual formulavam para si mesmos sua meta antes de vir aqui.
— Formulava minha meta com toda a clareza, há alguns anos, respondi. Dizia-me então que queria *conhecer o futuro*. Por um estudo teórico do problema, chegara à conclusão de que o futuro *pode* ser conhecido e

consegui mesmo várias vezes obter experimentalmente um conhecimento exato do futuro. Concluí daí ser necessário que conhecêssemos o futuro e que tínhamos direito a isso, porque de outro modo não poderíamos organizar nossas vidas. Esse problema parecia-me muito importante. Achava, por exemplo, que um homem pode saber e tem o direito de saber exatamente o tempo que lhe resta, o tempo de que ainda dispõe, o dia e a hora de sua morte. Sempre achara humilhante viver nessa ignorância e decidira, num dado momento, nada empreender, em que sentido fosse, antes de o saber. De que serve, com efeito, empreender um trabalho qualquer, quando não sabemos se teremos tempo de terminar?

— Muito bem, disse G. . Conhecer o futuro é para você a primeira meta. Alguém mais pode formular sua meta?

— Gostaria de estar convencido de que sobreviverei à morte de meu corpo físico e, se isto depender de mim, gostaria de trabalhar para existir depois da minha morte, disse um de nós.

— Conhecimento ou ignorância do futuro, certeza ou incerteza de uma sobrevivência, não me importam, disse outro, se permaneço o que sou agora. O que sinto com mais força é que não sou senhor de mim e, se tivesse de formular minha meta, diria que quero ser *o senhor de mim mesmo*.

— Gostaria de compreender o ensinamento de Cristo e ser um verdadeiro cristão, disse o seguinte.

— Gostaria de poder *ajudar os outros*.

— Gostaria de saber como se pode deter as guerras.

Bem, isso basta, disse G. . Temos agora bastante elementos. Entre os desejos formulados, o melhor é o de ser senhor de si mesmo. Sem isto, nada mais é possível, nada mais poderia apresentar qualquer valor. Mas, comecemos pelo exame da primeira meta.

"Para conhecer o futuro, é necessário, antes de tudo, conhecer o presente do mesmo modo que o passado, em todos os seus detalhes. Hoje é o que é, porque ontem foi o que foi. E se hoje é como ontem, amanhã será como hoje. Se quiserem que amanhã seja diferente, deverão tornar hoje diferente. Se hoje é apenas uma conseqüência de ontem, amanhã, por sua vez, será apenas uma conseqüência de hoje. E, se alguém tiver estudado a fundo o que se passou ontem, anteontem, há uma semana, um ano, dez anos, poderá, sem risco de erro, dizer o que acontecerá e o que não acontecerá amanhã. Mas hoje não temos elementos suficientes a nossa disposição para discutir seriamente essa questão. O que acontece ou nos pode acontecer depende de uma ou outra dessas três causas: o acidente, o destino ou nossa própria vontade. Tal como somos, nos encontramos quase totalmente na dependência do acidente. Não podemos ter destino, no verdadeiro sentido dessa palavra, do mesmo modo que não podemos ter vontade. Se tivéssemos vontade, seríamos só por isso capazes de conhecer o futuro, porque seria possível construir o futuro, do modo que se quisesse. Se tivéssemos um destino, poderíamos também conhecer o futuro, porque o destino corresponde ao tipo. Se o tipo é conhecido, então seu destino, isto é, seu passado e seu futuro ao mesmo tempo, também pode ser. Mas os acidentes permanecem imprevisíveis. Hoje um homem é assim, amanhã é diferente; hoje lhe acontece uma coisa, amanhã outra.

— Mas o senhor não pode prever o que vai nos acontecer? perguntou alguém. O senhor não vê antecipadamente os resultados que cada um de nós obterá trabalhando sobre si e se vale a pena ele empreender esse trabalho?

— É impossível, respondeu G. . Só se pode predizer o futuro de *homens*. O futuro não pode ser previsto para *máquinas loucas*. A direção delas muda a cada instante. Num dado momento, uma máquina desse tipo vai numa direção e é possível calcular o local a que pode chegar, mas cinco minutos mais tarde ela se precipita numa direção completamente diferente e todos os cálculos se revelam falsos. Por isso, antes de falar em predizer o futuro, é necessário saber de *quem*? Se um homem quer prever seu próprio futuro, deve antes de tudo se conhecer a si mesmo. Depois, verá se vale a pena para ele conhecer seu futuro. Às vezes, talvez seja preferível para ele não o conhecer.

"Isto parece paradoxal, mas todos temos o direito de dizer que conhecemos o nosso futuro: ele será exatamente idêntico ao que foi nosso passado. Nada pode mudar por si mesmo.

"E, na prática, para estudar o futuro, devemos aprender a observar e a nos lembrar dos momentos em que realmente conhecemos o futuro e em que agimos de acordo com esse conhecimento. Teremos assim a prova de que conhecíamos realmente o futuro. É simplesmente o que se passa nos negócios, por exemplo. Todos os bons comerciantes conhecem o futuro; senão seu negócio iria à falência. No trabalho sobre si, é necessário ser um bom comerciante, um negociante atilado. E o conhecimento do futuro só vale a pena quando um homem pode ser seu próprio senhor.

"Havia também uma pergunta sobre a vida futura; como criar essa vida, como evitar a morte final, como não morrer?

"Para isso, é indispensável "ser". Se um homem muda a cada minuto, se nada há nele que possa resistir às influências exteriores, isto quer dizer que nada nele pode resistir à morte. Mas, se ele se torna independente das influências exteriores, se aparece nele "alguma coisa" que possa viver *por si mesma*, essa "alguma coisa" pode não morrer. Nas circunstâncias comuns, morremos a cada instante. As influências exteriores mudam e nós mudamos com elas; isto quer dizer que muitos de nossos "eus" morrem. Se um homem desenvolve em si mesmo um "Eu" permanente que possa sobreviver a uma mudança das condições exteriores, esse "Eu" poderá também sobreviver à morte do corpo físico. Todo o segredo está em que não se pode trabalhar para a vida futura sem trabalhar para esta vida. Trabalhando para a vida, um homem trabalha para a morte, ou melhor, para a imortalidade. Eis porque o trabalho para a imortalidade, se o pudermos chamar assim, não pode se separar do trabalho para a vida em geral. Ao se alcançar um, se alcança o outro. Um homem pode se esforçar *para ser*, simplesmente por causa dos interesses de sua própria vida. Só por isso pode se tornar imortal. Não falamos especialmente de uma vida futura e não procuramos saber se existe ou não, pois as leis são as mesmas em toda parte. Ao estudar simplesmente sua própria vida e a dos outros, de seu nascimento até a sua morte, um homem estuda todas as leis que governam a vida, a morte e a imortalidade. Se ele se torna o senhor de sua vida, pode se tornar o senhor de sua morte.

"Outra pergunta que foi feita: *"Como se tornar um cristão?"*

"Antes de tudo, é necessário compreender que um cristão não é um homem que se diz cristão ou que outros chamam cristão. Cristão é um homem que vive de acordo com os preceitos do Cristo. Tal como somos, não podemos ser cristãos. Para sermos cristãos, devemos ser capazes de "fazer". Não podemos "fazer"; conosco tudo "acontece". Cristo disse: "Amai vossos inimigos", mas como amar nossos inimigos, quando não podemos sequer amar nossos amigos? Às vezes "isso ama" e, algumas vezes, "isso não ama". Do modo que somos não podemos sequer desejar realmente ser cristãos, porque, ainda aí, algumas vezes, "isso deseja" e, algumas vezes, "isso não deseja". E um homem não pode desejar durante muito tempo essa única e mesma coisa, porque, de repente, em vez de desejar ser cristão, lembra de um tapete muito bonito, mas muito caro, que viu numa loja. E, em vez de desejar ser cristão, começa a pensar nos meios de comprar esse tapete, esquecendo tudo o que diz respeito ao Cristianismo. Ou, se qualquer outra pessoa duvida que ele é um excelente cristão, estará pronto a lhe comer ou assar num braseiro. Para ser cristão, é necessário "ser". Ser significa: ser senhor de si mesmo. Se um homem não é seu próprio senhor, nada tem e nada pode ter. E não pode ser um cristão. É simplesmente uma máquina, um autômato. Uma máquina não pode ser cristã. Reflitam: é possível a um carro, uma máquina de escrever ou uma vitrola serem cristãos? São apenas coisas submetidas à lei do acidente. Não são responsáveis. São máquinas. Ser cristão significa ser responsável. A responsabilidade só vem mais tarde, se um homem, mesmo parcialmente, deixa de ser uma máquina e começa, de fato e não somente por palavras, a desejar ser um cristão.

— Qual é a relação entre o ensinamento que o senhor expõe e o Cristianismo tal como o conhecemos? perguntou alguém.

— Não sei o que você sabe do *Cristianismo*, respondeu G., acentuando essa palavra. Seria necessário falar durante muito tempo para esclarecer o que vocês entendem por isso. Mas para os que já sabem, eu direi, se quiserem, que *este é o Cristianismo esotérico*. No momento oportuno, falaremos do significado dessas palavras. Por agora, continuemos a discutir nossas perguntas.

"Entre as metas expressas, a mais justa é, sem dúvida, a de ser *senhor de si mesmo*, porque sem isso nada mais é possível. E, em comparação com essa meta, todas as outras são apenas sonhos infantis, desejos de que um homem não poderia fazer o menor uso, mesmo que fosse atendido.

"Alguém disse, por exemplo, que queria ajudar os outros. Para ser capaz *de ajudar os outros*, é necessário primeiro aprender a ajudar a si mesmo. Muitas pessoas, diante da idéia de levar ajuda aos outros, se deixam tomar por toda espécie de pensamentos e de sentimentos, simplesmente por preguiça. São preguiçosas demais para trabalhar sobre si mesmas; mas para elas é muito agradável pensar que são capazes de ajudar os outros. Isso é ser falso e insincero para consigo mesmo. Quando um homem se vê realmente tal como é, não lhe vem à mente ajudar os outros; teria vergonha de pensar nisso. O amor à humanidade, o altruísmo, são palavras muito bonitas, mas só têm sentido quando um homem é capaz, por sua própria escolha e sua própria decisão, de amar ou não amar, de ser um altruísta ou um egoísta. Então sua escolha tem valor. Mas se não há nenhuma escolha, se não pode fazer de outro modo, se é apenas o que o acaso o fez ou o está fazendo, um altruísta hoje, um egoísta amanhã e novamente um altruísta depois de amanhã, que valor pode ter isso? Para ajudar os outros, um homem deve aprender primeiro a ser um egoísta, um egoísta consciente. Somente um egoísta consciente pode ajudar os outros. Tais como somos, não podemos fazer nada. Um homem decide ser um egoísta e acaba por dar sua última camisa. Tendo decidido dar sua última camisa, arranca a do homem a quem queria dar a sua. Ou então, tendo decidido dar sua própria camisa, quer dar a de um outro e fica furioso se esse outro recusa. E assim segue a vida.

"Para fazer o que é difícil, é necessário primeiro aprender a fazer o que é fácil. Não se pode começar pelos mais difícil.

"Tinham feito outra pergunta: *como impedir as guerras?* As guerras não podem ser impedidas. A guerra é o resultado da escravidão em que vivem os homens. A rigor, as guerras não acontecem por culpa dos homens. Forças cósmicas, influências planetárias estão na sua origem. Mas os homens não opõem a menor resistência a essas influências e não o podem fazer, porque são escravos. Se fossem *homens*, se fossem capazes de "fazer", seriam capazes de resistir a essas influências e de parar de se matarem uns aos outros.

— Mas aqueles que compreendem isso podem certamente fazer algumas coisa? disse o que fizera a pergunta sobre a guerra. Se um número suficiente de homens chegasse à conclusão categórica de que não deve haver mais guerra, não poderiam influenciar os outros?

— Os que não gostam da guerra tentaram quase desde a criação do mundo, disse G. . E, no entanto, nunca houve guerra comparável a esta. As guerras não diminuem, crescem e não podem ser detidas por meios ordinários. Todas essas teorias sobre a paz universal, as conferências de paz, etc., são apenas preguiça e hipocrisia. Os homens não querem pensar em si mesmos, não querem trabalhar sobre si mesmos, só pensam nos meios de levar os outros a servir seus caprichos. Se um número suficiente de homens desejosos de interromper as guerras se constituísse efetivamente, começariam primeiro por guerrear os que não são de sua opinião. E é ainda mais certo que guerreariam os homens que também querem impedir as guerras, mas de outro modo. E assim combateriam uns contra os outros. Os homens são o que são e não podem ser de outro modo. A guerra tem muitas causas que nos são desconhecidas. Algumas estão dentro dos próprios homens, outras são exteriores a eles. É necessário começar pelas causas que estão dentro do próprio homem. Como pode ele ser independente das influências exteriores, das grandes forças cósmicas, quando é escravo de tudo o que o rodeia? Está em poder de todas as coisas em torno dele. Se fosse capaz de se libertar das coisas, poderia então libertar-se das influências planetárias.

"Liberdade, liberação. Essa deve ser a meta do homem. Tornar-se livre, escapar à servidão — eis aquilo por que um homem deveria lutar assim que se torne, por pouco que seja, consciente da sua situação. Para ele, é a única saída, pois nada mais é possível, enquanto permanecer escravo, interior e exteriormente. Mas não pode deixar de ser escravo exteriormente, enquanto permanecer escravo interiormente. Por isso, para se tornar livre, deve conquistar a liberdade interior.

"A primeira razão da escravidão interior do homem é sua ignorância e, acima de tudo, sua ignorância de si mesmo. Sem o conhecimento de si, sem a compreensão do andamento e das funções de sua máquina, o homem não pode ser livre, não pode se governar e ficará sempre escravo e joguete das forças que agem nele.

"É por isso que, nos ensinamentos antigos, a primeira exigência feita àquele que entrava no caminho da libertação era *"Conhece-te a ti mesmo"*.

Na reunião seguinte, G. comentou esta sentença: *"Conhece-te a ti mesmo"*.

— Essa fórmula, geralmente atribuída a Sócrates, encontra-se, de fato, na base de muitas doutrinas e escolas bem mais antigas que a escola socrática. Mas, embora o pensamento moderno não ignore a existência desse princípio, só tem uma idéia muito vaga de sua significação e alcance. O homem comum de nosso tempo, mesmo se ele se interessa pela filosofia ou pelas ciências, não compreende que o princípio "Conhece-te a ti mesmo" refere-se à necessidade de conhecer sua própria máquina, a "máquina humana". A estrutura da máquina é mais ou menos a mesma em todos os homens; é, pois, esta estrutura que o homem deve estudar em primeiro lugar, isto é, as funções e as leis de seu organismo. Na máquina humana tudo está ligado, uma coisa depende da outra a tal ponto que é totalmente impossível estudar uma função qualquer sem estudar todas a outras. O conhecimento de uma parte exige o conhecimento do conjunto. Conhecer o conjunto no homem é possível, mas exige muito tempo e trabalho, exige sobretudo a aplicação do método adequado e, coisa não menos necessária, a justa direção de um mestre.

"O princípio "Conhece-te a ti mesmo" tem um conteúdo muito rico. Exige, em primeiro lugar, do homem que quer se conhecer que compreenda o que isto quer dizer, em que conjunto de relações se inscreve esse conhecimento e de que depende necessariamente.

"O conhecimento de si é uma meta muito elevada, mas muito vaga e remota. O homem, em seu estado presente, está muito longe do conhecimento de si. É por isto que, rigorosamente falando, a meta de um homem não pode ser o conhecimento de si. Sua grande meta deve ser o estudo de si. Será plenamente suficiente para ele compreender que deve estudar a si mesmo. A meta do homem deve ser começar a estudar a si mesmo, *conhecer-se a si mesmo,* da maneira conveniente.

"O estudo de si é o trabalho ou o caminho que conduz ao conhecimento de si.

"Mas, para estudar-se, é necessário, primeiro, aprender *como estudar*, por onde começar, que meios empregar. Um homem deve aprender como estudar a si mesmo e deve estudar os métodos do estudo de si.

"O método fundamental para o estudo de si é a observação de si. Sem uma observação de si corretamente conduzida, um homem nunca compreenderá as conexões e as correspondências das diversas funções de sua máquina, nunca compreenderá como nem por que nele "tudo acontece".

"Mas a aprendizagem dos métodos corretos de observação de si e do estudo de si requer uma compreensão precisa das funções e características da máquina humana. Assim, para observar as funções da máquina humana, é necessário compreender divisões corretas dessas funções e poder defini-las exatamente e de imediato; além disso, a definição não deve ser verbal, mas interior; pelo sabor, pela sensação, do mesmo modo que definimos para nós mesmos tudo o que experimentamos interiormente.

"Há dois métodos de observação de si. O primeiro é a *análise* ou as tentativas de análise, isto é, as tentativas de achar uma resposta para essas perguntas: de que depende tal coisa e por que acontece? O segundo é o método das *constatações,* que consiste em registrar, apenas mentalmente e no próprio momento, tudo o que se observa.

"A observação de si, principalmente no início, não deve, a pretexto algum, se tornar análise ou tentativas de análise. A análise só é possível muito mais tarde, quando já se conhecem todas as funções de sua máquina e todas as leis que a governam.

"Tentando analisar tal ou qual fenômeno que o chocou, um homem se pergunta geralmente: "O que é? Por que isso acontece assim e não de outro modo?" E começa a buscar resposta a essas perguntas, esquecendo tudo o que observações ulteriores lhe poderiam trazer. Cada vez mais absorto por elas, perde por completo o fio da observação de si e se esquece até da idéia dela. A observação se detém. É claro, por isso, que somente uma coisa pode progredir: ou a observação ou então as tentativas de análise.

"Mas, mesmo fora disso, qualquer tentativa de análise dos fenômenos isolados, sem um conhecimento das leis gerais, é perda total de tempo. Antes de poder analisar os fenômenos, mesmo os mais elementares, um homem deve acumular material bastante, sob a forma de "constatações", isto é, como resultado de uma observação direta e imediata do que se passa nele. É o elemento mais importante no trabalho do estudo de si. Quando um número suficiente de "constatações" se acumularam e, ao mesmo tempo, as leis tiverem sido estudadas e compreendidas até certo ponto, torna-se então possível a análise.

"Desde o início, a observação e a "constatação" devem se basear no conhecimento dos princípios fundamentais da atividade da máquina humana. A observação de si não pode ser corretamente conduzida, se não se compreendem esses princípios e não se os tem constantemente presentes ao espírito. É por isso que a observação de si ordinária, tal como as pessoas a praticam toda a sua vida, é inteiramente inútil e não poderia levar a nada.

"A observação deve começar pela divisão das funções. Toda a atividade da máquina humana se divide em quatro grupos de funções nitidamente definidos. Cada um é regido por seu próprio "cérebro" ou "centro". Ao observar-se, um homem deve diferenciar as quatro funções fundamentais de sua máquina: as funções intelectual, emocional, motora e instintiva. Cada fenômeno que um homem observa em si mesmo se relaciona com uma ou com outra dessas funções. É por isso que, antes de começar a se observar, um homem deve compreender em que as funções diferem; o que significa a atividade intelectual, o que significam a atividade emocional, a atividade motora e a atividade instintiva.

"A observação deve começar pelo princípio. Todas as experiências anteriores, todos os resultados anteriores de qualquer observação de si, devem ser deixados de lado. Pode haver aí elementos de grande valor. Mas todo esse material está baseado em divisões errôneas das funções observadas e ele próprio está dividido de maneira incorreta. É por isso que não pode ser utilizado; em todo caso, é inutilizável no início do estudo de si. O que há nele de válido será, no devido tempo, tomado e utilizado. Mas é necessário começar pelo começo, isto é, observar-se como se absolutamente não se conhecesse, como se nunca se tivesse observado.

"Quando o homem começa a se observar, deve tentar imediatamente determinar a que grupo, a que centro, pertencem os fenômenos que está observando.

"Uns acham difícil compreender a diferença entre pensamento e sentimento, outros distinguem com dificuldade sentimento de sensação ou pensamento de impulso motor.

"Pode-se dizer, de modo geral, que a função intelectual trabalha sempre por comparação. As conclusões intelectuais são sempre o resultado da comparação de duas ou mais impressões.

"A sensação e a emoção não raciocinam, não comparam, apenas definem uma impressão dada pelo seu aspecto, pelo seu caráter agradável ou desagradável num sentido ou no outro, sua cor, seu gosto e seu cheiro. Além disso, as *sensações* podem ser indiferentes: nem quente nem frio, nem agradável nem desagradável: "papel branco", "lápis vermelho". Na sensação do branco e do vermelho, nada há de agradável nem de desagradável. Pelo menos, nada disso está necessariamente ligado à sensação de uma ou outra dessas duas cores. Essas sensações, que provêm do que se chama "cinco sentidos" e as outras, como a sensação de quente, frio, etc.

são instintivas. As funções do sentimento ou emoções são sempre agradáveis ou desagradáveis; não existem emoções indiferentes.

"A dificuldade de distinguir entre as funções é acrescida pelo fato de as pessoas sentirem de maneira muito diferente. É o que, em geral, não compreendemos. Acreditamos que as pessoas são muito mais semelhantes entre si do que o são na realidade. De fato, porém, há grandes diferenças entre uma e outra, no que diz respeito às formas ou às modalidades de suas percepções. Algumas percebem principalmente através do intelecto, outras através do sentimento, outras através da sensação. É muito difícil, senão impossível, para homens de diversas categorias e de diversos modos de percepção, se compreenderem mutuamente, porque todos dão nomes diferentes a uma única e mesma coisa e o mesmo nome a coisas as mais diferentes. Além disso, ainda são possíveis todas as espécies de combinações. Um homem percebe através de seus pensamentos e de suas sensações, outro através de seus pensamentos e de seus sentimentos e assim por diante. E cada modo de percepção é imediatamente relacionado com uma espécie particular de reação aos acontecimentos exteriores. Essas diferenças na percepção e na reação aos acontecimentos exteriores produzem dois resultados: as pessoas não se compreendem umas às outras e não compreendem a si próprias. Um homem, freqüentemente, dá o nome de sentimentos aos seus pensamentos ou percepções intelectuais e dá o nome de pensamentos aos seus sentimentos; de sentimentos às suas sensações. Este último caso é o mais freqüente. Por exemplo, duas pessoas percebem a mesma coisa de modo diferente, digamos que uma a percebe através de seus sentimentos e outra através de suas sensações; podem discutir a vida toda e nunca compreender de que é feita a diferença de suas atitudes em presença de um objeto dado. De fato, a primeira o vê sob um de seus aspectos, a segunda sob outro aspecto.

"Para encontrar o método discriminativo, devemos compreender que cada função psíquica normal é um meio ou instrumento de conhecimento. Com o auxílio da mente, vemos um aspecto das coisas e dos acontecimentos, com o auxílio das emoções outro aspecto, com o auxílio das sensações um terceiro aspecto. O conhecimento mais completo que possamos ter de um assunto dado só pode ser obtido se o examinarmos simultaneamente através de nossos pensamentos, nossos sentimentos e nossas sensações. Todo homem que se esforce por atingir o verdadeiro conhecimento deve buscar a possibilidade de tal percepção. Nas condições comuns, o homem vê o mundo através de uma vidraça deformada, desigual. E, mesmo que se dê conta disso, nada pode mudar. Seu modo de percepção, qualquer que seja, depende do trabalho de seu organismo total. Todas as funções são interdependentes e se equilibram entre si; todas as funções tendem a manter entre si o estado em que estão. É por isso que um homem que começa a estudar a si mesmo e descobre nele alguma coisa de que não gosta, deve compreender que não será capaz de mudá-la. *Estudar* é uma coisa, *mudar* é outra. Mas o estudo é o primeiro passo no sentido da possibilidade de mudar no futuro. E, desde o início do estudo de si, deve-se ficar bem convencido de que, durante muito tempo, todo o trabalho consistirá apenas em estudar-se.

"Nas condições usuais, nenhuma mudança é possível, porque todas as vezes que um homem quer mudar uma coisa, quer mudar apenas essa coisa. Mas tudo na máquina está ligado e cada função é inevitavelmente contrabalançada por outra ou por toda uma série de funções, embora não nos demos conta dessa interdependência das diversas funções em nós mesmos. A máquina está equilibrada em todos os seus detalhes, a cada momento de sua atividade. Se um homem constata nele mesmo alguma coisa de que não gosta e começa a fazer esforços para mudar, pode chegar a certo resultado. Mas, ao mesmo tempo, obterá inevitavelmente outro resultado de que não podia suspeitar. Ao se esforçar por destruir e aniquilar tudo aquilo de que não gosta, ao fazer esforços em direção a essa meta, compromete o equilíbrio de sua máquina. A máquina se esforça por reencontrar seu equilíbrio e o restabelece criando uma nova função que o homem não podia ter previsto. Por exemplo, um homem pode observar que é muito distraído, que se esquece de tudo, que perde tudo, etc. Começa a lutar contra esse hábito e, se for bastante metódico e resoluto, consegue, depois de certo tempo, obter o resultado desejado: deixa de esquecer ou de perder as coisas. Isso ele nota; entretanto, há algo que não percebe, mas os outros notam, por exemplo, que se tornou irritável, pedante, implicante, desagradável. Sua distração foi vencida, mas em seu lugar apareceu a irritabilidade. Por que? É impossível dizer. Só uma análise detalhada das qualidades particulares dos centros de um homem pode mostrar *por que* a perda de uma qualidade causou o aparecimento de outra. Isto não significa que a perda da distração deva necessariamente dar surgimento à irritabilidade. Teria podido aparecer, do mesmo modo, outra característica que não apresentasse nenhuma relação com a distração, por exemplo, a mesquinhez, a inveja ou qualquer outra coisa.

"De modo que, quando um homem trabalha sobre si mesmo convenientemente, deve considerar as possíveis mudanças adicionais e as levar previamente em consideração. Só desse modo poderá evitar as mudanças indesejáveis ou o aparecimento de qualidades inteiramente opostas à meta e direção de seu trabalho.

"Há, porém, certos pontos no sistema geral da atividade e das funções da máquina, em que uma mudança pode ser feita sem dar surgimento a nenhum resultado inesperado.

"É necessário saber o que são esses pontos e saber como se aproximar deles, porque, se não se começar por eles, não se obterá resultado algum, a não ser resultados equivocados, indesejáveis.

"Tendo fixado em sua mente a diferença entre as funções intelectuais, emocionais e motoras, um homem deve, enquanto se observa, relacionar imediatamente suas impressões com a categoria correspondente. E, em primeiro lugar, deve anotar em sua mente só as constatações sobre que não tenha a menor dúvida, isto é, cuja categoria reconhece imediatamente. Deve rejeitar todos os casos vagos ou duvidosos e se lembrar apenas dos indiscutíveis. Se esse trabalho for feito corretamente, o número das constatações inegáveis aumentará rapidamente. E o que lhe parecia duvidoso no início lhe aparecerá, em breve, como claramente relacionado com o primeiro, segundo ou terceiro centros.

"Cada centro tem sua memória própria, suas associações próprias e seu próprio pensar. De fato, cada centro comporta três partes: intelectual, emocional e motora. Não sabemos quase nada desse lado de nossa natureza. Só conhecemos uma parte de cada um de nossos centros. Mas a observação de si mostrará muito rapidamente que a vida de nossos centros é bem mais rica ou, em todo caso, contém muito mais possibilidades do que pensamos.

"Ao mesmo tempo, ao observar os centros, poderemos constatar, ao lado de seu trabalho correto, o seu trabalho incorreto, isto é, o trabalho de um centro em lugar de outro: as tentativas do centro intelectual para sentir ou suas pretensões ao sentimento; as tentativas do centro emocional para pensar; as tentativas do centro motor para pensar e sentir. Como já disse, o trabalho de um centro por outro é útil, em certos casos, para salvaguardar a continuidade da vida. Mas, sendo habitual, essa espécie de substituição se tornará nociva, porque começa a interferir com o trabalho correto, permitindo pouco a pouco a cada centro descuidar de seus próprios deveres imediatos e fazer, não o que tem que fazer, mas o que mais lhe agrada no momento. Num homem normal, com saúde, cada centro faz seu próprio trabalho, isto é, o trabalho para o qual foi especialmente destinado e está qualificado para fazer do melhor modo possível. Há situações na vida, de que só podemos sair com o auxílio do pensamento. Se, num momento como esse, o centro emocional começa a funcionar no lugar do centro intelectual, disso só resultará uma desordem geral e as conseqüências de uma interferência como essa serão das mais deploráveis. Num homem desequilibrado, a substituição contínua de um centro por outro é precisamente o que se chama "desequilíbrio" ou "neurose". Cada centro trata, de certo modo, de passar seu trabalho para um outro e, ao mesmo tempo, tenta fazer o trabalho de um outro centro, trabalho para o qual não está capacitado.

"O centro emocional, quando trabalha pelo centro intelectual, produz um nervosismo, uma febre e uma pressa inúteis, nas situações em que seria necessário, ao contrário, um julgamento e uma deliberação calmos. O centro intelectual, por seu lado, quando trabalha pelo centro emocional, se põe a deliberar nas situações que exigem decisões rápidas e torna impossível discernir as particularidades e os pontos delicados da situação. O pensamento é muito lento. Elabora certo plano de ação que continua a seguir, mesmo quando as circunstâncias mudaram e se torna necessária uma ação completamente diferente. Em certos casos, além disso, a interferência do centro intelectual dá surgimento a reações totalmente erradas, porque o centro intelectual é simplesmente incapaz de compreender as tonalidades e sutilezas de numerosos acontecimentos. Situações que são completamente diferentes para o centro motor e para o centro emocional lhe parecem idênticas. Suas decisões são demasiado gerais e não correspondem às que o centro emocional teria tomado. Isso se torna perfeitamente claro quando visualizamos a intervenção do pensamento, isto é, da mente teórica, nos domínios do sentimento ou da sensação ou do movimento; em cada um desses três casos, a interferência do pensamento leva a resultados totalmente indesejáveis.

"O pensamento não pode compreender os matizes do sentimento. Veremos isso claramente se imaginarmos um homem raciocinando sobre as emoções de outro. Como ele mesmo não sente nada, o que o outro experimenta não existe para ele. *Um homem saciado não compreende um homem faminto*. Mas, para este, sua fome *é bem real*. E as decisões do primeiro, isto é, do pensamento, não lhe podem de modo algum satisfazer.

"Do mesmo modo, o pensamento não pode apreciar as sensações. Para ele são coisas mortas. Também não é capaz de controlar os movimentos. Nesse domínio, é fácil encontrar exemplos. Seja qual for o trabalho que um homem execute, se experimentar fazer cada um de seus gestos deliberadamente, com o pensamento, acompanhando cada movimento, verá que a qualidade de seu trabalho mudará imediatamente. Se bate à máquina, seus dedos, comandados pelo centro motor, encontram por si mesmos as letras necessárias; mas se tentar se perguntar antes de cada letra: "Onde está o c? Onde está a vírgula? Como se soletra essa palavra?" começa a errar ou a bater muito lentamente. Se um homem dirigir um carro com o centro intelectual, seguramente não terá interesse em passar da primeira marcha. O pensamento não pode seguir o ritmo de todos os movimentos necessários a uma velocidade mais rápida. Conduzir com rapidez, especialmente nas ruas de uma grande cidade, com o centro intelectual, é absolutamente impossível para um homem comum.

"O centro motor, quando faz o trabalho do centro intelectual, dá como resultado a leitura mecânica ou a audição mecânica, a de um leitor ou ouvinte que só percebe palavras e permanece inteiramente inconsciente do que lê ou ouve. Isso ocorre geralmente quando a atenção, isto é, a direção da atividade do centro intelectual, está ocupada por outra coisa e o centro motor tenta substituir o centro intelectual ausente; isso torna-se facilmente um hábito, porque o centro intelectual está geralmente distraído não por um trabalho útil, pensamento ou contemplação, mas simplesmente pelo devaneio ou pela imaginação.

"*A imaginação* é uma das causas principais do mau trabalho dos centros. Cada centro tem sua própria forma de imaginação e de devaneio mas, regra geral, o centro motor e o centro emocional se servem, ambos, do centro intelectual, sempre pronto a lhes ceder o lugar e a se colocar à disposição para esse fim, porque o devaneio corresponde a suas próprias inclinações. O devaneio é absolutamente o contrário de uma atividade mental "útil". "Útil", neste caso, significa dirigida para uma meta definida e empreendida para um resultado definido. O devaneio não tende a nenhum fim, não se esforça em direção a meta alguma. O impulso para o devaneio encontra-se sempre no centro emocional ou no centro motor. Quanto ao processo efetivo, é assumido pelo centro intelectual. A tendência ao devaneio deve-se, por um lado, à preguiça do centro intelectual, isto é, a suas tentativas de se poupar todos os esforços ligados a um trabalho orientado para uma meta definida e indo numa direção definida e, por outro lado, à tendência dos centros emocional e motor a se repetirem, a guardar vivas ou a reproduzir experiências agradáveis ou desagradáveis, já vividas ou "imaginadas". Os devaneios penosos, mórbidos, são característicos de um desequilíbrio da máquina humana. Afinal de contas, pode-se compreender o devaneio e encontrar justificação lógica para ele, quando apresenta caráter agradável. Mas o devaneio do gênero penoso é absurdo. E, no entanto, muitas pessoas passam nove décimos da existência sonhando com toda espécie de acontecimentos desagradáveis, com todas as desgraças que podem ocorrer com elas e com sua família, sobre as doenças que podem contrair e os sofrimentos que talvez tenham que suportar.

"A "imaginação" e o "devaneio" são exemplos do mau funcionamento do centro intelectual.

"A observação da atividade da imaginação e do devaneio constitui parte muito importante do estudo de si.

"Depois, a observação deverá incidir sobre os hábitos em geral. Todo homem adulto é um tecido de hábitos, embora, na maioria das vezes, não se dê nenhuma conta disso e possa até afirmar que não tem hábito algum. Isso nunca pode ocorrer. Todos os três centros estão cheios de hábitos e um homem nunca poderá conhecer-se antes de ter estudado todos os seus hábitos. A observação e estudo deles é particularmente difícil porque, para vê-los e "constatá-los", deve-se escapar deles, libertar-se, nem que seja por um momento. Enquanto um homem for governado por um hábito particular, não poderá observá-lo; mas, desde a primeira tentativa, por fraca que seja, de combater esse hábito, permite que ele seja sentido e observado. É por isso que, para observar e estudar os hábitos, deve-se tentar lutar contra eles. Isso abre um caminho prático de observação de si. Disse antes que um homem nada pode mudar em si mesmo e que pode apenas observar e "constatar". É verdade. Mas é igualmente verdadeiro que um homem não pode observar e "constatar" seja o que for, se não tentar lutar consigo mesmo, isto é, com seus hábitos. Essa luta não pode dar resultados imediatos; não pode levar a nenhuma mudança permanente ou durável. Mas mostra ao que nos devemos ater. Sem luta, um homem não pode ver de que é feito. A luta contra os pequenos hábitos é muito difícil e muito maçante, mas, sem ela, a observação de si é impossível.

"Desde a primeira tentativa de estudo de sua atividade motora elementar, o homem vai se chocar com seus hábitos. Por exemplo, pode querer estudar seus movimentos, pode querer observar como anda. Mas nunca o conseguirá por mais de um instante, se continuar a andar da maneira habitual. Ao contrário, se compreender que seu modo de andar é feito de certo número de hábitos — dar passos de certo comprimento, com uma certa velocidade, etc . . . — e, se tentar modificá-los, isto é, andar mais ou menos depressa, alongar mais ou menos o passo, será capaz de observar-se e de estudar seus movimentos enquanto está andando. Se um homem quiser se observar enquanto escreve, deverá anotar o modo como segura a caneta e tentar segurá-la de outro modo; então, a observação se tornará possível. Para se observar, um homem deve tentar andar de modo não habitual, sentar de maneira diferente, deve ficar em pé, quando está acostumado a sentar, sentar-se quando tem o hábito de ficar em pé, fazer com a mão esquerda os movimentos que costuma fazer com a mão direita e vice-versa. Tudo isso lhe permitirá observar-se e estudar os hábitos e as associações do centro motor.

"No domínio das emoções, é muito útil tentar lutar contra o hábito de dar expressão imediata às emoções desagradáveis. Muitas pessoas acham muito difícil impedir a expressão de seus sentimentos sobre o mau tempo. É mais difícil ainda guardar para si mesmas suas emoções desagradáveis, quando consideram que a ordem ou a justiça, tais como as concebem, foram violadas.

"A luta contra a expressão das emoções desagradáveis, além de ser um excelente método para a observação de si, tem outra implicação. Essa é uma das raras direções nas quais o homem pode se modificar ou modificar seus hábitos, sem criar outros indesejáveis. Por isso, a observação de si e o estudo de si devem, desde o início, ser acompanhados de um combate contra *a expressão das emoções desagradáveis*.

"Se seguir todas essas regras, ao observar a si mesmo, o homem descobrirá uma quantidade de aspectos muito importantes de seu ser. Para começar, constatará, com clareza indubitável, o fato de que suas ações, pensamentos, sentimentos e palavras resultam das influências exteriores e de que nada provém dele. Compreenderá e verá que é de fato um autômato, agindo sob a influência de estímulos exteriores. Sentirá sua completa mecanicidade. Tudo acontece, o homem não pode "fazer" nada. É uma máquina comandada do exterior por choques acidentais. Cada choque chama à superfície um de seus "eus". Um novo choque, e esse "eu" desaparece, outro toma o lugar dele. Outra pequena mudança no meio ambiente, e eis ainda um novo "eu".

"O homem começará, a partir daí, a compreender que não tem o menor poder sobre si mesmo, que nunca sabe o que poderá dizer ou poderá fazer no minuto seguinte, que não pode responder por si mesmo, nem por alguns instantes. Ele compreenderá que, se permanece como é e nada faz de extraordinário, é simplesmente porque não se produz nenhuma mudança exterior extraordinária. Ele se convencerá que suas ações são inteiramente comandadas pelas condições exteriores e de que não há nele nada de permanente de onde possa vir um controle, nem uma só função permanente, um só estado permanente."

Havia vários pontos, nas teorias psicológicas de G., que despertavam particularmente meu interesse.

O primeiro era a possibilidade de uma mudança de si, a saber, que o homem desde que se põe a observar-se *da maneira correta*, começa, por isso mesmo, a mudar e não pode mais estar *satisfeito* consigo.

O segundo ponto era a necessidade de "não expressar as emoções desagradáveis". Senti, imediatamente, que aí se escondia algo importante. E o futuro deu-me razão, porque o estudo das emoções e o trabalho sobre as emoções tornou-se a base do desenvolvimento ulterior de todo o sistema. Mas isso só se tornou evidente para mim muito mais tarde.

O terceiro ponto que tinha atraído minha atenção e sobre o qual me pusera imediatamente a refletir era a idéia do *centro motor*. O que especialmente me interessava era a relação que G. estabelecia entre as funções motoras e as funções instintivas. Eram idênticas ou eram diferentes? Além disso, qual a relação entre as divisões feitas por G. e as divisões habituais da psicologia? Com certas reservas e acréscimos, eu achara até então possível aceitar a antiga classificação das ações do homem em ações "conscientes", ações "automáticas" (que devem primeiramente ser conscientes), ações "instintivas" (oportunas mas sem meta consciente) e ações "reflexas", simples e complexas, que nunca são conscientes e que, em certos casos, podem ser inoportunas. Além disso, havia ações executadas sob a influência de disposições emocionais ocultas e de impulsos interiores desconhecidos.

G. virava de pernas para o ar toda essa estrutura.

Primeiro rejeitava completamente as ações "conscientes" porque, como ressaltava de tudo o que ele dizia, nada era consciente. O termo "subsconsciente", que desempenha papel tão importante nas teorias de alguns autores, tornava-se, assim, completamente inútil e mesmo enganador, porque fenômenos de categorias completamente diferentes eram sempre classificados na categoria de "subconscientes".

A divisão das ações segundo os centros que as comandam eliminava toda incerteza e toda dúvida possível quanto à justeza dessas divisões.

O que era particularmente importante, no sistema de G., era a idéia de que ações idênticas podem ter origem em centros diferentes. Um bom exemplo é o do jovem recruta e do velho soldado durante o exercício. Aquele tem que manejar o fuzil com o centro intelectual e este o faz com o centro motor, que o faz *muito melhor*.

Mas G. não chamava "automáticas" as ações governadas pelo centro motor. Designava assim só as ações que o homem executa *de modo imperceptível para si mesmo*. As mesmas ações, desde que observadas, não podem mais ser chamadas "automáticas". Ele dava grande importância ao automatismo, mas não confundia funções motoras com funções automáticas e, o que é o mais importante, encontrava ações automáticas *em todos os centros*; falava, por exemplo, de "pensamentos automáticos" e de "sentimentos automáticos". Quando o interroguei sobre os reflexos, chamou-os "ações instintivas". E, como mais tarde vim a compreender, através do que se seguiu, entre todos os movimentos exteriores, só os reflexos eram considerados por ele *ações instintivas*.

Eu estava muito interessado por sua descrição das relações entre as funções motoras e instintivas e voltava freqüentemente a esse assunto em minhas conversas com ele.

G. chamava a nossa atenção, antes de tudo, para o contínuo abuso das palavras "instinto" e "instintivo". Depreendia-se do que dizia que esses termos só se podiam aplicar de modo correto às funções *internas* do organismo. Respiração, circulação do sangue, digestão — eram essas as *funções instintivas*. As únicas funções externas que pertenciam a essa categoria eram os *reflexos*. A diferença entre as funções instintivas e motoras era a seguinte: as funções motoras do homem, bem como dos animais, de um pássaro, de um cachorro, *devem ser aprendidas*; mas as funções instintivas são inatas. O homem tem muito poucos movimentos externos inatos; os animais têm mais, embora em diferentes graus; alguns têm mais, outros menos; mas o que é habitualmente designado como "instinto" diz respeito, freqüentemente, a uma série de funções motoras complexas, que os jovens animais aprendem dos mais velhos. Uma das principais propriedades do centro motor é sua capacidade de imitar. O centro motor imita o que vê, sem raciocinar. Tal é a origem das lendas existentes sobre a maravilhosa "inteligência" dos animais ou sobre o "instinto", que substituiria a inteligência, para permitir-lhes realizar toda uma série de ações complexas e perfeitamente adaptadas.

A idéia de um centro motor independente, isto é, que não depende da mente, não requer nada dela e é, por si mesmo, uma mente, mas que, por outro lado, também não depende do instinto e deve, antes de tudo, se educar, colocava grande número de problemas sobre uma base inteiramente nova. A existência de um centro motor trabalhando por imitação explicava a manutenção da "ordem existente" nas colméias, nos cupins e nos formigueiros. Dirigida pela imitação, uma geração deve se ajustar perfeitamente ao modelo da geração precedente. Não pode haver aí nenhuma mudança, nenhum afastamento do modelo. Mas a imitação não explica como se estabeleceu uma ordem dessas na origem. Ficava tentado, muitas vezes, a fazer todo tipo de perguntas sobre esse assunto. Mas G. evitava tais conversas, trazendo-as sempre de volta ao homem e aos problemas reais do estudo de si.

Assim, muitas coisas se esclareceram a partir da idéia de que cada centro não é apenas uma força de impulsão, mas também um "aparelho receptor" que trabalha para captar influências diferentes e, algumas vezes, muito remotas. Quando eu pensava no que fora dito sobre as guerras, as revoluções, as migrações dos povos, etc.; quando visualizava como massas humanas podem movimentar-se ao comando de influências planetárias, eu entrevia nosso erro fundamental na determinação das ações individuais. Consideramos que as ações de um indivíduo têm sua fonte em si mesmo. Não imaginamos que as "massas" possam ser formadas de autômatos que obedecem a estímulos exteriores e possam mover-se, não sob a influência da vontade, da consciência ou das tendências dos indivíduos, mas sob a influência de estímulos exteriores, vindos às vezes de muito longe.

— As funções instintivas e motoras podem ser governadas por dois centros distintos? perguntei um dia a G..

— Sim, disse, e deve-se acrescentar a eles o centro sexual. São os três centros do andar inferior. O centro sexual desempenha o papel de centro neutralizante em relação aos centros instintivo e motor. O andar inferior pode existir por si mesmo, porque nele os três centros são os condutores das três forças. Os centros intelectual e emocional não são indispensáveis à vida.

— Dos centros do andar inferior, qual o ativo e qual o passivo?

— Isso varia, disse G.. Ora o centro motor é ativo e o centro instintivo, passivo. Ora é o centro instintivo que é ativo e o centro motor passivo. Devem encontrar exemplos desses dois estados em si mesmos. Mas, independentemente dos diferentes estados, há também diferenças de tipos. Nuns, o centro motor é mais ativo, noutros, é o centro instintivo. Mas, para maior comodidade no raciocínio e, principalmente no início, quando é a explicação dos princípios que conta mais, nós os consideramos um só centro, com diferentes funções que trabalham no mesmo nível. Os centros intelectual, emocional e motor, trabalham em níveis diferentes. Os centros motor e instintivo, no mesmo nível. Mais tarde compreenderão o que significam esses níveis e de que dependem.

Capítulo Sete

Perguntei um dia a G. se achava possível alcançar a "consciência cósmica", não apenas por um instante, mas durante certo tempo. Com o termo "consciência cósmica" eu entendia como expus em meu livro *Tertium Organum* — a mais elevada consciência acessível ao homem.

— Não sei o que chama "consciência cósmica", disse G. . É um termo vago e indefinido; cada um pode chamar o que quiser por este nome. Na maioria dos casos, o que se chama "consciência cósmica" é apenas fantasia, divagação, associações, acompanhadas de intenso trabalho do centro emocional. Isto pode ir até o limiar do êxtase, porém, o mais das vezes, trata-se apenas de uma experiência emocional subjetiva no nível dos sonhos. Aliás, antes de falar de "consciência cósmica", devemos definir, em geral, *o que é a consciência*.

"Como você define a consciência?

— A consciência é considerada indefinível, disse eu. E, com efeito, como poderia ser definida, se é uma qualidade interior? Com os meios comuns à nossa disposição, é impossível estabelecer a presença da consciência noutro homem. Só a conhecemos em nós mesmos.

Tudo isso é lixo — disse G., sofisma científico habitual! É tempo de você se libertar disso. Só há um ponto justo em tudo o que disse, é que só *pode conhecer* a consciência em você mesmo. Mas, note bem, somente quando você tem a consciência é que pode reconhecê-la. Quando não a tem, você não pode, no próprio momento, reconhecer que não a tem; só mais tarde é que poderá fazê-lo. Quero dizer que quando a consciência retornar, você poderá ver que ela esteve ausente durante muito tempo e lembrará do momento em que ela desapareceu e do momento em que reapareceu. Poderá também determinar os momentos em que está mais perto ou mais longe da consciência. Mas, ao observar em você mesmo os aparecimentos e desaparecimentos da consciência, verá inevitavelmente um fato que nunca vê e do qual nunca se dera conta: é que os momentos de consciência são muito curtos e separados uns dos outros por longos intervalos de completa inconsciência, durante os quais sua máquina trabalha automaticamente. Verá que pode pensar, sentir, agir, falar, trabalhar, *sem estar consciente*. E, se aprender a *ver* em você mesmo os momentos de consciência e os longos períodos de mecanicidade, verá com a mesma certeza, nos outros, em que momentos estão conscientes do que fazem e em que momentos não estão.

"Seu erro principal é acreditar que *tem sempre consciência*, é acreditar, em geral, que a consciência está *sempre presente* ou *nunca está presente*. Na realidade, a consciência é uma propriedade que muda continuamente. Ora está presente, ora não. E há diferentes graus, diferentes níveis de consciência. A consciência e os diferentes níveis de consciência devem ser compreendidos em nós mesmos através da sensação, do sabor que temos dela. Nenhuma definição pode nos ajudar e nenhuma definição é possível, enquanto não compreendermos *aquilo* que devemos definir. A ciência e a filosofia não podem definir a consciência, porque a querem definir onde ela não existe. É necessário distinguir entre *a consciência* e a *possibilidade de consciência*. Só temos a possibilidade de consciência e raros lampejos de consciência. Por conseguinte, não podemos definir o que é a consciência."

Não compreendi, de imediato, o que G. dizia sobre a consciência. Entretanto, os princípios básicos de seu ensinamento tornaram-se claros para mim durante as conversações seguintes.

Um dia, no início de uma reunião, G. pediu-nos que respondêssemos, cada um por sua vez, essa pergunta: "Que notaram de mais importante durante suas observações?" Alguns disseram que, durante as tentativas de observação de si, o que sentiram com mais força era um fluxo incessante de pensamentos que lhes havia sido impossível deter. Outros falaram de sua dificuldade em distinguir o trabalho de um centro do trabalho de outro centro. Quanto a mim, evidentemente não compreendera bem a pergunta ou então respondi aos meus próprios pensamentos; expliquei que o que mais me tocara, no sistema, era a interdependência de todos os seus elementos; eles estavam ligados entre si de modo que formavam um só todo "orgânico", e a significação inteiramente nova que tinha agora para mim a palavra *conhecer*, que não queria mais dizer apenas conhecer tal ou qual aspecto, mas a relação entre esse aspecto e todos os outros.

G. estava visivelmente descontente com nossas respostas. Eu já começara a adivinhar que, em tais circunstâncias, ele esperava de nós testemunhos de alguma coisa bem definida que nos escapara ou não soubéramos assimilar.

— Até aqui, disse, nenhum de vocês percebeu a importância capital desse ponto que, no entanto, eu lhes havia assinalado. Vocês se esquecem sempre de si mesmos, vocês *nunca se lembram de si mesmos*. (Pronunciou essas palavras com particular insistência). Vocês não sentem *a si mesmos*; vocês não são conscientes *de si mesmos*. Em vocês, "isso observa", ou então "isso fala", "isso pensa", "isso ri"; vocês não sentem: "sou *eu* quem observa, *eu* observo, *eu* noto, *eu* vejo." Tudo *se* observa sozinho, *se* vê sozinho . . . Para chegar a observar-se verdadeiramente, é necessário, antes de tudo, *lembrar-se de si mesmo* (insistiu novamente). Tentem lembrar de si mesmos ao se observarem e, mais tarde, me dirão o que se passou, qual foi o resultado. Só têm valor os resultados obtidos durante a lembrança de si. De outro modo, vocês não *estão* em suas observações. E, nesse caso, que valor elas podem ter?

Essas palavras de G. fizeram-me refletir muito. Pareceu-me de imediato que eram a chave de tudo o que ele dissera antes sobre a consciência. Entretanto, decidi não tirar nenhuma espécie de conclusão disso, mas tentar apenas *lembrar-me de mim mesmo*, enquanto me observasse.

Desde as primeiras tentativas, pude ver como era difícil. As tentativas de *lembrança de si* não me deram, no início, resultado algum, mas mostraram-me que, de fato, não nos lembramos nunca de nós mesmos.

— Que é que você quer mais? disse G.. Compreender isso já é, em si, de capital importância. *Os que sabem isso* já sabem muito. Todo o mal está no fato de que ninguém o sabe. Se perguntar a alguém se pode lembrar-se de si mesmo, ele responderá naturalmente que pode. Se lhe disser que ele não pode se lembrar de si mesmo se zangará ou pensará que você está maluco. Toda a vida, toda a existência humana, toda a cegueira humana baseiam-se nisso. Se um homem *sabe* realmente que não pode lembrar-se de si mesmo, já está próximo de uma compreensão de seu ser.

Tudo o que G. dizia, tudo o que eu pensava e sobretudo o que minhas tentativas para "lembrar-me de mim mesmo" me tinham mostrado, convenceram-me muito rapidamente de que me encontrava em presença de um *problema inteiramente novo que, até então, a ciência e a filosofia tinham descuidado.*

Mas, antes de fazer deduções, tentarei descrever minhas tentativas para "lembrar-me de mim mesmo".

Minha primeira impressão foi que as tentativas de lembrança de si ou de ser consciente de si, de se dizer a si mesmo: Sou *eu* quem anda, sou *eu* quem faz isto, tentando continuamente experimentar a sensação desse *eu* — *detinham os pensamentos*. Quando tinha a sensação de mim, não podia mais pensar nem falar; as próprias sensações se obscureciam. É por isso que não se pode *"lembrar-se de si mesmo"* desse modo, a não ser por alguns instantes.

Eu já fizera certas experiências de "parar o pensamento", do tipo daquelas mencionadas nos livros de ioga, como por exemplo no livro de Edward Carpenter: *From Adam's Peak to Elephanta*, embora aí se tratasse de uma descrição muito geral. E as primeiras tentativas de "lembrança de si" trouxeram-me à memória minhas tentativas anteriores. De fato, há quase identidade entre as duas experiências, com a única diferença de que, ao deter-se os pensamentos, a atenção é inteiramente orientada para o esforço de não admitir pensamentos, enquanto, no ato da "lembrança de si", a atenção se divide: uma parte dela dirige-se para o próprio esforço, a outra para a sensação de si.

Esta última experiência permitiu-me chegar a certa definição da "lembrança de si," talvez muito incompleta, mas que se revelou muito útil na prática.

Falo da lembrança de si, enquanto divisão da atenção: é o seu traço característico.

Quando observo alguma coisa, minha atenção é dirigida para o que observo.

Eu ——————▶ o fenômeno observado.

Quando tento, ao mesmo tempo, lembrar-me de mim mesmo, minha atenção é dirigida simultaneamente para o objeto observado e para mim mesmo.

Eu ◀—————▶ o fenômeno observado.

Definido isso, vi que o problema consistia em dirigir a atenção para mim mesmo sem deixar enfraquecer ou desaparecer a atenção dirigida para o fenômeno observado. Além disso, este "fenômeno" pode estar tanto em mim como fora de mim.

As primeiras tentativas que fiz para obter tal divisão da atenção mostraram-me sua possibilidade. Ao mesmo tempo, fiz duas outras constatações.

Em primeiro lugar, vi que a "lembrança de si", obtida desse modo, nada tinha em comum com a "introspecção" ou com a "auto-análise". Tratava-se de um estado novo e cativante, com sabor estranhamente familiar.

Em segundo lugar, eu compreendia que momentos de lembrança de si ocorrem de fato, na vida, mas raramente, e que só a produção deliberada desses momentos criava a sensação de novidade. Tinha, aliás, a experiência de tais momentos desde minha mais tenra infância; eles acontecem em circunstâncias novas ou inesperadas, num lugar inacostumado, entre pessoas estranhas, durante uma viagem, por exemplo; olha-se em torno de si e diz-se a si mesmo: "Como é estranho! *Eu, e neste lugar!*"; ou em momentos de emoção, de perigo, em que não se pode perder a cabeça, em que se ouve a própria voz, em que se vê e se observa a si mesmo de fora.

Vi, com perfeita clareza, que minhas lembranças mais remotas — e, no meu caso, essas lembranças remontavam à mais tenra infância — tinham sido momentos de "lembrança de si". E, ao mesmo tempo, tive a revelação de muitas outras coisas. Pude dar-me conta, desse modo, de que só me lembrava realmente dos momentos em que *tinha me lembrado de mim mesmo*. Dos outros, *sabia apenas que tinham ocorrido*. Não era capaz de revivê-los integralmente, nem de experimentá-los de novo. Mas os momentos em que me tinha "lembrado de mim mesmo" eram vivos e em nada diferiam do presente. Receava ainda concluir depressa demais. Mas já via que me encontrava no limiar de uma grande descoberta. Sempre ficara espantado com a fraqueza e insuficiência de nossa memória. Tantas coisas desaparecem, são esquecidas. Parecia-me que todo o absurdo de nossa vida tinha por fundamento esse esquecimento. Para que tantas experiências, se é para esquecê-las depois. Parecia-me, por outro lado, haver nisso algo degradante. Um homem experimenta um sentimento que lhe parece muito grande, pensa que nunca o esquecerá; passam-se um ou dois anos e nada resta dele. Mas via agora por que era assim e por que não podia ser de outro modo. Se nossa memória só guarda vivos os momentos de *lembrança de si*, é evidente que deve ser bem pobre.

Foram essas as minhas experiências dos primeiros dias. Mais tarde, aprendendo a dividir a atenção, vi que a *"lembrança de si"* dava sensações maravilhosas, que só muito raramente vinham por si mesmas, e em ocasiões excepcionais. Assim, nessa época, gostava muito de passear à noite, em São Petersburgo, e "sentir a presença" das casas e das ruas. São Petersburgo está cheia dessas estranhas sensações. As casas, particularmente as mais antigas, eram vivas para mim, eu não cessava de falar com elas. Não havia aí nenhuma "imaginação". Não pensava em nada, simplesmente passeava e olhava em torno de mim, tentando "lembrar-me de mim mesmo"; as sensações vinham por si mesmas.

Devia fazer assim, com o tempo, muitas outras descobertas. Mas falarei disso no momento oportuno.

Algumas vezes a "lembrança de si" fracassava; noutros momentos, estava acompanhada de curiosas observações.

Seguia um dia pela Liteyny na direção da Nevsky e, apesar de todos os esforços, era incapaz de manter a minha atenção na "lembrança de mim mesmo". O ruído, o movimento, tudo me distraía. A cada instante, perdia o fio da minha atenção, reencontrava-o e tornava a perder. Por fim experimentei em relação a mim uma espécie de irritação ridícula e dobrei uma rua à esquerda, firmemente decidido, desta vez, a *lembrar-me de mim mesmo*, pelo menos durante algum tempo ou, em todo caso, até que tivesse alcançado a rua seguinte. Cheguei à Nadejdinskaya, sem perder o fio da minha atenção, a não ser, talvez, por breves instantes. Então, dando-me conta de que me era mais fácil, nas ruas tranquilas, não perder a linha do meu pensamento e desejando testar-me nas ruas mais barulhentas, decidi voltar à Nevsky continuando a lembrar-me de mim mesmo. Cheguei a ela sem ter cessado de lembrar-me de mim mesmo e já começava a experimentar o estranho estado emocional de paz interior e de confiança que se segue aos grandes esforços dessa ordem. Bem na esquina da Nevsky estava a loja que fornecia meus cigarros. Continuando a lembrar-me de mim mesmo, disse para mim que ia entrar e encomendar alguns maços.

Duas horas mais tarde, *despertei* na Tavricheskaya, isto é, muito longe. Ia de trenó à gráfica. A sensação do despertar era extraordinariamente viva. Posso quase dizer que *voltava a mim*. Lembrei-me imediatamente de tudo: como percorrera a Nadejdinskaya, como me lembrara de mim mesmo, como pensara nos cigarros e de que modo, ao pensar neles, caíra, como que aniquilado, num sono profundo.

Entretanto, enquanto estava assim submerso no sono, continuara a executar ações coerentes e oportunas. Deixara a tabacaria, telefonara para meu apartamento da Liteyny e, depois, para a gráfica. Escrevera duas cartas. Em seguida, ainda voltara a casa. Subira a Nevsky pela calçada da esquerda até a Porta Gostinoy, com a intenção de ir até a Offitzerskaya. Mudando então de idéia, porque era tarde, tomara um trenó para ir até a gráfica na Kavalergardskaya. E, no meio do caminho, ao longo da Tavricheskaya, comecei a sentir estranho mal-estar, como se tivesse esquecido alguma coisa. *E, de repente, lembrei que esquecera de lembrar-me de mim mesmo.*

Falei de minhas observações e reflexões aos companheiros de nosso grupo, bem como a meus amigos escritores e outros.

Dizia-lhes que isso era o centro de gravidade de todo o ensinamento e de todo o trabalho sobre si; que, agora, o trabalho sobre si não era mais uma palavra, mas um fato real, cheio de significação, graças ao qual a psicologia se tornava uma ciência exata e, ao mesmo tempo, prática.

Dizia que um fato de prodigiosa importância escapara à psicologia ocidental, ou seja: *que não nos lembramos de nós mesmos*, que vivemos, agimos e raciocinamos dentro de um sono profundo, dentro de um sono que nada tem de metafórico, mas é absolutamente real; e, no entanto, que *podemos* nos lembrar de nós mesmos, se fizermos esforços suficientes; que *podemos despertar-nos*.

Estava impressionado com a diferença entre a compreensão de nossos grupos e a das pessoas de fora. Em geral, os nossos compreendiam imediatamente que tocávamos num "milagre", em algo "novo" que não existira jamais em parte alguma.

Os outros não compreendiam isso; tomavam tudo muito superficialmente e até tentavam, às vezes, provar-me que tais teorias já existiam há muito.

A. L. Volinsky, que eu encontrara muitas vezes e com quem tivera inúmeras conversas, desde 1909, e cujas opiniões apreciava muito, nada encontrou, na idéia da "lembrança de si", que ele já não conhecesse.

— É uma *apercepção*, disse-me. Leu a *Lógica* de Wundt? Encontrará ali sua última definição da apercepção. É exatamente isso de que você fala. A "simples observação" é uma percepção. "A observação com lembrança de si", como você a chama, é uma apercepção. Certamente Wundt a conhecia.

Não queria discutir com Volinsky. Eu lera Wundt. E, naturalmente, o que Wundt escrevera nada tinha que ver com o que eu dissera a Volinsky. Wundt se aproximara dessa idéia e outros também, mas seguiram depois outras direções. Ele não vira a grandeza da idéia, oculta por trás do que ele mesmo pensava das diferentes formas de *percepção*. E, não tendo visto a grandeza da idéia, não podia, naturalmente, ver a posição central que a idéia da ausência de consciência e a da possibilidade de uma criação voluntária da consciência deveria ocupar em nosso pensamento. Apenas me parecia estranho que Volinsky não pudesse ver isso, *mesmo quando eu lhe indicava*.

Convenci-me, então, de que um véu impenetrável ocultava essa idéia de muitas pessoas, por outro lado bastante inteligentes; e mais tarde vi *por que* isso era assim.

Quando G. voltou de Moscou, da vez seguinte, encontrou-nos mergulhados em experiências de "lembrança de si" e em discussões sobre essas experiências. Mas, na nossa primeira reunião, falou de outra coisa.

— Segundo o verdadeiro conhecimento, o estudo do homem deve desenvolver-se paralelamente ao estudo do mundo e o estudo do mundo, paralelamente ao estudo do homem. As leis são as mesmas em toda parte, tanto no mundo como no homem. Uma vez captados os princípios de não importa que lei, devemos buscar sua manifestação simultaneamente no mundo e no homem. Além disso, certas leis são mais fáceis de observar no mundo, outras mais fáceis de observar no homem. É preferível, em certos casos, começar pelo mundo e passar depois ao homem e, noutros, começar pelo homem e depois passar ao mundo.

"Esse estudo paralelo do homem e do mundo mostra ao estudante a unidade fundamental de tudo o que existe e ajuda-o a descobrir as analogias entre todos os fenômenos de ordens diferentes.

"O número das leis fundamentais que, no mundo e no homem, regem todos os processos, é muito restrito. Diferentes combinações numéricas de um pequeno número de forças elementares criam toda a variedade aparente dos fenômenos.

"Para compreender a mecânica do universo, é necessário decompor os fenômenos complexos a essas forças elementares.

"A primeira lei fundamental do universo é a lei das três forças, dos três princípios, ou ainda, como freqüentemente a chamam, *a Lei de Três*. Segundo essa lei, em todos os mundos, sem exceção, toda ação, todo fenômeno resulta de uma ação simultânea de três forças — positiva, negativa e neutralizante. Já falamos disso e voltaremos a essa lei cada vez que abordarmos uma nova linha de estudos.

"A segunda lei fundamental do universo é a *Lei de Sete* ou *Lei de Oitava*.

"Para compreender a significação dessa lei, é preciso considerar que o universo *consiste em vibrações*. Essas vibrações se processam em todas as espécies de matéria, sejam quais forem seu aspecto e sua densidade, desde a mais sutil até a mais grosseira; elas provêm de fontes variadas e vão em todas as direções, entrecruzando-se, chocando-se, fortalecendo-se, enfraquecendo-se, detendo-se uma à outra e assim por diante.

"Segundo as concepções habituais no Ocidente, as vibrações são contínuas. Isso significa que as vibrações são geralmente consideradas como se prosseguissem de maneira ininterrupta, subindo ou descendo enquanto dure sua força de impulso original e enquanto vença a resistência do meio no qual se desenvolvem. Quando a força de impulso se esgota e a resistência do meio predomina, as vibrações naturalmente decaem e se detêm. Mas até aí, isto é, até o início de seu declínio natural, as vibrações se desenvolvem uniforme e gradualmente e, na ausência de qualquer resistência, podem até se prolongar indefinidamente. Assim, uma das proposições fundamentais da física contemporânea é a *continuidade das vibrações*, embora esta proposição não tenha sido formulada de modo preciso, porque até agora ninguém se opôs a ela. Algumas das mais recentes teorias começam, é verdade, a discuti-la. Entretanto, a física contemporânea está ainda muito longe de uma noção correta da natureza das vibrações ou do que corresponde a nossa concepção das vibrações no mundo real.

"A esse respeito, o modo de ver do antigo conhecimento opõe-se ao da ciência contemporânea, porque coloca, na base de sua compreensão das vibrações, o princípio da *descontinuidade*.

"O princípio da *descontinuidade das vibrações* significa que a característica necessária e bem definida de todas as vibrações na natureza, quer sejam ascendentes ou descendentes, é se desenvolverem de *modo não uniforme*, com períodos de aceleração e de retardamento. Esse princípio pode ser formulado com uma precisão ainda maior, dizendo-se que a força de impulso original das vibrações não age de modo uniforme, mas, de certo modo, se torna alternadamente mais forte ou mais fraca. A força de impulso age sem mudar de natureza e as vibrações se desenvolvem segundo um modo regular apenas durante certo tempo, que é determinado pela natureza do impulso, pelo meio, pelas condições ambientes e assim por diante. Num certo momento, porém, intervém uma espécie de modificação: as vibrações deixam, por assim dizer, de obedecer essa força e durante breve período se retardam, mudando até certo ponto de natureza ou de direção. Assim, a partir de certo momento, as progressões ascendentes ou descendentes das vibrações se fazem mais lentas. Depois desse retardamento temporário na subida ou na descida, as vibrações retomam seu curso anterior e sobem ou descem novamente de modo regular até que se produza nova parada em seu desenvolvimento. Sob esse aspecto, é importante notar que os períodos de ação uniforme da inércia adquirida não são iguais e que os períodos de retardamento das vibrações não são simétricos. Um é mais curto, outro mais longo.

"Para determinar esses períodos de retardamento, ou melhor, essas paradas na subida e na descida das vibrações, dividem-se as linhas de desenvolvimento das vibrações em seções correspondentes ao *duplo* ou à *metade* do número de vibrações num lapso de tempo dado.

"Imaginemos uma linha de vibrações crescentes no momento em que sua freqüência é de 1000. Ao fim de certo tempo, o número de vibrações duplica, alcança 2000.

"Foi estabelecido que, nesse intervalo entre o número dado de vibrações e um número duas vezes maior, há dois lugares onde ocorre um *retardamento na progressão das vibrações*.

"Um está a pequena distância do ponto de partida, outro quase no fim.
"As leis que determinam o retardamento das vibrações ou seu desvio da direção original eram bem conhecidas da ciência antiga. Essas leis estavam devidamente incorporadas numa fórmula ou diagrama que se conservou até nossos dias. Nessa fórmula, o período no qual as vibrações são duplicadas, divide-se em *oito* partes desiguais, correspondentes à taxa de aumento

das vibrações. A oitava parte é a repetição da primeira, com um número duplo de vibrações. Esse período, isto é, a linha de desenvolvimento de vibrações, medida a partir de um dado número de vibrações até o momento em que esse número se duplica, denomina-se *oitava*, ou seja, *composto de oito partes*.

"O princípio de divisão do período em oito parte desiguais, durante o qual as vibrações se duplicam, baseia-se no estudo do aumento não uniforme das vibrações na oitava inteira e cada uma das diferentes partes da oitava mostram a aceleração e o retardamento de seu desenvolvimento em diferentes momentos.

"Sob o véu dessa fórmula, a idéia de oitava foi transmitida de mestre a aluno, de uma escola a outra. Em tempos muito antigos, uma dessas escolas descobriu a possibilidade de aplicar essa fórmula à música. Assim é que se obteve a escala musical de sete tons, que foi conhecida na antigüidade mais remota, depois esquecida e reencontrada ou "descoberta" de novo.

"A escala de sete tons é uma fórmula de lei cósmica elaborada por antigas escolas e aplicada à música. Entretanto, se estudarmos as manifestações da lei de oitava nas vibrações de outras espécies, veremos que as leis são as mesmas por toda parte. A luz, o calor, as vibrações químicas, magnéticas e outras, estão submetidas às mesmas leis que as vibrações sonoras; por exemplo, o espectro da luz, conhecido pela física; em química, a tabela periódica dos elementos, que está, sem dúvida alguma, estreitamente ligada ao princípio de oitava, embora essa correspondência não tenha sido ainda plenamente elucidada pela ciência.

"O estudo da estrutura da escala musical oferece uma excelente base para a compreensão da lei cósmica de oitava.

"Tomemos, ainda uma vez, a oitava ascendente, isto é, a oitava em que a freqüência das vibrações aumenta. Suponhamos que essa oitava comece com 1000 vibrações por segundo. Designemos essas 1000 vibrações pela nota *dó*. As vibrações aumentam, sua freqüência aumenta. O ponto em que a freqüência atinge 2000 vibrações por segundo será o segundo *dó*, isto é, o *dó* da oitava seguinte:

dó ——————————————————————— dó

"O período entre um *dó* e o *dó* seguinte, ou seja, uma oitava, divide-se em sete partes desiguais, porque a freqüência das vibrações não aumenta uniformemente.

"A relação de elevação das diferentes notas ou de sua freqüência de vibrações se estabelecerá como segue:

"Se atribuirmos a *dó* valor 1, *ré* corresponderá a 9/8, *mi* a 5/4, *fá* a 4/3, *sol* a 3/2, *lá* a 5/3, *si* a 15/8 e *dó* terá valor 2.

1	9/8	5/4	4/3	3/2	5/3	15/8	2
dó	ré	mi	fá	sol	lá	si	dó

"A diferença na aceleração das vibrações ou progressão ascendente das notas ou diferença de tom será a seguinte:

DÓ a RÉ	9/8 : 1	=	9/8	
RÉ a MI	5/4 : 9/8	=	10/9	
MI a FÁ	4/3 : 5/4	=	16/15	(progressão retardada)
FÁ a SOL	3/2 : 4/3	=	9/8	
SOL a LÁ	5/3 : 3/2	=	10/9	
LÁ a SI	15/8 : 5/3	=	9/8	
SI a DÓ	2 : 15/8	=	16/15	(progressão novamente retardada)

"As diferenças entre as notas ou as diferenças de altura das notas denominam-se *intervalos*. Vemos que há três espécies de intervalos na oitava: 9/8, 10/9 e 16/15, o que, em números inteiros, dá 405, 400 e 384. O menor intervalo: 16/15, encontra-se entre *mi* e *fá* e entre *si* e *dó*. São precisamente os dois lugares de retardamento na oitava.

"Na escala musical de sete tons, considera-se teoricamente que há dois semitons entre duas notas sucessivas, exceto para os intervalos *mi-fá* e *si-dó*, que têm *um* só semitom, e nos quais considera-se que falta o segundo semitom.

"Desse modo, obtém-se *vinte* notas, das quais oito fundamentais: *dó, ré, mi, fá, sol, lá, si, dó* e doze intermediárias: *duas* entre cada um dos pares de notas seguintes:

DÓ – RÉ
RÉ – MI
FÁ – SOL
SOL – LÁ
LÁ – SI

e *uma* entre os dois seguintes pares de notas:

> MI — FÁ
> SI — DÓ

"Mas, na prática da música, em vez de doze notas intermediárias, somente cinco são mantidas, isto é, um semitom entre:

> DÓ — RÉ
> RÉ — MI
> FÁ — SOL
> SOL — LÁ
> LÁ — SI

"Entre *mi* e *fá* e entre *si* e *dó*, falta o semitom.

"Desse modo, a estrutura da escala musical dá um esquema da lei cósmica dos intervalos ou dos semitons ausentes. Por outro lado, ao se falar das oitavas, num sentido "cósmico" ou "mecânico", só os intervalos *mi-fá* e *si-dó* são chamados *intervalos*.

"Se compreendermos todo o seu sentido, a lei de oitava nos dá uma nova explicação da vida toda, do progresso e do desenvolvimento dos fenômenos em todos os planos do universo dentro do campo de nossa observação. Essa lei explica por que não há linhas retas na natureza, bem como por que não podemos nem pensar nem fazer, por que em nós tudo *se pensa*, por que em nós tudo acontece e acontece em geral de modo contrário ao que desejamos ou esperamos. Tudo isso é, manifestamente, o efeito imediato dos intervalos ou do retardamento no desenvolvimento das vibrações.

"O que acontece precisamente durante o retardamento das vibrações? Ocorre um desvio; a direção original não é mais seguida. A oitava começa na direção indicada pela flecha.

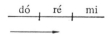

"Mas ocorre um desvio entre *mi* e *fá*; a linha começada em *dó* muda de direção:

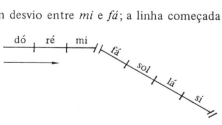

151

e entre *fá, sol, lá* e *si*, ela desce fazendo certo ângulo com sua direção primitiva, indicada pelas três primeiras notas. Entre *si* e *dó* encontra-se o segundo intervalo, novo desvio, outra mudança de direção:

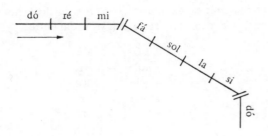

"A cada oitava, o desvio é mais acentuado, de modo que a linha das oitavas chega a formar um semicírculo e vai numa direção oposta à direção original.

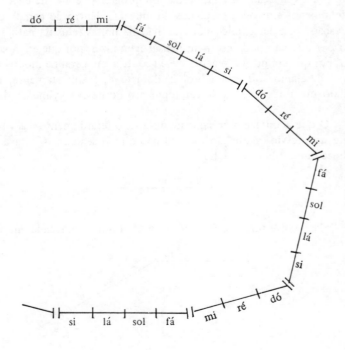

"Em seu desenvolvimento ulterior, a linha das oitavas ou a linha de desenvolvimento das vibrações pode voltar a sua primeira direção; noutros termos, formar um círculo completo.

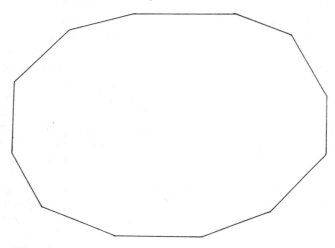

"Essa lei demonstra por que nada vai nunca em linha reta em nossas atividades, por que, tendo começado a fazer uma coisa, fazemos em seguida outra inteiramente diferente, que é com freqüência exatamente o contrário da primeira, embora não o notemos e continuemos a pensar que seguimos sempre a mesma linha.

"Todos esses fatos e muitos outros ainda, só podem ser explicados pela lei de oitava e especialmente por uma clara compreensão do papel e significação dos "intervalos" que obrigam constantemente a linha de desenvolvimento das forças a modificar sua direção, a quebrá-la, a encurvá-la, a mudá-la em seu "próprio contrário" e assim por diante.

"As coisas se desenrolam sempre assim e podemos constatar, em toda parte, essas mudanças de direção. Depois de certo período de atividade enérgica, de emoção intensa ou de compreensão justa, intervém uma reação, o trabalho torna-se aborrecido e cansativo, momentos de fadiga e indiferença aparecem no sentimento; em vez de pensar retamente, começa-se a buscar concessões; suprimem-se ou afastam-se os problemas difíceis. Mas a linha continua a se desenvolver, embora não seja mais na mesma direção que no começo. O trabalho torna-se mecânico, o sentimento, cada vez mais fraco, desce ao nível dos acontecimentos da vida ordinária. O pensamento torna-se dogmático, literal. Tudo se desenrola assim, durante certo tempo, depois há de novo uma reação, uma parada, um desvio. O desenvolvimento da força pode ainda prosseguir, mas o trabalho que fora começado com ardor e entusiasmo, tornou-se uma formalidade obrigatória e inútil; numerosos elementos estranhos entraram no sentimento: consideração, aborrecimento, irritação, hostilidade; o pensamento gira em círculos, repetindo o que já sabia e nos perdemos cada vez mais.

"O mesmo fenômeno repete-se em todas as esferas da atividade humana. Na literatura, na ciência, na arte, na filosofia, na religião, na vida individual e, acima de tudo, na vida social e política, podemos observar como a linha de desenvolvimento das forças se desvia da direção original e, ao cabo de certo tempo, vai numa direção diametralmente oposta, *embora conservando seu primeiro nome*. Um estudo da história empreendido deste ponto de vista faz ressaltar os fatos mais espantosos, mas a "humanidade mecânica" não deseja notá-los. Os exemplos mais impressionantes de tais mudanças de direção talvez possam ser encontrados na história das religiões, particularmente na história da religião cristã, se a estudarmos sem paixão. Pensem quantas voltas teve que dar a linha de desenvolvimento das forças, para ir das prédicas de amor do Evangelho até a Inquisição; ou para ir do ascetismo dos primeiros séculos, em que se estudava o cristianismo *esotérico*, até a escolástica, que calculava quantos anjos caberiam na ponta de uma agulha.

"A lei de oitava explica muitos fenômenos de nossas vidas, que sem ela permaneceriam incompreensíveis.

"O primeiro é o do desvio das forças.

"O segundo é o fato de que nada no mundo fica no mesmo lugar ou permanece o mesmo; tudo se move, tudo se desloca, muda e, *inevitavelmente, sobe ou desce*, fortalece-se ou se enfraquece, desenvolve-se ou degenera, isto é, move-se numa linha de oitava quer ascendente, quer descendente.

"E o terceiro ponto é que, no próprio desenvolvimento das oitavas ascendentes ou descendentes, produzem-se continuamente flutuações, ascensões e quedas.

"Até agora falamos principalmente da *descontinuidade das vibrações* e do *desvio das forças*. Devemos agora compreender com clareza dois outros princípios: o da inevitabilidade quer da subida quer da descida, em qualquer linha de desenvolvimento das forças e o das flutuações periódicas, isto é, das ascensões e quedas, em qualquer linha, ascendente ou descendente.

"Nada pode se desenvolver permanecendo no mesmo nível. A subida ou a descida é a condição cósmica inevitável de qualquer ação. Não compreendemos nem vemos nunca o que se passa em torno de nós e em nós, seja porque não levamos em conta a inevitabilidade da descida quando não há subida, seja porque tomamos a descida por uma subida. Essas são duas das causas fundamentais de nossas ilusões sobre nós mesmos. Não vemos a primeira, porque sempre pensamos que as coisas podem permanecer durante muito tempo no mesmo nível; e ignoramos a segunda, por não compreender que as *subidas* são de fato impossíveis onde as vemos, tão impossíveis como desenvolver a consciência por meios mecânicos.

"Tendo aprendido a distinguir as oitavas ascendentes e descendentes na vida, devemos aprender a distinguir a subida e a descida nas próprias oitavas. Seja qual for o aspecto de nossa vida que consideremos, podemos ver que nada pode permanecer igual e constante; em toda parte e em todas as coisas, prossegue a oscilação do pêndulo, em toda parte e em todas as coisas as ondas se levantam e tornam a cair. Nossa energia, numa ou noutra direção, aumenta de repente, depois se enfraquece com a mesma rapidez; nossos estados de ânimo "melhoram" ou "pioram" sem razão visível; nossos sentimentos, nossos desejos, nossas intenções, nossas decisões, tudo passa de tempos em tempos por períodos de subida ou de descida, de fortalecimento ou enfraquecimento.

"E talvez haja no homem uma centena de pêndulos em movimento, aqui e ali. Essas subidas e descidas, essas flutuações de nossas disposições, de nossos pensamentos, de nossos sentimentos, de nossa energia, de nossas determinações, correspondem, quer aos períodos do desenvolvimento das forças de um *intervalo* a outro, quer aos próprios *intervalos*.

"Essa lei de oitava, em suas três manifestações principais, condiciona numerosos fenômenos, quer de natureza psíquica, quer de natureza orgânica, isto é, diretamente ligados a nossa vida. Da lei de oitava dependem a imperfeição e a estreiteza de nosso saber em todos os campos, sem exceção, porque começamos numa direção e, em seguida, sem perceber, vamos sempre numa outra.

"Como já disse, a lei de oitava, em todas as suas manifestações, era conhecida da ciência antiga.

"Até a nossa divisão do tempo, isto é, os dias da semana divididos em seis dias de trabalho e um domingo, está em relação com as propriedades e as condições interiores de nossa atividade, que dependem da lei geral. O mito bíblico da criação do mundo em seis dias, seguido de um sétimo durante o qual Deus descansa de seu trabalho, é igualmente uma expressão da lei de oitava ou um indício dessa lei, embora incompleto.

"As observações baseadas numa compreensão da lei de oitava mostram que as vibrações podem se desenvolver de diferentes maneiras. Nas oitavas interrompidas, elas surgem e caem, são arrastadas e absorvidas por vibrações mais fortes que as cortam ou vão em direção contrária. Nas oitavas que se desviam da direção original, as vibrações mudam de natureza e dão resultados opostos aos que se teria podido esperar no início.

"Só nas oitavas de ordem cósmica, ascendentes ou descendentes, é que as vibrações se desenvolvem de maneira conseqüente e ordenada, mantendo sempre a direção tomada por elas na partida.

"Além disso, a observação mostra que um desenvolvimento correto e constante de oitavas, embora raro, é possível em todas as ocasiões, tanto na atividade da natureza como na atividade humana.

"O desenvolvimento correto dessas oitavas baseia-se no que parece ser um *acidente*. Acontece, às vezes, que oitavas que progridem paralelamente a uma oitava dada, que a cortam ou a encontram, *preenchem seus intervalos*, de um modo ou outro, e permitem que as vibrações da oitava dada evoluam livremente e sem paradas. A observação desse desenvolvimento correto das oitavas estabelece o fato de que, se no momento necessário, isto é, quando a oitava dada passar por um intervalo, lhe for dado um "choque adicional", de força e caráter correspondentes, ela se desenvolverá a seguir sem entraves, seguindo sua direção original, sem perder nem mudar nada de sua natureza.

"Em tais casos, há uma diferença essencial entre as oitavas ascendentes e descendentes.

"Numa oitava ascendente, o primeiro "intervalo" está entre *mi* e *fá*. Se uma energia adicional correspondente entrar nesse lugar, a oitava se desenvolverá sem obstáculos até *si*, mas, para que ela se desenvolva corretamente, é necessário entre *si* e *dó um choque suplementar muito mais forte* do que entre *mi* e *fá*, porque nesse lugar as vibrações da oitava estão num diapasão mais elevado e, para evitar uma parada no desenvolvimento da oitava, é necessária uma intensidade maior.

"Numa oitava descendente, ao contrário, o maior intervalo está bem no início da oitava, logo após o primeiro *dó* e os elementos que permitem preenchê-lo encontram-se, freqüentemente, no próprio *dó* ou nas vibrações laterais emitidas por *dó*. Por isso, uma oitava descendente desenvolve-se muito mais facilmente que uma oitava ascendente; depois de haver passado o *si*, ela chega sem obstáculo ao *fá*; aí é necessário um choque suplementar, embora *consideravelmente menos forte* que o primeiro choque entre *dó* e *si*.

"Podemos ver o primeiro exemplo completo da lei de oitava na grande oitava cósmica que se estende até nós, sob a forma do *raio de criação*. O raio de criação parte do Absoluto. O Absoluto é o *Todo*. O *Todo*, possuindo a plena unidade, a plena vontade e a plena consciência, cria mundos dentro de si mesmo e começa assim a oitava cósmica descendente. O Absoluto é o *dó* dessa oitava. Os mundos que o Absoluto cria nele mesmo são *si*. O "intervalo" entre *dó* e *si* é preenchido, neste caso, pela *vontade do Absoluto*.

"O processo de criação prossegue pela força do impulso inicial e sob o efeito de um choque adicional. *Si* passa a *lá*, que para nós é o nosso mundo estelar, a *Via Látea*. *Lá* passa a *sol*, nosso Sol, o sistema solar. *Sol* passa a *fá*, o mundo planetário. E aqui, entre o mundo planetário tomado como um todo e nossa Terra, apresenta-se um *"intervalo"*. Isso significa que as radiações planetárias que levam diversas influências à Terra não podem alcançá-la ou, para falar mais corretamente, não são recebidas: a Terra as reflete. Para preencher o intervalo, nesse lugar do raio de criação, foi criado um dispositivo especial para a recepção e transmissão das influências vindas dos planetas. Esse dispositivo é *a vida orgânica sobre a Terra*. A vida orgânica transmite à Terra todas as influências que lhe são destinadas e torna possível o desenvolvimento ulterior e o crescimento da Terra, que é o *mi* da oitava cósmica, e, em seguida, o da Lua ou *ré*, depois do que vem um outro *dó*: o *Nada*. Entre o *Todo* e o *Nada* passa o raio de criação.

"Vocês conhecem a oração que começa pelas palavras: "Deus Santo, Deus Forte, Deus Imortal". Essa oração é um vestígio do antigo conhecimento. *Deus Santo* significa o Absoluto ou o Todo. *Deus Forte* significa também o Absoluto ou o Nada. *Deus Imortal* significa o que está entre eles, isto é, as seis notas do raio de criação, com "a vida orgânica". Os três juntos fazem um. É a Trindade coexistente e indivisível.

"Devemos agora nos deter na idéia dos "choques adicionais" que permitem às linhas de forças chegar à meta projetada. Como já disse, os choques podem ocorrer acidentalmente. Um acidente é, naturalmente, algo muito incerto. Mas essas linhas de desenvolvimento de forças, que são endireitadas por acidente e que o homem às vezes pode ver, supor ou esperar, mantêm nele, mais que qualquer outra coisa, a ilusão de *linhas retas*. Noutros termos, acreditamos que as linhas retas são a regra e que as linhas quebradas e interrompidas, a exceção. Isto suscita em nós a ilusão de que é possível *fazer*, de que é possível alcançar uma meta projetada. Na realidade, um homem nada pode fazer. Se, por acidente, sua atividade der um resultado qualquer, assemelhando-se apenas na aparência ou no nome ao propósito inicial, o homem afirma para si mesmo e para os outros que atingiu a meta que se propusera; daí chega a pretender que cada um é capaz de atingi-la e os outros crêem nele. Na verdade, isso é uma ilusão. Um homem *pode* ganhar na roleta. Mas será um acidente. Atingir a meta a que se propõe na vida ou num setor qualquer de atividade é um acidente da mesma ordem. A única diferença é que, na roleta, o homem sabe, ao menos, a cada aposta, sem se enganar, se perdeu ou ganhou. Mas, nas atividades de sua vida, especialmente nas de ressonância social, quando vários anos se passaram entre o início de uma ação e o seu resultado, um homem pode facilmente enganar a si mesmo e tomar o resultado "obtido" pelo resultado desejado, isto é, acreditar que ganhou, quando, no conjunto, perdeu.

"O maior insulto para um "homem-máquina" é dizer que ele não pode fazer nada, que não pode chegar a nada, que jamais poderá aproximar-se de meta alguma e que, ao se esforçar na direção de uma meta, faz inevitavelmente aparecer outra. E, de fato, não pode ser de outro modo. O "homem-máquina" está em poder do acidente, do acaso. Suas atividades podem entrar por acaso num canal traçado por forças cósmicas ou mecânicas e podem caminhar aí durante algum tempo, por acaso, dando a ilusão de que determinada meta foi alcançada. Tal correspondência acidental dos resultados e das metas que tínhamos estabelecido, noutros termos, o sucesso em algumas pequenas coisas *que não podem ter conseqüência alguma*, produz no homem mecânico a convicção de que está em seu poder atingir não importa que meta, de que é "capaz de conquistar a natureza", como pretende, de que é capaz de "fazer" sua vida, etc.

"De fato, ele é naturalmente incapaz de fazer coisa alguma, porque não tem nenhum controle, não só sobre as coisas externas a ele, mas sobre as que estão dentro dele mesmo. Esta última idéia deve ser claramente compreendida e bem assimilada; ao mesmo tempo, deve-se compreender que o controle das coisas exteriores começa pelo controle do que está dentro de nós, pelo *controle de nós mesmos*. Um homem que não pode se controlar, isto é, que não pode controlar o que se passa dentro de si, não pode controlar nada.

"Por que método se pode obter um controle?

"A parte técnica desse método pode ser explicada pela lei de oitava. As oitavas podem se desenvolver de modo conseqüente e contínuo na direção desejada, se os "choques adicionais" intervierem no momento necessário, isto é, quando se produzir um retardamento das vibrações. Se os "choques adicionais" não intervierem no momento devido, as oitavas mudam de direção. Naturalmente não se trata de esperar que os "choques adicionais" venham por si mesmos do exterior, no momento desejado. Resta, pois, ao homem a seguinte escolha: ou encontrar para suas atividades uma direção que corresponda à linha mecânica dos acontecimentos do momento, em outros termos, "ir para onde sopra o vento", "nadar a favor da corrente", mesmo que isto contradiga suas próprias inclinações, suas convicções, suas simpatias; ou então, resignar-se à idéia do fracasso de tudo o que empreende. Mas há outra solução: o homem pode aprender a reconhecer os momentos dos intervalos em todas as linhas de sua atividade, e *criar* os "choques adicionais"; em outras palavras, pode aprender a aplicar a suas próprias atividades o método utilizado pelas forças cósmicas quando *criam "choques adicionais"*, sempre que necessários.

"A possibilidade dos choques adicionais artificiais, isto é, especialmente criados, dá um sentido prático ao estudo da lei de oitava e torna este estudo obrigatório e necessário ao homem que quer sair do papel de espectador passivo do que lhe acontece e do que se passa em torno dele.

"O "homem-máquina" não pode fazer nada. Para ele, como à sua volta, tudo *acontece*. Para *fazer* é necessário conhecer a lei de oitava, conhecer os momentos dos intervalos e ser capaz de criar os "choques adicionais" necessários.

"Isso só se pode aprender numa *escola*, isto é, numa escola organizada em bases justas, segundo todas as tradições esotéricas. Sem a ajuda de uma escola, um homem nunca pode compreender por si mesmo a lei de oitava, o lugar dos intervalos e a ordem na qual os choques devem ser criados. Não pode compreendê-lo porque são indispensáveis certas condições para chegar a essa compreensão e tais condições só podem ser criadas numa escola, *ela própria criada sobre esses princípios*.

"Mais adiante será devidamente explicado como pode ser criada uma "escola" sobre os princípios da lei de oitava. E isso lhes explicará um dos aspectos das relações da *lei de sete* com a *lei de três*. Enquanto isso, pode-se dizer que, no ensinamento de escola, são dados ao homem, por um lado, exemplos das oitavas cósmicas descendentes (criadoras) e, por outro, exemplos das oitavas ascendentes (evolutivas). O pensamento ocidental, que nada sabe, nem das oitavas nem da lei de três, confunde as linhas ascendentes e descendentes e não compreende que a linha de evolução se opõe à linha de criação, isto é, que vai contra ela, contra a corrente.

"Ao estudar a lei de oitava, deve-se lembrar que, para definir as relações das oitavas entre si, elas são divididas em *fundamentais* e *subordinadas*. A oitava fundamental pode se comparar ao tronco de uma árvore cujos ramos seriam as oitavas subordinadas. As sete notas fundamentais da oitava e os dois "intervalos" *portadores de novas direções* dão os nove elos de uma corrente, com três grupos de três elos cada um.

"As oitavas fundamentais estão ligadas, de maneira determinada, às oitavas secundárias ou subordinadas. Das oitavas subordinadas da primeira ordem saem as oitavas secundárias da segunda ordem, etc. A estrutura das oitavas pode se comparar à estrutura de uma árvore. Do tronco fundamental saem, de todos os lados, ramos que se dividem, por sua vez, em galhos que se tornam cada vez menores, e finalmente, se cobrem de folhas. O mesmo processo ocorre nas folhas, para a formação das veias, das nervuras, etc.

"Como tudo na natureza, o corpo humano, que representa uma certa totalidade, comporta as mesmas correlações tanto no interior, quanto no exterior. De acordo com o número de notas da oitava e seus "intervalos", o corpo humano tem nove medidas básicas expressas por números definidos. Nos indivíduos, é claro que esses números diferem grandemente, mas dentro de certos limites. As noves medidas básicas, dando uma oitava inteira da primeira ordem, ao se combinarem de um modo especial, passam a uma ordem de oitavas subordinadas, que dão origem, por sua vez, a outras oitavas subordinadas, e assim por diante. Dessa maneira, é possível obter a medida de qualquer parte ou membro do corpo humano, visto que estão todos numa relação definida uns com os outros."

A lei de oitava ocasionou, naturalmente, numerosas conversas em nosso grupo e nos deixou perplexos. G. não cessava de nos prevenir contra o excesso de teoria.

"Devem compreender e sentir essa lei em si mesmos, dizia, e só depois disso, poderão ver fora de vocês."

Era evidente. Mas a dificuldade não estava somente aí. Uma simples compreensão "técnica" da lei de oitava exige muito tempo. E voltávamos sempre a ela, quer depois de descobertas inesperadas, quer porque acabávamos de perder uma vez mais o que nos parecera já bem estabelecido.

Hoje, me é difícil, recordar as idéias que foram, em um ou outro período, o eixo de nosso trabalho, as que mais chamaram nossa atenção, as que deram lugar ao maior número de conversas. Mas a idéia da lei de oitava tornou-se, de certo modo, seu centro de gravidade permanente. Discutíamos os seus variados aspectos a cada reunião; chegamos gradualmente a considerar todas as coisas desse ponto de vista.

Durante a primeira exposição que fez dessa idéia, G. só dera as linhas gerais. Voltava sempre a ela para destacar os seus diversos aspectos.

Numa das reunião seguintes, ele salientou, de modo muito interessante, outro significado da lei de oitava, que tinha profundo alcance.

— Para melhor compreender o sentido da lei de oitava, é preciso ter uma idéia clara de outra propriedade das vibrações, a de dividir-se em "vibrações interiores". Com efeito, em todas as vibrações se produzem outras vibrações e cada oitava pode ser decomposta num grande número de oitavas interiores.

"Cada nota de qualquer oitava pode ser considerada uma oitava inteira num outro plano.

"Cada nota dessas oitavas interiores contém, por sua vez, uma oitava inteira e assim por diante, um grande número de vezes, *mas não até o infinito*, porque há um limite para o desenvolvimento das oitavas interiores.

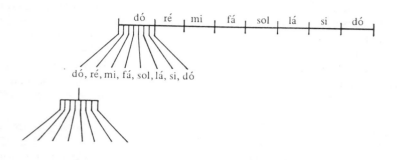

"Essas vibrações interiores, que ocorrem simultaneamente em "meios" de densidades diferentes, interpenetram-se, se refletem e se geram reciprocamente, arrastando-se, detendo-se ou modificando-se umas às outras.

"Visualizemos vibrações numa substância ou num meio de densidade definida. Suponhamos que essa substância ou esse meio seja formado de átomos relativamente grosseiros do mundo 48 e cada um deles seja, por assim dizer, um aglomerado de 48 átomos primordiais. As vibrações que se produzem nesse meio são divisíveis em oitavas e as oitavas são divisíveis em notas. Vamos supor que tenhamos escolhido uma oitava dessas vibrações, com o propósito de fazer determinadas pesquisas. Devemos nos dar conta de que, dentro dos limites dessa oitava, efetuam-se vibrações de uma substância ainda mais fina. A substância do mundo 48 está saturada da substância do mundo 24; as vibrações da substância do mundo 24 estão numa relação definida com as vibrações da substância do mundo 48; para ser mais preciso, nas vibrações da substância do mundo 48, cada nota contém uma oitava inteira da substância do mundo 24.

"Estas são as oitavas interiores.

"A substância do mundo 24 é, por seu turno, penetrada pela substância do mundo 12. Essa substância também está animada de vibrações e cada uma das notas da oitava de vibrações do mundo 24 contém uma oitava inteira de vibrações do mundo 12. A substância do mundo 12 é penetrada pela substância do mundo 6. A substância do mundo 6 é penetrada pela substância do mundo 3. A substância do mundo 3 é penetrada pela substância do mundo 1. Em cada um desses mundos, existem vibrações correspondentes e a ordem permanece sempre a mesma, isto é, cada nota da oitava de vibrações de uma substância mais grosseira contém uma oitava inteira de vibrações de uma substância mais fina.

"Se começarmos pelas vibrações do mundo 48, poderemos dizer que uma nota da oitava de vibrações desse mundo contém uma oitava de sete notas das vibrações do mundo planetário. Cada nota da oitava de vibrações do mundo planetário contém sete notas da oitava de vibrações do mundo do Sol. Cada nota da oitava de vibrações do mundo do Sol conterá sete notas da oitava de vibrações do mundo estelar, etc.

"O estudo das oitavas interiores, o estudo de sua relação com as oitavas exteriores e a possível influência das primeiras sobre as segundas constitui parte muito importante do estudo do mundo e do homem."

Em outra ocasião G. repetiu e desenvolveu o que dissera sobre o raio de criação.

"O raio de criação, como qualquer outro processo que é completado num dado momento, pode ser considerado uma oitava. Será uma oitava descendente na qual o *dó* passa a *si*, *si* a *lá* e assim por diante. O Absoluto ou o *Todo* (mundo 1) será *dó*; Todos os Mundos (mundo 3) serão *si*; Todos os Sóis (mundo 6) serão *lá*; nosso Sol (mundo 12) será *sol*; Todos os Planetas (mundo 24) serão *fá*; a Terra (mundo 48) será *mi*; a Lua (mundo 96) será *ré*.

"O raio de criação começa no Absoluto. O *Absoluto* é o *Todo*. Ele é *dó*.

"O raio de criação termina na Lua. Além da Lua há *Nada*. Isto também é o Absoluto: *dó*.

"Examinando o "raio de criação" ou "a oitava cósmica", vemos que haverá intervalos no desenvolvimento dessa oitava; o primeiro entre *dó* e *si*, isto é, entre o mundo 1 e o mundo 3, entre o Absoluto e Todos os Mundos; e o segundo entre *fá* e *mi*, isto é, entre o mundo 24 e o mundo 48, entre Todos os Planetas e a Terra. O primeiro "intervalo" é preenchido pela vontade do Absoluto. Uma das manifestações da vontade do Absoluto consiste precisamente em preencher esse intervalo pelo aparecimento consciente da força neutralizante que preenche o "intervalo"

ABSOLUTO	1	dó
TODOS OS MUNDOS	3	si
TODOS OS SÓIS	6	lá
SOL	12	sol
TODOS OS PLANETAS	24	fá
TERRA	48	mi
LUA	96	ré
ABSOLUTO		dó

entre a força ativa e a força passiva. No segundo "intervalo", a situação é mais complexa. Falta alguma coisa entre os planetas e a Terra. As influências planetárias não podem passar plena e imediatamente à Terra. É indispensável um "choque adicional"; é necessária a criação de algumas novas condições para assegurar uma passagem adequada das forças.

"As condições que permitem assegurar a passagem das forças são criadas pelo estabelecimento de um dispositivo mecânico especial entre os planetas e a Terra. Esse dispositivo especial, essa "estação transmissora de forças", é *a vida orgânica sobre a Terra*. A vida orgânica sobre a Terra foi criada para preencher o intervalo entre os planetas e a Terra.

"A vida orgânica representa, por assim dizer, o *órgão de percepção da Terra*. A vida orgânica forma uma espécie de película sensível que recobre todo o globo terrestre e recebe as influências da esfera planetária, as quais, de outro modo, não poderiam atingi-la. Os reinos animal, vegetal e humano, a esse respeito, são de igual importância para a Terra. Um campo simplesmente coberto de capim absorve influências planetárias de uma certa espécie e as transmite à Terra. O mesmo campo coberto de gente absorverá e transmitirá outras influências. A população da Europa absorve certas influências planetárias e as transmite à Terra. A população da África absorve outras influências planetárias e assim por diante.

"Todos os grandes acontecimentos da vida das massas humanas são causados pelas influências planetárias; são o resultado de sua absorção. A sociedade humana é uma massa muito sensível à recepção das influências planetárias. E qualquer pequena tensão acidental nas esferas planetárias pode repercutir, durante anos, com crescente animação, em qualquer setor da atividade humana. Um acidente temporário se produz no espaço planetário; imediatamente é sentido pelas massas humanas e os homens se põem a odiar-se e a entrematar-se, justificando sua ação com qualquer teoria de fraternidade, de igualdade, de amor ou de justiça.

"A vida orgânica é o órgão de percepção da Terra e é, ao mesmo tempo, um órgão de radiação. Graças à vida orgânica, cada parte da superfície terrestre emite a todo instante raios de certa espécie na direção do Sol, dos planetas e da Lua. Desse ponto de vista, o Sol necessita de certa espécie de radiações; os planetas, de outra espécie; e a Lua, de outra espécie ainda. Tudo o que acontece sobre a Terra cria radiações desse gênero. E muitas coisas *acontecem* freqüentemente pela única razão de que determinadas espécies de radiações são exigidas de determinadas partes da superfície da terra."

Por outro lado, G. chamou particularmente nossa atenção para a não conformidade do tempo — ou da duração dos acontecimentos — no mundo planetário e na vida humana. A razão de sua insistência sobre esse ponto só mais tarde se tornou clara para mim.

Ao mesmo tempo, ele sublinhava constantemente o fato de que todo acontecimento, seja qual for, que se produza na fina película da vida orgânica servia sempre aos interesses da Terra, do Sol, dos planetas e da Lua; nada de inútil nem de independente se podia produzir nela, porque ela fora criada para um determinado fim, ao qual permanecia submetida.

Um dia, desenvolvendo esse tema, G. nos deu um diagrama da estrutura das oitavas, no qual um dos elos era "a vida orgânica sobre a Terra".

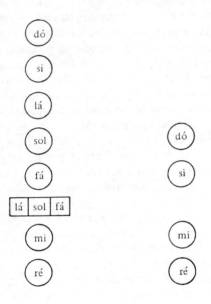

— Esta oitava suplementar ou lateral, no raio de criação, começa no Sol, disse ele.

"O Sol, que é o *sol* da oitava cósmica, ressoa num certo momento como *dó*.

"É necessário dar-se conta de que cada nota de qualquer oitava — em nosso caso, cada nota da oitava cósmica — pode representar o *dó* de uma oitava lateral procedente da primeira. Seria ainda mais exato dizer que qualquer nota de qualquer oitava pode ser, ao mesmo tempo, qualquer nota de qualquer outra oitava que a atravesse.

"No caso presente, *sol* começa a soar como *dó*. Descendo ao nível dos planetas, essa nova oitava passa a *si*; descendo mais baixo ainda, ela dá três notas: *lá, sol, fá*, que criam e constituem a vida orgânica sobre a

Terra. na forma pela qual a conhecemos; o *mi* dessa oitava funde-se com o *mi* da oitava cósmica, isto é, com *a Terra*, e o *ré* com o *ré* da oitava cósmica, isto é, com *a Lua*."

Sentimos imediatamente que essa oitava lateral tinha grande significação. Em primeiro lugar, isso mostrava que a vida orgânica, representada no diagrama por três notas, comportava duas notas superiores, uma no nível dos planetas e outra no nível do Sol, e *que ela começava a partir do sol*. Aí estava o ponto mais importante, porque, uma vez mais, isso contradizia essa idéia moderna corrente de que a vida tem sua origem *em baixo*. Segundo as explicações de G., a vida vinha *do alto*.

Houve a seguir numerosas conversações sobre as notas *mi* e *ré* da oitava lateral. Evidentemente, não podíamos definir o que era *ré*. Mas esse *ré* estava nitidamente ligado à idéia de alimento para a Lua. Alguns produtos de desintegração da vida orgânica vão para a Lua; isto deve ser o *ré*. No que se refere ao *mi*, podia-se falar dele com precisão. A vida orgânica desaparecia dentro da terra, sem dúvida alguma. O papel da vida orgânica na estrutura da superfície da Terra era indiscutível. Havia o crescimento das ilhas de coral e das montanhas calcárias, a formação das jazidas de carvão e dos lençóis petrolíferos; as alterações do solo sob a influência da vegetação; o crescimento da vegetação nos lagos; a formação de um húmus muito rico, graças às minhocas; a mudança dos climas devido à drenagem dos pântanos e à destruição das florestas e muitas outras coisas conhecidas e desconhecidas.

Além disso, a oitava lateral mostrava com clareza como tudo vinha, fácil e corretamente, ordenar-se dentro do sistema que estávamos estudando. Tudo o que parecia anormal, inesperado e acidental, desaparecia. Um imenso plano do universo, pensado com muito rigor, começava a surgir.

Capítulo Oito

Numa das reuniões seguintes, G. voltou à questão da consciência.

— As funções psíquicas e as funções físicas, disse, não podem ser compreendidas, enquanto não se tiver compreendido que as duas podem trabalhar em diferentes estados de consciência.

"Há quatro estados de consciência possíveis para o *homem* (acentuou a palavra "homem"). Mas o homem comum, ou seja, o homem nº 1, 2 ou 3, só vive nos dois estados mais baixos de consciência. Os dois estados superiores de consciência lhe são inacessíveis e, embora possa ter vislumbres desses estados, é incapaz de compreendê-los e julgá-los do ponto de vista desses dois estados inferiores de consciência que lhe são habituais.

"O primeiro, o *sono*, é o estado passivo no qual os homens passam um terço e, até freqüentemente, a metade de suas vidas. E o segundo, no qual passam a outra metade de suas vidas, é esse estado no qual circulam pelas ruas, escrevem livros, falam de assuntos sublimes, fazem política, se matam uns aos outros; é um estado que consideram ativo e denominam "consciência lúcida" ou "estado de vigília". Essas expressões — "consciência lúcida" ou "estado de vigília" — parecem ter sido escolhidas por ironia, principalmente se nos dermos conta do que deveria ser uma *"consciência lúcida"* e do que é, na realidade, o estado em que o homem vive e age.

"O terceiro estado de consciência é a *lembrança de si*, ou consciência de si, consciência de seu próprio ser. Admite-se habitualmente que possuímos esse estado de consciência ou que podemos tê-lo à vontade. Nossa ciência e nossa filosofia não viram que *não possuímos* esse estado de consciência e que o nosso simples desejo é incapaz de criá-lo em nós mesmos, por mais clara que seja nossa decisão.

"O quarto estado de consciência é *a consciência objetiva*. Nesse estado, o homem pode ver as coisas *como são*. Às vezes, em seus estados inferiores de consciência, pode ter vislumbres dessa consciência superior. As religiões de todos os povos contêm testemunhos da possibilidade de tal estado de consciência, que qualificam de "iluminação" ou de diversos outros nomes e que dizem ser indescritível. Mas o único caminho correto em direção à consciência objetiva passa pelo desenvolvimento da consciência de si. Um homem comum, artificialmente levado a um estado de consciência objetiva e trazido depois a seu estado habitual, não se lembrará de nada e pensará, simplesmente, que perdeu os sentidos durante certo tempo. No estado de consciência de si, porém, o homem pode ter vislumbres de consciência objetiva e deles guardar a lembrança.

"O quarto estado de consciência representa um estado completamente diferente do anterior; é o resultado de um crescimento interior e de um longo e difícil trabalho sobre si.

"No entanto, o terceiro estado de consciência constitui o direito natural do homem *tal como é*, e, se o homem não o possui, é unicamente porque suas condições de vida são anormais. Sem nenhum exagero, pode-se dizer que, na época atual, o terceiro estado de consciência só aparece no homem por muito breves e muito raros lampejos e que é impossível torná-lo mais ou menos permanente, sem um treinamento especial.

"Para a grande maioria das pessoas, mesmo cultas e intelectuais, o principal obstáculo, no caminho da aquisição da consciência de si, é *acreditar que a possuem;* em outros termos, estão totalmente convencidas de já terem consciência de si mesmas e de possuir tudo o que acompanha esse estado: a individualidade, no sentido de um Eu permanente e imutável, a vontade, a capacidade de *fazer* e assim por diante. É evidente que um homem não se interessará por adquirir, através de longo e difícil trabalho, uma coisa que, em sua opinião, já possui. Ao contrário, se nós lhe dissermos isso, pensará ou que estamos loucos ou que tentamos explorar sua credulidade em proveito próprio.

"Os dois estados de consciência superiores — a "consciência de si" e a "consciência objetiva" — estão ligados ao funcionamento dos *centros superiores* do homem.

"Pois, além dos centros de que já falamos, existem ainda dois, o "centro emocional superior" e o "centro intelectual superior". Esses centros estão em nós; estão plenamente desenvolvidos e trabalham todo o tempo, mas seu trabalho nunca chega até a nossa consciência ordinária. A razão disso deve ser buscada nas propriedades especiais de nossa pretensa "consciência lúcida".

"Para compreender a diferença entre os estados de consciência, é preciso voltar ao primeiro, que é o sono. É um estado de consciência inteiramente subjetivo. O homem, ali, está mergulhado em seus sonhos — pouco importando que guarde ou não lembrança deles. Mesmo que algumas impressões reais atinjam a pessoa que está dormindo, tais como sons, vozes, calor, frio, sensações de seu próprio corpo, só despertam nela imagens subjetivas fantásticas. Depois o homem desperta. À primeira vista, é um estado de consciência inteiramente diferente. Pode mover-se, falar com outras pessoas, fazer projetos, ver perigos, evitá-los e assim por diante.

Parece razoável pensar que se encontra em melhor situação que quando estava adormecido. Mas, se olharmos as coisas mais a fundo, se lançarmos um olhar sobre o seu mundo interior, sobre seus pensamentos, sobre as causas de suas ações, compreenderemos que está quase no mesmo estado que quando dormia. É até pior, porque no sono ele é passivo, o que quer dizer que não pode fazer nada. No estado de vigília, ao contrário, pode agir o tempo todo e os resultados de suas ações repercutirão sobre ele e sobre os que o rodeiam. *E, no entanto, ele não se lembra de si mesmo.* É uma máquina e tudo lhe *acontece*. Não pode deter o fluxo de seus pensamentos, não pode controlar sua imaginação, suas emoções, sua atenção. Vive num mundo subjetivo de "eu gosto", "eu não gosto", "isto me agrada", "isto não me agrada", "tenho vontade de", "não tenho vontade de", isto é, num mundo constituído do que ele crê gostar ou não gostar, desejar ou não desejar. Não vê o mundo real. O mundo real lhe está escondido pelo muro de sua imaginação. *Ele vive no sono.* Dorme. E o que chama sua "consciência lúcida" nada mais é que sono — e um sono muito mais perigoso que o seu sono, durante a noite, em sua cama.

"Consideremos qualquer acontecimento na vida da humanidade. A guerra, por exemplo. Há guerra neste momento. O que quer isso dizer? Significa que vários milhões de adormecidos esforçam-se por destruir vários milhões de outros adormecidos. Ele se recusariam a isso, naturalmente, se despertassem. Tudo o que se passa atualmente é devido a esse sono.

"Esses dois estados de consciência, sono e estado de vigília, são tão subjetivos um quanto o outro. Só quando começa a *lembrar-se de si mesmo* é que o homem pode, realmente, despertar. A seu redor, toda a vida toma então aspecto e sentido diferentes. Ele a vê como uma *vida de pessoas adormecidas*, uma vida de sono. Tudo o que as pessoas dizem, tudo o que fazem, dizem e fazem no sono. Nada disso, pois, pode ter o mínimo valor. Só o despertar e o que leva ao despertar tem valor real.

"Quantas vezes me perguntaram se não seria possível deter as guerras? Certamente, seria possível. Bastaria que as pessoas despertassem. Isso parece pouca coisa. E, ao contrário, nada poderia ser mais difícil, porque o sono é induzido e mantido por toda a vida circundante, por todas as condições do ambiente.

"Como despertar? Como escapar a esse sono? Essas perguntas são as mais importantes, as mais vitais que um homem pode se fazer. Mas, antes disso, deverá se convencer do próprio fato de seu sono. E só lhe será possível convencer-se disso tentando despertar-se. Quando tiver compreendido que não se lembra de si mesmo e que a lembrança de si significa um despertar, até certo ponto, e, quando tiver visto, por experiência própria, como é difícil lembrar-se de si mesmo, compreenderá então que, para despertar-se, não basta desejá-lo. Mais rigorosamente, diremos que um homem não pode despertar-se *por si mesmo*. Mas, se vinte homens combinarem que o primeiro a despertar despertará os outros, já têm uma possibilidade. Entretanto, mesmo isso ainda é insuficiente, porque esses vinte homens podem adormecer ao mesmo tempo e sonhar que se acordam. Não é, pois, suficiente. Algo mais é necessário. Esses vinte homens devem ser vigiados por um homem que não esteja adormecido ou que não adormeça tão facilmente quanto os outros, ou que vá conscientemente dormir, quando isto lhe for possível, quando daí não puder resultar nenhum mal, nem para ele nem para os outros. Devem encontrar um homem assim e contratá-lo para que os desperte e não lhes permita mais recair no sono. Sem isso, é impossível despertar-se. É o que devem compreender.

"É possível pensar, durante mil anos; é possível escrever bibliotecas inteiras, inventar teorias aos milhões e tudo isto no sono, sem possibilidade alguma de despertar. Ao contrário, essas teorias e esses livros escritos ou fabricados por adormecidos terão o efeito de, simplesmente, levar outros homens ao sono e assim por diante.

"Nada há de novo na idéia de sono. Desde quase a criação do mundo, foi dito aos homens que eles estavam adormecidos e deviam despertar-se. Quantas vezes lemos, por exemplo, nos Evangelhos: "Despertai", "vigiai", "não durmais'. Os discípulos de Cristo, até no Jardim de Getsêmani, enquanto seu Mestre orava pela última vez, dormiam. Isso diz tudo. Mas os homens o compreendem? Tomam isso como figura de retórica, como uma metáfora. Não vêem, de modo algum, que tudo isso deve ser tomado ao pé da letra. E aqui, ainda, é fácil compreender por que. Teriam que despertar-se um pouco, ou, pelo menos, tentar despertar-se. Já me perguntaram muitas vezes, seriamente, porque os Evangelhos nunca falam do sono . . . Trata-se dele em todas as páginas. Isso apenas mostra que as pessoas lêem os Evangelhos dormindo. Enquanto um homem está num sono profundo, inteiramente submerso nos seus sonhos, não pode nem mesmo pensar que está adormecido. Se pudesse pensar que está adormecido, despertaria. E assim vão as coisas, sem que os homens tenham a mínima idéia de tudo o que perdem por causa de seu sono. Como já disse, o homem, tal como é, tal como a natureza o criou, pode tornar-se um ser consciente de si. Criado para esse fim, nasce para esse fim. Mas nasce entre adormecidos e, naturalmente, cai, por sua vez, num sono profundo, exatamente no momento em que deveria começar a tomar consciência de si mesmo. Aqui, todas as coisas desempenham seu papel: a imitação involuntária dos adultos pela criança, suas sugestões voluntárias ou involuntárias e sua pretensa "educação". Qualquer tentativa de despertar, por parte da criança, é imediatamente detida. Fatalmente. E enormes esforços e muita ajuda para despertar-se serão necessários mais tarde, quando milhares de hábitos, que incitam ao sono, se tiverem acumulado. Raramente podemos livrar-nos deles. E, desde sua própria infância, o homem já perdeu, na maioria dos casos, a possibilidade de se despertar; vive toda a sua vida no sono e morre no sono. Além disso, muitas pessoas morrem muito antes de sua morte física. Mas não chegou ainda o momento de falar sobre isso.

"Lembrem-se, agora, do que já lhes disse. Um homem plenamente desenvolvido, o que chamo "um homem no sentido pleno desta palavra" deveria possuir quatro estados de consciência. Os homens comuns, isto é, os homens n.ºs 1, 2 e 3, só vivem em dois estados de consciência. Conhecem ou, pelo menos, podem conhecer a existência do quarto estado. Todos esses "estados místicos" e outros são mal definidos. Entretanto, quando não se trata de fraudes nem de simulações, são vislumbres do que chamamos de um estado de consciência objetiva.

"Mas o homem nada sabe do terceiro estado de consciência e nem mesmo suspeita de sua existência. E é mesmo impossível que possa suspeitar de sua existência, porque, se lhe explicarem, se lhe disserem em que consiste, responderá que é seu estado habitual. Ele considera a si mesmo um ser consciente que governa sua própria vida. Os fatos o contradizem, mas eles os considera acidentais ou momentâneos, destinados a se arranjarem por si mesmos. Imaginando, assim, que possui a consciência de si, de certo modo por direito de nascimento, não lhe ocorrerá tentar aproximar-se dela ou obtê-la. E, no entanto, na ausência da consciência de si ou do terceiro estado de consciência, o quarto é impossível, a não ser por raros lampejos. No entanto, o conhecimento, este verdadeiro conhecimento *objetivo* — que os homens, pelo que dizem, se esforçariam por conquistar — só é possível no quarto estado de consciência. O conhecimento adquirido no estado ordinário de consciência está constantemente entremeado de sonhos. E com isto vocês têm um quadro completo do ser dos homens 1, 2 e 3".

Na reunião seguinte, G. continuou:

— As possibilidades do homem são imensas. Nem podem fazer idéia do que um homem é capaz de atingir. Mas no sono nada pode ser alcançado. Na consciência de um homem adormecido, suas ilusões, seu "sonhos" se misturam com a realidade. O homem vive num mundo subjetivo do qual lhe é impossível escapar. É por isso que nunca pode utilizar todos os poderes que possui e sempre vive numa pequena parte de si mesmo.

"Já foi dito que o estudo de si e a observação de si, bem conduzidos, levam o homem a se dar conta de que "algo está errado" em sua máquina e em suas funções, em seu estado habitual. Compreende que é precisamente porque está adormecido que só vive e trabalha numa pequena parte de si mesmo. Compreende, pela mesma razão, que a maioria de suas possibilidades permanecem não realizadas e a maioria de seus poderes não utilizados. Sente que não extrai da vida tudo o que ela poderia lhe dar e que sua incapacidade se deve aos defeitos funcionais de sua máquina e de seu aparelho receptor. A idéia de estudo de si adquire a seus olhos nova significação. Sente que talvez nem valha a pena estudar-se tal como é agora. Vê cada função em seu estado atual e o que ela poderia ou deveria ser. A observação de si leva o homem a reconhecer a necessidade de mudar. E, praticando, nota que a observação de si traz, por si mesma, certas mudanças em seus processos interiores. Começa a compreender que ela é um meio de mudar, um instrumento para despertar. Ao observar-se, projeta, de certo modo, um raio de luz sobre seus processos interiores, que se tinham efetuado até agora em completa escuridão. E, sob a influência dessa luz, começa a mudar. Há grande número de processos químicos que só podem ocorrer em ausência de luz. Do mesmo modo, grande número de processos psíquicos só se podem efetuar na escuridão. Até mesmo um fraco vislumbre de consciência é suficiente para mudar completamente o caráter dos processos habituais e tornar completamente impossível grande número deles. Nossos processos psíquicos (nossa alquimia interior) têm muitos pontos comuns com esses processos químicos dos quais a luz modifica o caráter e estão sujeitos a leis análogas.

"Quando um homem chega a se dar conta, não somente da necessidade do estudo e da observação de si, mas também da necessidade do trabalho sobre si com vistas a mudar, então o caráter de sua observação de si também deve mudar. Até aqui só estudou os detalhes do trabalho dos centros, tentando apenas constatar esse ou aquele fenômeno e esforçando-se por ser testemunha imparcial. Estudou o trabalho da máquina. A partir de então, deve começar a ver-se a si mesmo, isto é, a ver não mais os detalhes isolados, não mais o trabalho das pequenas engrenagens e alavancas, mas todas as coisas em conjunto — este conjunto que ele representa para os outros.

"Para esse fim, um homem deve exercitar-se em tirar, por assim dizer, fotografias mentais de si mesmo nos diferentes momentos de sua vida e em seus diferentes estados emocionais; não mais fotografias de detalhes, mas vistas globais. Em outros termos, essas fotografias devem conter simultaneamente tudo o que um homem pode ver em si mesmo num dado momento. Emoções, estados de ânimo, pensamentos, sensações, posturas, movimentos, tons de voz, expressões do rosto e assim por diante. Se um homem consegue tirar instantâneos interessantes, não tardará em obter verdadeira coleção de retratos de si mesmo que, tomados em conjunto, mostrarão claramente o que ele é. Mas é difícil conseguir tirar essas fotografias nos momentos mais interessantes, é difícil captar as posturas, as expressões do rosto, as emoções e os pensamentos mais característicos. Se um homem consegue tirar essas fotografias bem e em número suficiente, não tardará em ver que a idéia que fazia de si mesmo e com a qual continuava a viver, ano após ano, estava muito longe da realidade.

"Em vez do homem que acreditava ser, verá um inteiramente diferente. Esse "outro" é ele mesmo e, ao mesmo tempo, não é ele mesmo. É ele tal como os outros o conhecem, tal como se imagina e tal como aparece em suas ações, palavras, etc.; mas não é exatamente ele, tal como é na realidade. Porque sabe que há uma grande parte de irrealidade, de invenção e de artifício nesse homem que os outros conhecem e que ele próprio conhece. Vocês devem aprender a separar o real do imaginário. E, para começar a observação de si e o estudo de si, é indispensável aprender a se dividir. O homem deve dar-se conta de que, de fato, é constituído de dois homens.

"Um é o homem que chama de "eu" e os outros chamam "Ouspensky", "Zacharoff" ou "Petroff". O outro é o verdadeiro *ele*, o verdadeiro *Eu*, que só aparece na vida, durante momentos muito curtos, e só se pode tornar estável e permanente depois de um período muito longo de trabalho.

"Enquanto um homem se considera a si mesmo *uma só pessoa*, ficará sempre como é. Seu trabalho interior se inicia no próprio instante em que começa a experimentar em si mesmo a presença de *dois homens*. Um é passivo e o mais que pode fazer é observar e registrar o que lhe acontece. O outro que se chama a si mesmo de "eu", que é ativo e fala dele na primeira pessoa, não é na realidade senão "Ouspensky", "Petroff" ou "Zacharoff".

"Esse é o primeiro resultado que um homem pode obter. Logo que começa a pensar corretamente, vê que está por inteiro em poder de seu "Ouspensky", "Petroff" ou "Zacharoff". O que quer que projete ou pense fazer ou dizer não é "ele", não é seu "Eu" que o dirá ou o fará, mas seu "Ouspensky", seu "Petroff" ou seu "Zacharoff", e o que farão ou dirão, naturalmente, nada terá em comum com o que o seu "Eu" teria feito ou dito; porque eles têm seu modo de sentir ou compreender as coisas, que pode às vezes desfigurar por completo as intenções iniciais do "Eu".

"A esse respeito, há um perigo preciso que espreita o homem desde o primeiro momento da observação de si. É "Eu" quem começa a observação, mas "Ouspensky", "Zacharoff" ou "Petroff" se apoderam dela imediatamente e são eles que prosseguem com ela. Assim, desde o início,

"Ouspensky", "Zacharoff" ou "Petroff" introduzem uma mudança que parece sem importância, mas que, na realidade, altera tudo radicalmente.

"Suponhamos, por exemplo, que um homem chamado "Ivanoff" ouça a descrição desse método de observação de si. Disseram-lhe que um homem deve dividir-se a si mesmo: "ele" ou "eu", de um lado, e "Ouspensky", "Petroff" ou "Zacharoff" de outro. Divide-se, então, *literalmente como lhe disseram*. "Isto sou eu", diz-se para si mesmo, e isto é "Ouspensky", "Petroff" ou "Zacharoff". Nunca dirá "Ivanoff". Acha isso desagradável; assim, empregará sempre inevitavelmente qualquer outro nome ou sobrenome. Além disso, chamará "eu" o de que gosta nele, ou, em todo caso, o que acha que é forte nele, enquanto que chamará "Ouspensky", "Petroff" ou "Zacharoff" aquilo de que não gosta ou considera suas fraquezas. Sobre tal base, põe-se a raciocinar completamente errado, é claro, uma vez que já se iludiu sobre o ponto mais importante, tendo-se recusado a encarar o que ele é realmente, isto é Ivanoff, para só considerar os "Ouspensky", "Petroff" ou "Zacharoff" imaginários.

"É até difícil imaginar como um homem detesta empregar o próprio nome quando fala de si, na terceira pessoa. Tudo faz para evitá-lo. Chama-se por outro nome, como acabo de dizer, ou inventa para si mesmo um nome falso, um nome pelo qual ninguém nunca o chamou nem nunca o chamará; ou então chama-se simplesmente "ele" e assim por diante. Com referência a isso, as pessoas que estão habituadas em suas conversações mentais a chamarem-se por seu nome próprio, por seu sobrenome ou por apelidos carinhosos não constituem exceção. Quando chegam à observação de si, preferem chamar-se a si mesmas "Ouspensky" ou dizer "Ouspensky em mim", como se pudesse haver um "Ouspensky" nelas. Já existem suficientes "Ouspensky" para o próprio "Ouspensky"!

"Mas, quando um homem compreende sua impotência frente a "Ouspensky", sua atitude para consigo mesmo e para com o "Ouspensky" nele cessa de ser indiferente ou despreocupada.

"A observação de si torna-se uma observação de "Ouspensky". O homem compreende que não é "Ouspensky", que "Ouspensky" só é a máscara que usa, o papel que desempenha inconscientemente e que, por desgraça, não se pode impedir de desempenhar um papel que o domina e o faz dizer e fazer milhares de coisas estúpidas, milhares de coisas que ele mesmo nunca faria ou diria.

"Se for sincero consigo mesmo, sente que está em poder de "Ouspensky" e, ao mesmo tempo, sente que não é "Ouspensky".

"Começa a ficar com medo de "Ouspensky", começa a sentir que "Ouspensky" é seu inimigo. Qualquer coisa que queira fazer, tudo é interceptado e alterado por "Ouspensky". "Ouspensky" é seu "inimigo". Os desejos, os gostos, as simpatias, as antipatias, os pensamentos, as opiniões de "Ouspensky", ou bem se opõem às suas próprias idéias, a seus sentimentos e disposições de ânimo, ou então nada têm em comum com eles. E, no entanto, "Ouspensky" é seu amo. Ele é o escravo. Não tem vontade própria. Está sem condições em que possa expressar seus desejos, porque tudo o que quiser dizer ou fazer será sempre feito por "Ouspensky" em seu lugar.

"A esse nível de observação de si, esse homem só deve ter uma única meta: livrar-se de "Ouspensky". E uma vez que não se pode livrar dele de fato, porque é "Ouspensky", deve, pois, dominá-lo e obrigar com que faça, não o que quer o "Ouspensky" do momento, mas o que *ele mesmo* quer fazer. "Ouspensky", que hoje é o amo, deve tornar-se o servo.

"Esse é o primeiro passo no trabalho sobre si; é preciso separar-se de "Ouspensky", não apenas em pensamento, mas de fato e chegar a sentir que nada se tem em comum com ele. Mas é necessário ter em mente que toda a atenção deve ficar concentrada sobre "Ouspensky". Com efeito, um homem é incapaz de explicar *o que ele mesmo é na realidade*; no entanto, pode explicar "Ouspensky" para si mesmo e é por aí que deve começar, lembrando-se, ao mesmo tempo, de que ele não é "Ouspensky".

"Nada mais perigoso, em tal caso, que fiar-se em seu próprio julgamento. Se um homem tem sorte, talvez venha a ter a seu lado alguém para dizer-lhe onde ele está e onde está "Ouspensky". Ainda assim, é necessário que confie nessa pessoa, senão continuará pensando que compreende tudo muito melhor por si mesmo e que não precisa aprender onde ele está e onde está "Ouspensky". E não é apenas com relação a si mesmo, mas com relação aos outros que ele imagina ver e conhecer seus "Ouspensky". No que, evidentemente, se ilude. Isso porque, nesse estágio, um homem nada pode ver, nem sobre si mesmo, nem sobre os outros. E quanto mais estiver convencido de que pode, mais se iludirá. Porém, se for capaz de um mínimo de sinceridade para consigo mesmo e se quiser realmente conhecer a verdade, então poderá encontrar uma base exata e infalível, primeiro para julgar-se corretamente e, a seguir, para julgar os outros. Mas toda a questão reside precisamente em ser sincero consigo mesmo. E isso está longe de ser fácil. As pessoas não compreendem que a sinceridade deve ser aprendida. Imaginam que depende de seu desejo ou de sua decisão o ser ou não ser sincero.

"Mas como poderia um homem ser sincero para consigo mesmo, quando "sinceramente" não vê o que deveria ver em si mesmo? É preciso que alguém lhe mostre. E sua atitude em relação a essa pessoa deve ser justa, isto é, deve ser tal que o ajude a ver o que lhe é mostrado e que não lhe impeça de ver, como acontece cada vez que um homem imagina que nada tem a aprender.

"No trabalho, essa é uma fase crítica. Um homem que perde sua direção, nesse momento, nunca mais a reencontrará. Pois é necessário não se esquecer de que o homem, tal como é atualmente, não é capaz de distinguir nele entre "Eu" e "Ouspensky". Todos os seus esforços nesse sentido não poderiam impedir que minta a si mesmo, que invente coisas e, assim, nunca se verá tal como é na realidade. É necessário convencer-se profundamente disso: sem auxílio exterior, um homem nunca pode se ver.

"Por que é assim? Lembrem-se. Dissemos que a observação de si conduz à constatação de que o homem se esquece de si mesmo sem cessar. Sua impotência em lembrar-se de si é um dos traços mais característicos de seu ser e a verdadeira causa de todo o seu comportamento. Essa impotência manifesta-se de mil maneiras. Não se lembra de suas decisões, não se lembra da palavra que deu a si mesmo, não se lembra do que disse ou sentiu há um mês, uma semana ou um dia ou apenas uma hora. Começa um trabalho e logo esquece *por que* o empreendeu, e é no trabalho sobre si que esse fenômeno se produz com especial freqüência. Um homem só pode lembrar-se de uma promessa feita a outra pessoa com a ajuda de associações artificiais, de associações *educadas* nele, as quais, por sua vez, associam-se a toda espécie de concepções, também artificialmente criadas, tais como a "honra", a "honestidade", o "dever" e assim por diante. Na verdade, pode-se dizer que, para cada coisa de que um homem se lembra, existem sempre dez, muito mais importantes, de que se esquece. Mas o homem não esquece nada mais facilmente do que o que diz respeito a si mesmo, como, por exemplo, as "fotografias mentais" que pôde tirar.

"E suas opiniões, suas teorias, encontram-se, desse modo, desprovidas de qualquer estabilidade e de qualquer precisão. O homem não se lembra do que pensou ou do que disse; e não se lembra de *como* pensou ou de *como* falou.

"Isso, por sua vez, está relacionado com uma das características fundamentais da atitude do homem para consigo mesmo e para com os que o rodeiam, isto é: sua constante "identificação" com tudo o que prende sua atenção, seus pensamentos ou seus desejos e sua imaginação.

"A "identificação" é um traço tão comum que, na tarefa da observação de si, é difícil separá-la do resto. O homem está sempre em estado de identificação; apenas muda o objeto de sua identificação.

"O homem identifica-se com um pequeno problema que encontra em seu caminho e esquece completamente as grandes metas a que se propunha no início de seu trabalho. Identifica-se com um pensamento e esquece todos os outros. Identifica-se com uma emoção, um estado de ânimo e esquece seus outros sentimentos mais profundos. Ao trabalhar sobre si mesmas, as pessoas identificam-se a tal ponto com metas isoladas que perdem de vista o conjunto. As duas ou três árvores mais próximas representam, para elas, toda a floresta.

" 'A identificação' é nosso mais terrível inimigo, porque penetra em toda parte. No próprio momento em que acreditamos lutar contra ela, ainda somos enganados por ela. E, se é difícil nos libertarmos da identificação, é porque nos identificamos mais facilmente com as coisas que mais nos interessam e às quais damos nosso tempo, nosso trabalho e nossa atenção. Para libertar-se da identificação, o homem deve, portanto, estar constantemente alerta e ser impiedoso para consigo mesmo. Isto é, não deve ter medo de desmascarar todas as suas formas sutis e escondidas.

"É indispensável ver e estudar a identificação, a fim de descobrir em nós mesmos até às suas raízes mais profundas. Mas a dificuldade da luta contra a identificação aumenta ainda pelo fato de que, quando as pessoas a notam, consideram-na uma excelente qualidade e lhe dão os nomes de "entusiasmo", "zelo", "paixão", "espontaneidade", "inspiração", etc. . . Consideram que só num estado de identificação se pode, realmente, fazer um bom trabalho em qualquer domínio. Na realidade, isso é uma ilusão. Nesse estado, o homem nada pode fazer de sensato. E se as pessoas pudessem ver o que significa o estado de identificação, mudariam de opinião. O homem identificado nada mais é que uma coisa, um pedaço de carne; perde até a pouca semelhança que tinha com um ser humano. No Oriente, onde se fuma haxixe e outras drogas, acontece freqüentemente que um homem se identifique com seu cachimbo até o ponto de considerar a si mesmo um cachimbo. Não é uma brincadeira, mas fato. Torna-se positivamente um cachimbo. Isso é a identificação. Mas, para chegar até aí, o haxixe ou o ópio não são, de modo algum, necessários. Olhe para as pessoas nas lojas, nos teatros ou nos restaurantes. Veja como se identificam com as palavras, quando discutem ou tentam provar alguma coisa, particularmente alguma coisa que não conheçam. Não são mais que desejo, avidez ou *palavras*: delas mesmas, nada resta.

"A identificação é o obstáculo principal à lembrança de si. Um homem que se identifica é incapaz de lembrar-se de si mesmo. Para lembrar-se de si mesmo é necessário, em primeiro lugar, *não se identificar*. Mas, para aprender a não se identificar, o homem deve, antes de tudo, *não se identificar consigo mesmo*, não chamar a si mesmo de "eu", sempre e em todas as ocasiões. Deve lembrar-se de que existem dois nele, que há *ele mesmo,* isto é, *eu* nele, e *o outro,* com quem deve lutar e a quem deve vencer se quiser alcançar alguma coisa. Enquanto um homem se identifica ou é suscetível de identificar-se, é escravo de tudo o que lhe pode acontecer. A liberdade significa antes de tudo: libertar-se da identificação.

"Depois de ter estudado a identificação em geral, é necessário prestar atenção a um de seus aspectos particulares: a identificação com as pessoas, que toma a forma da "consideração".

"Existem diversas espécies de consideração.

"Na maioria dos casos, o homem identifica-se com o que os outros pensam dele, com a maneira por que o tratam, com sua atitude para com ele. O homem pensa sempre que as pessoas não o apreciam o suficiente, não são suficientemente corteses ou polidas. Tudo isso o aborrece, o preocupa, torna-o desconfiado; desperdiça em conjecturas ou em suposições enorme quantidade de energia; desenvolve nele, assim, uma atitude desconfiada e hostil para com os outros. Como olharam para ele, o que pensam dele, o que disseram dele, tudo isso assume a seus olhos enorme importância.

"E "considera" não só as pessoas, mas a sociedade e as condições históricas. Tudo o que desagrada a tal homem lhe parece injusto, ilegítimo, falso e ilógico. E o ponto de partida de seu julgamento é sempre que as coisas podem e devem ser modificadas. A "injustiça" é uma dessas palavras que servem freqüentemente de máscara à "consideração". Quando um homem se convenceu de que está revoltado contra uma "injustiça", parar de considerar equivaleria para ele a se "reconciliar com a injustiça".

"Há pessoas capazes não só de "considerar" a injustiça ou o pouco caso que os outros fazem delas, mas de considerar até o estado do tempo. Isso parece ridículo, mas é um fato: as pessoas são capazes de considerar o clima, o calor, o frio, a neve, a chuva; podem zangar-se e indignar-se contra o mau tempo. O homem toma tudo de forma pessoal, como se tudo no mundo tivesse sido especialmente preparado para lhe proporcionar prazer ou, ao contrário, para lhe causar desagrados ou aborrecimentos.

"Tudo isso é apenas "identificação" e poderíamos citar muitas outras formas. Esse gênero de consideração baseia-se inteiramente nas "exigências". O homem, bem no seu íntimo, "exige" que todo mundo o tome por alguém notável, a quem todos deveriam constantemente testemunhar respeito, estima e admiração pela sua inteligência, pela sua beleza, sua habilidade, seu humor, sua presença de espírito, sua originalidade e todas as suas outras qualidades. Essas "exigências", por sua vez, baseiam-se na noção completamente fantasiosa que as pessoas têm de si mesmas, o que acontece com muita freqüência, mesmo com pessoas de aparência muito modesta. Quanto aos escritores, atores, músicos, artistas e políticos, são, quase sem exceção, uns doentes. E de que sofrem? Antes de tudo, de uma extraordinária opinião sobre si mesmos; em seguida, de exigências e, por fim, de "consideração", isto é, de uma disposição prévia a se ofenderem com a mínima falta de compreensão ou de apreciação.

"Existe ainda outra forma de "consideração", que pode tirar do homem grande parte de sua energia. Ela tem como ponto de partida a atitude que consiste em acreditar que *não considera outra pessoa o suficiente* e que esta fica ofendida com isso. E começa a se dizer que talvez não pensa suficientemente nessa outra pessoa, que não lhe dá suficiente atenção e não concede a ela um lugar suficientemente grande. Tudo isso é apenas fraqueza. Os homens têm medo uns dos outros. E isso pode levar muito longe. Já vi desses casos com muita freqüência. Um homem pode seguir assim até perder o equilíbrio, se é que já o possuiu um dia, e conduzir-se de maneira completamente insensata. Zanga-se consigo mesmo e sente até que ponto é tolo; mas não pode deter-se, porque, no caso, toda a questão é precisamente "não considerar".

"Outro exemplo, talvez pior ainda, é o do homem que considera que, na sua opinião, "deveria" fazer algo, quando, na realidade, não tem que fazer absolutamente nada. "Dever" e "não dever" é um problema difícil; em outras palavras, é difícil compreender quando um homem realmente "deve" e quando "não deve". Essa questão só pode ser abordada do ponto de vista da "meta". Quando um homem tem uma meta, deve fazer exclusivamente o que lhe permite aproximar-se dela e nada fazer que possa lhe afastar.

"Como já disse, as pessoas imaginam freqüentemente que, se começam a combater a "consideração" em si mesmas, perderão sua sinceridade e têm medo disto, porque pensam que nesse caso perderão alguma coisa, uma parte de si mesmas. Produz-se aí o mesmo fenômeno que nas tentativas de luta contra a expressão das emoções desagradáveis. A única diferença é que, nesse caso, o homem luta contra a expressão "exterior" de suas emoções e, no outro, com a manifestação "interior" de emoções que talvez sejam as mesmas.

"Esse medo de perder sua sinceridade é, naturalmente, um engano, uma dessas fórmulas mentirosas em que descansa a fraqueza humana. O homem não pode impedir-se de identificar-se e de "considerar interiormente", não pode impedir-se de expressar suas emoções desagradáveis, pela única razão de que é fraco. A identificação, a consideração, a expressão das emoções desagradáveis, são manifestações de sua fraqueza, de sua impotência, de sua incapacidade de dominar-se. Mas, não querendo confessar essa fraqueza a si mesmo, chama-a "sinceridade" ou "honestidade" e diz a si mesmo que não deseja lutar contra sua sinceridade, quando, de fato, é incapaz de lutar contra suas fraquezas.

"A sinceridade, a honestidade, são na realidade algo inteiramente diferente. O que se chama geralmente "sinceridade" é simplesmente a recusa a refrear-se. E, no seu íntimo, qualquer homem sabe bem disso. Por isso, mente-se a si mesmo cada vez que pretende não querer perder sua sinceridade.

"Falei até agora sobre a consideração interior. Seria possível dar muitos outros exemplos dela. Mas isso cabe a vocês, quero dizer, devem buscar esses exemplos, em suas observações sobre si mesmos e sobre os outros.

"O contrário da consideração interior — a consideração exterior — constitui, por um lado, um meio de lutar contra ela. A consideração exterior baseia-se numa espécie de relacionamento com as pessoas totalmente diferente da consideração interior. É uma adaptação às pessoas, à sua compreensão e às suas exigências. Considerando exteriormente, um homem faz tudo o que é necessário para tornar a vida mais fácil para si mesmo e para os outros. A consideração exterior necessita de um conhecimento dos homens, de uma compreensão de seus gostos, de seus hábitos e de seus preconceitos. Ao mesmo tempo, a consideração exterior requer grande poder sobre si mesmo, grande domínio sobre si. Acontece freqüentemente que um homem deseja *sinceramente* expressar ou mostrar a alguém, de um modo ou de outro, o que realmente pensa dele ou o que sente por ele. E, se é fraco, cede naturalmente a seu desejo, depois do que se justifica, dizendo que não queria mentir, que não queria fingir, que queria ser sincero. Depois convence-se a si mesmo de que a culpa é do outro. Queria realmente considerá-lo, estava até pronto a ceder, não queria brigas, etc... Mas *o outro* recusou considerá-lo, por isso nada se podia fazer com ele. Acontece, freqüentemente, que um homem começa com uma bênção e acaba com uma injúria. Decide não considerar os outros e depois os culpa de não lhe considerarem. Esse exemplo mostra como a consideração exterior degenera em consideração interior. Mas, se um homem se lembra realmente de si mesmo, compreende que o outro é uma máquina, exatamente como ele próprio também é. E, então, *ele se colocará no lugar do outro*. Fazendo isso, chegará a ser realmente capaz de compreender o que o outro pensa e sente. Se ele pode se comportar desse modo, seu trabalho se tornará muito mais fácil. Mas, se abordar um homem com suas próprias exigências, não lucrará nada, a não ser uma nova consideração interior.

"Uma consideração exterior justa é muito importante no trabalho. É freqüente acontecer que homens que compreendem muito bem a necessidade da consideração exterior na vida, não compreendem tanto a sua necessidade no trabalho; decidem, justamente porque trabalham sobre si mesmos, que têm o direito de não considerar. Enquanto que, na realidade, para que o trabalho seja eficaz, é necessário dez vezes mais consideração exterior do que na vida corrente, porque *somente* a consideração exterior por parte do aluno pode mostrar sua apreciação e sua compreensão do trabalho: com efeito, os resultados do trabalho são sempre proporcionais ao valor que nele se reconhece e à compreensão que se tem dele. Lembrem-se de que o trabalho não pode começar, nem pode progredir, num nível inferior ao do "homem da rua", isto é, num nível inferior ao da vida ordinária. É um dos princípios mais importantes, facilmente esquecido. Mas voltaremos a falar dele mais adiante."

G. lembrava-nos, uma vez mais, do fato de que nos esquecemos constantemente das dificuldades de nossa situação.

— Vocês pensam, com freqüência, de maneira muito ingênua, dizia. Pensam que já podem "fazer". É verdade que livrar-se dessa convicção é a coisa mais difícil do mundo. Não compreendem toda a complexidade de sua estrutura interior, não se dão conta de que cada esforço, além dos resultados desejados — supondo-se que eles se dêem — , produz milhares de resultados inesperados, freqüentemente indesejáveis. E, por fim, esquecem constantemente (e nisso está o seu erro mais grave) de que não começam pelo começo, com uma bela máquina completamente limpa e nova em folha. Existem, atrás de cada um de vocês, anos de vida equivocada ou estúpida. Cederam sempre a suas fraquezas, fecharam sempre os olhos a seus erros, tentando evitar todas as verdades desagradáveis e mentindo a si mesmos constantemente, justificando-se, condenando os outros e assim por diante. Tudo isso só pôde prejudicar suas máquinas. Por um lado, ela está suja e toda enferrujada em algumas partes; de outro lado, seu mau funcionamento fez surgir dispositivos artificiais.

"Esses dispositivos artificiais se oporão a cada instante às suas boas intenções.

"Eles são chamados "amortecedores".

"'Amortecedores' é um termo que pede uma explicação especial. Todos sabem o que são os amortecedores dos vagões de estrada de ferro: aparelhos amortecedores de choques. Na ausência desses amortecedores, os menores choques entre um vagão e outro poderiam ser muito desagradáveis e perigosos. Os amortecedores atenuam os efeitos desses choques, tornando-os imperceptíveis.

"Dispositivos exatamente análogos existem no homem. Não são criados pela natureza, mas pelo próprio homem, embora de modo involuntário. Na sua origem encontram-se as múltiplas contradições de suas opiniões, de seus sentimentos, de suas simpatias, palavras e ações. Se o homem tivesse que sentir, durante a sua vida inteira, todas as contradições que se encontram nele, não poderia viver nem agir tão tranqüilamente quanto agora. Ele estaria em constante atrito e inquietação. Não sabemos ver o quanto os nossos diferentes "eus", que compõem nossa personalidade, são contraditórios e hostis uns aos outros. Se o homem pudesse sentir todas essas contradições, sentiria *o que realmente é*. Sentiria que é louco. Não é agradável para ninguém sentir-se louco. Além disso, tal pensamento priva o homem da sua confiança em si mesmo, enfraquece sua energia, tira-lhe o "auto-respeito". De uma maneira ou de outra, é preciso dominar ou banir esse pensamento. Deve ou destruir suas contradições ou deixar de vê-las e senti-las. O homem não pode destruir suas contradições. Mas deixa de senti-las, quando os amortecedores surgem nele. A partir daí não sente mais os choques que resultam da colisão de pontos de vista, de emoções e de palavras contraditórias.

"Os "amortecedores" formam-se lenta e gradativamente. A grande maioria é criada artificialmente pela "educação". Outros devem sua existência à influência hipnótica de toda a vida que o rodeia. O homem está cercado de pessoas que falam, pensam, sentem, vivem por intermédio de seus "amortecedores". Imitando-os em suas opiniões, ações e palavras, cria, involuntariamente, em si mesmo, "amortecedores" análogos, que lhe tornam a vida mais fácil. Pois é muito duro viver sem "amortecedores". Mas estes impedem qualquer possibilidade de desenvolvimento interior, porque são feitos para amortecer os choques; mas, só os choques podem tirar o homem do estado em que vive, isto é, despertá-lo. Os "amortecedores" embalam o sono do homem, dão-lhe a agradável e plácida sensação de que tudo irá bem, de que não existem contradições e pode dormir em paz. *"Os amortecedores" são dispositivos que permitem ao homem ter sempre razão*; impedem que sinta sua consciência.

"A "consciência" é ainda um termo que precisa ser explicado.

"Na vida corrente, o conceito de "consciência" é tomado de modo simples demais. Como se nós tivéssemos uma consciência! Com efeito, o conceito de "consciência moral", na esfera emocional, equivale ao conceito de intuição intelectual[1] na esfera intelectual. E, do mesmo modo que não possuímos intuição intelectual, não temos consciência moral.

"A *intuição intelectual* é um estado no qual o homem *conhece de maneira imediata e total* tudo o que sabe em geral, um estado no qual é capaz de

---

(1) "Consciência moral" e "intuição intelectual" correspondem, respectivamente, a *conscience* e *consciousness* no original inglês.

ver como sabe pouco e quantas contradições existem dentro do que sabe.

"*A consciência moral* é um estado no qual o homem *sente, de maneira imediata e total*, tudo o que em geral sente ou pode sentir. E, como todos têm em si milhares de sentimentos contraditórios, que variam desde a constatação profundamente escondida de sua própria nulidade e de toda a espécie de temores até as formas mais tolas de presunção, convencimento e autoidolatria — sentir tudo isso *simultaneamente* não seria apenas doloroso; seria insuportável.

"Se um homem cujo mundo interior, feito inteiramente de contradições, tivesse que sentir, ao mesmo tempo, todas essas contradições nele, se tivesse que sentir, de repente, que ama tudo aquilo que odeia e odeia tudo aquilo que ama, que mente quando diz a verdade e diz a verdade quando mente; e, se pudesse sentir a vergonha e o horror de tudo isso — conheceria, então, esse estado que é chamado "consciência moral". O homem não pode viver em tal estado; deve ou destruir suas contradições ou destruir a consciência. Não pode destruir a consciência, mas, se não a pode destruir, pode adormecê-la, o que significa que, por meio de barreiras impenetráveis, pode separar em si mesmo um sentimento do outro, nunca os ver juntos, nunca sentir sua incompatibilidade nem o absurdo de sua coexistência.

"Felizmente, porém, para o homem, isto é, para a sua paz e o seu sono, esse estado de consciência é muito raro. Desde a mais tenra infância, os amortecedores começaram a se desenvolver e a se fortalecer, tirando-lhes progressivamente qualquer possibilidade de ver suas contradições interiores; para ele, por conseguinte, não há o mínimo perigo de um súbito despertar. O despertar só é possível para aqueles que o buscam, que o querem e estão prontos a lutar contra si mesmos, a trabalhar sobre si mesmos, durante longo tempo e com perseverança para obtê-lo. Para esse fim, é absolutamente necessário destruir os "amortecedores", isto é, ir ao encontro de todos os sofrimentos interiores que estão ligados à sensação das contradições. Além disso, a própria destruição dos "amortecedores" exige um trabalho muito longo e o homem tem que concordar com esse trabalho, compreendendo bem que o despertar de sua consciência trará consigo todos os desconfortos e todos os sofrimentos imagináveis.

"A consciência, porém, é o único fogo que pode fundir todos os pós metálicos do cadinho de que já tratamos e criar a unidade que o homem não possui, no estado em que começou a estudar a si mesmo.

"O conceito de "consciência moral" nada tem em comum com o de "moralidade".

"A consciência moral é um fenômeno geral e *permanente*. É a mesma para todos os homens e só é possível na ausência dos "amortecedores". Do ponto de vista das diferentes categorias de homens, podemos dizer que existe uma consciência do homem que não tem contradições. Essa consciência não é um sofrimento, mas uma alegria de caráter inteiramente novo e que somos incapazes de compreender. Um despertar, mesmo momentâneo, da consciência moral, num homem de milhares de "eus" diferentes, implica obrigatoriamente o sofrimento. No entanto, se esses instantes de consciência se repetem mais freqüentemente e duram cada vez mais tempo, se o homem não os teme, mas, pelo contrário, coopera com eles e tenta mantê-los e prolongá-los, um elemento de alegria muito sutil, um gosto antecipado da verdadeira "consciência lúcida" aparecerá gradualmente.

"O conceito de moralidade nada tem de geral. A moralidade é feita de "amortecedores". Não existe moral comum: o que é moral na China é imoral na Europa e o que é moral na Europa é imoral na China; e o que é moral em São Petersburgo é imoral no Cáucaso e o que é moral no Cáucaso não o é em São Petersburgo. O que é moral para uma classe da sociedade é imoral para outra e vice-versa. A moral é sempre e em toda parte um fenômeno artificial. É constituída de múltiplos "tabus", isto é, de restrições e exigências várias, algumas vezes sensatas de acordo com o seu princípio, algumas vezes tendo perdido qualquer espécie de sentido ou nunca o tendo tido, porque foram estabelecidas sobre uma base falsa, sobre um terreno de superstições e de temores imaginários.

"A moralidade é constituída de "amortecedores". E, como existem amortecedores de todas as espécies e as condições de vida nos diferentes países, em épocas diversas e entre as diferentes classes sociais, variam consideravelmente, a moral assim estabelecida é também muito desigual e contraditória. Não existe uma moral comum a todos. É até impossível dizer-se que existe uma só moral para toda a Europa, por exemplo. Diz-se algumas vezes que a moral européia é a "moral cristã". Mas, para começar, a idéia de "moral cristã" admite grande número de interpretações e muitos crimes foram justificados por essa "moral cristã". Depois, a Europa moderna não tem realmente quase nada em comum com a "moral cristã", qualquer que seja o sentido que lhe atribuam.

"De qualquer modo, se foi a "moral cristã" que levou a Europa à guerra que se desenrola atualmente, não seria preferível manter-se tão afastado quanto possível de uma moral como essa?

— Muitas pessoas dizem que não compreendem o lado moral de seu ensinamento, disse um de nós.

— E outros dizem que seu ensinamento não comporta moral alguma.

— É claro que não! disse G. . As pessoas gostam muito de falar de moral. Mas a moral é uma simples auto-sugestão. *O que é necessário é a consciência.* Não ensinamos a moral. Ensinamos como se pode descobrir a consciência. As pessoas não ficam contentes quando dizemos isto. Dizem que não temos *amor*. Simplesmente porque não encorajamos a fraqueza nem a hipocrisia, mas ao contrário arrancamos todas as máscaras. Aquele que deseja a verdade não falará de amor ou de Cristianismo, porque sabe quanto está distante deles. A doutrina cristã é para os cristãos. E os cristãos são aqueles que vivem de acordo com Cristo, isto é, que fazem tudo segundo os seus preceitos. Podem viver de conformidade com os preceitos de Cristo aqueles que falam de amor e de moral? Naturalmente que não; mas haverá sempre falatórios desse tipo, haverá sempre pessoas para quem as palavras pesarão mais que as coisas. Há, no entanto, um sinal que não engana: os que falam desse modo são homens vazios; não vale a pena perder tempo com eles.

"A moral e a consciência são coisas bem diferentes." Uma consciência nunca pode contradizer outra consciência. Mas uma "moral" sempre pode contradizer e até negar facilmente a outra. As morais destroem-se completamente umas às outras. Os homens nos quais se constituíram "amortecedores" podem ser muito morais. Mas seus "amortecedores" podem ser diferentes: dois homens muito morais podem considerar um ao outro muito imorais. Regra geral, isso é quase inevitável. Quanto mais um homem é "moral", mais julga "imorais" os outros homens "morais" que não são da mesma espécie que ele.

"A idéia de moral prende-se à idéia de boa e de má conduta. Mas a noção do bem e do mal difere de um homem para outro: é sempre subjetiva no homem nº 1, 2 ou 3 e está ligada a um dado momento ou situação. O homem subjetivo não pode ter uma concepção geral do bem e do mal. Para o homem subjetivo, o mal é tudo o que se opõe a seus desejos, a seus interesses ou a sua concepção do bem.

"Pode-se dizer que, para o homem subjetivo, o mal não existe de maneira alguma. Só existem para ele diversas concepções do bem. *Ninguém nunca faz nada deliberadamente para servir ao mal, por gostar do mal.* Cada um age para servir ao bem *como o entende.* Mas cada um entende de maneiras diferentes. Por conseguinte, os homens estraçalham-se e se massacram *para servir ao bem.* A razão permanece a mesma: sua ignorância e o sono profundo em que vivem.

"Isso é de tal modo evidente que parece até estranho que as pessoas não pensem nisso. Em todo o caso, um fato permanece: elas não podem chegar a essa compreensão e cada uma considera *"seu bem"* o único bem e todo o resto, o mal. Seria ingênuo e inútil esperar que os homens possam, algum dia, compreender e desenvolver uma idéia geral e idêntica a respeito do bem."

— Mas o bem e o mal não existem por si mesmos, fora do homem? perguntou uma das pessoas presentes.

— Sim, disse G., só que isso está muito longe de nós e não vale a pena perder tempo agora tentando compreender. Lembrem-se apenas disto: a única idéia permanente possível do bem e do mal, para o homem, está ligada à idéia de evolução; não à idéia da evolução mecânica, é claro, mas à idéia do desenvolvimento do homem por seus esforços conscientes, pela mudança de seu ser, pela criação da unidade nele e pela formação de um *Eu* permanente.

"Uma idéia permanente do bem e do mal não se pode formar no homem, a não ser que seja relacionada com uma meta permanente e uma compreensão permanente. Se um homem compreende que está adormecido e se tem o desejo de despertar, tudo o que poderá ajudá-lo será o *bem* e tudo o que se atravessar em seu caminho, tudo o que for de natureza a prolongar seu sono, será o *mal*. Do mesmo modo, poderá discernir exatamente o que é bem e mal para os outros. O que os ajuda a despertar é bem, o que os impede é mal. Mas só é assim para aqueles que querem despertar, isto é, para aqueles que compreendem que estão adormecidos. Os que não se dão conta de que estão adormecidos e que não podem ter o desejo de despertar, não podem ter a compreensão do bem e do mal. E, como as pessoas, na sua imensa maioria, não se dão conta de que dormem e nunca se darão conta disso, o bem e o mal nunca poderão existir para elas.

"Isso contradiz as idéias geralmente aceitas. As pessoas têm o hábito de pensar que o bem e o mal devem ser o *bem* e o *mal* para todo mundo e, sobretudo, que o bem e o mal existem para todo mundo. Na realidade, o bem e o mal só existem para poucos, para aqueles que têm uma meta e se dirigem para essa meta. Para eles, então, o que vai contra a sua meta é o mal e o que os auxilia é o bem.

"Mas, naturalmente, a maioria dos adormecidos dirá que tem uma meta e segue numa direção definida. Para um homem dar-se conta de que não tem meta e não está indo para parte alguma é o sinal de que se aproxima de um despertar: é um sinal de que o despertar torna-se realmente possível para ele. O despertar de um homem começa no instante em que se dá conta de que não está indo para parte alguma e não sabe para onde ir.

"Como já dissemos, os homens atribuem-se grande número de qualidades que, na realidade, só podem pertencer àqueles que alcançaram um grau mais elevado de desenvolvimento e um grau de evolução mais elevado do que o dos homens n°s 1, 2 e 3. A individualidade, um "Eu" único e permanente, a consciência, a vontade, *a capacidade de "fazer"*, um estado de liberdade interior — nenhuma dessas qualidades pertence ao homem comum. Nem tão pouco a idéia do bem e do mal, cuja própria existência está ligada a uma meta *permanente*, a uma direção *permanente* e a um centro de gravidade *permanente*.

"A idéia do bem e do mal está às vezes ligada à idéia da verdade e da mentira. Mas, para o homem comum, a verdade e a mentira não têm mais existência do que o bem e o mal.

"A verdade permanente e a mentira permanente só podem existir para um homem permanente. Se um homem muda continuamente, a verdade e a mentira também mudarão para ele continuamente. E, se a todo momento os homens estão cada um num estado diferente, suas concepções da verdade deverão ser tão diversas quanto suas concepções do bem. Um homem nunca nota de que modo começa a considerar verdadeiro o que considerava ontem falso e vice-versa. Não nota nem essas reviravoltas, nem a transformação de um de seus "eus" em outro.

"Na vida do homem comum, a verdade e a mentira não têm nenhum valor moral, porque nunca se pode ater a uma verdade única. Sua verdade muda. Se, durante certo tempo, não muda é simplesmente porque é mantida pelos "amortecedores". E um homem nunca pode *dizer a verdade*. Algumas vezes nele, *"isso diz" a verdade,* algumas vezes *"isso diz" uma mentira.* Por conseguinte, sua verdade e sua mentira são igualmente destituídas de valor. Nem uma nem outra depende dele, ambas dependem do acidente. E isso não é menos verdadeiro no que diz respeito às palavras do homem, a seus pensamentos, a seus sentimentos e a suas concepções da verdade e da mentira.

"Para compreender a interdependência da verdade e da mentira em sua vida, um homem deve chegar a compreender sua mentira interior, as incessantes mentiras que conta a si mesmo.

"Essas mentiras são produzidas pelos "amortecedores". Para conseguir destruir as mentiras que diz inconscientemente a si mesmo, bem como as mentiras que diz inconscientemente aos outros, os "amortecedores" devem ser destruídos. Mas o homem não pode viver sem "amortecedores". Eles comandam automaticamente todas as suas ações, todas as suas palavras, todos os seus pensamentos e todos os seus sentimentos. Se os "amortecedores" fossem destruídos, desapareceria qualquer controle. Um homem não pode existir sem controle, mesmo que se trate apenas de um controle automático. Só um homem que possui a vontade, isto é, um controle consciente, pode viver sem "amortecedores". Portanto, se um homem começa a destruir em si mesmo os "amortecedores", deve ao mesmo tempo desenvolver uma vontade. E, como a vontade não pode ser criada sob encomenda, já que isso exige tempo, o homem corre o risco de encontrar-se abandonado, com seus "amortecedores" destruídos e com uma vontade que não está ainda bastante forte. A única possibilidade que pode ter, nessa fase crítica, é, pois, ser controlado por outra vontade já fortalecida.

"É por isso que, no trabalho de escola, que implica a destruição dos "amortecedores", um homem deve estar pronto a se submeter à vontade de um outro, enquanto sua própria vontade não estiver completamente desenvolvida. Em geral, estuda-se, em primeiro lugar, essa subordinação à vontade de outro homem. Emprego a palavra "estudar", pois o homem deve compreender porque essa obediência é indispensável e deve aprender a obedecer. Isso não é nada fácil. Um homem que começa o trabalho do estudo de si com a meta de alcançar um controle sobre si mesmo, ainda está acostumado a acreditar no valor de suas próprias decisões. O próprio fato de ter visto a necessidade de mudar mostra-lhe que suas decisões são corretas e fortalece a crença que nelas deposita. Mas, quando começa a trabalhar sobre si mesmo, um homem deve abandonar suas próprias decisões, deve "sacrificar suas próprias decisões", porque de outro modo a vontade do homem que dirige seu trabalho não poderia controlar suas ações.

"Nas escolas do caminho religioso, a primeira exigência é *a obediência*, isto é, a submissão total e absoluta, mas sem compreensão. As escolas do quarto caminho exigem, antes de qualquer outra coisa, a compreensão. Os resultados dos esforços são sempre proporcionais à compreensão.

"A renúncia a suas próprias decisões, a submissão à vontade de outro, podem apresentar dificuldades insuperáveis para um homem, se não conseguiu dar-se conta previamente de que assim não sacrifica nem modifica realmente nada em sua vida, uma vez que, durante toda a sua vida, esteve sujeito a alguma vontade estranha e nunca tomou, verdadeiramente, nenhuma decisão por si mesmo. Mas o homem não é consciente disso. Considera que tem o direito de escolher livremente. E é duro para ele renunciar a essa ilusão de que ele próprio dirige e organiza sua vida. No entanto, não existe trabalho possível sobre si, enquanto as pessoas não se tiverem libertado dessa ilusão.

"O homem deve dar-se conta *de que não existe*; deve dar-se conta de que nada pode perder, porque nada tem a perder; deve dar-se conta de sua nulidade no sentido amplo desse termo.

"*Esse conhecimento de sua própria nulidade*, e somente ele, pode acabar com o medo de submeter-se à vontade de outro. Por mais estranho que possa parecer, esse medo é, de fato, um dos maiores obstáculos que um homem encontra em seu caminho. O homem tem medo de que o façam fazer coisas contrárias a seus princípios, a suas concepções, a suas idéias. Além disso, esse medo produz imediatamente nele a ilusão de que realmente tem princípios, concepções e convicções que, na realidade, nunca teve e seria incapaz de ter. Um homem que nunca se importou com a moralidade, durante toda a sua vida, apavora-se, de repente, à idéia de que o obriguem a fazer algo imoral. Um homem que nunca se preocupou com sua saúde e tudo fez para arruiná-la, começa a temer que lhe possam fazer algo que venha a ser-lhe prejudicial. Um homem que sempre mentiu a todo mundo, durante toda a sua vida, da maneira mais descarada, treme à idéia de que lhe peçam para mentir. Conheci um bêbado que temia, mais que tudo no mundo, que o fizessem beber.

"Freqüentemente o medo de submeter-se à vontade de outro é tal que nada pode superá-lo. O homem não compreende que a subordinação à vontade de outro, à qual daria conscientemente sua adesão, é o único caminho que pode conduzi-lo à aquisição de uma vontade própria."

Na vez seguinte, G. voltou à questão da vontade:

"A questão da vontade, de nossa própria vontade e da vontade de outro homem, disse, é muito mais complexa do que parece à primeira vista. Um homem não tem vontade suficiente para *fazer*, isto é, para dominar a si mesmo e controlar suas ações, mas tem vontade suficiente para obedecer a outra pessoa. E só desse modo pode escapar à *lei do acidente*. Não há outro caminho.

"Já falei do *destino* e do *acidente* na vida do homem. Examinaremos agora o sentido dessas palavras detalhadamente. O destino também existe, mas não para todo mundo. Na maior parte, as pessoas estão separadas de seu destino e vivem apenas sob a lei do acidente. O destino é o resultado das influências planetárias que correspondem a um certo tipo de homem dado. Falaremos dos tipos mais tarde. Nesse meio tempo, compreendam isto: o homem pode ter o destino que corresponde a seu tipo, mas, praticamente, quase nunca o tem. E isso porque o destino só diz respeito a uma única parte do homem, *sua essência*.

"Lembremos que o homem é constituído de duas partes: *essência* e *personalidade*. A essência no homem *é o que lhe pertence*. A personalidade no homem é "o que não lhe pertence". "O que não lhe pertence" significa: o que lhe vem de fora, o que aprendeu ou o que ele reflete; todos os traços de impressões exteriores deixados em sua memória e nas sensações, todas as palavras e todos os movimentos que lhe foram ensinados, todos os sentimentos criados por imitação, tudo isto é "o que não lhe pertence", tudo isto é a personalidade.

"Do ponto de vista da psicologia comum, a divisão do homem em personalidade e essência é dificilmente compreensível. Seria mais exato dizer que a psicologia ignora tudo sobre essa divisão.

"Uma criancinha ainda não tem personalidade. Ela é o que é realmente. É essência. Seus desejos, seus gostos, aquilo de que gosta, aquilo de que não gosta, expressam seu ser tal como é.

"Mas, assim que intervém o que se chama "educação", a personalidade começa a crescer. A personalidade forma-se, em parte, sob a ação de influências intencionais, isto é, da educação e, em parte, pelo fato da imitação involuntária dos adultos pela própria criança. Na formação da personalidade, a "resistência" da criança aos que a rodeiam e seu esforços para dissimular-lhes o que é "dela", o que é "real", também desempenham grande papel.

"A essência é a verdade no homem; a personalidade é o falso. Mas, à medida que a personalidade cresce, a essência manifesta-se cada vez mais raramente, cada vez mais fracamente; com freqüência, a essência chega até a parar em seu crescimento, numa idade muito tenra e não pode mais crescer. Acontece muito freqüentemente que o desenvolvimento da essência de um homem adulto, até mesmo de um homem muito intelectual ou, no sentido corrente da palavra, muito culto, se tenha detido no nível de desenvolvimento de uma criança de cinco ou seis anos. Isso significa que *nada* do que vemos nesse homem *lhe pertence* na realidade. O que lhe pertence, isto é, sua essência, só se manifesta habitualmente em seus instintos e em suas emoções mais simples. Em certos casos, entretanto, a essência pode crescer paralelamente à personalidade. Tais casos representam exceções muito raras; especialmente nas condições de vida dos homens "cultos". A essência tem mais oportunidade de se desenvolver nos homens que vivem em contato estreito com a natureza, em condições difíceis, onde constantemente é preciso combater e superar perigos.

"Mas, regra geral, a personalidade de homens como esses é muito pouco desenvolvida. Possuem mais do que "lhes pertence", mas são mais ou menos desprovidos "do que não lhes pertence"; noutros termos, falta-lhes educação e instrução, falta-lhes cultura. A cultura cria a personalidade; ao mesmo tempo, também é seu produto e seu resultado. Não nos damos conta de que toda a nossa vida, tudo o que chamamos civilização, ciência, filosofia, arte, política, são criações da personalidade, isto é, de tudo aquilo que, no homem, "não lhe pertence".

"O elemento que, no homem, "não lhe pertence" difere muito daquilo que lhe pertence "de direito", devido ao fato de que pode ser perdido, alterado ou retirado por meios artificiais.

"É possível obter-se confirmação experimental dessa relação entre a personalidade e a essência. Nas escolas do Oriente, conhecem-se meios e métodos com o auxílio dos quais pode-se separar a essência e a personalidade de um homem. Para esse fim, utiliza-se ora o hipnotismo ou narcóticos especiais, ora certas espécies de exercícios. Se, por um ou outro desses meios, a personalidade e a essência de um homem são separadas, durante certo tempo, vê-se dois seres, completamente formados, coexistindo de certa forma nele, que falam linguagens diferentes, que têm gostos, interesses e metas completamente diferentes e descobre-se, freqüentemente, que um deles permaneceu ao nível de uma criança muito nova. Se se prolonga a experiência, é possível adormecer um desses dois seres; ou então a experiência pode começar por aí, isto é, adormecendo quer a personalidade, quer a essência. Certos narcóticos têm a propriedade de adormecer a personalidade sem afetar a essência. Depois de ter tomado esse narcótico, a personalidade do homem desaparece por algum tempo: só lhe resta sua essência. E acontece que um homem, cheio de idéias variadas e exaltadas, cheio de simpatias e de antipatias, de amor e de ódio, de apegos, de patriotismo, de hábitos, de gostos, de desejos, de convicções, revela-se, de súbito, completamente vazio, desprovido de quaisquer pensamentos, sentimentos, convicções e de qualquer ponto de vista pessoal sobre as coisas. Tudo o que anteriormente o havia agitado deixa-o agora completamente indiferente. Às vezes, ele pode perceber assim o caráter artificial ou imaginário de seus estados de ânimo habituais e de suas frases pomposas; pode até acontecer que esqueça tudo isso, como se nunca tivesse existido. Tais coisas, pelas quais estava disposto a sacrificar sua vida, parecem-lhe agora ridículas ou insensatas ou indignas de sua atenção. Tudo o que pode encontrar em si mesmo é um pequeno número de inclinações instintivas e de gostos. Gosta de bombons, do calor, não gosta do frio, também não gosta de trabalhar, ou então, ao contrário, gosta de fazer exercício. E é tudo.

"Em certos casos muito raros e às vezes quando menos se espera, a essência revela-se plenamente adulta, plenamente desenvolvida, mesmo que a personalidade não o esteja; em tais circunstâncias, a essência engloba tudo o que é sólido e real num homem.

"Mas isso acontece muito raramente. Regra geral, a essência do homem ou é primitiva, selvagem e infantil, ou então simplesmente estúpida. O desenvolvimento da essência é fruto do trabalho sobre si.

"No trabalho sobre si, um momento muito importante é aquele em que um homem começa a distinguir entre sua personalidade e sua essência. O verdadeiro "Eu" de um homem, sua individualidade, só pode crescer a partir de sua essência. Pode-se dizer que a individualidade de um homem é sua essência tornada adulta, amadurecida. Mas, para permitir que a essência cresça, é antes de tudo indispensável atenuar a pressão constante que a personalidade exerce sobre ela, porque os obstáculos ao crescimento da essência estão contidos na personalidade.

"Consideremos o homem médio culto; veremos que, na imensa maioria dos casos, a personalidade nele é o elemento ativo, enquanto a essência é o elemento passivo. O crescimento interior de um homem não pode começar enquanto esta ordem de coisas permanecer sem mudança. A personalidade deve tornar-se passiva e a essência ativa. Isto só se pode produzir se os "amortecedores" forem retirados ou enfraquecidos, porque os "amortecedores" constituem a arma principal de que a personalidade se serve para manter a essência sujeita a ela.

"Como já dissemos, a essência nos homens pouco cultos é, geralmente, muito mais desenvolvida do que a dos homens cultos. Parece, pois, que deveriam estar mais próximos da possibilidade de um desenvolvimento, mas na realidade não é assim, porque se verifica que sua personalidade está insuficientemente desenvolvida. Para crescer interiormente e, antes de tudo, para trabalhar sobre si, é tão indispensável certo grau de desenvolvimento da personalidade quanto certo vigor da essência. A personalidade é constituída pelos "rolos"[1] e pelos "amortecedores" que resultam de certo trabalho dos centros. Uma personalidade insuficientemente desenvolvida significa uma falta nesses rolos, isto é, uma falta de saber, uma falta de informações, uma falta desse material sobre o qual se baseia o trabalho sobre si. Sem certa soma de conhecimentos, sem certa quantidade desses elementos "que não lhe pertencem", um homem não pode começar o trabalho sobre si, não pode nem sequer começar a estudar-se e a combater seus hábitos mecânicos, simplesmente porque não há para ele razão ou motivo de empreender um trabalho como esse.

"Isso não quer dizer que todos os caminhos lhe estejam fechados. O caminho do faquir e o caminho do monge, que não exigem nenhum desenvolvimento intelectual, permanecem abertos para ele. Mas os meios ou os métodos que podem ser seguidos por um homem cujo intelecto foi desenvolvido são inutilizáveis para ele. Assim, a evolução é tão difícil para um homem sem cultura, quanto para um homem culto. Um homem culto vive longe da natureza, longe das condições naturais de existência, em condições artificiais de vida, que desenvolvem sua personalidade às expensas de sua essência. Um homem menos culto, vivendo em condições mais normais e naturais, desenvolve sua essência às expensas de sua personalidade. Para que seja empreendido com sucesso um trabalho sobre si, é necessária a coincidência de uma personalidade e de uma essência igualmente desenvolvidas. Essa conjunção dará maiores oportunidades de sucesso. Quando a essência é muito pouco desenvolvida, é indispensável longo período de trabalho preparatório, mas todo esse trabalho será completa-

---

(1) Ver nota de rodapé da página 79.

mente estéril, se a essência estiver interiormente apodrecida ou se tiver adquirido alguns defeitos irremediáveis. Casos desse gênero são freqüentemente encontrados. Um desenvolvimento anormal da personalidade detém freqüentemente o crescimento da essência a um nível tão baixo que esta se torna uma pobre coisinha informe. Nada se pode esperar de uma pobre coisinha informe.

"Além disso, acontece repetidamente que a essência de um homem morre, enquanto sua personalidade e seu corpo continuam vivos. As pessoas que vemos nas ruas de uma grande cidade são quase todas vazias interiormente; na realidade, *já estão mortas*.

"É uma felicidade para nós que não vejamos nem saibamos nada sobre isso. Se soubéssemos quantos homens já estão mortos e quão numerosos são esses cadáveres que governam nossas vidas, o espetáculo desse horror nos faria perder a razão. De fato, muitos homens ficaram loucos porque vislumbraram essa realidade sem uma preparação suficiente; viram o que não estavam autorizados a ver. Para estar em condições de enfrentar essa visão impunemente, é necessário estar no caminho. Se um homem que nada pode fazer visse a verdade, seguramente enlouqueceria. Mas isto raramente ocorre. No curso habitual das coisas, tudo é arranjado de tal modo que ninguém pode ver nada prematuramente. A personalidade só vê o que lhe agrada ver e o que não contraria sua experiência. Nunca vê aquilo de que não gosta — o que é, ao mesmo tempo, uma vantagem e um inconveniente. É uma vantagem para o homem que quer dormir, é um obstáculo para aquele que quer despertar.

— Se a essência está submetida à influência do destino, perguntou um de nós, isto significa que, comparado com o acidente, o destino é sempre favorável ao homem? Queria saber se um homem pode ser conduzido ao trabalho pelo destino?

— Não, disse G. . Não é nada disso. O destino é preferível ao acidente apenas no sentido de que é possível levá-lo em consideração; o destino pode ser conhecido de antemão e é possível preparar-se para o que nos espera. Quanto ao acidente, pelo contrário, nada se pode saber sobre ele. Mas o destino pode ser tão desagradável ou tão difícil. Nesse caso, apesar de tudo, há meios que permitem ao homem libertar-se de seu destino.

"O primeiro passo nessa direção consiste em subtrair-se das leis gerais. O acidente geral ou coletivo produz-se exatamente como o acidente individual. E, assim como existe um destino individual, há também um destino geral ou coletivo. O acidente coletivo e o destino coletivo são governados por *leis gerais*. Um homem que deseja criar para si mesmo uma individualidade própria deve, pois, libertar-se das *leis gerais*. As leis gerais não são todas obrigatórias para o homem; ele pode libertar-se de grande número delas, se conseguir libertar-se dos "amortecedores" e da imaginação. Tudo isto se prende a esse problema fundamental: como libertar-se da personalidade? A personalidade se alimenta da imaginação e da mentira. Quando a mentira na qual vive o homem tiver diminuído e a imaginação se tiver enfraquecido, a própria personalidade não tardará a declinar e o homem poderá, então, passar ao controle, seja de seu destino, seja de uma *linha de trabalho* dirigida, por sua vez, pela vontade de outro homem; dessa maneira, o homem pode ser levado até o ponto em que uma vontade própria tenha se formado, capaz de fazer face, ao mesmo tempo, ao acidente e, se for necessário, *ao destino."*

Essas conversações prolongaram-se durante o período de alguns meses. Não haveria condição, evidentemente, de reconstituí-las em sua ordem exata, porque G. tocava freqüentemente nuns vinte assuntos diferentes numa mesma noite. Muitas coisas eram repetidas, em resposta às perguntas feitas; muitas idéias, afinal, estavam tão estreitamente ligadas que não poderiam ter sido separadas a não ser artificialmente.

Desde essa época, pessoas de uma espécie bem definida haviam já adotado uma atitude negativa em relação ao nosso trabalho. Reprovavam nossa falta de "amor"; e muitos se indignavam de que houvesse exigência de dinheiro, de pagamento. Sob esse aspecto, era muito característico que os mais revoltados não eram aqueles que tinham mais dificuldade em pagar, mas os que tinham fortuna e para os quais a soma pedida era simples bagatela.

Aqueles que não podiam pagar ou que só podiam pagar muito pouco compreendiam sempre que não se podia receber nada de graça e que o trabalho de G., suas viagens a São Petersburgo e o tempo que ele e os outros dedicavam ao trabalho custavam dinheiro. Só aqueles que tinham dinheiro não compreendiam e não queriam compreender.

— Quer dizer, por acaso, que o Reino dos Céus pode ser comprado? diziam. Mas nunca se pediu dinheiro para essas coisas. Cristo dizia a seus discípulos: "Não leveis bolsa nem alforje" — e o senhor pede mil rublos! Por esse preço podem-se fazer excelentes negócios. Suponha que haja uma centena de alunos. Isso daria um rendimento de cem mil rublos. E, se houvesse duzentos, trezentos alunos? Trezentos mil rublos por ano é um rendimento!"

G. sempre sorria quando eu lhe relatava esses comentários.

— "Não leveis bolsa nem alforje"! Mas é necessário, sem dúvida, comprar uma passagem de trem e pagar o hotel, não é? Veja a mentira e a hipocrisia deles! Ainda que não tivéssemos nenhuma necessidade de dinheiro, seria ainda necessário manter essa exigência. Isto nos livra, desde o início, de muitas pessoas inúteis. Nada revela melhor as pessoas que sua atitude para com o dinheiro. Estão prontas a esbanjar tanto ou mais com seus caprichos pessoais, mas não têm nenhum apreço pelo trabalho de outra pessoa. Quem sabe eu deveria trabalhar para elas e dar-lhes gratuitamente tudo o que se dignassem tirar de mim? "Como se pode *comerciar com o conhecimento*? Deve ser dado!", dizem. É precisamente por essa razão que é necessário fazer com que paguem. Há pessoas que nunca ultrapassarão esta barreira. Mas, se não a ultrapassarem, isso significa que nunca ultrapassarão as outras. E não são essas as únicas razões. Mais tarde vocês verão".

Essas outras razões eram muito simples. Numerosos eram aqueles que, de fato, não podiam pagar. E, embora G. tivesse mantido sempre muito estritamente o princípio, na realidade nunca recusou um aluno por não ter dinheiro. E descobriu-se mais tarde que ele próprio sustentava grande número de seus alunos. Os que pagavam mil rublos não pagavam apenas por si, mas pelos outros.

Capítulo Nove

Numa de nossas reuniões, G. traçou o diagrama do Universo de modo inteiramente novo.

— Até hoje, disse, falamos das forças que criam os mundos, do processo de criação tal como se desenrola a partir do Absoluto. Falaremos agora dos processos que se efetuam no mundo já criado e existente. Não esqueçam: o processo de criação nunca se detém; entretanto, na escala planetária se desenrola tão lentamente que, se o medirmos de acordo com nosso cálculo do tempo, poderemos considerar as condições planetárias permanentes para nós.

"Consideremos, pois, o "raio de criação" depois de criado o Universo.

"A ação do Absoluto sobre o mundo, sobre os mundos criados por ele ou dentro dele, continua. Do mesmo modo, a ação de cada um desses mundos sobre os mundos seguintes prossegue. "Todos os sóis" da via látea influenciam nosso Sol. O Sol influencia os planetas. "Todos os planetas" influenciam nossa Terra e a Terra influencia a Lua. Essas influências são transmitidas pelas radiações através dos espaços estelares e interplanetários.

"Para estudar essas radiações, tomemos o "raio de criação" sob forma abreviada: Absoluto-Sol-Terra-Lua, ou, mais precisamente, imaginemos o raio de criação sob a forma de três *oitavas de radiações*: a primeira oitava entre o Absoluto e o Sol, a segunda oitava entre o Sol e a Terra e a terceira oitava entre a Terra e a Lua, e examinemos a passagem das radiações entre esses quatro pontos fundamentais do Universo.

"Precisamos encontrar nosso lugar e compreender nossa função dentro desse Universo tomado sob a forma de três oitavas de radiações entre quatro pontos.

"Na primeira oitava, o Absoluto inclui duas notas, *dó* e *si*, separadas por um "intervalo".

intervalo   (dó / si)   Absoluto

"Seguem-se as notas *lá, sol, fá*, isto é:

intervalo (dó / si) Absoluto

lá
sol
fá

"A seguir um "intervalo" e o "choque" que o preenche — desconhecido para nós, mas cuja existência apesar disso é inevitável —, depois *mi, ré*.

intervalo (dó / si) Absoluto

lá
sol
fá

intervalo ▭ *primeiro choque*

mi
ré

"As radiações atingem o Sol. Duas notas estão incluídas no próprio Sol, *dó*, um "intervalo", depois *si*; a seguir vêm *lá, sol, fá*: as radiações que vão para a Terra.

intervalo (dó / si) Absoluto

lá
sol
fá

intervalo ▭ *primeiro choque*

mi
ré

intervalo (dó / si) Sol

lá
sol
fá

"Depois um "intervalo" e o "choque" da vida orgânica que o preenche; a seguir *mi* e *ré*. A Terra: *dó*, um "intervalo", *si*, depois *lá*, *sol*, *fá* — as radiações que vão para a Lua; depois um outro "intervalo", um choque para nós desconhecido, depois *mi*, *ré* e a Lua: *dó*.

"Essas três oitavas de radiações sob cuja forma vamos agora representar o Universo nos permitirão explicar a relação que as matérias e as forças têm com nossa própria vida nos diferentes planos do Universo.

"Notemos que, embora haja seis "intervalos" nessas três oitavas, só três deles devem ser preenchidos do exterior. O primeiro "intervalo" *dó-si* é preenchido pela vontade do Absoluto. O segundo "intervalo" *dó-si* é preenchido pela influência da massa do Sol sobre as radiações que a atravessam. O terceiro "intervalo" *dó-si* é preenchido pela ação da massa terrestre sobre as radiações que a atravessam. Somente os "intervalos" entre *fá* e *mi* devem ser preenchidos por "choques adicionais". Esses "choques adicionais" podem vir, quer de outras oitavas que passam pelo ponto dado, quer de oitavas paralelas que partem de pontos superiores. Nada sabemos da natureza do choque entre *mi* e *fá* na primeira oitava Absoluto-Sol. Mas, na oitava Sol-Terra, o choque entre *mi* e *fá* é a *vida orgânica sobre a Terra*, isto é, as três notas *lá, sol, fá*, da oitava que parte do Sol. A natureza do choque entre *mi* e *fá* na oitava Terra-Lua é também desconhecida para nós.

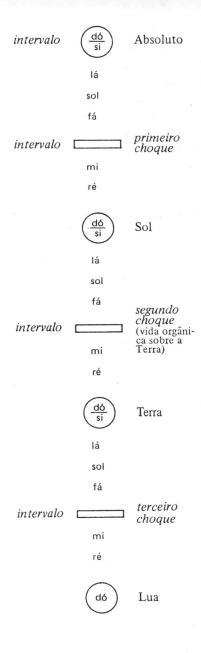

"Cumpre notar que o termo "ponto do universo" que usei tem sentido bem definido: um "ponto" representa certa combinação de hidrogênios que se opera num local preciso e desempenha uma função igualmente precisa em qualquer sistema. O conceito de "ponto" não pode ser substituído pelo conceito de "hidrogênio", porque o termo "hidrogênio" significa simplesmente matéria não limitada no espaço. Um ponto é sempre limitado no espaço. Ao mesmo tempo, um "ponto do universo" pode ser designado pelo número do hidrogênio que predomina nele ou ocupa seu centro.

"Se examinarmos agora a primeira dessas três oitavas de radiações, isto é, a oitava Absoluto-Sol, do ponto de vista da Lei de Três, veremos que a nota *dó* será condutora da força ativa designada pelo número 1, ao passo que a matéria na qual age essa força será o "Carbono" (C). A força "ativa" que cria a nota *dó* no Absoluto representa o máximo de freqüência de vibrações ou a maior densidade de vibrações.

"A expressão "densidade de vibrações" corresponde à "freqüência de vibrações" e seu sentido é oposto ao de "densidade de matéria", isto é, quanto mais elevada for a densidade da matéria, mais baixa será a densidade das vibrações e vice-versa. De modo geral, quanto mais elevada for a "densidade de vibrações", mais baixa será a "densidade de matéria". A maior "densidade de vibrações" encontra-se na matéria mais sutil, mais rarefeita. E, na mais densa das matérias concebíveis, as vibrações se retardam e chegam quase a um ponto morto. A matéria mais sutil corresponde, pois, à maior "densidade de vibrações".

"A força ativa no Absoluto representa o máximo de "densidade de vibrações", enquanto que a matéria em que se efetuam essas vibrações, isto é, o primeiro "carbono", representa o mínimo de "densidade de matéria".

"A nota *si* no Absoluto será condutora da força passiva, designada pelo número 2. E a matéria na qual age essa força passiva ou na qual a nota *si* ressoa, será o "oxigênio" (O).

"A nota *lá* será condutora da força neutralizante, designada pelo número 3, e a matéria na qual ressoa a nota *lá* será o "nitrogênio" (N).

"Segundo o grau de sua atividade, essas forças se manterão na ordem de sucessão 1, 2, 3, isto é, corresponderão às matérias "carbono", "oxigênio" e "nitrogênio". Mas, de acordo com sua densidade de matéria, manter-se-ão na ordem: "carbono", "nitrogênio", "oxigênio", isto é, 1, 3, 2, porque o "nitrogênio", embora mantendo o número 3 como condutor da força neutralizante, está situado, devido a sua densidade de matéria, entre o "carbono" e o "oxigênio", que aparece como o mais denso dos três.

"O "carbono", o "oxigênio" e o "nitrogênio", tomados em conjunto, darão uma matéria de quarta ordem ou "hidrogênio" (H), cuja densidade designamos pelo número 6 (por ser a soma de 1, 2 e 3) ou seja H 6.

Primeira tríade

dó	(C)	1	1	1	
si	(O)	2	3	2	} H 6
lá	(N)	3	2	3	

"C, O e N conservam o seu número 1, 2, 3. O carbono é sempre 1, o oxigênio sempre 2 e o nitrogênio sempre 3.

"Sendo, porém, mais ativo que o oxigênio, o nitrogênio entra como princípio ativo na tríade seguinte e entra com a densidade 2. Noutros termos, o nitrogênio tem agora uma densidade 2 e o oxigênio uma densidade 3.

"De modo que a nota *lá* da primeira tríade é condutora da força ativa da tríade seguinte, na qual entra com a densidade 2. Se o novo carbono entra com a densidade 2, o oxigênio e o nitrogênio devem ter densidades correspondentes a dele, reproduzindo a relação de densidade da primeira tríade. Na primeira tríade a relação entre as densidades era 1, 2, 3; na segunda tríade será, pois, 2, 4, 6; noutros termos, na segunda tríade o carbono terá a densidade 2, o nitrogênio a densidade 4, o oxigênio a densidade 6. Tomados em conjunto, darão o hidrogênio 12 (H 12).

Segunda tríade

lá	(C)	2	2	2	
sol	(O)	4	6	4	} H 12
fá	(N)	6	4	6	

"De conformidade com o mesmo esquema, a tríade seguinte será construída assim: *fá*, "choque", *mi*. O nitrogênio da segunda tríade entrará como carbono na terceira, com a densidade 4. O nitrogênio e o oxigênio que lhe correspondem deverão ter a densidade 8 e a densidade 12; em conjunto darão o hidrogênio 24 (H 24).

Terceira tríade

fá	(C)	4	4	4	
—	(O)	8	12	8	} H 24
mi	(N)	12	8	12	

"A tríade seguinte *mi, ré, dó*, segundo o mesmo esquema, dará o hidrogênio 48 (H 48).

Quarta tríade

mi	(C)	8	8	8	
ré	(O)	16	24	16	} H48
dó	(N)	24	16	24	

"A tríade *dó, si, lá* dará o hidrogênio 96 (H 96).

Quinta tríade

dó	(C)	16	16	16	
si	(O)	32	48	32	} H96
lá	(N)	48	32	48	

"A tríade *lá, sol, fá* – o hidrogênio 192 (H 192).

Sexta tríade

lá	(C)	32	32	32	
sol	(O)	64	96	64	} H192
fá	(N)	96	64	96	

"*Fá*, "choque", *mi* – hidrogênio 384 (H 384).

Sétima tríade

fá	(C)	64	64	64	
–	(O)	128	192	128	} H384
mi	(N)	192	128	192	

"*Mi, ré, dó* – hidrogênio 768 (H 768).

Oitava tríade

mi	(C)	128	128	128	
ré	(O)	256	384	256	} H768
dó	(N)	384	256	384	

"Dó, si, lá — hidrogênio 1536 (H1536).

        Nona tríade

dó	(C)	256	256	256	
si	(O)	512	768	512	H1536
lá	(N)	768	512	768	

"Lá, sol, fá — hidrogênio 3072 (H3072).

    Décima tríade

lá	(C)	512	512	512	
sol	(O)	1024	1536	1024	H3072
fá	(N)	1536	1024	1536	

"Fá, "choque", *mi* — hidrogênio 6144 (H6144).

    Décima Primeira tríade

fá	(C)	1024	1024	1024	
—	(O)	2048	3072	2048	H6144
mi	(N)	3072	2048	3072	

"Mi, ré, dó — hidrogênio 12288 (H12288).

    Décima Segunda tríade

mi	(C)	2048	2048	2048	
ré	(O)	4096	6144	4096	H12288
dó	(N)	6144	4096	6144	

"Obtêm-se assim doze hidrogênios com densidades que se escalonam de 6 a 12288.

"Esses doze hidrogênios representam doze categorias de matérias que se escalonam no universo desde o Absoluto até a Lua, e, se fosse possível estabelecer, com exatidão, qual desses hidrogênios constitui o organismo humano e age nele, isto bastaria para determinar o lugar ocupado pelo homem no mundo.

dó	C	1	1	1						dó	
si	O	2	3	2	} H 6					si	} H 6
lá	N	3	2	3	C	2	2	2		lá	
sol					O	4	6	4	} H 12	sol	} H 12
fá	C	4	4	4	N	6	4	6		fá	
–	O	8	12	8	} H 24					–	} H 24
mi	N	12	8	12	C	8	8	8		mi	
ré					O	12	24	16	} H 48	ré	} H 48
dó	C	16	16	16	N	24	16	24		dó	
si	O	32	48	32	} H 96					si	} H 96
lá	N	48	32	48	C	32	32	32		lá	
sol					O	64	96	64	} H 192	sol	} H 192
fá	C	64	64	64	N	96	64	96		fá	
–	O	128	192	128	} H 384					–	} H 384
mi	N	192	128	192	C	128	128	128		mi	
ré					O	256	384	256	} H 768	ré	} H 768
dó	C	256	256	256	N	384	256	384		dó	
si	O	512	768	512	} H 1536					si	} H 1536
lá	N	768	512	768	C	512	512	512		lá	
sol					O	1024	1536	1024	} H 3072	sol	} H 3072
fá	C	1024	1024	1024	N	1536	1024	1536		fá	
–	O	2048	3072	2048	} H 6144					–	} H 6144
mi	N	3072	2048	3072	C	2048	2048	2048		mi	
ré					O	4096	6144	4096	} H 12288	ré	} H 12288
dó					N	3144	4096	6144		dó	

"Mas, no lugar onde estamos situados, dentro dos limites de nossos poderes e capacidades ordinárias, o hidrogênio 6 é irredutível; podemos, pois, considerá-lo hidrogênio 1; o hidrogênio seguinte 12 pode ser considerado hidrogênio 6. Se dividirmos todos os hidrogênios seguintes por 2, obteremos uma gama que vai desde o hidrogênio 1 ao hidrogênio 6144.

"No entanto, o hidrogênio 6 permanece sempre irredutível para nós. Podemos, pois, tomá-lo, por sua vez, como hidrogênio 1, tomar o hidrogênio seguinte como hidrogênio 6 e novamente dividir tudo o que segue por 2.

"Os graus obtidos deste modo, de 1 a 3072, podem servir-nos para o estudo do homem (Ver a tabela dos hidrogênios na *página* 204).

"Todas as matérias, desde o hidrogênio 6 até o hidrogênio 3072, são encontradas também no organismo humano; todas desempenham nele seu papel. Cada um desses hidrogênios agrupa um grande número de substâncias químicas nossas conhecidas, ligadas umas às outras por alguma função relacionada com o nosso organismo. Ou, de outro modo, não devemos esquecer que o termo hidrogênio tem um sentido muito amplo. Cada elemento simples é um hidrogênio de certa densidade; no entanto, cada combinação de elementos com uma função definida, quer no universo, quer no organismo humano, também é um hidrogênio.

"Tal definição das matérias permite-nos classificá-las na ordem de suas relações com a vida e com as funções de nosso organismo.

dó si lá	H 6	H 1
sol fá	H 12	H 6
– mi	H 24	H 12
ré dó	H 48	H 24
si lá	H 96	H 48
sol fá	H 192	H 96
– mi	H 384	H 192
ré dó	H 768	H 384
si lá	H 1536	H 768
sol fá	H 3072	H 1536
– mi	H 6144	H 3072
ré dó	H 12288	H 6144

"Comecemos pelo hidrogênio 768. É definido como *alimento*; noutros termos, o hidrogênio 768 compreende todas as substâncias que podem servir de alimento ao homem. As substâncias que não podem servir de alimento, como um pedaço de madeira, por exemplo, estão vinculadas ao hidrogênio 1536; um pedaço de ferro, ao hidrogênio 3072. Por outro lado, uma matéria fina, mas pobre em propriedades nutritivas, estará mais próxima do hidrogênio 384.

"O hidrogênio 384 será definido como *água*.

"O hidrogênio 192 é o ar que respiramos.

"O hidrogênio 96 é representado por gases rarefeitos que o homem não pode respirar, mas que desempenham papel muito importante em sua vida; além disso, é a matéria do magnetismo animal, das emanações do corpo humano, dos raios N, dos hormônios, das vitaminas, etc.; noutros termos, com o hidrogênio 96 termina o que é denominado matéria, ou melhor, o que nossa física e nossa química denominam matéria. O hidrogênio 96 também abrange matérias que são quase imperceptíveis à nossa química ou que são perceptíveis apenas por seus traços ou efeitos, matérias cuja existência é presumida por alguns teóricos, enquanto outros a negam.

"Os hidrogênios 48, 24, 12 e 6 são matérias desconhecidas de nossos químicos e de nossos físicos contemporâneos. São as matérias de nossa vida psíquica e espiritual em seus diferentes graus.

"É necessário lembrar-se sempre, ao estudar a "tabela dos hidrogênios", que cada hidrogênio abrange um número imenso de substâncias diferentes, ligadas todas umas às outras por uma só e mesma função em nosso organismo e representando um "grupo cósmico" definido.

dó) si } lá)	H 6	H 1	
sol } fá)	H 12	H 6	H 1
— }	H 24	H 12	H 6
mi) ré } dó)	H 48	H 24	H 12
si }	H 96	H 48	H 24
lá) sol } fá)	H 192	H 96	H 48
— }	H 384	H 192	H 96
mi) ré } dó)	H 768	H 384	H 192
si }	H 1536	H 768	H 384
lá) sol } fá)	H 3072	H 1536	H 768
— }	H 6144	H 3072	H 1536
mi) ré } dó)	H 12288	H 6144	H 3072

Tabela dos Hidrogênios

"O hidrogênio 12 corresponde ao hidrogênio da química (peso atômico 1). O carbono, o nitrogênio e o oxigênio (da química) têm respectivamente os pesos atômicos 12, 14 e 16.

"Além disso, é possível indicar, na tabela dos pesos atômicos, os elementos que correspondem a certos hidrogênios, isto é, os elementos cujos pesos atômicos estão entre si quase na relação correta *de oitava*. Assim, o hidrogênio 24 corresponde a Flúor, F, peso atômico 19; o hidrogênio 48 corresponde a Cloro, Cl, peso atômico 35,5; o hidrogênio 96 corresponde a Bromo, Br, peso atômico 80. E o hidrogênio 192 corresponde a Iodo, I, peso atômico 127. Os pesos atômicos desses elementos estão quase na relação de oitava; noutros termos, o peso atômico de cada um deles é quase o dobro do peso atômico do outro. A ligeira inexatidão, isto é, o caráter incompleto da relação de oitava, provém do fato de que a química ordinária não leva em consideração todas as propriedades de uma substância, notadamente suas propriedades "cósmicas". A química de que falamos aqui estuda a matéria numa base diferente da química ordinária e leva em conta não só suas propriedades físicas e químicas, mas também suas propriedades psíquicas e cósmicas.

"Essa química ou alquimia considera uma matéria, antes de tudo, do ponto de vista de suas funções, as quais determinam seu lugar no universo e suas relações com as outras matérias; depois, considera-a do ponto de vista de sua relação com o homem e com as funções do homem. Por "átomo de substância" entende-se a menor quantidade de uma substância dada que retém todas as suas propriedades químicas, cósmicas e psíquicas; com efeito, cada substância possui, além de suas propriedades cósmicas, propriedades psíquicas, isto é, certo grau de inteligência. O conceito de "átomo" pode, por conseguinte, aplicar-se, não só aos elementos, mas também a todas as matérias compostas que têm funções definidas no universo ou na vida do homem. Pode haver um átomo de água, um átomo de ar (isto é, de ar atmosférico próprio à respiração do homem), um átomo de pão, um átomo de carne e assim por diante. Um átomo de água será, nesse caso, o décimo do décimo de um milímetro cúbico de água tomada numa certa temperatura por um termômetro especial. Será uma gota de água minúscula que, sob certas condições, poderá ser vista a olho nu.

"Esse átomo é a menor quantidade de água que retém *todas as propriedades da água*. Se a divisão for levada mais adiante, algumas dessas propriedades desaparecem; noutros termos, não temos mais água, mas algo que está próximo do estado gasoso da água, o vapor, que quimicamente em nada difere da água em seu estado líquido, mas possui funções diferentes e, por conseguinte, propriedades cósmicas e psíquicas igualmente diferentes.

"A "tabela dos hidrogênios" torna possível o estudo de todas as substâncias que compõem o organismo do homem do ponto de vista da relação delas com os diferentes planos do universo. Ora, como cada função do homem é um resultado da ação de substâncias definidas e, como cada substância está em relação com um plano definido do universo, esse fato nos permite estabelecer a relação entre as funções do homem e os planos do universo".

Devo dizer agora que as "três oitavas de radiações" e a "tabela dos hidrogênios" que dela deriva foram para nós, durante muito tempo, um tropeço; quanto ao princípio mais essencial da transição das tríades e da estrutura da matéria, só o compreendi mais tarde e falarei disso quando chegar o momento.

Na reconstituição das exposições de G., esforço-me, em geral, por respeitar a ordem cronológica, embora nem sempre seja possível, pois certas coisas eram repetidas com freqüência e entravam sob uma ou outra forma em quase tudo o que ele dizia.

A "tabela dos hidrogênios" produziu em mim uma impressão muito forte que, com o tempo, se tornaria ainda mais forte. Senti, diante dessa "escada levantada da terra ao céu", algo muito análogo às sensações do mundo que me tinham vindo alguns anos antes, durante as estranhas experiências que descrevi em *Um Novo Modelo do Universo*[1] e graças às quais experimentara tão fortemente a interdependência, a integralidade e a "matematicidade" de tudo o que existe no mundo. Essa exposição foi repetida muitas vezes, com diversas variantes, quer associada a uma explicação do "raio de criação", quer a uma explicação da "lei de oitava". Mas, apesar da sensação singular que me dava a cada vez, estava longe de reconhecer todo o seu valor, nas primeiras vezes em que a ouvi. E, sobretudo, não compreendia nessa época que essas idéias são muito mais difíceis de assimilar e têm conteúdo muito mais profundo do que podem parecer, quando as ouvimos pela primeira vez.

Eis um episódio do qual conservei a lembrança. Relia-se mais uma vez um texto sobre a estrutura da matéria considerada em sua relação com a mecânica do universo. A leitura era feita por P., jovem engenheiro pertencente ao grupo dos alunos de G. em Moscou e de quem já falei.

---

(1) *A New Model of the Universe*. Chap. VIII: Experimental Mysticism.

Eu chegara em plena leitura. Ao perceber palavras familiares, concluí que já ouvira esse texto; sentei-me, pois, num canto do salão e pus-me a fumar, pensando noutra coisa. G. estava presente.

— Por que não acompanhou a leitura? perguntou-me, depois da leitura terminada.

— Mas já a ouvi, respondi.

G. balançou a cabeça em sinal de desaprovação.

E, com toda a honestidade, não compreendi o que esperava de mim. Por que deveria eu escutar mais uma vez um texto que já conhecia?

Só compreendi muito mais tarde, quando passou o tempo das leituras e tentei recapitular para mim mesmo, em pensamento, tudo o que havia escutado. Muitas vezes, refletindo sobre um problema, lembrava-me muito bem de que fora tratado numa dessas leituras. Mas do que fora lido não tinha guardado infelizmente nenhuma lembrança e teria dado tudo para ouvir mais uma vez determinados textos.

Quase dois anos mais tarde, em novembro de 1917, um pequeno grupo de cinco pessoas encontrava-se com G. às margens do Mar Negro, a 40 km ao norte de Tuapse, numa casinha de campo isolada, mais de dois quilômetros da habitação mais próxima. Uma noite que estávamos todos reunidos, conversávamos. Já era tarde, era noite de mau tempo; soprava um vento de nordeste que trazia rajadas ora de chuva ora de neve.

Estava justamente refletindo sobre a "tabela dos hidrogênios" e especialmente sobre certa incompatibilidade que me parecia existir entre o diagrama de que já falamos e um outro que nos foi ensinado mais tarde. Minha reflexão tinha por objeto os hidrogênios que se encontram abaixo do nível normal. Explicarei, dentro em pouco, com detalhes do que se tratava e o que G. respondeu mais tarde à pergunta que me atormentava.

Mas, nesse dia, não o fez diretamente.

— Deveria saber, disse-me, que já falamos disso nas conferências de São Petersburgo. Sem dúvida não escutou. Lembra-se de um texto que não tinha vontade de ouvir, dizendo que já conhecia? Dava a resposta precisa à pergunta que me faz agora.

Depois de curto silêncio, acrescentou:

"Bem, se soubesse que, neste mesmo instante, alguém está lendo este trecho em Tuapse, iria a pé para ouvi-lo?

— Iria, disse.

E, de fato, apesar de imaginar, de modo muito vivo, o quanto a estrada seria longa, fria e difícil, sabia que isto não me deteria.

G. pôs-se a rir.

— Iria realmente? disse. Pense: quarenta quilômetros, a chuva, a escuridão, a neve, o vento...

— Já está pensado! exclamei. O senhor sabe que já fiz este caminho mais de uma vez, quando não havia cavalos ou não havia lugar para mim na charrete — e sem esperança de recompensa, simplesmente porque não havia outro jeito. Naturalmente que iria, e sem hesitar, se alguém fosse reler esse trecho em Tuapse.

— Ah! disse G., se as pessoas ao menos raciocinassem desse modo! Mas, na realidade, raciocinam exatamente ao contrário. Enfrentarão todas as dificuldades sem a menor necessidade. Mas, para uma coisa importante de que poderiam tirar proveito real, não moverão um dedo. Tal é a natureza humana. O homem não quer pagar nunca, mas, sobretudo, não quer pagar pelo que é realmente essencial. Agora você sabe que não se pode obter nada de graça, que se deve pagar por tudo e pagar na proporção do que se recebe. Mas o homem, habitualmente, pensa exatamente o contrário. Por bagatelas completamente insignificantes pagará não importa que preço, mas por algo importante, nunca. Isso deve vir a ele por si só.

"Voltando à leitura que não escutou em São Petersburgo, ela dava a resposta exata à indagação que me faz agora. Se tivesse prestado atenção naquele momento, compreenderia hoje que não há contradição alguma entre os diagramas e que não pode haver nenhuma."

Ora, voltemos a São Petersburgo.

Agora que olho para trás, não posso deixar de me espantar com a rapidez com que G. nos transmitia os princípios fundamentais de seu ensinamento. Naturalmente, isto provinha em grande parte de sua maneira de expor as coisas, de sua espantosa capacidade de fazer ressaltar todos os pontos importantes, sem jamais entrar em detalhes inúteis, enquanto o essencial não tivesse sido compreendido.

Depois dos "hidrogênios", G. prosseguira assim:

— Queremos "fazer", dizia, mas em tudo o que fazemos estamos atados e limitados pela quantidade de energia produzida por nosso organismo. Cada função, cada estado, cada ação, cada pensamento, cada emoção, necessita de uma energia, de uma substância bem determinada.

"Chegamos à conclusão de que devemos "nos lembrar de nós mesmos". Mas só podemos "nos lembrar de nós mesmos" se temos em nós a energia indispensável à "lembrança de si". Só podemos estudar, compreender ou sentir alguma coisa, se temos a energia requerida para essa compreensão, esse sentimento ou esse estudo.

"Que deve fazer então um homem quando começa a dar-se conta de que não tem bastante energia para alcançar as metas que fixou para si mesmo?

"A resposta a essa pergunta é que cada homem normal tem energia suficiente para *começar* o trabalho sobre si. É necessário apenas que aprenda a economizar, em vista de um trabalho útil, a energia de que dispõe e que, na maior parte do tempo, desperdiça inutilmente.

"A energia é despendida, sobretudo, pelas emoções inúteis e desagradáveis, pela expectativa ansiosa de coisas desagradáveis, possíveis ou impossíveis, pelos maus humores, pelas pressas inúteis, pelo nervosismo, a irritabilidade, a imaginação, o devaneio e assim por diante. A energia é desperdiçada pelo mau trabalho dos centros, pela tensão inútil dos músculos, sem qualquer proporção com o trabalho produzido; pela tagarelice perpétua, que absorve enorme quantidade dela; pelo "interesse" dedicado incessantemente às coisas que acontecem a nossa volta ou às pessoas com quem nada temos que ver e não merecem sequer um olhar; pelo aviltamento perpétuo da força de "atenção"; e assim por diante, e assim por diante ...

"Assim que começa a lutar contra todos esses hábitos, o homem economiza enorme quantidade de energia e, com a ajuda dessa energia, pode facilmente empreender o trabalho do estudo de si e do aperfeiçoamento de si.

"Depois, contudo, o problema torna-se mais difícil. Um homem que, até certo ponto, equilibrou sua máquina e provou a si mesmo que ela produz muito mais energia do que ele esperava, chega entretanto à conclusão de que ela não é suficiente e de que ele deverá aumentar a sua produção se quiser continuar o seu trabalho.

O estudo do funcionamento do organismo humano mostra que isso é perfeitamente possível.

"O organismo humano é comparável a uma fábrica de produtos químicos onde tudo foi previsto para um rendimento muito alto. Mas, nas condições ordinárias da vida, ela nunca dá tudo o que pode, porque apenas uma pequena parte de sua maquinaria é utilizada e ela só produz o que é indispensável a sua própria existência. Fazer trabalhar uma fábrica desse modo é, evidentemente, antieconômico no mais alto grau. De fato, com toda a sua maquinaria, todas as suas instalações aperfeiçoadas, a fábrica, portanto, não produz nada, visto que só consegue manter sua própria existência e, ainda assim, com dificuldade.

"O trabalho da fábrica é transformar uma espécie de matéria em outra, isto é, do ponto de vista cósmico, as substâncias mais grosseiras em substâncias mais finas. A fábrica recebe do mundo exterior, como matéria-prima, uma quantidade de "hidrogênios" grosseiros e seu trabalho consiste em transformá-los em "hidrogênios" mais finos, por toda uma série de processos *alquímicos* complicados. Mas, nas condições ordinárias da vida, é insuficiente a produção, pela fábrica humana, dos hidrogênios mais finos que nos interessam especialmente do ponto de vista da possibilidade dos estados superiores de consciência e do ponto de vista do trabalho dos centros superiores; e esses hidrogênios mais finos são todos desperdiçados sem proveito na manutenção da existência da própria fábrica. Se pudéssemos aumentar a produção da fábrica até o nível de seu maior rendimento possível, poderíamos então começar a poupar os hidrogênios finos. Desse modo, a totalidade do corpo, todos os tecidos, todas as células, se saturariam desses hidrogênios finos, que neles se fixariam gradativamente, cristalizando-se de certa maneira. Essa cristalização dos hidrogênios finos levaria pouco a pouco o organismo todo a um nível mais elevado, a planos mais elevados do ser.

"Mas isto jamais pode acontecer nas condições ordinárias da vida, porque a "fábrica" despende tudo o que produz.

"'Aprenda a separar o sutil do espesso' — esse princípio da "Tábua de Esmeralda" refere-se ao trabalho da fábrica humana e, se um homem aprende a "separar o sutil do espesso", isto é, a levar a produção dos hidrogênios finos ao seu mais elevado nível possível, criará para si mesmo, só por isto, a possibilidade de um crescimento interior que não se poderia assegurar por nenhum outro meio. O crescimento interior, o crescimento dos corpos interiores do homem (o astral, o mental) é um processo material inteiramente análogo ao do crescimento do corpo físico. Para crescer, uma criança deve ser bem alimentada, seu organismo deve gozar de condições sadias para poder preparar, a partir desse alimento, os materiais que o crescimento dos tecidos requer. A mesma coisa é necessária ao "corpo astral", que requer para seu crescimento substâncias que o organismo deve produzir a partir das diversas espécies de alimentos que penetram nele. Além disso, as substâncias de que o corpo astral necessita para crescer são idênticas às que são indispensáveis à manutenção do corpo físico, com a única diferença de que lhe é necessária quantidade muito maior.

"Se o organismo físico começa a produzir uma quantidade suficiente dessas substâncias finas e o corpo astral daí em diante se constitui nele, esse organismo astral terá necessidade para manter-se de quantidade bem menor dessas substâncias do que durante seu crescimento. O excedente dessas substâncias poderá então ser empregado na formação e crescimento do "corpo mental", mas, naturalmente, este exigirá quantidade bem maior dessas substâncias do que o crescimento e a alimentação do corpo astral. O excedente das substâncias não consumidas pelo corpo mental servirá para o crescimento do "quarto corpo". Mas esse excedente deverá ser muito grande. Todas as substâncias finas necessárias à manutenção e alimentação dos corpos superiores devem ser produzidos no organismo físico e este é capaz de produzi-las, contanto que a fábrica humana trabalhe de modo conveniente e econômico.

"Todas as substâncias necessárias à manutenção da vida do organismo, ao trabalho psíquico, às funções superiores de consciência e ao crescimento dos corpos superiores são produzidas pelo organismo a partir do alimento que nele penetra.

"O organismo humano recebe três espécies de alimento:

1º O alimento comum que comemos.

2º O ar que respiramos.

3º Nossas impressões.

"Não é difícil compreender que o ar é uma espécie de alimento para o organismo. Mas pode parecer difícil, à primeira vista, compreender como as impressões podem ser um alimento.

"Devemos nos lembrar, entretanto, que com cada impressão externa, de ordem sonora, visual ou olfativa, recebemos de fora certa quantidade de energia, certo número de vibrações; esta energia que, de fora, penetra no organismo, é um alimento. Além disso, como já disse, a energia não pode ser transmitida sem matéria. Se uma impressão exterior introduz com ela uma energia exterior no organismo, isto significa, pois, que uma matéria exterior também penetra no organismo e o "alimenta", no sentido mais pleno desta palavra.

"Para uma existência normal, o organismo necessita de três tipos de alimentação: alimentos físicos, ar e impressões. O organismo não pode existir com o auxílio de um só ou mesmo dois alimentos; todos os três são necessários. Mas a relação desses alimentos entre si e a significação deles para o organismo não são as mesmas.

"O organismo pode existir durante tempo relativamente longo sem nenhuma entrada de alimento físico novo. Conhecem-se casos de privação de alimento de mais de sessenta dias, no fim dos quais o organismo nada perdera de sua vitalidade, visto que podia muito rapidamente recuperar as forças logo que recomeçava a alimentar-se. É claro que tal abstenção de alimento não se pode considerar completa, porque nesses casos de privação artificial, os pacientes tinham continuado a tomar água. Entretanto, mesmo sem água, um homem pode viver sem alimento vários dias.

"Sem ar, só pode sobreviver por alguns minutos, não mais que dois ou três; em geral, a morte sucede obrigatoriamente a uma privação de ar de quatro minutos.

"Sem impressões, um homem não pode viver um só instante. Se o fluxo de impressões tivesse que se interromper de algum modo ou se o organismo tivesse que ser privado de sua capacidade de receber impressões, morreria instantaneamente. O fluxo de impressões que nos chegam do exterior é como uma correia de transmissão por meio da qual nos é comunicado o movimento. O motor principal é para nós a natureza, o mundo circundante. A natureza nos transmite com nossas impressões a energia com que vivemos e nos movemos e temos nosso ser. Se esse influxo energético cessasse um instante de chegar até nós, nossa máquina cessaria imediatamente de funcionar. Assim, as impressões são a mais importante das três espécies de alimento, embora seja evidente que o homem não possa viver por muito tempo só de impressões. Impressões e ar permitem que o homem exista durante um pouco mais de tempo. Impressões, ar e alimento físico permitem que o homem viva até o termo normal de sua vida e produza as substâncias necessárias não só à manutenção de sua vida, mas também à criação e crescimento dos corpos superiores.

"O processo de transformação em substâncias mais finas das substâncias que entram no organismo é regido pela lei de oitava.

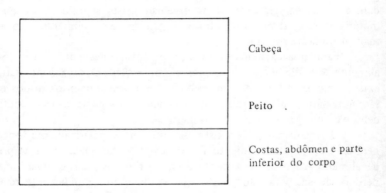

"Representemos o organismo humano sob a forma de uma fábrica de três andares. O andar superior dessa fábrica é a cabeça do homem; o andar intermediário é o peito; e o andar inferior comporta as costas, o abdômen e a parte inferior do corpo propriamente dita.

"O alimento físico é H 768 ou *lá, sol, fá,* na terceira oitava cósmica das radiações. Esse hidrogênio penetra no andar inferior do organismo como "oxigênio", *dó* 768.

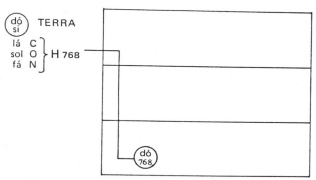

Entrada do alimento H 768 no organismo.

"O oxigênio 768 encontra o carbono 192, já presente no organismo [1]. Da união de O 768 com C 192 resulta o nitrogênio N 384. N 384 é a nota seguinte, *ré*.

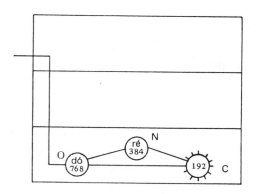

Início da digestão do alimento H 768 no organismo

"*Ré* 384, que se torna o oxigênio da tríade seguinte, encontra no organismo o carbono 96 e juntos produzem um novo nitrogênio, N 192, que é a nota *mi* 192.

---

(1) Os carbonos já presentes no organismo são designados pelo sinal:

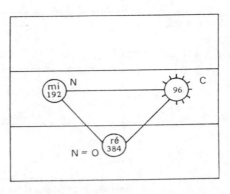

Continuação da digestão do alimento H 768
no organismo

"Como sabemos pela lei de oitava, *mi* não pode passar a *fá* numa oitava ascendente sem um choque adicional. Se nenhum choque adicional for recebido, a substância *mi* 192 não poderá passar por si mesma à nota plena *fá*.

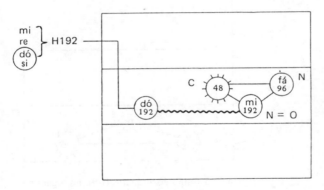

Entrada do ar H 192 no organismo e *choque* dado pelo ar no intervalo *mi-fá* da oitava de alimentação.

"No momento que, no organismo, *mi* 192 deveria aparentemente chegar a um ponto morto, penetra o "segundo alimento" — o ar, sob a forma de *dó* 192, ou seja, *mi, ré, dó* da segunda oitava cósmica de radiações. A nota *"dó"* contém os semitons necessários, isto é, toda a energia necessária para passar à nota seguinte e, de certo modo, dá uma parte de sua energia

214

à nota *mi*, de igual densidade. A energia desse *dó* dá a *mi* 192 força suficiente para que possa, unindo-se ao carbono 48 já presente no organismo, passar a nitrogênio 96. O nitrogênio 96 será a nota *fá* (*Cf. esquema anterior*).

"*Fá* 96, unindo-se ao carbono 24 presente no organismo, passa a nitrogênio 48 — a nota *sol*.

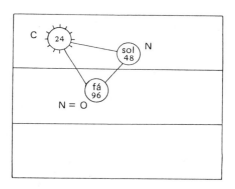

Continuação da oitava de alimentação; passagem dos produtos de nutrição a *sol* 48.

"A nota *sol* 48, unindo-se ao carbono 12 presente no organismo, passa a nitrogênio 24 — a nota *lá* 24.

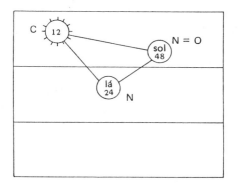

Continuação da oitava de alimentação; passagem dos produtos de nutrição a *lá* 24.

"*Lá* 24 une-se ao carbono 6 presente no organismo e se transforma em nitrogênio 12, ou *si* 12.

215

"*Si* 12 é a mais elevada substância que o organismo pode produzir a partir do alimento físico, com o auxílio do choque adicional dado pelo ar.

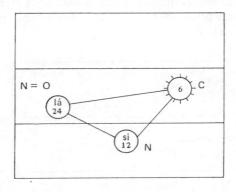

Continuação da oitava de alimentação; passagem dos produtos de nutrição a *si* 12.

"*Dó* 192 (ar), entrando no andar intermediário da fábrica com os caracteres do oxigênio e dando uma parte de sua energia a *mi* 192, une-se por sua vez, num determinado ponto, ao carbono 48 presente no organismo e passa a *ré* 96.

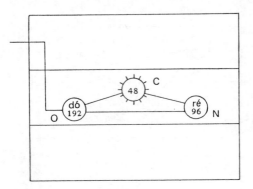

Início da digestão do ar dentro do organismo.

"*Ré* 96 passa a *mi* 48 com o auxílio do carbono 24 e com este detêm-se o desenvolvimento da segunda oitava. Para a passagem de *mi* a *fá*, é indispensável um choque adicional, mas nesse lugar a natureza não preparou nenhum choque adicional e a segunda oitava, isto é, a oitava do ar, não pode desenvolver-se mais e, nas condições comuns da vida, ela não se desenvolve além disso.

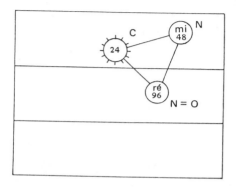

Continuação da oitava do ar no organismo.

"A terceira oitava começa com *dó* 48.

"As impressões entram no organismo sob a forma de oxigênio 48, isto é, *lá, sol, fá*, da segunda oitava cósmica "Sol-Terra".

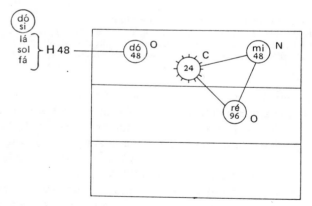

Entrada das impressões no organismo.

"Dó 48 tem energia bastante para passar à nota seguinte, mas no momento em que *dó* 48 penetra no organismo falta o carbono 12 necessário a essa transição. Ao mesmo tempo, *dó* 48 não entra em contato

com *mi* 48, de modo que ele mesmo não pode nem passar à nota seguinte, nem dar uma parte de sua energia a *mi* 48.

"Nas condições normais de existência, a produção das matérias finas pela fábrica chega então a um ponto morto, detém-se e a terceira oitava soa apenas como *"dó"*. A substância da mais alta qualidade produzida pela fábrica é *si* 12 e, para todas as suas funções superiores, a fábrica só pode empregar essa substância superior.

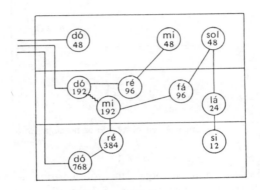

As três espécies de alimento e digestão de H 768 e de H 192 no organismo, com o auxílio de um choque *mecânico*. Estado normal do organismo e produção normal das substâncias mais finas a partir dos produtos de nutrição.

"Há, entretanto, uma possibilidade de aumentar o rendimento, isto é, de permitir que a oitava do ar e a oitava das impressões se desenvolvam mais. Para esse fim, é indispensável criar um tipo especial de "choque artificial" no próprio ponto em que a terceira oitava se deteve. Isso significa que o "choque artificial" deve ser aplicado à nota *dó* 48.

"Mas o que é um "choque artificial"? Antes de tudo, esse choque se relaciona com o momento do recebimento da impressão. A nota *dó* 48 designa o momento em que uma impressão entra em nossa consciência. Um choque artificial nesse ponto significa certa espécie de esforço, feito no momento em que se recebe uma impressão.

"Foi explicado anteriormente que, nas condições da vida comum, não nos lembramos de nós mesmos; *não nos lembramos,* isto é, não temos a sensação de nós mesmos; não somos conscientes de nós mesmos no momento da percepção de uma emoção, de um pensamento ou de uma ação. Se um homem compreende isso e tenta lembrar-se de si mesmo, cada impressão que receber durante essa lembrança de si será, de certo modo, duplicada. Num estado psíquico comum, eu olho simplesmente a rua, por exemplo. Mas se "me lembro de mim mesmo", não olho mais simplesmente a rua, sinto que a olho como se dissesse a mim mesmo: *"Eu* olho". E, em lugar de uma impressão da rua, tenho duas impressões: uma da rua e outra de mim mesmo olhando a rua. Essa segunda impressão produzida pela minha "lembrança de mim" é o "choque adicional". Além disso, ocorre que a sensação adicional ligada à "lembrança de si" traz consigo um elemento de emoção; noutros termos, nesse instante o trabalho da máquina pede certa quantidade de carbono 12. Os esforços para lembrar-se de si mesmo, a observação de si no momento em que se recebe uma impressão, a observação de uma impressão no momento em que a recebemos, o "registro", por assim dizer, da recepção das impressões e a estimativa simultânea do valor dela, tudo isso tomado em conjunto, duplica a intensidade das impressões e faz *dó* 48 passar a *ré* 24. Ao mesmo tempo, os esforços correspondentes à transição de uma nota a outra e a passagem de *dó* 48 a *ré* 24 permitem que *dó* 48 da terceira oitava entre em contato com *mi* 48 da segunda oitava e dê a essa nota a quantidade de energia necessária para a passagem do *mi* ao *fá*. Desse modo, o choque dado ao *dó* 48 estende-se também a *mi* 48 e permite que a segunda oitava se desenvolva.

"*Mi* 48 passa a *fá* 24; *fá* 24 passa a *sol* 12; *sol* 12 passa a *lá* 6. *Lá* 6 é a matéria de qualidade mais elevada que o organismo pode produzir a partir do ar, isto é, a partir da segunda espécie de alimento. *Entretanto, isto só pode ser obtido por um esforço consciente realizado no momento em que uma impressão é recebida.*

"Compreendamos bem o que isso quer dizer. Respiramos todos o mesmo ar. Fora os elementos conhecidos de nossa ciência, o ar contém grande número de substâncias desconhecidas dela, indefiníveis para ela e inacessíveis à sua observação. É possível, porém, uma análise exata do ar inalado bem como do ar exalado. Essa análise mostra que, se o ar inalado por diversas pessoas é rigorosamente o mesmo, o ar que cada uma delas exala revela-se completamente diferente. Suponhamos que o ar que respiramos seja composto de uns vinte elementos distintos desconhecidos de nossa ciência. Cada um de nós absorve certo número desses elementos em cada inspiração. Suponhamos que cinco sejam sempre absorvidos. Conseqüentemente, o ar que cada um expira é composto de quinze elementos; cinco foram alimentar o organismo. Entretanto, certos homens não exalam quinze, mas apenas dez elementos, isto é, absorvem cinco elementos a mais. Esses cinco elementos são hidrogênios superiores. Esses hidrogênios superiores estão presentes em cada partícula de ar que inalamos. Ao inspirar, introduzimos esses hidrogênios superiores em nós, mas se nosso organismo não souber como extraí-los das partículas do ar, nem como retê-los, voltarão ao ar por expiração. Se o organismo for capaz de extraí-los e de retê-los, permanecerão nele. Assim, respiramos todos o mesmo ar, mas nem todos extraímos dele as mesmas substâncias. Uns extraem mais, outros menos.

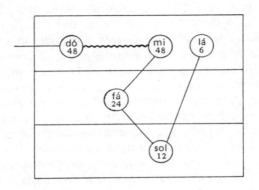

Desenvolvimento da oitava do ar depois do
primeiro choque *consciente*.

"Para extrair mais, é necessário que nosso organismo disponha de uma certa quantidade de substâncias finas correspondentes. Essas substâncias finas contidas no organismo agem então *como um ímã* sobre as substâncias finas contidas no ar inalado. Reencontramos assim a antiga lei alquímica: "Para fazer ouro é necessário, em primeiro lugar, ter ouro. Sem ouro, não há nenhuma possibilidade de fazer ouro".

"Toda a alquimia nada mais é do que uma descrição alegórica da fábrica humana e de seu trabalho de transformação dos metais vis (substâncias grosseiras) em metais preciosos (substâncias finas).

"Acompanhamos o desenvolvimento de duas oitavas. A terceira oitava, isto é, a oitava das impressões, começa por um esforço consciente. *Dó* 48 passa a *ré* 24; *ré* 24 passa a *mi* 12. Chegado a esse ponto, o desenvolvimento da oitava se detém.

"Se examinarmos agora o resultado do desenvolvimento dessas três oitavas, veremos que a primeira oitava atingiu *si* 12, a segunda *lá* 6 e a terceira *mi* 12. Assim, a primeira e a terceira oitavas se detêm em notas que não podem passar às notas seguintes.

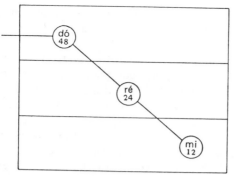

Desenvolvimento da oitava das impressões
após o primeiro choque consciente.

"Para o desenvolvimento ulterior das duas oitavas, é necessário um segundo choque consciente num determinado ponto da máquina; é necessário um novo esforço consciente. A natureza desse esforço exige um estudo especial. Se considerarmos o funcionamento geral da máquina, esse esforço poderá ser posto em relação com a vida emocional, isto é, com um tipo especial de influência sobre nossas próprias emoções. Mas o que é realmente esse tipo de influência e como deve ser produzido, só se pode explicar em função de uma descrição geral do trabalho da fábrica ou da máquina humana.

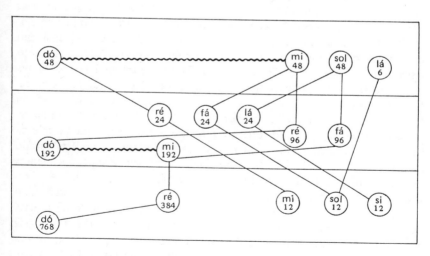

Quadro completo do trabalho intensivo do organismo e da produção intensiva de substâncias a partir dos produtos da nutrição depois do primeiro choque *consciente*.

221

:"A prática da não expressão das emoções desagradáveis, da não-identificação, da não-consideração interior, é a preparação para o *segundo* esforço.

"Se considerarmos agora o trabalho da fábrica humana como um todo, seremos capazes de discernir por que meios poderemos fazê-la continuar cada vez que a produção das substâncias finas se detiver. Vemos que, nas condições ordinárias, trabalhando com a ajuda apenas do choque mecânico, a fábrica produz uma quantidade muito pequena de substâncias finas; de fato, apenas *si* 12. Trabalhando com um choque mecânico e um choque consciente, a fábrica produz agora uma quantidade bem maior de substâncias finas. Trabalhando com dois choques conscientes, a fábrica produzirá tal quantidade de substâncias finas que, com o tempo, seu caráter se transformará completamente.

"A fábrica de três andares representa o universo em miniatura; é construída segundo as mesmas leis e de acordo com o mesmo plano de todo o universo.

"Para compreender a analogia entre o homem, o organismo humano e o universo, representemos o mundo como o fizemos anteriormente, sob a forma de três oitavas que vão do Absoluto ao Sol, do Sol à Terra e da Terra à Lua. Nenhuma dessas três oitavas contém um semitom entre *fá* e *mi* e, em cada uma delas, o papel desse semitom ausente é preenchido por determinada espécie de choque artificialmente criado nesse ponto. Se procurarmos agora precisar a analogia entre a fábrica de três andares e as três oitavas do universo, devemos compreender que os três "choques adicionais" nas três oitavas correspondem às três espécies de alimento que entram no organismo humano. O choque na oitava inferior corresponde ao alimento físico; este choque é o *dó* 768 da fábrica cósmica de três andares. Na oitava intermediária o choque corresponde ao ar: é o *dó* 192 da fábrica cósmica. Na oitava superior, o choque corresponde às impressões: é o *dó* 48 da fábrica cósmica. No trabalho interior dessa fábrica cósmica de três andares, as três espécies de alimento sofrem a mesma transformação que na fábrica humana, no mesmo plano e em relação com as mesmas leis. Um estudo mais avançado da analogia entre o homem e o universo só é possível depois de um estudo exato da máquina humana e depois que os "lugares" respectivos de cada um dos hidrogênios em nosso organismo tiverem sido exatamente reconhecidos. Devemos, pois, descobrir a razão de ser precisa de cada hidrogênio, dar-lhe a definição química, psicológica, fisiológica e anatômica; noutros termos, definir suas funções, seu lugar no organismo humano e, se possível, as sensações particulares que estão ligadas a ele.

"O estudo do trabalho do organismo humano como fábrica química mostra-nos três etapas na evolução da máquina humana.

"A primeira etapa diz respeito ao trabalho do organismo humano, do organismo tal como foi criado pela natureza, isto é, para a vida e as funções dos homens n°s 1, 2 e 3. A primeira oitava, a oitava do alimento, desenvolve-se de maneira normal até *mi* 192. Chegada a esse ponto, recebe automaticamente um choque no início da segunda oitava e seu desenvolvimento prossegue até *si* 12. A segunda oitava, a oitava do ar, começa com *dó* 192 e se desenvolve até *mi* 48 onde se detém. A terceira oitava, a oitava das impressões, começa com *dó* 48 e aí se detém. Assim, sete notas da primeira oitava, três notas da segunda e uma nota da terceira representam um quadro completo do trabalho da "fábrica humana" em sua primeira etapa ou, noutras palavras, em seu estágio natural. A natureza só previu um "choque", o que é recebido na entrada da segunda oitava e que permite ao *mi* da primeira oitava passar a *fá*. Mas a natureza nada previu para o segundo "choque", isto é, para o "choque" que ajudaria no desenvolvimento da terceira oitava e permitiria assim ao *mi* da segunda oitava passar a *fá*. O homem deve criar esse "choque" por seus próprios esforços, se deseja aumentar a produção dos hidrogênios finos em seu organismo.

"A segunda etapa diz respeito ao trabalho do organismo humano quando o homem cria um "choque" voluntário consciente, no ponto *dó* 48. Esse "choque" voluntário é transmitido primeiro à segunda oitava que se desenvolve até *sol* 12, ou, mesmo mais adiante, até *lá* 6 e até mais longe ainda, se o trabalho do organismo for suficientemente intenso. O mesmo choque permite também o desenvolvimento da terceira oitava, da oitava das impressões, que, nesse caso, atinge *mi* 12. Assim, na segunda etapa de trabalho do organismo humano, vemos o desenvolvimento pleno da segunda oitava e três notas da terceira oitava. A primeira oitava deteve-se na nota *si* 12, a terceira na nota *mi* 12. Nenhuma dessas oitavas pode desenvolver-se mais sem um novo "choque". A natureza desse segundo "choque" não pode ser definida tão facilmente quanto a do primeiro "choque" voluntário de *dó* 48. Para compreendê-la, é indispensável compreender a significação de *si* 12 e *mi* 12.

"O esforço que cria esse "choque" deve consistir num trabalho sobre as emoções, numa transformação e numa mutação das emoções; essa transmutação das emoções ajudará então a transmutação de *si* 12 no organismo humano. Nenhum crescimento real, isto é, nenhum crescimento dos corpos superiores no organismo é possível sem ela. A idéia dessa transmutação era conhecida de numerosos ensinamentos antigos e até de alguns ensinamentos mais recentes, a alquimia da Idade Média, por exemplo. Mas os alquimistas falavam dessa transmutação sob a forma alegórica de uma transmutação de metais vis em metais preciosos. Na realidade, queriam falar da transformação dos hidrogênios grosseiros em hidrogênios finos no organismo humano e, principalmente, da transformação de *mi* 12. De um homem que conseguiu operar essa transmutação, pode-se dizer que atingiu a meta de seus esforços; mas, enquanto não a realizou, todos os resultados que obteve ainda podem ser perdidos, porque não estão de modo algum fixados nele; além disso, só são adquiridos nas esferas do pensamento e da emoção. Resultados reais, objetivos, não podem ser obtidos antes de se ter iniciado a transmutação de *mi* 12.

"Os alquimistas que falavam dessa transmutação começavam diretamente por ela. Não sabiam nada ou pelo menos nada diziam sobre a natureza do primeiro "choque" voluntário. É dele que tudo depende. O segundo "choque" voluntário e a transmutação só se tornam fisicamente possíveis depois de uma longa prática do primeiro "choque" voluntário, que consiste na "lembrança de si" e na "observação das impressões" recebidas. No caminho do monge e no caminho do faquir, o trabalho sobre o segundo "choque" precede o trabalho sobre o primeiro "choque", mas como só este último pode levar à criação de *mi* 12, os esforços, na falta de qualquer outro elemento, devem forçosamente se concentrar sobre *si* 12, o que dá muito freqüentemente resultados completamente falsos. No quarto caminho, um desenvolvimento correto deve começar pelo primeiro "choque" voluntário e passar em seguida ao segundo "choque", que deve intervir em *mi* 12.

"A terceira etapa no trabalho do organismo humano começa quando o homem cria conscientemente em si mesmo um segundo "choque" voluntário no ponto *mi* 12, quando a transformação ou a transmutação desses hidrogênios em hidrogênios superiores se inicia nele. A segunda etapa e o início da terceira referem-se à vida e às funções do homem nº 4. É necessário um período bastante longo de transmutação e de cristalização para a passagem do homem nº 4 ao nível do homem nº 5.

"Quando a tabela dos hidrogênios tiver sido suficientemente compreendida, fará imediatamente aparecer numerosos caracteres novos no trabalho da máquina humana, estabelecendo assim, claramente, antes de mais nada, as razões das diferenças que existem entre os centros e suas respectivas funções.

"Os centros da máquina humana trabalham com hidrogênios diversos. Aí está sua principal diferença. O centro que trabalha com o hidrogênio mais grosseiro, mais denso, mais pesado, trabalha mais lentamente. O centro que trabalha com o hidrogênio mais leve, mais móvel, é também o mais rápido.

"O centro pensante ou intelectual é o mais lento dos três centros que examinamos até agora. Trabalha com o hidrogênio 48 (de acordo com a terceira escala da "tabela dos hidrogênios").

"O centro motor trabalha com o hidrogênio 24. O hidrogênio 24 é muito mais rápido e móvel que o hidrogênio 48. O centro intelectual nunca é capaz de acompanhar o trabalho do centro motor. Não podemos acompanhar nossos próprios movimentos, nem os das outras pessoas, a menos que sejam artificialmente retardados. Somos ainda menos capazes de acompanhar o trabalho interno de nosso organismo: as funções instintivas, o pensar instintivo, que constitui, de certo modo, um aspecto do centro motor.

"O centro emocional pode trabalhar com o hidrogênio 12. Na realidade, entretanto, muito raramente trabalha com esse hidrogênio fino. E, na maioria dos casos, seu trabalho pouco difere em velocidade e intensidade do trabalho do centro motor ou do centro instintivo.

"Para compreender o trabalho da máquina humana e suas possibilidades, é preciso saber que, além desses três centros e dos que estão em relação com eles, temos ainda dois centros, plenamente desenvolvidos e que funcionam perfeitamente; mas não têm ligação com nossa vida ordinária e não têm ligação com os três centros através dos quais temos conhecimento de nós mesmos.

"A presença em nós desses centros superiores é análoga à desses tesouros escondidos que, desde os tempos mais remotos, os homens em busca do misterioso e do milagroso procuram. Mas é um enigma ainda muito maior.

"Todos os ensinamentos místicos e ocultos reconhecem no homem a existência de forças e capacidades superiores — embora, em muitos casos, sob a forma apenas de possibilidades — e falam da necessidade de *desenvolver* as forças ocultas no homem. O presente ensinamento difere de muitos outros pelo fato de afirmar a existência no homem de centros superiores já plenamente desenvolvidos.

"*São os centros inferiores que não estão desenvolvidos*. E é precisamente esta falta de desenvolvimento dos centros inferiores ou seu funcionamento imperfeito que nos interdita o uso do trabalho dos centros superiores.

"Como já disse, há dois centros superiores:
— o centro emocional superior, que trabalha com o hidrogênio 12, e
— o centro intelectual superior, que trabalha com o hidrogênio 6.

"Se considerarmos o trabalho da máquina humana do ponto de vista dos hidrogênios com que trabalham os centros, veremos por que os centros superiores não podem entrar em contato com os centros inferiores.

"O centro intelectual trabalha com o hidrogênio 48; o centro motor, com o hidrogênio 24.

"Se o centro emocional trabalhasse com o hidrogênio 12, seu trabalho se ligaria ao do centro emocional superior. Nos casos em que o trabalho do centro emocional atinge a intensidade da vida e a rapidez que o hidrogênio 12 dá, produz-se um contato momentâneo com o centro emocional superior e o homem experimenta novas emoções, novas impressões totalmente desconhecidas dele até então e para cuja descrição não tem nem palavras nem expressões. Mas, nas condições ordinárias, a diferença entre a velocidade de nossas emoções habituais e a velocidade do centro emocional superior é tão grande que não há contato possível e não conseguimos ouvir dentro de nós as vozes que nos falam e *que nos chamam* do centro emocional superior.

"O centro intelectual superior, que trabalha com o hidrogênio 6, está ainda mais afastado de nós, ainda menos acessível. Não há contato possível com ele, a não ser através do centro emocional superior. Exemplos de tais contatos só nos são dados pela descrição de experiências místicas, de estados de êxtase e outros. Esses estados podem ser produzidos por emoções religiosas, a menos que apareçam, por curtos instantes, sob a ação de narcóticos particulares ou em certos estados patológicos tais como os ataques de epilepsia e as lesões do cérebro por traumatismo acidental — e, neste caso, é difícil dizer qual é a causa e qual o efeito, isto é, se o estado patológico resulta desse contato ou inversamente.

"Se pudéssemos conectar deliberada e voluntariamente os centros de nossa consciência ordinária ao centro intelectual superior, isso não seria para nós, em nosso estado presente, de nenhuma utilidade. Na maioria dos casos, quando de um contato acidental com o centro intelectual superior, o homem perde os sentidos. A inteligência é inundada pela torrente dos pensamentos, das emoções, das imagens e das visões que repentinamente irrompem nele. E, em vez de um pensamento vivo ou de uma emoção viva, só resulta, ao contrário, um branco completo, um estado de inconsciência. A memória lembra-se apenas do primeiro momento, quando o espírito é como que submerso, e do último, quando o fluxo se retira e se recupera os sentidos. Mas mesmo esses momentos são tão ricos de cores, com mil nuances que não há nada a que se possa compará-los entre as sensações ordinárias da vida. Habitualmente é tudo o que resta das experiências chamadas místicas ou extáticas que resultam de um contato momentâneo com um centro superior. E é muito raro que um espírito, por mais preparado que seja, consiga apreender e guardar a lembrança de alguma coisa que tenha sentido e compreendido nesse momento de êxtase. No entanto, mesmo em tais casos, os centros intelectual, emocional e motor lembram-se à sua maneira e transmitem tudo a seu modo, isto é, traduzem, na linguagem das sensações quotidianas, sensações absolutamente novas, nunca experimentadas antes; reduzem às formas do mundo tridimensional coisas que estão muito além das nossas medidas ordinárias; e, desse modo, desnaturam até os mínimos vestígios do que, em sua memória, poderia subsistir dessas experiências não habituais. Nossos centros ordinários, quando transmitem as impressões dos centros superiores, são comparáveis a cegos falando de cores, a surdos falando de música.

"Para obter uma ligação correta e permanente entre os centros inferiores e os centros superiores, é necessário regular e ativar o trabalho dos centros inferiores.

"Além disso, como já foi dito, os centros inferiores trabalham mal, porque, com muita freqüência, em vez de desempenhar respectivamente suas funções, um ou outro assume o trabalho dos outros centros. Isso reduz consideravelmente a velocidade de funcionamento da máquina e torna muito difícil a aceleração do trabalho dos centros. Assim, para poder regular e acelerar o trabalho dos centros inferiores, o primeiro objetivo deve ser libertar cada centro de todo trabalho que não seja o seu próprio ou que não lhe seja natural e levá-lo novamente a seu próprio trabalho, que pode realizar melhor que qualquer outro centro.

"Quanta energia é assim gasta num trabalho fundamentalmente inútil e nocivo de todos os pontos de vista: atividade das emoções desagradáveis, expressão de sensações desagradáveis, preocupação, inquietação, pressa e toda a seqüela dos atos automáticos inteiramente destituídos de características de necessidade. Inúmeros exemplos de tal atividade inútil poderiam facilmente ser dados. Antes de tudo, há esse fluxo incessante dos pensamentos que não podem ser nem detidos nem controlados e toma enorme quantidade de nossa energia. A seguir, há a tensão contínua e completamente supérflua dos *músculos* de nosso organismo. Nossos músculos são contraídos, mesmo quando não fazemos nada. Para o mínimo trabalho, uma parte considerável de nossa musculatura entra imediatamente em ação, como se se tratasse de efetuar o maior esforço. Para apanhar uma agulha do chão, um homem despende tanta energia quanto para levantar um homem de seu próprio peso. Para escrever uma carta de duas palavras, desperdiçamos uma força muscular que bastaria para escrever um grosso volume. Mas o pior é que gastamos nossa energia muscular continuamente, mesmo quando não fazemos nada. Quando andamos, os músculos de nossos ombros e de nossos braços ficam tensos sem a mínima necessidade; quando estamos sentados, os músculos de nossas pernas, de nosso pescoço, de nossas costas e de nosso ventre estão contraídos não menos inutilmente; mesmo dormindo, contraímos os músculos dos braços, das pernas, do rosto e de todo o corpo e não compreendemos que, nesse perpétuo estado de alerta em vista de esforços que nunca teremos que fazer, gastamos muito mais energia do que seria necessário para realizar um trabalho útil, real, durante toda uma vida.

"Além disso, podemos assinalar o hábito de falar ininterruptamente de tudo a todo o mundo e, quando não há ninguém, de falar para si mesmo; o hábito de viver de quimeras, o perpétuo devaneio, nossos humores cambiantes, as contínuas passagens de um sentimento a outro e esses milhares de coisas completamente inúteis que o homem se crê obrigado a sentir, pensar, fazer ou dizer.

"Para regular e equilibrar o trabalho dos três centros cujas funções constituem nossa vida é indispensável economizar a energia produzida por nosso organismo; não se deve desperdiçá-la num funcionamento inútil, mas poupá-la para a atividade que unirá gradualmente os centros inferiores aos centros superiores.

"Tudo o que foi dito anteriormente do trabalho sobre si, da elaboração da unidade interior e da passagem dos homens n°s 1, 2 e 3 ao nível dos homens n? 4, n? 5 e além, persegue um único e mesmo fim. O que se denomina "corpo astral", segundo uma terminologia especial, é chamado, segundo outra, "centro emocional superior", embora a diferença não resida aqui apenas na terminologia. Trata-se, para falar mais corretamente, de diferentes aspectos do próximo estágio evolutivo do homem. Pode-se dizer que o "corpo astral" é necessário ao funcionamento completo e adequado do "centro emocional superior" em acordo com os centros inferiores ou, ainda, que o "centro emocional superior" é necessário ao trabalho do "corpo astral".

"O "corpo mental" corresponde ao "centro intelectual superior". Seria falso dizer que são uma única e mesma coisa. Mas um exige o outro, um não pode existir sem o outro, um é a expressão de certos aspectos e funções do outro.

"O "quarto corpo" exige o trabalho completo e harmonioso de todos os centros; e implica um controle completo sobre esse trabalho de que é também a expressão.

"O que é necessário compreender bem (e o que a "tabela dos hidrogênios" nos ajuda a compreender) é a idéia da completa materialidade de todos os processos interiores psíquicos, intelectuais, emocionais, voluntários e outros, inclusive as inspirações poéticas mais exaltadas, os êxtases religiosos e as revelações místicas.

"A materialidade dos processos significa que dependem da qualidade da matéria ou da substância empregada. Certo processo exige o dispêndio ou, poder-se-ia dizer, a combustão do hidrogênio 48; outro processo, porém, não pode ser obtido pela combustão do hidrogênio 48; requer uma substância mais fina ou *mais combustível*, o hidrogênio 24. Para um terceiro processo, o hidrogênio 24 é fraco demais; é necessário o hidrogênio 12.

"Vemos, assim, que nosso organismo possui as diversas espécies de combustíveis necessárias aos diferentes centros. Os centros podem ser comparados a máquinas que utilizam combustíveis de diversas qualidades. Uma máquina pode trabalhar com óleo cru; outra reclama querosene; uma terceira pode trabalhar com gasolina. As substâncias finas de nosso organismo podem ser comparadas a substâncias de diferentes "graus de inflamabilidade" e o próprio organismo a um laboratório onde combustíveis variados, necessários aos diferentes centros, são preparados a partir de diversas espécies de matérias-primas. Mas, infelizmente, algo funciona mal no laboratório. As forças que controlam a repartição dos combustíveis entre os diferentes centros cometem erros freqüentes e os centros recebem um combustível ou muito fraco ou inflamável demais. Além disso, grande quantidade de todos os combustíveis produzidos é gasta de modo completamente improdutivo; há vazamentos e eles pura e simplesmente se perdem. A par disso, freqüentemente ocorrem explosões no laboratório e destroem, de uma só vez, todo o combustível que fora preparado para o dia seguinte, se não para um período muito maior de tempo e podem causar danos irreparáveis a toda a fábrica.

"Deve-se notar que o organismo produz habitualmente, durante um só dia, todas as substâncias necessárias para o dia seguinte. E acontece com muita freqüência que todas essas substâncias são gastas ou consumidas por alguma emoção completamente inútil e, em geral, totalmente desagradável. Os maus humores, as contrariedades, a angústia da expectativa de algo desagradável, a dúvida, o medo, um sentimento de ofensa, a irritação, cada uma dessas emoções, desde que alcance certo grau de intensidade, pode, em meia hora ou até em meio minuto, queimar todas as substâncias que tinham sido preparadas para o dia seguinte; mais ainda, uma simples explosão de cólera ou qualquer outra emoção violenta pode de um só golpe fazer explodir todas as substâncias que tinham sido preparadas no laboratório e deixar um homem completamente vazio por muito tempo, se não para sempre.

"Todos os processos psíquicos são materiais. Não há um só processo que não exija o dispêndio de certa substância correspondente. Se essa substância estiver presente, o processo se desenvolve. Mas, quando a substância está esgotada, o processo se detém."

Capítulo Dez

Certo dia, compareceram muitas pessoas que jamais tinham assistido as nossas reuniões. Uma delas perguntou: "Onde começa o caminho?" A pessoa que fazia a pergunta não tinha ouvido o que G. dissera dos quatro caminhos e empregava a palavra "caminho" no sentido religioso ou místico comum.

— É particularmente difícil compreender a idéia de caminho, disse G., porque se pensa comumente que o *caminho* (acentuou a palavra) começa no próprio nível em que se desenrola a nossa vida. Mas isso é completamente falso. O caminho começa num outro nível, muito superior. É exatamente o que não se compreende. Considera-se o ponto de partida do caminho muito mais acessível do que é na realidade. Vou tentar explicar-lhes isso.

"O homem vive *sob a lei do acidente* e sob duas espécies de influência que dependem também do acidente.

"As influências da primeira espécie são criadas *dentro da própria vida* ou pela própria vida. São as influências da raça, da nação, do país, do clima, da família, da educação, da sociedade, da profissão, das maneiras, dos costumes, da fortuna, da pobreza, das idéias correntes e assim por diante. As influências da segunda espécie, ao contrário, são criadas *fora dessa vida*; são as influências que nos vêm do círculo interior ou esotérico da humanidade; noutros termos, foram criadas sob outras leis, embora sobre esta mesma Terra. Essas influências diferem das primeiras, antes de tudo, em que são *conscientes* na origem. Significa que foram criadas conscientemente por homens conscientes, para fins determinados. As influências dessa espécie tomam habitualmente corpo sob a forma de doutrinas ou de ensinamentos religiosos, sistemas filosóficos, obras de arte e assim por diante.

"Essas influências são lançadas na vida para um objetivo definido e misturam-se às influências da primeira espécie. É preciso, porém, jamais esquecer que essas influências são conscientes só na origem. Ao penetrarem no grande turbilhão da vida, caem sob a lei comum do acidente e começam a agir *mecanicamente*; noutros termos, podem agir ou não sobre esse ou aquele homem; podem atingi-lo ou não. Sofrendo na vida, devido à transmissão e à interpretação, toda espécie de mudanças e alterações, as influências da segunda espécie reduzem-se a influências da primeira espécie, isto é, confundem-se de certo modo com elas.

"Pensemos nisso e veremos não ser difícil distinguir as influências criadas na vida das influências cuja fonte se encontra fora da vida. Enumerá-las, fazer o catálogo de umas e outras, é impossível. É necessário *compreender*. E tudo dependerá de nossa compreensão. Estamos perguntando onde começa o caminho. O início do caminho depende precisamente dessa compreensão ou da capacidade de distinguir as duas espécies de influência. Sua repartição, naturalmente, é desigual. Um homem está mais afinado com as influências cuja fonte está fora da vida e as recebe mais; outro recebe menos, um terceiro está quase completamente isolado delas. Isso, porém, é inevitável. Já é o destino. É preciso considerar a regra geral: o homem normal, vivendo em condições normais; sendo essas condições mais ou menos as mesmas para todo mundo, pode-se dizer que a dificuldade é a mesma para todos. E consiste em separar as duas espécies de influência. Se um homem, ao recebê-las, não as separar, não ver ou não sentir sua diferença, a ação dela sobre ele também não será separada, isto é, elas agirão da mesma maneira, no mesmo nível, e produzirão os mesmos resultados. Mas se um homem, no momento em que recebe essas influências, souber operar as discriminações necessárias e pôr de parte as que não são criadas dentro da própria vida, então tornar-se-á gradualmente mais fácil para ele separá-las e, depois de certo tempo, não poderá mais confundi-las com as influências ordinárias da vida.

"Os resultados das influências cuja fonte se encontra fora da vida acumulam-se nele, ele se *lembra* delas todas em conjunto, *sente-as* todas ao mesmo tempo. Elas começam a formar nele um certo todo. Ele mesmo não se dá conta claramente do que se trata; não percebe o porquê nem o como ou, então, se tenta dar-se explicações, o faz mal. Entretanto, o essencial não está nisso, mas no fato de que, ao acumular-se, os resultados dessas influências formam progressivamente nele uma espécie de *centro magnético*, que atrai todas as influências aparentadas e, desse modo, cresce. Se receber suficiente alimentação e se os outros lados de sua personalidade, resultantes das influências criadas dentro da vida, não oferecerem forte resistência, o centro magnético de um homem começará então a influir na sua orientação, obrigando-o a fazer uma reviravolta e até a pôr-se em marcha numa certa direção. Quando seu centro magnético adquiriu força e desenvolvimento suficientes, um homem já compreende a idéia do caminho e põe-se a buscá-lo. A busca do caminho pode consumir muitos anos e levar a nada. Depende das condições, das circunstâncias, do poder do centro magnético, do poder e direção das tendências interiores, que não estão interessadas de modo algum nessa busca e podem desviar um homem de sua meta no momento preciso em que aparece a possibilidade de atingi-la, isto é, de encontrar o caminho.

"Se o centro magnético trabalhar como deve e se o homem buscar realmente ou até mesmo se, fora de qualquer busca ativa, ele sentir de maneira justa, poderá encontrar *outro homem* que conheça o caminho e esteja ligado, diretamente ou por pessoas interpostas, a um centro cuja existência escape à lei do acidente e de onde provêm as idéias que formaram o centro magnético.

"Ainda aqui, há múltiplas possibilidades. Mas falaremos delas só mais tarde. Por agora, imaginemos alguém que tenha encontrado um homem que realmente conheça o caminho e esteja disposto a ajudá-lo. A influência desse homem atinge-o através do seu centro magnético. Desde então, *nesse lugar*, o homem está libertado da lei do acidente. Compreendamos, a influência do homem que conhece o caminho sobre aquele que não o conhece, é um tipo especial de influência, diferente das duas primeiras, antes de tudo pelo fato de ser uma influência *direta* e, em segundo lugar, uma influência *consciente*. As influências da segunda espécie, que criam o centro magnético, são conscientes em sua origem, mas depois são jogadas no turbilhão geral da vida, onde se misturam com as influências criadas pela própria vida e caem, por sua vez, sob a lei do acidente. As influências da terceira espécie escapam inteiramente ao acidente, elas próprias estão fora da lei do acidente e sua ação também está livre dela. As influências da segunda espécie podem chegar até nós através dos livros, dos sistemas filosóficos, dos rituais. As influências do terceiro gênero só podem agir diretamente de uma pessoa a outra, por meio da transmissão oral.

"O momento em que um homem que busca o caminho encontra um homem que o conhece denomina-se *primeiro umbral* ou *primeiro degrau*. A partir desse primeiro umbral, começa a *escada*. Entre a "vida" e o "caminho", há a "escada". É somente pela "escada" que um homem pode entrar no "caminho". Além disto, o homem sobe esta escada com a ajuda de seu guia; não pode subi-la sozinho. O *caminho* só começa no topo da *escada*, isto é, depois do *último degrau* ou do *último umbral*, num nível muito acima da vida ordinária.

"Por conseguinte, é impossível responder à pergunta: *onde começa o caminho?* O caminho começa com algo que em absoluto não está na vida; como, pois, seria possível precisar sua origem? Diz-se, às vezes, que na ascensão da escada, o homem nunca está seguro de nada, que pode duvidar de tudo, de suas próprias forças, da justeza do que faz, de seu *guia*, do saber e dos poderes deste último. O que ele atinge é muito instável: mesmo que tenha conseguido chegar bastante alto na escada, pode ainda cair e deve recomeçar tudo. Mas, quando transpuser o último umbral e tiver entrado no caminho, tudo muda. Primeiro, todas as dúvidas que podia ter com relação a seu guia desaparecem e, ao mesmo tempo, seu guia se torna muito menos necessário para ele do que antes. Em muitos sentidos, agora pode até ser independente, porque sabe para onde vai. Depois não pode mais perder tão facilmente os resultados de seu trabalho e nem cair de novo no nível da vida ordinária. Mesmo que se afaste do caminho, será impossível que volte a seu ponto de partida.

"É mais ou menos tudo o que se pode dizer da "escada" e do "caminho" em geral, mas há diferentes caminhos. Já falamos deles. Por exemplo, no quarto caminho, há condições especiais que não existem nos outros. Assim, na ascensão da escada, no quarto caminho, uma das condições é que um homem não pode subir o degrau seguinte antes de ter colocado alguém em seu próprio degrau. O outro, por sua vez, deve colocar um terceiro em seu lugar, se ele próprio quiser ascender um degrau. Portanto, quanto mais um homem sobe, tanto mais se vê na dependência dos que o seguem. Se eles param, ele também pára. Tais situações são igualmente encontradas no caminho. Pode ocorrer, por exemplo, que um homem alcance poderes especiais e, em seguida, tenha que sacrificá-los para elevar outras pessoas até seu nível. Se as pessoas com quem trabalha atingem o seu nível, receberá de volta tudo o que tiver sacrificado. Mas se não atingirem, ele pode perder tudo.

"Há também diversas possibilidades quanto à situação do mestre em relação ao centro esotérico, conforme saiba mais ou menos sobre esse centro. Por exemplo, o mestre pode saber exatamente onde está o centro esotérico e como se pode receber ajuda dele; ou então, pode ignorá-lo e conhecer somente o homem de quem ele próprio recebeu seu saber. Na maioria dos casos, no início, o discípulo só conhece o degrau que lhe é imediatamente superior. E é só na medida de seu próprio desenvolvimento que poderá ver mais longe e reconhecer de onde vem o que sabe.

"Pouco importa que um homem, tendo assumido o papel de mestre, saiba ou não exatamente a origem do que ensina; os resultados de seu trabalho dependerão, antes de tudo, deste fato: suas idéias provêm *realmente* ou não do centro esotérico e ele mesmo compreende as *idéias esotéricas*, isto é, é capaz de distinguir as idéias do conhecimento objetivo das idéias subjetivas, científicas ou filosóficas?

Falei até agora do verdadeiro centro magnético, do verdadeiro guia e do verdadeiro caminho. Mas pode ocorrer que o centro magnético tenha sido mal formado. Pode estar dividido em si mesmo, isto é, pode encerrar contradições. Além disso, influências da primeira espécie, criadas pela vida, podem ter entrado nele sob a aparência de influências da segunda espécie, ou então os vestígios das influências da segunda espécie podem ter sido desvirtuados a ponto de terem-se tornado exatamente o contrário do que eram. Um centro magnético mal formado não poderia dar uma orientação verdadeira. Um homem cujo centro magnético é dessa espécie pode estar também em busca do caminho e encontrar outro homem que se dirá um mestre, pretenderá conhecer o caminho e estar ligado a um centro que se encontra fora da lei do acidente. Mas esse homem pode não conhecer realmente o caminho e não estar relacionado com tal centro. Aqui, também, há muitas possibilidades.

1ª Ele pode enganar-se de boa fé e imaginar conhecer alguma coisa, embora na realidade não conheça nada.

2ª Pode acreditar em outro homem, que por sua vez pode enganar-se.

3ª Pode enganar conscientemente.

"Por conseguinte, se aquele que busca o caminho acredita em tal homem, este pode conduzi-lo numa direção completamente diferente da que lhe fora prometida; pode ser conduzido para muito longe do bom caminho e levado a resultados absolutamente inversos aos que teria podido atingir.

"Felizmente, isto só acontece muito raramente, pois os maus caminhos são muitos, mas na imensa maioria dos casos não levam a parte alguma. O homem simplesmente gira em círculos no mesmo lugar, enquanto pensa estar seguindo o caminho.

— Como se pode reconhecer um caminho falso? perguntou alguém.

— Como se pode reconhecê-lo? disse G. É impossível reconhecer um caminho falso, se não se conhecer o verdadeiro. Isso significa que é inútil preocupar-se em reconhecer um caminho falso. Mas é necessário perguntar-se como se pode encontrar o verdadeiro. Aqui não falamos de outra coisa. Mas isso não pode ser resumido em duas palavras. Entretanto, a partir do que lhes disse, podem tirar muitas conclusões úteis, se se lembrarem de tudo. Por exemplo, podem ver que o "mestre" corresponde sempre ao nível do "aluno". Se o nível deste for elevado, o do mestre também poderá ser. Mas um aluno cujo nível não for particularmente elevado não poderá contar com um mestre de nível muito alto. De fato um aluno nunca pode ver o nível de seu mestre. É a lei. Ninguém pode ver mais alto que seu próprio nível. Mas a maioria das pessoas ignora essa lei e, de modo geral, quanto mais baixo é seu nível, mais reclamam um mestre de um nível superior. Compreender bem isso já é compreender muito. Mas o caso é muito raro. Em geral, o próprio discípulo não vale um tostão, mas não quer outro mestre a não ser Jesus Cristo. Um mestre menos elevado é indigno dele. E nunca lhe virá à mente que, mesmo que viesse a encontrar um mestre como aquele que nos é retratado pelos Evangelhos, não seria capaz de segui-lo; com efeito, para ser seu discípulo deveria ter o nível de um apóstolo. Essa é uma lei inflexível. Quanto maior o mestre, mais difícil é segui-lo. E, se a diferença entre os níveis do mestre e do aluno ultrapassar certo limite, o aluno então encontrará dificuldades insuperáveis no caminho. Uma das regras fundamentais do quarto caminho está diretamente relacionada com essa lei. No quarto caminho só há *um* mestre. Quem é mais antigo é o mestre. E tanto quanto o mestre é indispensável ao aluno, o aluno é indispensável ao mestre. O aluno não pode progredir sem mestre e o mestre não pode progredir sem um aluno ou alunos. E não é esta uma consideração geral, mas uma regra indispensável e absolutamente concreta em que se baseia a lei de toda ascensão humana. Como se disse anteriormente, *ninguém pode elevar-se a um degrau superior da escada antes de ter posto alguém em seu próprio lugar*. O que um homem adquiriu, deve imediatamente devolver; só então poderá adquirir mais. De outro modo, ser-lhe-á arrebatado mesmo aquilo que lhe fora dado.

Numa certa ocasião, pedindo-me G. que repetisse o que ele dissera sobre o caminho e sobre o centro magnético, resumi sua idéia no diagrama da página seguinte.

Depois de uma conversa bastante longa sobre o ser e o saber, G. disse:

— A rigor, vocês ainda não têm o direito de falar do saber, porque não sabem onde começa o saber.

"*O saber começa com o ensinamento dos cosmos.*

"Conhecem as expressões "macrocosmos" e "microcosmos". Significam "grande cosmos" e "pequeno cosmos", "grande mundo" e "pequeno mundo". O universo é considerado um "grande cosmos" e o homem um "pequeno cosmos" análogo ao grande. Assim fica estabelecida, de certo modo, a idéia da unidade e da similitude do homem e do mundo.

"A doutrina dos dois cosmos encontra-se na Cabala e outros sistemas mais antigos. Mas essa doutrina é *incompleta* e é impossível tirar alguma coisa dela, fundamentar alguma coisa sobre ela, porque este ensinamento é só um fragmento, um pedaço de um ensinamento esotérico mais antigo, muito mais completo, sobre os cosmos ou mundos encaixados uns dentro dos outros e todos criados à imagem e semelhança do maior deles, que contém em si todos os outros. "O que está em cima" é como o que está em baixo" é uma expressão que se refere aos cosmos.

"É essencial, porém, saber que a doutrina *completa* dos cosmos não fala de dois, mas de sete cosmos contidos uns dentro dos outros.

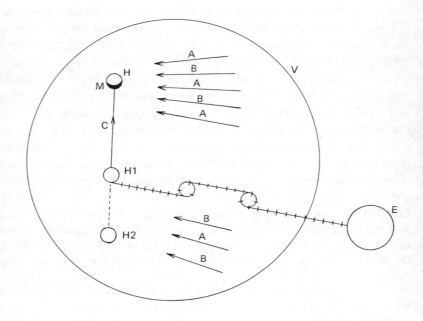

V ..... vida.
H ..... um homem considerado isoladamente.
A ..... influências criadas na vida pela própria vida — primeira espécie de influências.
B ..... influências criadas fora da vida, mas jogadas no turbilhão geral da vida — segunda espécie de influências.
H_1 ... um homem ligado por via de sucessão ao centro esotérico ou pretendendo estar ligado a ele.
E ..... centro esotérico, situado fora das leis gerais da vida.
M .... centro magnético no homem.
C ..... influência do homem H_1 sobre o homem H; no caso de uma ligação real com o centro esotérico, seja essa ligação direta ou indireta, trata-se de uma influência de terceira espécie. Essa influência é *consciente* e, sob sua ação, num ponto M, que designa o centro magnético, um homem se torna livre da lei do acidente.
H_2 ... um homem que se engana a si mesmo ou engana os outros, não tendo nenhuma ligação, nem direta nem indireta, com o centro esotérico.

"Só uma visão global de sete cosmos, em suas relações mútuas, pode dar-nos um quadro completo do universo. A idéia de dois cosmos análogos, único vestígio acidentalmente salvo de um grande ensinamento completo, é tão parcial que não pode dar nenhuma idéia da analogia entre o homem e o mundo.

"A doutrina dos cosmos considera sete cosmos.

"O primeiro é o *Protocosmos* – o "primeiro cosmos".

"O segundo é o *Ayocosmos* – o santo cosmos ou Megalocosmos, o "grande cosmos".

"O terceiro é o *Macrocosmos* – o "vasto cosmos".

"O quarto é o *Deuterocosmos* – o "segundo cosmos".

"O quinto é o *Mesocosmos* – o "cosmos intermediário".

"O sexto é o *Tritocosmos* – o "terceiro cosmos".

"O sétimo é o *Microcosmos* – o "pequeno cosmos".

"O *Protocosmos* é o Absoluto no raio de criação ou mundo 1. O *Ayocosmos* é o mundo 3 ("Todos os Mundos" no raio de criação). O *Macrocosmos* é nosso mundo estelar ou Via Láctea (mundo 6 no raio de criação). O *Deuterocosmos* é o Sol, o sistema solar (mundo 12). O *Mesocosmos* é "Todos os Planetas" (mundo 24) ou a Terra, como representante do mundo planetário. O *Tritocosmos* é o homem. O *Microcosmos* é o "átomo".

— Como já expliquei, disse G., chama-se "átomo" a menor quantidade de qualquer substância que retém todas as suas propriedades físicas, químicas, psíquicas e cósmicas. Deste ponto de vista, pode haver, por exemplo, um "átomo de água".

"Vêem que, na ordem geral dos sete cosmos, o Microcosmos e o Macrocosmos estão tão afastados um do outro que é impossível ver ou estabelecer entre eles uma analogia direta.

"Cada cosmos é um ser animado que vive, respira, pensa, sente, nasce e morre.

"Todos os cosmos resultam da ação das mesmas forças e das mesmas leis. As leis são as mesmas em toda parte, mas não se manifestam exatamente do mesmo modo nos diferentes planos do universo, isto é, nos diferentes níveis. Os cosmos não são, portanto, exatamente análogos uns aos outros. Sua analogia seria total se não existisse a lei de oitava; mas, em virtude da existência dessa lei, não há analogia completa entre eles, do mesmo modo que a analogia não é completa entre as diferentes notas da oitava. Somente *três* cosmos tomados em conjunto são perfeitamente análogos a qualquer outro grupo de três cosmos.

"As condições da ação das leis em cada plano, isto é, em cada cosmos, são determinadas pelos dois cosmos adjacentes, o que está em cima e o que está embaixo. Três cosmos imediatamente contíguos dão uma imagem completa de manifestação das leis do universo. Esta imagem não pode ser dada por um só cosmos. Assim, para conhecer bem um cosmos, é indispensável conhecer os dois cosmos adjacentes, o que está em cima e o que está embaixo, isto é, o que é maior e o que é menor. Tomados em conjunto, esses dois cosmos determinam o terceiro que se encontra entre eles. O Mesocosmos e o Microcosmos tomados em conjunto determinam o Tritocosmos. O Deuterocosmos e o Tritocosmos determinam o Mesocosmos e assim por diante.

"A relação de um cosmos a outro é diferente da relação de um mundo a outro no "raio de criação". No "raio de criação", os mundos são considerados segundo a relação real em que, de nosso ponto de vista, existem no universo: a Lua, a Terra, os Planetas, o Sol, a Via Látea, Todos os Mundos e o Absoluto. Por conseqüência, o sistema de relação dos mundos tomados dois a dois no "raio de criação" não é quantitativamente o mesmo. Num caso ou num nível, esse sistema é maior, como por exemplo a relação de "Todos os Sóis" com nosso Sol; num outro caso, em outro nível, é menor — por exemplo, a relação da Terra com a Lua. Ao contrário, entre os cosmos, a relação é permanente e sempre a mesma. Noutros termos, de um cosmos a outro, a relação é sempre de *zero ao infinito*. Isto significa que a relação do Microcosmos com o Tritocosmos é a mesma que a de zero ao infinito; a relação do Tritocosmos ao Mesocosmos é a de zero ao infinito; a relação do Mesocosmos ao Deuterocosmos é a de zero ao infinito e assim por diante.

"Para compreender o sentido dessa divisão entre os cosmos e a relação dos cosmos uns com os outros, é indispensável compreender o que significa a relação de zero ao infinito. Se compreendermos o que isso significa, o princípio da divisão do universo em cosmos, a necessidade de tal divisão e a impossibilidade de se ter uma imagem mais ou menos clara do mundo sem essa divisão, tornar-se-ão imediatamente evidentes para nós.

"A idéia dos cosmos ajuda-nos a compreender nosso lugar no mundo e resolve numerosos problemas, como por exemplo os relativos ao espaço, ao tempo ...

"Sobretudo, essa idéia permite-nos estabelecer com precisão o *princípio de relatividade*. Este último princípio é particularmente importante, porque sem ele é de todo impossível fazer uma concepção exata do mundo.

"A idéia dos cosmos permite-nos colocar o estudo da relatividade em base sólida. À primeira vista, o sistema dos cosmos pode parecer muito paradoxal. Na realidade, entretanto, esse paradoxo aparente é justamente uma expressão da relatividade.

"A idéia da possibilidade de uma ampliação da consciência do homem e de um aumento de suas capacidades de conhecimento está em relação direta com a doutrina dos cosmos. Em seu estado ordinário, um homem é consciente dele mesmo em *um só cosmos* e considera todos os outros cosmos do ponto de vista de um só cosmos. A ampliação de sua consciência e a intensificação de suas funções psíquicas conduzem-no à esfera da atividade e da vida de *dois outros* cosmos simultaneamente, um maior e outro menor, um em cima e outro em baixo. A ampliação da consciência não se faz numa só direção, a dos cosmos superiores; ao elevar-se, ela também desce.

"Essa última idéia talvez explique algumas expressões que podem ter encontrado na literatura oculta; por exemplo, este adágio segundo o qual "o caminho que sobe é também o caminho que desce". Em geral, essa expressão é muito mal interpretada.

"Na realidade, ela quer dizer que a consciência de um homem que passou, por exemplo, ao nível do mundo planetário, atingiu ao mesmo tempo o nível do mundo atômico: quando um homem começa a sentir a vida dos planetas, começa ao mesmo tempo a sentir a vida dos átomos. Dessa maneira, a ampliação da consciência se opera simultaneamente em duas direções, na do maior e na do menor. Para serem conhecidos, um e outro, o maior e o menor, exigem igualmente do homem uma mudança interior. Se se buscam paralelos ou analogias entre os cosmos, podemos considerar cada um deles segundo três relações:

1ª na sua relação com ele mesmo;
2ª na sua relação com um cosmos superior ou mais vasto;
3ª na sua relação com um cosmos inferior ou menor.

"A manifestação das leis de um cosmos em outro cosmos constitui o que chamamos um *milagre*. Não pode haver nenhuma outra espécie de milagre. Um milagre não é nem uma violação das leis, nem um fenômeno fora das leis. É um fenômeno que ocorre num cosmos de acordo com as leis de outro cosmos. Essas leis são-nos desconhecidas e incompreensíveis e são, portanto, *milagrosas*.

"Para compreender as leis da relatividade, é muito útil examinar a vida e os fenômenos de um cosmos como se os observássemos de outro cosmos, isto é, do ponto de vista das leis de outro cosmos. Todos os fenômenos da vida de um dado cosmos, examinados de outro cosmos, assumem aspecto e significação completamente diferentes. Numerosos fenômenos aparecem, outros desaparecem. Em geral, nossa imagem do mundo e das coisas fica, por essa razão, completamente modificada.

"Como acabamos de dizer, só a idéia dos cosmos pode assegurar-nos uma base sólida para o estabelecimento das leis da relatividade. É na compreensão das leis da relatividade que deveriam estar fundadas a verdadeira ciência e a verdadeira filosofia. *Por conseguinte, é possível dizer que a ciência e a filosofia, no verdadeiro sentido dessas palavras, começam com a idéia dos cosmos."*

Depois de um silêncio bastante longo, G. voltou-se para mim e acrescentou:

— Tente retomar tudo o que acabo de expor, do ponto de vista de suas dimensões.

— Tudo o que o senhor disse está, sem a menor dúvida, ligado ao problema das dimensões. Mas antes de tratar disso, gostaria de elucidar uma questão que não está de todo clara para mim. Refere-se a suas idéias sobre o Microcosmos. Estamos habituados a ligar a idéia do Microcosmos à do homem. Isto significa que o homem representa um mundo em si mesmo. Um mundo análogo ao grande mundo, o Macrocosmos. Mas o senhor dá ao homem o nome de Tritocosmos, isto é, de terceiro mundo. Por que terceiro? O primeiro é o Protocosmos; o segundo é o sol ou Deuterocosmos. Por que é o homem o terceiro cosmos?

— É difícil explicá-lo hoje, respondeu G.. Compreenderá isso mais tarde.

— Mas o senhor quer realmente dizer que o conceito de Microcosmos não pode ser relacionado com o homem? perguntou uma das pessoas presentes. Isso transtorna estranhamente a terminologia.

— Sim, disse G.. O homem é o Tritocosmos. O Microcosmos é o átomo ou melhor — buscava a palavra — o micróbio. Mas não se detenha nessa questão. Tudo isso será explicado mais tarde.[1]

Depois, voltando-se de novo para mim:

— Veja como poderia explicar isso do seu ponto de vista, tomando tudo exatamente como eu disse.

— Necessitamos antes de tudo, examinar o que significa a relação de zero ao infinito, disse eu. Se o compreendermos, compreenderemos a relação de um cosmos a outro. No mundo acessível a nosso estudo, temos um exemplo perfeitamente claro da relação de zero ao infinito. Em geometria, é a relação de uma unidade de certo número de dimensões com uma unidade de um número maior de dimensões. A relação de um ponto a uma linha, de uma linha a uma superfície, de uma superfície a um sólido, de um sólido, isto é, de um corpo tridimensional a um corpo tetradimensional e assim por diante.

"Se adotarmos esse ponto de vista, deveremos admitir que a relação de um cosmos a outro é a relação de dois corpos de dimensões diferentes. Se um cosmos é tridimensional, então o cosmos imediatamente acima dele deverá ser de quatro dimensões; o seguinte, de cinco dimensões e

---

(1) Menciono este ponto porque G. fez-lhe modificações mais tarde.

assim por diante. Se considerarmos o "átomo" — ou o "micróbio", segundo sua expressão — isto é, o Microcosmos, como um ponto, então em relação a esse ponto o homem será uma *linha*, isto é, uma figura de uma dimensão. O cosmos seguinte, a Terra, será, em relação ao homem, uma superfície, isto é, terá duas dimensões, como é verdadeiramente o caso para a nossa percepção direta. O Sol, o sistema solar, será tridimensional para a Terra. O mundo estelar terá quatro dimensões para o Sol. "Todos os Mundos" terão cinco dimensões e o Absoluto ou Protocosmos, seis dimensões.

"O que mais me interessa pessoalmente nesse sistema dos cosmos é que vejo neles todo o "período de dimensões" de meu livro *Um Novo Modelo do Universo*. Não se trata apenas de uma coincidência de detalhes, é absolutamente idêntico. É estranho, pois nunca ouvira falar de sete cosmos numa relação mútua de acordo com a relação de zero ao infinito. No entanto, isso coincide exatamente com meu "período de dimensões".

"O "período de dimensões" engloba sete dimensões: a dimensão zero, a primeira, a segunda, e assim por diante, até a sexta dimensão. A dimensão zero, ou o ponto, é um *limite*. Isto significa que vemos alguma coisa como um ponto, mas não sabemos o que se esconde por trás desse ponto. Talvez seja realmente um ponto, isto é, um corpo sem dimensões, e também pode ser todo um universo, mas um universo tão afastado de nós, ou tão pequeno, que nos aparece como um ponto. O movimento desse ponto no espaço nos aparecerá como uma linha. Do mesmo modo, o próprio ponto verá o espaço ao longo do qual se move como uma linha. O movimento da linha numa direção perpendicular a si mesma será um plano e a própria linha verá o espaço sobre o qual se move sob a forma de um plano.

"Examinei até agora a linha do ponto de vista do ponto e o plano do ponto de vista da linha, mas o ponto, a linha e o plano também podem ser considerados do ponto de vista de um corpo tridimensional. Neste caso, a superfície será o limite do corpo ou sua face ou a sua seção. A linha será o limite ou a seção do plano. O ponto será o limite ou a seção da linha.

"Um corpo tridimensional difere do ponto, da linha e da superfície por ter uma existência física real para nossa percepção.

"De fato, a superfície é só uma projeção de um corpo, a linha a projeção de um plano e o ponto a projeção de uma linha.

"Um "corpo" tem uma existência física independente, isto é, possui diferentes propriedades físicas.

"Quando dizemos que uma coisa "existe", queremos dizer com isto que ela existe no tempo. Mas não há tempo no espaço tridimensional. O tempo encontra-se fora do espaço de três dimensões. O tempo, como o sentimos, é a quarta dimensão. Para nós, a existência é a existência no tempo. A existência no tempo é movimento ou extensão ao longo da quarta dimensão; se pensarmos na vida como num corpo de quatro dimensões, então um corpo tridimensional será sua seção, sua projeção ou seu limite.

"Mas a existência no tempo não abrange todos os aspectos da existência. Fora da existência no tempo, tudo o que existe, existe também na eternidade.

"A eternidade é a existência infinita de cada momento do tempo. Se concebermos o tempo como uma linha, então essa linha será atravessada em cada ponto pelas linhas da eternidade. Cada ponto da linha do tempo será uma linha na eternidade. A linha do tempo será um plano de eternidade. A eternidade tem uma dimensão a mais que o tempo. Por conseguinte, se o tempo é a quarta dimensão, a eternidade é a quinta dimensão. Se o espaço do tempo é de quatro dimensões, o espaço da eternidade é de cinco dimensões.

"Mas, para compreender a idéia da quinta e da sexta dimensões, deve estabelecer-se uma certa concepção do tempo.

"Cada momento do tempo contém certo número de possibilidades, às vezes um pequeno número, às vezes um grande número, mas nunca um número infinito. É indispensável dar-se conta de que há possibilidades e de que há impossibilidades. Posso pegar um pedaço de papel, um lápis ou um cinzeiro de sobre esta mesa e jogá-los ao chão, mas não posso pegar sobre esta mesa e jogar ao chão uma laranja que não esteja sobre a mesa. Isto define claramente a diferença entre possibilidade e impossibilidade. Há toda uma série de combinações possíveis quanto às coisas que podem ser jogadas desta mesa ao chão. Posso jogar ao chão o lápis, ou o pedaço de papel, ou o cinzeiro, ou ainda, o lápis e o papel, o lápis e o cinzeiro, ou todos os três juntos, ou nada. Mas só há essas possibilidades. Se considerarmos como um momento do tempo o momento em que existem essas possibilidades, então o momento seguinte será o momento da realização de uma dessas possibilidades. O lápis é jogado ao chão. É a realização de uma das possibilidades. Depois vem um momento novo. Este momento tem também um número definido de possibilidades. E o momento seguinte será de novo o momento da realização de uma dessas possibilidades. A sucessão desses momentos de realização de uma possibilidade constitui a linha do tempo. Mas cada momento do tempo tem uma existência infinita na eternidade. As possibilidades que foram realizadas continuam a ser realizadas sem fim na eternidade, enquanto as possibilidades não realizadas não cessam de permanecer não realizadas e não realizáveis.

"Mas todas as possibilidades que foram criadas ou têm origem no mundo devem ser realizadas. A realização de todas as possibilidades criadas ou manifestadas constitui o ser do mundo. Ao mesmo tempo, não há nenhum lugar para a realização dessas possibilidades nos limites da eternidade. Na eternidade, tudo o que foi realizado continua a ser realizado e tudo o que não foi realizado não cessa de permanecer não realizado. A eternidade, entretanto, é apenas um plano atravessado pela linha do tempo. Em cada ponto dessa linha permanece certo número de possibilidades não realizadas. Se imaginarmos a linha de realização dessas possibilidades, elas se efetuarão ao longo dos raios provenientes de um só ponto, segundo ângulos diferentes em relação à linha do tempo e ao plano da eternidade. Essas linhas se desenvolverão fora da eternidade, fora do espaço de cinco dimensões, numa "eternidade mais alta" ou num espaço de seis dimensões, na sexta dimensão.

"A sexta dimensão é a linha de realização de todas as possibilidades.

"A quinta dimensão é a linha da existência eterna ou da repetição das possibilidades realizadas.

"A quarta dimensão é a seqüência dos momentos de realização de uma possibilidade.

"Eu disse que sete dimensões, da dimensão zero à sexta dimensão, constituem todo o "período de dimensões". Além desse período, não há nada ou então o mesmo período pode repetir-se em outra escala.

"Como já assinalei, o sistema dos cosmos que acaba de nos ser exposto, toca-me sobretudo porque corresponde plenamente ao "período de dimensões" que é a base de meu livro. A única diferença é que esse sistema dos cosmos vai ainda mais longe e explica muitas coisas que eu não pudera elucidar.

"De modo que, se tomarmos o Microcosmos, isto é, o "átomo" ou o "micróbio", como o senhor o definiu, o Tritocosmos será para ele um espaço de quatro dimensões, o Mesocosmos um espaço de cinco dimensões e o Deuterocosmos um espaço de seis dimensões.

"Isto significa que todas as possibilidades do "átomo" ou do "micróbio" são realizadas nos limites do sistema solar.

"Se considerarmos o homem como o Tritocosmos, então para ele o Mesocosmos será um espaço de quatro dimensões, o Deuterocosmos um espaço de cinco dimensões e o Macrocosmos um espaço de seis dimensões. Isto quer dizer que todas as possibilidades do Tritocosmos são realizadas no Macrocosmos.

"Pela mesma razão, todas as possibilidades do Mesocosmos são realizadas no Ayocosmos e todas as possibilidades do Deuterocosmos ou do Sol são realizadas no Protocosmos ou Absoluto.

"Tendo todos os cosmos uma existência física real, cada um deles é, por conseguinte, tridimensional para si mesmo ou em si mesmo. Em relação a um cosmos inferior ele é de quatro dimensões. Em relação a um cosmos superior, é um ponto. Noutros termos, em si mesmo ele é tridimensional, mas a quarta dimensão encontra-se para ele simultaneamente no cosmos acima e no cosmos abaixo. Este último ponto talvez seja o mais paradoxal, no entanto, é exatamente assim. Para um corpo tridimensional, tal como o é um cosmos, a quarta dimensão encontra-se tanto no reino das grandezas de ordem microscópica como no reino das grandezas de ordem macroscópica, não somente no reino do que é positivamente o infinito, mas no reino do que é positivamente zero.

"Além disso, devemos compreender que a tridimensionalidade de um só e mesmo corpo de seis dimensões pode ser de diferentes ordens. Só um corpo de seis dimensões pode ser completamente real. Um corpo de cinco dimensões é apenas um aspecto incompleto de um corpo de seis dimensões; um corpo de quatro dimensões é apenas um aspecto incompleto de um corpo de cinco dimensões; um corpo de três dimensões é apenas um aspecto incompleto de um corpo de quatro dimensões. E, naturalmente, um plano é apenas um aspecto incompleto de um corpo de três dimensões, isto é, a vista de apenas uma de suas faces. Da mesma maneira, uma linha é só um aspecto incompleto de um plano e um ponto só um aspecto incompleto de uma linha.

"Além disso, embora ignoremos como um corpo de seis dimensões possa ver-se a si mesmo como tridimensional, um observador que o olhe de fora também pode vê-lo como um corpo tridimensional, mas de um gênero de tridimensionalidade completamente diferente. Por exemplo, representamos a Terra como tridimensional. Esta tridimensionalidade é apenas imaginária. Como corpo tridimensional, a Terra é, para si mesma, algo completamente diferente do que é para nós. Temos uma visão imperfeita dela; vemo-la como a seção de uma seção de uma seção de seu ser completo. O "globo terrestre" é um corpo imaginário. É a seção de uma seção de uma seção da Terra de seis dimensões. Ora, essa Terra de seis dimensões também pode ser tridimensional para si mesma; só não podemos fazer nenhuma idéia da forma sob a qual a Terra se vê a si mesma.

"As possibilidades da Terra são realizadas no Ayocosmos; isto significa que no Ayocosmos a Terra é um corpo de seis dimensões. E, de fato, podemos ver até certo ponto de que modo a forma da Terra deve mudar. No Deuterocosmos, isto é, em relação ao Sol, a Terra não é mais um ponto (sendo o ponto tomado como uma escala reduzida de um corpo tridimensional), mas uma linha que traçamos como o caminho da Terra em torno do Sol. Se considerarmos o Sol no Macrocosmos, isto é, se representarmos a linha do movimento do Sol, então a linha do movimento da Terra tornar-se-á uma espiral circundando a linha do movimento do Sol. Se concebermos um movimento lateral dessa espiral, então esse movimento descreverá uma figura que não podemos imaginar, porque ignoramos a natureza de tal movimento, mas que será, entretanto, a figura de seis dimensões da Terra, que a própria Terra pode ver como uma figura de três dimensões. É indispensável estabelecer e compreender bem esse ponto, porque de outro modo a idéia da tridimensionalidade dos cosmos ficaria presa à *nossa* idéia dos corpos tridimensionais. *A tridimensionalidade de um só e mesmo corpo pode apresentar aspectos diferentes.*

"E este último ponto parece-me ligado ao que o senhor chama de "princípio de relatividade". Seu princípio de relatividade nada tem em comum, nem com o princípio de relatividade da mecânica, nem com o princípio de relatividade de Einstein. É exatamente aquele que descrevi no *Novo Modelo do Universo*: é o princípio de relatividade da existência".

Aqui terminava minha exposição do sistema dos cosmos do ponto de vista da teoria pluridimensional.

— Há numerosos elementos válidos, disse G., no que acaba de dizer, mas falta elaborá-los. Se o conseguisse, não tardaria a compreender muitas coisas que lhe escaparam até agora. Note, por exemplo, que o tempo é diferente nos diferentes cosmos. E pode ser calculado exatamente; noutros termos, é possível estabelecer com precisão a relação do tempo de um cosmos com o tempo de outro cosmos.

"Acrescentarei apenas isso:

"O tempo é respiração; tente compreendê-lo".

Não disse mais nada.

Mas, como soubemos mais tarde por um de seus alunos de Moscou, falando uma vez dos cosmos e do tempo diferente nos diferentes cosmos, G. dissera que o *sono* e a *vigília* dos diferentes seres e plantas, isto é, as vinte e quatro horas do dia e da noite, constituem a "respiração da vida orgânica".

A exposição de G. sobre os cosmos e a conversa que se seguiu tinham atiçado muito a minha curiosidade. Tínhamos passado assim diretamente do "universo tridimensional", com o qual havíamos começado, aos problemas que eu tinha aprofundado no *Novo Modelo do Universo*: os problemas do espaço e do tempo e das dimensões de ordem superior, que retinham minha atenção há muitos anos.

G., durante muitos meses, não acrescentou uma palavra ao que dissera sobre os cosmos.

Alguns de nós tentaram abordar esses problemas por diversos lados, mas embora tivéssemos todos sentido a força latente da idéia dos cosmos, não obtivemos, durante muito tempo, nenhum resultado. Estávamos particularmente embaraçados com o Microcosmos.

— Se fosse possível tomar o homem como o Microcosmos e o Tritocosmos como a espécie humana, ou melhor, como a vida orgânica, seria muito mais fácil estabelecer a relação do homem com os outros cosmos, disse a esse respeito um de nós, Z., que se esforçava comigo por compreender e desenvolver a idéia dos cosmos.

Mas, quando tentamos uma ou duas vezes falar disso com G., ele persistiu em suas definições.

Lembro-me de que um dia, quando G. deixava São Petersburgo — talvez fosse essa até sua última partida, em 1917 — um de nós lhe perguntou, na plataforma da estação, alguma coisa que tinha relação com os cosmos.

— Tentem compreender o que significa o Microcosmos, respondeu G.. Se conseguirem, então todo o resto, tudo aquilo sobre que me perguntam se tornará claro.

Lembro-me de que mais tarde, ao voltarmos de novo a essa questão, ela nos pareceu das mais fáceis de resolver, a partir do momento em que tomávamos o "Microcosmos" como o homem.

Havia certamente aí uma convenção, mas em perfeito acordo com todo o sistema que estudava o mundo e o homem. Cada ser vivo — um cão, um gato, uma árvore — podia ser tomado como um Microcosmos; a combinação de todos os seres vivos constituía o Tritocosmos ou a vida orgânica sobre a Terra. Essas definições me pareciam as únicas logicamente possíveis. E eu não podia compreender por que G. se opunha a elas.

Seja como for, tempos depois, examinando mais uma vez o problema dos cosmos, decidi considerar o homem como o Microcosmos e o Tritocosmos como a "vida orgânica sobre a Terra".

Dessa maneira, um grande número de coisas começou a parecer-me muito mais coerente. Um dia em que folheava um exemplar manuscrito dos "Vislumbres da Verdade" que G. me havia entregue, aquela história inacabada que fora lida no grupo de Moscou, a primeira vez que fui, descobri nela as expressões "Macrocosmos" e "Microcosmos"; e "Microcosmos" ali significava o homem:

> Agora vocês têm uma idéia das leis que governam a vida do Macrocosmos e regressaram à Terra. Lembrem-se: "O que está em cima é como o que está embaixo". Penso que agora, sem explicações suplementares, não se recusarão mais a admitir que a vida do homem individual — o Microcosmos — é governada pelas mesmas leis.
> — *Vislumbres da Verdade*.

Isto devia-nos reforçar ainda mais em nossa decisão de entender o termo "Microcosmos" como se aplicando ao homem. Mais tarde, porém, compreendemos claramente por que G. desejava fazer-nos aplicar o conceito "Microcosmos" a grandezas microscópicas em comparação com o homem e em que direção queria assim orientar nossos pensamentos.

Lembro-me de uma conversa sobre esse assunto.

— Se quisermos representar graficamente a inter-relação dos cosmos, dissera eu, devemos considerar o Microcosmos, isto é, o homem, um ponto; noutros termos, devemos considerá-lo numa escala muito pequena e, de certo modo, a uma distância muito grande de nós. Então, sua vida no Tritocosmos, isto é, entre seus semelhantes e na natureza, será a linha que ele traça na superfície do globo terrestre ao deslocar-se de um lugar para outro. No Mesocosmos, ou seja, em sua relação com o movimento de 24 horas da terra em torno de seu eixo, essa linha se tornará uma superfície, enquanto que, em sua relação com o Sol, isto é, levando em consideração o movimento da Terra em torno do Sol, ela se tornará um corpo tridimensional; noutros termos, tornar-se-á algo realmente existente, algo realizado. Mas, como o ponto essencial, isto é, o homem ou o Microcosmos, era também um corpo tridimensional, temos por conseguinte duas tridimensionalidades.

"Neste caso, todas as possibilidades do homem são realizadas no Sol. Isto corresponde ao que já foi dito, principalmente que o homem nº 7 *torna-se imortal nos limites do sistema solar.*

"Além do Sol, isto é, do sistema solar, o homem não tem nem pode ter nenhuma existência, ou seja, do ponto de vista do cosmos seguinte, não tem existência própria. O homem não existe de modo algum no Macrocosmos. O Macrocosmos é o cosmos em que são realizadas as possibilidades do Tritocosmos e o homem só pode existir no Macrocosmos como um átomo do Tritocosmos. As possibilidades da Terra são realizadas no Megalocosmos e as possibilidades do Sol são realizadas no Protocosmos.

"Se o Microcosmos ou o homem é um corpo tridimensional, então o Tritocosmos — a "vida orgânica sobre a Terra" — é um corpo de quatro dimensões; a Terra tem cinco dimensões e o Sol, seis.

"A teoria científica habitual considera o homem um corpo tridimensional; considera a vida orgânica sobre a Terra em conjunto mais um fenômeno do que um corpo tridimensional; considera a Terra um corpo tridimensional; o Sol, um corpo tridimensional; o sistema solar, um corpo tridimensional; e a Via Láctea também um corpo tridimensional.

"A inexatidão dessa maneira de ver torna-se evidente quanto tentamos conceber a existência de um cosmos inferior dentro de um cosmos superior, de um cosmos menor dentro de um cosmos maior — por exemplo, a existência do homem na vida orgânica ou em suas relações com a vida orgânica. Neste caso, a vida orgânica deve inevitavelmente ser considerada no tempo. A existência no tempo é uma extensão ao longo da quarta dimensão.

"A Terra não pode mais ser considerada um corpo tridimensional. Seria tridimensional se fosse estacionária. Seu movimento em redor de seu eixo torna o homem um ser de cinco dimensões, enquanto seu movimento em volta do Sol torna a própria Terra um ser de quatro dimensões. A Terra não é uma esfera mas uma espiral que envolve o Sol; e o Sol não é uma esfera mas uma espécie de fuso dentro dessa espiral. A espiral e o fuso, tomados em conjunto, podem ter um movimento lateral no cosmos seguinte, mas ignoramos o que resulta desse movimento, pois não conhecemos nem a sua natureza nem a sua direção.

"Além disso, sete cosmos representam um "período de dimensões", mas isso não significa que a cadeia dos cosmos termine com o Microcosmos. Se o homem é um Microcosmos, isto é, um cosmos em si mesmo, então as células microscópicas que compõem seu corpo estarão para ele na mesma relação em que ele mesmo está para a vida orgânica sobre a Terra. Uma célula microscópica situada no limite de visibilidade de um microscópio é, ela própria, composta de bilhões de moléculas que pertencem ao grau seguinte, ao cosmos seguinte. Indo ainda mais longe, podemos dizer que o cosmos que se segue ao último será o elétron. Assim, obtivemos um segundo Microcosmos — a célula; um terceiro Microcosmos — a molécula; e um quarto Microcosmos — o elétron. Essas divisões e definições como: "células", "moléculas" e "elétrons", talvez sejam muito imperfeitas; pode acontecer que, com o tempo, a ciência estabeleça outras, mas o princípio permanecerá sempre o mesmo e a relação dos cosmos inferiores com o Microcosmos será sempre dessa ordem."

É difícil reconstituir todas as conversas que tivemos na época sobre os cosmos.

Voltava com freqüência particular às palavras de G. sobre a diferença do tempo nos diferentes cosmos. Sentia que havia nelas um enigma que podia e devia resolver.

Finalmente, depois de ter decidido tentar coordenar todas as minhas idéias sobre esse assunto, tomei o homem como o Microcosmos. Tomei o cosmos, que segue imediatamente ao homem, como a "vida orgânica sobre a Terra" e chamei-o de "Tritocosmos", embora não compreendesse bem esse termo, pois teria sido incapaz de dizer por que a vida orgânica sobre a Terra era o "terceiro" cosmos. Mas o termo pouco importa. Desse modo, tudo concordava com o sistema de G.. Abaixo do homem, isto é, entre os cosmos menores, o mais próximo era a "célula". Não qualquer célula, não uma célula sob quaisquer condições, mas uma célula de certa dimensão, tal como a célula embrionária do organismo humano, por exemplo. Como cosmos subseqüente, tomar-se-ia uma célula *ultramicroscópica*. A idéia de dois cosmos no mundo microscópico, isto é, a idéia de dois indivíduos microscópicos diferindo um do outro tanto quanto o homem difere da célula embrionária, é perfeitamente evidente em bacteriologia.

O cosmos seguinte seria a molécula e o seguinte o elétron. Nem a definição da "molécula" nem a do "elétron" me pareciam muito satisfatórias, mas, na falta de quaisquer outras, podiam ser mantidas.

Uma ordem de sucessão desse gênero introduzia, ou mantinha, sem dúvida alguma, uma total incomensurabilidade entre os cosmos, isto é, respeitava a relação zero — infinito. E, além disso, esse sistema autorizava construções muito interessantes.

Mais tarde, o desenvolvimento da idéia dos cosmos devia ser levado mais adiante, mas só depois de um ano, isto é, na primavera de 1917, quando pela primeira vez consegui constituir uma "tabela do tempo nos diferentes cosmos". Falarei, porém, dessa tabela mais tarde. Contentar-me-ei em acrescentar que G. nunca explicou, como prometera, os nomes dos cosmos e a origem desses nomes.

Capítulo Onze

As perguntas que me fazem, disse-nos um dia G., referem-se freqüentemente a textos ou parábolas dos Evangelhos. Na minha opinião, ainda não chegou o momento de falarmos dos Evangelhos. Isso exigiria mais saber. Mas, de vez em quando, tomaremos certos textos dos Evangelhos como ponto de partida de nossas conversações. Chegarão, desse modo, a lê-los como convém e, sobretudo, a compreender que, nos textos que conhecemos, faltam habitualmente os pontos mais essenciais.

"Para começar, tomemos o trecho bem conhecido sobre o grão de trigo que deve morrer para nascer. "O grão de trigo, caindo na terra, se não morrer, fica só; mas, se morrer, produz muito fruto".[1]

"Este texto tem múltiplas significações e a ele voltaremos muitas vezes. Mas, antes de tudo, é indispensável reconhecer que o princípio que encerra aplica-se plenamente ao homem.

"Há um livro de aforismos que nunca foi publicado e provavelmente jamais será. Já falei nele quando nos interrogamos sobre o sentido do saber e o aforismo que lhes citei é extraído dele.

"A propósito daquele de que falamos agora, dizia esse livro:

"O homem pode nascer, mas, para que nasça, deve antes morrer e, para que morra, deve antes despertar-se.

"Em outra parte, diz o mesmo livro:

"Quando o homem se desperta, pode morrer; quando morre, pode nascer."

"Devemos compreender o que isso significa.

"Despertar-se", "morrer", "nascer". São três estágios sucessivos. Se estudarem os Evangelhos com atenção, verão que neles se trata freqüentemente da possibilidade de "nascer", mas os textos não falam menos da necessidade de "morrer" e falam também, com muita freqüência, da necessidade de "despertar-se": "Vigiai, pois não sabeis nem o dia nem a hora ..." Mas essas três possibilidades: despertar-se (ou não dormir), morrer e nascer não são postas em relação uma com a outra. Aí está, no entanto,

---

(1) João, XII, 24 (trad. de João Ferreira de Almeida).

toda a questão. Se um homem morre sem ter despertado, não pode nascer. Se um homem nasce sem estar morto, pode tornar-se uma "coisa imortal". Assim, o fato de não estar "morto" impede o homem de "nascer" e o fato de não se ter despertado impede-o de morrer e, se nascesse antes de estar "morto", isso o impediria de "ser".

"Já falamos suficientemente da significação do "nascimento". Nascer é apenas outra palavra para designar o começo de um novo crescimento da essência, o começo da formação da individualidade, o começo do aparecimento de um "Eu" indivisível.

"Mas, para ser capaz de chegar a isso ou, ao menos, de entrar nesse caminho, o homem deve morrer; quer isso dizer que deve libertar-se de uma grande quantidade de pequenos apegos e identificações que o mantêm na situação em que se encontra atualmente. Em sua vida, ele está apegado a tudo, apegado a sua imaginação, apegado a sua estupidez, apegado até a seus sofrimentos — e talvez mais ainda a seus sofrimentos que a outra coisa qualquer. Ele deve liberar-se desse apego. O apego às coisas, a identificação com as coisas, mantêm vivos no homem milhares de "eus" inúteis. Esses "eus" devem morrer para que o grande *Eu* possa nascer. Mas como podem eles ser levados a morrer? Eles não querem. Aqui é que a possibilidade de despertar vem em nosso auxílio. Despertar significa ver sua própria nulidade, isto é, ver sua própria mecanicidade, completa e absoluta, e sua própria impotência, não menos completa, não menos absoluta. Mas não é bastante compreender isso filosoficamente, com palavras. É preciso compreendê-lo com fatos simples, claros, concretos, com fatos que se refiram a nós. Quando um homem começa a conhecer-se um pouco, vê em si mesmo muitas coisas que só podem horrorizá-lo. Enquanto um homem não causar horror a si mesmo, nada saberá sobre si mesmo.

"Um homem viu em si alguma coisa que o horroriza. Decide desembaraçar-se dela, purgar-se dela, dar cabo dela. Entretanto, sejam quais forem os esforços que faça, sente que não pode, tudo permanece como antes. Aí é que verá sua impotência, sua miséria e sua nulidade; ou ainda, quando começa a conhecer-se a si mesmo, um homem vê que não possui nada, isto é, que tudo que considerou seu — suas idéias, seus pensamentos, suas convicções, seus hábitos, até suas faltas e vícios, nada disso é dele; tudo foi colhido não importa onde, tudo foi copiado tal qual. O homem que sente isso pode sentir sua nulidade. E, sentindo sua nulidade, um homem se verá tal qual é na realidade, não por um segundo, não por um momento, mas constantemente, e não o esquecerá nunca.

"Essa consciência contínua de sua nulidade e de sua miséria dar-lhe-á finalmente a coragem de "morrer", quer dizer, de morrer não simplesmente em seu mental ou em teoria, mas de morrer de fato e de renunciar

251

positivamente e para sempre a todos esses aspectos de si mesmo que não apresentam nenhuma utilidade do ponto de vista de seu crescimento interior ou a ele se opõem. Esses aspectos são, antes de tudo, seu "falso Eu" e, depois, todas as suas idéias fantásticas sobre sua "individualidade", sua "vontade", sua "consciência", sua "capacidade de fazer", seus poderes, sua iniciativa, suas qualidades de decisão e assim sucessivamente.

"Mas, para tornar-se um dia capaz de ver uma coisa *o tempo todo*, é preciso primeiro tê-la visto uma vez, ainda que por um segundo. Todos os poderes novos, todas as capacidades de realização vêm de uma única e mesma maneira. No começo, trata-se apenas de raros lampejos que não duram mais que um instante; em seguida, eles podem reproduzir-se com mais freqüência e durar cada vez mais tempo até que, finalmente, após um trabalho muito longo, tornam-se permanentes. A mesma lei aplica-se ao despertar. É impossível despertar completamente, de um só golpe. É preciso primeiro começar por despertar-se durante curtíssimos instantes. *Mas é necessário morrer de uma só vez e para sempre*, após ter feito certo esforço, após ter vencido certo obstáculo, após ter tomado certa decisão de que não se possa voltar atrás. Isso seria difícil, e até impossível, se não tivesse havido, previamente, um lento e gradual despertar.

"Mas há milhares de coisas que impedem o homem de despertar-se e o mantêm em poder de seus sonhos. Para agir conscientemente com a intenção de despertar-se, é necessário conhecer a natureza das forças que retêm o homem no sono.

"Antes de tudo, é preciso compreender que o sono no qual o homem existe não é um sono normal, mas hipnótico. O homem está hipnotizado e este estado hipnótico é continuamente mantido e reforçado nele. Tudo se passa como se houvesse certas "forças" às quais seria útil e proveitoso manter o homem num estado hipnótico, a fim de impedi-lo de ver a verdade e dar-se conta de sua situação.

"Certo conto oriental fala de um riquíssimo mago que tinha numerosos rebanhos de carneiros. Esse mago era muito avaro. Não queria tomar ao seu serviço pastores e não queria igualmente pôr cerca em volta dos campos onde seus carneiros pastavam. Os carneiros extraviavam-se na floresta, caíam nas ravinas, perdiam-se e, acima de tudo, fugiam à aproximação do mago, porque sabiam que este pretendia tirar a carne e a pele deles. E os carneiros não gostavam disso.

"Afinal, o mago encontrou o remédio. *Hipnotizou* os carneiros e sugeriu-lhes, antes do mais, que eram imortais e que o fato de serem esfolados não lhes podia causar nenhum mal, que, ao contrário, esse tratamento era excelente para eles e até agradável; em seguida, o mago sugeriu-lhes que era um *bom pastor*, que gostava muito de seu rebanho, que estava pronto para todos os sacrifícios por ele; enfim, sugeriu-lhes que, se alguma coisa fosse suceder a eles, isso não aconteceria, em caso algum, agora, hoje e que, *por conseguinte*, não tinham que se atormentar. Depois do que, o mago meteu na cabeça dos carneiros que não eram, em absoluto, carneiros; a alguns sugeriu que eram *leões*, a outros, que eram *águias*, a outros ainda, que eram *homens* ou *magos*.

"Feito isso, os carneiros não lhe causaram mais aborrecimentos nem inquietações. Não fugiam nunca mais, aguardando, ao contrário, com serenidade, o instante em que o mago os tosquiava ou degolava.

"Esse conto ilustra, de modo perfeito, a situação do homem.

"Na literatura dita "oculta", provavelmente encontraram as expressões "Kundalini", "o fogo de Kundalini" ou "a serpente de Kundalini". Esses termos são muitas vezes empregados para designar uma potência estranha, latente no homem, e que pode ser despertada. Mas nenhuma das teorias conhecidas dá a verdadeira explicação da força de Kundalini. Esta força é às vezes atribuída ao sexo, à energia sexual, quer dizer, associada à idéia de que é possível empregar a energia do sexo para outros fins. Esta última interpretação é completamente errônea, porque Kundalini pode estar em todas as coisas. E, sobretudo, Kundalini não é, a título nenhum, algo desejável ou útil para o desenvolvimento do homem. É muito curioso constatar como os ocultistas se apoderaram de uma palavra, cuja significação alteraram completamente, conseguindo fazer dessa força muito perigosa um objeto de esperança e uma promessa de bendição.

"Na realidade, Kundalini é a potência da imaginação, a potência da fantasia, *que usurpa o lugar de uma função real*. Quando um homem sonha em lugar de agir, quando seus sonhos tomam o lugar da realidade, quando um homem toma a si mesmo por um leão, uma águia ou um mago, é a força de Kundalini que age nele. Kundalini pode agir em todos os centros e, com sua ajuda, todos os centros podem encontrar satisfação, não mais no real, mas no imaginário. Um carneiro que se julga um leão ou um mago vive sob o poder de Kundalini.

"Kundalini é uma força introduzida nos homens para mantê-los em seu estado atual. Se os homens pudessem dar-se conta verdadeiramente de sua situação, se pudessem ver todo o horror dela, seriam incapazes de permanecer tais quais são, mesmo por um segundo. Começariam imediatamente a buscar uma saída e encontrariam muito rapidamente, *porque há uma saída*; mas os homens deixam de vê-la simplesmente porque estão hipnotizados. Kundalini é essa força que os mantém num estado de hipnose.

Despertar, para o homem, significa ser "deshipnotizado". Eis a principal dificuldade, mas aí também é que encontramos a garantia da possibilidade do despertar, porque não há legitimação orgânica para tal sono — o homem *pode* despertar-se.

"Em teoria pode, mas na prática isso é quase impossível, porque, assim que um homem abre os olhos, desperta por um momento, todas as forças que o mantêm no sono atuam novamente nele com energia dez vezes maior e ele recai imediatamente adormecido, freqüentemente *sonhando* que está acordado ou está se despertando.

"Em certos casos, no sono comum, o homem desejaria despertar, mas não pode. Diz para si mesmo que está desperto, mas na realidade continua dormindo — e isto pode ocorrer várias vezes antes que por fim desperte. No caso do sono comum, uma vez acordado, o homem está num estado diferente; mas, no caso do sono hipnótico, é outra coisa: não há sinais objetivos, pelo menos quando se começa a despertar; o homem não pode se beliscar para ver se está adormecido. E se um homem — Deus o preserve disto — já ouviu falar de *sinais objetivos*, Kundalini transforma-os imediatamente em imaginação e devaneios.

"Sem que se dê conta plenamente da dificuldade do despertar, é impossível compreender a necessidade de um longo e duro trabalho de despertar.

"Em geral, o que é necessário para despertar um homem adormecido? Um bom choque. Mas, quando um homem está profundamente adormecido, um choque só não basta. É preciso um longo período de choques incessantes. Por conseguinte, é necessário haver alguém para administrar esses choques. Já disse que o homem desejoso de despertar deve empregar um auxiliar que se encarregue de sacudi-lo durante muito tempo. Mas quem pode ele empregar, se todo o mundo dorme? Emprega alguém para despertá-lo, mas este também adormece. Qual pode ser a sua utilidade? Quanto ao homem realmente capaz de manter-se desperto, provavelmente recusará perder o tempo derpertando os outros; ele pode ter seu próprio trabalho muito mais importante para ele.

"Há também a possibilidade de despertar por meios mecânicos. Pode-se utilizar um despertador. Infelizmente as pessoas se habituam depressa demais a qualquer despertador; simplesmente deixam de ouvi-lo. São, pois, necessários muitos despertadores com campainhas diferentes. O homem deve literalmente rodear-se de despertadores que o impeçam de dormir. E ainda aqui surgem dificuldades. Há que dar corda nos despertadores; para dar-lhes corda, é indispensável lembrar-se disso; para lembrar-se disso, é necessário despertar-se muitas vezes. Mas o pior é que um homem se habitua a todos os despertadores e, depois de certo tempo, dorme ainda mais. Portanto, os despertadores devem ser trocados continuamente; é necessário inventar sempre novos despertadores. Com o tempo, isto pode ajudar um homem a despertar-se. Ora, há pouca probabilidade de que ele faça todo esse trabalho de inventar, dar corda e trocar todos esses despertadores por si mesmo, sem ajuda externa. É muito mais provável que, tendo iniciado esse trabalho, não tarde a adormecer e, em seu sono, sonhe que inventa despertadores, dá-lhes corda, troca-os e, como já disse, dormirá mais ainda.

"Portanto, para despertar-se, é necessária toda uma conjugação de esforços. É indispensável haver alguém para despertar quem dorme; é indispensável haver alguém para vigiar aquele que vai despertá-lo; é necessário ter despertadores e é também necessário inventar novos constantemente.

"Mas, para ter êxito nesse empreendimento e obter resultados, certo número de pessoas deve trabalhar junto.

"Um homem só não pode fazer nada.

"Antes de mais nada, necessita de ajuda. Mas um homem só não poderia contar com uma ajuda. Os que são capazes de ajudar têm em muito alto preço seu tempo. E, naturalmente, preferem ajudar, digamos, vinte ou trinta pessoas desejosas de despertar, em vez de uma só. Além disso, como já disse, um homem pode muito bem se enganar sobre seu despertar, tomar por despertar o que é simplesmente novo sonho. Se algumas pessoas decidirem lutar juntas contra o sono, despertar-se-ão mutuamente. Acontecerá freqüentemente que umas vinte delas dormirão, mas a vigésima primeira se despertará e despertará as outras. Ocorre o mesmo com os despertadores. Um homem inventa um despertador, um segundo inventa outro, depois do que poderão fazer uma troca. Todos juntos podem ser de grande auxílio uns para os outros e, sem esse auxílio mútuo, nenhum deles pode chegar a nada.

"Portanto, um homem que quer despertar deve procurar outras pessoas que também queiram despertar, a fim de trabalhar com elas. Mas isso é mais fácil de dizer do que de fazer, porque iniciar um trabalho como esse e organizá-lo exige um conhecimento que o homem comum não possui. O trabalho deve ser organizado e deve haver um chefe. Sem essas duas condições, o trabalho não pode dar os resultados esperados e todos os esforços serão vãos. As pessoas poderão torturar-se; mas essas torturas não as farão despertar. Parece que para certas pessoas nada seja mais difícil de compreender. Por si mesmas e por iniciativa própria, podem ser capazes de grandes esforços e grandes sacrifícios. Mas nada no mundo jamais as persuadirá de que seus primeiros esforços, seus primeiros sacrifícios devem ser obedecer a outro. E não querem admitir que, nesse caso, todos os seus esforços e todos os seus sacrifícios não podem servir a nada.

"O trabalho deve ser organizado e só pode ser por um homem que conheça seus problemas e suas metas, que conheça seus métodos e tenha ele próprio passado, a seu tempo, por um tal trabalho organizado.

"O trabalho começa habitualmente num pequeno grupo. Esse grupo está geralmente em relação com toda uma série de grupos análogos de níveis diferentes, que, em conjunto, constituem o que se pode chamar uma "escola preparatória".

"O primeiro traço característico dos grupos, seu traço mais essencial, é que não são constituídos de acordo com o desejo e as preferências de seus membros. Os grupos são constituídos pelo mestre, que, do ponto de vista de suas próprias metas, escolhe os tipos de homens capazes de se tornarem úteis uns aos outros.

"Nenhum trabalho de grupo é possível sem um mestre. E o trabalho de grupo sob um mau mestre só pode produzir resultados negativos.

"O segundo traço importante do trabalho dos grupos é que estes podem estar em relação com alguma *meta* da qual os que começam o trabalho não poderiam fazer a mínima idéia e esta não lhes pode ser explicada antes que tenham compreendido a essência, os princípios do trabalho e todas as idéias que a ele estão ligadas. Mas a meta em direção à qual vão e a que servem sem conhecer é o princípio de equilíbrio sem o qual seu trabalho não poderia existir. A primeira tarefa é compreender essa meta, isto é, a meta do mestre. Quando tiverem compreendido essa meta — embora, no início, isto só possa ser feito parcialmente — seu próprio trabalho tornar-se-á mais consciente e, por conseguinte, poderá dar melhores resultados. Mas, como já disse, acontece muitas vezes que a meta do mestre não possa ser explicada no início.

"Portanto, a primeira meta de um homem que começa o *estudo de si* deve ser reunir-se a um grupo. O estudo de si só pode efetuar-se em grupos convenientemente organizados. Um homem sozinho não pode ver-se a si mesmo. Mas certo número de pessoas associadas neste propósito trará para todas, mesmo sem querer, um auxílio mútuo. Um dos traços típicos da natureza humana é que o homem vê sempre mais facilmente os defeitos dos outros que os próprios. Ao mesmo tempo, no caminho do estudo de si, o homem aprende que ele próprio tem todos os defeitos que encontra nos outros. Ora, há muitas coisas que não vê em si mesmo, enquanto nos outros começa a vê-las. Entretanto, como acabo de dizer, ele sabe agora que esses traços também são os seus. Assim, os outros membros do grupo lhe servem de espelhos em que se vê. Mas é claro que, para ver-se a si mesmo nas falhas de seus companheiros e não simplesmente ver as falhas deles, deve manter-se alerta sem trégua e ser muito sincero consigo mesmo.

"Deve lembrar-se de que não é um; que uma parte dele mesmo é o homem que quer despertar-se e que a outra — "Ivanoff", "Petroff" ou "Zacharoff" — não tem o menor desejo de "despertar" e deverá ser despertada à força.

"Um grupo é, comumente, um pacto feito entre os *Eus* de certo número de pessoas para travarem a luta contra todos os "Ivanoff", "Petroff" e "Zacharoff", isto é, contra suas "falsas personalidades".

"Tomemos Petroff. Ele é formado de duas partes — *Eu* e "Petroff". Mas *Eu* não tem força diante de Petroff. Petroff é o amo. Suponhamos que haja vinte pessoas; vinte *Eus* começam, então, a lutar contra um só Petroff. Podem agora revelar-se mais fortes que ele. Em todo caso, podem perturbar seu sono, impedi-lo de dormir tão tranqüilamente quanto antes. E assim atinge-se a meta.

"Além disso, no trabalho do estudo de si, cada um começa a acumular todo um material que resulta das suas observações de si mesmo. Vinte pessoas terão vinte vezes mais material. E cada qual estará apta a empregar a totalidade desse material, porque o intercâmbio das observações é uma das metas da existência dos grupos.

"Quando um grupo está se organizando, são impostas certas condições a todos os seus membros; por outro lado, são previstas certas condições especiais para cada um.

"As condições gerais, estabelecidas no início do trabalho, são habitualmente desta espécie: explica-se primeiro a todos os membros do grupo que devem manter em segredo tudo o que ouvem ou aprendem no grupo, e não só enquanto são membros dele, mas de uma vez por todas e para sempre.

"Esta é uma condição indispensável cujo princípio se deve assimilar bem no início. Noutros termos, devem compreender que não há nisso nenhuma tentativa de fazer um segredo do que não é essencialmente um segredo, nem que se trata de uma intenção deliberada de privá-los do direito de trocar idéias com seus próximos ou com os amigos.

"A simples razão dessa condição é o fato de *que eles são incapazes* de transmitir corretamente o que ouvem nos grupos. Mas, rapidamente, *pela própria experiência pessoal*, começam a avaliar quantos esforços, quanto tempo e quantas explicações são necessárias para chegar a compreender o que é dito nos grupos. Desde então, torna-se claro para eles que são incapazes de dar a seus amigos uma idéia justa do que eles mesmos aprenderam. Ao mesmo tempo, começam a compreender que, dando a seus amigos *idéias falsas*, cortam-lhes toda possibilidade de alguma vez aproximar-se do trabalho ou de poder compreender alguma coisa dele, sem contar que, desse modo, estão criando para si mesmos, para o futuro, todo tipo de dificuldades e desgostos. Se um homem, apesar desse aviso, tenta transmitir aos amigos o que foi falado nos grupos, não tardará a se convencer de que tais tentativas dão resultados completamente inesperados e indesejáveis. Ou as pessoas começam a discutir com ele, sem querer ouvi-lo, esforçando-se por impor-lhe suas próprias teorias, ou então interpretam às avessas o que ele lhes diz, dando um sentido completamente diverso a tudo o que ouvem dele. Quando um homem se dá conta da inutilidade de tais tentativas e o compreende, a legitimidade dessa condição começa a tornar-se clara para ele.

"Há, aliás, outra razão não menos importante: é muito difícil para um homem guardar silêncio sobre as coisas que lhe interessam. Gostaria de falar delas a todos aqueles a quem tem o hábito de confiar os pensamentos, como ele diz. Este é o mais mecânico de todos os desejos e, nesse caso, o silêncio é a mais difícil forma de jejum. Em compensação, se um homem compreende ou se, ao menos, segue esta regra, será para ele o melhor exercício de lembrança de si e de desenvolvimento da vontade. Só um homem capaz de guardar silêncio, quando necessário, pode ser seu próprio amo.

"Mas, para muitas pessoas, notadamente as habituadas a se considerarem sérias e sensatas ou silenciosas, com o gosto da solidão e da reflexão mais que tudo no mundo, é muito difícil reconhecer que a tagarelice é uma de suas principais características. E eis por que essa exigência é particularmente importante. Se um homem se lembra dela e toma a si a tarefa de observá-la, descobrirá numerosos lados de si mesmo que nunca notara antes.

"Exige-se ainda dos membros de cada grupo que digam a seu *mestre* toda a verdade.

"Este é também um ponto que se deve compreender bem. As pessoas não se dão conta do lugar imenso que ocupa a mentira em suas vidas, ou pelo menos, a *supressão da verdade*. Todas são incapazes de ser sinceras, tanto para consigo mesmas como para com os outros. Nem ao menos compreendem que aprender a ser sincero, *quando necessário*, é uma das coisas mais difíceis do mundo. Imaginam que dizer ou não a verdade, ser ou não sincera, depende delas. Por conseguinte, devem aprender a ser sinceras e aprendê-lo, antes de tudo, em relação ao *mestre* de seu trabalho. Dizer uma mentira deliberada ao mestre, não ser sincero com ele ou simplesmente esconder-lhe alguma coisa, torna a presença delas no grupo completamente inútil e é pior ainda do que se se mostrassem grosseiras ou descorteses para com ele ou em sua presença.

"O que se pede, em seguida, aos membros de um grupo, é *que se lembrem da razão pela qual vieram para o grupo*. Vieram para aprender e para trabalhar sobre si mesmos e para aprender, para trabalhar, não conforme sua idéia, mas como é dito que façam. Portanto, se, desde que estão no grupo, começam a sentir desconfiança em relação ao mestre e a expressá-la, a criticar as ações dele, a provar que compreendem melhor que ele como o grupo deveria ser dirigido e, sobretudo, se dão provas em relação ao mestre de falta de consideração exterior, falta de respeito, rudeza, impaciência, tendência a discutir, isto põe imediatamente fim a qualquer possibilidade de trabalho, porque o trabalho só é possível na medida em que as pessoas se lembram de que vieram para aprender e não para ensinar.

"Quando um homem começa a desconfiar de seu mestre, este perde logo qualquer utilidade para ele, ao mesmo tempo que ele próprio se torna inútil para o mestre e, nesse caso, é melhor procurar outro mestre ou tentar trabalhar sozinho. Isto não lhe fará nenhum bem, mas em todo caso, fará menos mal que a mentira ou a supressão da verdade ou a resistência e a desconfiança em relação ao seu mestre.

"Além dessas exigências fundamentais, presume-se, naturalmente, que os membros de cada grupo devam trabalhar. Se se contentarem em freqüentar o grupo e não trabalhar, mas apenas imaginar que trabalham, ou se considerarem trabalho a simples presença no grupo, ou ainda, como acontece muitas vezes, se vierem às reuniões para passar o tempo, considerando o grupo um local de encontros agradáveis, então sua "presença" no grupo torna-se completamente unútil. E quanto mais depressa forem mandados embora, ou partirem por sua própria conta, melhor será para eles e para os outros.

"As exigências fundamentais que acabam de ser enumeradas determinam as regras obrigatórias para todos os membros de um grupo. Em primeiro lugar, essas regras ajudam a todo aquele que queira realmente trabalhar para se livrar de milhares de coisas que o poderiam deter ou prejudicar seu trabalho e, em segundo lugar, *ajudam-no a lembrar de si mesmo*.

"Acontece com muita freqüência que, no início do trabalho, essa ou aquela regra desagrade aos membros de um grupo. E chegam até a perguntar: *Não podemos trabalhar sem regras?* As regras parecem-lhes, quer um constrangimento inútil imposto a sua liberdade, quer uma formalidade aborrecida; e a incessante recordação dessas regras parece-lhes prova de descontentamento ou de má vontade da parte do mestre.

"Na realidade as regras constituem a primeira e principal *ajuda* que se recebe do trabalho. É evidente que as regras não têm o objetivo de divertir, proporcionar satisfações nem tornar as coisas mais fáceis. As regras visam a um objetivo definido: fazer com que os membros de um grupo se comportem como se comportariam *se fossem*, isto é, se lembrassem de si mesmos e compreendessem como devem se conduzir em relação às pessoas que estão fora do trabalho, em relação às que estão no trabalho e em relação ao mestre. Se pudessem lembrar de si mesmos e compreender isso, mais nenhuma regra lhes seria necessária. Mas, no início do trabalho, não são capazes de lembrar de si mesmos e não compreendem nada de todas essas coisas, de modo que essas regras são indispensáveis; e as regras nunca podem ser fáceis, agradáveis ou confortáveis. Ao contrário, devem ser difíceis, desagradáveis e desconfortáveis; de outro modo, não corresponderiam a sua finalidade. As regras são os despertadores que tiram do sono aquele que dorme. Mas o homem que abre os olhos por um segundo fica indignado, quando ouve tocar o despertador, e pergunta: *será que não se pode despertar sem todos esses despertadores?*

"Ao lado dessas regras gerais, são ainda impostas a cada pessoa certas condições particulares; elas estão geralmente relacionadas com seu defeito ou traço principal.

"Mas, é necessário dar aqui algumas explicações.

"O caráter de cada homem apresenta certo traço que lhe é central — comparável a um eixo em torno do qual gira toda a sua "falsa personalidade". O trabalho pessoal de cada homem deve consistir essencialmente numa luta contra esse defeito principal. Isso explica por que não pode haver regras gerais de trabalho e por que todos os sistemas que tentam desenvolver tais regras, ou não levam a nada ou são prejudiciais. Como poderia haver regras gerais? O que é necessário a um é nocivo a outro. Um homem fala demais; deve aprender a calar-se. Outro cala-se quando deveria falar e deve aprender a falar. E é assim com tudo. As regras gerais para o trabalho dos grupos dizem respeito a todo mundo. Diretrizes pessoais só poderiam referir-se àquele a quem se destinam. Ninguém pode descobrir por si só seu traço ou defeito mais característico. É praticamente uma lei. O mestre deve indicar ao aluno seu defeito principal e lhe mostrar como combater. Só o mestre pode fazer isso.

"O estudo do "defeito principal" e a luta contra esse defeito constituem, de algum modo, a trilha individual de cada homem, mas a meta deve ser a mesma para todos. Essa meta é ver claramente sua própria nulidade. O homem deve primeiro convencer-se, verdadeiramente e com toda sinceridade, de sua própria impotência, de sua própria nulidade; e, só quando chegar a senti-la constantemente, é que *estará preparado para os degraus seguintes, muito mais difíceis, do trabalho.*

"Tudo o que foi dito até aqui refere-se a grupos reais que estão ligados a um trabalho real; e esse trabalho, por sua vez, está ligado ao que chamamos o "quarto caminho". Mas há numerosos pseudo-caminhos e pseudo-grupos e um pseudo-trabalho, que são apenas imitação exterior. Nem sequer se trata de "magia negra".

"Perguntaram-me muitas vezes em que consistia a "magia negra"; respondi que não há magia vermelha, nem verde, nem amarela. Há a mecânica, isto é, "o que acontece" e há "fazer". O "fazer" é mágico e só há uma espécie de "fazer". Não podem existir duas. Mas pode haver uma falsificação, uma imitação exterior das aparências do "fazer", que não poderia dar nenhum resultado objetivo, mas pode enganar as pessoas ingênuas e suscitar nelas a fé, a paixão, o entusiasmo e até o fanatismo.

"Eis por que, no verdadeiro trabalho, isto é, no verdadeiro "fazer", não é mais possível paixão alguma. O que chamam magia negra funda-se na paixão cega e na possibilidade de explorar as fraquezas humanas. A magia negra não significa, de modo algum, uma magia do mal. Já lhes disse antes que ninguém faz nunca coisa alguma por amor ao mal ou no interesse do mal. Cada um faz sempre tudo no interesse do bem *tal como o compreende*. Da mesma maneira, é completamente errôneo afirmar que a magia negra é necessariamente *egoísta*, que na magia negra um homem forçosamente visa obter resultados para si mesmo. Nada mais falso. A magia negra pode ser muito altruísta, pode pretender o bem da humanidade, pode propor-se salvar a humanidade de males reais ou imaginários. Não, o que merece ser chamado magia negra tem sempre caráter definido. Esse caráter é a tendência a utilizar as pessoas para algum fim, mesmo o melhor, *sem que elas o saibam e sem que o compreendam*, quer suscitando nelas a fé e a paixão, quer agindo sobre elas através do medo.

"A esse respeito, entretanto, é preciso lembrar que um "mago negro", bom ou mau, teve que passar por uma escola. Aprendeu algo, ouviu falar de algo, sabe algo. É simplesmente "um homem semi-educado", que foi expulso da escola ou então deixou-a, tendo determinado que já sabia o suficiente, que se recusava a permanecer por mais tempo sob qualquer tutela, que podia trabalhar por sua própria conta e até dirigir o trabalho dos outros. Qualquer trabalho dessa espécie só pode dar resultados subjetivos, isto é, só pode desiludir cada vez mais e favorecer o sono em vez de diminuí-lo. Pode-se, entretanto, aprender, alguma coisa de um "mago negro" — embora de modo errado. Pode até acontecer que, por acidente, ele diga a verdade. É por isto que digo que há coisas bem piores que a "magia negra". Por exemplo, todas as espécies de sociedades "espíritas", "teosóficas", e outros grupos "ocultistas". Não só seus mestres nunca estiveram numa escola, mas jamais encontraram mesmo alguém que tivesse estado em contato com uma escola. Seu trabalho é apenas macaqueação. Mas um trabalho imitativo dessa espécie produz uma satisfação de si muito grande. Um homem toma a si mesmo por "mestre", os outros tomam-se por "discípulos" e todo mundo fica contente. Dessa maneira, não se pode chegar de modo algum a ver claramente sua própria nulidade e, se alguns afirmam que chegaram a esse resultado, só se iludem ou enganam a si mesmos, se tal afirmação não for pura mentira. Assim, bem longe de ver sua própria nulidade, os membros de tais círculos dão-se conta de sua própria importância e inflam sua falsa personalidade.

"No início, não há nada mais difícil do que verificar se o trabalho é justo ou falso, se as diretrizes recebidas são válidas ou errôneas. A esse respeito, a parte teórica do trabalho pode mostrar-se útil porque permite a um homem aquilatá-lo mais facilmente. Sabe o que conhece e o que ignora. Sabe o que pode e o que não pode ser aprendido por meios comuns. E se aprende algo novo ou algo que não possa ser aprendido do modo ordinário a partir dos livros ou seguindo cursos, isto até certo ponto é uma garantia de que o outro lado, o lado prático, também pode ser justo. Mas isto, é claro, está muito longe de ser uma garantia suficiente, porque, também aqui, é possível haver erros. Todas as sociedades, todos os círculos ocultistas ou espiritualistas afirmam que possuem um novo ensinamento. E há pessoas que acreditam nisso.

"Em grupos corretamente organizados não se requer nenhuma fé; pede-se simplesmente um pouco de confiança e, ainda assim, não por muito tempo; porque, quanto mais depressa um homem começar a experimentar a verdade do que ouve, melhor será para ele.

"A luta contra o "falso Eu", contra o traço ou o defeito principal, é a parte mais importante do trabalho, mas essa luta deve traduzir-se por atos e não por palavras. Para esse fim, o mestre dá a cada um tarefas definidas que exigem, para serem levadas a cabo, a conquista de seu traço principal. Quando um homem toma a si o cumprimento de uma dessas tarefas, luta contra si mesmo, trabalha sobre si mesmo. Se se esquivar das tarefas, se fugir ao seu cumprimento, isto significa que não quer trabalhar, ou que não pode.

"Em geral, o mestre dá, a princípio, apenas tarefas muito fáceis, que nem se pode chamar tarefas, e só fala delas com meias palavras: sugere-as em lugar de dá-las. Se vê que é compreendido e que as tarefas são executadas, passa, em seguida, a tarefas mais difíceis.

"Essas novas tarefas, embora sejam apenas subjetivamente difíceis, chamam-se "barreiras". Uma barreira séria tem de peculiar o fato de que o homem que a conseguiu transpor nunca mais pode voltar à sua vida comum, ao seu sono usual. E se, depois de transpor a primeira barreira, ele teme as que se seguem, se não prossegue, detém-se, por assim dizer, entre duas barreiras e não pode mais, daí por diante, nem avançar nem recuar — nada pior poderia acontecer a um homem. Eis por que o mestre é sempre muito prudente na escolha das tarefas e das barreiras, noutros termos, ele só corre o risco de dar tarefas definidas, que exijam a conquista de barreiras interiores, aos que já fizeram sua prova em pequenas barreiras.

"Acontece freqüentemente que, detidos por alguma barreira, em geral a menor e a mais simples, as pessoas se levantem contra o trabalho, contra o mestre, contra os outros membros do grupo e os acusem precisamente do que acaba de lhes ser revelado sobre si mesmas.

"Algumas vezes arrependem-se depois e voltam a censura contra si mesmos; em seguida voltam sua censura contra os outros; depois do que se arrependem de novo e assim por diante.

Não há nada que possa mostrar melhor um homem, que sua atitude para com o trabalho e para com o mestre *depois que os deixou*. Às vezes esses testes são organizados intencionalmente. Um homem é colocado em tal situação que é *obrigado* a ir-se embora, o que é perfeitamente legítimo, desde que tenha uma queixa real, seja contra o próprio mestre, seja contra qualquer outra pessoa. Depois do que, continua-se a observá-lo para ver como ele se comportará. Um homem decente se comportará decentemente, mesmo que pense ter sido vítima de um erro ou injustiça. Ao contrário, muitas pessoas, nessas condições, mostram um lado de sua natureza que, sem isso, teria permanecido escondido. E é um meio às vezes indispensável de revelar a natureza de um homem. Enquanto forem bons para com um homem, ele será bom para com vocês. Mas que sucederá se o arranharem um pouco?

"De resto, isto não é o essencial; o que é capital é a atitude pessoal de tal homem, sua própria *avaliação* das idéias que recebe ou recebeu e o fato de que conservará essa avaliação ou a perderá. Um homem pode imaginar, durante muito tempo e com toda a sinceridade, que quer trabalhar e até fazer grandes esforços, depois pode jogar tudo para o ar e levantar-se definitivamente contra o trabalho; então justifica-se, inventa, falsifica, desfigura deliberadamente o sentido de tudo o que ouviu e assim por diante.

— Que lhe acontece como castigo? perguntou um dos ouvintes.

— Nada; que lhe poderia acontecer? respondeu G.. *Ele é o seu próprio castigo*. E que castigo poderia ser pior?

"É impossível dar uma descrição completa da maneira pela qual é conduzido o trabalho de um grupo, continuou G. . Tudo isso deve ser vivido. Só posso fazer alusões a coisas cujo sentido verdadeiro será revelado apenas àqueles que trabalham, que aprendam por experiência o que significam "barreiras" e quais são as dificuldades que elas apresentam.

"De modo inteiramente geral, pode-se dizer que a conquista da mentira é a barreira mais difícil. O homem mente de tal modo e tão constantemente a si mesmo e aos outros que cessa de notá-lo. No entanto, a mentira deve ser conquistada, vencida. E o primeiro esforço do aluno é vencer a mentira em relação a seu mestre. Deve decidir dizer-lhe somente a verdade ou cessar qualquer trabalho.

"Devem compreender que o mestre toma a si uma tarefa muito difícil: a limpeza e a reparação das máquinas humanas. Naturalmente só aceita as máquinas que esteja em seu poder reparar. Se uma peça essencial estiver quebrada ou sem condições de desempenhar seu papel na máquina, então ele se recusa ocupar-se dela. No entanto, certas máquinas que poderiam ainda ser consertadas, colocam-se num estado desesperador assim que começam a dizer mentiras. Uma mentira ao mestre, mesmo insignificante, uma dissimulação qualquer, tal como o aluno não contar ao mestre o que lhe pediram que mantenha em segredo ou o que ele próprio disse a outrem, põe fim imediatamente a seu trabalho, sobretudo se ele realmente tiver feito esforços anteriormente.

"Aqui há algo que nunca devem esquecer: cada esforço do aluno lhe vale um acréscimo de exigências. Enquanto não fez esforços sérios, nada se pode, praticamente, exigir dele, mas à medida que seus esforços aumentam, aumenta também o peso das exigências. Quanto mais esforços faz um homem, mais lhe é pedido.

"Quando os alunos estão nesse ponto, cometem freqüentemente o erro de todo mundo. Pensam que seus esforços anteriores, seus méritos precedentes, lhes dão, por assim dizer, privilégios, *diminuem* o que se tem direito de exigir deles e, de certo modo, constituem para eles desculpa no caso de não trabalharem ou mesmo de cometerem faltas mais adiante. Este é, naturalmente, o erro mais profundo. Nada do que um homem fez ontem poderia servir-lhe hoje de desculpa. É exatamente o contrário. Se um homem nada fez ontem, nada se lhe pode pedir hoje; se fez alguma coisa ontem, isto significa que pode fazer mais hoje. Isto não significa, certamente, que é melhor não fazer nada. Quem nada faz, nada recebe.

"Como já disse, uma das primeiras exigências é a sinceridade. Mas há diferentes espécies de sinceridade. Há a sinceridade inteligente e há a sinceridade estúpida, exatamente como há a dissimulação inteligente e a dissimulação estúpida. A sinceridade estúpida e a dissimulação estúpida são igualmente mecânicas. Mas, se um homem quer aprender a ser *inteligentemente sincero*, deve ser sincero em primeiro lugar com seu mestre e com os mais velhos no trabalho. Esta será a "sinceridade inteligente". No entanto, é importante notar que a sinceridade não se deve tornar "falta de consideração". A falta de consideração, no que diz respeito ao mestre ou aos que, numa certa medida, são seus substitutos, destrói toda possibilidade de trabalho. Se um homem quer aprender a *dissimular inteligentemente*, é necessário que dissimule a respeito do trabalho, que aprenda a calar-se quando deve calar, isto é, quando está com pessoas que estão fora do trabalho e que não são capazes de compreendê-lo, nem de apreciá-lo. Mas a sinceridade no grupo é uma exigência absoluta; com efeito, se um homem continua a mentir no grupo, do mesmo modo que mente a si mesmo e aos outros na vida, nunca aprenderá a fazer a separação entre a verdade e a mentira.

"A segunda barreira é muitas vezes a conquista do medo. O homem comum tem uma quantidade de medos inúteis, imaginários. As mentiras e os medos — tal é a atmosfera em que vive. E a conquista do medo não é menos individual que a conquista da mentira. Todo homem tem seus medos particulares, medos que só pertencem a ele. É preciso que os descubra; depois, que os destrua. Os medos de que falo estão habitualmente ligados às mentiras no meio das quais o homem vive. Devem compreender que esses medos nada têm em comum com o medo das aranhas, dos ratos ou da escuridão ou com medos nervosos inexplicáveis.

"A luta contra as mentiras em si mesmo e a luta contra os medos constituem o primeiro trabalho positivo que um homem tenha que fazer.

"É preciso convencer-se, em geral, que os esforços positivos e até os sacrifícios que se faz no trabalho não justificam ou desculpam de modo algum as faltas que podem sobrevir. Ao contrário, o que é perdoável num homem que nunca fez esforços e nunca sacrificou nada é imperdoável num outro que já fez grandes sacrifícios.

"Isso parece injusto, mas é necessário compreender essa lei. De certo modo, abre-se uma conta-corrente para cada homem. Seus esforços e sacrifícios são registrados numa página do Grande Livro e seus erros, suas más ações, noutra. O que está inscrito no lado positivo nunca pode compensar o que está inscrito do lado negativo. O que está inscrito no lado negativo só pode ser apagado pela verdade, isto é, por uma confissão fervorosa e total a si mesmo e aos outros e, sobretudo, ao mestre. Se um homem vê sua falta mas continua a buscar justificações, esta falta, mesmo pequena, pode destruir o resultado de anos inteiros de trabalho e de esforços. No trabalho, por conseguinte, é muitas vezes preferível admitir sua culpabilidade, mesmo quando não se é culpado. Mas ainda isto é uma questão delicada e deve-se evitar qualquer exagero. Se não, o resultado será ainda a mentira e a mentira inspirada pelo medo".

Noutra ocasião, G. disse, falando dos grupos:
"Não pensem que podemos formar imediatamente um grupo. É uma coisa demasiado grande. Um grupo se organiza para um trabalho *bem planejado*, com um objetivo bem definido. Seria necessário que pudesse ter confiança em vocês para esse trabalho e que pudessem ter confiança em mim e confiança uns nos outros. Então seria um grupo. Até que haja um trabalho geral, só se pode tratar de um grupo preparatório. Devemos nos preparar para que um dia possa haver um verdadeiro grupo. Mas só é possível prepararmo-nos para isso tentando imitar um grupo tal como deveria ser: imitando-o por dentro e não por fora, é claro.

"Que é necessário para isto? Antes de tudo, devem compreender que num grupo todos são responsáveis uns pelos outros. O erro de um só é considerado erro de todos. É uma lei; e esta lei é bem fundada, porque, como verão mais tarde, o que é adquirido apenas por um, é adquirido por todos ao mesmo tempo.

"A regra da responsabilidade comum deve sempre estar presente ao espírito. Ela tem ainda outro aspecto. Os membros de um grupo não são responsáveis apenas pelos erros dos outros, mas também por seus fracassos. O sucesso de um deles é o sucesso de todos, o fracasso de um deles é o fracasso de todos. Uma grande falta cometida por um deles, a violação de uma regra fundamental, por exemplo, acarreta inevitavelmente a dissolução de todo o grupo.

"Um grupo deve funcionar como uma máquina. Mas as peças da máquina devem conhecer-se umas às outras e ajudarem-se mutuamente. Num grupo não pode haver interesses pessoais que se oponham aos interesses dos outros ou aos interesses do trabalho; não pode haver simpatias ou antipatias pessoais que impeçam o trabalho. Todos os membros de um grupo são amigos e irmãos, mas se um dentre eles vai-se embora e, principalmente, se é despedido pelo mestre, deixa de ser um amigo e um irmão; torna-se imediatamente um estranho, é como se fosse um membro amputado. Esta lei pode mostrar-se às vezes muito dura, no entanto é indispensável. Suponhamos que dois amigos íntimos entrem juntos para um grupo. Mais tarde, um deles vai embora. O outro, desde então, não tem mais o direito de lhe falar do trabalho do grupo. O que partiu sente esse silêncio como uma ofensa incompreensível, e eles discutem. A fim de evitar isso, quando se trata de relações tais como: marido e mulher, mãe e filha e assim por diante, nós os contamos como um; ou, de outro modo, o marido e a mulher são contados como um só membro do grupo. Portanto, se um não pode continuar a trabalhar e vai embora, o outro é considerado culpado e também deve ir embora.

"Além disso, devem lembrar-se de que só posso ajudá-los na medida em que me ajudem. E seu auxílio, principalmente no começo, não lhes será contado segundo seus resultados efetivos, que serão quase certamente zero, mas segundo o número e a importância de seus esforços."

Depois disso, G. passou às tarefas individuais e à definição de nossos "defeitos principais". Deu-nos algumas tarefas bem definidas, com as quais o trabalho de nosso grupo começou.

Mais tarde, em 1917, quando estávamos no Cáucaso, G. acrescentou algumas observações interessantes sobre os princípios gerais da formação dos grupos. Penso que devo consigná-las aqui.

— Vocês tomam tudo de maneira demasiado teórica, disse. Já deveriam saber mais. A existência dos grupos em si mesmos não comporta vantagens particulares e não há nenhum mérito em fazer parte de um grupo. A vantagem ou a utilidade dos grupos depende de seus resultados.

"O trabalho de cada um pode realizar-se em três direções. Um homem pode ser útil ao *trabalho*. Pode ser útil *a mim*. E pode ser útil *a si mesmo*. Naturalmente, o ideal seria que o trabalho de um homem produzisse resultados nessas três direções ao mesmo tempo. Mas se uma delas falta, as duas outras podem subsistir. Por exemplo, se um homem me é útil, por este simples fato é igualmente útil ao trabalho. Ou então, se é útil ao trabalho, por este simples fato é igualmente útil a mim. Mas, no caso desse homem ser útil ao trabalho e me ser útil, sem ser capaz de ser útil a si mesmo, esta situação seria a pior, porque não poderia durar. Com efeito, se ele nada toma para si mesmo e se não muda, se permanece tal qual era antes, o fato de ter sido útil, por acaso, durante certo tempo, não é levado a seu crédito e, o que é mais importante, em breve ele cessa de ser útil. O trabalho cresce e muda. Se um homem também não cresce ou não muda, não pode conservar o contato com o trabalho. O trabalho o deixa para trás e o próprio fato de ter podido ser útil pode então começar a ser nocivo."

Voltei a São Petersburgo durante o verão de 1916.

Pouco depois de nosso grupo ou nosso "grupo preparatório" ter sido formado, G. falou-nos dos esforços correspondentes às tarefas que ele nos fixara.

— Devem compreender, dizia, que os esforços comuns não contam. *Só contam os superesforços.* E é assim em toda parte e em todas as coisas.

Para aqueles que não querem fazer superesforços será mais vantajoso abandonar tudo e cuidar da saúde.

— Os superesforços não apresentam o risco de serem perigosos? perguntou um dos ouvintes particularmente preocupado com sua saúde.

— Naturalmente podem ser, disse G., mas é preferível morrer fazendo esforços para despertar-se a viver no sono. Eis uma razão. Além disso, não é tão fácil morrer de esforços. Vocês têm muito mais forças do que pensam. Mas nunca se utilizam delas. É necessário que compreendam, a esse respeito, um aspecto da constituição da máquina humana.

"Na máquina humana, um papel muito importante é desempenhado por certo tipo de acumulador. Há dois pequenos acumuladores ao lado de cada centro e cada um deles contém a substância particular necessária ao trabalho do centro dado.

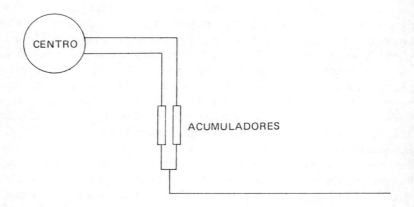

"Além disso, há no organismo um grande acumulador que alimenta os pequenos. Os pequenos acumuladores estão conectados uns aos outros e cada um está conectado ao centro mais próximo, bem como ao grande acumulador."

G. desenhou um diagrama geral da máquina humana e indicou a posição do grande e dos pequenos acumuladores, assim como sua conexão.

— Os acumuladores trabalham do seguinte modo, disse. Imaginemos um homem trabalhando: lê, por exemplo, um livro difícil e esforça-se para compreendê-lo; nesse caso, vários cilindros giram no aparelho intelectual localizado em sua cabeça. Ou então, suponhamos que esteja subindo uma montanha e seja tomado pouco a pouco pela fadiga; nesse caso, são os cilindros do centro motor que giram.

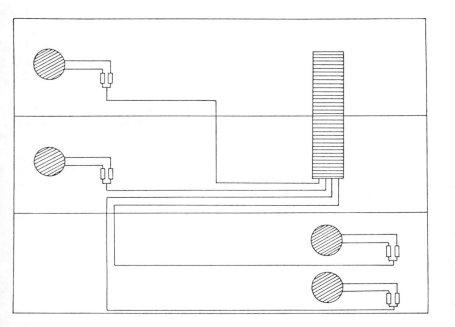

"O centro intelectual, no primeiro exemplo, e o centro motor no segundo, tiram dos pequenos acumuladores a energia necessária a seu trabalho. Quando um acumulador está quase vazio, o homem sente-se cansado. Desejaria parar, sentar-se, se estiver caminhando, pensar noutra coisa, se estiver resolvendo um problema difícil. Mas de modo totalmente inesperado, eis que sente um afluxo de forças novas e está novamente em condições de caminhar ou de trabalhar. Isso significa que o centro cansado pôs-se em contato com o segundo acumulador, de onde tira sua nova energia. Durante este tempo, o primeiro acumulador está se recarregando com a energia tomada do grande acumulador. O trabalho do centro recomeça. O homem continua a caminhar ou a trabalhar. Às vezes, para garantir essa conexão, é necessário um breve repouso. Às vezes é preciso um choque ou um esforço. Nos dois casos, o trabalho recomeça. Mas, ao fim de certo tempo, a reserva de energia do segundo acumulador também se esgota. Então, o homem sente-se novamente cansado.

"Mais um choque externo ou um instante de repouso, um cigarro ou um esforço, e restabelece-se o contato com o primeiro acumulador. Mas pode acontecer, facilmente, que o centro tenha esgotado a energia do segundo acumulador tão rapidamente que o primeiro não tenha tido tempo de se encher às expensas do grande acumulador, que tenha tomado apenas a metade da energia que podia conter; só está cheio pela metade.

"Tendo-se comunicado de novo com o primeiro acumulador, o centro começa a extrair energia dele, enquanto o segundo põe-se em conexão com o grande acumulador para dele tirar energia, por sua vez. Mas, desta vez, como o primeiro acumulador só está cheio até à metade, o centro esgota muito rapidamente a energia dele e, durante esse tempo, o segundo não conseguiu encher-se além de um quarto. O centro põe-se em ligação com ele, esvazia-o rapidamente de toda a sua energia e põe-se, uma vez mais, em ligação com o primeiro acumulador e assim por diante. Depois de certo tempo, o organismo é posto num estado tal que nenhum dos pequenos acumuladores tem mais uma gota de energia de reserva. Desta vez, o homem sente-se realmente cansado. Não se agüenta mais sobre as pernas, cai de sono ou então, no seu organismo alterado, aparecem dores de cabeça, palpitações, etc... Em resumo, sente-se doente.

"Em seguida, de repente, após ter repousado um pouco ou então em conseqüência de um choque ou esforço, eis que novo afluxo de energia surge e o homem está mais uma vez em condições de pensar, caminhar ou trabalhar.

"Isso significa que o centro está agora em ligação direta com o grande acumulador. A energia contida neste é enorme. Posto em conexão com o grande acumulador, um homem é capaz de realizar verdadeiros milagres. Mas, naturalmente, se os cilindros continuam a rodar e a energia tirada dos alimentos, do ar e das impressões, continua a ser gasta mais depressa do que é reconstituída, chega então um momento em que o grande acumulador também se esvazia de toda a sua energia e o organismo morre. Mas isto acontece muito raramente. Habitualmente, o organismo reage antecipadamente, parando automaticamente de funcionar. Para que um organismo morra de esgotamento, são necessárias condições especiais. Nas condições comuns, o homem adormecerá ou desmaiará ou então se desenvolverá nele alguma complicação interna que porá o organismo fora de condições de continuar a esgotar-se, muito antes do perigo real.

"Não há razão, por conseguinte, para ficar assustado com os esforços; o perigo de morrer de esforços praticamente não existe. É muito mais fácil morrer de inação, de preguiça ou de medo de fazer esforços.

"Nossa meta deverá ser, pois, aprender a estabelecer ligações entre tal ou qual centro e o grande acumulador. Enquanto formos incapazes de fazê-lo, fracassaremos em todos os nossos empreendimentos, porque adormeceremos antes que nossos esforços possam dar o menor resultado.

"Os pequenos acumuladores bastam ao trabalho ordinário, quotidiano, da vida. Mas para o trabalho sobre si, para o crescimento interior e para os esforços que são exigidos de todo homem que entra no caminho, a energia desses pequenos acumuladores não basta.

"Devemos aprender a extrair a energia diretamente do grande acumulador.

"Isto só é possível, entretanto, com o auxílio do centro emocional. É essencial compreendê-lo. O contato com o grande acumulador só pode ser feito através do centro emocional. Os centros instintivo, motor e intelectual, por si mesmos, só se podem alimentar nos pequenos acumuladores.

"É isto, precisamente, o que as pessoas não compreendem. E, no entanto, sua meta deveria ser o desenvolvimento da atividade do centro emocional. O centro emocional é um aparelho muito mais sutil que o centro intelectual, particularmente se levarmos em consideração que, de todas as partes do centro intelectual, a única que trabalha é o aparelho formatório e que muitas coisas permanecem totalmente inacessíveis a ele. Se um homem quer saber e compreender mais do que sabe e compreende hoje, deve lembrar-se de que este novo saber e esta nova compreensão virão a ele através do centro emocional e não através do centro intelectual."

Além de tudo o que dissera sobre os acumuladores, G. fez uma observação muito interessante a respeito do *bocejo* e do *riso*.

— Duas funções de nosso organismo permanecem incompreensíveis e inexplicáveis do ponto de vista científico, disse, embora a ciência, naturalmente, não admita que não esteja em condições de explicar: são o bocejo e o riso. Nem uma nem outra podem ser compreendidas nem explicadas corretamente, se ignoramos tudo sobre os acumuladores e sobre o seu papel no organismo.

"Vocês já notaram que bocejam quando estão cansados. Isto é particularmente notável na montanha, quando um homem não habituado a isto faz uma escalada; boceja quase sem interrupção. O bocejo tem por efeito insuflar energia nos pequenos acumuladores. Quando se esvaziam rápido demais, noutros termos, quando um deles não tem tempo de se encher enquanto o outro está se esvaziando, o bocejo torna-se quase contínuo. Em certos casos patológicos, pode-se produzir uma parada cardíaca, por exemplo, quando um homem quer bocejar, mas não consegue; em outros casos a função do bocejo estando desregulada, um homem pode bocejar sem interrupção, inutilmente, isto é, sem poder tirar daí nenhuma energia.

"O estudo e a observação do bocejo, feitos deste ponto de vista, podem revelar muitas coisas novas e interessantes.

"O riso também está em relação direta com os acumuladores. Mas o riso é a função oposta ao bocejo. O riso não insufla energia em nós, pelo contrário a descarrega, livra-nos da energia supérflua que se encontra armazenada nos acumuladores. O riso não existe em todos os centros, mas apenas naqueles que são divididos em duas metades — positiva e negativa. Ainda não expus esta questão detalhadamente; farei isso quando chegarmos a um estudo mais aprofundado dos centros. Por agora, só consideraremos o centro intelectual. Certas impressões podem cair sobre as duas metades do centro ao mesmo tempo e suscitar de uma só vez um "sim" e um "não" bem nítidos. Uma tal simultaneidade do "sim" e do "não" provoca uma espécie de convulsão no centro intelectual e, como ele é incapaz de harmonizar e digerir essas duas impressões opostas determinadas nele por um só fato, o centro começa a transbordar para fora, sob a forma de riso, a energia que aflui nele do acumulador ao qual está conectado. Noutros casos, acontece que o acumulador contém muito mais energia do que o centro pode gastar. Então, qualquer impressão, mesmo a mais comum, pode ser percebida como dupla; pode cair simultaneamente nas duas metades do centro e desencadear o riso, isto é, uma descarga de energia.

"Compreendam que aqui só lhes dou um esboço. Lembrem-se apenas de que o bocejo e o riso são, um e outro, muito contagiosos. Isto mostra que são essencialmente funções dos centros instintivo e motor.

— Por que o riso é tão agradável? perguntou alguém.

— Porque, respondeu G., o riso nos libera de uma energia supérflua que, se ficasse não utilizada, poderia tornar-se negativa, isto é, tóxica. Temos sempre em nós forte dose dessa substância tóxica. O riso é seu antídoto. Mas esse antídoto só é necessário enquanto somos incapazes de empregar toda a nossa energia num trabalho útil. Foi dito que Cristo nunca ria. E, com efeito, não encontrarão nos Evangelhos a menor alusão ao fato de Cristo ter rido sequer uma vez. Mas há diferentes maneiras de *não rir*. Alguns nunca riem porque estão completamente submersos por suas emoções negativas, sua maldade, seu medo, seu ódio, suas suspeitas. Enquanto outros não riem porque não podem ter emoções negativas. Compreendam bem isto: nos centros superiores, o riso não poderia existir, pelo fato de que, nos centros superiores, não há divisão, não existe "sim" nem "não".

Capítulo Doze

Nessa época — estávamos em agosto de 1916 — o trabalho de nossos grupos começava a tomar formas novas e mais intensas. G. passava a maior parte do tempo em São Petersburgo; só ia a Moscou por alguns dias, depois do que voltava, geralmente, com dois ou três alunos de Moscou. Nossas reuniões e conversações daquele período já tinham perdido quase todo caráter convencional; conhecíamo-nos melhor e, apesar de alguns atritos, formávamos desde então, em suma, um grupo muito coerente, unido por essas idéias novas que nos eram ensinadas e pelas amplas perspectivas de saber e de conhecimento de si que se tinham aberto diante de nós. Éramos, então, cerca de trinta pessoas. Encontrávamo-nos quase todas as noites. Às vezes, assim que chegava a Moscou, G. decidia promover grandes excursões ou piqueniques no campo, com chachlik[1], o que nos tirava completamente da atmosfera de São Petersburgo. Guardei mais particularmente a lembrança de uma excursão a Ostrovki, para o lado da nascente do Neva, porque, nesse dia, compreendi de repente por que G. organizava esses passeios campestres aparentemente sem propósito. Compreendi que nos observava o tempo todo e que muitos de nós mostravam, em tais ocasiões, aspectos de si mesmos inteiramente novos, que jamais teriam surgido durante as reuniões de São Petersburgo.

Minhas relações com os alunos moscovitas de G. eram, nessa época, completamente diferentes do que haviam sido quando de meu primeiro encontro com eles na primavera do ano anterior.

Estes agora não me pareciam mais seres artificiais que desempenhavam um papel decorado. Ao contrário, esperava sempre ardentemente sua chegada. Tentava descobrir em que consistia o trabalho que faziam em Moscou e o que G. lhes tinha dito de novo. Foi assim que aprendi com eles muitas coisas que, mais tarde, me foram muito úteis em meu trabalho. Aliás, essas novas conversações ocorriam, como logo percebi, dentro do desenvolvimento de um plano estabelecido por G.. Nossa tarefa não consistia apenas em aprender com ele, mas também em aprender uns

---

(1) Carneiro grelhado à moda caucasiana.

com os outros. Assim, os grupos de G. me pareciam comparáveis às "escolas" dos pintores da Idade Média, onde os alunos viviam com seu mestre e, enquanto aprendiam com ele, deviam ensinar-se mutuamente. E eu compreendia ao mesmo tempo por que os alunos de G. não puderam responder às perguntas que eu lhes fizera em nosso primeiro encontro. Elas tinham sido de uma ingenuidade sem limites: "Em que se baseia o seu trabalho sobre si mesmo? Qual é a doutrina que estudam? De onde provém este ensinamento?" etc...

Via agora a impossibilidade de responder a tais perguntas. Mas é preciso *aprender*, para começar a compreender isso. Naquele tempo, isto é, pouco mais de um ano antes, eu pensava, ao contrário, ter todo o direito de fazer tais perguntas, exatamente como também pensavam os que vinham a nós atualmente; começavam sempre por fazer-nos perguntas da mesma ordem, completamente surpreendidos porque não as respondíamos, e, como já tínhamos podido perceber, olhando-nos, desde então, como seres artificiais ou que representavam um papel aprendido.

Os recém-chegados só apareciam nas grandes reuniões, nas quais G. tomava parte. Os grupos de antigos reuniam-se sempre em separado, nessa época. E a razão disso era simples. Já não tínhamos mais o mesmo desembaraço, a mesma pretensão de tudo conhecer — atitude inevitável em todos os que se aproximam do trabalho pela primeira vez e, por isso mesmo, podíamos agora compreender G. melhor que antes.

Nessas grandes reuniões, era na verdade muito interessante para nós constatar que os recém-chegados faziam exatamente as mesmas perguntas que nós no início; escapavam à sua compreensão as mesmas coisas que também tínhamos sido incapazes de compreender e que agora nos pareciam tão simples, tão elementares. Essas experiências nos deixavam muito satisfeitos conosco mesmos.

Mas quando estávamos de novo a sós com G., ele destruía freqüentemente, com uma palavra, tudo o que tínhamos imaginado sobre nós mesmos; forçava-nos a ver que, de fato, ainda não sabíamos nem compreendíamos nada, nem sobre nós mesmos nem sobre os outros.

— Todo o mal provém da certeza que têm de que são sempre idênticos a si mesmos, dizia. Tenho, porém, de vocês uma visão bem diferente. Por exemplo, vejo que hoje um Ouspensky veio aqui, enquanto ontem foi outro Ouspensky. Quanto ao doutor, estávamos ambos juntos e falávamos antes de chegarem: era um certo doutor. Depois vocês chegaram. Aconteceu-me lançar um olhar para ele; já era completamente outro doutor. Aquele que eu vira quando estava a sós com ele, vocês o vêem muito raramente.

"Dêem-se bem conta disso, disse G. a esse respeito, cada homem tem um repertório definido de papéis que ele representa nas circunstâncias habituais. Tem um papel para cada espécie de circunstâncias em que se encontra habitualmente; mas, coloque-o em circunstâncias ligeiramente diferentes e ele será incapaz de descobrir o papel que esteja de acordo com elas e, *por um breve instante, tornar-se-á ele mesmo*. O estudo dos papéis que cada um representa é uma parte indispensável do conhecimento de si. O repertório de cada homem é extremamente limitado. Se um homem diz simplesmente "Eu" e "Ivan Ivanovitch", não verá a si mesmo por inteiro, porque "Ivan Ivanovitch" também não está sozinho; cada um tem pelo menos cinco ou seis deles: um ou dois para sua família, um ou dois para o seu emprego (um para os superiores e outro para os subordinados), um para os amigos no restaurante e talvez outro também para as conversas intelectuais sobre assuntos sublimes. De acordo com os momentos, esse homem está completamente identificado com um ou outro e é incapaz de separar-se deles. Ver seus papéis, conhecer seu próprio repertório e, sobretudo, saber como é limitado, já é saber muito. Mas eis o mais importante: o homem, fora de seu repertório, isto é, logo que algo o faz sair de sua rotina, ainda que por um momento, sente-se terrivelmente pouco à vontade e faz então todos os esforços para voltar novamente, o mais depressa possível, a um ou outro de seus papéis habituais. Recai em seus trilhos e todas as coisas andam de novo sem tropeços para ele: desapareceu todo sentimento de constrangimento e de tensão. É sempre assim na vida. Mas, no trabalho, para observar-se a si mesmo, é absolutamente necessário admitir este constrangimento e esta tensão e não mais temer esses estados de mal-estar e de impotência. Só através deles pode um homem realmente aprender a ver-se. É fácil perceber a razão. Cada vez que um homem não está num de seus papéis habituais, cada vez que não pode encontrar em seu repertório o papel que convém a uma situação dada, sente-se como um homem despido. Tem frio, tem vergonha, desejaria fugir para que ninguém o visse. Entretanto surge a pergunta: que quer ele? Se quer uma vida tranqüila, deve, antes de tudo, nunca sair de seu repertório. Em seus papéis habituais, sente-se à vontade e em paz. Mas se quer trabalhar sobre si mesmo, precisa destruir sua paz. Pois o trabalho e a paz são incompatíveis. O homem deve escolher. Sem enganar a si mesmo. É o que acontece quase sempre. Em palavras, diz escolher o *trabalho*, enquanto na realidade não quer perder sua *paz*. O resultado é que fica com um pé em cada canoa. É a mais desconfortável de todas as posições. O homem não faz trabalho algum e, apesar disso, não obtém conforto. Infelizmente, é muito difícil para ele mandar tudo para o inferno e começar o trabalho real. E por que é tão difícil? Antes de tudo, porque *sua vida é fácil demais*. Até aqueles que acham a vida ruim estão habituados a ela e, no fundo, pouco lhes importa que ela seja má, uma vez que estão conformados com isso. Mas eis que se deparam com algo novo e desconhecido de que não sabem se poderão tirar ou não um resultado. E o pior é que deverão obedecer a alguém, terão que submeter-se à vontade de outro. Se um homem pudesse inventar para si mesmo dificuldades e sacrifícios, algumas vezes iria muito longe. De fato, isto é impossível. É indispensável obedecer a outro homem e seguir uma direção geral de trabalho cujo controle apenas poderia pertencer a um só. Nada poderia ser mais difícil que esta subordinação para um homem que, em sua vida, se acha capaz de decidir tudo e de fazer tudo. Naturalmente, quando consegue libertar-se de suas fantasias e ver o que ele é na realidade, a dificuldade desaparece. Mas precisamente esta libertação só se pode produzir no decorrer do trabalho. É difícil começar a trabalhar e, principalmente, continuar a trabalhar, e é difícil porque a vida corre de modo demasiado fácil."

Outra vez, sempre a propósito do trabalho dos grupos, G. disse ainda:
— Mais tarde verão que cada aluno recebe suas próprias tarefas individuais, as que correspondem a seu tipo e a seu traço mais característico; essas tarefas têm por finalidade dar-lhe oportunidade de lutar, com mais intensidade, contra seu defeito principal. Mas, ao lado das tarefas individuais, há tarefas gerais dadas ao grupo como um todo; e, então, é todo o grupo que é responsável por sua execução, o que não quer dizer que, em certos casos, o grupo não seja responsável pelas tarefas individuais. Consideremos, porém, inicialmente as tarefas gerais. Hoje vocês compreendem até certo ponto a natureza deste ensinamento e de seus métodos; devem, portanto, ser capazes de começar a transmitir suas idéias. Lembram-se de que, no início, opunha-me a que falassem das idéias do ensinamento fora dos grupos. Tinha estabelecido como regra que ninguém deveria dizer nada, exceto aqueles que eu instruíra especialmente para este fim. Expliquei-lhes, então, por que isto era necessário: não teriam sido capazes de dar às pessoas um esboço fiel nem uma expressão justa. Longe disso, em vez de lhes dar a possibilidade de vir ao ensinamento, teriam afastado e até privado, talvez, da possibilidade de vir a ele mais tarde. Mas agora a situação é diferente. Já lhes disse muito. E se realmente fizeram esforços para compreender o que ouviram, então devem ser capazes de transmiti-lo aos outros. É por isso que darei a todos uma tarefa precisa.

"Tentarão orientar suas conversas com os amigos no sentido das nossas idéias, tentarão preparar as pessoas que manifestem interesse e, se elas pedirem, tragam-nas às reuniões. Mas que cada um tome isso como sua própria tarefa, sem esperar que outro a realize por ele. Se conseguirem, isso lhes mostrará em primeiro lugar que terão assimilado alguma coisa e, em segundo lugar, que são capazes de avaliar as pessoas, de compreender com quem vale a pena falar e com quem é inútil fazê-lo. Com efeito, a maior parte das pessoas não pode se interessar por essas idéias. Para que então tentar convencê-las? Mas determinadas pessoas podem apreciá-las e é necessário falar-lhes delas."

A reunião seguinte foi muito interessante. Todos tínhamos ficado vivamente impressionados por nossas conversas com nossos amigos; tínhamos todos muitas perguntas a fazer, mas estávamos também um tanto desapontados e desencorajados.

Isto provava que os amigos tinham feito perguntas embaraçosas e não tínhamos sabido encontrar as respostas. Perguntaram, por exemplo, que resultados tínhamos tirado de nosso trabalho, e expressado as dúvidas mais categóricas sobre a nossa "lembrança de si". Ou então tinham-se mostrado completamente convencidos de que *eles* eram capazes de "se lembrarem de si mesmos". Alguns acharam o "raio de criação" e os "sete cosmos" ridículos e inúteis: "Que tem a ver a "geografia" com tudo isso?" tinha perguntado, não sem humor, um de meus amigos, parodiando assim certa réplica engraçada de uma comédia que acabava de movimentar São Petersburgo; outros tinham perguntado quem vira os centros e como eles podiam ser vistos; outros tinham achado absurda a idéia de que não pudéssemos *fazer*. Outros ainda tinham achado a idéia de esoterismo "sedutora mas não convincente". Ou então tinham declarado que o esoterismo era uma "nova invenção". Alguns não estavam, de modo algum, dispostos a sacrificar sua "descendência" do macaco. Alguns outros constatavam a ausência de amor à humanidade neste ensinamento. Outros, enfim, diziam que nossas idéias provinham do materialismo corrente, que queríamos fazer de todos os homens máquinas, que nos faltava totalmente idealismo, senso do sobrenatural e assim por diante...

G. ria quando lhe contávamos nossas conversas com os amigos.

— Isto não é nada, dizia. Se tivessem que fazer uma coletânea de tudo o que as pessoas são capazes de dizer, vocês mesmos não acreditariam. Este ensinamento tem uma propriedade maravilhosa: o mínimo contato com ele faz surgir do fundo do homem o pior e o melhor. Conhecem alguém há anos e pensam que é uma boa pessoa, mais para inteligente. Mas tentem falar-lhe dessas idéias e verão que é um louco completo. Um outro, ao contrário, lhes parecia um personagem pouco interessante, mas quando lhe expõem os princípios deste ensinamento, vêem imediatamente que esse homem pensa e pensa até muito seriamente.

— Como reconhecer as pessoas capazes de vir para o trabalho? perguntou um de nós.

— Como *reconhecê-los*, disse G., é outra questão. Para ser capaz disso, é necessário "ser" até certo ponto. Voltaremos a falar disso. Agora, é preciso estabelecer que espécie de pessoas pode vir para o trabalho e que espécie não pode.

"Devem compreender, em primeiro lugar, que é preciso ter certa preparação, certa bagagem. É necessário saber, em geral, tudo o que é possível saber *pelos meios comuns* sobre a idéia de esoterismo, sobre a idéia de um conhecimento oculto, sobre as possibilidades de uma evolução interior do homem e assim por diante. Quero dizer que tais idéias não devem correr o risco de aparecer como algo completamente novo. De outro modo, seria difícil falar. Do mesmo modo, pode ser bom ter recebido uma formação científica e filosófica. Sólidos conhecimentos religiosos também podem ser úteis. Mas aquele que se prende a uma forma religiosa particular, sem compreender sua essência, encontrará grandes dificuldades. Geralmente, quando um homem não sabe quase nada, quando leu pouco, pensou pouco, é difícil falar com ele. Entretanto, se tem uma boa essência, há outro caminho para ele — pode-se prescindir de qualquer conversa; mas, nesse caso, deve ser obediente e deverá renunciar a sua vontade própria. De um modo ou de outro, ser-lhe-á necessário, aliás, chegar a isso, pois é uma regra geral válida para todos. Para acercar-se deste ensinamento de modo sério, é preciso antes se ter *decepcionado*, deve-se ter perdido toda a confiança, antes de tudo em si mesmo, isto é, em suas próprias possibilidades e, por outro lado, em todos os caminhos conhecidos. O homem não poderá sentir o que há de mais válido em nossas idéias se não se tiver decepcionado em tudo o que fazia, em tudo o que buscava. Se era homem de ciência, é preciso que a ciência o tenha decepcionado. Se era devoto, é necessário que a religião o tenha decepcionado. Se era político, é preciso que a política o tenha decepcionado. Se era filósofo, é preciso que a filosofia o tenha decepcionado. Se era teósofo, é preciso que a teosofia o tenha decepcionado. Se era ocultista, é preciso que o ocultismo o tenha decepcionado. E assim por diante. Mas compreendam bem: digo, por exemplo, que um devoto deve ter-se decepcionado com a religião. Isto não quer dizer que deva perder a fé. Ao contrário. Isto significa que deve ter-se "decepcionado" *somente com o ensinamento religioso comum e com seus métodos*. Então, compreende que a religião, como nos é dada geralmente, não é suficiente para alimentar a sua fé e não pode levá-lo a parte alguma.

"Com exceção, naturalmente, das religiões degeneradas dos selvagens, das religiões inventadas e de algumas seitas de nossos tempos modernos, todas as religiões comportam duas partes em seus ensinamentos: uma visível e outra oculta. Estar decepcionado com a religião significa estar decepcionado com a sua parte visível e sentir a necessidade de encontrar sua parte oculta ou desconhecida. Estar decepcionado com a ciência não significa que se deva ter perdido qualquer interesse pelo conhecimento. Significa que se chegou à convicção de que os métodos científicos habituais não apenas são inúteis, mas nefastos, pois só poderiam levar à construção de teorias absurdas ou contraditórias. E é, portanto, necessário buscar outros caminhos. Estar decepcionado com a filosofia significa ter compreendido que a filosofia comum é simplesmente — como diz o provérbio russo — "verter nada dentro do vazio", portanto, o contrário de uma verdadeira filosofia — pois é certo que pode e deve também haver uma verdadeira filosofia. Estar decepcionado com o ocultismo não significa ter perdido a fé no milagroso, é apenas ter-se convencido de que o ocultismo ordinário e até o ocultismo "sábio", seja qual for o nome com que se apresente, é apenas charlatanismo e engano. Noutros termos, não é ter renunciado à idéia de que existe *alguma coisa em alguma parte*, mas ter compreendido que tudo que o homem conhece atualmente, ou é capaz de aprender pelos meios habituais, não é em absoluto aquilo de que necessita.

"Pouco importa o que um homem fazia ou o que o interessava antes. Quando ele chega a ficar assim decepcionado com os caminhos acessíveis, a partir desse momento vale a pena falar-lhe de nossas idéias, pois ele pode então vir para o trabalho. Mas se ele persiste em pensar que, seguindo sua rotina, ou explorando outros caminhos — pois ainda não explorou todos — pode por si mesmo encontrar ou fazer o que quer que seja, isto significa que ainda não está preparado. Não digo que deva abandonar tudo o que costumava fazer antes. Isto seria completamente inútil. Não, às vezes é até preferível que continue seu viver habitual. Mas, agora, deve dar-se conta de que se trata apenas de uma profissão, de um hábito ou de uma necessidade. A partir daí, a questão muda: poderá não "se identificar" mais.

"Só há uma coisa incompatível com o trabalho, é o ocultismo profissional, ou seja: o charlatanismo. Todos esses espíritas, todos esses curandeiros, todos esses clarividentes e outros e até a maior parte dos que os seguem não apresentam nenhum valor para nós. E devem sempre se lembrar disto. Tomem cuidado para não falar demais com eles, pois se serviriam de tudo o que aprendessem com vocês para continuar a iludir os pobres ingênuos.

"E há ainda outras categorias de pessoas que não têm maior valor. Falaremos delas mais adiante. Enquanto isso, lembrem-se somente desses dois pontos: não basta que um homem tenha ficado decepcionado com os caminhos habituais; é preciso ainda que seja capaz de conservar ou de aceitar a idéia de que possa haver alguma coisa, em algum lugar. Se puderem descobrir um homem asssim, ele poderá discernir em suas palavras, por mais canhestras que sejam, o seu sabor de verdade. Mas se falarem a outras espécies de pessoas, tudo o que lhes disserem soará aos ouvidos delas como absurdos e nem mesmo os escutarão com seriedade. Não vale a pena perder tempo com elas. Este ensinamento é para aqueles que já buscaram e se *queimaram*. Os que não buscaram ou que não estão buscando atualmente não têm necessidade dele. E os que ainda não se queimaram também não necessitam dele.

— Mas não é disso que as pessoas falam, disse um de nossos companheiros. Perguntam: Admite a existência do éter? Como concebe o problema da evolução? Por que não acredita no progresso? Por que contesta que se possa e se deva organizar a vida com base na justiça e no bem comum? e outras bobagens desse gênero.

— Todas as perguntas são boas, respondeu G., e vocês podem partir de qualquer uma, *contanto que seja sincera*. Compreendam-me: qualquer pergunta sobre o éter, o progresso ou o bem comum, pode ser feita por qualquer um, simplesmente para dizer algo, para repetir o que outro disse ou o que leu num livro — ou então, ele pode formulá-la porque é uma pergunta que o incomoda. Se é uma pergunta que o incomoda, podem dar-lhe uma resposta e, desse modo, trazê-lo ao ensinamento a partir de tudo o que ele pede. Mas é indispensável que seu pedido, sua pergunta, o incomode".

Nossas conversas sobre as pessoas suscetíveis de se interessar pelo ensinamento e de vir para o trabalho levaram-nos, por força das circunstâncias, a avaliar nossos amigos de um ponto de vista novo. A esse respeito, todos experimentamos amargas decepções. Antes mesmo de G. nos ter encarregado formalmente de *falar*, é claro que tínhamos todos tentado, de um modo ou outro, convencer nossos amigos, ao menos os que encontrávamos com mais freqüência. E, na maioria dos casos, nosso entusiasmo recebera acolhimento glacial. Não nos compreendiam. Idéias que nos pareciam primordiais e novas pareciam-lhes completamente ultrapassadas, aborrecidas, desesperadoras ou até repugnantes. Isto nos deixava estupefatos. Custávamos a crer que pessoas que tinham sido íntimas nossas, com as quais tínhamos podido falar outrora de tudo que nos perturbava e em quem, antes, tínhamos encontrado eco, podiam agora não ver o que víamos e ver até exatamente o contrário. Devo dizer que, para mim, esta experiência foi muito estranha, até dolorosa. Falo da absoluta impossibilidade de fazer-se compreender. Naturalmente, na vida comum, no domínio das questões correntes, estamos acostumados a isso; sabemos que as pessoas fundamentalmente hostis a nós ou que são, dado o seu espírito tacanho, incapazes de pensar, podem compreender mal, adulterar, desnaturar tudo o que dizemos e atribuir-nos pensamentos que nunca tivemos e palavras que nunca dissemos. Agora, porém, quando víamos que aqueles que nos habituáramos a considerar *dos nossos*, com quem passávamos comumente muito tempo e outrora nos tinham parecido capazes de nos compreender melhor que outro qualquer, eram como os outros, isto produzia em nós uma impressão desencorajadora. É claro que tais casos constituíam a exceção; na maior parte, nossos amigos ficavam indiferentes e todas as nossas tentativas para "contaminá-los" com nosso interesse pelo ensinamento de G. não levavam a nada. Eles tinham por vezes uma impressão muito curiosa de nós. Como não tardamos a notar, nossos amigos achavam, geralmente, que tínhamos piorado. Achavam-nos menos interessantes que antigamente. Diziam-nos que nos tornáramos insípidos e incolores, que tínhamos perdido a espontaneidade e nossa sensibilidade sempre em alerta, que estávamos nos tornando máquinas, perdendo a originalidade, a capacidade de vibrar, enfim, que só repetíamos, como papagaios, tudo o que tínhamos ouvido de G..

G. ria muito quando lhe contávamos tudo isso.

— Esperem, dizia, o pior ainda não chegou. Compreendam: vocês deixaram de mentir ou, em todo caso, não mentem mais tão bem quanto antes; não podem mais mentir de modo tão interessante. Quem mente bem é um homem interessante! Mas vocês já têm vergonha de mentir. Agora estão em condições de, às vezes, confessarem a si mesmos que ignoram certas coisas e não podem mais doravante falar como se compreendessem tudo. Isso equivale a dizer que se tornaram menos interessantes, menos originais e menos *sensíveis*, como eles dizem. Assim, podem ver que espécie de gente são seus amigos. Hoje sentem pena de vocês. E, de seu ponto de vista, têm razão: vocês já começaram a *morrer* — acentuou essa palavra. O caminho que conduz à morte total ainda é longo; no entanto, já se despojaram de certa camada de tolice. Já não podem mais mentir a si mesmos com tanta sinceridade como antes. Agora conhecem o sabor da verdade.

— Então, disse um de nós, por que às vezes parece que não compreendo absolutamente nada? Antigamente estava habituado a pensar que havia pelo menos certas coisas que eu compreendia, mas atualmente não compreendo absolutamente nada.

— Isto significa que você está no caminho da compreensão, disse G.. Quando não compreendia nada, pensava compreender tudo ou, ao menos, estava seguro de ter a faculdade de tudo compreender. Agora que começou a compreender, sente que não compreende. É porque adquiriu o *sabor da compreensão*. Ele lhe era inteiramente desconhecido antes. E hoje experimenta o sabor da compreensão como uma falta de compreensão.

Voltávamos muitas vezes, entre nós, à impressão que dávamos a nossos amigos e à que eles nos causavam. Começávamos a ver que estas idéias, mais que qualquer outra coisa, podem ou bem unir as pessoas ou então separá-las.

Um dia houve uma conversa muito longa e muito interessante sobre os *tipos*. G., com numerosos acréscimos, recapitulou tudo o que já dissera sobre o assunto; e acrescentou, notadamente, indicações para o trabalho pessoal.

— Cada um de vocês provavelmente encontrou em sua vida pessoas do mesmo tipo. Tais pessoas apresentam freqüentemente o mesmo aspecto exterior e suas reações interiores também são as mesmas. Aquilo de que uma gosta a outra também gosta. E detestam as mesmas coisas. Lembrem-se desses encontros e das observações que fizeram, porque é impossível estudar a *ciência dos tipos* a não ser encontrando tipos. Não há outro método. Tudo mais é imaginário. Entretanto, nas condições atuais de suas vidas, devem compreender que não podem encontrar mais de seis ou sete tipos de homens, embora, na realidade, haja um número maior. Os outros tipos que podem encontrar são apenas as diversas combinações desses tipos fundamentais.

— Quantos tipos fundamentais ao todo? perguntou um de nós.

— Dizem alguns que são doze, respondeu G.. Segundo a lenda, os doze apóstolos representam os doze tipos. Outros, porém, dizem que há mais.

Deteve-se por um momento.

— Podemos conhecer esses doze tipos, isto é, suas definições e características?

— Esperava esta pergunta, disse G.. Nunca me aconteceu falar dos tipos sem que alguém inteligente me propusesse essa pergunta. Como não compreendem que, se isto pudesse ser explicado, há muito que o teria feito? Mas a dificuldade é que os tipos e suas diferenças não podem ser definidos na linguagem comum e vocês ainda estão longe de conhecer a linguagem na qual isto seria possível. Ocorre exatamente o mesmo com as "quarenta e oito leis"; há sempre alguém que me pergunta por que não se pode conhecer essas quarenta e oito leis. Como se isso fosse possível! Compreendam que lhes é dado tudo o que lhes pode ser dado. Com esta ajuda, devem encontrar o resto! Mas sei que perco o meu tempo dizendo-lhes isso. Ainda não me compreendem e passará muito tempo antes que me compreendam. Pensem na diferença entre saber e ser. Para compreender certas coisas, é necessária uma mudança de ser.

— Mas, se não há mais de sete tipos ao nosso redor, por que não podemos conhecê-los, isto é, saber o que constitui sua diferença principal, a fim de poder, quando os encontrarmos, distinguí-los uns dos outros e reconhecer cada um deles?

— Devem começar por vocês mesmos e pelas observações de que já lhes falei, respondeu G.. Doutro modo, tratar-se-ia de um conhecimento inutilizável para vocês. Alguns de vocês imaginam que podem ver os tipos, mas o que vêem não são de modo algum os tipos. Para ver os tipos, é necessário primeiro conhecer o seu próprio tipo. Este deve ser o ponto de partida. E para conhecer seu próprio tipo, cumpre ter sabido levar a cabo o estudo de sua própria vida, de toda a sua vida desde o início. É necessário que se saiba por que e como aconteceram as coisas. Eu lhes darei uma tarefa. Será, ao mesmo tempo, uma tarefa geral e uma tarefa individual. Que cada um de vocês conte sua vida no grupo. Que diga tudo sem embelezamentos nem omissões. Acentuem o principal, o essencial, deixando de lado os detalhes acessórios. Devem ser sinceros e não temer que os outros levem a mal o que digam, porque cada um se achará na mesma situação. Que cada um se revele, mostre-se tal qual é! Compreenderão, assim, uma vez mais por que nada deve transpirar fora do grupo. Ninguém jamais ousaria falar, se pensasse ou supusesse que suas palavras pudessem ser repetidas fora do grupo. Deve, portanto, estar firmemente convencido de que nada será repetido. Então, poderá falar sem medo, sabendo que os outros deverão fazer como ele".

Pouco depois, G. voltava a Moscou e, durante sua ausência, tentamos levar a cabo a tarefa que nos dera. A princípio, para facilitar, alguns de nós, por sugestão minha, tentaram contar a história de suas vidas, não na reunião geral do grupo, mas em pequenos grupos compostos de pessoas que conheciam melhor.

Sou obrigado a dizer que todas essas tentativas não deram em nada. Alguns falavam demais, outros não o bastante. Alguns perdiam-se em detalhes inúteis ou em descrições do que consideravam suas características particulares e originais; outros concentravam-se em seus "pecados" e erros. Mas isto, no todo, estava longe de dar o que G. aparentemente esperava. O resultado foram anedotas, relatos cronológicos sem interesse ou lembranças de família que faziam todo mundo bocejar. Algo não ia bem. Mas onde estava a falha? Mesmo aqueles que se esforçavam para ser tão sinceros quanto possível teriam sido incapazes de dizê-lo. Lembro-me de minhas próprias tentativas. As lembranças que guardei da minha primeira infância nunca cessaram de me surpreender; tentei, pois, evocar algumas impressões de minha primeira infância, que me pareciam psicologicamente interessantes.

Isso porém não interessou a ninguém e vi, rapidamente, que não era isso que nos era pedido. Prossegui, mas *quase imediatamente, fui invadido por esta certeza: havia muitas coisas das quais não tinha a menor intenção de falar.* Isto era inteiramente inesperado para mim. Aceitara a idéia de G. sem nenhuma oposição e pensava poder contar a história de minha vida sem nenhuma dificuldade especial. Mas essa tarefa se mostrava completamente impossível. Algo em mim levantava um protesto com tanta veemência que nem tentei lutar. E, quando cheguei a certos períodos de minha vida, contentei-me em dar ligeiro esboço deles e em indicar o sentido dos fatos que queria guardar para mim. A esse respeito, notei que minha voz e suas entonações mudavam enquanto falava desse modo. Isto ajudou-me a compreender os outros. Dei-me conta de que, falando de si mesmos e de suas vidas, eles também tinham vozes diferentes, entonações cambiantes. E captava, por vezes, de passagem, por já tê-las ouvido em mim mesmo, certas inflexões de voz de uma espécie particular: elas assinalavam para mim os instantes em que eles queriam esconder algo. Mas as entonações os traíam. A observação das "vozes" devia permitir-me, em seguida, compreender muitas outras coisas.

Quando G. retornou a São Petersburgo (tinha demorado dessa vez duas ou três semanas em Moscou), comunicamos-lhe nossas tentativas; escutou tudo e disse simplesmente que não sabíamos separar a "personalidade" da "essência".

— A personalidade, disse, esconde-se por trás da essência e a essência esconde-se por trás da personalidade; assim mascaram-se uma à outra.

— Como se pode separar a essência da personalidade?

— Como separariam o que lhes pertence do que não lhes pertence? retorquiu G.. É necessário pensar nisso, é necessário perguntar-se de onde veio tal ou qual de suas características. E, principalmente, nunca se esqueçam de que a maioria das pessoas, especialmente no seu meio, quase nada possui de seu. Nada do que têm lhes pertence; na maioria das vezes, roubaram-no. O que chamam suas idéias, suas convicções, suas teorias, suas concepções, tudo foi roubado em fontes diversas. Este conjunto é que constitui a personalidade delas. E isso é que deve ser abandonado.

— Mas o senhor mesmo dizia que o trabalho começa pela personalidade.

— Nada mais verdadeiro, respondeu G.. Por isso, devemos começar por estabelecer com precisão de qual etapa, no desenvolvimento do homem, e de qual nível de ser queremos falar. No momento, falava simplesmente de um homem na vida, sem qualquer espécie de ligação com o trabalho. Tal homem, sobretudo se pertence à classe "intelectual", é constituído quase exclusivamente de personalidade. Na maioria dos casos, sua essência sofreu uma parada de crescimento desde a mais tenra idade. Conheço pais de família respeitados, professores cheios de idéias, escritores conhecidos, homens de Estado, nos quais o desenvolvimento da essência foi detido próximo à idade de doze anos. E isso não é tão mau. Acontece, às vezes, que a essência cessa definitivamente de crescer aos cinco ou seis anos. Desde então, tudo o que um homem puder adquirir depois não será dele; será apenas um repertório de coisas mortas, tomadas nos livros; será somente uma falsificação.

Seguiram-se numerosas conversas, das quais participou G.. Queríamos compreender por que não tínhamos podido cumprir a tarefa que ele nos dera. Mas, quanto mais falávamos dela, menos compreendíamos o que, de fato, G. esperava de nós.

— Isto apenas mostra até que ponto não se conhecem a si mesmos, dizia. Não duvido de que, ao menos alguns de vocês tenham sinceramente querido fazer o que eu tinha pedido, isto é, contar a história de suas vidas. No entanto, viram que não o podiam e nem mesmo sabiam por onde começar. Isto é apenas um adiamento, pois será necessário, de qualquer modo, que passem por isto. É uma das primeiras *provas* no caminho. Quem não passar por ela não poderá ir mais longe.

— O que é que não compreendemos?

— Não compreendem o que significa ser sincero.

"Estão de tal modo habituados a mentir, tanto a si mesmos como aos outros, que não encontram nem palavras nem pensamentos, quando querem dizer a verdade. Dizer toda a verdade sobre si mesmo é muito difícil. Antes de dizê-la, deve-se conhecê-la. Ora, não sabem nem mesmo em que ela consiste. Um dia falarei a cada um de vocês de seu traço principal ou seu defeito principal. Veremos então se nos poderemos compreender ou não."

Naquele tempo, tivemos uma conversa que me interessou vivamente. Era uma época em que eu estava particularmente sensível ao que se passava em mim; e, sobretudo, sentia que, apesar de todos os esforços, continuava incapaz de lembrar-me de mim mesmo durante o mais breve espaço de tempo. No início, acreditara chegar a algo, mas depois tinha perdido tudo e não podia mais sentir a menor dúvida quanto ao pesado sono em que me sentia mergulhado.

O fracasso de minhas tentativas de contar a história de minha vida e, sobretudo, o fato de não ter sequer conseguido compreender claramente o que G. pedia, aumentaram ainda mais meu mau humor que, como sempre em mim, expressou-se, não por uma depressão mas pela irritação.

Nesse estado é que fui um dia almoçar com G., num restaurante da Sadovaya em frente à Porta Gostiny. Dera a G. uma acolhida das mais secas, depois do que guardara silêncio.
— Que está acontecendo com você hoje?
— Eu mesmo não sei, respondi. Começo simplesmente a sentir que não chegamos a nada, ou melhor, que não chego a coisa alguma. Não posso falar dos outros. Quanto a mim, porém, deixei de compreendê-lo e, quanto ao senhor, não explica mais nada, como costumava fazer no começo. Sinto que, desse modo, não chegaremos a coisa alguma.
— Espere um pouco, disse-me G.. Dentro em breve teremos novas conversas. Compreenda: até agora, tentamos pôr cada coisa em seu lugar; logo chamaremos as coisas pelos seus nomes.

As palavras de G. permaneceram em minha memória, mas no momento recusei-me a concordar com elas e persisti em seguir meus próprios pensamentos.
— Que me importa encontrar um nome para as coisas, disse, se não posso ver suas ligações? O senhor nunca responde a nenhuma de minhas perguntas.
— Muito bem, disse G. rindo. Prometo-lhe responder imediatamente qualquer pergunta sua... como nos contos de fadas!

Senti que ele queria livrar-me de meu mau humor e eu estava interiormente grato por isso, embora algo em mim recusasse a se apaziguar.

E, de repente, lembrei-me de que eu queria acima de tudo saber o que G. pensava do "eterno retorno", da repetição das vidas, tal como eu a compreendia. Já tentara muitas vezes entabular conversa sobre esse assunto e expressar meu ponto de vista a G.. Mas essas conversas tinham sempre permanecido quase monólogos. Ele escutava em silêncio, depois falava de outra coisa.
— Muito bem, prossegui, diga-me o que pensa do "eterno retorno". Há alguma verdade nisto? Eis minha pergunta: vivemos uma única vida, para desaparecer em seguida, ou tudo se repete mais e mais, talvez um número incalculável de vezes, sem que saibamos disso ou sem que guardemos disto a menor lembrança?
— A idéia da repetição não é a verdade total e absoluta, disse G., mas a que mais se aproxima. Aqui, a verdade não pode ser expressa por palavras. O que você disse se aproxima muito dela. Mas se compreender por que nunca aludo a ela, estará ainda mais próximo. Em que pode ser útil a um homem saber a verdade sobre o "eterno retorno", se não é consciente disto e se ele próprio não muda? Pode-se até dizer que se um homem não muda, a repetição não existe para ele. Se você lhe falar da repetição, isto só fará aumentar seu sono. Por que faria ele esforços hoje, se ainda

tem tanto tempo e tantas possibilidades diante dele — toda a eternidade? Por que se daria ao trabalho hoje? Eis a razão precisa pela qual o ensinamento nada diz sobre a repetição e considera apenas a vida que conhecemos. O ensinamento não terá nenhum alcance, nenhum sentido, se não se lutar para operar uma mudança em si mesmo. E o trabalho com vistas a mudar-se a si mesmo deve começar hoje, imediatamente. Uma vida basta para atingir a visão de todas as leis. Um saber relativo à repetição das vidas nada poderia trazer a um homem que não vê como todas as coisas se repetem numa vida, isto é, nesta vida, e que não luta para mudar a si mesmo a fim de escapar a essa repetição. Mas, se ele operar uma mudança essencial em si mesmo e se chegar a um resultado, esse resultado não poderá ser perdido.

— Estou certo em concluir que todas as tendências inatas ou adquiridas devem crescer? perguntei.

— Sim e não. É verdade na maioria dos casos e para a vida como um todo. Todavia, em grande escala, podem intervir novas forças. Não lhe explicarei isto agora; mas reflita no que vou dizer: as influências planetárias são também suscetíveis de mudar. Não são permanentes. Ao lado disto, as próprias tendências podem ser diferentes; há tendências que, uma vez surgidas, não desaparecem mais e vão se desenvolvendo por si mesmas mecanicamente, enquanto há outras que necessitam sempre ser estimuladas de novo, porque se enfraquecem continuamente e podem até desaparecer inteiramente ou se transformar em devaneios, desde que o homem cessa de trabalhar sobre elas. Além disso, há um prazo fixado para cada coisa. *Para cada coisa* (acentuou estas palavras) existem possibilidades, mas só por um tempo *limitado*".

Estava profundamente interessado por todas as idéias que G. acabava de expressar. A maioria coincidia com o que já havia "adivinhado". Mas o fato de que reconhecia o bom fundamento de minhas premissas básicas — e todo o conteúdo que ele dera a elas — era de prodigiosa importância para mim. De imediato, todas as coisas começaram a se ligar. E tive a sensação de ver aparecer diante de mim as grandes linhas desse "majestoso edifício" de que se tratava nos "Vislumbres da Verdade". Meu mau humor tinha desaparecido sem que eu percebesse.

G. olhava para mim sorrindo.

— Veja como é simples *mudá-lo*! Mas talvez lhe tenha simplesmente *contado histórias*, talvez o "eterno retorno" não exista de modo algum. Onde está o prazer de ter consigo um Ouspensky rabujento que não come nem bebe? Disse para mim mesmo: "Tentemos reconfortá-lo!" E como se reconforta alguém? Para este são necessárias anedotas. Para outro, basta conhecer sua mania. Sabia que a mania de nosso Ouspensky... é o "eterno retorno". Por isso, ofereci-me para responder qualquer pergunta; sabia bem o que ele perguntaria!

Mas os gracejos de G. não me afetaram. Ele me dera algo de muito substancial e não podia mais tirá-lo de mim. Não dei nenhuma fé a suas brincadeiras, não podendo conceber que tivesse podido inventar o que acabava de dizer. Aprendera também a conhecer suas entonações. E o futuro mostrou-me que tinha razão, pois G., embora nunca introduzisse a idéia do eterno retorno nas exposições de seu ensinamento, não deixava de se referir a ela — principalmente quando falava das possibilidades perdidas pelas pessoas que se haviam aproximado do ensinamento e, em seguida, tinham se afastado dele.

Os grupos continuavam a reunir-se como de hábito. G. disse-nos um dia que queria empreender uma experiência sobre a separação da personalidade e da essência. Estávamos todos muito interessados, porque ele tinha prometido há muito tempo "experiências"; mas até então não tínhamos visto nada. Não descreverei seus métodos; falarei simplesmente dos dois homens que escolheu naquela noite para a experiência. Um já era de certa idade e ocupava posição social muito elevada. Em nossas reuniões, falava abundantemente de si mesmo, de sua família, do Cristianismo, dos acontecimentos do dia, da guerra e de todo tipo de "escândalos" escolhidos entre os que mais o revoltavam. O outro era mais jovem. Muitos de nós não o levavam a sério. Em muitas circunstâncias, bancava o palhaço, como se diz; ou então entrava em discussões intermináveis sobre tal ou qual pormenor do ensinamento, que não tinha, no fundo, a menor importância. Era muito difícil de compreendê-lo. Falava de maneira confusa, embrulhava as coisas mais simples, emaranhando os pontos de vista e os termos que pertenciam aos mais diferentes níveis ou domínios.

Nada direi sobre o início da experiência.

Estávamos sentados no salão.

A conversa seguia o curso habitual.

— Agora, observem, disse G. em voz baixa.

O mais velho dos dois, que estava falando com ardor, quase com arrebatamento, de não sei mais o que, parara subitamente no meio de uma frase e, derreado sobre sua cadeira, olhava diretamente para a frente. A um sinal de G., continuamos a falar desviando dele nossos olhares. O mais jovem começou por escutar o que dizíamos, depois pôs-se também a falar. Olhávamos todos uns para os outros. Sua voz mudara. Comunicou-nos algumas observações que fizera sobre si mesmo. Falava de maneira clara, simples e inteligível, sem palavras supérfluas, sem extravagâncias e sem palhaçadas. Em seguida calou-se. Fumava um cigarro e pensava evidentemente em alguma coisa. Quanto ao primeiro, continuava a manter-se imóvel, como que enovelado em si mesmo.

— Perguntem-lhe em que pensa, disse G. calmamente.

— Eu? — e levantou a cabeça, como se essa pergunta acabasse de acordá-lo: "Em nada".

Sorriu fracamente, como para desculpar-se. Parecia surpreso por lhe perguntarem em que pensava.

— Bem, você falava agora mesmo da guerra e do que aconteceria se fizéssemos a paz com os alemães, disse um de nós. Esse assunto continua preocupando-o?

— Na verdade, não sei, disse com voz hesitante. Falei disso?

— Claro! Dizia nesse instante mesmo que todo mundo deveria pensar nisso, que ninguém tinha o direito de esquecer a guerra e de não se preocupar com ela; que todo mundo deveria ter uma opinião bem definida: sim ou não, a favor ou contra.

Escutava como se nada compreendesse do que lhe diziam:

— É verdade? perguntou. É estranho; não me lembro de nada.

— Mas estas questões não lhe interessam?

— Não, não me interessam em absoluto.

— Não está apreensivo com todas as conseqüências dos acontecimentos atuais, de seus resultados possíveis para a Rússia e a civilização?

Sacudiu a cabeça com expressão de pesar.

— Simplesmente não compreendo de que falam, disse. Isto não me interessa nem um pouco e nada sei a respeito.

— Bem, você falava há pouco dos membros de sua família. Será que tudo não ficaria muito mais fácil para você, se se interessassem pelas nossas idéias e viessem para o trabalho?

— Sim, talvez — sempre com sua voz indecisa. Mas por que deveria eu pensar nisso?

— Mas não nos dizia que estava apavorado com o abismo — essa foi sua expressão — que se cavava entre você e eles?

Nenhuma resposta.

— Mas que pensa disso agora?

— Não estou em absoluto pensando nisso.

— Se lhe perguntassem o que deseja, que responderia?

Ainda um olhar vago.

— Não desejo nada.

— Mas vamos, pense: do que você gostaria?

Sobre a mesinha a seu lado havia um copo de chá que ele não acabara de tomar. Fixou-o durante tempo bastante longo, como se pensasse em algo. Por duas vezes passeou o olhar em torno de si, depois fixou de

novo o copo e, com voz tão séria, com entonação tão grave que nos entreolhamos, pronunciou estas palavras:
— *Penso que queria um pouco de geléia de framboeza.*
Do fundo da sala veio uma voz que reconhecemos com dificuldade. Era o segundo sujeito da experiência.
— Não vêem que ele está adormecido?
— E você? perguntou alguém.
— Eu, ao contrário, estou acordado.
— Por que ele adormeceu enquanto você acordou?
— Não sei.
Foi o fim da experiência.

No dia seguinte, nem um nem outro se lembrava de nada. G. explicou-nos que tudo o que constituía o tema habitual das conversas, dos alarmes, da agitação do primeiro, estava na personalidade. Quando a personalidade estava adormecida, não restava, portanto, praticamente nada. Em compensação, se havia muita tagarelice supérflua na personalidade do outro, por trás dela escondia-se uma essência que sabia tanto quanto a personalidade e que sabia melhor; quando a personalidade adormecia, a essência tomava seu lugar, ao qual tinha infinitamente mais direito.

— Notem que, contrariamente a seu hábito, falou muito pouco, disse G.. Mas observava cada um de vocês e nada lhe escapava de tudo que se passava.

— Mas qual a utilidade disso para ele, se igualmente não se lembra de nada? disse um de nós.

— A essência se lembra, disse G., a personalidade esqueceu. E era necessário, porque, de outro modo, a "personalidade" teria pervertido tudo. Teria posto tudo isto a seu próprio crédito.

— Mas é uma espécie de magia negra, disse um de nós.

— Pior, disse G.. Esperem e verão coisa ainda bem pior.

Falando dos "tipos", G. disse um dia:
— Já notaram o papel prodigioso do "tipo" nas relações entre o homem e a mulher?

— Notei, disse eu, que durante toda a sua vida um homem só entra em contato com certo tipo de mulher e uma mulher, com certo tipo de homem. Como se um tipo de mulher fosse predeterminado para cada homem e um tipo de homem para cada mulher.

— É verdade, disse-me G.. Mas de uma forma bastante geral. De fato, você nunca viu nenhum tipo de homem nem de mulher, mas apenas tipos de acontecimentos. Aquilo de que falo refere-se ao tipo real, isto é, à essência. Se as pessoas pudessem viver em sua essência, um tipo de homem encontraria sempre o tipo de mulher que lhe corresponde e nunca haveria falsa conjunção de tipos. Mas as pessoas vivem em sua personalidade, que tem seus próprios interesses, seus próprios gostos. Estes nada têm em comum com os interesses e gostos da essência. A personalidade, em tal caso, é o resultado do mau trabalho dos centros. Por esta razão, pode não gostar do que a essência gosta e gostar precisamente do que a essência não gosta. É aqui que começa o conflito entre a essência e a personalidade. A essência sabe o que quer, mas não pode explicar. A personalidade não quer nem mesmo ouvi-la e não leva em nenhuma conta os seus desejos. Tem seus próprios desejos. E age a seu modo. Mas aí termina seu poder. Depois do que, de um modo ou de outro, as duas essências, a do homem e a da mulher, devem viver juntas. E se odeiam. Nesse domínio, não há comédia possível; de qualquer modo é a essência, o tipo, que finalmente predomina e decide.

"E nada pode ser feito em tal caso, nem por razão nem por cálculo. Nem por "amor", porque, no sentido real dessa palavra, o homem mecânico não pode amar; nele *isto ama* ou *isto não ama*.

"Ao mesmo tempo, o sexo desempenha um papel enorme na manutenção da mecanicidade da vida. Tudo o que as pessoas fazem está em ligação com o sexo: a política, a religião, a arte, o teatro, a música, tudo é "sexo". Crêem que as pessoas vão à igreja para rezar ou ao teatro para ver alguma peça nova? Não, isto são apenas pretextos. O principal, no teatro como na igreja, é que lá se podem encontrar mulheres ou homens. Eis o centro de gravidade de todas as reuniões. O que leva as pessoas aos cafés, restaurantes, festas de toda espécie? Uma só coisa: *o Sexo*. Essa é a principal fonte de energia de toda a mecanicidade. Todos os sonos, todas as hipnoses dela decorrem.

"Tentem compreender o que quero dizer. A mecanicidade é particularmente perigosa quando as pessoas não a querem tomar pelo que é e tentam explicá-la por outra coisa. Quando o sexo é claramente consciente de si mesmo, quando não se esconde por trás de pretextos, não se trata mais da mecanicidade de que falo. Ao contrário, o sexo que existe por si mesmo e não depende de mais nada, já é uma grande realização. Mas o mal reside nessa perpétua mentira a si mesmo!

— E que conclui o senhor? perguntou alguém. Que devemos deixar as coisas assim ou modificá-las?

G. sorriu.

— É o que sempre perguntam. Seja qual for o assunto de que se fale, as pessoas perguntam: "É admissível que seja assim e não se possa mudar este estado de coisas?" Como se fosse possível mudar o que quer que seja, fazer seja o que for! Vocês, pelo menos, já deveriam ter visto a ingenuidade de tais perguntas. Forças cósmicas criaram esta situação e forças cósmicas a comandam. E vocês perguntam: devemos deixar as coisas assim ou modificá-las? Vamos! Nem mesmo Deus poderia mudar nada. Lembram-se do que foi dito a respeito das quarenta e oito leis? Não podem ser modificadas, mas é possível libertar-se de grande número delas, quero dizer, há uma possibilidade de mudar o estado de coisas *para si mesmo*. Pode-se escapar à lei geral. Aí como em qualquer outra parte, a lei geral não pode ser mudada. O homem, entretanto, pode mudar sua própria situação em relação a essa lei; ele pode escapar dela. Tanto mais que a lei de que falo, isto é, o poder do sexo sobre as pessoas oferece possibilidades muito diversas. O sexo é a principal razão de nossa escravidão, mas é também nossa principal possibilidade de libertação.

"O "novo nascimento" de que falamos depende da energia sexual tanto quanto o nascimento físico e a propagação da espécie.

"O hidrogênio *si* 12 é o hidrogênio que representa o produto final da transformação do alimento no organismo humano. É a matéria a partir da qual o sexo trabalha e produz. É a "semente" ou o "fruto".

"O hidrogênio *si* 12 pode passar ao *dó* da oitava seguinte com o auxílio de um "choque adicional". Mas esse "choque" pode ser de dupla natureza e duas oitavas diferentes podem começar, uma fora do organismo que produziu *si*, outra no próprio organismo. A união dos *si* 12 masculino e feminino — e tudo o que a acompanha — constitui o "choque" da primeira espécie e a nova oitava começada com a sua ajuda desenvolve-se independentemente, como um novo organismo ou uma nova vida.

"Essa é a maneira normal e natural de utilizar a energia de *si* 12. Entretanto, no mesmo organismo, há outra possibilidade. E é a possibilidade de criar uma vida nova dentro do organismo onde *si* 12 foi elaborado, mas desta vez sem a união dos principios masculino e feminino. Uma nova oitava desenvolve-se a partir daí, dentro do organismo, e não fora. É o nascimento do "corpo astral". Devem compreender que o "corpo astral" nasce da mesma matéria que o corpo físico. Só o processo difere. Todo o corpo físico, por assim dizer, é penetrado em todas as suas células, pelas emanações da matéria *si* 12. E, quando a saturação chega a um grau suficiente, a matéria *si* 12 começa a se cristalizar. A cristalização dessa matéria equivale à formação do "corpo astral".

"A passagem da matéria *si* 12 ao estado de emanações e a saturação gradual de todo o organismo por estas emanações é o que a alquimia chama transformação ou "transmutação". É justamente essa transformação do corpo físico em corpo astral que a alquimia chama transformação do *espesso em sutil* ou a transmutação *dos metais vis em ouro*.

"A transmutação total, isto é, a formação do "corpo astral", só é possível num organismo são, funcionando normalmente. Num organismo doente, anormal ou inválido, não há transmutação possível.

— A continência absoluta é necessária para a transmutação e, de modo geral, a abstinência sexual é útil ao trabalho sobre si? perguntou alguém.

— Sua pergunta comporta muitas outras, disse G.. A abstinência sexual é, de fato, necessária à transmutação, mas só em certos casos, isto é, para determinado tipo de homem. Para outros tipos, não é necessária em absoluto. E, para outros ainda, ela vem por si mesma desde que se inicia a transmutação. Vou explicar-lhes mais claramente. Para certos tipos, uma abstinência sexual longa e total é indispensável para que a transmutação *comece*; sem essa longa e total abstinência, ela não pode começar. Mas, assim que o processo está em bom andamento, a abstinência deixa de ser necessária. Noutros casos, isto é, com outros tipos, a transmutação pode muito bem começar, ao contrário, dentro de uma vida sexual normal; pode até se realizar mais cedo e se desenvolver bem melhor com grande dispêndio exterior de energia sexual. No terceiro caso, a transmutação, no início, não exige abstinência, mas, a seguir, toma toda a energia do sexo e põe fim à vida sexual normal ou ao dispêndio exterior da energia sexual.

"Passemos à outra pergunta: "a abstinência sexual é útil ou não ao trabalho?"

"É útil, se há abstinência em todos os centros. Se só há abstinência num centro e plena liberdade de imaginação nos outros, não poderia haver nada pior. Além disto, a abstinência poderá ser útil, se o homem souber como utilizar a energia que economiza deste modo. Se não souber, nenhuma vantagem pode ser obtida da abstinência.

— Sob esse aspecto, qual é, de modo geral, a forma de vida mais justa, do ponto de vista do trabalho?

— É impossível dizer. Repito, enquanto um homem *não sabe*, é preferível que nada empreenda. Até que tenha um conhecimento novo e *exato*, bastará que dirija sua vida de acordo com as regras e princípios comuns. Nesse campo, quando um homem começa a elaborar teorias ou a dar rédeas a sua imaginação, isto só pode levar à psicopatia. Mas é necessário, ainda, lembrar-se de que, no trabalho, só as pessoas completamente normais do ponto de vista sexual, têm uma possibilidade. Todo tipo de "originalidades", todos os gostos estranhos, os desejos bizarros, o medo e a ação constante dos "amortecedores", tudo isto deve ser destruído desde o início. A educação moderna e a vida moderna criam um número incalculável de psicopatas sexuais. Estes não têm a mínima possibilidade no trabalho.

"De modo geral, pode-se dizer que só há duas maneiras legítimas de gastar a energia sexual: a vida sexual normal e a transmutação. Neste domínio, qualquer invenção é das mais perigosas.

"A abstinência foi experimentada desde tempos imemoriais. Às vezes, muito raramente, deu frutos, mas o que na maioria das vezes se denomina abstinência, não passa da troca de sensações normais por sensações anormais, porque estas são mais fáceis de esconder. Entretanto, não é disto que quero falar. Quisera fazê-lo compreender onde reside o maior mal e o fator principal de nossa escravidão. Não é no próprio sexo, mas no *abuso do sexo*. Quase nunca se compreende o que significa abuso do sexo. Não se trata aqui dos excessos sexuais ou das perversões sexuais. Estas são apenas formas relativamente inofensivas do abuso do sexo. É indispensável conhecer muito bem a máquina humana para compreender o que é o abuso do sexo, no verdadeiro sentido dessa expressão. Ela designa o mau trabalho dos centros em suas relações com o centro sexual ou, noutros termos, a ação do sexo exercendo-se através dos outros centros e a ação dos outros centros exercendo-se através do centro sexual; ou, para ser mais preciso, o funcionamento do centro sexual com o auxílio da energia tomada dos outros centros e o funcionamento dos outros centros com o auxílio da energia tomada do centro sexual.

— Pode o sexo ser considerado um centro independente? perguntou um dos ouvintes.

— Sim, respondeu G.. Mas, ao mesmo tempo, se considerarmos o andar inferior um só todo, o sexo pode então ser considerado a parte neutralizante do centro motor.

— Com qual hidrogênio trabalha o centro sexual? perguntou outro.

Esta pergunta tinha interessado a todos nós durante muito tempo, mas não havíamos podido encontrar-lhe solução. E G., quando o havíamos interrogado, evitara sempre uma resposta direta.

— O centro sexual trabalha com o hidrogênio 12, disse ele desta vez. Isto é, deveria trabalhar com ele. O hidrogênio 12 é *si* 12. Mas o fato é que raramente trabalha com seu hidrogênio próprio. As anomalias no trabalho do centro sexual exigem estudo especial.

"Em primeiro lugar, deve-se notar que, *normalmente*, tanto no centro sexual como no centro emocional superior e no centro intelectual superior, não há lado negativo. Em todos os outros centros, com exceção dos centros superiores, isto é, nos centros intelectual, emocional, motor e instintivo, há, por assim dizer, duas metades — uma positiva e outra negativa; afirmação e negação, "sim" e "não", no centro intelectual; sensações agradáveis e desagradáveis nos centros instintivo e motor. Mas tal divisão não existe no centro sexual. Nele não há lados positivo e negativo. Nele não há sensações desagradáveis nem sentimentos desagradáveis ou há sensação agradável, sentimento agradável, ou não há nada — ausência de qualquer sensação, indiferença completa. Mas, em conseqüência do mau trabalho dos centros, acontece freqüentemente que o centro sexual entra em contato com a parte negativa do centro emocional ou do centro instintivo. A partir daí, certos estímulos particulares ou mesmo quaisquer estímulos do centro sexual, podem evocar sentimentos desagradáveis, sensações desagradáveis. As pessoas que experimentam tais sensações ou tais sentimentos, nelas suscitados por idéias ou imaginações ligadas ao sexo, são levadas a considerá-las provas de virtude ou qualquer coisa original; de fato, estão simplesmente doentes. Tudo o que se relaciona com o sexo deveria ser, quer agradável, quer indiferente. Os sentimentos e as sensações desagradáveis provêm todos do centro emocional ou do centro instintivo.

"Esse é o abuso do sexo. Mas é necessário ainda lembrar-se de que o centro sexual trabalha com o hidrogênio 12. Isto significa que ele é mais forte e mais rápido que todos os outros centros. De fato, o sexo governa todos os outros centros. A única coisa que tem controle sobre ele nas circunstâncias habituais, isto é, quando o homem não tem nem consciência nem vontade, é o que denominamos "amortecedores". Estes podem reduzi-lo literalmente a nada, isto é, podem impedir suas manifestações normais. Mas não podem destruir sua energia. A energia subsiste e passa aos outros centros, através dos quais se expressa; ou seja, os outros centros roubam do centro sexual a energia que ele próprio não emprega. A energia do centro sexual no trabalho dos centros intelectual, emocional e motor, reconhece-se por um "sabor" particular, por um certo ardor, por uma veemência, desnecessários. O centro intelectual escreve livros, mas, quando explora a energia do centro sexual, não se ocupa simplesmente de filosofia, de ciência ou de política; está sempre combatendo alguma coisa, brigando, criticando, criando novas teorias subjetivas. O centro emocional prega o Cristianismo, a abstinência, o ascetismo, o temor e o horror ao pecado, o inferno, o tormento dos pecadores, o fogo eterno e tudo isso com a energia do sexo . . . .Ou então fomenta revoluções, pilha, queima, mata, com essa mesma energia roubada do sexo. E, sempre com essa energia, o centro motor se apaixona pelo esporte, bate recordes, pula barreiras, escala montanhas, luta, combate, etc . . . Em todos os casos em que os centros intelectual, emocional ou motor utilizam a energia do sexo, encontra-se essa veemência característica, ao mesmo tempo que aparece a *inutilidade* do trabalho empreendido. Nem o centro intelectual, nem o centro emocional, nem o centro motor podem criar algo de *útil* com a energia do centro sexual. Eis um exemplo de abuso do sexo.

"Mas trata-se aí apenas de um aspecto. Um segundo aspecto é representado pelo fato de que, quando a energia do sexo é saqueada pelos outros centros e esbanjada num trabalho inútil, nada resta para ele mesmo e deve, a partir de então, roubar a energia dos outros centros, que é de qualidade bem inferior à sua e muito mais grosseira. No entanto, o centro sexual é muito importante para a atividade geral e, em particular, para o crescimento interior do organismo, porque, trabalhando com o hidrogênio 12, pode beneficiar-se de um *alimento de impressões* muito fino, que nenhum dos outros centros comuns pode receber. Este alimento fino de impressões é muito importante para a produção dos hidrogênios superiores. Mas, quando o centro sexual trabalha com uma energia que não é a sua, isto é, com os hidrogênios relativamente inferiores, 48 e 24, suas impressões tornam-se muito mais grosseiras e ele cessa de ter no organismo o papel que poderia desempenhar. Ao mesmo tempo, sua união com o centro intelectual e a utilização de sua energia pelo centro intelectual provocam um excesso de imaginação de ordem sexual e, por acréscimo, uma *tendência a satisfazer-se com essa imaginação*. Sua união com o centro emocional cria a sentimentalidade ou, ao contrário, a inveja, a crueldade. Eis ainda alguns aspectos do abuso do sexo.

— Que se deve fazer para lutar contra o abuso do sexo? perguntou alguém.

G. pôs-se a rir.

— Esperava esta pergunta, disse. Mas deviam ter compreendido que é tão impossível explicar a um homem que ainda não começou a trabalhar sobre si mesmo e não conhece a estrutura da máquina humana, a significação do abuso do sexo, quanto explicar-lhe como evitá-lo. O trabalho sobre si, conduzido de modo correto, começa pela criação de um *centro de gravidade permanente*. Quando um centro de gravidade permanente tiver sido criado, todo o resto, subordinando-se a ele, organiza-se pouco a pouco. A questão resume-se, pois, nisso: a partir de quê e como pode ser criado um centro de gravidade? E eis a resposta que podemos dar: somente a atitude correta de um homem para com o trabalho, para com a escola, sua apreciação justa do valor do trabalho e sua compreensão da mecanicidade ou do absurdo de todo o resto podem criar nele um centro de gravidade permanente.

"O papel do centro sexual na criação de um equilíbrio geral e de um centro de gravidade permanente pode ser muito grande. O centro sexual, no que se refere à sua energia, isto é, se empregar sua energia própria, situa-se ao nível do centro emocional superior. E todos os outros centros lhe são subordinados. Por conseguinte, seria uma grande coisa se trabalhasse com sua energia própria. Só isto bastaria para indicar um grau de ser relativamente elevado. E, nesse caso, isto é, se o centro sexual trabalhasse com sua energia própria e no seu próprio lugar, todos os outros centros poderiam trabalhar corretamente, em seu lugar e com sua energia própria.

Capítulo Treze

O mês de agosto de 1916 deixou, em todos os membros de nossos grupos, a lembrança de uma intensidade muito grande em nosso trabalho interior. Todos sentíamos que devíamos nos apressar, que fazíamos muito pouco em comparação com a tarefa imensa que tínhamos nos fixado. Compreendendo que nossa possibilidade de aprender mais podia desaparecer tão subitamente quanto tinha surgido, esforçávamo-nos por aumentar a pressão do trabalho em nós mesmos e por fazer tudo o que estava em nosso poder, enquanto as condições permanecessem favoráveis.

Comecei a exercitar-me muito seriamente, apoiando-me em certa experiência que adquirira anteriormente nessa direção. Levei a cabo uma série de jejuns de curta duração, mas muito intensos. Chamo-os "intensos", porque não jejuava em absoluto por razões de higiene; tentava, ao contrário, dar a meu organismo os choques mais fortes possíveis. Além disso, pus-me a "respirar" segundo um sistema preciso que, aplicado ao mesmo tempo que o jejum, me dera antigamente resultados psicológicos interessantes; exercitei-me também na "repetição" segundo os métodos da *"Oração mental"*, que antes me tinham auxiliado muito a concentrar-me e a observar-me. Por fim, entreguei-me a uma série de exercícios mentais, bastante difíceis, para disciplinar minha atenção. Não descreverei tais exercícios; só os empreendi, afinal de contas, para sondar o terreno, sem saber exatamente aonde poderiam levar-me.

Mas, no todo, esses esforços, bem como nossas palestras e reuniões, mantinham-me num estado de tensão incomum e, assim, prepararam-me, em grande parte, para a série de experiências extraordinárias pelas quais ia passar. Com efeito, G. manteve a palavra; vi "fatos" e compreendi, ao mesmo tempo, o que ele tinha em mente quanto dizia que, antes dos fatos [1], muitos outros elementos eram necessários.

Esses outros elementos eram uma preparação melhor, uma compreensão mais profunda de certas idéias e a necessidade de estar num certo estado. A necessidade desse estado, que é emocional, seguramente é a

---

(1) Capítulo 1, páginas 38-39.

menos reconhecida, quero dizer, não compreendemos ser ele indispensável; sem ele, os "fatos" são impossíveis.

Chego agora à questão mais difícil: a impossibilidade absoluta de descrever os próprios "fatos".

Por que?

Muitas vezes me fiz essa pergunta. E só podia responder que tais fatos eram de natureza tão pessoal que, em caso algum, podiam ser comunicados a outros. Agora, compreendia que não era assim para mim somente; *é sempre assim.*

Lembro-me de que afirmativas desta espécie sempre me tinham revoltado, quando as lera em memórias ou relatos de pessoas que tinham passado por experiências extraordinárias e, depois, tinham se recusado a descrevê-las. Tinham buscado o miraculoso e pensavam tê-lo encontrado, sob uma forma ou outra. Diziam, então, invariavelmente: "Encontrei... mas não posso descrever o que encontrei", coisa que sempre me parecera artificial e falsa.

E eis que estava exatamente na mesma situação. Encontrara o que buscava. Vira e observara fatos que transcendiam inteiramente a esfera do que julgamos possível ou admissível e não podia dizer nada.

Nessas experiências, o essencial era o conteúdo interior delas e o novo conhecimento que comunicavam. Mas até seu aspecto exterior só podia ser descrito muito aproximadamente. Como já disse, depois de todos os meus jejuns e minhas outras experiências, achava-me numa espécie de excitação e nervosismo bastante acentuados e, fisicamente, menos sólido que de costume. Foi neste estado que cheguei à casa de campo que um de nossos amigos, E. N. M., possuía na Finlândia; era em sua residência de São Petersburgo que nos reuníamos freqüentemente. Desta vez G. e oito membros de nossos grupos estavam presentes. Durante a noite, chegou um momento em que falamos das tentativas que fizéramos para contar nossas vidas. G. estava muito duro, sarcástico, atacava-nos uns após os outros, como se nos quisesse provocar e sublinhava, com insistência, nossa covardia e a preguiça de nosso pensamento.

Foi particularmente penoso para mim, quando pôs-se a repetir, diante de todos, algo que eu pensava sobre o Dr. S. e que eu lhe confiara. O que ele disse foi para mim muito desagradável, principalmente porque, de minha parte, sempre condenara nos outros tais conversas.

Penso que devia ser perto de dez horas quando ele nos chamou, a Z., ao Dr. S. e a mim, a um pequeno quarto isolado. Sentamo-nos "à turca" no soalho e G. pôs-se a nos explicar e mostrar certo número de posturas e movimentos. Não pude deixar de notar a segurança e precisão espantosas com que realizava os movimentos. Aliás, eles nada apresentavam de excepcional: um bom ginasta teria podido fazê-los com facilidade e eu, que nunca pretendera passar por um atleta, podia imitá-los exteriormente. G., porém, explicava-nos que nenhum ginasta executaria tais movimentos como ele, porque ele tinha um modo especial de fazê-los, com os músculos relaxados.

Depois do que, G. voltou de novo às razões de nossa incapacidade de contar a história de nossas vidas.

E foi então que o "milagre" começou.

Posso certificar, de modo absoluto, que G. não recorreu a nenhum processo exterior, isto é, que não me deu nenhum narcótico e não me hipnotizou segundo nenhum dos métodos conhecidos.

Tudo se desencadeou quando comecei a *ouvir seus pensamentos*. Estávamos sentados nesse quartinho, no soalho sem tapete, como se vê nas casas de campo. Eu estava sentado em frente de G. e com o Dr. S. e Z., um de cada lado.

G. falava de nossos "traços" e de nossa incapacidade de ver ou dizer a verdade. O que ele dizia pertubava-me muito. E, de repente, notei que, entre as palavras que pronunciava para nós três, certos "pensamentos" me eram destinados. Captei um desses pensamentos e respondi-lhe em voz alta. G. fez-me um sinal de cabeça e calou-se. Houve uma parada bastante longa. G. continuava calado. Mas eis que, no silêncio, ouvi sua voz dentro de mim como se ela estivesse em meu peito, perto do coração. Ele me fazia uma pergunta precisa. Meus olhos voltaram-se para ele: estava imóvel e sorria. Sua pergunta me abalara fortemente. No entanto, respondi-lhe afirmativamente.

— Por que — perguntou G. — ele diz isto? olhando sucessivamente para Z. e para o Dr. S. Perguntei-lhe alguma coisa?

E, imediatamente, fez-me outra pergunta, ainda mais premente, do mesmo modo. E respondi-lhe, pela segunda vez, com voz natural. Z. e S. estavam visivelmente espantados, especialmente Z.. Esta conversa — se é que isto pode se chamar conversa, desenrolou-se desse modo pelo menos meia hora. G. fazia-me perguntas silenciosas e eu lhe respondia em voz alta. Eu estava muito agitado com o que ele me dizia, com as perguntas que me fazia e que não poderia transmitir aqui. Tratava-se de certas condições que eu teria que aceitar; caso contrário, teria que *deixar o trabalho*. G. dava-me o prazo de um mês. Recusei esse prazo e disse-lhe que estava pronto a fazer, imediatamente, tudo o que me pedisse, por mais difícil que fosse. Ele, porém, insistiu no prazo de um mês.

Finalmente, levantou-se e saímos para o terraço. Do outro lado da casa, havia outro terraço mais largo, onde nossos amigos estavam reunidos.

O que ocorreu em seguida devia ser o mais importante, entretanto, disso só poderei falar muito pouco. G. entretinha-se com Z. e S.. De repente, disse algo a meu respeito que não pude suportar; levantei-me de um salto e parti para o jardim. Depois, meti-me na floresta. Andei durante muito tempo na escuridão, completamente em poder de pensamentos e sentimentos extraordinários. Às vezes, parecia-me haver encontrado alguma coisa; noutros momentos, tinha-a perdido de novo.

Isso durou uma ou duas horas. Finalmente, quando minhas contradições e meus turbilhões interiores chegaram ao ápice, um pensamento atravessou-me o espírito como um raio, trazendo-me uma compreensão justa de tudo o que G. me dissera e de minha própria posição. Vi que G. tinha razão: tudo o que considerava em mim sólido e digno de confiança, na realidade não existia. Mas encontrara outra coisa. Sabia que G. não acreditaria em mim e que riria na minha cara, se lho dissesse. Para mim, entretanto, era indubitável e o que se passou, em seguida, mostrou-me que eu não estava errado.

Tinha parado para fumar, numa espécie de clareira, onde fiquei sentado durante muito tempo. Quando voltei para casa, a noite estava bem avançada; não havia ninguém no pequeno terraço. Pensando que todo mundo fora dormir, fui para meu quarto e deitei-me também. De fato, G. e os outros jantavam no terraço grande. Pouco depois de me deitar, apoderou-se de mim novamente estranha excitação; meu pulso começou a bater com força, e eis que ouvi de novo a voz de G. em meu peito. Mas, desta vez, não me contentei em ouvir, *respondi mentalmente*, e G. ouviu-me e respondeu-me. Havia nisso algo de muito estranho. Tentei encontrar o que poderia confirmar para mim esta conversa como um fato, mas em vão. Afinal de contas, talvez fosse "imaginação" ou um sonho acordado. Por isto, tentei perguntar algo de concreto a G. que não deixasse dúvida alguma sobre a realidade de nossa palestra ou sobre o fato de que ele participava dela, mas eu nada podia inventar que tivesse suficiente peso. A certas perguntas que lhe fazia e às quais me respondia, eu mesmo poderia ter respondido também. Tinha até a impressão de que ele evitava as respostas concretas que teriam podido servir mais tarde como "provas" e de que a uma ou duas de minhas perguntas dava, intencionalmente, apenas respostas vagas. Para mim, porém *o sentimento de que era uma conversa* era muito forte, inteiramente novo e incomparável.

Depois de longo silêncio, G. fêz-me uma pergunta que me pôs imediatamente em estado de alerta; depois do que parou, como se esperasse uma resposta.

O que ele dissera tinha detido de chofre todos os meus pensamentos e todos os meus sentimentos. Não tinha medo, pelo menos não se tratava de um medo consciente, como quando se sabe que se está assustando; mas tremia em todos os membros e estava literalmente paralisado, a tal ponto que não podia articular uma só palavra, embora fizesse esforços terríveis para dar uma resposta afirmativa.

Sentia que G. estava esperando e não esperaria muito tempo.

— Bem, disse-me por fim, agora está cansado. Fiquemos por aqui até a próxima vez.

Comecei a dizer alguma coisa; penso que lhe pedia que esperasse ainda, que me desse um pouco de tempo para habituar-me a essa idéia.

— De outra vez, disse sua voz; durma.

E a voz calou-se. Durante muito tempo não pude conciliar o sono. De manhã, quando saí para o pequeno terraço onde estávamos instalados na noite anterior, G. estava sentado no jardim, a uns vinte metros, perto de uma mesinha; três de nossos amigos estavam com ele.

— Perguntem-lhe o que aconteceu na noite passada, disse G., quando cheguei perto deles.

Por alguma razão isto irritou-me. Fiz meia-volta e dirigi-me para o terraço. Quando estava chegando lá, ouvi de novo a voz de G. em meu peito: — Stop!

Parei e voltei-me para ele; ele sorria.

— Ei, aonde vai? Venha sentar-se aqui, disse com voz comum.

Sentei-me perto dele, mas não podia falar nem tinha a menor vontade de fazê-lo. Ao mesmo tempo, sentia extraordinária clareza de espírito e decidi tentar concentrar-me em certos problemas que me pareciam particularmente difíceis. Veio-me a idéia de que, nesse estado incomum, talvez pudesse encontrar respostas às questões que não sabia resolver pelos métodos usuais.

Pus-me a pensar na primeira tríade do "raio de criação", nas três forças que constituem uma só força. Qual era seu sentido? Era definível? Podíamos compreender esse sentido? Uma resposta começava a esboçar-se em minha cabeça, mas, no próprio instante em que tentava traduzi-la em palavras, tudo desapareceu.

— *Vontade, consciência* . . . mas qual era o *terceiro* termo? perguntava-me. Parecia-me que, se pudesse expressá-lo, compreenderia de imediato todo o resto.

— Deixe isto, disse G. em voz alta.

Voltei os olhos para ele; olhava-me.

— Está ainda muito longe, disse-me. Não pode encontrar a resposta agora. Em vez disso pense em si mesmo, em seu trabalho.

Os que estavam sentados ao nosso lado olhavam-nos perplexos. G. respondera aos meus pensamentos.

Depois disso, teve início uma experiência muito estranha, que se prolongou durante os três dias que devíamos permanecer na Finlândia. Durante esses dias — em que tivemos numerosas conversas sobre assuntos variados —, estive constantemente num estado emocional fora do costume, que às vezes me parecia cansativo.

— Como livrar-me deste estado? perguntei a G.. Não posso mais suportá-lo.
— Prefere dormir? disse.
— Certamente que não.
— Então o que você está pedindo? Não é isso que queria? Utilize. *Agora você não está dormindo mais*!

Não penso que isso fosse totalmente verdadeiro. "Dormia", sem dúvida, em alguns momentos.

Muitas palavras que pronunciei então devem ter surpreendido os que me acompanhavam nessa estranha aventura. E eu mesmo estava surpreso por mil coisas que notava em mim. Algumas assemelhavam-se ao sono, outras não tinham qualquer relação com a realidade. Certamente, inventei muitas. Mais tarde, experimentei verdadeira surpresa à lembrança de tudo o que eu dissera.

Por fim, voltamos a São Petersburgo. G. devia partir para Moscou e fomos diretamente da estação de Finlândia para a estação de Nikolaievsky.

Éramos um grupo muito numeroso na plataforma, para dar-lhe as despedidas. Partiu.

Eu estava longe, porém, de ter acabado com o "milagroso". À noite, houve ainda novos fenômenos e não menos insólitos: "conversei" com G., *vendo-o* no compartimento do trem que o levava para Moscou.

Durante o período extraordinário que se seguiu e durou umas três semanas, por diversas vezes vi "os adormecidos".

Mas devo dar aqui algumas explicações.

Dois ou três dias depois da partida de G., eu seguia pela rua Troitsky; de repente, vi que o homem que caminhava em minha direção estava *adormecido*. Não podia haver a menor dúvida. Embora seus olhos estivessem abertos, caminhava manifestamente mergulhado em sonhos, que corriam como nuvens sobre seu rosto. Surpreendi-me pensando que, se pudesse olhá-lo durante bastante tempo, veria seus sonhos, isto é, compreenderia o que ele via em seus sonhos. Mas o homem passou. Depois dele veio outro igualmente adormecido. Um cocheiro adormecido passou com dois clientes adormecidos. E, de repente, vi-me na situação do príncipe da "Bela Adormecida". À minha volta, todo mundo estava adormecido. Era uma sensação precisa, que não deixava lugar a qualquer dúvida. Compreendi, então, que podíamos ver, *ver com nossos olhos*, todo um mundo que habitualmente não vemos. Essas sensações duraram vários minutos. No dia seguinte, repetiram-se muito fracamente. Mas, depois, descobri que *tentando lembrar-me de mim mesmo*, podia intensificá-las e prolongá-las, enquanto tinha energia suficiente para não permitir que o que me rodeava monopolizasse minha atenção. Assim que ela se deixava distrair, eu parava de ver os "adormecidos". Porque, evidentemente, eu próprio tinha mergulhado no sono. Só falei dessas experiências a um pequeno número de nossos amigos; dois deles, quando tentavam lembrar-se de si mesmos, experimentavam sensações análogas.

Depois, tudo voltou ao normal.

Não conseguia dar-me conta exatamente do que se passara. Tudo em mim fora transtornado e é evidente que, em tudo o que disse ou pensei nessas três semanas, houve uma grande parte de fantasia.

No entanto, tinha-me visto, tinha visto em mim coisas que nunca vira antes. Era uma certeza. E, embora tivesse depois voltado a ser de novo o mesmo homem, não pude deixar de *saber* que isso tinha acontecido e eu nada podia esquecer.

Compreendi até, com toda a clareza, uma verdade importante, ou seja, que nenhum dos fenômenos de ordem superior — denominados às vezes "metafísicos" — isto é, que transcendem a categoria dos fatos ordinários, observáveis a cada dia, pode ser observado ou estudado por *meios ordinários*, em nosso estado ordinário de consciência, como estudamos fenômenos físicos. É um completo absurdo pensar que podemos estudar fenômenos tais como "telepatia", "clarividência", "presciência", "fenômenos mediúnicos", etc., da mesma maneira como estudamos a eletricidade, os fenômenos meteorológicos ou químicos. Há, nos fenômenos de ordem superior, alguma coisa que requer, *para sua observação e estudo*, um estado emocional particular. O que exclui qualquer possibilidade de experiências ou observações "cientificamente conduzidas".

Já chegara às mesmas conclusões, depois das experiências que descrevi no *Novo Modelo do Universo*, no capítulo "Misticismo Experimental", mas agora compreendia por que isto era uma impossibilidade absoluta.

A segunda conclusão interessante à qual cheguei é muito mais difícil de formular.

Relaciona-se com determinada guinada em minhas maneiras de ver e de definir para mim mesmo minhas metas, meus desejos e minhas aspirações. No momento, estive muito longe de poder apreciar toda a sua importância.

Porém, mais tarde, reconheci claramente que, dessa época, datavam mudanças precisas ocorridas em minhas idéias sobre mim mesmo, os que me rodeavam e, mais ainda, sobre o que me contentarei em chamar, sem maior precisão, "métodos de ação". Uma descrição dessas mudanças parece-me quase impossível. Direi apenas que não tinham nenhuma relação com tudo o que *tinha sido dito* na Finlândia, mas provinham diretamente das emoções que experimentara ali. O que notei, em primeiro lugar, foi o enfraquecimento em mim desse individualismo extremo que, até então, fora o traço fundamental de minha atitude diante da vida. Comecei a aproximar-me das pessoas e a sentir mais o que tinha em comum com elas. Em segundo lugar, em alguma parte bem no âmago de mim mesmo, cheguei a compreender o princípio esotérico da impossibilidade da violência, isto é, da inutilidade dos meios violentos para alcançar não importa o quê. Vi, com perfeita clareza e a seguir nunca mais devia perder esse sentimento, que os meios violentos ou os métodos de força, *seja em que domínio for*, devem infalivelmente produzir resultados negativos, isto é, opostos aos próprios fins para os quais são aplicados. Aquilo a que chegava assemelhava-se à não-resistência de Tolstoi, mas não era de modo algum igual, porque eu chegava à mesma conclusão, não de um ponto de vista ético, mas prático; não chegava a ela do ponto de vista do *melhor* ou do *pior*, mas do ponto de vista do que é mais proveitoso ou mais eficaz.

G. voltou a São Petersburgo no princípio de setembro. Tentei então perguntar-lhe sobre o que, de fato, se passara na Finlândia; dissera-me verdadeiramente algo apavorante? E por que eu ficara apavorado?

— Se ficou, respondeu-me G., é porque não estava preparado.

Não me deu outra explicação.

Durante essa visita de G., o "traço principal" ou o "defeito principal" de cada um de nós foi o centro de gravidade de nossas conversas. G. era cheio de engenhosidade na definição dos traços. Dei-me conta, nessa ocasião, ser quase impossível definir o traço principal de certas pessoas. Ele pode, com efeito, se esconder tão bem por trás de diversas manifestações convencionais, que se fica sem condições de descobri-lo. Um homem, portanto, pode considerar a *si mesmo* como seu traço principal; assim podia chamar meu traço principal de "Ouspensky", ou, como G. sempre dizia, "Piotr Demianovich". Não poderia haver erro aqui, visto que o "Piotr Demianovich" de cada pessoa forma-se, por assim dizer, "em torno de seu traço principal".

Quando um de nós não estava de acordo com a definição que G. dera de seu traço principal, G. dizia sempre que o simples fato desse desacordo bastava para provar que ele tinha razão.

— Não, não me reconheço aí, disse um de nós. O que sei que é meu *traço principal* é muito pior. Mas admito que os outros podem ver como o senhor me descreveu.

— Você não sabe nada sobre si, disse-lhe G.. Se se conhecesse melhor, não teria esse traço. Certamente, as pessoas o vêem como lhe disse. Mas você não se vê como elas o vêem. Se aceitar o que lhe indiquei como seu traço principal, compreenderá como as pessoas o vêem. E se encontrar um meio de lutar contra esse traço e de destruí-lo, isto é, de destruir sua *manifestação involuntária* — G. acentuou essas palavras — produzirá nas pessoas, não mais a impressão habitual, mas qualquer uma à vontade."

Assim começaram longas conversas sobre a impressão que um homem produz nos que o rodeiam e a maneira de produzir uma impressão desejável ou indesejável.

As pessoas com as quais vivemos vêem sempre nosso traço principal, por mais escondido que possa estar. Naturalmente, nem sempre estão em condições de expressá-lo. Mas suas definições são freqüentemente muito boas ou bastante aproximadas. Tomem os apelidos; definem, às vezes, muito bem o traço principal.

Essas conversas sobre a impressão que produzimos levaram-nos mais uma vez à questão da "consideração interior" e da "consideração exterior".

— Um homem não pode "considerar exteriormente" da maneira conveniente, enquanto estiver instalado em seu "traço principal", disse G.. Por exemplo, "Assim-Assim" (chamava desse modo a um de nós). Seu traço principal é que *nunca está em casa*. Como poderia considerar alguma coisa ou alguém?

Estava maravilhado com o acabamento artístico deste traço, tal como G. o acabava de pintar. Não se tratava mais de psicologia, mas de arte.

— Mas a psicologia deve ser uma arte, disse G.. A psicologia não pode ser simplesmente uma ciência.

A outro disse que seu traço era que *ele não existia de modo algum*.

— Compreenda, disse G., *eu não o vejo*. Isto não quer dizer que você seja sempre assim. Mas, quando é como agora, não existe de modo algum.

A um terceiro declarou que seu traço principal era uma tendência a discutir sempre, com todo mundo, a propósito de tudo.

— *Mas não discuto nunca*, replicou este com ardor.

Ninguém pôde deixar de rir.

G. disse ainda a um outro — tratava-se agora desse homem de idade madura, sobre o qual fora feita a experiência de separar a personalidade da essência, e que pedira a geléia de framboesa — que seu traço principal era não ter *nenhuma consciência moral*.

E, no dia seguinte, ele voltava para nos dizer que fora à biblioteca pública para buscar nos dicionários enciclopédicos de quatro línguas o sentido das palavras "consciência moral".

Com um simples sinal de mão, G. o fez calar.

Quanto ao segundo sujeito da experiência, G. disse que ele era *sem pudor* e nosso homem imediatamente soltou uma piada bastante engraçada sobre si mesmo.

Durante essa estada, G. teve que se conservar em casa. Pegara um sério resfriado e encontrávamo-nos por pequenos grupos em sua residência, na Liteiny, perto da Nevsky.

Um dia, ele disse que não fazia nenhum sentido continuar assim e que devíamos afinal nos decidir: queríamos seguir caminho com ele? Queríamos trabalhar? Ou, então, não seria preferível para nós abandonar qualquer tentativa nessa direção, já que uma atitude meio séria não podia dar resultado algum?

Acrescentava que prosseguiria o trabalho só com aqueles que tomassem a decisão bem definida de lutar contra a sua mecanicidade e seu sono.

— Já sabem desde já, disse, que nada de terrível lhes é pedido. Mas não tem nenhum sentido ficar com um pé em cada canoa. Aquele de vocês que não quer despertar, muito bem, que durma.

Expressou o desejo de falar-nos a cada um por sua vez: cada um de nós, em separado, teria que demonstrar-lhe, com argumentos suficientes, por que ele, G., deveria dar-se ao trabalho de vir em sua ajuda.

— Crêem, sem dúvida, que isto me dá grandes satisfações, disse. Ou talvez me achem incapaz de fazer outra coisa qualquer. Se for assim, nos dois casos enganam-se gravemente. Há, na verdade, tantas coisas que eu poderia fazer. E se *é a isto* que dedico meu tempo, é só porque tenho uma meta precisa. Deveriam desde agora estar em condições de compreender sua natureza e de reconhecer se seguem ou não o mesmo caminho que eu. Nada mais direi. Mas, daqui por diante, só trabalharei com aqueles que puderem ser úteis para a minha meta. E só me podem ser úteis aqueles que decidiram firmemente lutar contra si mesmos, isto é, lutar contra a sua mecanicidade."

Com estas palavras, calou-se.

As entrevistas de G. com cada um dos membros de nosso grupo duraram cerca de uma semana. Com alguns falava durante muito tempo; com outros, muito menos. Finalmente, quase todo mundo ficou.

O homem de idade madura, P., do qual falei a respeito da experiência, saiu-se da situação de modo honroso e, rapidamente, tornou-se um membro muito ativo de nosso grupo, perdendo-se apenas, ocasionalmente, numa atitude formalista e numa "compreensão literal".

Somente dois de nós caíram. De repente, como num passe de mágica, tinham cessado de compreender qualquer coisa e se puseram a ver em tudo o que G. dizia uma *falta de compreensão* e, da parte dos outros membros do nosso grupo, uma falta de simpatia e de sentimento.

Esta atitude, que tinham tomado para conosco, não se sabe por que, a princípio desconfiada, suspeitosa e depois abertamente hostil, cheia de estranhas acusações totalmente inesperadas, espantou-nos muito.

"Fazíamos mistério de tudo", escondíamo-lhes o que G. dissera na ausência deles. Contávamos histórias sobre eles, para que G. deixasse de confiar neles. Repetíamos para ele todas as suas palavras, falseando-as sistematicamente a fim de induzi-lo em erro. Apresentávamos-lhe os fatos sob uma falsa luz. *Tínhamos dado a G. uma falsa impressão deles*, fazendo com que visse tudo às avessas.

Ao mesmo tempo, o próprio G. tinha "mudado completamente", não era mais, em absoluto, o mesmo de antigamente, tornara-se duro, exigente, desprovido de cordialidade, não manifestava mais o menor interesse pelas pessoas, cessara de pedir-nos a verdade, preferia agora ter a sua volta gente que tinha medo de lhe falar francamente, hipócritas que teciam loas uns aos outros, enquanto se espionavam por detrás.

Estávamos estupefatos de ouvi-los falar assim. Carregavam consigo uma atmosfera inteiramente nova, até então desconhecida para nós. E isto parecia-nos muito estranho, já que a maioria de nós se encontrava, nesse período, num estado emocional bastante intenso e estávamos todos particularmente em boa disposição para com esses dois membros que protestavam contra o nosso grupo.

Tentamos muitas vezes falar deles com G.. Esta idéia de que pudéssemos dar-lhe uma "falsa impressão" deles divertia-o muito.

— Que apreciação do trabalho têm eles! dizia. E que miserável idiota sou a seus olhos! Como é, portanto, fácil me enganar! Vejam que deixaram de compreender o mais importante: no trabalho, o mestre não pode ser enganado. É uma lei que decorre do que dissemos sobre o saber e o ser. Posso enganá-los se quiser. Mas não me podem enganar. Se fosse doutro modo, não teriam que aprender comigo, eu é que teria que aprender com vocês.

— Como devemos falar-lhes e como podemos ajudá-los a voltar ao grupo? perguntaram alguns de nós.

— Não somente nada podem fazer, disse G., mas não devem sequer tentar; com tais tentativas destruiriam a última oportunidade que eles têm de compreender e de se ver. *É sempre muito difícil voltar.* E isto deve ser fruto de uma decisão absolutamente voluntária, sem nenhuma espécie de persuasão ou constrangimento. Compreendam que cada coisa que disseram sobre mim e sobre vocês era uma tentativa de autojustificação, uma tentativa para jogar a culpa nos outros, a fim de provarem a si mesmos que tinham razão. Isto significa que se afundam cada vez mais na mentira. Essa mentira pode ser destruída, mas só pelo sofrimento. Se ontem tinham dificuldade em ver-se, hoje será dez vezes mais difícil."

Outros perguntavam: "Como puderam chegar a tal ponto? Por que a atitude deles, tanto para com todos nós como para com o senhor, mudou tão subitamente, sem que nada deixasse prever?"

— É o primeiro caso de que são testemunha, respondeu G., e, por conseguinte, estão espantados, porém mais tarde verão como é freqüente. Acrescentarei que isto se produz sempre da mesma maneira. Pois é impossível ficar com um pé em cada canoa. As pessoas, no entanto, pensam sempre que podem fazê-lo, que podem adquirir qualidades novas enquanto permanecem o que são. Não pensam assim conscientemente, é claro, mas dá no mesmo.

"E o que querem preservar, acima de tudo? É o direito de ter sua própria apreciação das idéias e das pessoas, isto é, o que lhes é mais nefasto. São loucos, já sabem — pelo menos houve um tempo em que se deram conta disso e é por isso que vieram ao ensinamento. Mas, no instante imediato, já haviam esquecido tudo! E, agora, trazem para o trabalho suas próprias atitudes subjetivas e mesquinhas; começam a pronunciar julgamentos sobre mim e sobre os outros, como se fossem capazes de julgar quem quer que seja. E isto reflete-se imediatamente em sua atitude com relação às idéias e a tudo o que digo. Já "aceitam isto", porém "não aceitam aquilo"; concordam com uma coisa, mas não com outra; confiam em mim num caso, mas noutro desconfiam.

"E o mais engraçado é que se imaginam capazes de "trabalhar" em tais condições, isto é, sem confiar em mim em tudo e sem aceitar tudo. Na realidade, é absolutamente impossível. Pelo simples fato de suas restrições ou de sua desconfiança com relação a qualquer idéia que seja, fabricam logo algo de sua lavra em substituição. E começam as "brilhantes improvisações" — são novas explicações ou novas teorias que nada têm em comum com o trabalho nem com o que eu disse. Põem-se a achar erros ou faltas em todas as minhas palavras, em todos os meus atos e em tudo o que os outros dizem ou fazem. A partir desse momento, começo a falar de coisas que ignoro e de que nem sequer tenho idéia, mas que *eles mesmos* sabem e compreendem muito melhor que eu; todos os outros membros do grupo são loucos, idiotas, etc., etc.

"Quando um homem coloca em questão esses princípios, sei de antemão tudo o que dirá daí por diante. E vocês o saberão, por seu turno, pelas conseqüências. O divertido é que as pessoas podem ver isso quando se trata dos outros, mas quando elas próprias se põem a divagar, sua clarividência em relação a tudo o que lhes diz respeito logo desaparece. É uma lei. É penoso subir a colina, porém rola-se com muita facilidade encosta abaixo. Elas nem sentem embaraço em falar dessa maneira, seja comigo seja com os outros. E, sobretudo, não duvidam de que isso possa ir de par com certa espécie de trabalho. Nem sequer querem compreender que quando um homem chega a esse ponto, acabou de cantar a sua ladainha.

"Além disso, notem que esses dois são amigos. Se estivessem separados, se cada um seguisse seu próprio caminho, não lhes seria tão difícil ver sua respectiva situação e voltar. Mas são amigos e encorajam-se mutuamente em suas fraquezas. Agora, um não pode voltar sem o outro. No entanto, mesmo que quisessem voltar, eu só aceitaria um dos dois, o outro não.

— Por que? perguntou alguém.

— Isso é outra questão, disse G.. No presente caso seria simplesmente para permitir que ele se pergunte o que conta mais para ele: eu ou o amigo. Se é o amigo, então nada tenho a lhe dizer, mas, se sou eu, deve abandonar o amigo e voltar só. Mais tarde, o outro também poderá voltar. Mas digo-lhes que se agarram um ao outro e se entravam mutuamente. Eis um exemplo perfeito do mal que as pessoas podem fazer a si mesmas quando se desviam do que há de melhor nelas.

Em outubro, estava com G. em Moscou.

Seu pequeno apartamento da Bolshaia Dmitrovka espantou-me pela atmosfera. Tinha-o arrumado à moda oriental: soalhos e paredes desapareciam sob tapetes, e nos próprios tetos estendiam-se chales de seda. As pessoas que iam lá — todas alunas de G. — *não tinham medo de guardar silêncio*. Só isso já era incomum. Vinham, sentavam-se, fumavam, não se ouvia uma palavra, às vezes durante horas. E nada havia de desagradável nem de angustiante nesse silêncio. Ao contrário, havia um sentimento de segurança tranqüila; sentia-se livre da necessidade de desempenhar um papel artificial ou forçado. Mas, nos curiosos ou visitantes ocasionais, tal silêncio produzia impressão das mais estranhas. Punham-se a falar sem interrupção, como se tivessem medo de parar e de sentir algo; ou então ofendiam-se, imaginavam que o "silêncio" era dirigido contra eles, como para provar-lhes o quanto os alunos de G. eram superiores a eles e para fazê-los compreender que não valia a pena falar com eles; outros achavam esse silêncio estúpido, cômico, "antinatural"; a seus olhos, ele fazia ressaltar nossos piores traços, particularmente nossa fraqueza e nossa completa subordinação a G., que nos "tiranizava".

P. decidiu até tomar nota das "reações ao silêncio" dos diferentes tipos de visitantes. Compreendi, então, por que as pessoas temiam, acima de tudo, o silêncio e compreendi que nossa tendência constante para falar era apenas um reflexo de defesa, sempre fundado numa recusa a ver alguma coisa, uma recusa a confessar alguma coisa a si mesmo.

Não tardei a notar uma propriedade mais estranha ainda do apartamento de G.. *Não era possível mentir naquele lugar*. Uma mentira logo transparecia, tornava-se visível, tangível e certa. Certa vez, vimos chegar um homem que G. conhecia vagamente. Já o havíamos encontrado, pois vinha às vezes às reuniões. Eramos três ou quatro no apartamento. O próprio G. não estava lá. Depois de ter ficado em silêncio um instante, pôs-se a dizer-nos que acabara de encontrar um amigo que lhe dera notícias extraordinariamente interessantes sobre a guerra, sobre as possibilidades de paz e assim por diante. E, de repente, de maneira totalmente inesperada para mim, senti *que o homem mentia*. Não encontrara ninguém e ninguém lhe dissera nada. Tudo se fabricava em sua cabeça no próprio momento, simplesmente porque não podia suportar o silêncio.

Senti um mal estar em olhá-lo. Parecia-me que, se pudesse encontrar meu olhar, compreenderia que eu via que mentia. Olhei os outros e vi que sentiam como eu e mal podiam reprimir seus sorrisos . . . Observei então o que falava e vi ser ele o único que nada notava. Falava, feliz por falar e, cada vez mais empolgado pelo seu assunto, não se dava nenhuma conta dos olhares que trocávamos, sem querer, entre nós.

Não se tratava de um caso excepcional. Lembrei-me, de repente, dos esforços que havíamos feito para descrever nossas vidas e das "entonações" de nossas vozes quando tentávamos esconder certos fatos. Dei-me conta, então, de que aqui tudo residia nas entonações. Quando um homem tagarela ou espera simplesmente ocasião para começar a falar, não nota a entonação dos outros e é incapaz de distinguir as mentiras da verdade. Mas, assim que recupera a calma, isto é, assim que desperta um pouco, percebe as diferenças de entonações e começa a discernir as mentiras dos outros.

Conversava freqüentemente sobre esta questão com os outros alunos de G.. Falava-lhes do que acontecera na Finlândia e dos "adormecidos" que vira nas ruas de São Petersburgo. O que experimentava aqui, no apartamento de G., em contato com os que mentem mecanicamente, lembrava-me muito da impressão sentida em contato com os "adormecidos".

Era grande o meu desejo de apresentar a G. alguns de meus amigos de Moscou, mas de todos os que encontrei, durante minha permanência, só um, meu velho amigo, o jornalista V. A. A., deu-me a impressão de estar suficientemente vivo. Apesar de estar como de costume sobrecarregado de trabalho e sempre pressionado, mostrou-se muito interessado quando lhe falei de G. e o convidei, em seu nome, para almoçar na casa dele. G. convocou uns quinze dos seus e arranjou uma refeição suntuosa para esse tempo de guerra, com zakuski, tortas, chachlik, vinhos de Khaghetia e outros esplendores, em suma, um desses festins à moda do Cáucaso, que começam ao meio-dia e duram até a noite. G. fez A. sentar perto dele, foi muito amável e, durante todo o tempo, cumulou-o de atenções, servindo-lhe ele mesmo a bebida. De repente meu coração quase parou. Compreendi a que teste expusera meu velho amigo. O fato era que nos mantínhamos todos em silêncio. Durante cinco minutos, ele se comportou como um herói. Depois começou a falar. Falou da guerra, falou de todos os nossos aliados, falou de nossos inimigos; comunicou-nos a opinião de todos os homens públicos de Moscou e São Petersburgo sobre todos os assuntos possíveis; depois, falou da dessecação de legumes para o exército (da qual se ocupava atualmente, além de seus trabalhos de jornalista), particularmente da dessecação das cebolas; depois, dos adubos artificiais, da química aplicada à agricultura e da química em geral; dos "corretivos" a aplicar aos solos; do espiritismo, da "materialização das mãos" e de não sei mais o que. Nem G., nem ninguém disse uma só palavra. Estava a ponto de intervir, receoso de que A. se ofendesse, mas G. lançou-me um olhar tão feroz que parei de chofre. Aliás, meus temores eram vãos. O pobre A. não notava nada, estava totalmente entregue à felicidade de falar e tão tomado pelo que dizia, por sua própria eloqüência, que não se interrompeu nem um só instante até às quatro horas. Depois, apertou calorosamente as mãos de G. e agradeceu-o por "sua conversa muito interessante". G., olhando para mim, riu com malícia.

Sentia-me muito envergonhado. Haviam tornado ridículo o pobre A., que certamente não podia esperar nada semelhante e, por isto, caíra na armadilha. Compreendi que G. quisera dar uma demonstração aos seus.

— Então, viram? disse, assim que A. saiu. É o que se chama um homem inteligente, mas nada teria notado, mesmo que lhe tivessem tirado as calças. Deixem-no falar, pois deseja apenas isto e todo mundo é assim. Este é bem melhor que muitos outros: não disse mentira. Conhecia realmente aquilo de que falava, a seu modo, é claro. Para que serve isso, pergunto-lhes? Não é mais jovem. E foi talvez a única vez em sua vida que teve oportunidade de ouvir a verdade; mas falou o tempo todo."

Entre as conversas de Moscou, lembro-me ainda de uma. Desta vez, foi G. quem me dirigiu a palavra:

— Na sua opinião, o que aprendeu de mais importante até hoje?

— As experiências que tive no mês de agosto, naturalmente. Se fosse capaz de provocá-las à vontade e de usá-las, nunca mais pediria nada, pois penso que poderia então encontrar todo o resto por mim mesmo. Mas, ao mesmo tempo, sei que essas "experiências" — escolhi esta palavra porque não há outra, mas o senhor sabe bem do que falo (com um sinal de cabeça, aquiesceu) — dependiam do estado emocional em que me encontrava então. Se pudesse criar em mim mesmo este estado emocional, reencontraria muito rapidamente essas "experiências". Mas sinto-me infinitamente longe disto, como se estivesse adormecido. Hoje "durmo"; ontem, estava "desperto". Como esse estado emocional pode ser criado? Diga-me.

— De três modos, respondeu G.. Primeiro, este estado pode vir por si mesmo, por acaso. Em segundo lugar, outra pessoa pode criá-lo em você. E terceiro, você mesmo pode criá-lo. Escolha.

Confesso que, por um segundo, tive muita vontade de dizer que preferia que fosse outro, isto é, ele, que criasse em mim o estado emocional de que falo. Mas dei-me conta de imediato que ele me responderia que já o fizera uma vez, e agora eu deveria, ou esperar que *isto* viesse sozinho, ou então fazer eu mesmo alguma coisa para adquiri-lo.

— Quero criá-lo eu mesmo, naturalmente, disse. Mas como fazer?

— Já lhe disse antes: é necessário o sacrifício, respondeu G.. Sem sacrifício, nada pode ser alcançado. Mas se há uma coisa no mundo que as pessoas não compreendem é justamente a idéia do sacrifício. Créem que devem sacrificar alguma coisa que possuem. Por exemplo, eu disse um dia que elas deviam sacrificar "fé", "tranqüilidade" e "saúde". Tomam ao pé da letra. Como se tivessem a fé, a tranqüilidade ou a saúde. Todas essas palavras devem ser postas entre aspas. De fato, só têm, pois, que sacrificar o que imaginam ter e, na realidade, não têm de modo algum. Devem fazer o sacrifício de suas fantasias. Mas isto é difícil para elas, muito difícil. É muito mais fácil sacrificar coisas reais.

"Não, o que as pessoas devem sacrificar *é seu sofrimento*; nada é mais difícil de sacrificar. Um homem renunciará a não importa que prazer, em lugar do seu próprio sofrimento. O homem está feito de tal modo que se agarra ao sofrimento mais que a tudo. E, no entanto, é indispensável estar livre do sofrimento. Quem não está livre dele, quem não sacrificou seu sofrimento, não pode trabalhar. Mais tarde, terei ainda muito a dizer sobre esse assunto. Nada pode ser alcançado sem sofrimento, mas ao mesmo tempo é preciso começar por sacrificá-lo. Decifrem agora o que isto quer dizer."

Permaneci em Moscou durante oito dias, depois regressei a São Petersburgo com uma provisão de idéias e de impressões novas. E foi, então, que se produziu um pequeno acontecimento que me deu a chave de muitos aspectos do ensinamento e dos métodos de G. .

Durante minha estada em Moscou, os alunos de G. tinham-me explicado diversas leis relativas ao homem e ao mundo. Entre outras, tinham-me mostrado novamente a "tabela dos hidrogênios", como a chamávamos em São Petersburgo, mas numa forma consideravelmente ampliada. Especialmente, ao lado das três escalas de hidrogênios que G. estabelecera antes para nós, eles tinham adotado a seguinte redução e construído ao todo doze escalas. (*Tabela, página 315*).

Em tal forma, a tabela era dificilmente compreensível e eu não conseguia convencer-me da necessidade das escalas reduzidas.

"Tomemos, por exemplo, a sétima escala, dizia P. . O Absoluto aqui é o hidrogênio 96. O *fogo* pode ser tomado como exemplo do hidrogênio 96. O fogo é então o Absoluto para um pedaço de madeira. Tomemos a nona escala. Aqui o Absoluto é o hidrogênio 384, ou a *água*. A água será o Absoluto para um pedaço de açúcar."

Mas eu não conseguia captar o princípio de base que tornaria possível determinar, com exatidão, quando era necessário usar uma tabela como essa. P. mostrou-me uma tabela que ia até a quinta escala e que se referia a níveis paralelos nos diferentes mundos. Nada pude tirar dela. Começava a perguntar-me se não seria possível ligar essas diversas escalas aos diversos cosmos. Entretanto, tendo demorado demais neste pensamento, parti numa direção absolutamente falsa, porque os cosmos não tinham naturalmente a menor relação com as divisões da escala. Ao mesmo tempo, parecia-me não compreender mais nada das "três oitavas de radiações", das quais G. deduzira a primeira escala de hidrogênios. O principal tropeço aqui era a relação das três forças 1, 2, 3 e 1, 3, 2 e as relações entre "carbono", "oxigênio" e "nitrogênio".

Compreendi, então, haver aí algo de importante. E deixei Moscou com o sentimento de não apenas nada ter aprendido de novo, mas também, segundo parecia, ter perdido aquilo que adquirira, isto é, o que acreditava já ter compreendido.

Tínhamos, convencionado que, do nosso grupo, quem fosse a Moscou e recebesse novas explicações ou novas idéias devia, ao voltar, comunicá-las integralmente aos outros. Mas, no vagão que me trazia a São Petersburgo, enquanto revia mentalmente com atenção tudo o que ouvira em

										H1	H6
									H1	H6	H12
								H1	H6	H12	H24
							H1	H6	H12	H24	H48
						H1	H6	H12	H24	H48	H96
					H1	H6	H12	H24	H48	H96	H192
				H1	H6	H12	H24	H48	H96	H192	H384
			H1	H6	H12	H24	H48	H96	H192	H384	H768
		H1	H6	H12	H24	H48	H96	H192	H384	H768	H1536
	H1	H6	H12	H24	H48	H96	H192	H384	H768	H1536	H3072
H1	H6	H12	H24	H48	H96	H192	H384	H768	H1536	H3072	H6144
H6	H12	H24	H48	H96	H192	H384	H768	H1536	H3072	H6144	H12288

Moscou, senti que não seria capaz de comunicar o mais importante aos meus amigos, pela simples razão de que eu próprio não o compreendia. Tal coisa irritava-me e não sabia o que fazer. Nesse estado de espírito cheguei a São Petersburgo e fui, no dia seguinte, a nossa reunião.

Tentando reconstituir, na medida do possível, os diferentes pontos de partida dos "diagramas" — chamávamos assim a parte do ensinamento de G. que tratava das questões gerais e das leis — pus-me a evocar as impressões gerais de minha viagem. E, enquanto falava, uma pergunta inteiramente diferente monopolizava meu pensamento: "Por onde começarei? — O que significa a transição de 1, 2, 3 a 1, 3, 2? Pode-se encontrar um exemplo de tal transição entre os fenômenos que conhecemos?"

Sentia que devia encontrar uma resposta agora, imediatamente. Enquanto eu mesmo não a tivesse achado, nada poderia dizer aos outros.

Comecei por traçar o diagrama no quadro negro. Era o diagrama das três oitavas de radiações: *Absoluto — Sol — Terra — Lua*. Já estávamos habituados a esta terminologia e à forma de exposição de G.. Mas eu não sabia de modo algum o que diria em seguida que eles já não conhecessem.

De repente veio-me ao espírito uma simples palavra, *que ninguém pronunciara em Moscou*, mas que ligou e explicou tudo: "Um diagrama móvel". Compreendi ser indispensável representá-lo como um *diagrama móvel* cujos elos todos trocassem de lugar entre si, como numa dança mística.

Senti que havia, nessa simples palavra, tão grande riqueza de conteúdo, que durante algum tempo eu mesmo não entendi o que estava dizendo. Mas, depois de ter reunido meus pensamentos, vi que os companheiros escutavam-me e eu lhes explicara tudo o que eu mesmo não compreendia ao dirigir-me para a reunião. Isso deu-me uma sensação extraordinariamente forte e clara, como se tivesse descoberto novas possibilidades, um novo método de percepção e de compreensão *ligado ao fato de dar explicações aos outros*. E, sob o impacto dessa sensação, logo após ter dito que exemplos ou analogias da transição das forças 1, 2, 3 e 1, 3, 2 podiam ser encontrados no mundo real, vi de pronto exemplos como esses ao mesmo tempo no organismo humano, no mundo astronômico e, em mecânica, nos movimentos ondulatórios.

Tive a seguir uma conversa com G. sobre as diversas escalas cuja razão de ser eu não percebia.

— Desperdiçamos nosso tempo decifrando enigmas, dizia eu. Não seria mais simples ajudar-nos a resolvê-los mais depressa? O senhor sabe que numerosas dificuldades nos esperam, mas nesta marcha, não conseguiremos sequer chegar até elas. O senhor mesmo não nos disse muitas vezes que tínhamos muito pouco tempo?

— É precisamente porque falta tempo e muitas dificuldades nos esperam, respondeu G., que é indispensável fazer como faço. Se, desde agora, fica apavorado com essas dificuldades, o que será amanhã? Acha que alguma coisa é dada alguma vez de forma completa nas escolas? Vê isso de forma muito ingênua. É preciso ser astuto, é necessário fingir; ao falar com as pessoas, vocês devem levá-las ao fundo das coisas. Algumas delas aprendem às vezes a partir de uma anedota ou de uma brincadeira. E você quer que tudo seja simples. Isso nunca acontece. Deve saber como tomar, quando nada lhe é dado, como *roubar* se necessário e nunca esperar que lhe venham oferecer tudo."

Capítulo Quatorze

Quando estava só conosco, depois das conferências públicas a que eram admitidas pessoas de fora, G. nunca deixava de voltar a certos pontos. O primeiro era a "lembrança de si"; ele acentuava a necessidade de trabalhar constantemente sobre si para conseguir isso. O segundo era a imperfeição de nossa linguagem, a dificuldade de transmitir em palavras a "verdade objetiva".

Como já disse, G. dava sentido especial às expressões "objetivo" e "subjetivo", tomando por base a divisão dos estados de consciência em "subjetivos" e "objetivos". Assim, toda nossa ciência ordinária, baseada em métodos comuns de observação e verificação das observações, era, a seus olhos, uma ciência *subjetiva*; do mesmo modo, chamava *subjetivas* todas as teorias científicas deduzidas da observação dos fatos acessíveis nos estados subjetivos de consciência. Ao contrário, a ciência fundada nos antigos métodos e princípios de observação, a ciência das coisas em si mesmas, *a ciência do Todo*, era para ele a *ciência objetiva*.

Escreverei agora, servindo-me, ao mesmo tempo, das notas tomadas por alguns alunos de G. em Moscou e por mim em São Petersburgo.

— Uma das idéias centrais da ciência objetiva, dizia G., é a da unidade de todas as coisas, da unidade na diversidade. Desde os tempos mais antigos, os homens que captaram o conteúdo dessa idéia, que compreenderam o seu sentido e viram nela a base da ciência objetiva, esforçaram-se por encontrar o meio de transmiti-la duma forma compreensível. Uma transmissão justa das idéias da ciência objetiva fez sempre parte da tarefa daqueles que a possuíam. Em tais casos, a idéia da unidade de todas as coisas, como idéia central e fundamental, devia ser transmitida em primeiro lugar e de modo integral e exato. Procurava-se, pois, colocá-la em formas capazes de assegurar sua transmissão adequada, sem risco de deformá-la ou corrompê-la. Para tal fim, as pessoas a quem se destinavam deviam receber a preparação conveniente; quanto à própria idéia, era apresentada quer sob uma forma lógica — como nos sistemas filosóficos que visam dar uma definição do "princípio fundamental", ou *arqué*, do qual tudo provém — quer sob uma forma de ensinamento religioso que tende a criar um elemento de fé e a provocar uma onda de emoção que eleva as pessoas ao nível da "consciência objetiva". As tentativas mais ou menos coroadas de êxito que se fizeram num ou noutro desses dois caminhos passam através de toda a história da humanidade desde as origens até nossos dias e, sob o aspecto de crenças religiosas ou doutrinas filosóficas, permanecem como monumentos que testemunham os esforços realizados para unir o pensamento da humanidade ao pensamento esotérico.

"Mas a ciência objetiva, inclusive a idéia da unidade, só pertence à consciência objetiva. Quando as formas que expressam esta ciência são percebidas pela consciência subjetiva, inevitavelmente são desvirtuadas e, em lugar da verdade, geram cada vez mais erros. Com a consciência objetiva, é possível ver e sentir a "unidade de todas as coisas". Mas, para a consciência subjetiva, o mundo está fragmentado em milhões de fenômenos separados e sem ligação. Os esforços feitos para reuni-los, para uni-los num sistema científico ou filosófico, não levam a nada, porque os homens não podem reedificar a idéia do Todo partindo de fatos isolados e não podem adivinhar os princípios da divisão do Todo sem conhecer as leis em que essa divisão se baseia.

"Por certo, a idéia da unidade de todas as coisas existe também no pensamento racional, mas sua relação exata com a diversidade não pode jamais ser claramente expressa por palavras ou sob uma forma lógica. Permanece sempre a dificuldade intransponível da linguagem. Uma linguagem que se formou expressando impressões de pluralidade e de diversidade em estados de consciência subjetivos nunca pode transmitir, com clareza e plenitude suficientes, a idéia da unidade, inteligível e evidente apenas no estado objetivo de consciência.

"Dando-se conta da imperfeição e da fraqueza da linguagem usual, os homens que possuíam a ciência objetiva tentaram exprimir a idéia da unidade sob a forma de "mitos", "símbolos" e "aforismos" particulares que, tendo sido transmitidos sem alteração, levaram essa idéia de uma escola a outra, freqüentemente de uma época a outra.

"Já se disse que no homem, nos estados superiores de consciência, funcionam dois centros psíquicos superiores: o centro "emocional superior" e o centro "intelectual superior". O objetivo dos mitos e dos símbolos era atingir os centros superiores, transmitir ao homem idéias inacessíveis à sua razão e, sob formas tais, que não pudessem ser falsamente interpretadas. Os mitos destinavam-se ao centro "emocional superior"; os símbolos, ao centro "intelectual superior". Por isso, todos os esforços tentados para compreender ou explicar somente com a razão os mitos, os símbolos, bem como os aforismos que dão um resumo do conteúdo deles, estão fadados de antemão ao fracasso. Sempre é possível compreender tudo; mas é necessário, em cada caso, o centro apropriado. A preparação sem a qual não se poderia receber as idéias da ciência objetiva deve fazer-se por meio do pensamento, pois só um pensamento bem preparado pode transmitir essas idéias aos centros superiores sem introduzir nelas elementos estranhos.

"Os símbolos empregados para transmitir as idéias da ciência objetiva continham os diagramas das leis fundamentais do universo e transmitiam não só a própria ciência, mas mostravam igualmente o caminho para chegar a ela. O estudo dos símbolos, de sua estrutura e significação, era parte muito importante na preparação sem a qual não é possível receber a ciência objetiva, e era em si uma prova porque uma compreensão literal ou formal dos símbolos opõe-se à aquisição de qualquer conhecimento ulterior.

"Os símbolos eram divididos em fundamentais e secundários; os primeiros compreendiam os princípios dos diferentes ramos da ciência; os segundos exprimiam a natureza essencial dos fenômenos em sua relação com a unidade.

"Entre os aforismos que davam um resumo do conteúdo de numerosos símbolos, este tinha importância particular: *O que está em baixo é como o que está em cima* — primeiras palavras da "Tábua de Esmeralda" de Hermes Trismegistos. Essa fórmula significava que todas as leis do cosmos podiam ser encontradas no átomo, ou em qualquer outro fenômeno que existe como algo realizado de acordo com certas leis. O mesmo sentido encontrava-se na analogia estabelecida entre o *microcosmos* — o homem, e o *macrocosmos* — o universo. As leis fundamentais das tríades e das oitavas penetram todas as coisas e devem ser estudadas simultaneamente no homem e no universo. Mas o homem é, para si mesmo, um objeto de estudo e de ciência mais próximo e mais acessível que o mundo dos fenômenos que lhe são exteriores. Por conseguinte, esforçando-se por atingir o conhecimento do universo, o homem deverá começar por estudar em si mesmo as leis fundamentais do universo.

"Desse ponto de vista, outro aforismo: *Conhece-te a ti mesmo* — adquire um sentido particularmente profundo; é um dos símbolos que levam ao conhecimento da verdade. Assim, o estudo do mundo e o estudo do homem se sustentarão um ao outro. Estudando o universo e suas leis, o homem estudará a si mesmo e, estudando-se a si mesmo, estudará o universo. Nesse sentido, cada símbolo ensina-nos alguma coisa sobre nós mesmos.

"Pode-se abordar o estudo dos símbolos da seguinte maneira: primeiro, ao estudar o mundo dos fenômenos, o homem deve ver em todas as coisas a manifestação de dois princípios opostos que, segundo suas conjunções ou oposições, dão tal ou qual resultado, os quais refletem a natureza essencial dos princípios que os criaram. Essa manifestação das grandes leis de *dualidade* e de *trindade* são vistas pelo homem simultaneamente no cosmos e em si mesmo. Mas, com relação ao cosmos, é ele simples espectador, que vê apenas a superfície dos fenômenos, que lhe parecem mover-se numa direção única, embora na realidade se movam em múltiplas direções. Ao passo que, com relação a si mesmo, sua compreensão das leis de dualidade e de trindade pode expressar-se de uma forma prática; quando ele compreende realmente essas leis, pode limitar a manifestação delas à linha permanente de luta contra si mesmo, no caminho do conhecimento de si. E, desse modo, introduz a *linha de vontade*, inicialmente no círculo do tempo, a seguir no ciclo da eternidade, cuja realização criará nele o grande símbolo conhecido pelo nome de *Selo de Salomão*.

"É impossível a transmissão do sentido dos símbolos a um homem que não adquiriu primeiro uma compreensão deles dentro de si mesmo. Parece paradoxo. Mas só aquele que já possui o conteúdo de um símbolo pode descobrir a sua essência. O símbolo torna-se então para ele uma síntese de seu conhecimento e serve-lhe para expressá-lo e transmiti-lo, como serviu ao homem que o instruiu.

"Os símbolos mais simples:

ou os números 2, 3, 4, 5, 6, que os expressam, têm um sentido definido em relação ao desenvolvimento interior do homem; mostram os diferentes graus no caminho do aperfeiçoamento de si e do crescimento do ser.

"O homem, em seu estado comum, é considerado uma *dualidade*. É totalmente constituído de dualidades ou de "pares de contrários". Todas as sensações do homem, suas impressões, suas emoções, seus pensamentos, dividem-se em positivos e negativos, úteis e nocivos, necessários e supérfluos, bons e maus, agradáveis e desagradáveis. O trabalho dos centros faz-se sob o signo dessa divisão. Os pensamentos opõem-se aos sentimentos. Os impulsos motores opõem-se à sede instintiva de tranquilidade. É nessa dualidade que se efetuam todas as percepções, todas as reações, toda a vida do homem. E quem for capaz de se observar, por pouco que seja, poderá reconhecer essa dualidade em si mesmo.

"Mas essa dualidade aparece como uma alternância; o vencedor de hoje é o vencido de amanhã; o que atualmente nos domina será em breve secundário, subordinado. E tudo é igualmente mecânico, igualmente privado de vontade, igualmente desprovido de meta. A compreensão da dualidade em nós mesmos começa desde que nos damos conta de nossa mecanicidade e conseguimos captar a diferença entre o que é automático e o que é consciente. Essa compreensão deve ser precedida da destruição desse mentir a si mesmo que consiste em o homem tomar suas ações, mesmo as mais mecânicas, por atos voluntários e conscientes e em tomar-se a si mesmo por um ser *uno* e inteiro.

"Quando essa mentira é destruída e o homem põe-se a ver em si a diferença entre o mecânico e o consciente, uma luta começa então para a realização da consciência dentro da vida e para a subordinação do automático ao consciente. Para esse fim, o homem põe-se a fazer esforços para tomar a *decisão* bem firme, baseada em motivos conscientes, de lutar contra os processos automáticos que se efetuam nele segundo as leis de dualidade. A criação desse terceiro princípio, princípio permanente, será para o homem a *transformação da dualidade em trindade*.

"Se ele fortalecer essa decisão e a introduzir constantemente, sem desfalecimento, em todos os acontecimentos onde anteriormente só intervinham choques neutralizantes, acidentais (que dão apenas resultados acidentais), criará uma linha permanente de resultados no tempo e assim teremos a *transformação do ternário em quaternário*.

"O grau seguinte, a *transformação do quatro em cinco* e a construção do pentagrama, não tem apenas um sentido mas numerosos sentidos diferentes em relação ao homem. Ora, entre eles, há um que deve ser ensinado antes de tudo; é aquele do qual menos se pode duvidar; diz respeito ao trabalho dos centros.

"O desenvolvimento da máquina humana e o enriquecimento do ser começam por um funcionamento novo e desacostumado dessa máquina. Sabemos que o homem tem cinco centros: intelectual, emocional, motor, instintivo e sexual. Um desenvolvimento predominante de um ou outro desses centros, à custa dos outros, produz um tipo de homem muito unilateral, incapaz de qualquer desenvolvimento ulterior. Mas se o homem leva o trabalho de seus cinco centros a um acordo harmonioso, "o pentagrama se fecha nele" e ele se torna um tipo completo de homem fisicamente perfeito.

"O funcionamento integral dos cinco centros leva-os a unirem-se aos centros superiores, que introduzem o princípio até então ausente e colocam o homem em ligação direta e permanente com a consciência objetiva e a ciência objetiva.

"O homem torna-se então a *"estrela de seis pontas"*, isto é, ao recolher-se num círculo de vida independente e completo em si mesmo, isola-se das influências estranhas ou dos choques acidentais; encarna em si mesmo o *Selo de Salomão*.

"No caso presente, a série dos símbolos dados — 2, 3, 4, 5 e 6 — é interpretada como aplicável a um só processo. Mas até esta interpretação é incompleta, porque um símbolo nunca pode ser totalmente interpretado. Só pode ser experimentado ou vivido, do mesmo modo que, por exemplo, a idéia do *conhecimento de si* deve ser vivida.

"Esse mesmo processo de desenvolvimento harmonioso do homem pode ser considerado do ponto de vista de um outro sistema de símbolos, o da lei de oitava. Segundo a lei de oitava, todo processo completo é a passagem de um *dó* ao *dó* da oitava superior, por uma série de tons sucessivos. Os sete tons fundamentais da escala da oitava exprimem a lei de sete. O acréscimo do *dó* da oitava superior, que é o coroamento do processo, dá o oitavo escalão. Os sete tons fundamentais, com os dois "intervalos" ou os dois "choques adicionais", dão nove escalões. Se acrescentarmos o *dó* da nova oitava, temos dez escalões. O último, o décimo escalão, é o fim do ciclo anterior e o começo do seguinte. Assim, a lei de oitava, do mesmo modo que o processo de desenvolvimento que expressa, encerra todos os números de 1 a 10. Tocamos aqui no que se poderia chamar *simbolismo dos números*. O simbolismo dos números não pode ser compreendido sem a lei de oitava ou sem uma concepção clara da maneira pela qual as oitavas encontram sua expressão no *sistema decimal* e vice-versa.

"Nos sistemas ocidentais de ocultismo, existe um método conhecido sob o nome de *adição teosófica*, que dá a significação dos números de dois ou mais algarismos, baseando-se na soma desses algarismos. Para aqueles que não compreendem o simbolismo dos números, este modo de sintetizá-los parece absolutamente arbitrário e estéril. Mas, para um homem que compreende a unidade de tudo o que existe e possui a chave dessa unidade, o método de adição teosófica tem um sentido profundo, porque traz toda a diversidade de volta às leis fundamentais que a governam e que se expressam nos números de 1 a 10.

"Como já foi dito, na ciência das figuras simbólicas, os números correspondem a *figuras geométricas* determinadas, que lhes são complementares. A "Cabala" também utiliza uma *simbólica das letras*[1], que está de

---

(1) Nota do Editor: o termo *simbólica* é apropriado. Veja o *Novo Dicionário Aurélio: Simbólica* = conjunto de símbolos duma religião, duma época, dum povo, de um autor, etc; *Simbologia* = estudo dos símbolos.

acordo com uma *simbólica das palavras*. A combinação dos quatro métodos de simbolismo — pelos números, pelas figuras geométricas, pelas letras e pelas palavras — dá um método complexo, porém mais perfeito.

"Existe, igualmente, uma *simbólica da magia*, uma *simbólica da alquimia*, uma *simbólica da astrologia*, sem esquecer o sistema dos *símbolos do Tarô*, que os une em um só todo.

"Cada um desses sistemas pode servir de meio para *transmitir* a idéia da unidade. Mas, nas mãos do ignorante e do incompetente, ainda que sejam boas as suas intenções, o mesmo símbolo torna-se um "instrumento de erro". A razão disso é que um *símbolo* nunca pode ser tomado num sentido último e exclusivo. Enquanto exprime as leis da unidade na diversidade indefinida, um símbolo possui também um número indefinido de aspectos a partir dos quais pode ser considerado e exige daquele que o aborda a capacidade de vê-lo simultaneamente de diferentes pontos de vista. Os símbolos que se transpõem nas palavras da linguagem comum endurecem-se e obscurecem-se nela e tornam-se muito facilmente "seus próprios contrários", aprisionando o sentido em quadros dogmáticos estreitos, sem deixar sequer a liberdade muito relativa de um exame *lógico* do assunto. A razão disso é a compreensão literal dos símbolos, o fato de se lhes atribuir um sentido único. Aí, também, a verdade encontra-se velada por uma trama exterior de mentiras e sua descoberta exige imensos esforços de negação, nas quais se perde a própria idéia do símbolo. Sabe-se quantos erros nasceram dos símbolos da religião, da alquimia e mais ainda da magia, para aqueles que os tomaram ao pé da letra e num só sentido.

"No entanto, a verdadeira compreensão dos símbolos não pode prestar-se a discussões. Ela aprofunda o conhecimento e não pode ficar teórica, para que possa intensificar os esforços que têm em vista resultados reais e a união do saber e do ser, isto é, com vistas ao *Grande Fazer*. O conhecimento puro não pode ser transmitido; mas, se for expresso por símbolos, fica recoberto por um véu que, para aqueles que desejam ver e sabem como olhar, torna-se transparente.

"Nesse sentido, é possível falar de um simbolismo da linguagem, embora este simbolismo raramente seja compreendido. Pois trata-se aqui de compreender o sentido interior do que é dito: isto só é possível a partir de um grau bastante elevado de desenvolvimento e supõe, no ouvinte, um certo estado e esforços correspondentes. Se um homem, quando ouve uma linguagem nova para ele, em vez de fazer esforços para compreender, começa por discutir ou contradizer, se ele sustenta uma opinião que crê justa mas que, em geral, não tem a mínima relação com o assunto, desse modo perde seguramente toda possibilidade de adquirir algo novo. Para poder captar o conteúdo interior da linguagem quando se torna simbólica é, pois, essencial ter previamente aprendido a escutar. Escutar é uma ciência. E se essa ciência falta, qualquer tentativa de compreensão literal, principalmente quando o discurso trata do conhecimento objetivo e da união da diversidade com a unidade, está fadada de antemão ao fracasso e carregada de novos erros, na maioria dos casos.

"Devemos insistir sobre este ponto, porque o caráter intelectualista da educação contemporânea impregna as pessoas de uma tendência ou uma inclinação a opor definições lógicas e argumentos lógicos a tudo o que ouvem. E, sem que o percebam, esta suposta preocupação de exatidão paralisa-as em todos os domínios em que, por sua própria natureza, definições exatas implicam uma inexatidão de sentido.

"Em razão dessa tendência de nosso pensamento contemporâneo, ocorre freqüentemente que se uma ciência exata dos detalhes, não importa em que domínio, for comunicada a um homem antes de ele ter adquirido a compreensão da natureza essencial desse domínio, isso torna-lhe muito difícil, precisamente, captar essa natureza essencial. E, é claro, isto não quer dizer que a ciência verdadeira ignore as definições exatas; ao contrário, só ela as conhece, mas a seu modo, que contrasta totalmente com a idéia que delas temos. De modo que, se alguém imagina poder seguir o caminho do conhecimento de si, guiado por uma ciência "exata" de todos os detalhes, ou se espera adquirir tal ciência antes de se ter dado o trabalho de assimilar as diretrizes que recebeu, no que concerne a seu próprio trabalho, engana-se; deve compreender, antes de tudo, que nunca chegará à ciência antes de ter feito os esforços necessários e que somente seu trabalho sobre si mesmo permitirá atingir o que busca. Ninguém lhe poderá dar o que ele ainda não possui; nunca ninguém poderá fazer por ele o trabalho que ele deveria fazer por si mesmo. Tudo o que outro pode fazer por ele é estimulá-lo a trabalhar e, desse ponto de vista, o símbolo, compreendido como deve ser, desempenha o papel de um estimulante em relação à nossa ciência.

"Já falamos da lei de oitava e do fato de que cada processo, seja qual for a escala onde se efetua, é completamente determinado, em seu desenvolvimento gradual, pela lei de estrutura da escala de sete tons. Sob esse aspecto, foi indicado que cada nota, se a transpusermos para outra escala, torna-se por sua vez uma oitava inteira. Os "intervalos" *mi-fá* e *si-dó*, que não podem ser preenchidos pela intensidade da energia do processo em curso, põem em ligação diversos processos, pelo simples fato de que necessitam de um choque exterior, de uma ajuda exterior, por assim dizer. Por conseguinte a lei de oitava conecta todos os processos do universo e, para aquele que conhece as oitavas de transição e as leis de sua estrutura, surge a possibilidade de um conhecimento exato de cada coisa ou de cada fenômeno em sua natureza essencial, bem como de todas as suas relações com as outras coisas e com os outros fenômenos.

"Para unir, para integrar todos os conhecimentos relativos à lei de estrutura da oitava, existe um símbolo que toma a forma de um círculo cuja circunferência se divide em nove partes iguais, mediante pontos ligados entre si, numa certa ordem, por nove linhas.

"Mas, antes de passar ao estudo desse símbolo, é essencial compreender bem certos aspectos do ensinamento que o utiliza, bem como a relação entre este ensinamento e os outros sistemas que utilizam o método simbólico para a transmissão do conhecimento.

"Para compreender as correlações desses ensinamentos, é necessário lembrar sempre de que os caminhos que levam ao conhecimento da unidade dirigem-se para ela como os raios de um círculo convergem para seu centro; quanto mais se aproximam do centro, mais se aproximam uns dos outros.

"Resulta disso que as noções teóricas que estão na origem de uma linha de ensinamento podem ser explicadas, às vezes, do ponto de vista dos enunciados de outra linha de ensinamento e vice-versa. Por essa razão é possível, às vezes, traçar um certo caminho intermediário entre dois caminhos adjacentes. Mas na falta de um conhecimento e de uma compreensão completos das linhas fundamentais, tais caminhos intermediários podem facilmente conduzir a uma mistura das linhas, à confusão e ao erro.

"Entre as linhas de ensinamento mais ou menos conhecidas, podem distinguir-se quatro:

1ª — Hebraica.
2ª — Egípcia.
3ª — Iraniana.
4ª — Hindu.

"Aliás, da última só conhecemos a filosofia e das três primeiras só fragmentos de teoria.

"Fora dessas linhas, existem duas outras, conhecidas na Europa, a *teosofia* e o chamado *ocultismo ocidental*, que são resultados da mistura dos caminhos fundamentais. Essas duas linhas contêm grãos de verdade, mas nem uma nem outra possui a ciência integral e, por conseguinte, todos os esforços tentados nesses caminhos para chegar a uma realização efetiva só podem dar resultados negativos.

"O ensinamento, cuja teoria, expomos aqui é completamente autônomo, independente de todos os outros caminhos e, até hoje, tinha permanecido inteiramente desconhecido. Como outros ensinamentos, utiliza o método simbólico e um de seus símbolos principais é a figura que mencionamos, isto é, o círculo dividido em nove partes.

"Este símbolo toma a forma seguinte:

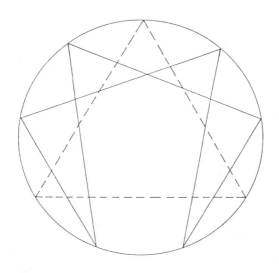

"O círculo está dividido em nove partes iguais. A figura construída sobre seis desses pontos tem por eixo de simetria o diâmetro que desce do ponto superior. Esse ponto é o vértice de um triângulo equilátero construído sobre aqueles pontos, dentre os nove, que estão situados fora da primeira figura.

"Esse símbolo é desconhecido dos "ocultistas". Não poderia ser encontrado em nenhum de seus livros; também não é objeto de uma tradição oral. A significação desse símbolo era considerada de tal importância pelos que a conheciam que eles jamais quiseram divulgá-la.

"Quando muito se poderiam encontrar alguns traços ou representações parciais desse símbolo em toda a literatura.[1] Por exemplo, uma figura como esta:

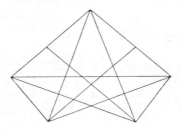

e outra deste gênero:

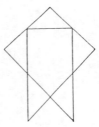

---

(1) No livro *Étude sur les origines et la nature do Zohar*, por S. Karppe, Paris 1901, pg. 201, há um desenho de um círculo dividido em nove partes com a seguinte descrição:

"Se se multiplicar 9 x 9, o resultado é dado abaixo pelo 8 da coluna da esquerda e pelo 1 da coluna da direita; do mesmo modo 9 x 8, o produto é indicado pelo 7 da esquerda e pelo 2 da direita; igualmente 9 x 7. A partir de 9 x 5 a ordem se inverte, isto é, o número que representa as unidades passa para a esquerda e o das dezenas passa para a direita."

"O símbolo que toma a forma de um círculo dividido em nove partes, por meio de pontos ligados entre si por nove linhas numa certa ordem, exprime a lei de sete em sua união com a lei de três.

"A oitava comporta sete tons e o oitavo é uma repetição do primeiro. Com os dois "choques adicionais" que preenchem os "intervalos" *mi-fá* e *si-dó*, há, portanto, nove elementos.

"Considerado em sua estrutura integral, mais complexa do que a que acaba de ser mostrada, esse símbolo é uma expressão perfeita da lei de oitava. Entretanto, o que demos dele basta para fazer ver as leis internas de *uma oitava* e para indicar um método de conhecimento da natureza essencial de uma coisa examinada em si mesma.

"Considerada isoladamente, a existência de uma coisa ou fenômeno que examinamos é o círculo fechado de um processo de eterno retorno desenrolando-se sem interrupção. O próprio círculo é o símbolo desse processo. Os pontos que dividem a circunferência simbolizam as etapas desse processo. O conjunto do símbolo é *dó*, já que esse *dó* tem uma existência regular e realizada. É um círculo, um ciclo acabado. É o *zero* de nosso sistema decimal; por sua própria forma, representa um ciclo fechado. Contém em si mesmo tudo o que é necessário à sua própria existência. Está isolado de tudo o que o circunda. A seqüência das fases do processo deve ser posta em relação com a seqüência dos números restantes, de 1 a 9. A presença do nono grau preenchendo o "intervalo" *si-dó* conclui o ciclo, isto é, fecha o círculo, que parte novamente deste mesmo ponto. O vértice do triângulo fecha a dualidade de sua base, tornando possíveis as formas variadas de sua manifestação nos mais diversos triângulos. Esse mesmo vértice multiplica-se indefinidamente sobre a linha de base do triângulo. Por conseguinte, cada começo e cada término do ciclo tem seu lugar no vértice do triângulo, no ponto onde se fundem o começo e o fim, onde o círculo se fecha, e que ressoa no fluxo cíclico sem fim como os dois *dó* da oitava. É o nono ponto que fecha e recomeça o ciclo. É, pois, no ponto superior do triângulo, correspondente ao *dó*, que se encontra o número 9; e os números de 1 a 8 repartem-se entre os outros pontos.

"Passemos a examinar a figura complexa que está inscrita no interior do círculo, para estudar as leis de sua construção. As leis da unidade refletem-se em todos os fenômenos. O sistema decimal foi construído sobre as mesmas leis. Se tomarmos uma unidade como uma nota que contém em si mesma uma oitava inteira, devemos dividir essa unidade em sete partes desiguais correspondentes às sete notas dessa oitava. Mas, na repre-

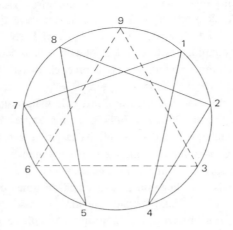

sentação gráfica, a desigualdade das partes não é levada em consideração e, para a construção do diagrama, toma-se primeiro um sétimo, depois dois sétimos, depois três, quatro, cinco, seis e sete sétimos. Se calcularmos as partes em decimais, obteremos:

1/7	0, 1 4 2 8 5 7 ...
2/7	0, 2 8 5 7 1 4 ...
3/7	0, 4 2 8 5 7 1 ...
4/7	0, 5 7 1 4 2 8 ...
5/7	0, 7 1 4 2 8 5 ...
6/7	0, 8 5 7 1 4 2 ...
7/7	0, 9 9 9 9 9 9 ...

"Se examinarmos a série das dízimas periódicas assim obtidas, veremos imediatamente que em todas, exceto na última, encontram-se os mesmos seis algarismos, que trocam seus lugares segundo uma seqüência definida; de tal modo que, quando se conhece o primeiro algarismo do período, é possível reconstruir o período inteiro.

"Se colocarmos agora sobre a circunferência os nove números de 1 a 9 e ligarmos entre si por linhas retas os pontos correspondentes — segundo a própria ordem dos números do período que é determinado por aquele do qual partimos — obteremos a figura que se encontra no interior do círculo. Os números 3, 6 e 9 não estão incluídos no período. Formam o triângulo separado — a trindade livre do símbolo.

"Se fizermos agora a "adição teosófica" e tomarmos a soma dos números do período, obteremos *nove*, isto é, uma oitava inteira. Novamente, em cada nota distinta, estará compreendida toda uma oitava, sujeita às mesmas leis que a primeira. As posições das notas corresponderão aos números do período e o desenho de uma oitava aparecerá assim:

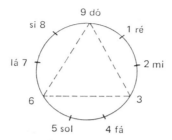

"O triângulo 9-3-6, que une em um todo os três pontos da circunferência não incluídos no período, põe em ligação a lei de sete e a lei de três. Os números 3-6-9 não estão incluídos no período; dois dentre eles, 3 e 6, correspondem aos dois "intervalos" da oitava; o terceiro poderia parecer supérfluo, mas ele substitui a nota fundamental, que não entra no período. Além disso, cada fenômeno suscetível de entrar em contato com um fenômeno similar, para uma ação recíproca, ressoa como a nota *dó* numa oitava correspondente. Por conseguinte, *dó* pode emergir de seu círculo e entrar em correlação regular com outro círculo, isto é, desempenhar num outro ciclo o papel desempenhado, no ciclo considerado, pelos "choques" que preenchem os "intervalos" da oitava. E porque existe essa possibilidade, *dó* está, aqui também, ligado pelo triângulo 3-6-9 aos lugares onde intervêm os choques de origem exterior e onde a oitava pode ser penetrada para relacionar-se com o exterior. A lei de três sobressai, de certo modo, à lei de sete; o triângulo penetra através do período e essas duas figuras combinadas dão a estrutura interna da oitava e de suas notas.

"Nesse ponto de nosso raciocínio, seria perfeitamente justo colocar a seguinte pergunta: por que aquele "intervalo", designado pelo número 3, encontra seu verdadeiro lugar entre as notas *mi* e *fá*, enquanto o outro, designado pelo número 6, encontra-se entre *sol* e *lá*, quando seu verdadeiro lugar é entre *si* e *dó*?

"Se tivessem sido observadas as condições quanto à posição do segundo intervalo (6) em seu próprio lugar, teríamos tido o círculo seguinte:

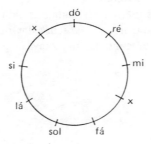

"E os nove elementos do círculo fechado teriam ficado agrupados simetricamente da seguinte maneira:

"A repartição que obtemos:

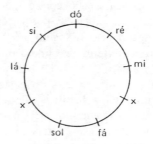

pode dar somente o seguinte agrupamento:

isto é, num caso, x entre *mi* e *fá* e, no outro, entre *sol* e *lá*, onde não é necessário.

"O fato de colocar aparentemente o intervalo *num lugar errado* mostra, àqueles que são capazes de ler o símbolo, que espécie de "choque" é necessário para a passagem de *si* a *dó*.

"Para compreendê-lo, é essencial lembrar-se do que foi dito sobre o papel dos "choques" nos processos que se efetuam no homem e no universo.

"Quando examinamos a aplicação da lei de oitava aos cosmos, representávamos a etapa "Sol-Terra" desta maneira:

"Com relação às três oitavas de radiações, era indicado que, na oitava cósmica, a transição de *dó* a *si* — o intervalo — é preenchido no próprio organismo do Sol e é preenchido pela influência da massa do Sol sobre as radiações que a atravessam. O intervalo *fá-mi*, na oitava cósmica, preenche-se mecanicamente com o auxílio de uma máquina especial que permite a *fá* adquirir, por uma série de processos interiores, as características de *sol* situado imediatamente acima dele, sem mudar sua nota; ou seja, esta máquina especial permite que *fá* acumule, de certo modo, a energia interior necessária para passar independentemente à nota seguinte, a *mi*.

"Encontra-se exatamente a mesma relação em todos os processos completos. Se se examinar os processos de nutrição do organismo humano e a transformação das substâncias que penetram no organismo, encontraremos exatamente os mesmos "intervalos" e "choques".

"Como já dissemos, o homem absorve três espécies de alimento. Cada uma delas é o início de uma oitava nova. A segunda, a oitava do ar, une-se à primeira, a oitava do alimento e da bebida, no ponto em que esta se detém em seu desenvolvimento, na nota *mi*. "E a terceira, a oitava das "impressões", une-se à segunda no ponto em que esta chega ao fim do seu desenvolvimento, na nota *mi*.

"É preciso, porém, compreender bem isto: da mesma maneira que, em numerosos processos químicos, só *quantidades* definidas de substâncias, exatamente determinadas pela natureza, podem dar compostos de qualidade requerida — no organismo humano, as "três espécies de alimento" devem ser misturadas em proporções definidas.

"A substância final, no processo da oitava do alimento, é a substância *si* (hidrogênio 12 da terceira escala) que necessita de um "choque adicional" para passar a um novo *dó*. Mas, como as três oitavas tomaram parte na produção dessa substância, a influência delas também se reflete no resultado final, determinando sua qualidade. A quantidade e a qualidade podem ser reguladas, se se souber dosar as três espécies de alimento absorvidas pelo organismo. Só em presença de um perfeito acordo entre as três espécies de alimento, só reforçando ou enfraquecendo essa ou aquela parte do processo, pode obter-se o resultado requerido.

"Entretanto, é indispensável lembrar-se de que tudo o que se fizer arbitrariamente para regular seu alimento — no sentido literal dessa palavra — ou sua respiração, não poderá conduzir à meta desejada, se não se souber exatamente o que se faz, por que se faz e que espécie de resultado se obterá.

"Além disso, mesmo que um homem conseguisse dosar dois dos componentes do processo, o alimento e o ar, isto não seria suficiente, porque mais importante ainda é saber como dosar a terceira espécie de alimento — as "impressões".

"Por conseguinte, antes mesmo de pensar em influenciar praticamente os processos interiores, é essencial compreender a relação mútua exata das substâncias que penetram no organismo, a natureza dos "choques" possíveis e as leis que governam a transformação das notas. Essas leis são as mesmas em toda a parte. Estudando o homem, estudamos o cosmos; estudando o cosmos, estudamos o homem.

"De conformidade com a lei de três, a oitava cósmica "Absoluto-Lua" foi dividida em três oitavas subordinadas. Nessas três oitavas, o cosmos é como o homem: os mesmos "três andares", os mesmos "três choques".

"No diagrama, as "máquinas" foram indicadas no mesmo lugar em que se encontra o intervalo *fá-mi*, tanto nas oitavas cósmicas de radiações como no corpo humano.

"O processo da passagem de *fá* a *mi* pode ser descrito muito esquematicamente assim: o *fá* cósmico entra nessa máquina como alimento do andar inferior e começa seu ciclo de transformações. Por conseguinte, no início, ressoa na máquina como *dó*. A substância *sol* da oitava cósmica tem o mesmo papel que a substância que entra no andar intermediário, ou seja, o ar na respiração, o que ajuda a nota *fá*, dentro da máquina, a passar à nota *mi*. Esse *sol*, quando entra na máquina, ressoa também como *dó*. A matéria obtida está conectada com o andar superior pela substância do *lá* cósmico, que entra aí também como *dó*.

"Como vemos, as notas seguintes, *lá, sol, fá*, servem de alimento para a máquina. Na ordem de sua sucessão, de conformidade com a lei de três, *lá* será o elemento ativo, *sol* o elemento neutralizante e *fá* o elemento passivo. O princípio ativo entrando em reação com o princípio passivo (isto é, unindo-se a ele graças ao princípio neutralizante) dá um resultado definido. O que é representado simbolicamente assim:

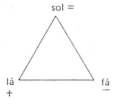

"Este símbolo mostra que a substância *fá*, quando se combina com a substância *lá*, dá como resultado a substância *sol*. E como esse processo tem lugar na oitava que se desenvolve, de certo modo, no interior da nota *fá*, é possível dizer-se que *fá*, sem mudar de tom, adquire as propriedades de *sol*.

"Tudo o que foi dito sobre as oitavas de radiações e as oitavas do alimento no organismo humano está em relação direta com o símbolo do círculo dividido em nove partes. Esse símbolo, como expressão de uma síntese perfeita, contém em si mesmo todos os elementos das leis que representa; é, pois, possível tirar dele e transmitir, graças a ele, tudo o que se relaciona com as oitavas — e muitas outras coisas mais."

G. voltou ao eneagrama em múltiplas ocasiões:

— Cada todo integral, cada cosmos, cada organismo, *cada planta* é um eneagrama, dizia. Mas todos os eneagramas não têm necessariamente um triângulo interior. Quando, num dado organismo, encontra-se o triângulo interior, é prova da presença de elementos superiores, segundo a escala dos "hidrogênios". Possuem esse triângulo interior plantas tais como o cânhamo, a papoula, o lúpulo, o chá, o café, o tabaco e muitas outras que desempenham um papel na vida do homem. O estudo dessas plantas pode revelar-nos muito a respeito do eneagrama.

"De modo geral, é necessário compreender que o eneagrama é um *símbolo universal*. Qualquer ciência tem seu lugar no eneagrama e pode ser interpretada graças a ele. E, sob esse aspecto, é possível dizer-se que um homem só *conhece* realmente, isto é, só compreende aquilo que é capaz de situar no eneagrama. O que não é capaz de situar no eneagrama não compreende. Para o homem que sabe utilizá-lo, o eneagrama torna livros e bibliotecas totalmente inúteis. Não há nada que não possa entrar no eneagrama e ali ser decifrado. Se um homem isolado no deserto traçasse o eneagrama na areia, nele poderia ler as leis eternas do universo. E cada vez aprenderia alguma coisa nova, alguma coisa que ignorava totalmente até então.

"Se dois homens que estudaram em escolas diferentes se encontrarem e traçarem o eneagrama, com seu auxílio serão capazes de ver imediatamente o que sabe mais, o que está mais adiantado; noutros termos, qual dos dois é o mais velho, o mestre e qual é o aluno. O eneagrama é o hieróglifo fundamental de uma linguagem universal, que tem tantos sentidos diferentes quantos níveis de homens existem.

"O eneagrama é o *movimento perpétuo*, é esse *perpetuum mobile* que os homens buscaram desde a mais remota antigüidade, sempre em vão. E não é difícil compreender por que não podiam encontrá-lo. Buscavam fora de si mesmos o que estava dentro deles; e tentavam construir um movimento perpétuo como quem constrói uma máquina, quando o movimento perpétuo é parte de outro movimento perpétuo e não pode ser criado fora deste. O eneagrama é um diagrama esquemático do *movimento perpétuo*, isto é, de uma máquina de movimento eterno. Mas é claro que é necessário saber como ler esse diagrama. A compreensão desse símbolo e a capacidade de utilizá-lo dá ao homem um poder muito grande. É o *movimento perpétuo* e também é a *pedra filosofal* dos alquimistas.

"A ciência do eneagrama foi mantida secreta durante muito tempo e, se agora, de certo modo, está sendo tornado acessível a todos, é apenas sob uma forma incompleta e teórica, praticamente inutilizável para quem não tenha sido instruído nessa ciência por um homem que a possua.

"Para ser compreendido, o eneagrama deve ser pensado como em movimento, como se movendo. Um eneagrama fixo é um símbolo morto; o símbolo vivo está em movimento."

Muito mais tarde — era 1922, quando G. organizava seu Instituto na França e seus alunos estudavam danças derviches — G. mostrou-lhes exercícios que se relacionavam com o "movimento do eneagrama". Sobre o soalho da sala onde eram feitos esses exercícios, fora traçado um grande eneagrama e os alunos mantinham-se nos lugares marcados pelos números de 1 a 9. Puseram-se, então, a evoluir de um lugar a outro de acordo com a ordem indicada pelo período dos números, num movimento muito tocante, girando em torno um do outro nos pontos de encontro, isto é, nos pontos de interseção das linhas no eneagrama.

G. lembrava, nessa época, que os exercícios de movimento segundo o eneagrama ocupariam um lugar importante em seu balé "A Luta dos Magos". E dizia também que, se não se participasse desses exercícios, se não se tivesse neles um lugar qualquer, era quase impossível compreender o eneagrama.

— O eneagrama pode ser vivido pelo movimento, dizia. O próprio ritmo dos movimentos sugerirá as idéias necessárias e manterá a tensão necessária; sem eles, é impossível sentir o que é mais importante."

Um outro desenho do mesmo símbolo tinha sido estabelecido sob sua direção, em Constantinopla, em 1920. No interior do eneagrama, estavam figurados os quatro animais do Apocalipse — o Touro, o Leão, o Homem e a Águia — acompanhados de uma Pomba. Esses símbolos suplementares eram postos em relação com os centros.

A propósito do eneagrama considerado como símbolo universal, G. falava ainda da existência de uma linguagem "filosófica" universal.

— Há muito que os homens se esforçam por encontrar uma linguagem universal, dizia. E nesse campo, como em muitos outros, buscam o que foi encontrado desde há muito e tentam *inventar* algo cuja existência era bem conhecida antigamente. Já disse que não há uma, mas três línguas universais ou, para falar com mais exatidão, três graus de uma mesma língua. Em seu primeiro grau, esta língua já torna possível às pessoas a expressão de seus próprios pensamentos e a compreensão dos outros, quando se trata de coisas para as quais a linguagem comum é impotente.

— Que relações têm essas linguagens com a arte? disse alguém. E a própria arte não representa essa "linguagem filosófica" que outros procuram intelectualmente?

— Não sei de que arte fala, disse G.. Há arte e arte. Já devem ter reparado, sem dúvida, que em nossas reuniões com muita freqüência me interrogaram sobre a arte e que sempre evitei qualquer conversa sobre esse assunto. Acho, de fato, totalmente desprovidas de sentido todas as conversas ordinárias sobre a arte. O que as pessoas dizem nada tem a ver com o que pensam e nem mesmo percebem isto. Além disso, é perfeitamente vão tentar explicar as verdadeiras relações das coisas a um homem que não sabe o A B C sobre si mesmo, isto é, sobre o homem. Mas estudamos suficientemente para que a partir de agora tenham alguma noção desse A B C, de modo que talvez lhes fale hoje sobre a arte.

"Lembrarei primeiramente que há duas espécies de arte sem termo de comparação entre si — a arte objetiva e a arte subjetiva. Tudo o que conhecem, tudo o que chamam arte é a arte subjetiva que, de minha parte, evitarei chamar arte, porque reservo este nome à arte objetiva.

"O que chamo arte objetiva é muito difícil de definir, primeiro porque vocês atribuem as características dela à arte subjetiva e, segundo, porque colocam as obras de arte objetiva, quando na presença delas, no mesmo nível que as obras de arte subjetiva.

"Vou expor claramente minha idéia. Vocês dizem: um artista cria. Reservo esta expressão para o artista objetivo. Para o artista subjetivo, digo que nele "isto se cria". Mas vocês não distinguem a diferença; e, no entanto, é imensa. Além disso, atribuem à arte subjetiva uma ação invariável, ou seja, crêem que todo mundo reagirá do mesmo modo às obras de arte subjetiva. Imaginam, por exemplo, que uma marcha fúnebre provocará em todos pensamentos tristes e solenes e que qualquer música de dança, uma komarinski, por exemplo, provocará pensamentos felizes. De fato, esse não é absolutamente o caso. Tudo depende das associações. Se me acontece ouvir pela primeira vez, sob o peso de grande infortúnio, uma melodia alegre, esta provocará em mim depois disto, durante toda a minha vida, pensamentos tristes e opressivos. E se, num dia em que me sinta particularmente feliz, ouvir uma melodia triste, esta sempre provocará em mim pensamentos felizes. E o mesmo ocorre com tudo.

"Entre a arte objetiva e a arte subjetiva a diferença está em que, no primeiro caso, o artista "cria" realmente — faz o que tem a intenção de fazer, introduz em sua obra as idéias e os sentimentos que quer. E a ação de sua obra sobre as pessoas é absolutamente precisa; elas receberão, cada uma de acordo com seu nível, naturalmente, as próprias idéias e sentimentos que o artista quis transmitir-lhes. Quando se trata de arte objetiva, não pode haver nada de acidental, nem na própria criação da obra, nem nas impressões que dá.

"Quando se trata de arte subjetiva, tudo é acidental. O artista, como já disse, não cria; nele "isto se cria sozinho". O que significa que tal artista está em poder de idéias, de pensamentos e de humores que ele mesmo não compreende e sobre os quais não tem o mínimo controle. Eles o governam e expressam-se por si mesmos sob uma ou outra forma. E, quando tomaram acidentalmente tal ou qual forma, essa forma, da mesma maneira acidental, produz esta ou aquela ação sobre o espectador segundo seus humores, gostos, hábitos e a natureza da hipnose sob a qual vive. Aqui nada é invariável, nada é preciso. Na arte objetiva, ao contrário, nada há de impreciso.

— A arte não corre o risco de desaparecer tornando-se assim precisa? perguntou um de nós. E não há, justamente, certa imprecisão, um não sei quê que distingue, digamos, a arte da ciência? Se esta imprecisão desaparecer, se o próprio artista não mais ignorar o que quer obter, se souber de antemão a impressão que sua obra produzirá sobre o público, será então um "livro"... Não será mais arte.

— Não sei de que está falando, disse G.. Temos medidas diferentes: aprecio a arte por sua *consciência* — você a aprecia tanto mais quanto for *inconsciente*. Não nos podemos compreender. Uma obra de arte objetiva deve ser um "livro", como diz; a única diferença é que o artista não transmite suas idéias diretamente através das palavras, sinais ou hieróglifos, mas através de certos sentimentos que ele desperta conscientemente e de maneira metódica, sabendo o que faz e por que o faz.

— Certas lendas, disse então um dos ouvintes, falam de estátuas de deuses, nos antigos templos da Grécia — por exemplo a estátua de Zeus em Olímpia — que produziam em todo mundo uma impressão bem definida, sempre a mesma.

— Totalmente exato, disse G.. E o fato de tais lendas existirem mostra que os Antigos tinham compreendido a diferença entre a arte verdadeira e a arte falsa; o efeito produzido pela primeira é sempre o mesmo, o efeito produzido pela segunda é sempre acidental.

— O senhor não nos poderia indicar outras obras de arte objetiva? Há algo que possamos chamar objetivo na arte contemporânea? Quando foi criada a última obra de arte objetiva?

Quase todo mundo se tinha posto a falar e a fazer perguntas desse gênero a G.

— Antes de falar de tudo isso, respondeu, devem compreender os princípios. Se os compreenderem, serão capazes de responder, vocês mesmos, a todas essas perguntas. Mas se não compreenderem os princípios, nada poderia dizer que lhes pudesse explicar seja o que for. Foi a esse respeito que foi dito: olharão com seus olhos e não verão, escutarão com seus ouvidos e não ouvirão.

"Só lhes darei um exemplo — a música. Toda a música objetiva baseia-se nas oitavas interiores. E pode dar resultados precisos, não só de ordem psicológica, mas de ordem física. Existe uma música tal, que congela as águas. Existe uma música capaz de matar um homem imediatamente. A história da destruição das muralhas de Jericó pela música é uma lenda de música objetiva. Nunca a música comum, seja qual for, fará cair muralhas, mas a música objetiva, na verdade, pode fazer isso. E não só pode destruir como pode também edificar. A lenda de Orfeu é tecida sobre lembranças como essas de música objetiva, porque Orfeu servia-se da música para ensinar. A música dos encantadores de serpentes, no Oriente, tende para a música objetiva, mas de maneira muito primitiva. Freqüentemente, trata-se apenas de uma nota só, quase sem modulação e prolongada indefinidamente; dentro desta simples nota desenvolvem-se sem cessar "oitavas interiores" e, nessas oitavas, melodias inaudíveis, mas que podem ser sentidas pelo centro emocional. E a serpente ouve essa música ou, mais exatamente, sente-a e obedece-lhe. Uma música dessa espécie, apenas um pouco mais complexa, faria homens obedecerem.

"Assim, vêem que a arte não é só uma linguagem, mas algo muito maior. E se lembrarem do que disse sobre os diferentes níveis do homem, compreenderão o que acabo de dizer sobre a arte. A humanidade mecânica é composta de homens nos 1, 2 e 3 e estes, naturalmente, só podem ter uma arte subjetiva. A arte objetiva requer, pelo menos, vislumbres de consciência objetiva; para poder extrair alguma coisa dela, são necessários uma grande unidade interior e um grande controle de si.

Capítulo Quinze

Durante as conversações do período que estou descrevendo — fins do ano de 1916 — G. abordou em diversas oportunidades a questão religiosa. Todas as vezes que fora interrogado sobre um assunto que tivesse qualquer relação com a religião, começara sempre por acentuar que há algo muito falso na base de nossa atitude habitual em relação aos problemas da religião.

— A religião, dizia sempre, é um conceito relativo; a religião de um homem pode muito bem não convir a outro. Pois a religião corresponde ao nível do ser. Quero dizer que a religião de um homem que possui certo nível de ser pode muito bem não convir a outro homem, a outro nível de ser.

"É preciso compreender que a religião do homem nº 1 não é a religião do homem nº 2 e que a do homem nº 3 é ainda outra religião. Do mesmo modo, as religiões dos homens nº 4, nº 5, nº 6 e nº 7 são totalmente diferentes das religiões dos homens nºs 1, 2 e 3.

"Em segundo lugar, a religião é fazer. Um homem não *pensa* ou não *sente* apenas sua religião, ele a "vive" tanto quanto pode; de outro modo, não se trata de religião, mas fantasia ou filosofia. Agrade-lhe ou não, ele mostra sua atitude para com sua religião por seus atos, e pode mostrá-la *só por seus atos*. Por conseguinte, se seus atos estão em contradição com o que sua religião lhe pede, ele não pode afirmar que pertence a essa religião. A grande maioria das pessoas que se chamam cristãs não têm direito a esse título, porque não só não seguem os mandamentos de sua religião, mas parecem nem sequer suspeitar que esses mandamentos devem ser seguidos.

"A religião cristã proíbe o assassinato. E todos os progressos que fizemos são progressos na técnica do assassínio, na arte da guerra. Como, pois, podemos nos dizer cristãos?

Ninguém tem o direito de se dizer cristão, se não cumpre na vida os preceitos de Cristo. Um homem pode dizer que *deseja* ser cristão, quando se esforça por cumprir esses preceitos. Se nem mesmo pensa neles, se ri deles, ou se os substitui por algo de sua invenção, ou se simplesmente os esquece, não tem direito algum de se dizer cristão.

"Tomei o exemplo da guerra, porque é o mais impressionante. Mas sem falar da guerra, tudo, em nossa vida, é exatamente o mesmo. As pessoas dizem-se cristãs, mas sem compreender que não o querem, não podem, porque, para ser cristão, não basta desejar, é necessário também *ser capaz* disso.

"O homem, em si mesmo, não é um, não é *"Eu"*, ele é "nós" ou, para falar com mais rigor, ele é "eles". Tudo decorre disso. Suponhamos que um homem queira, segundo o Evangelho, oferecer a face esquerda, depois de ter sido esbofeteado na face direita. Mas é só um de seus "eus" que toma essa decisão, quer no centro intelectual, quer no centro emocional. Um "eu" o quer, um "eu" lembra-se disso — os outros não sabem de nada. Imaginemos que isso se dê realmente: um homem foi esbofeteado. Acham que oferecerá a face esquerda? Nunca. Nem sequer terá tempo de pensar nisso. Ou esbofeteará por sua vez o homem que o golpeou, ou chamará um policial, ou fugirá; seu centro motor reagirá como está habituado, ou como o ensinaram a fazer, muito antes dele se dar conta do que faz.

"Para poder oferecer a face esquerda, é necessário ter sido instruído durante muito tempo e ter treinado com perseverança. Pois, se a face é oferecida mecanicamente, isto também não tem nenhum valor; o homem oferece sua face porque não pode fazer de outro modo.

— A oração não pode ajudar um homem a viver como um cristão? perguntou alguém.

— A oração de quem? retorquiu G.. A oração dos homens subjetivos, isto é, dos homens nºs 1, 2 e 3, só pode dar resultados subjetivos. Com suas orações, esses homens se consolam, sugestionam-se e adormecem. Sendo um processo de auto-hipnose, esta oração não pode dar resultados objetivos.

— Mas a oração, em geral, não pode dar resultados objetivos? perguntou outro.

— Já disse: depende de quem ora, respondeu G.. Deve-se aprender a orar, exatamente como se deve aprender todas as outras coisas. Para aquele que sabe orar e que é capaz de se concentrar de modo adequado, a oração pode dar resultados. Mas compreendamos que há diferentes orações e que seus resultados são diferentes. Isso é bem conhecido, mesmo da liturgia ordinária. Mas, quando falamos da oração ou de seus resultados possíveis, consideramos só uma espécie de oração — o pedido; ou, então, pensamos que o pedido pode associar-se a todas as outras espécies de orações. Evidentemente, não é verdade. A maioria das orações nada tem em comum com pedidos. Falo das antigas orações, muitas das quais são mais antigas que o Cristianismo. Essas orações são, por assim dizer, *recapitulações*; repetindo-as em voz alta ou mentalmente, o homem esforça-se por experimentar todo o seu conteúdo com o pensamento e o sentimento. Além disso, um homem sempre pode compor novas orações para seu próprio uso. Dirá, por exemplo: "Eu quero ser sério". Tudo depende da maneira como o dirá. Poderá repetir dez mil vezes por dia, mas se ficar perguntando quando tudo isso terminará e o que terá depois para o jantar, isto não se chama orar e sim mentir a si mesmo. No entanto, essas mesmas palavras podem tornar-se uma oração, se o homem as recita assim: "EU" — e ao mesmo tempo pensa em tudo o que sabe sobre "Eu". Esse "Eu" não existe, não há só um "Eu", mas uma multidão de pequenos "eus", reclamadores e briguentos. Entretanto, ele quer ser um verdadeiro "Eu"; quer ser o amo. E lembra-se da carruagem, do cavalo, do cocheiro e do amo. "Eu" é o amo. "QUERO" — e pensa na significação de "Eu quero". É capaz de querer? Nele, constantemente, "isto quer" e "isto não quer"; mas fará o esforço de opor a "isto quer" e "isto não quer" seu próprio "eu quero", que está ligado à meta do trabalho sobre si. Noutros termos, tratará de introduzir a terceira força na combinação habitual das duas forças: "isto quer" e "isto não quer". "SER" — pensará no que significa o "ser". O ser de um homem automático, para quem tudo acontece. E o ser de um homem que pode fazer. É possível "ser" de muitas maneiras. Ele quer "ser" não apenas no sentido de existir, mas no sentido de grandeza, de poder com grandeza. Então a palavra "ser" ganha peso, novo sentido para ele. "SÉRIO" — ele se interroga sobre a significação dessas palavras: "ser sério". A maneira pela qual se responde é muito importante. Se compreende o que diz, se é capaz de definir corretamente o que quer dizer "ser sério" e sente que verdadeiramente o deseja, então sua oração pode dar resultados; em primeiro lugar, pode receber uma força que vem dela, em seguida, poderá mais freqüentemente notar em que momentos não é sério, enfim, terá menos dificuldade em vencer a si mesmo. Portanto, sua oração o terá ajudado a se tornar sério.

"Da mesma maneira, um homem pode orar: "Eu quero lembrar-me de mim mesmo". "LEMBRAR-ME" — o que significa "lembrar-se"? O homem deve pensar na memória — quão pouco se lembra! Como esquece com freqüência o que decidiu, o que viu, o que sabe! Toda sua vida mudaria, se pudesse lembrar-se. Todo o mal vem de seus esquecimentos. "MIM-MESMO" — novamente volta-se para si. De qual "eu" quer lembrar-se? Vale a pena lembrar-se de si mesmo por inteiro? Como pode discernir aquilo de que quer se lembrar? A idéia do trabalho: como conseguirá ligar-se mais estreitamente ao trabalho? E assim por diante.

"No culto cristão, há inúmeras orações exatamente semelhantes a essas, em que é necessário refletir sobre cada palavra. Mas perdem todo sentido e significado, quando recitadas ou cantadas mecanicamente.

"Consideremos a oração bem conhecida: *"Senhor, tende piedade de mim"*. O que isso quer dizer? Um homem lança um apelo a Deus. Será que não deveria pensar um pouco, será que não deveria fazer uma comparação, perguntar-se o que é Deus e o que ele mesmo é? Depois pede a Deus que tenha *piedade* dele. Mas seria necessário que Deus *pensasse nele, o tomasse em consideração*. Ora, será que vale a pena levá-lo em consideração? Que há nele que seja digno de que se pense nele? E quem deve pensar nele? O próprio Deus. Vejam, todos esses pensamentos e muitos outros ainda deveriam cruzar seu espírito quando pronuncia essa simples oração. E *são precisamente esses pensamentos que poderiam fazer por ele o que ele pede que Deus faça*. Mas em que pensa, e que resultados pode dar sua oração, se repete como um papagaio: Senhor, tende piedade! Senhor, tende piedade! Senhor, tende piedade! Bem sabem que isso não pode dar resultado algum.

"Em geral, conhecemos mal o Cristianismo e as formas do culto cristão e não conhecemos melhor sua história, assim como a origem de muitas coisas. A igreja, por exemplo, o templo onde se reúnem os fiéis e são celebrados ofícios segundo ritos particulares, de onde foi tomado isto? Quantas pessoas nunca pensaram nisso! Uns dizem que as formas exteriores do culto, os ritos, os cânticos, foram inventados pelos Padres da Igreja. Outros pensam que as formas exteriores foram tiradas parte dos pagãos e parte dos hebreus. Mas tudo isso é falso. A questão das origens da igreja cristã, isto é, do templo cristão, é muito mais interessante do que pensamos. Em primeiro lugar, a igreja e seu culto, na forma em que se apresentavam nos primeiros séculos da era cristã, não podiam vir do paganismo; não havia nada de semelhante, nem nos cultos gregos e romanos, nem no judaísmo. A sinagoga, o templo judeu, os templos gregos e romanos com deuses numerosos, eram muito diferentes da igreja cristã que fez sua aparição no primeiro e segundo séculos. A igreja cristã é uma escola, da qual não se sabe mais que é uma escola. Imaginem uma escola onde os mestres ministrassem seus cursos e dessem suas demonstrações, sem saber o que são cursos e demonstrações; e cujos alunos ou simples ouvintes tomassem esses mesmos cursos e demonstrações por cerimônias, ritos ou "sacramentos", isto é, por magia. Isso se assemelharia bastante à igreja cristã de hoje.

"A igreja cristã, a forma cristã do culto, não foi inventada pelos Padres da Igreja. Tudo foi tomado do Egito, mas não do Egito que conhecemos; tudo foi tomado tal qual de um Egito que não conhecemos. Esse Egito não se confundia com o outro, embora existisse há muito mais tempo. Só ínfimos vestígios sobreviveram aos tempos históricos, mas foram conservados em segredo e tão bem que nem sabemos mais onde.

"Parecerá estranho se lhes disser que esse Egito pré-histórico era cristão vários milhares de anos antes do nascimento de Cristo, ou melhor, que sua religião fundava-se nos mesmos princípios, nas mesmas idéias que as do verdadeiro Cristianismo. Nesse Egito pré-histórico, havia escolas especiais, chamadas "escolas de repetição". Nessas escolas davam-se, em datas fixas e mesmo todos os dias, em algumas delas, repetições públicas, em forma condensada, do curso completo das ciências que eram ali ensinadas. A "repetição" durava às vezes uma semana inteira e mesmo um mês. Graças a essas "repetições", os que tinham seguido os cursos mantinham o contato com a escola e podiam assim reter tudo o que haviam aprendido. Alguns vinham de muito longe para assistir a essas "repetições" e voltavam para casa com um sentimento renovado de sua vinculação à escola. Durante o ano, vários dias especiais eram consagrados a "repetições" muito completas, que se efetuavam com uma solenidade particular, e esses dias tinham também um sentido simbólico.

"Essas "escolas de repetição" serviram de modelo às igrejas cristãs. Nas igrejas cristãs, as formas do culto representam quase inteiramente o "ciclo de repetição" das ciências que tratam do universo e do homem. As orações individuais, os hinos, os responsos, tudo tinha seu próprio sentido nessas repetições, do mesmo modo que as festas e todos os símbolos religiosos, mas sua significação se perdeu há muito."

G. deu-nos a seguir certas explicações muito interessantes sobre as diversas partes da liturgia ortodoxa. Infelizmente, ninguém tomou notas delas e não quero por-me a reconstruir isso de memória.

A idéia era que, desde as primeiras palavras, a liturgia recorda, por assim dizer, todo o processo cosmogônico, repetindo todas as etapas e todas as fases da criação. Fiquei particularmente surpreso de constatar, segundo as explicações de G., até que ponto tudo fora conservado em sua forma pura e quão pouco compreendíamos disso. Essas explicações diferiam muito das interpretações teológicas habituais e até das interpretações místicas. E a principal diferença era que G. eliminava uma quantidade de alegorias. Tornou-se claro para mim, graças a suas explicações, que tomamos como alegorias muitas coisas em que não há nenhuma, ao contrário, devem ser compreendidas muito mais simples e psicologicamente. O que tinha dito sobre a Ceia pode servir-nos de exemplo.

— Ritos e cerimônias têm todos um valor quando executados sem nenhuma alteração, dizia. Uma cerimônia é um livro onde estão inscritas mil coisas. Quem compreende, pode ler. Um único rito tem muitas vezes mais conteúdo que cem livros.

Precisando o que fora conservado até hoje em dia, G. indicava ao mesmo tempo o que tinha sido perdido e esquecido. Falava das danças sagradas que acompanhavam os "serviços" nos "templos de repetições" e que hoje estão excluídas do culto cristão. Falava também de diversos exercícios e posturas que correspondiam especialmente às diferentes orações, isto é, às diferentes espécies de meditação; explicava como se podia adquirir um controle da respiração e insistia na necessidade de ser capaz de tensionar ou relaxar qualquer grupo de músculos ou os músculos de todo o corpo à vontade; ensinou-nos por fim muitas coisas que, por assim dizer, se referiam à "técnica" da religião.

Um dia, a propósito da descrição de um exercício de concentração, no qual se tratava de passar a atenção de uma parte do corpo para outra, G. perguntou:

— ·Quando pronunciam a palavra *Eu* em voz alta, podem observar *onde ressoa essa palavra em vocês?*

Não compreendemos de imediato o que queria dizer. Mas alguns de nós começaram logo a observar que, ao pronunciarem a palavra *Eu*, tinham a impressão de que essa palavra *ressoava* em sua cabeça; outros sentiam-na em seu peito; outros ainda, acima de sua cabeça, fora do corpo.

Devo dizer que, de minha parte, era completamente incapaz de provocar essa sensação em mim e que me baseio no que os outros disseram.

Tendo escutado todas as nossas observações, G. disse que um exercício desse gênero se conservara até hoje nos mosteiros do monte Atos.

Um monge mantém-se numa certa posição, quer de joelhos, quer de pé, com os braços levantados e dobrados nos cotovelos e diz — *Ego* — com uma voz alta e prolongada, enquanto escuta onde essa palavra ressoa.

A finalidade desse exercício é fazê-lo sentir seu "Eu", cada vez que pensa em si mesmo, e fazer passar seu "Eu" de um centro para outro.

G. acentuou várias vezes a necessidade de estudar essa "técnica" esquecida, porque sem ela, dizia, é impossível obter algum resultado no caminho da religião, a não ser, é claro, resultados completamente subjetivos.

— Lembrem-se, dizia, de que toda verdadeira religião, falo das que foram criadas por homens realmente sábios com uma meta precisa, comporta duas partes. A primeira ensina *o que deve ser feito*. Essa parte cai no domínio dos conhecimentos gerais, corrompe-se com o tempo à medida que se afasta da origem. A outra parte ensina *como fazer* o que ensina a primeira. É conservada secretamente em certas escolas e, com sua ajuda, é sempre possível retificar o que foi falseado na primeira parte ou restaurar o que foi esquecido.

"Sem essa segunda parte, não pode haver conhecimento da religião ou, em todo caso, esse conhecimento permanece incompleto e muito subjetivo.

"Essa parte secreta existe no Cristianismo, bem como em todas as outras religiões autênticas, e ensina *como* seguir os preceitos de Cristo e o que realmente significam.

Devo ainda mencionar uma conversa sobre os cosmos.

— Vejo aqui uma relação com as idéias de Kant sobre o fenômeno e o númeno, dissera eu a G.. Aliás, aí está toda a questão. A Terra, como corpo tridimensional, é o "fenômeno" e, como corpo hexadimensional, — o "númeno".

— É exato, respondera G.. Acrescente a isso apenas a idéia de escala; se Kant tivesse introduzido a idéia de escala em sua filosofia, muitos de seus escritos teriam valor. Foi a única coisa que lhe faltou.

Ao escutar G., pensava que Kant teria ficado muito surpreso em ouvir essa sentença. Mas a idéia de escala me era muito familiar; eu me dera conta de que, tomando-a como ponto de partida, era possível encontrar, no que pensamos conhecer, muitas coisas novas e inesperadas.

Cerca de um ano mais tarde, desenvolvendo a idéia dos cosmos considerados em sua relação com os problemas do tempo, obtive uma tabela do tempo nos diferentes cosmos, que examinaremos em breve.

Falando um dia da coordenação de todas as coisas no universo, G. deteve-se especialmente na questão da "vida orgânica sobre a Terra".

— Para a ciência comum, disse, a vida orgânica é uma espécie de apêndice acidental que viola a integridade de um sistema mecânico. A ciência não a relaciona a nada, nem tira nenhuma conclusão do fato de sua existência. Mas vocês já deveriam compreender que não há nem poderia haver nada acidental nem inútil na natureza; cada coisa tem sua função precisa, serve a uma meta definida. Assim, a vida orgânica é um elo indispensável da cadeia dos mundos; esta não pode existir sem ele, como esse elo não poderia existir fora dessa cadeia. Já dissemos que a vida orgânica transmite à Terra as diversas influências planetárias e serve de alimento à Lua, permitindo-lhe assim crescer e fortalecer-se. Mas a Terra também cresce, não em volume, mas em consciência e em receptividade. As influências planetárias que lhe bastavam num certo período de sua existência tornam-se insuficientes, ela necessita de influências mais sutis. Para receber essas influências mais sutis, é necessário um aparelho receptor que seja também mais sutil. A vida orgânica deve, pois, evoluir para adaptar-se às necessidades dos planetas e da Terra. Do mesmo modo, a Lua pode satisfazer-se, neste ou naquele período, com uma certa qualidade de alimento que lhe traz a vida orgânica, mas chega o tempo em que esse alimento deixa de satisfazê-la, não pode mais garantir seu crescimento; a partir de então, a Lua começa a ter fome. A vida orgânica deve ser capaz de saciar essa fome, pois de outro modo não cumpre sua função, não corresponde a sua meta. Isso significa que, para corresponder a sua meta, a vida orgânica deve evoluir e manter-se no nível das necessidades dos planetas, da Terra e da Lua.

"O raio de criação, tal como o tomamos, do Absoluto à Lua, é como o ramo de uma árvore, é um ramo que cresce. A extremidade desse ramo, de onde saem novos brotos, é a Lua. Se a Lua não crescer, se não produzir ou não se preparar para produzir nenhum broto, isto quer dizer que o crescimento de todo o raio de criação vai parar, ou então que deve encontrar outro caminho de crescimento, desenvolver um ramo lateral. Ao mesmo tempo, tudo o que acabamos de dizer permite-nos ver que o crescimento da Lua depende da vida orgânica sobre a Terra. O crescimento do raio de criação depende, portanto, da vida orgânica sobre a Terra. Se a vida orgânica vier a desaparecer ou morrer, todo o ramo murchará imediatamente ou, pelo menos, toda a parte do ramo que fica além da vida orgânica. A mesma coisa deverá produzir-se, embora mais lentamente, se a vida orgânica se detiver em seu desenvolvimento, em sua evolução, e não puder mais responder às exigências que lhe são feitas. O ramo pode murchar. É preciso não esquecer disso. À parte Terra-Lua do raio de criação foram dadas exatamente as mesmas propriedades de desenvolvimento e de crescimento que a cada ramo de uma árvore grande. Mas o crescimento desse ramo não está de modo algum garantido, depende da ação harmoniosa e correta de seus próprios tecidos. Se um dos tecidos deixa de se desenvolver, todos os outros fazem o mesmo. Tudo o que pode ser dito sobre o raio de criação ou sobre sua parte Terra-Lua aplica-se igualmente à vida orgânica sobre a Terra. A vida orgânica sobre a Terra é um fenômeno complexo, pois todos os seus elementos dependem estreitamente uns dos outros. O crescimento geral só é possível com a condição de que cresça a "extremidade do ramo". Ou, para falar de maneira mais precisa, há na vida orgânica tecidos que evoluem e outros que lhes servem de alimento e de meio. Da mesma maneira, há nos tecidos em evolução células que evoluem e outras que lhes servem de alimento e de meio. E cada célula em evolução comporta, por sua vez, partes que evoluem e partes que lhes servem de alimento. Mas, sempre e em tudo, é preciso lembrar-se de que a evolução jamais está garantida, de que é apenas possível e pode deter-se a qualquer momento e em qualquer lugar.

"A parte da vida orgânica que evolui é a humanidade. A humanidade também comporta uma parte que evolui, mas falaremos disto mais tarde; por enquanto, tomaremos a humanidade como um todo. Se a humanidade não evolui, isto significa que a evolução da vida orgânica deve deter-se, o que, por sua vez, provocará uma parada no crescimento do raio de criação. Ao mesmo tempo, se a humanidade cessar de evoluir, tornar-se-á inútil do ponto de vista dos fins para os quais havia sido criada e, como tal, poderá ser destruída. Assim, a parada da evolução pode significar a destruição da humanidade.

"Não temos sinais que nos permitam precisar em que período da evolução planetária nos encontramos, nem se a Terra e a Lua terão ou não tempo para esperar que a vida orgânica se desenvolva até o estágio desejado de sua evolução. Mas aqueles que sabem, naturalmente, podem ter informações exatas a esse respeito, isto é, podem definir em que fase de sua evolução se encontram a Terra, a Lua e a humanidade. No que nos concerne, não podemos saber, mas deveríamos lembrar-nos de que o número de possibilidades nunca é infinito.

"Por outro lado, se examinarmos a vida da humanidade tal como a conhecemos no plano histórico, não teremos que convir que a humanidade gira num círculo vicioso? Destrói no curso de um século tudo o que criou num outro e seu progresso mecânico dos últimos cem anos fez-se às expensas de muitos outros valores, talvez muito mais preciosos para ela. Em geral, há muitas razões para pensar e afirmar que a humanidade atravessa atualmente um período de estagnação; e da estagnação ao declínio, e depois à degenerescência, não há muita distância. Uma estagnação significa que um processo se equilibrou. O aparecimento de uma qualidade qualquer provoca imediatamente a aparição de outra qualidade de natureza oposta. O crescimento do saber num domínio acarreta o crescimento da ignorância em outro; o refinamento acarreta a vulgaridade; a liberdade, a escravidão; o recuo de certas superstições favorece o desenvolvimento de outras superstições e assim por diante.

"Agora, se nos lembrarmos da lei de oitava, veremos que um processo equilibrado, efetuando-se de certa maneira, não pode ser modificado à vontade, a qualquer momento. Somente em alguns "cruzamentos" se pode introduzir modificações. Fora desses "cruzamentos" nada pode ser feito. E se um processo passa por um cruzamento, sem que nada aconteça, sem que nada seja feito, depois é tarde demais: o processo continuará a desenvolver-se segundo leis mecânicas; mesmo aqueles que tomam parte nesse processo e vêem a iminência de uma destruição total, não poderão fazer nada. Repito, há coisas que podem ser feitas só em certos momentos, isto é, nesses "cruzamentos" que, nas oitavas, chamamos intervalos *mi-fá* e *si-dó*.

"É verdade que, para muita gente, a vida da humanidade nunca se desenrola como deveria. E essas pessoas inventam muitas teorias destinadas a renová-la de cabo a rabo. Porém, apenas se emite uma teoria, surge outra oposta. E cada teórico pretende que todos acreditem nele. E, com efeito, sempre encontra partidários. É claro que a vida não deixa por essa razão de seguir seu próprio curso, mas as pessoas continuam a crer em suas próprias teorias ou nas que adotaram; continuam a crer que é realmente possível fazer alguma coisa. E todas as suas teorias são completamente fantásticas, principalmente porque, de maneira nenhuma, levam em conta a coisa mais importante: o papel muito secundário desempenhado pela humanidade e a vida orgânica no processo cósmico. As teorias intelectuais colocam o homem no centro de tudo. Como se tudo existisse só para ele: o Sol, as estrelas, a Lua, a Terra! Esquecem até a medida do homem, sua nulidade, sua existência efêmera, etc. E não temem afirmar que um homem pode, se quiser, mudar toda a sua vida, isto é organizá-la em princípios racionais. Vemos assim aparecer continuamente novas teorias que suscitam seus contrários; ora, todas juntas, com seus conflitos incessantes, constituem sem dúvida alguma uma das forças que mantêm a humanidade no estado em que está atualmente. Por outro lado, todas essas teorias "humanitárias" e "igualitárias" não são somente irrealizáveis, seriam fatais se se realizassem. Tudo, na natureza, tem sua meta e seu sentido, tanto a desigualdade do homem como o seu sofrimento. Destruir a desigualdade corresponderia a destruir toda possibilidade de evolução. Destruir o sofrimento equivaleria primeiro a destruir toda uma série de percepções para as quais o homem existe e, segundo, a destruir o "choque", isto é, a única força que pode mudar a situação. E assim sucede com todas as teorias intelectuais.

"O processo de evolução, da evolução que é possível para a humanidade como um todo, é inteiramente análogo ao processo de evolução possível para o homem individual. E começa da mesma maneira: um certo número de células torna-se pouco a pouco consciente; agrupam-se; este grupo atrai para si outras células, subordina outras e faz progressivamente todo o organismo servir a sua meta — e não apenas a comer, beber e dormir. Isso é a evolução e não pode haver nenhuma outra espécie de evolução. Para a humanidade, como para o homem isoladamente, tudo começa a partir da formação de um núcleo consciente. Todas as forças mecânicas da vida lutam contra a formação desse núcleo consciente na humanidade, da mesma maneira que os hábitos mecânicos, os gostos e as debilidades lutam no homem contra a lembrança de si consciente.

— Pode-se dizer que há uma *força consciente* em luta contra a evolução da humanidade? perguntei.

— De certo ponto de vista, pode-se dizer, respondeu G. .

Anoto essa resposta, pois parece em contradição com o que ele dissera antes: que só havia duas forças em luta no mundo, a "consciência" e a "mecanicidade".

— De onde vem essa força?

— Levaria tempo demais para explicá-lo. E isso não pode ter nenhum alcance prático para nós agora. Há dois processos, às vezes denominados "involutivo" e "evolutivo". Eis a diferença entre eles. Um processo involutivo começa conscientemente no Absoluto, mas na fase seguinte já é mecânico e torna-se cada vez mais mecânico. Um processo evolutivo, ao contrário, começa semi-conscientemente e torna-se cada vez mais consciente à medida que se desenvolve. Mas, em certos momentos, pode também aparecer uma consciência no processo "involutivo", sob a forma de oposição consciente ao processo de evolução.

"De onde vem essa consciência? Do processo evolutivo, naturalmente. Este deve prosseguir sem interrupção. Cada parada tem por efeito quebrar o processo fundamental. Esses fragmentos esparsos de consciência que foram detidos em seu desenvolvimento podem também unir-se e, durante certo tempo, viver lutando contra o processo de evolução. Afinal de contas, isso só faz torná-lo mais interessante. Em vez de uma luta contra forças mecânicas, pode haver, em certos momentos, uma luta contra a oposição intencional de forças realmente muito poderosas, embora sua potência não seja certamente comparável com a potência das que dirigem o processo evolutivo. Essas forças adversas podem às vezes até preponderar. E isso porque as forças que dirigem a evolução têm uma escolha muito limitada de meios; ou, noutros termos, só se podem utilizar de certos meios e certos métodos. Mas, do seu lado, as forças adversas não estão limitadas na escolha dos meios, podem usar qualquer meio, mesmo aqueles que trazem apenas um sucesso temporário e, no fim das contas, aniquilam ao mesmo tempo a evolução e a involução.

"Mas, como já disse, essa questão não tem alcance prático para nós. Para nós, importa apenas estabelecer onde começa a evolução e como prossegue. E se nos lembrarmos da analogia completa entre a humanidade e o homem, não será difícil estabelecer se a humanidade está ou não em evolução.

"Podemos dizer, por exemplo, que a vida é governada por um grupo de homens conscientes? Onde estão? Quem são? Vemos exatamente o contrário. A vida está em poder dos mais inconscientes e dos mais adormecidos.

"Podemos dizer que observamos na vida uma preponderância dos elementos melhores, dos mais fortes, dos mais corajosos? — De modo algum. Ao contrário, vemos, em toda parte, o reino da vulgaridade e da estupidez em todas as suas formas.

"Podemos dizer, por fim, que vemos na vida aspirações em direção à unidade, em direção a uma unificação? Certamente não. Só vemos novas divisões, novas hostilidades, novos mal-entendidos.

"De modo que, na situação atual da humanidade, nada denota uma evolução. Ao contrário, se compararmos a humanidade a um homem, veremos claramente o crescimento da personalidade às custas da essência, quer dizer, o crescimento do artificial, do irreal, do que não é nosso, às expensas do natural, do real, do que é bem nosso.

"Ao mesmo tempo, constatamos um crescimento do automatismo.

"A civilização contemporânea quer autômatos. E as pessoas estão seguramente perdendo seus hábitos adquiridos de independência, transformam-se cada vez mais em robôs, não são mais que engrenagens de suas máquinas. É impossível dizer como tudo isso acabará, e como sair daí — nem mesmo se pode haver um fim e uma saída. Uma só coisa é certa: a escravidão do homem só aumenta. O homem torna-se um escravo voluntário. Não tem mais necessidade de grilhões: começa a amar sua escravidão, a orgulhar-se dela. E nada mais terrível poderia acontecer ao homem.

— Tudo o que disse até agora referia-se à humanidade considerada em seu conjunto. Mas, como já assinalei, a evolução da humanidade só se pode fazer através da evolução de um certo grupo que, por sua vez, influenciará e dirigirá o resto da humanidade.

"Podemos dizer que existe tal grupo? Talvez possamos, com base em certos sinais, mas, em todo caso, devemos reconhecer que é um grupo muito pequeno, totalmente insuficiente para subjugar o resto da humanidade. Ou então, considerando as coisas de outro ponto de vista, podemos dizer que a humanidade está num estado tal, que é incapaz de aceitar a direção de um grupo consciente.

— Quantas pessoas pode haver nesse grupo consciente? perguntou alguém.

— Só eles sabem, respondeu G.

— Quer dizer que todos se conhecem? perguntou a mesma pessoa.

— E poderia ser de outro modo? Imaginem dois ou três homens acordados no meio de uma multidão de adormecidos. Certamente se reconhecerão. Mas os que estão adormecidos não podem conhecê-los. Quantos são? Não sabemos e não podemos saber antes de termos despertado; já explicamos que um homem nada pode ver acima de seu próprio nível de ser. De certo, *duzentos homens conscientes*, se existissem e achassem essa intervenção necessária e legítima, poderiam modificar toda a vida sobre a terra. Mas ou não existem em número suficiente, ou não querem, ou os tempos ainda não chegaram, ou talvez os outros estão dormindo profundo demais.

"Aqui chegamos ao umbral do esoterismo.

"Falando da história da humanidade, já mencionamos que a vida da humanidade à qual pertencemos é governada por forças que provêm de duas fontes: primeiro as influências planetárias, que agem de modo completamente mecânico e que tanto as massas humanas quanto os indivíduos recebem de modo totalmente involuntário e inconsciente; depois, as influências que vêm dos círculos interiores da humanidade, cuja existência e significação não são menos ignoradas da grande maioria das pessoas que as influências planetárias.

"A humanidade à qual pertencemos, toda a humanidade histórica e pré-histórica geralmente conhecida, só constitui, na realidade, *o círculo exterior da humanidade*, em cujo interior se encontram vários outros círculos.

"Podemos então imaginar toda a humanidade, conhecida e desconhecida, como formada de vários círculos concêntricos.

"O círculo interior é chamado círculo "esotérico"; compreende as pessoas que atingiram o mais alto desenvolvimento possível ao homem; é o círculo dos homens que possuem a Individualidade no sentido mais pleno desta palavra, isto é, um *Eu* indivisível, todos os estados de consciência que lhes são acessíveis, o controle total de seus estados de consciência, todo o saber possível ao homem e uma vontade livre e independente. Tais indivíduos não podem agir contrariamente a sua compreensão ou ter uma compreensão que suas ações não expressem. Além disso, não pode haver discórdias entre eles, diferença de compreensão. Por conseguinte, sua atividade é inteiramente coordenada e os conduz para uma meta comum sem nenhuma espécie de constrangimento, porque há, na base, uma compreensão comum e idêntica.

"O círculo seguinte é chamado "mesotérico", que quer dizer intermediário. Os homens que pertencem a esse círculo possuem todas as qualidades dos membros do círculo esotérico, com a única restrição de que seu saber é de caráter mais teórico. Isso se refere, naturalmente, a um saber de caráter cósmico. Sabem e compreendem muitas coisas que ainda não encontraram expressão em suas ações. Sabem mais do que fazem. Mas sua compreensão não é menos exata que a dos membros do círculo esotérico; por conseguinte, é idêntica a ela. Entre eles não pode haver discórdias, não pode ocorrer nenhum mal-entendido. O que cada um compreende, todos o compreendem, e o que todos compreendem, cada um compreende. Mas, como dissemos, comparada à do círculo esotérico, essa compreensão é mais teórica.

"O terceiro círculo é chamado "exotérico", isto é, exterior, porque é o círculo exterior da parte interior da humanidade. Os homens que fazem parte desse círculo têm, como os membros dos círculos esotérico e mesotérico, muitos conhecimentos comuns, mas seu saber cósmico é de caráter mais filosófico, isto é, mais abstrato que o saber do círculo mesotérico. Um membro do círculo mesotérico *calcula*, um membro do círculo exotérico *contempla*. A compreensão dos membros do círculo exotérico pode não se expressar por atos. Mas não pode haver diferença de compreensão entre eles. O que um deles compreende todos os outros compreendem.

"Na literatura que admite a existência do esoterismo, a humanidade divide-se geralmente em apenas dois círculos e o círculo "exotérico", pelo fato de se opor ao "círculo esotérico", é denominado vida ordinária. É um erro grave. Na realidade, o "círculo exotérico" está muito longe de nós e situa-se num nível muito elevado. Para um homem comum, já é "esoterismo".

"O "círculo exterior" propriamente dito é o círculo da humanidade mecânica à qual pertencemos, a única que conhecemos. Esse círculo reconhece-se, antes de tudo, pelo sinal de que, para as pessoas que fazem parte dele, não há nem pode haver compreensão comum. Cada um compreende à sua maneira e há tantas maneiras de "compreender" quantas são as pessoas. Esse círculo é chamado, às vezes, de círculo da "confusão das línguas", porque nesse círculo cada um fala sua língua própria e ninguém compreende ninguém, nem se preocupa em ser compreendido. É, pois, o círculo onde a compreensão mútua é impossível, salvo em instantes muitos raros, totalmente excepcionais, e ainda sobre assuntos quase destituídos de significação, e só nos limites do *ser* dado. Se as pessoas pertencentes a esse círculo se tornarem *conscientes desta falta geral de compreensão* e adquirirem o desejo de compreenderem e de serem compreendidos, isso significará que tendem inconscientemente para o círculo interior, porque uma compreensão mútua só começa no círculo exotérico e só poderia desenvolver-se aí. Mas a consciência da falta de compreensão chega a cada um pelos mais diferentes caminhos.

"Assim, a possibilidade que as pessoas têm de se compreender depende de sua possibilidade de entrar no círculo exotérico, onde a compreensão começa.

"Se imaginarmos a humanidade sob a forma de quatro círculos concêntricos, poderemos imaginar quatro portas na periferia do terceiro círculo, isto é, do círculo exotérico, pelas quais os homens do círculo mecânico podem penetrar nele.

"Essas quatro portas correspondem aos quatro caminhos que descrevemos.

"O primeiro é o caminho do faquir, o caminho dos homens nº 1, dos homens do corpo físico, nos quais predominam os instintos, os sentidos e os impulsos motores, homens sem muito coração nem mente.

"O segundo é o caminho do monge, o caminho religioso, o caminho dos homens nº 2, isto é, dos homens do sentimento. Nem sua mente, nem seu corpo devem ser fortes demais.

"O terceiro é o caminho do iogue. É o caminho do intelecto, o caminho dos homens nº 3. Aqui, o coração e o corpo não devem ser particularmente fortes, senão poderia haver um impedimento nesse caminho.

"Mas, fora desses três caminhos, que não poderiam convir a todos, existe um quarto.

"A diferença fundamental entre os três caminhos, do faquir, do monge, do iogue, e o quarto, é que os três primeiros estão ligados a formas permanentes, que subsistiram quase sem nenhuma mudança durante longos períodos históricos. Sua base comum é a religião. As escolas de iogues diferem pouco, externamente, das escolas religiosas. O mesmo ocorre com as diversas ordens ou confrarias de faquires que, no decorrer da história, existiram e existem ainda em diferentes países. Esses três caminhos tradicionais são caminhos *permanentes*, dentro dos limites dos nossos tempos históricos.

"Outros caminhos existiam ainda, há dois ou três mil anos, mas desapareceram. Quanto aos que subsistiram até hoje, eram, naquele tempo, muito menos divergentes.

"O quarto caminho difere dos antigos e dos novos, porque nunca é permanente. Não tem forma determinada e não há instituições que lhe estejam agregadas. Aparece e desaparece, segundo as leis que lhe são próprias.

"O quarto caminho sempre vai acompanhado de um certo *trabalho* que tem um sentido bem definido e implica sempre um certo *empreendimento,* que é o único fundamento e justificativa de sua existência. Quando esse trabalho está terminado, isto é, quando a meta que se propunha é alcançada, o quarto caminho desaparece; entendamos, desaparece desse ou daquele lugar, despoja-se dessa ou daquela forma, mas para reaparecer, talvez, em outro lugar sob outra forma. A razão de ser das escolas do quarto caminho é o trabalho que executam para o empreendimento que se quer levar a cabo. Nunca existem por si mesmas como escolas, como um propósito de educação ou de instrução.

"Nenhum trabalho do quarto caminho requer uma ajuda mecânica. Só um trabalho consciente pode ser útil em todos os empreendimentos do quarto caminho. O homem mecânico não pode fazer trabalho consciente, de maneira que a primeira tarefa dos homens que empreendem semelhante trabalho é preparar assistentes conscientes.

"O próprio trabalho das escolas do quarto caminho pode tomar formas muito variadas e ter sentidos muito diferentes. Nas condições ordinárias da vida, a única chance de encontrar um "caminho" está na possibilidade de encontrar um trabalho desta espécie em seu início. Mas a possibilidade de encontrar um trabalho dessa espécie, bem como de aproveitá-la, depende muito de circunstâncias e de condições.

"Quanto mais depressa um homem compreender a meta do trabalho a executar, mais depressa ele lhe poderá ser útil, mais depressa se beneficiará com ele.

"Mas seja qual for a meta fundamental do trabalho, as escolas só existem enquanto dura esse trabalho. Quando ele termina, as escolas fecham. As pessoas que estavam na origem do trabalho deixam a cena. As que aprenderam o que podiam aprender e que atingiram a possibilidade de continuar neste caminho de maneira independente empreendem então, sob uma ou outra forma, um trabalho pessoal.

"Mas, quando a escola fecha, fica às vezes um certo número de pessoas que, tendo gravitado *em torno* do trabalho, tinham visto seu aspecto exterior *e o tinham tomado pelo conjunto do trabalho*.

"Não tendo dúvida alguma sobre si mesmas, nem sobre a justeza de suas conclusões e de sua compreensão, decidem continuar. Com esse desígnio, abrem novas escolas, ensinam aos outros o que aprenderam e fazem-lhes as mesmas promessas que ouviram fazer. Tudo isto, naturalmente, só pode ser uma imitação exterior. Mas quando olhamos para trás, na história, é quase impossível distinguir onde se detém o verdadeiro e onde começa a imitação. Em todo caso, quase tudo o que conhecemos das diversas escolas ocultas, maçônicas e alquímicas, refere-se a essas imitações. Não conhecemos praticamente nada das verdadeiras escolas, a não ser o resultado de seu trabalho, e mesmo assim apenas na medida em que somos capazes de distingui-lo das falsificações e das imitações.

"Mas esses sistemas pseudo-esotéricos também têm seu papel no trabalho e nas atividades dos círculos esotéricos. De fato, servem de intermediários entre a humanidade, totalmente imersa na vida material, e as escolas que se interessam pela educação de certo número de pessoas, tanto no interesse de sua própria existência, como para o trabalho de caráter *cósmico* que elas podem ter que executar. A própria idéia de esoterismo, a idéia de iniciação, chega às pessoas, na maioria dos casos, por escolas e sistemas pseudo-esotéricos; e se essas escolas pseudo-esotéricas não existissem, a maioria dos homens nunca teria ouvido falar de alguma coisa maior que sua vida, porque a verdade em sua forma pura é inacessível. Devido às numerosas características do ser do homem e, particularmente, do ser contemporâneo, a verdade só pode chegar *sob a forma da mentira*. É somente sob essa forma que são capazes de digeri-la e de assimilá-la. A verdade não desvirtuada seria para eles um alimento indigesto.

"Aliás, subsiste, às vezes, um grão de verdade sob uma forma inalterada nos movimentos pseudo-esotéricos, nas religiões de igreja, nas escolas de ocultismo e de teosofia. Pode ser conservado em seus escritos, seus rituais, suas tradições, suas hierarquias, seus dogmas e suas regras.

"As escolas esotéricas — não estou falando mais das escolas *pseudoesotéricas* — que talvez existam em certos países do Oriente, são difíceis de encontrar, porque se abrigam geralmente em mosteiros ou templos. Os mosteiros tibetanos têm, habitualmente, a forma de quatro círculos concêntricos ou de quatro pátios separados por altas muralhas. Os templos hindus, sobretudo os do sul, são construídos de acordo com o mesmo plano, mas em forma de quadrados contidos uns dentro dos outros. Os fiéis têm acesso ao primeiro pátio exterior e algumas vezes, por exceção, adeptos de outras religiões e europeus. Ao segundo pátio só têm acesso certas castas e certos privilegiados. Ao terceiro pátio só têm acesso os servidores do templo; e ao quarto, só os sacerdotes e os brâmanes. Há, em toda parte, organizações análogas, que diferem apenas em alguns detalhes, e permitem que as escolas esotéricas existam sem ser reconhecidas. Entre dúzias de mosteiros, só há uma escola. Mas como reconhecê-la? Se entrarem nela, serão admitidos no interior do primeiro pátio; só os alunos têm acesso ao segundo pátio. Mas isso vocês não sabem, pois dizem que eles pertencem a uma casta especial. Quanto ao terceiro e ao quarto pátio, vocês não podem sequer suspeitar de sua existência. Poderiam, em princípio, constatar uma ordem como essa em todos os templos; no entanto, não têm possibilidade alguma de distinguir um templo ou um mosteiro esotérico de um templo ou de um mosteiro comum, se não lhes disserem.

"Quando nos chega através dos sistemas pseudo-esotéricos, a idéia de iniciação nos é transmitida de uma forma completamente errônea. As lendas relativas aos ritos exteriores da iniciação foram criadas com base em fragmentos esparsos de informações referentes aos Mistérios antigos. Os Mistérios constituíam, por assim dizer, um caminho no qual eram dadas, paralelamente a uma longa e difícil série de estudos, representações teatrais de uma espécie particular, que descreviam de forma alegórica todo o processo da evolução do homem e do universo.

"As passagens de um nível de ser a outro eram marcadas por cerimônias de apresentação de natureza especial, as iniciações. Mas nenhum rito pode acarretar uma mudança de ser. Os ritos só podem assinalar uma passagem transposta, uma realização. Só nos sistemas pseudo-esotéricos, onde mais nada existe exceto esses ritos, é que se começa a atribuir-lhes significação independente. Supõe-se que um rito, ao transformar-se em sacramento, transmite ou comunica certas forças ao iniciado. Novamente isso provém da psicologia de um caminho de imitação. Não há, nem pode haver, iniciação externa. Na realidade, cada um deve iniciar a si mesmo. Os sistemas e as escolas podem indicar os métodos e os caminhos, mas nenhum sistema, nenhuma escola pode fazer para o homem o trabalho que ele mesmo deve fazer. Um crescimento interior, uma mudança de ser, dependem inteiramente do trabalho que é necessário fazer sobre si".

Capítulo Dezesseis

Novembro de 1916. A situação da Rússia tornava-se cada vez mais inquietante. Por milagre, até então, quase todos tínhamos conseguido manter-nos afastados dos "acontecimentos". Mas os "acontecimentos" aproximavam-se agora cada vez mais, atingiam-nos pessoalmente uns após os outros e tornara-se impossível não levá-los em conta.

Não é, de modo algum, minha intenção descrevê-los ou analisá-los. Entretanto, o período de que se trata era a tal ponto excepcional que eu não poderia deixar de falar deles, a menos que admitisse ter estado cego e surdo. Por outro lado, nada teria podido fornecer dados tão interessantes para um estudo da mecanicidade, isto é, da completa ausência de qualquer elemento voluntário na história, como a observação dos acontecimentos de então. Certas coisas pareciam, ou teriam podido parecer, depender da vontade de alguns homens, mas era uma ilusão; nunca ficara tão claro que tudo *acontece* e que ninguém *faz* nada.

Em primeiro lugar, tornara-se impossível não ver que a guerra chegava ao fim e que chegava por si mesma; um profundo cansaço se apoderara de todos, ligado a uma compreensão ainda obscura, mas solidamente enraizada, do absurdo de todo esse horror. Ninguém agora podia crer mais nas palavras e nenhuma tentativa para reanimar a guerra teria podido ser bem sucedida. Ao mesmo tempo era impossível detê-la e todas essas lenga-lengas pró ou contra a guerra mostravam simplesmente a impotência da mente humana em ver a realidade de sua própria impotência. Em segundo lugar, era claro que a catástrofe se aproximava. Não poderia ser desviada de modo algum. Os acontecimentos seguiam seu curso e não podiam seguir nenhum outro. De modo que, durante esse período, tocou-me muito a atitude dos políticos profissionais de esquerda que, até então passivos, dispunham-se agora a desempenhar um papel ativo. De fato, mostravam-se os menos preparados, os mais cegos, os mais incapazes de compreender o que faziam, para onde iam e o que preparavam, principalmente para si mesmos.

Lembro-me tão bem de São Petersburgo, durante o seu último inverno! Quem teria podido prever então, mesmo supondo o pior, que esse seria seu último inverno? Mas gente demais odiava essa cidade e gente demais a temia. Seus dias estavam contados.

Nossas reuniões continuavam. Durante os últimos meses de 1916, G. não veio mais a São Petersburgo, mas alguns de nós iam a Moscou, de onde traziam novos diagramas e notas tomadas por seus alunos.

Nossos grupos aumentavam muito e, embora fosse evidente que tudo se precipitava para um fim desconhecido mas fatal, o ensinamento de G. comunicava a todos um sentimento de confiança e de segurança. Falávamos então freqüentemente do que teríamos experimentado nesse caos, se não tivéssemos o ensinamento, que se tornava cada vez mais nosso. Agora, não podíamos mais imaginar como teríamos podido viver sem ele e encontrar nosso caminho no labirinto de todas as contradições desse tempo.

Datam desse período nossas primeiras conversas sobre a arca de Noé. Eu sempre considerava esse mito uma alegoria da idéia geral de esoterismo. Mas começávamos todos a ver que ele tinha outro alcance, mais preciso; era ao mesmo tempo o plano de todo trabalho esotérico, inclusive o nosso. O próprio ensinamento era uma "arca", graças à qual podíamos esperar salvar-nos no momento do dilúvio.

G. só voltou no começo de fevereiro de 1917. Desde as nossas primeiras reuniões, revelou-nos um aspecto inteiramente novo de tudo aquilo de que falara até então.

— Até aqui, disse, consideramos a tabela dos hidrogênios uma tabela de densidades de vibrações e de densidades de matéria, em proporção inversa uma à outra. Temos que compreender agora que a densidade de vibrações e a densidade de matéria exprimem muitas outras propriedades da matéria. Por exemplo, ainda não dissemos nada, até agora, *da inteligência* ou da consciência da matéria. Entretanto, a velocidade de vibrações de uma matéria mostra seu grau de inteligência. Lembrem-se de que não há nada inanimado ou morto na natureza. Cada coisa é viva, inteligente e consciente à sua maneira; mas essa consciência e essa inteligência exprimem-se segundo modos diferentes, nos diversos níveis de ser, isto é, em escalas diferentes. Devem compreender de uma vez por todas que nada está morto ou inanimado; há simplesmente diversos graus de animação e diversas escalas.

"A tabela dos hidrogênios, que serve para determinar a densidade da matéria e a velocidade das vibrações, serve também para determinar os graus de inteligência e de consciência, visto que o grau de consciência corresponde ao grau de densidade ou de velocidade das vibrações. Isso significa que quanto mais densa é a *matéria*, menos é consciente e inteligente.

E quanto mais densas são as *vibrações*, mais consciente e mais inteligente é a matéria.

"A matéria só está realmente morta onde não há mais vibrações. Mas, nas condições usuais da vida sobre a superfície da terra, a *matéria morta* não nos diz respeito. A própria ciência não pode obtê-la. Toda a matéria que conhecemos está viva e, a seu modo, é inteligente.

"Ao determinar o grau de densidade da matéria, a tabela dos hidrogênios determina por este mesmo fato seu grau de inteligência. Isso quer dizer que, fazendo comparações entre as matérias que ocupam lugares diferentes na tabela dos hidrogênios, determinamos não só sua densidade, mas sua inteligência. E podemos dizer não só quantas vezes esse ou aquele hidrogênio é mais denso ou mais leve que outro, mas quantas vezes um hidrogênio é mais inteligente que outro.

"Para determinar, com o auxílio da "tabela dos hidrogênios", as diferentes propriedades das coisas e das criaturas vivas, constituídas de numerosos hidrogênios, parte-se do princípio de que há, em toda criatura viva e em qualquer coisa, um hidrogênio definido, que é seu centro de gravidade; é, por assim dizer, o "hidrogênio médio" de todos os hidrogênios que constituem a criatura ou a coisa dada. Para encontrar esse "hidrogênio médio", é necessário primeiro conhecer o nível de ser da criatura em questão. O nível de ser é determinado pelo número de andares de sua máquina. Até aqui, só falamos do homem e tomamos o homem como uma estrutura de três andares. Não podemos falar ao mesmo tempo dos animais e do homem, porque os animais diferem radicalmente do homem. Os animais superiores que conhecemos comportam apenas dois andares; os animais inferiores só têm um.

G. fez um desenho.

"O homem é composto de três andares.
"O carneiro tem dois andares.
"O verme só tem um andar.

"Ao mesmo tempo, os andares inferior e intermediário do homem equivalem, de certo modo, aos do carneiro; seu andar inferior, tomado isoladamente, corresponde ao do verme. Pode-se dizer que o homem é constituído de um homem, de um carneiro e de um verme e que o carneiro é constituído de um carneiro e de um verme. O homem é uma criatura complexa; seu nível de ser é determinado pelo nível de ser das criaturas que o compõem. O carneiro e o verme desempenham no homem um papel mais ou menos grande. Assim, o verme desempenha o papel principal no homem nº 1; no homem nº 2, é o carneiro, e no homem nº 3, o homem. Mas essas definições só valem para os casos individuais. Em geral, o "homem" é determinado pelo centro de gravidade do andar médio.

"O centro de gravidade do andar médio do homem é o hidrogênio 96. A inteligência do hidrogênio 96 determina a inteligência média do "homem", isto é, do corpo físico. O centro de gravidade do corpo astral será o hidrogênio 48; o centro de gravidade do terceiro corpo, o hidrogênio 24; o centro de gravidade do quarto corpo, o hidrogênio 12.

"Se se lembrarem do diagrama dos quatro corpos do homem, que indicava os hidrogênios médios do andar superior, será mais fácil compreender o que digo agora.

G. desenhou este diagrama:

48	24	12	6
96	48	24	12
192	96	48	24

"O centro de gravidade do andar superior é um hidrogênio apenas acima do centro de gravidade do andar médio. E o centro de gravidade do andar médio é um hidrogênio apenas acima do centro de gravidade do andar inferior.

"Mas, como já disse, para determinar o nível de ser por meio da tabela dos hidrogênios, toma-se habitualmente o andar médio.

"Partindo daí, é possível resolver problemas tais como este:

"Suponhamos, por exemplo, que Jesus Cristo seja um homem nº 8. Quantas vezes Jesus Cristo será mais inteligente que uma cadeira?

"Uma cadeira não tem andares. Situa-se entre o hidrogênio 1536 e o hidrogênio 3072, conforme a terceira oitava da tabela dos hidrogênios. O homem nº 8 é hidrogênio 6. Este hidrogênio é o centro de gravidade do andar médio do homem nº 8. Se pudermos calcular quantas vezes o hidrogênio 6 é mais inteligente que o hidrogênio 1536, saberemos quantas vezes um homem nº 8 é mais inteligente que uma cadeira. Mas, a esse respeito, devemos lembrar que a "inteligência" é determinada não pela densidade de matéria, mas pela freqüência ou densidade das vibrações. A densidade das vibrações não progride, como nas oitavas de hidrogênios, dobrando seu número a cada vez, mas segundo uma progressão completamente diferente, muito mais rápida que a primeira. Se conhecerem o coeficiente exato dessa progressão, poderão resolver o problema. Queria somente mostrar que, por mais inusitado que pareça, o problema podia ser resolvido.

"Nesse sentido, é essencial determinar os princípios de classificação e de definição dos seres vivos de um ponto de vista cósmico, do ponto de vista de sua existência cósmica. De acordo com a ciência comum, a classificação é estabelecida segundo os traços exteriores, os ossos, os dentes ou as funções — os mamíferos, os vertebrados, os roedores, etc. Segundo a *ciência exata*, a classificação é estabelecida conforme os traços cósmicos. Há, de fato, para cada criatura viva, traços determinantes que permitem estabelecer, com um máximo de exatidão, a classe e a espécie a que pertence, isto é, seu próprio lugar no universo, bem como sua relação com as outras criaturas.

"Esses traços são os traços do ser. O nível cósmico do ser de toda criatura viva é determinado:

"Antes de tudo, pelo que come,

"Segundo, pelo que respira,

"Terceiro, pelo meio em que vive.

"Esses são os três traços cósmicos de seu ser.

"Tomem, por exemplo, o homem. Nutre-se de hidrogênio 768, respira hidrogênio 192 e vive no hidrogênio 192. Não há outros seres como ele sobre nosso planeta, embora haja seres que lhe sejam superiores. Um animal como o cachorro *pode* nutrir-se de hidrogênio 768, mas também pode alimentar-se de um hidrogênio bem inferior, não 768 mas 1536 ou próximo, alimento não assimilável para o homem. Uma abelha nutre-se de um hidrogênio muito superior a 768, superior até a 384, mas vive dentro de sua colméia, numa atmosfera onde o homem não poderia viver. De um ponto de vista exterior, o homem é um animal, mas de uma ordem diferente de todos os outros animais.

"Tomemos outro exemplo — um verme de farinha. Alimenta-se de farinha, um hidrogênio muito mais grosseiro que o hidrogênio 768, porque este verme pode igualmente viver de farinha mofada. Digamos que esta também seja 1536. Esse verme respira hidrogênio 192 e vive no hidrogênio 1536.

"Um peixe alimenta-se de hidrogênio 1536, vive no hidrogênio 384 e respira hidrogênio 192.

"Uma árvore alimenta-se de hidrogênio 1536, respira, apenas em parte, hidrogênio 192 e, em parte, hidrogênio 96 e vive parte no hidrogênio 192 e parte no hidrogênio 3072 (o solo).

"Se prosseguirmos com essas definições, veremos que esse plano tão simples, à primeira vista, permite as mais sutis distinções entre as classes de seres vivos, principalmente se nos lembrarmos de que os hidrogênios, tomados como o fizemos em oitavas, são conceitos muito amplos. Por exemplo, dissemos que um cachorro, um peixe e um verme de farinha alimentavam-se igualmente de hidrogênio 1536, entendendo por isto substâncias de origem orgânica que não são comestíveis para o homem. Agora, se nos dermos conta de que essas substâncias podem, por sua vez, se dividir em classes definidas, veremos a possibilidade de definições muito precisas. Ocorre exatamente o mesmo com o ar e o meio ambiente.

"Esses traços cósmicos do ser estão em relação imediata com a definição da inteligência segundo a tabela dos hidrogênios.

"A inteligência de uma *matéria* é determinada pela criatura à qual pode servir de alimento. Por exemplo, o que é mais inteligente, desse ponto de vista: uma batata cozida ou uma batata crua? Uma batata crua, que pode servir de alimento aos porcos, não pode alimentar o homem. Uma batata cozida é, portanto, mais inteligente que uma batata crua.

"Uma vez convenientemente entendidos esses princípios de classificação e de definição, uma porção de coisas se torna clara e compreensível. Nenhum ser vivo pode mudar, ao seu bel-prazer nem seu alimento ou o ar que respira, nem o meio em que vive. A ordem cósmica determina para cada ser seu alimento, seu ar e seu meio.

"Quando falamos das oitavas de alimentação na fábrica de três andares, vimos que todos os hidrogênios sutis requeridos para o trabalho, o crescimento, a evolução do organismo, são elaborados a partir das três espécies de alimento: o *alimento* no sentido habitual dessa palavra, o comer e o beber; o *ar* que respiramos e, enfim, as *impressões*. Agora, suponhamos que pudéssemos melhorar a qualidade da alimentação e do ar e alimentar-nos, digamos, de hidrogênio 384, em vez de 768, e respirar hidrogênio 96, em vez de 192. Como se tornaria mais simples e fácil a elaboração das matérias sutis no organismo! Mas isto é totalmente impossível. O organismo está adaptado para transformar precisamente *essas* matérias grosseiras em matérias sutis; se lhe derem matérias sutis em vez de matérias grosseiras, ele não estará em condições de transformá-las e morrerá rapidamente.

"Nem o ar, nem o alimento podem ser mudados. Mas as impressões, ou melhor, a qualidade das impressões possíveis ao homem, não depende de nenhuma lei cósmica. O homem não pode melhorar seu alimento, não pode melhorar o ar. *Melhorar*, nesse caso, seria de fato *tornar as coisas piores*. Por exemplo, o hidrogênio 96, em vez de 192, seria um gás rarefeito ou um gás incandescente, irrespirável para o homem; o *fogo* é um hidrogênio 96. Ocorre o mesmo com o alimento. O hidrogênio 384 é a água. Se o homem pudesse melhorar seu alimento, isto é, torná-lo mais sutil, deveria alimentar-se de água e respirar fogo. É claro que isto é impossível. Mas se não pode melhorar nem seu alimento nem o ar, o homem pode melhorar suas impressões até um grau muito elevado e introduzir assim hidrogênios sutis em seu organismo. É precisamente nisso que se baseia a possibilidade de evolução. O homem não é obrigado, de modo algum, a alimentar-se das impressões grosseiras do hidrogênio 48; pode ter as impressões dos hidrogênios 24 e 12, do hidrogênio 6 e até do hidrogênio 3. Isso muda todo o quadro e um homem que tira dos hidrogênios sutis o alimento do andar superior de sua máquina, diferirá, certamente, de um homem que se nutre de hidrogênios grosseiros ou inferiores.

Nas palestras que seguiram, G. devia ainda retomar esse tema da classificação dos seres, segundo seus traços cósmicos.

— Outro sistema de classificação merece ainda ser compreendido, disse. Trata-se de uma classificação de acordo com uma relação de oitavas totalmente diferente. A primeira, estabelecida segundo o alimento, o ar e o meio, referia-se claramente aos "seres vivos" tais como os conhecemos, inclusive as plantas, isto é, aos indivíduos. A outra, de que falarei agora, nos leva muito além dos limites do que chamamos "seres vivos". Leva-nos ao mesmo tempo muito acima e muito abaixo dos seres vivos; não trata mais de indivíduos, mas das classes, no sentido mais amplo. Antes de tudo, essa classificação mostra que nada se faz por saltos na natureza. Na natureza, tudo está ligado e tudo está vivo. O diagrama dessa classificação é chamado "Diagrama de Todas as Coisas Vivas".

"Segundo esse diagrama, cada espécie de criatura, cada grau de ser é definido ao mesmo tempo *pelo que lhe serve de alimento e por aquilo a que ele serve de alimento*. Com efeito, na ordem cósmica, cada classe de criaturas alimenta-se de uma determinada classe de criaturas inferiores e serve igualmente de alimento para uma determinada classe de criaturas superiores."

G. traçou um diagrama em forma de escada, que comportava onze quadrados; dentro de cada quadrado, exceto os dois superiores, traçou três círculos com números (*página 366*).

— Cada quadrado representa um grau de ser, disse. O hidrogênio do círculo inferior mostra de que se alimentam as criaturas dessa classe. O hidrogênio do círculo superior designa a classe que se nutre dessas criaturas. E o hidrogênio do círculo do meio é o hidrogênio médio dessa classe, determinando o que são essas criaturas.

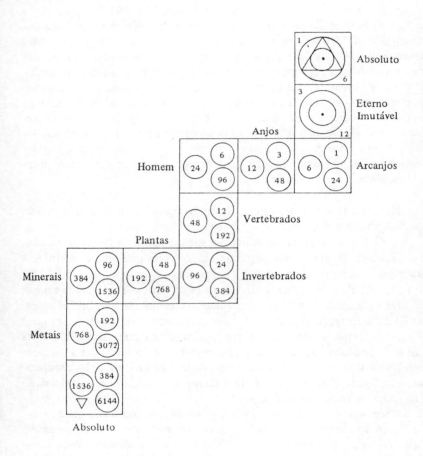

"O lugar do homem é o sétimo quadrado a partir de baixo ou o quinto a partir de cima. Segundo esse diagrama, o homem é hidrogênio 24, nutre-se de hidrogênio 96 e ele próprio serve de alimento ao hidrogênio 6. O quadrado abaixo do homem será o dos vertebrados, o seguinte o dos invertebrados. A classe dos invertebrados é hidrogênio 96. Por conseguinte, o homem nutre-se de invertebrados.

Por enquanto, não procurem ver contradições, mas esforcem-se por compreender o que isso pode significar. Não comparem também este diagrama com os outros. Segundo o diagrama do alimento, o homem se alimenta de hidrogênio 768; segundo este diagrama, de hidrogênio 96. Por que? Que significa isto? Um e outro são igualmente corretos. Mais tarde, quando tiverem compreendido, poderão fazer a síntese.

"O quadrado abaixo representa as "plantas". O seguinte os "minerais", o seguinte os "metais", que constituem um grupo cósmico distinto entre os minerais. E o último quadrado não tem nome em nossa linguagem, porque nunca encontramos matéria nesse estado na superfície da terra. Esse quadrado entra em contato com o Absoluto. Lembrem-se do que dissemos a propósito de Deus Forte. Isto é Deus Forte."

Colocou em baixo do quadrado um pequeno triângulo com a ponta virada para baixo.

— Tomemos agora o quadrado que se encontra à direita do homem: o quadrado "3, 12, 48". Trata-se de uma classe de criaturas que não conhecemos. Denominaremos "anjos". O quadrado seguinte "1, 6, 24" representa seres que chamaremos "arcanjos".

No quadrado seguinte, colocou os números 3 e 12, depois dois círculos concêntricos cujo centro comum marcou, e chamou-o "Eterno Imutável". No último quadrado, colocou os números 1 e 6, desenhou um círculo no meio, depois, dentro desse círculo, um triângulo com outro círculo, cujo centro igualmente marcou, e chamou-o "Absoluto".

— Esse diagrama não lhes será compreensível de imediato, concluiu, mas aprenderão pouco a pouco a decifrá-lo. Só que será necessário estudá-lo durante muito tempo, abstraindo de todo o resto."

De fato, foi tudo o que ouvi de G. sobre esse estranho diagrama, que parecia opor-se a muitas idéias que ele nos dera antes.

Em nossas conversas sobre o diagrama, cedo concordamos em considerar os "anjos" como planetas e os "arcanjos" como sóis. Desse modo muitos outros pontos se esclareceram. Mas o que nos perturbava muito era o aparecimento do hidrogênio 6144, que não figurava na outra escala de hidrogênios, nessa terceira escala que terminava no hidrogênio 3072. E, no entanto, G. enfatizava que a enumeração dos hidrogênios fora feita de conformidade com a terceira escala.

Muito tempo depois, perguntei-lhe o que isso significava.

— É um hidrogênio incompleto, respondeu-me, um hidrogênio sem o Espírito Santo. Pertence também à mesma escala, isto é, à terceira, mas permanece inacabado.

"Cada hidrogênio completo compõe-se de carbono, oxigênio e nitrogênio. Tome agora o último hidrogênio da terceira escala, o hidrogênio 3072; este hidrogênio é composto de carbono 512, oxigênio 1536 e nitrogênio 1024.

"Mais longe ainda, o nitrogênio torna-se o carbono da tríade seguinte, mas não há para ele nem oxigênio nem nitrogênio. É, pois, por si mesmo, por condensação, que se torna hidrogênio 6144. *Mas é um hidrogênio morto*, sem nenhuma possibilidade de transformar-se em alguma outra coisa, é um hidrogênio sem o Espírito Santo."

Esta foi a última visita de G. a São Petersburgo. Tentei falar-lhe dos acontecimentos iminentes. Mas nada me disse de preciso e permaneci na incerteza quanto ao que tinha que fazer.

Por ocasião de sua partida, produziu-se um acontecimento excepcional. Todos nós o tínhamos acompanhado até a estação de Nicolaevsky. G. estava conosco na plataforma, perto do vagão, e conversávamos. Estava como sempre o tínhamos conhecido. Depois do segundo sinal, subiu para seu compartimento e apareceu na janela.

Um outro homem, era um outro homem! Não era mais aquele que tínhamos acompanhado até o trem. No espaço desses poucos segundos, mudara. Mas como dizer onde estava a diferença? Na plataforma, ele era como todo mundo, mas, da janela do vagão, um homem de uma espécie completamente diferente nos olhava com atenção. Um homem de quem cada olhar, cada movimento, estava marcado de uma importância excepcional e de uma incrível dignidade, como se, de repente, se tivesse tornado um príncipe regente, ou o soberano de algum reino desconhecido, voltanto a seus domínios e cuja partida tivéssemos vindo saudar.

Alguns de nós não se deram conta claramente, no momento, do que se passava, mas todos vivemos, emocionalmente, algo que transcendia o curso normal da vida. Isto só durou alguns segundos. O terceiro sinal seguiu-se quase imediatamente ao segundo e o trem se pôs em movimento. Não me lembro de quem falou primeiro dessa "transfiguração" de G., quando ficamos a sós, mas verificou-se que cada um de nós a tinha notado, embora nem todos tivessem percebido, no mesmo grau, seu caráter extraordinário. Mas todos, sem exceção, tínhamos sentido alguma coisa que beirava o miraculoso.

G. nos explicara anteriormente que, se possuíssemos a fundo a arte da plástica, poderíamos modificar completamente a própria aparência. Falara da possibilidade de dar a seus traços beleza ou feiúra, de forçar as pessoas a notá-lo ou ainda da possibilidade de se tornar *de fato invisível.*
Que se passara então? Talvez um caso exemplar dessa "plástica".

Mas a história não terminou. No mesmo vagão que G., entrara também A., jornalista conhecido, que deixava São Petersburgo naquele dia para uma viagem de pesquisa (era precisamente antes da revolução). Seu lugar era no mesmo compartimento. Despedíamo-nos de G. numa extremidade do vagão, enquanto na outra um grupo despedia-se de A. .

Eu, não conhecia A. pessoalmente, mas entre os que o viam partir estavam alguns amigos meus; dois ou três tinham vindo a nossas reuniões e iam de um grupo a outro.

Alguns dias mais tarde, o jornal de que A. era correspondente publicou um artigo intitulado "A caminho", onde ele relatava seus pensamentos e suas impressões de viagem. Em seu compartimento encontrava-se um estranho oriental e ele fora tocado pela extraordinária dignidade desse homem, que se diferenciava tão nitidamente da massa dos especuladores atarefados de que estava cheio o vagão; ele os olhava exatamente como se essas pessoas fossem para ele apenas pequenas moscas. A. supunha que devia ser um "rei do petróleo" de Baku e, durante a conversa que teve com ele, em seguida, certas frases enigmáticas reforçaram mais sua convicção de que ali estava um homem que acumulava milhões durante o sono e que olhava muito de cima as pessoas atarefadas em ganhar a vida ou em fazer dinheiro.

"Meu companheiro de viagem, escreveu A., mantinha-se afastado, silencioso. Era uma persa ou um tártaro com um boné de astracã de certo valor na cabeça. Levava sob o braço um romance francês. Bebia chá, resfriando cuidadosamente seu copo sobre a mesinha diante da janela. Às vezes, com o maior desprezo, deixava cair um olhar sobre seus vizinhos barulhentos e gesticuladores. Esses o consideravam com grande atenção, quando não com um respeito misturado de temor. O que mais me interessou, é que ele parecia ser do mesmo tipo oriental do sul que o resto dos viajantes, um bando de urubus que levantara vôo para ir despedaçar alguma carniça. Tinha a tez bem morena, os olhos de um negro de azeviche e um bigode como o de Zelim-Khan . . . Por que evita ele e despreza assim sua própria carne e seu próprio sangue? Mas tive a oportunidade de poder fazê-lo falar:
— Eles se preocupam muito, disse ele.

Em seu rosto olináceo, imperturbável, seus olhos negros, cheios de uma polidez oriental, sorriam fracamente.

Calou-se um instante e continuou:
— Sim, há hoje em dia, na Rússia, muitos negócios de que um homem inteligente poderia tirar muito dinheiro.

E, depois de novo silêncio, explicou:

— Afinal de contas, é a guerra. Cada um quer tornar-se milionário.

Em seu tom, que era tranqüilo e frio, parecia-me surpreender uma espécie de fanfarrice fatalista e bárbara, que se aproximava do cinismo, e perguntei-lhe bruscamente:

— E o senhor?
— O quê? respondeu
— O senhor não deseja também ser milionário?

Respondeu com um gesto vago e um pouco irônico. Pareceu-me que não ouvira ou não compreendera, e repeti:

— O senhor também não está ávido de lucro?

Sorriu de um modo particularmente calmo e respondeu com gravidade:

— Tiramos proveito de tudo. Nada poderia impedi-lo. Com ou sem guerra, dá sempre no mesmo para nós. Aproveitamos sempre.

— Mas com que então negocia o senhor?
— Com energia solar..."

G. queria, naturalmente, falar do trabalho esotérico, da "aquisição" do conhecimento e da formação dos grupos. Mas A. entendeu que falava do "petróleo". E concluía assim o trecho consagrado, em seu artigo, ao "rei do petróleo":

"Teria curiosidade de prolongar a conversa e de conhecer mais a psicologia de um homem cujo capital depende inteiramente da ordem do sistema solar, que aparentemente jamais será transtornada — e cujos interesses, por esta razão, parecem colocar-se bem acima da guerra e da paz..."

Um detalhe havia particularmente surpreendido alguns de nós: o "romance francês" de G.. Teria A. inventado ou G. o fizera "ver" ou presumir um romance francês no pequeno volume amarelo ou, talvez, nem mesmo amarelo, que tinha nas mãos? Porque G. não lia francês.

De volta a Moscou, G., durante o tempo que antecedeu à revolução, só nos enviou notícias uma ou duas vezes.

Quanto a mim, todos os meus planos tinham sido transtornados. Não conseguira publicar meus livros. Nada preparara para as edições estrangeiras, embora tivesse se tornado evidente para mim, desde o início da guerra, que teria de prosseguir meu trabalho de escritor no estrangeiro. Durante esses dois últimos anos, dera todo o meu tempo à obra de G., a seus grupos, a conversas referentes ao trabalho, a viagens para fora de São Petersburgo, e negligenciara meus próprios assuntos por completo.

A atmosfera tornava-se cada vez mais sombria. Sentia-se no ar uma ameaça muito próxima. Só aqueles de quem o curso dos acontecimentos parecia depender, nada viam e nada sentiam. Também as marionetes são igualmente insensíveis aos perigos que as ameaçam, não compreendem que o mesmo fio que faz saltar o bandido da moita com a faca na mão, as faz se voltarem e contemplarem a lua. Cenas análogas desenrolavam-se no teatro dos acontecimentos.

Finalmente a tempestade desencadeou-se. Foi "a grande revolução não sangrenta" — entre todas as mentiras, a mais absurda e mais gritante. Mas a coisa mais extraordinária foi a fé que nela depositaram as pessoas que estavam no próprio local, no meio de toda essa matança.

Lembro-me de que falávamos nesse momento do "poder das teorias". Os que tinham posto todas as esperanças na revolução, que haviam esperado dela uma libertação qualquer, não queriam mais ou não podiam mais ver *os fatos*: só viam o que deveria ter se passado segundo sua opinião.

Quando li numa pequena folha, impressa de um só lado, a notícia da abdicação de Nicolau II, senti que ali estava o centro de gravidade de tudo.

"Ilovaisky pode sair de seu túmulo e escrever na última página de seu livro: "Março de 1917, fim da História da Rússia", eu dizia a mim mesmo.

Não nutria nenhuma afeição particular pela dinastia; simplesmente não queria me iludir como tantos outros.

Sempre sentira interesse pela pessoa do imperador Nicolau II; parecia-me um homem notável sob muitos aspectos, mas incompreendido e que não se compreendia a si mesmo. Eu estava certo, como o provou o final de seu diário publicado pelos Bolchevistas e que se refere à época em que, traído e abandonado por todos, mostrou uma força e mesmo uma grandeza de alma maravilhosas.

Não se tratava porém da pessoa do imperador, mas do princípio da *unidade de poder* e da responsabilidade de todos para com esse poder que ele representava. Ora, esse princípio fora rejeitado por uma parte considerável da "intelligentsia" russa. Quanto à palavra "tzar", perdera há muito todo sentido para as pessoas. Mas ainda tinha uma grande significação para o exército e a máquina burocrática que, embora muito imperfeita, trabalhava, entretanto, e mantinha tudo. O "tzar" era a parte central, absolutamente indispensável, dessa máquina. A abdicação do "tzar", em tal momento, devia portanto acarretar o desmoronamento de toda a máquina. *E não tínhamos mais nada*. O famoso "auxílio mútuo social", cuja criação exigira tantos sacrifícios, revelou-se naturalmente um blefe. Quanto a "improvisar" fosse o que fosse, nem era bom pensar. Os acontecimentos iam depressa demais. O exército deslocou-se em alguns dias. A guerra, na realidade, já terminara. Mas o novo governo recusava-se a confessá-lo. Recorreu a uma mentira a mais. E o mais surpreendente é que as pessoas ainda encontravam motivos para se regozijarem ! Não falo dos soldados fugidos das casernas ou dos trens que os levavam para o matadouro, mas de nossa "intelligentsia". Ela era "patriota", revelou-se repentinamente "revolucionária" e "socialista". Até o *Novae Vremya* tornou-se um jornal socialista. E o célebre Menshikoff escreveu um artigo "Sobre a liberdade". Mas ele mesmo não pôde enguli-lo e desistiu.

Mais ou menos uma semana depois da *revolução*, reuni os membros principais de nosso grupo em casa do Dr. Sh., a fim de expor-lhes minhas idéias sobre a situação. Dizia eu não ter o menor sentido, a meu ver, querer ficar na Rússia e que devíamos partir para o estrangeiro; que, segundo todas as probabilidades, só poderia haver um período muito breve de calma relativa antes do esfacelamento final; que não poderíamos ser de nenhuma utilidade e que nosso próprio trabalho tornar-se-ia impossível.

Não posso dizer que minha idéia fosse acolhida com calor. A maioria dos membros de nossos grupos não se dava conta da gravidade da situação, aceitando ainda a idéia de que tudo pudesse voltar a ser tranqüilo e normal. Outros ficavam sob o domínio habitual da ilusão de que tudo acontece para nosso bem.

Para eles, minhas palavras eram exageradas; não viam, em todo caso, nenhuma razão para se apressarem. Para outros, o mais aborrecido era que, desde há muito, não havíamos recebido nenhuma notícia de G. e não sabíamos mais onde ele estava. Depois da revolução, uma carta dele nos levara a pensar que não estava mais em Moscou, mas ninguém sabia para onde fora. Finalmente, decidimos esperar.

Havia então dois grupos principais que contavam ao todo quarenta pessoas. Além disso, grupos secundários reuniam-se a intervalos irregulares.

Pouco depois de nossa reunião em casa de Dr. Sh., recebi uma carta de G. escrita um mês antes no trem que o levava de Moscou ao Cáucaso. Devido às desordens, ela ficara no correio até aquele dia. Segundo essa carta, confirmava-se que G. deixara Moscou antes da revolução e ainda não sabia nada dos acontecimentos quando a escrevera. Ele dizia-se a caminho de Alexandrópolis e me pedia que continuasse o trabalho dos grupos até sua volta, prometendo estar entre nós na Páscoa.

Isso me causava um problema muito difícil. Achava tolo e insensato permanecer na Rússia. No entanto, não queria partir sem o consentimento de G. ou, para ser mais sincero, sem ele. Ora, ele fora para o Cáucaso e sua carta, escrita em fevereiro, antes da revolução, podia não ter mais nenhuma relação com a presente situação. Por fim, resolvi esperar, embora me dando conta de que o que era possível hoje corria risco de não o ser mais amanhã.

Páscoa! Nenhuma notícia de G.. Uma semana mais tarde, um telegrama dizendo que chegaria em maio. E chegou o fim do primeiro "governo provisório". Já era mais difícil sair do país. Nossos grupos continuavam a reunir-se à espera de G..

Voltávamos freqüentemente aos "diagramas" em nossas conversas, sobretudo quando tínhamos que falar às pessoas novas. Parecia-me sempre que havia nelas muitas coisas que G. não nos dissera e que todo o seu sentido se revelaria a nós, se as estudássemos mais.

Olhava um dia algumas notas tomadas no ano anterior, sobre os cosmos. Como já disse, os cosmos me interessavam particularmente, porque coincidiam com o "período de dimensões" de meu *Um Novo Modelo do Universo*. Mencionei também as dificuldades que tínhamos encontrado na compreensão do "Microcosmos" e do "Tritocosmos". Tínhamos então decidido tomar o homem como o "Microcosmos" e *a vida orgânica sobre a Terra* como o "Tritocosmos". Durante nossa última conversa, G. tinha-a silenciosamente aprovado. Mas suas palavras sobre as diferenças de tempo nos diferentes cosmos continuavam a me intrigar muito. E tratei de me lembrar do que P. me dissera sobre nosso "sono e vigília" e sobre a "respiração da vida orgânica". Durante muito tempo, foi em vão. Depois lembrei-me das palavras de G.: "o tempo é respiração".

"O que é a respiração? perguntei-me.

"Três segundos: o homem, normalmente, respira (expira e inspira) umas vinte vezes por minuto. Uma única respiração dura cerca de três segundos.

"Por que "sono-e-vigília" são "a respiração da vida orgânica"? O que é "sono-e-vigília?""

"Para o homem e todos os organismos que lhe são comensuráveis, vivendo em condições análogas às suas, até para as plantas, *é vinte e quatro horas*. Por outro lado, o sono e a vigília são *respiração*: as plantas, por exemplo, quando dormem durante a noite, expiram e, durante o dia, quando estão acordadas, inspiram; do mesmo modo, tanto para todos os mamíferos como para o homem há uma diferença, na absorção do oxigênio e na eliminação do gás carbônico, entre o dia e a noite, entre o sono e a vigília."

Raciocinando assim, estabeleci os períodos de respiração ou de sono e de vigília, desta maneira:

Microcosmos	Respiração	3 segundos
	Sono e vigília	24 horas
Tritocosmos	Respiração	24 horas
	Sono e vigília	?

Fiz uma simples regra de três. Dividindo 24 horas por três segundos, obtive 28 800. Dividindo 28 800 (os dias e as noites) por 365, obtive uma pequena fração: 79 anos. Isto me interessou. Setenta e nove anos, disse a mim mesmo constituem o sono e a vigília da "vida orgânica". Este número não correspondia a nada do que podia pensar da vida orgânica, mas representava a vida do homem.

Esforçando-me então por continuar o paralelo, dispus os quadros da seguinte maneira:

Microcosmos Homem	Tritocosmos Vida orgânica	Mesocosmos Terra
Respiração: 3 segundos	Respiração: 24 horas	Respiração 79 anos
Dia e noite: 24 horas	Dia e noite: 79 anos	
Vida: 79 anos		

Novamente 79 anos não queriam dizer nada na vida da terra. Multipliquei 79 anos por 28 800 e obtive um pouco menos de dois milhões e meio de anos. Multiplicando 2 500 000 por 30 000 para abreviar, obtive um número de onze algarismos, 75 000 000 000 de anos. Esse número devia significar a duração da vida da Terra. Até aí, todos os números pareciam logicamente plausíveis: dois milhões e meio de anos para a vida orgânica e 75 bilhões para a Terra.

"Mas há cosmos inferiores ao homem, dizia para mim mesmo. Tentemos ver em que relação se encontrariam nesse quadro".

Decidi tomar, nesse diagrama, dois cosmos *à esquerda* do Microcosmos, considerando-os inicialmente células microscópicas relativamente grandes, e em seguida, como as mais ínfimas células possíveis, quase invisíveis.

Tal divisão das células em duas categorias não foi aceita pela ciência até agora. Mas se pensarmos nas dimensões no interior do "micro-mundo", é impossível não admitir que este mundo é constituído de dois mundos, tão distintos um do outro como o são o mundo dos homens e o mundo dos microorganismos e das células relativamente grandes. Obtive então o quadro seguinte:

	Células pequenas	Células grandes	Microcosmos-homem	Vida Orgânica	Terra
Respiração	–	–	3 segundos	24 horas	79 anos
Dia e noite	–	3 segundos	24 horas	79 anos	2 500 000 anos
Vida	3 segundos	24 horas	79 anos	2 500 000 anos	75 bilhões de anos

Isso tomava forma de maneira muito interessante. Vinte e quatro horas davam a duração de existência da célula. E, embora a duração de existência de vida das células individuais não possa, de modo algum, ser considerada estabelecida, numerosos investigadores chegaram ao fato de que, para uma célula especializada como é uma célula do organismo humano, esta duração parece ser precisamente de *24 horas*. O período "dia e noite" da célula grande é de 3 segundos. Isto não me sugeria nada. Mas os três segundos de vida da pequena célula eram para mim muito eloqüentes, mostravam-me, antes de tudo, porque é tão difícil ver essas células, embora suas dimensões devessem permitir vê-las com um bom microscópio.

Tratei logo de ver o que se obteria se a "respiração", isto é, 3 segundos, fosse dividida por 30 000. Obtinha-se *a décima milésima parte de um segundo*, ou seja, a duração de uma centelha elétrica, ou ainda, *a da mais breve impressão visual*. Para calcular mais facilmente, e para maior clareza, tomei 30 000 em vez de 28 800. Quatro períodos estavam assim ligados, ou separados um do outro, por um só e mesmo coeficiente de 30 000 — a impressão visual mais breve, a respiração ou o período de inspiração e expiração, o período de sono e de vigília e a duração média máxima da vida. Ao mesmo tempo, a cada um desses períodos correspondiam dois outros, um bem menor, num cosmos superior, outro bem maior, num cosmos inferior. Sem tirar ainda conclusão, tentei fazer um quadro mais completo, isto é, introduzir nele todos os cosmos e acrescentar-lhe dois dos cosmos inferiores, o primeiro que chamei a "molécula" e o segundo, "o elétron". E, para ser mais claro, ainda ao multiplicar por 30 000, tomei números inteiros e apenas dois coeficientes: 3 e 9, o que me deu 3 000 000 em lugar de 2 000 000, 90 000 000 000 em vez de 74 000 000 000 e 80 em vez de 79, e assim por diante.

Obtive a tabela seguinte: (*página* 376).

Essa tabela fez imediatamente surgir em mim muitos pensamentos. Eu teria sido incapaz de dizer se ela estava correta ou se definia exatamente a relação entre um cosmos e outro. O coeficiente 30 000 parecia elevado demais. Mas lembrava-me de que a relação de um cosmos a outro exprime uma relação de "zero ao infinito". E, em presença de uma relação como essa, nenhum coeficiente podia ser grande demais. A relação "de zero ao infinito" era a relação entre grandezas de dimensões diferentes.

G. dizia que cada cosmos é tridimensional para si-mesmo. Por conseguinte, o cosmos que lhe é superior era de quatro dimensões e o que lhe é inferior era de duas dimensões. O cosmos superior seguinte é de cinco dimensões, como o cosmos inferior seguinte é de uma dimensão. Cada cosmos, em relação a um outro, é uma grandeza que comporta um

	Impressão	Respiração	Dia e noite	Vida
Protocosmos	$3 \cdot 10^{15}$ anos (n° de 16 algarismos)	$9 \cdot 10^{19}$ anos (n° de 20 algarismos)	$3 \cdot 10^{23}$ anos (n° de 25 algarismos)	$9 \cdot 10^{28}$ anos (n° de 29 algarismos)
Ayocosmos	90 bilhões de anos	$3 \cdot 10^{15}$ anos (n° de 16 algarismos)	$9 \cdot 10^{19}$ anos (n° de 20 algarismos)	$3 \cdot 10^{23}$ anos (n° de 25 algarismos)
Macrocosmos	3 milhões de anos	90 bilhões de anos	$3 \cdot 10^{15}$ anos (n° de 16 algarismos)	$9 \cdot 10^{19}$ anos (n° de 20 algarismos)
Deuterocosmos	80 anos	3 milhões de anos	90 bilhões de anos	$3 \cdot 10^{15}$ anos (n° de 16 algarismos)
Mesocosmos	24 horas	80 anos	3 milhões de anos	90 bilhões de anos
Tritocosmos	3 segundos	24 horas	80 anos	3 milhões de anos
Microcosmos (homem)	$\frac{1}{10.000}$ segundo	3 segundos	24 horas	80 anos
Célula grande		$\frac{1}{10.000}$ segundo	3 segundos	24 horas
Célula pequena			$\frac{1}{10.000}$ segundo	3 segundos
Molécula				$\frac{1}{10.000}$ segundo
Elétron				$\frac{1}{300.000.000}$ segundo

número de dimensões superior e inferior. Mas só podia haver seis dimensões, ou sete, com o zero; ora, obtinha-se com essa tabela, onze cosmos. À primeira vista, isto parecia estranho, mas apenas à primeira vista, porque, assim que se levava em consideração a duração de existência de um cosmos qualquer em relação à dos cosmos mais elevados, os cosmos inferiores desapareciam muito antes de ter atingido a sétima dimensão.

Tomemos, por exemplo, o *homem* em sua relação com o *Sol*. Se tomarmos o homem como o primeiro cosmos, o Sol será para ele o quarto cosmos; mas uma longa vida humana, 80 anos, tem apenas a duração de uma centelha elétrica, a da impressão visual mais breve, para o Sol.

Tratei de me lembrar de tudo o que G. dissera sobre os cosmos.

"Cada cosmos é um ser animado e inteligente, que nasce, vive e morre. Um só cosmos não pode conter todas as leis do universo, mas *três cosmos* tomados em conjunto abrangem; ou então diremos que dois cosmos, um superior, outro inferior, determinarão o cosmos intermediário. "O homem que passa, em sua consciência, ao nível de um cosmos superior, passa, por isso mesmo, ao nível de um cosmos inferior".

Eu sentia que, em cada uma dessas palavras, estava o fio de uma compreensão da estrutura do mundo. Mas havia fios em demasia e não sabia de onde partir.

Como aparece o movimento de um cosmos em função de outro? Quando e como desaparece? Quais são as relações entre os números que encontrei e os números mais ou menos estabelecidos dos movimentos cósmicos, como a velocidade de deslocamento dos corpos celestes, a velocidade de deslocamento dos elétrons num átomo, a velocidade da luz? etc.

Quando comparei os movimentos dos diferentes cosmos, obtive algumas correlações surpreendentes. Tomando a Terra, por exemplo, vi que o tempo de rotação sobre seu eixo equivaleria para ela a um décimo milésimo de segundo, ou seja, a duração de uma centelha elétrica. É pouco provável que a essa velocidade, a Terra possa observar sua rotação em torno de seu eixo. Representei para mim o homem gravitando a essa mesma velocidade em torno do Sol e calculei que sua rotação duraria para ele a vigésima quinta parte de um segundo, ou seja, a de um instantâneo fotográfico. Dada a enorme distância que a Terra devia percorrer durante esse tempo, impõe-se a dedução de que a Terra não pode ser consciente de si mesma, tal como a conhecemos, isto é, sob forma de esfera, mas que deve ter consciência de si mesma como se fosse um *anel* ou uma *longa espiral* de anéis. Esta última idéia era a mais verossímil se se definisse o *presente* como o tempo da respiração. Era a primeira idéia que me viera ao espírito, um ano antes, depois da conferência sobre os cosmos, quando G. introduzira a idéia de que o tempo é *respiração*. Pensava então que a respiração talvez fosse a unidade de tempo, isto é, que para a sensação direta, o tempo da respiração era sentido como o *presente*. Partindo daí e supondo que a sensação de si, isto é, de seu corpo, estava ligada à sensação do presente, chegara à conclusão de que a Terra, cujo tempo de respiração é de 80 anos, teria uma sensação de si equivalente a 80 anéis de uma espiral. Eu obtivera uma confirmação inesperada de todas as deduções de meu *Um Novo Modelo do Universo*.

Passando aos cosmos inferiores, colocados no quadro *à esquerda* do homem, encontrei no primeiro deles a explicação do que sempre me parecera tão inexplicável, tão enigmático no trabalho de nosso organismo, ou seja, a velocidade espantosa de numerosos processos interiores, quase instantâneos. Sempre me parecera haver uma espécie de charlatanismo da parte dos fisiologistas em não atribuir importância a esse fato. Não é preciso dizer que a ciência só explica o que pode explicar. Mas, nesse caso, não deveria, a meu ver, esconder o fato e tratá-lo como se não existisse; ao contrário deveria chamar a atenção para ele, mencioná-lo em cada ocasião. Um homem que não se interessa pelas questões de fisiologia pode não se espantar com o fato de que uma xícara de café, um copo de conhaque, a fumaça de um cigarro, sejam imediatamente sentidos no corpo todo, modificando todas as correlações interiores das forças, a forma e o caráter das reações; mas, para um fisiologista, deveria ser claro que nesse lapso de tempo imperceptível, mais ou menos igual a uma respiração, realiza-se uma longa série de processos complicados, químicos e outros. A substância que entrou no organismo teve que ser cuidadosamente analisada; as menores particularidades foram notadas; durante o processo de análise, esta substância passou por numerosos laboratórios; foi dissolvida em suas partes constitutivas e misturada a outras substâncias; depois, essa mistura foi incorporada ao alimento que nutre os diversos centros nervosos. E tudo isso deve tomar bastante tempo. Ora, o que torna a coisa absolutamente fantástica e miraculosa é a brevidade dos segundos de nosso tempo, durante os quais esses processos se realizam. Mas o lado fantástico desaparece, quando nos damos conta de que para as grandes células que dirigem evidentemente a vida do organismo, uma só de nossas respirações se processa durante *vinte e quatro horas*. Ora, em vinte e quatro horas, e mesmo em duas ou três vezes menos tempo, isto é, em oito horas (o que equivale a um segundo), todos os processos indicados podem ser efetuados com cuidado, exatamente como o seriam numa grande fábrica química bem organizada e que possuísse numerosos laboratórios.

Passando ao cosmos das pequenas células que está no limite ou além do limite da visão microscópica, vi nelas a explicação do inexplicável. Por exemplo, casos de infecção quase instantânea de doenças epidêmicas, principalmente aquelas para as quais não se pode encontrar a causa da infecção. Se três segundos são o limite de vida de uma pequena célula dessa espécie e são tomados como equivalentes à longa vida de um homem, concebe-se, com efeito, a velocidade na qual essas células podem multiplicar-se, uma vez que, para elas, quinze segundos correspondem a quatro séculos!

Passando, em seguida, ao mundo das moléculas, encontrei-me diante do fato de que a brevidade da existência de uma molécula é uma idéia quase inesperada. Supõe-se, geralmente, que uma molécula, ainda que tendo uma estrutura muito complicada, existe, *como interior vivo* dos elementos de que se constitui a matéria, por tanto tempo quanto a própria matéria existe. Somos obrigados a abandonar essa idéia agradável e apaziguadora. A molécula, que está *viva no interior*, não pode estar *morta no exterior*, e, como qualquer coisa viva, deve, portanto nascer, viver e morrer. A duração de sua vida, igual á de uma centelha elétrica ou à décima milésima parte de um segundo, é breve demais para agir diretamente sobre nossa imaginação. Precisamos de uma analogia, uma comparação qualquer, para compreender o que isso significa. O fato de que as células de nosso organismo morrem e são substituídas por outras, ajudar-nos-á nisso. A matéria inerte — o ferro, o cobre, o granito — deve ser renovada *de dentro* mais depressa do que nosso organismo. Na realidade, ela muda debaixo de nossos olhos. Olhem para uma pedra, depois fechem os olhos; quando os reabrirem, já não será mais a mesma pedra; nem uma só de suas moléculas terá subsistido. De fato, não vimos nem mesmo suas moléculas, mas somente seus traços. Uma vez mais, eu voltava ao *Novo Modelo do Universo*. E isso também explicava "por que não podemos ver as moléculas", assunto de que tratei no capítulo dois dessa obra.

Além disso, via dentro do último cosmos, isto é, no mundo do elétron, um mundo de seis dimensões. Surgiu para mim a questão de elaboração melhor da relação entre as dimensões. Tomar o elétron como corpo tridimensional é insatisfatório demais. Em primeiro lugar, sua duração de existência é da ordem de um tricentésimo milionésimo de segundo. Isso está muito além dos limites de nossa imaginação. Considera-se que a velocidade de revolução de um elétron no interior do átomo se exprime por um número inverso de quinze algarismos (um dividido por um número de quinze algarismos). E como toda a vida de um elétron, calculada em segundos, é igual a um dividido por um número de nove algarismos, segue-se que, na duração de sua vida, um elétron faz um número de revoluções em torno de seu "sol" igual a um número de seis algarismos, ou, se se levar em consideração o coeficiente, a um número de sete algarismos.

Se considerarmos a Terra em seu movimento de revolução em torno do Sol, ela faz durante sua vida, segundo minha tabela, um número de revoluções em torno do Sol igual a um número de onze algarismos. Parece haver uma diferença enorme entre um número de sete algarismos e um número de onze algarismos, mas se compararmos o elétron não mais com a Terra mas com Netuno, então a diferença será bem menor, não será mais que a diferença entre um número de sete algarismos e um número de nove algarismos — uma diferença de dois em vez de quatro. E, além disso, a velocidade de revolução de um elétron no interior do átomo tem uma quantidade muito aproximada. Devemos lembrar-nos de que a diferença nos períodos de revolução dos planetas em torno do Sol se expressa por um número de três algarismos, uma vez que Mercúrio gira 460 vezes mais depressa que Netuno.

Podemos discernir a relação entre a vida de um elétron e a nossa percepção, da seguinte maneira: nossa percepção visual mais rápida é igual a 1/10 000 de segundo. A existência de um elétron equivale a 1/30 000 de 1/10 000 de segundo, ou seja, 1/300 000 000 de segundo e, durante esse tempo, ele faz sete milhões de revoluções em torno do próton. Por conseguinte, se tivéssemos que ver um elétron como um relâmpago de 1/10 000 de segundo, não veríamos o elétron no sentido estrito da palavra, mas o *rastro* do elétron, que consiste em sete milhões de revoluções multiplicadas por 30 000, isto é, uma espiral cujo número de anéis seria de treze algarismos ou, na linguagem em *Um Novo Modelo do Universo*, trinta mil recorrências do elétron na eternidade.

O tempo, segundo a tabela que eu obtivera, ia inegavelmente além de quatro dimensões. E perguntava-me se não seria possível aplicar a essa tabela a fórmula de Minkovski, $\sqrt{-1}\, ct$, que dá o tempo como a quarta "coordenada" do mundo. A meu ver, o "mundo" de Minkovski correspondia precisamente a cada cosmos isolado. Decidi começar pelo "mundo dos elétrons" e tomar como t a duração de existência de um elétron.

Isso coincidia com uma das proposições de meu livro, a saber, que *o tempo é vida*. O resultado mostraria a distância (em quilômetros) percorrida pela luz durante a vida de um elétron.

No cosmos seguinte, seria a distância percorrida pela luz durante a vida de uma molécula; no seguinte, durante a vida de uma pequena célula; depois, durante a vida de uma célula grande; depois, durante a vida do homem, etc. Para todos os cosmos, os resultados deviam ser obtidos em medidas lineares, isto é, expressos em frações de quilômetros ou em quilômetros. A multiplicação de um número de quilômetros pela raiz quadrada de menos um ($\sqrt{-1}$) devia mostrar que não tratávamos mais com medidas lineares e que o número assim obtido era uma *medida de tempo*. A introdução de $\sqrt{-1}$ na fórmula, embora não a modifique quantitativamente, indica que ela se refere completamente a uma outra dimensão.

Dessa maneira, no que diz respeito ao cosmos dos elétrons, a fórmula de Minkovski toma a forma seguinte:

$$\sqrt{-1} \cdot 300\,000 \cdot 3 \cdot 10^{-7}$$

ou seja, a raiz quadrada de menos um, multiplicada por 300 000 (que é c, ou a velocidade da luz, 300 000 quilômetros por segundo), depois por 1/300 000 000 de segundo, isto é, a duração da vida de um elétron. Multiplicando 300 000 por 1/300 000 000 ter-se-á 1/1000 de quilômetro, ou seja, um metro. Um "metro" mostra a distância percorrida pela luz, à velocidade de 300 000 quilômetros por segundo, durante a vida de um elétron. A raiz quadrada de menos um, que faz de "um metro" uma quantidade imaginária, indica que a medida linear de um metro, no caso em questão, é a "medida do tempo", isto é, da quarta coordenada.

Passando ao "mundo das moléculas", a fórmula de Minkovski se torna:

$$\sqrt{-1} \cdot 300\,000 \cdot \frac{1}{10\,000}$$

Segundo a tabela, a décima milésima parte de um segundo é a duração de existência de uma molécula. Se multiplicarmos 300 000 quilômetros por 1/10 000, isto dará 30 quilômetros. O "tempo" no mundo das moléculas é obtido pela fórmula $\sqrt{-1} \cdot 30$. Trinta quilômetros representam a distância que a luz atravessa durante a vida de uma molécula, ou seja, em 1/10 000 de segundo.

A seguir, no "mundo das pequenas células", a fórmula de Minkovski se enuncia assim:

$$\sqrt{-1} \cdot 300\,000 \cdot 3$$

ou

$$\sqrt{-1} \cdot 900\,000$$

isto é, 900 000 quilômetros multiplicados pela raiz quadrada de menos um. 900 000 quilômetros representam a distância percorrida pela luz durante a vida de uma pequena célula, ou seja, em 3 segundos.

Continuando os mesmos cálculos para os cosmos seguintes, obtive para as grandes células *um número de onze algarismos*, que designa a distância que a luz percorre em 24 horas; para o "Microcosmos", um número de dezesseis algarismos, que exprime em quilômetros a distância que a luz percorre em oitenta anos; para o "Tritocosmos", um número de vinte algarismos; para o "Mesocosmos", um número de vinte e cinco algarismos; para o "Deuterocosmos", um número de vinte e nove algarismos; para o "Macrocosmos", um número de trinta e quatro algarismos; para o "Ayocosmos", um número de trinta e oito algarismos; para o "Protocosmos", um número de quarenta e dois algarismos ou $\sqrt{-1} \cdot 9 \cdot 10^{41}$; noutros termos, isto significa que, durante a vida do "Protocosmos", um raio de luz percorre 900 000 000 000 000 000 000 000 000 000 000 000 000 quilômetros.[1]

A aplicação da fórmula de Minkovski à tabela do tempo, tal como eu a obtivera, mostra muito claramente, a meu ver, que a "quarta coordenada" só pode ser estabelecida para um único cosmos de cada vez, o qual aparece, então, como o "mundo de quatro dimensões" de Minkovski.

Dois, três cosmos ou mais não podem ser considerados um mundo de "quatro dimensões" e exigem, para sua descrição, cinco ou seis coordenadas. Ao mesmo tempo, a fórmula de Minkovski mostra, para todos os cosmos, a relação entre a quarta coordenada de um dos cosmos e a quarta coordenada de outro. E essa relação ou, noutros termos, a relação entre os quatro períodos principais de cada cosmos, assim como entre um dos períodos de um dos cosmos e o período correspondente, isto é, de nome similar, de outro cosmos, é igual a trinta mil.

O que me interessou em seguida, no que denominei "tabela do tempo nos diferentes cosmos", foi a relação dos cosmos e do tempo nos diferentes cosmos com os centros do corpo humano.

G. falara muitas vezes da enorme diferença de velocidade nos diferentes centros. O raciocínio acima levou-me, no que diz respeito à velocidade do trabalho interior do organismo, à idéia de que essa velocidade pertencia ao *centro instintivo*. Com esta base, tratei de partir do centro intelectual, tomando como unidade de seu trabalho, por exemplo, o tempo

---

(1) Mas, segundo as últimas conclusões científicas, um raio de luz percorre uma curva e depois de ter dado a volta ao universo, volta à sua origem ao cabo de 1 000 000 000 de ano-luz; 1 000 000 000 de anos-luz representam, pois, a circunferência do Universo — embora as opiniões dos pesquisadores difiram grandemente nesse ponto e os números relativos à circunferência do Universo não possam, em caso algum, ser considerados estritamente estabelecidos, mesmo que se aceitem todas as considerações quanto à densidade da matéria no Universo, que levam a eles.

Em todo caso, se tomarmos o número geralmente adotado para a circunferência hipotética do Universo, obteremos então, dividindo $9 \cdot 10^{28}$ por 10^8, um número de vinte algarismos, que mostrará quantas vezes um raio de luz dará a volta ao Universo durante a vida do Protocosmos.

Mundo dos
elétrons .... $\sqrt{-1}\,ct = \sqrt{-1}\cdot 300000 \cdot \frac{1}{300000000} = \sqrt{-1}\cdot \frac{1}{1000}$

Mundo das
moléculas .... $\sqrt{-1}\,ct = \sqrt{-1}\cdot 300000 \cdot \frac{1}{10000} = \sqrt{-1}\cdot 30$

Mundo das
células pequenas .... $\sqrt{-1}\,ct = \sqrt{-1}\cdot 300000 \cdot 3 = \sqrt{-1}\cdot 9\cdot 10^5$

Mundo das
células grandes ..... $\sqrt{-1}\,ct = \sqrt{-1}\cdot 300000 \cdot 90000 = \sqrt{-1}\cdot 3\cdot 10^{10}$

Microcosmos
(homem) .... $\sqrt{-1}\,ct = \sqrt{-1}\cdot 300000 \cdot 3\cdot 10^9 = \sqrt{-1}\cdot 9\cdot 10^{14}$

Tritocosmos
(vida orgânica) ..... $\sqrt{-1}\,ct = \sqrt{-1}\cdot 300000 \cdot 9\cdot 10^{13} = \sqrt{-1}\cdot 3\cdot 10^{19}$

Mesocosmos
(planetas) .... $\sqrt{-1}\,ct = \sqrt{-1}\cdot 300000 \cdot 3\cdot 10^{18} = \sqrt{-1}\cdot 9\cdot 10^{23}$

Deuterocosmos
(Sol) .... $\sqrt{-1}\,ct = \sqrt{-1}\cdot 300000 \cdot 9\cdot 10^{22} = \sqrt{-1}\cdot 3\cdot 10^{28}$

Macrocosmos
(Via Láctea) .... $\sqrt{-1}\,ct = \sqrt{-1}\cdot 300000 \cdot 3\cdot 10^{27} = \sqrt{-1}\cdot 9\cdot 10^{32}$

Ayocosmos
(Todos os Mundos) ... $\sqrt{-1}\,ct = \sqrt{-1}\cdot 300000 \cdot 9\cdot 10^{31} = \sqrt{-1}\cdot 3\cdot 10^{37}$

Protocosmos
(Absoluto) .... $\sqrt{-1}\,ct = \sqrt{-1}\cdot 300000 \cdot 3\cdot 10^{36} = \sqrt{-1}\cdot 9\cdot 10^{41}$

necessário para a plena percepção de uma impressão, isto é, para sua recepção, sua classificação, sua definição e para a reação correspondente. Por conseqüência, se é verdade que os centros estão uns para com os outros numa relação análoga à dos cosmos, poder-se-iam ter efetuado, durante o mesmo tempo: no centro instintivo, 30 000 percepções; no centro emocional superior e no sexo $30\,000^2$; e, no centro intelectual superior, $30\,000^3$.

Ao mesmo tempo, segundo a lei indicada por G. a respeito da correlação dos cosmos, o centro instintivo, em relação à cabeça ou ao centro intelectual, compreenderia *dois cosmos*, isto é, o segundo Microcosmos e o Tritocosmos. A seguir, o centro emocional superior e o sexo, tomados isoladamente, compreenderiam o terceiro Microcosmos e o Mesocosmos. E, finalmente, o centro intelectual superior compreenderia o quarto Microcosmos e o Deuterocosmos.

Mas este último centro refere-se a um desenvolvimento superior, a um desenvolvimento do homem que não pode ser obtido acidentalmente, nem de maneira natural. No estado normal do homem, o centro sexual, que trabalha 30 000 vezes mais depressa que os centros instintivos e motor e $30 000^2$ vezes mais depressa que o centro intelectual, possuiria, sob este aspecto, uma enorme vantagem sobre todos os outros centros.

No que concerne à relação dos centros com os cosmos, tinham-se aberto diante de mim muitas possibilidades de estudo.

O que me chamou a atenção, em seguida, foi o fato de que minha tabela coincidia com algumas idéias e mesmo com os números dos "cálculos cósmicos do tempo" que se encontram nos Gnósticos e na Índia.

"Um dia de luz é um milhar de anos do mundo e trinta e seis miríades de anos e meia miríade de anos do mundo (365 000) são um único ano de luz".[1]

Aqui os números não coincidem, mas nos textos hindus, a correspondência, em certos casos, é flagrante. Falam da "respiração de Brahma", dos "dias e noites de Brahma", de uma "idade de Brahma".

Se tomarmos como anos os números dados nos textos hindus, então o Mahamanvantara, isto é, a "idade de Brahma", ou 311 040 000 000 000 anos (número de quinze algarismos) coincide quase com o período de existência do *Sol* (um número de 16 algarismos); e a duração do "dia e noite de Brahma", 8 640 000 000 (número de 10 algarismos) coincide quase com a duração do "dia e noite do Sol" (número de onze algarismos).

Se tomarmos a idéia hindu do tempo cósmico, sem levar em conta os números, aparecem outras correspondências interessantes. Assim, se tomarmos Brahma como Protocosmos, então a expressão "Brahma inspira e expira o Universo" coincide com a tabela, porque a respiração de Brahma (ou o Protocosmos — um número de 20 algarismos) coincide com a vida do Macrocosmos, isto é, nosso universo visível ou o mundo das estrelas.

---

(1) *Pistis Sophia*, p. 203, Trad. inglesa, 1921.

Falei muito com Z. da tabela do tempo e estava muito curioso por saber o que G. diria dela quando o víssemos.

Enquanto isso, passavam-se os meses. Finalmente — já estávamos em junho — recebi um telegrama de Alexandrópolis: "Se quiser repousar, venha ver-me aqui". — Este era bem G.!

Dois dias depois, deixei São Petersburgo. A Rússia "sem autoridades" apresentava um curioso espetáculo. Tudo parecia manter-se por inércia. Os trens ainda andavam regularmente e os fiscais expulsavam dos carros uma multidão indignada de viajantes sem passagens. Levei cinco dias para alcançar Tíflis, em vez dos três dias normais.

O trem chegou a Tíflis à noite. Impossível ir até a cidade. Tive que esperar até de manhã no restaurante. A estação estava repleta pela turba dos soldados que, por sua própria iniciativa, voltavam da frente do Cáucaso. Muitos estavam bêbados. "Meetings" foram realizados durante toda a noite sobre a plataforma, diante das janelas do restaurante — e foram votadas resoluções. Durante os "meetings", houve três "cortes marciais" e três homens foram fuzilados sobre a plataforma. Um "camarada" embriagado, que irrompera no restaurante, explicava a cada um que o primeiro tinha sido fuzilado por roubo. O segundo o tinha sido por engano, porque fora confundido com o primeiro. E o terceiro também tinha sido fuzilado por engano, porque fora confundido com o segundo.

Tive que passar todo o dia em Tíflis. O trem para Alexandrópolis só partia à noite. Cheguei no dia seguinte pela manhã. Encontrei G. instalando um dínamo para seu irmão.

Uma vez mais, constatei sua incrível capacidade de adaptar-se a não importa que trabalho, a não importa que obra.

Conheci seus pais. Pessoas de cultura muito antiga, toda peculiar. Seu pai gostava dos contos regionais, das lendas e tradições; tinha a natureza de um "bardo"; sabia de cor milhares e milhares de versos, nos idiomas locais. Eram gregos da Ásia Menor, mas entre si falavam armênio como todos os de Alexandrópolis.

Nos primeiros dias que se seguiram à minha chegada, G. estava tão ocupado que não tive ocasião de lhe perguntar o que pensava da situação geral, nem o que contava fazer. Mas, quando consegui falar-lhe disto, disse-me não ser de minha opinião, que tudo se acalmaria em breve e poderíamos trabalhar na Rússia. Acrescentava que, em todo caso, queria voltar a São Petersburgo para ver a Nevsky, com o pequeno mercado de grãos de girassol de que eu lhe falara e lá decidir sobre o que deveria ser feito. Não podia levá-lo a sério, porque conhecia seus modos de falar, e esperei.

Na realidade, dizendo-me isso com aparente seriedade, G. sugeria-me que não seria mau ir à Pérsia ou até mais longe, que conhecia um lugar nas montanhas da Transcaucásia onde se podia viver durante vários anos sem encontrar ninguém.

No conjunto, guardei um sentimento de incerteza, mas esperava, apesar de tudo, a caminho de São Petersburgo, convencê-lo a partir para o estrangeiro, se isto ainda fosse possível.

G. esperava evidentemente alguma coisa. O dínamo funcionava bem, mas não nos mexíamos.

Na casa, havia um retrato interessante de G., que me ensinou muito sobre ele. Era a ampliação de uma fotografia tirada quando ele era muito jovem. Estava de terno preto com os cabelos encaracolados e jogados para trás. Essa fotografia mostrou-me qual havia sido sua profissão então, da qual nunca falava. E isso sugeriu-me muitas idéias interessantes. Mas, como fui eu quem fez essa descoberta, guardarei segredo.

Tentei várias vezes falar com G. de minha "tabela do tempo nos diferentes cosmos", mas ele afastava todas as conversas teóricas.

Gostei muito de Alexandrópolis. O bairro armênio lembrava uma cidade do Egito ou da Índia do norte, com suas casas de tetos chatos onde crescia o mato. Na colina, encontrava-se um cemitério armênio muito antigo, de onde se podia ver os cumes nevados do monte Ararat. Havia uma imagem maravilhosa da Virgem numa das igrejas armênias. O centro da cidade lembrava uma aldeia russa, mas seu mercado era tipicamente oriental, principalmente com seus caldereiros trabalhando em suas lojas ao ar livre. O menos interessante era, aparentemente, o bairro grego, onde se encontrava a casa de G. Mas, nas ladeiras, espalhava-se o subúrbio tártaro, dos mais pitorescos, mas também, a julgar pelos diz-que-diz-que dos outros bairros da cidade, dos mais perigosos.

Não sei o que resta de Alexandrópolis depois de todos esses movimentos de independência, dessas repúblicas, dessas federações, etc. Penso que só se pode garantir que ainda resta a vista do monte Ararat.

Não consegui quase nunca ver G. a sós e falar-lhe. Passava grande parte de seu tempo com o pai e a mãe. Eu gostava muito da relação que ele tinha com seu pai; estava impregnada de uma consideração extraordinária. O pai de G. era um homem velho e robusto, de estatura mediana, sempre com o cachimbo entre os dentes e um boné de astracã. Era difícil crer que tinha mais de 80 anos. Falava mal o russo. Com G., costumava conversar durante horas e eu gostava de ver como este o escutava, rindo um pouco de vez em quando, mas não perdendo nem por um segundo o fio da conversa e alimentando-a com perguntas e comentários. O ancião regozijava-se, evidentemente, de falar com o filho. G. consagrava-lhe todo o tempo livre e nunca demonstrava nenhuma impaciência; ao contrário, manifestava o tempo todo um grande interesse pelo que dizia o ancião. Mesmo se essa atitude era em parte intencional, não o podia ser totalmente, ou não teria nenhum sentido. Eu estava muito interessado e atraído por esta manifestação de sentimento da parte de G.

Passei, ao todo, duas semanas em Alexandrópolis. Finalmente, uma bela manhã, G. disse-me que partiríamos para São Petersburgo dentro de dois dias, e partimos.

Em Tíflis, vimos o general S. que freqüentara durante algum tempo o nosso grupo de São Petersburgo. Sua conversa com G. lhe fez ver, sem dúvida, a situação sob um aspecto novo pois modificou seus planos.

Durante a viagem a Tíflis, tivemos uma conversa interessante numa pequena estação entre Baku e Derbent. Nosso trem estava estacionado ali, a fim de deixar passar os trens dos "camaradas" que voltavam da frente do Cáucaso. Fazia muito calor. Ao longe cintilava o mar Cáspio e à nossa volta a areia brilhava. No horizonte, destacava-se a silhueta de dois camelos.

Esforcei-me por levar G. a falar do futuro imediato de nosso trabalho. Queria compreender o que contava fazer e o que esperava de nós.

— Os acontecimentos estão contra nós, dizia. Tornou-se muito claro que é impossível fazer seja o que for nesse turbilhão de loucura coletiva.

— Ao contrário, respondeu G., tudo se torna possível. Os acontecimentos não estão de modo algum contra nós. Apenas andam depressa demais. Eis a desgraça. Mas espere cinco anos e verá que os obstáculos de hoje nos terão sido úteis."

Não compreendia o que G. queria dizer com isto. Nem depois de cinco anos, nem depois de quinze anos isto se tornou mais claro para mim. Considerando as coisas do ponto de vista dos "fatos", era difícil imaginar como poderíamos ter sido ajudados por acontecimentos tais como guerras civis, assassinatos, epidemias, fome, a Rússia inteira tornando-se selvagem, a mentira sem fim da política européia e a crise geral que, sem dúvida alguma, era o resultado desta mentira.

Mas se, em vez de considerar as coisas do ponto de vista dos "fatos", as considerássemos do ponto de vista dos princípios esotéricos, o que G. queria dizer tornava-se mais compreensível.

Por que essas idéias não tinham chegado mais cedo? Por que não as tínhamos quando a Rússia ainda existia e a Europa era, para nós, o "estrangeiro" confortável e agradável? Aí, sem dúvida, se encontrava a chave da observação enigmática de G.. Por que essas idéias não tinham vindo? Provavelmente porque só podem chegar no momento mesmo em que a atenção da maioria dirige-se inteiramente para outra direção e em que essas idéias só podem atingir aqueles que as buscam. Eu tinha razão do ponto de vista dos "fatos". Nada teria podido incomodar-nos mais que os "acontecimentos". Ao mesmo tempo, é provável que tenham sido precisamente esses "acontecimentos" que nos permitiram receber o que nos foi dado.

Ficou na minha memória a lembrança de outra conversa. Uma vez mais, o trem eternizava-se numa estação e nossos companheiros de viagem andavam para lá e para cá na plataforma. Fiz a G. uma pergunta para a qual eu não podia encontrar resposta, a propósito da divisão de si em "Eu" e "Ouspensky". Como se pode reforçar o sentimento do "Eu" e reforçar a atividade do "Eu"?

— Nada especial pode ser feito para isso, disse G.. Virá como resultado de *todos* os seus esforços (acentuou a palavra "todos"). Tome o seu próprio exemplo. Atualmente deveria sentir seu "Eu" de modo diferente. Nota ou não uma diferença?".

Tentei ter a "sensação de mim", como G. nos havia ensinado, mas devo dizer que não constatei nenhuma diferença em relação àquilo que sentia anteriormente.

— Isto virá, disse G.. E, quando vier, você saberá. Nenhuma dúvida é possível a este respeito. É uma sensação inteiramente nova."

Mais tarde, compreendi o que queria dizer, de que espécie de sensação falava e de que mudança. Mas comecei a notar só dois anos depois de nossa conversa.

Três dias depois de nossa partida de Tíflis, durante uma parada do trem em Mozdok, G. disse-me que eu teria que voltar sozinho para São Petersburgo, enquanto ele e nossos três outros companheiros se deteriam em Mineralni Vodi, depois iriam para Kislovodsk.

— Irá a Moscou, depois a São Petersburgo; dirá a nossos grupos de lá que estou começando um novo trabalho aqui. Os que quiserem trabalhar comigo podem vir. E lhe aconselho a não se demorar."

Despedi-me de G. e de seus companheiros em Mineralni Vodi e continuei a viagem sozinho.

Era claro que nada restava de meus planos de partida para o estrangeiro. Mas isso não me perturbava mais. Não duvidava de que passaríamos por um período muito difícil, mas isto também em nada me atingia. Compreendia o que me causara medo. Não se tratava dos perigos reais; tinha medo de agir estupidamente, isto é, de não partir a tempo quando sabia perfeitamente o que me esperava. Agora, parecia-me ter sido tirada qualquer responsabilidade para comigo mesmo. Não mudara de opinião; podia dizer, como antes, que ficar na Rússia era loucura. Mas minha atitude era inteiramente diferente. Não tinha mais que decidir.

Viajei como antigamente, sozinho, de primeira classe, e perto de Moscou fizeram-me pagar um suplemento, porque minha passagem e meu talão de reserva tinham endereços diferentes. Ou seja, era ainda como nos velhos tempos. Mas os jornais que comprei em viagem estavam cheios de notícias sobre tiroteios de rua em São Petersburgo. Agora, eram os bolchevistas que atiravam sobre a multidão; experimentavam sua força.

Nessa época, a situação definia-se pouco a pouco. De um lado estavam os bolchevistas, que ainda não suspeitavam do incrível sucesso que os esperava; mas já começavam a sentir a ausência de qualquer resistência e a comportar-se cada vez com mais insolência. De outro lado, havia o "segundo governo provisório", cujos postos subalternos eram ocupados por pessoas sérias que compreendiam a situação, mas cujos cargos mais importantes eram ocupados por teóricos e tagarelas insignificantes; depois, havia a "intelligentsia", que fora muito dizimada pela guerra; finalmente, o que restava dos antigos partidos e os círculos militares. Todos esses elementos tomados em conjunto dividiam-se, por sua vez, em dois grupos: um que, contra todos os fatos e o bom senso, aceitava a possibilidade de um pacto de paz com os bolchevistas, os quais, muito inteligentemente se serviam deles, enquanto ocupavam uma após outra, todas as posições — e o outro que, embora percebendo a impossibilidade de qualquer negociação com os bolchevistas, estava, ao mesmo tempo, desunido e incapaz de intervir abertamente.

O povo calava-se, embora a vontade do povo talvez nunca na história tenha sido tão claramente exprimida — e essa vontade era de *parar a guerra*!

Mas, quem podia parar a guerra? Essa era a questão capital. O governo provisório não ousava. E a decisão, é claro, não podia vir dos círculos militares. Entretanto, o poder devia obrigatoriamente passar àqueles que fossem os primeiros a pronunciar a palavra: *Paz*. E, como freqüentemente acontece em tais casos, a palavra correta veio do lado errado. Os bolchevistas pronunciaram a palavra *paz*. Em primeiro lugar, porque tudo o que diziam não tinha a seus olhos importância alguma. Não tinham a menor intenção de cumprir suas promessas; podiam, pois, dizer tudo o que quisessem. Era a sua principal vantagem e a sua maior força.

Além disso, havia ainda outra coisa. A destruição é sempre mais fácil que a construção. É muito mais fácil queimar uma casa que edificar uma.

Os bolchevistas eram os agentes da destruição. Nem nessa época, nem depois, eles podiam e podem ser outra coisa, apesar de todas as suas vanglórias e do apoio de seus amigos declarados ou ocultos. Mas podiam então e agora podem perfeitamente destruir, não tanto por sua atividade quanto por sua própria existência, que corrompe e desintegra tudo em torno deles. Essa qualidade especial que lhes é própria explicava seu sucesso crescente e tudo o que deveria acontecer muito mais tarde.

Nós, que olhávamos as coisas do ponto de vista do ensinamento, podíamos ver não só o fato de que cada coisa *acontece*, mas até mesmo *como* acontece, isto é, como cada coisa, desde que recebeu o menor impulso, com facilidade desce a ladeira e vai se despedaçando.

Não fiquei em Moscou, mas providenciei para ver algumas pessoas enquanto esperava o trem da noite para São Petersburgo e transmiti-lhes o que G. dissera. Depois fui para São Petersburgo e transmiti a mesma mensagem aos membros de nossos grupos.

Doze dias mais tarde, estava de volta ao Cáucaso. Soube que G. não vivia em Kislovodsk, mas em Essentuki, e duas horas mais tarde reuni-me a ele numa pequena casa.

G. interrogou-me longamente sobre todas as pessoas que eu vira, sobre o que cada uma delas dissera, sobre as que se preparavam para vir e sobre as que não viriam, etc. No dia seguinte, chegaram três de São Petersburgo, depois mais duas, e assim por diante. Ao todo, reuniu-se assim, em torno de G., uma dúzia de pessoas.

Capítulo Dezessete

Tenho sempre um estranho sentimento ao evocar essa primeira estada em Essentuki. Passamos ali, ao todo, seis semanas; mas agora, isto me parece absolutamente incrível e, cada vez que me acontece falar a um daqueles que lá estavam, também ele sente dificuldade em imaginar que isso só durou seis semanas. Mesmo em seis anos, seria difícil encontrar lugar para tudo o que se refere a esse período, tão repleto ele foi.

G. se instalara numa pequena casa perto da aldeia e metade de nós, entre os quais eu, vivia com ele; os outros chegavam pela manhã e ficavam até altas horas da noite. Íamos deitar muito tarde e levantávamos muito cedo. Dormíamos quatro horas ou, no máximo, cinco. Fazíamos todos os trabalhos da casa e o resto do tempo era ocupado por exercícios de que falarei mais adiante. Por diversas vezes, G. organizou excursões a Kislovodsk, Jelznovodsk, Pyatigorsk, Beshtau, etc...

G. fiscalizava a cozinha e muitas vezes ele mesmo preparava as refeições. Revelou-se um cozinheiro incomparável; conhecia centenas de receitas orientais e, cada dia, regalava-nos com novos pratos tibetanos, persas ou outros.

Não tenho a intenção de descrever tudo o que se passou em Essentuki; seria necessário um livro inteiro. G. nos conduzia a todo vapor, sem perder um só minuto. Deu-nos muitas explicações, durante nossos passeios no parque municipal, na hora da música ou durante nossos trabalhos caseiros.

Durante nossa breve permanência, G. desenvolveu para nós o plano de todo o trabalho. Mostrou-nos as origens de todos os métodos, de todas as idéias, suas ligações, suas relações mútuas e sua direção. Muitas coisas permaneciam obscuras para nós, muitas outras não eram tomadas no seu verdadeiro sentido, muito ao contrário; apesar de tudo, recebemos diretrizes gerais que calculei nos poderiam guiar futuramente.

Todas as idéias que aprendemos a conhecer nessa época colocaram-nos diante de muitas perguntas concernentes à realização prática do trabalho sobre si e, evidentemente, provocavam numerosas discussões entre nós.

G. sempre tomava parte nelas e explicava-nos então diversos aspectos da organização das escolas.

— As escolas são indispensáveis, disse um dia, primeiro devido à complexidade da estrutura humana. Um homem é incapaz de controlar *a totalidade de si mesmo*, isto é, de todos os seus lados. Isso apenas pode ser feito pelas escolas, pelos métodos das escolas, pela disciplina das escolas. O homem é preguiçoso demais. Fará quase tudo sem a intensidade necessária ou não fará nada, imaginando sempre que está fazendo alguma coisa; trabalhará com intensidade em algo que não precisa dela e deixará passar os momentos em que a intensidade é indispensável. Nesses momentos, poupa-se, teme fazer seja o que for desagradável. Nunca alcançará por si mesmo a intensidade desejada. Se se observaram da maneira correta, estarão de acordo com o que acabo de dizer. Quando um homem se impõe uma tarefa qualquer, começa rapidamente a ser indulgente consigo mesmo. Tenta cumprir a tarefa com o mínimo esforço possível; isto não é trabalho. No trabalho só contam os *super-esforços*, além do normal, além do necessário. Os esforços habituais não contam.

— Que entende o senhor por super-esforços? perguntou alguém.

— Significa um esforço além daquele que é necessário para atingir uma meta dada. Imaginem que andei um dia inteiro e estou muito cansado. Está fazendo mau tempo, chove, faz frio. À noite, chego em casa. Fiz talvez mais de 40 quilômetros. Em casa o jantar está pronto; a gente se sente bem e a atmosfera é agradável. Mas, em vez de ir para a mesa, saio de novo sob a chuva e decido não voltar antes de ter feito mais 4 ou 5 quilômetros. Eis o que se pode chamar super-esforço. Enquanto me apressava em direção a casa, era simplesmente um esforço: isto não conta. Eu estava de volta; o frio, a fome, a chuva, tudo isto conduzia meus passos. No segundo caso, ando porque eu mesmo decidi fazê-lo. Mas essa espécie de super-esforço torna-se ainda mais difícil quando não sou eu quem decide, quando obedeço a um mestre que, no momento em que menos espero, exige de mim novos esforços, embora eu achasse que já fizera o suficiente para esse dia.

"Outra forma de super-esforço consiste em efetuar qualquer espécie de trabalho com uma velocidade mais rápida do que sua natureza exige. Estão ocupados em alguma coisa, digamos, estão lavando roupa ou cortando lenha. Têm trabalho para uma hora. Façam em meia hora: isso será um super-esforço.

"Mas, na prática, um homem nunca pode impor a si mesmo super-esforços consecutivos ou de longa duração; isto exige a vontade de outra pessoa que não tenha piedade alguma e que possua um método.

"Se o homem fosse capaz de trabalhar sobre si mesmo, tudo seria muito simples e as escolas seriam inúteis. Mas ele não pode, e as razões disso devem ser buscadas nas próprias profundezas de sua natureza. Deixarei de lado, por enquanto, sua falta de sinceridade para consigo mesmo, as mentiras perpétuas que se diz e assim por diante — e falarei apenas dos centros e de suas divergências. Isso basta para tornar impossível ao homem um trabalho independente sobre si. Devem compreender que os três centros principais — intelectual, emocional e motor — são interdependentes e que, num homem normal, trabalham sempre simultaneamente. É precisamente isso que constitui a maior dificuldade no trabalho sobre si. Que significa essa simultaneidade? Significa que um determinado trabalho do centro intelectual está ligado a certo trabalho dos centros emocional e motor, isto é, que uma certa espécie de pensamento está *inevitavelmente* ligada a uma certa espécie de emoção (ou de estado de ânimo) e a uma certa espécie de movimento (ou de postura) e que uma desencadeia a outra; dito de outra maneira, que determinada emoção (ou estado de ânimo) desencadeia determinados movimentos ou posturas, e determinados pensamentos, do mesmo modo que determinados movimentos ou posturas desencadeiam determinadas emoções ou estados de ânimo, etc... Todas as coisas estão ligadas e não há uma que possa existir sem outra.

"Imaginem, agora, que um homem decida *pensar* de maneira nova. Nem por isso deixa de sentir da velha maneira. Suponha que sinta antipatia por R. (designou um de nós). Essa antipatia por R. faz surgir de imediato antigos pensamentos e ele esquece sua decisão de pensar de maneira nova. Ou imaginem que ele tenha o hábito de fumar cigarros cada vez que quer pensar. Eis um hábito motor. Ele decide pensar de uma nova maneira. Começa por fumar um cigarro e recai imediatamente em seu pensamento habitual, sem sequer dar-se conta disto. O gesto habitual de acender um cigarro já levou seus pensamentos ao seu antigo padrão. Devem lembrar-se de que um homem nunca pode por si mesmo destruir tais vínculos. É necessária a vontade de um outro, e o bastão de comando também é necessário. Tudo o que um homem que deseja trabalhar sobre si mesmo pode fazer, assim que alcança certo nível, é obedecer. Ele nada pode fazer por si mesmo.

"Mais que qualquer outra coisa, necessita ser constantemente observado e controlado. Ele não pode observar a si mesmo *constantemente*. Por isso, precisa de regras estritas, cujo cumprimento exige em primeiro lugar certa espécie de lembrança de si e que, em seguida, lhe proporcionam uma ajuda na luta contra os hábitos. O homem só não pode impor essas regras a si mesmo. Na vida sempre tudo se arranja confortavelmente demais para deixar um homem trabalhar. Numa escola, o homem não está mais só e nem mesmo a escolha dos companheiros depende dele; às vezes, é muito difícil viver e trabalhar com eles; geralmente, aliás, em condições desconfortáveis e desacostumadas. Isso cria uma tensão entre ele e os outros. E essa tensão também é indispensável, porque apara pouco a pouco as arestas.

"Portanto, o trabalho sobre o centro motor só pode ser organizado de maneira conveniente numa escola. Como já disse, o trabalho incorreto, isolado ou automático do centro motor priva os outros centros de apoio, pois os outros seguem involuntariamente o centro motor. De modo que a única possibilidade de fazê-los trabalhar de maneira nova é, na maioria das vezes, começar pelo centro motor, isto é, pelo corpo. Um corpo preguiçoso, automático e cheio de hábitos estúpidos detém qualquer espécie de trabalho."

— Mas certas teorias, disse um de nós, afirmam que a gente deve desenvolver o lado moral e espiritual de sua natureza e que, se se obtiver resultados nessa direção, não haverá obstáculos por parte do corpo. É possível ou não?

— Ao mesmo tempo sim e não, disse G.. Tudo está no "se". *Se* um homem alcançar a perfeição da natureza moral e espiritual sem impedimentos da parte do corpo, o corpo não se oporá às realizações ulteriores. Mas, infelizmente, tal coisa nunca acontece, porque o corpo intervém desde os primeiros passos, intervém por seu automatismo, por seu apego aos hábitos e, antes de tudo, por seu mau funcionamento. O desenvolvimento da natureza moral e espiritual sem oposição de parte do corpo é teoricamente possível, mas só no caso de um funcionamento ideal do corpo. E quem está em condições de dizer que seu corpo funciona idealmente?

"Além disso, há um erro quanto ao sentido das palavras "moral" e "espiritual". Expliquei antes muitas vezes que o estudo das *máquinas* não começa nem por sua "moralidade" ou "espiritualidade", mas pelo estudo de sua mecanicidade e das leis que regem esta mecanicidade. O ser dos homens números 1, 2 e 3 é o ser de máquinas que têm a possibilidade de deixar de ser máquinas, mas que ainda não deixaram de ser máquinas."

— Mas não é possível ao homem ser imediatamente transportado a outro nível de ser por uma onda de emoção? perguntou alguém.

— Não sei, disse G.. Estamos falando de novo linguagens diferentes. Uma onda de emoção é indispensável, mas não pode mudar os hábitos motores; por si mesma ela não pode fazer trabalhar corretamente centros que funcionaram mal durante toda a sua vida. Mudar esses hábitos, consertar esses centros, exige um trabalho especial, bem definido e de longa duração. E agora você diz, transportar o homem a outro nível de ser. Mas desse ponto de vista, *o homem* não existe para mim; só vejo um mecanismo complexo, composto de diversas partes igualmente complexas. Uma "onda de emoção" se apodera de uma dessas partes, mas as outras podem não ser afetadas de modo algum. Não há milagre possível para uma máquina.

Já é bastante milagroso que uma máquina esteja em condições de mudar. Mas você desejaria que todas as leis fossem violadas.

— Que dizer do bom ladrão na cruz? perguntou outro. Aí há algo de válido ou não?

— Não há nenhuma relação, respondeu G.. Aí está a ilustração de uma idéia completamente diferente. Primeiro, o fato ocorreu *na cruz*, isto é, em meio a terríveis sofrimentos aos quais nada, na vida comum, poderia se comparar; segundo, foi no momento da morte. Isso se relaciona com a idéia das últimas emoções e pensamentos do homem na hora da morte. Na vida, tais pensamentos são fugazes e cedem imediatamente o lugar aos pensamentos habituais. Nenhuma onda de emoção pode perdurar na vida, portanto nenhuma onda de emoção pode provocar a menor mudança de ser.

"Além disso, é necessário compreender que aqui não falamos de exceções, nem de acidentes que podem acontecer ou não, mas de princípios gerais, do que se passa todos os dias com cada um. O homem comum, mesmo que chegue à conclusão de que o trabalho sobre si é indispensável, é escravo do corpo. Não é apenas o escravo da atividade visível e reconhecida de seu corpo, mas o escravo de suas atividades invisíveis e não reconhecidas, e são especialmente estas últimas que o mantêm em seu poder. De modo que, quando o homem decide lutar para se libertar, antes de tudo é seu próprio corpo que deve combater.

"Falarei agora de certo defeito de funcionamento do corpo que, em todo caso, é indispensável corrigir. Enquanto ele persistir, nenhuma espécie de trabalho, seja moral ou espiritual, poderá ser feita de maneira correta.

"Devem lembrar-se de que, ao falarmos do trabalho da "fábrica de três andares", expliquei que a maior parte da energia elaborada pela fábrica era desperdiçada, em particular na tensão muscular inútil. Essa tensão muscular inútil absorve uma enorme quantidade de energia. E, no trabalho sobre si, é preciso primeiro dar atenção a esse ponto.

"A propósito do trabalho da fábrica em geral, é indispensável estabelecer que o aumento da produção não terá nenhum sentido, enquanto o esbanjamento não tiver sido detido. Se a produção for aumentada, quando ainda não estiver freado o gasto excessivo e nada se tenha feito para acabar com ele, a nova energia produzida só aumentará esse desperdício inútil e poderá até provocar a aparição de fenômenos nocivos. O homem deve, portanto, antes de qualquer trabalho físico sobre si mesmo, aprender a observar e a sentir sua tensão muscular; deve ser capaz de relaxar os músculos quando for necessário, isto é, antes de tudo, de relaxar a tensão inútil dos músculos."

G. ensinou-nos muitos exercícios relativos ao controle da tensão muscular e também certas posturas adotadas nas escolas para oração e contemplação, e que o homem não poderá tomar se não souber como reduzir a tensão inútil dos músculos. Entre elas encontrava-se a postura dita de Buda, os pés repousando sobre os joelhos, e outra, mais difícil ainda, que ele demonstrava com perfeição e que só éramos capazes de imitar de modo aproximado.

Para tomar essa última postura, G. ajoelhava-se e depois sentava-se sobre os calcanhares (descalço), os pés estreitamente apertados um contra o outro; sentar-se assim sobre os calcanhares por mais de um ou dois minutos já era muito difícil. Depois, levantava os braços e, mantendo-os ao nível dos ombros, curvava-se lentamente para trás até tocar o chão e ali se estendia mantendo as pernas apertadas sob ele. Tendo ficado deitado nessa posição durante um certo tempo, levantava-se com a mesma lentidão, com os braços estendidos, depois tornava a estender-se e assim por diante.

Ensinou-nos o relaxamento gradual dos músculos, *começando sempre pelos músculos da face*, e deu-nos diversos exercícios para "sentir" intencionalmente as mãos, os pés, os dedos e assim por diante. A idéia da necessidade de um relaxamento muscular não era em absoluto uma idéia nova, mas a explicação de G., segundo a qual o relaxamento dos músculos do corpo devia começar pelos da face, era para mim totalmente nova; nunca encontrara nada de semelhante nos manuais de "ioga" nem em nenhuma obra de fisiologia.

Um dos mais interessantes desses exercícios era o da "sensação circular", como G. o chamava. Um homem estende-se sobre as costas. Depois de ter relaxado todos os músculos, tenta, concentrando toda a atenção, ter a sensação do nariz. Assim que consegue, leva a atenção para a orelha direita; uma vez que a "sentiu", leva sua atenção para o pé direito, depois, do pé direito para o esquerdo, depois para a mão esquerda, depois para a orelha esquerda, depois novamente para o nariz e assim por diante.

Tudo isso interessava-me particularmente, porque certas experiências tinham-me levado outrora à conclusão de que os estados físicos que estão ligados a novas impressões psíquicas *começam com a sensação do pulso em todo o corpo*, o que nunca sentimos nas condições ordinárias; aqui, o pulso é sentido imediatamente em todas as partes do corpo como uma só pulsação. Durante minhas experiências pessoais, obtinha essa "sensação" de uma pulsação através do corpo inteiro, por exemplo, depois de certos exercícios respiratórios combinados com diversos dias de jejum. Essas experiências não me levavam a nenhum outro resultado definido, mas guardei a profunda convicção de que o controle do corpo começa pelo controle do pulso. Adquirindo por pouco tempo a possibilidade de regular, acelerar ou retardar o pulso, eu era capaz de acelerar ou de retardar as batidas do coração, o que, por sua vez, deu-me interessantes resultados psicológicos. De modo geral, constatei que o controle do coração não podia vir dos próprios músculos do coração, mas dependia do controle do pulso correspondente à "grande circulação", o que G. havia-me feito compreender muito bem ao precisar que o controle do "coração esquerdo" depende do controle da tensão dos músculos; pois não possuímos esse controle, antes de tudo, pela tensão má e irregular dos diversos grupos musculares.

Tínhamos começado a praticar os exercícios de relaxamento muscular e eles nos levaram a resultados muito interessantes. Assim, um de nós viu-se subitamente em condições de fazer parar uma nevralgia dolorosa do braço. Além disso, o relaxamento muscular tinha imensa repercussão no verdadeiro sono e quem fizesse seriamente esses exercícios não tardava a notar que dormia muito melhor, tendo necessidade de menos horas de sono.

G. mostrou-nos igualmente um exercício totalmente novo para nós, sem o qual, segundo ele, era impossível dominar a natureza motora. Era o que ele chamava exercício do "stop".

— Cada raça, disse, cada época, cada nação, cada país, cada classe, cada profissão, possui um número definido de posturas e de movimentos que lhe são próprios. Os movimentos e as posturas, ou atitudes, sendo o que há de mais permanente e imutável no homem, controlam tanto sua forma de pensamento como sua forma de sentimento. Mas o homem nem mesmo faz uso de todas as posturas e de todos os movimentos que lhe são possíveis. Cada um adota certo número delas, conforme a sua individualidade. Assim, o repertório de posturas e movimentos de cada indivíduo é muito limitado.

"O caráter dos movimentos e atitudes de cada época, de cada raça e de cada classe, está indissoluvelmente ligado a formas definidas de pensamento e de sentimento. O homem é incapaz de mudar a forma de seus pensamentos e de seus sentimentos enquanto não tiver mudado seu repertório de posturas e movimentos. As formas de pensamento e de sentimento podem ser chamadas posturas e movimentos do pensamento e do sentimento, e cada um tem um número determinado delas. Todas as posturas motoras, intelectuais e emocionais estão ligadas entre si.

"Uma análise e um estudo coordenados de nossos pensamentos e sentimentos por um lado, e o de nossas funções motoras por outro, mostram que cada um de nossos movimentos, voluntários ou involuntários, é uma passagem inconsciente de uma postura a outra, ambas igualmente mecânicas.

"É uma ilusão crer que nossos movimentos sejam voluntários. Todos os nossos movimentos são automáticos. E nossos pensamentos, nossos sentimentos também o são. O automatismo de nossos pensamentos e de nossos sentimentos corresponde de maneira precisa ao automatismo de nossos movimentos. Um não pode ser mudado sem o outro. De maneira que, se a atenção do homem se concentrar, digamos, na transformação de seus pensamentos automáticos, os movimentos e atitudes habituais intervirão imediatamente no novo curso de pensamento, impondo-lhes as velhas associações habituais.

"Nas circunstâncias usuais, não podemos imaginar o quanto nossas funções intelectuais, emocionais e motoras dependem umas das outras; e, no entanto, não ignoramos quanto nossos humores e nossos estados emocionais podem depender dos movimentos e das posturas. Se um homem assume uma postura que nele corresponde a um sentimento de tristeza ou de desencorajamento, pode estar certo, então, de que rapidamente se sentirá triste ou desencorajado. Uma mudança deliberada de postura pode provocar nele o medo, a aversão, o nervosismo ou, ao contrário, a calma. Mas como todas as funções humanas — intelectuais, emocionais e motoras — têm seu próprio repertório bem definido e reagem constantemente umas sobre as outras, o homem nunca pode sair do círculo mágico de suas posturas.

"Mesmo que um homem reconheça essas ligações e empreenda lutar para livrar-se delas, sua vontade não é suficiente. Devem compreender que esse homem tem apenas vontade bastante para governar um *só* centro por um *breve* instante. Mas os outros dois centros opõem-se a isso. E a vontade do homem nunca é suficiente para governar três centros ao mesmo tempo.

"Para opor-se a esse automatismo e adquirir um controle das posturas e movimentos dos diferentes centros, existe um exercício especial. Consiste no seguinte: a uma palavra ou a um sinal do mestre, previamente combinado, todos os alunos que o ouvem ou que o vêem devem no mesmo instante suspender seus gestos, quaisquer que sejam — imobilizar-se no lugar, na mesma posição em que o sinal os surpreendeu. Mais ainda, devem não só cessar de se mover, mas conservar os olhos fixos no mesmo ponto que olhavam no momento do sinal, conservar a boca aberta se estivessem falando, conservar a expressão da fisionomia e, se estivessem sorrindo, manter esse sorriso. Nesse estado de "stop", cada um deve também suspender o fluxo dos pensamentos e concentrar toda a atenção, mantendo a tensão dos músculos, nas diferentes partes do corpo, no mesmo nível em que ela se encontrava e controlá-la o tempo todo, levando, por assim dizer, a atenção de uma parte do corpo a outra. E deve permanecer nesse estado e nessa posição até que outro sinal convencionado lhe permita retomar uma atitude normal, ou até que caia de cansaço a ponto de ser incapaz de conservar por mais tempo a primeira atitude. Mas não tem nenhum direito de mudar seja o que for, nem o olhar, nem os pontos de apoio; nada. Se não pode agüentar, que caia — mesmo assim, é preciso que caia como um saco, sem tentar proteger-se de um choque. Do mesmo modo, se tivesse algum objeto nas mãos, deve conservá-lo durante tanto tempo quanto possível; e se as mãos se recusarem a obedecer e o objeto lhe escapa, isto não é considerado uma falta.

"Cabe ao mestre vigiar para que nenhum acidente aconteça, devido às quedas ou às posições desacostumadas, e a esse respeito, os alunos devem ter plena confiança em seu mestre e não temer nenhum perigo.

"Esse exercício e seus resultados podem ser considerados de diferentes maneiras. Tomemos esse exercício primeiro do ponto de vista do estudo dos movimentos e das posturas. Traz ao homem a possibilidade de sair do círculo de seu automatismo e isto não pode ser dispensado, sobretudo no início do trabalho.

"Um estudo de si não mecânico só é possível com a ajuda do "stop", sob a direção de um homem que o compreenda.

"Tentemos acompanhar o que se passa. Um homem está se sentando, andando ou trabalhando. De repente, ouve o sinal. Imediatamente, o movimento começado é interrompido por esse "stop". Seu corpo se imobiliza, suspenso fica *em plena passagem de uma postura a outra, numa posição na qual nunca se detém na vida ordinária*. Sentindo-se nesse estado, nessa postura insólita, o homem, sem querer, vê a si mesmo sob ângulos novos, observa-se de uma maneira nova; é capaz de pensar, sentir, de maneira nova, de se conhecer a si mesmo de uma maneira nova. Deste modo, rompe-se o círculo do velho automatismo. O corpo esforça-se em vão por retomar uma posição confortável a que está habituado; a vontade do homem, acionada pela vontade do mestre, opõe-se a isto. A luta prossegue até a morte. Mas, *nesse caso*, a vontade pode vencer. Se levarmos em conta tudo o que se disse antes, esse exercício é um exercício de lembrança de si. Para não perder o sinal, o aluno deve lembrar-se de si mesmo; deve lembrar-se de si mesmo para não tomar, desde o primeiro instante, a posição mais confortável; deve lembrar-se de si mesmo para poder vigiar a tensão dos músculos nas diferentes partes do corpo, a direção do olhar, a expressão do rosto e assim por diante; deve lembrar-se de si mesmo para poder sobrepor-se à dor, algumas vezes muito violenta, que resulta da posição desacostumada das pernas, dos braços, das costas, ou então para não ter medo de cair ou de deixar cair alguma coisa pesada sobre seus pés. Basta esquecer de si mesmo um só instante para que o corpo tome por si mesmo e quase imperceptivelmente uma posição mais confortável, conduzindo seu peso de um pé a outro, relaxando certos músculos e assim por diante. Esse é um exercício simultâneo para a vontade, a atenção, o pensamento, o sentimento e o centro motor.

"É necessário, porém, compreender que para mobilizar uma força de vontade suficiente para manter um homem numa postura não habitual, é indispensável uma ordem ou comando de fora: *stop*. O homem não pode dar a si mesmo a ordem do *stop*. Sua vontade fugiria a ela. A razão é que, como já disse, a combinação de suas atitudes habituais — intelectuais, emocionais e motoras — é mais forte que a vontade do homem. A ordem de "stop", tendo como objetivo atitudes motoras, e vindo de fora, toma o lugar das atitudes de pensamento e de sentimento. Essas atitudes e seus efeitos são, por assim dizer, abolidos pela ordem de *stop* — *e neste caso*, as atitudes motoras obedecem à vontade."

Pouco tempo depois, G. começou a pôr em prática o "stop" — como denominávamos esse exercício — nas circunstâncias mais variadas.

Primeiro, G. mostrou-nos como "ficar imóvel como uma estátua no lugar" instantaneamente, ao comando de "stop", e como tentar não se mexer mais, não olhar mais para o lado, não importa o que acontecesse, não mais responder a quem lhe dirigisse a palavra, quer para lhe fazer uma pergunta ou até para acusá-lo injustamente de alguma coisa.

— O exercício do "stop" é considerado sagrado nas escolas, disse. Ninguém, a não ser o mestre, ou aquele encarregado por ele, tem o direito de dar a ordem do "stop". O "stop" não poderia servir de brincadeira ou de exercício entre alunos. Nunca conhecem a posição em que se encontra um homem. Se não podem *sentir por ele*, não podem saber quais os músculos que estão tensos, nem até que ponto. Às vezes, se alguma tensão difícil deve ser mantida, ela pode causar a ruptura de um vaso, e até, em certos casos, acarretar a morte imediata. Portanto, só quem está totalmente seguro de saber o que faz pode permitir-se comandar um "stop".

"Ao mesmo tempo, o "stop" exige uma obediência incondicional, sem a mínima hesitação nem a mínima dúvida. E isso o torna um método invariável para estudar a disciplina de escola. Esta é totalmente diferente da disciplina militar, por exemplo. Na última, tudo é mecânico, e quanto mais mecânica, melhor. Na disciplina de escola, ao contrário, tudo deve ser consciente, porque a meta consiste em despertar a consciência. E, para muita gente, a disciplina de escola é muito mais difícil de seguir do que a disciplina militar. Nessa, tudo é sempre igual, na outra tudo diferente.

"Mas apresentam-se casos muito difíceis. Vou contar um que vivi pessoalmente. Foi na Ásia Central, há muitos anos. Tínhamos armado nossa tenda à beira de um *arik*, de um canal de irrigação. Três de nós estavam transportando fardos de uma margem do arik para a outra, onde se encontrava nossa tenda. No canal, a água chegava-nos até à cintura. Um de meus companheiros e eu acabávamos de subir para a margem com nossa carga e preparávamo-nos para nos vestir de novo. O terceiro ainda estava dentro do arik. Deixara cair algo dentro da água — soubemos mais tarde que se tratava de um machado — e estava tateando o fundo com um longo bastão. Nesse momento, ouvimos, vindo da tenda, uma voz que comandava: "stop!" Nós dois ficamos imóveis como estátuas na margem, onde estávamos. Nosso camarada encontrava-se exatamente dentro de nosso campo visual. Mantinha-se curvado sobre a água e, assim que ouviu o "stop", permaneceu nessa posição. Passaram-se um ou dois minutos e, de repente, vimos que a água do canal subia; sem dúvida alguém abrira uma comporta a dois quilômetros para o lado da nascente. A água elevou-se muito rapidamente e dentro em pouco atingiu seu queixo. Ignorávamos se o homem da tenda sabia que a água estava subindo. Não podíamos chamá-lo, muito menos virar a cabeça para ver onde se encontrava, nem mesmo olhar um para o outro. Eu só podia ouvir meu amigo ofegar junto de mim. A água subia muito depressa e dentro em pouco a cabeça do homem desapareceu por completo. Só emergia uma das mãos, aquela que se apoiava no bastão; só ela permanecia visível. O tempo que transcorreu pareceu-me interminável. Enfim ouvimos: "Basta!". Pulamos e retiramos nosso amigo para fora da água. Estava quase asfixiado."

Nós também não tardamos a nos convencer de que o exercício do "stop" não era uma brincadeira. Em primeiro lugar, exigia que estivéssemos em constante alerta, prontos para interromper o que fazíamos ou dizíamos; depois, exigia às vezes uma resistência e uma determinação de qualidade muito especial.

O "stop" surpreendia-nos a qualquer momento do dia. Uma tarde, na hora do chá, P., que estava sentado em frente a mim, acabava de servir-se de um copo de chá fervente e soprava-o antes de levá-lo aos lábios. Nesse momento, da peça vizinha, veio um "stop". O rosto de P. e a mão segurando o copo encontravam-se exatamente diante de meu olhar. Vi-o tornar-se rubro e notei o pequeno músculo de sua pálpebra que estremecia. Mas ele mantinha firme o copo, como que se agarrando a ele. Explicou-me depois que os dedos lhe tinham doído apenas durante o primeiro minuto; depois do que, o mais difícil fora manter o braço, que se dobrara de mau jeito, detido que fora no meio de seu movimento. Mas ele tinha grandes bolhas nos dedos e sentiu dores durante muito tempo.

Outra vez, um "stop" surpreendeu Z. quando acabava de aspirar a fumaça do cigarro. Confessou-nos depois que nunca experimentara nada tão desagradável na vida. Não podia exalar a fumaça e ficou assim, com os olhos cheios de lágrimas, a fumaça saindo muito lentamente pela boca.

O "stop" teve enorme influência em nossa vida e em nossa compreensão do trabalho. Em primeiro lugar, a atitude em relação ao "stop" mostrava, com precisão incontestável, a atitude de cada um em relação ao trabalho. Aqueles que tinham procurado esquivar-se do trabalho se esquivavam do "stop". Dito de outra maneira, não ouviam a ordem de "stop" ou então diziam que não lhes dizia respeito. Ou então, ao contrário, estavam sempre prontos para o "stop"; não se permitiam nenhum movimento descuidado, tomavam cuidado para nunca segurar um copo de chá quente, sentavam-se e levantavam-se precipitadamente. Até certo ponto, era, portanto, possível trapacear com o "stop", mas é claro que isso não podia deixar de ser visto. Distinguia-se assim quem se poupava e quem resolvera não se poupar; quem sabia levar o trabalho a sério e quem tentava aplicar-lhe os métodos comuns, evitar as dificuldades, "adaptar-se". Da mesma maneira, o "stop" mostrava quais de nós eram incapazes de se submeter a uma disciplina de escola ou então recusavam levá-la a sério. Tornava-se evidente para nós que, sem o "stop" e os outros exercícios que o acompanhavam, nunca se poderia obter nada por um caminho puramente psicológico.

Mais tarde, porém, o trabalho mostrou-nos precisamente os métodos do caminho psicológico.

Para a maioria de nós, a principal dificuldade, como cedo se constatou, era o hábito de falar. Ninguém via esse hábito em si mesmo. Ninguém podia combatê-lo, porque estava sempre ligado a alguma característica que o homem considerava positiva nele. Se falava de si mesmo ou dos outros, é porque queria ser "sincero" ou porque desejava saber o que um outro pensava ou também porque queria ajudar alguém, etc., etc. . .

Percebi rapidamente que a luta contra o hábito de tagarelar ou, em geral, de falar mais do que é necessário, podia tornar-se o centro de gravidade do trabalho sobre si, porque esse hábito tocava tudo, penetrava tudo e era, para muitos de nós, o menos notado. Era verdadeiramente curioso observar como, em qualquer coisa que o homem empreenda, este hábito (digo "hábito" por falta de outra palavra; seria mais correto dizer este "pecado" ou esta "calamidade") apossava-se imediatamente de tudo.

Em Essentuki, durante esse mesmo período, G. mandou-nos fazer, entre outras, uma pequena experiência de jejum. Já tinha feito antes experiências desse tipo e elas me eram, em grande parte, familiares. Mas para muitos outros, essa impressão de dias intermináveis, de vazio total, de futilidade da existência, era nova.

— Bem, disse um de nós, agora vejo muito claramente *por que* vivemos e o lugar que ocupa a comida em nossas vidas."

Quanto a mim, porém, o que me interessava particularmente, era constatar o lugar que o falatório ocupava na vida. A meus olhos, esse primeiro jejum reduzia-se, para cada um, a *tagarelar* sem cessar sobre o jejum, durante vários dias; ou seja, cada qual falava de si mesmo. A esse respeito, lembrei-me de conversas muito antigas que tivera com um de meus amigos de Moscou, sobre o fato de que o silêncio voluntário devia ser a mais severa disciplina a que um homem podia submeter-se. Mas, nessa época, entendíamos por isso: o silêncio absoluto. Aí ainda, as explicações de G. fizeram ressaltar o espantoso caráter prático que distinguia seu ensinamento e métodos de tudo o que eu conhecera antes.

— O silêncio completo é mais fácil, disse, quando tentei comunicar-lhe minhas idéias a respeito. O silêncio completo é simplesmente um caminho fora da vida, bom para um homem no deserto ou num mosteiro. Aqui, falamos do trabalho dentro da vida. E pode-se guardar o silêncio de maneira tal que ninguém perceba. O problema todo é que dizemos coisas em demasia. Se nos limitássemos apenas às palavras realmente indispensáveis, só isto poderia ser chamado guardar silêncio. E é assim com tudo: com a comida, os prazeres, o sono; para cada coisa, o que é necessário tem um limite. Além dele, começa o "pecado". Tente captar bem isto: o "pecado" é tudo aquilo que não é necessário.

— Mas se, desde agora, as pessoas se abstiverem de tudo o que é inútil, no que vai se converter toda a sua vida? perguntei. E como distinguirão o que é necessário do que não é?

— Novamente você fala a seu modo, disse G.. Eu não falava de modo algum das "pessoas". Não vão a parte alguma e para elas não há pecado. Os pecados são o que mantém o homem num lugar, se ele decidiu ir e se é capaz de ir. Os pecados são para os que seguem o caminho ou se aproximam do caminho. E daí, o pecado é o que detém um homem, o que o ajuda a enganar-se a si mesmo e a imaginar que está trabalhando, quando está simplesmente dormindo. O pecado é o que adormece o homem quando ele já decidiu despertar. E o que adormece o homem? Mais uma vez, tudo o que é inútil, tudo o que não é indispensável. O indispensável sempre é permitido. Mais além, começa imediatamente a hipnose. Entretanto, vocês devem lembrar de que isso diz respeito unicamente aos que estão ou crêem estar no trabalho. E o trabalho consiste em submeter-se voluntariamente a um sofrimento temporário para libertar-se do sofrimento eterno. Mas as pessoas têm medo do sofrimento. Querem o prazer agora, já e para sempre. Não querem compreender que o prazer é um *atributo do paraíso*, e que é necessário merecê-lo. E isso é necessário, não em razão ou em nome de alguma lei moral — arbitrária ou interior — mas porque, se o homem obtiver o prazer antes de ter merecido, não será capaz de conservá-lo e o prazer se tornará sofrimento. O essencial é que se deve ser capaz de conquistar o prazer e ser capaz de conservá-lo. Quem pode fazer isso nada mais tem a aprender. Mas o caminho que conduz ao prazer passa pelo sofrimento. Quem imaginar que, tal como é, poderá tirar proveito do prazer, engana-se muito, e se lhe for possível ser sincero consigo mesmo, virá então o momento em que poderá se dar conta disto."

Mas voltemos aos exercícios físicos que executávamos nessa época. G. mostrou-nos os diferentes métodos em uso nas escolas. Entre os exercícios mais interessantes, embora de incrível dificuldade, havia os que consistiam em realizar uma série de movimentos consecutivos, fazendo ao mesmo tempo passar a atenção de uma parte do corpo a outra.

Por exemplo, um homem está sentado no chão, com os joelhos dobrados, com os braços entre os pés, com as palmas das mãos juntas. Depois deve levantar uma perna e contar: *om, om, om, om, om, om, om, om, om, om,* dez vezes *om*, depois nove vezes *om*, oito vezes *om*, sete vezes *om*, etc., descendo até uma, e novamente duas vezes, três vezes *om*, etc. Enquanto isso, deve ter a "sensação" do olho direito. A seguir, afastar o polegar e ter a "sensação" da orelha esquerda e assim por diante.

Era necessário, antes de tudo, lembrar-se da ordem dos movimentos e a das "sensações", em seguida não errar contando, lembrar-se da contagem dos movimentos e das "sensações". Já era muito difícil, mas não era tudo. Quando algum de nós adquirira o domínio desse exercício e podia fazê-lo, digamos, uns dez ou quinze minutos, davam-lhe, ainda por cima, um exercício especial de respiração, a saber: devia inspirar enquanto pronunciava *om* certo número de vezes e, do mesmo modo, expirar pronunciando *om* certo número de vezes; além disto, a contagem devia ser feita em voz alta. Depois o exercício tornava-se cada vez mais complicado, quase até ao impossível. E G. contava-nos que vira homens fazer *durante dias inteiros* exercícios desse gênero.

O breve jejum de que falei era também acompanhado de exercícios especiais. Desde o início, G. explicou que, no jejum, a dificuldade consistia em não deixar sem emprego as substâncias elaboradas no organismo para a digestão dos alimentos.

— Essas substâncias são soluções muito concentradas, dizia. E, se não se tomar cuidado, elas envenenarão o organismo. Devem ser utilizadas até se esgotarem. Mas como fazer isso se o organismo não toma nenhum alimento? Só por um acréscimo de trabalho, por um excesso de transpiração. As pessoas cometem um erro terrível quando se aplicam em "poupar as forças", em fazer o menor número de movimentos possível, etc... quando jejuam. Ao contrário, é necessário gastar o máximo de energia possível. Só então o jejum pode ser proveitoso."

E, quando começamos nosso jejum, G. não nos deixou em paz um só segundo. Fazia-nos correr no auge do calor três ou quatro quilômetros ou ficar de braços estendidos ou marchar no lugar num ritmo acelerado ou executar toda uma série de curiosos exercícios de ginástica que nos mostrava.

Durante todo esse jejum, ele não cessou de insistir no fato de que não se tratava aí de exercícios reais, mas simplesmente de exercícios preliminares e preparatórios.

Uma experiência que fiz, relativa ao que G. dissera a respeito da respiração e da fadiga, permitiu-me explicar muitas coisas, notadamente por que é tão difícil chegar seja ao que for nas condições comuns da vida.

Tinha ido para um quarto onde ninguém podia ver-me e começara a marcar o passo num ritmo acelerado, tentando ao mesmo tempo regular minha respiração, contando: inspirava durante certo número de passos e expirava durante outro número de passos. Um pouco cansado, depois de certo tempo, observei ou, para ser mais exato, senti com toda clareza que minha respiração se tornara artificial e instável. Senti que dentro de muito pouco seria incapaz de respirar desse modo continuando a marcar o passo e que minha respiração habitual — acelerada, é claro — retomaria o comando, apesar de qualquer contagem.

Tornava-se cada vez mais difícil, para mim, continuar a respirar e a marcar o passo, observando ao mesmo tempo a contagem das respirações e dos passos. Estava banhado em suor, minha cabeça começava a rodar e eu pensava que ia cair. Começava a perder a esperança de obter o menor resultado e estava a ponto de parar, quando de repente pareceu-me que algo se partia ou se deslocava dentro de mim; então, minha respiração voltou tranqüila e normalmente ao ritmo que eu queria, mas sem nenhum esforço de minha parte e sem deixar de me fornecer a quantidade de ar de que necessitava. Era uma sensação extraordinária e das mais agradáveis. Fechei os olhos e continuei a marcar o passo, respirando fácil e livremente; parecia-me que uma força crescia em mim e eu me tornava mais leve e mais vigoroso. Pensei que se pudesse correr dessa maneira durante certo tempo, obteria resultados ainda mais interessantes, porque começara a sentir ondas de fremente alegria invadir meu corpo. E isso — sabia por experiências anteriores — sempre precedia o que eu denominava abertura da consciência interior.

Mas, exatamente nesse momento, alguém entrou no quarto e parei.

Depois, meu coração bateu com muita força durante muito tempo, mas isto não me era desagradável. Havia marcado o passo e respirado cerca de meia hora. Desaconselharia esse exercício às pessoas de coração fraco.

Em todo caso, essa experiência mostrou-me com precisão que um exercício dado podia ser transferido para o centro motor, ou seja, que era possível fazer o centro motor trabalhar de maneira nova. Ao mesmo tempo, tinha-me convencido de que a condição dessa transferência era uma extrema fadiga. Começa-se um exercício com a cabeça — e só quando se atinge o último estágio de cansaço é que o controle pode passar ao centro motor. Isso explicava as palavras de G. a respeito dos "super-esforços" e tornava inteligíveis suas últimas recomendações.

Mas, depois, por mais esforços que fizesse, não consegui mais repetir essa experiência, isto é, provocar as mesmas sensações. É verdade que o jejum terminara e o sucesso de minha experiência era, em grande parte, devido a ele.

Quando contei a G. o que experimentara, disse-me que, sem um trabalho geral, sem um trabalho de todo o organismo, tais fatos só podiam acontecer por acidente.

Mais tarde, ouvi, diversas vezes, os que estudavam com G. as danças e os movimentos de dervixes, descrever experiências muito semelhantes à minha.

Quanto mais víamos e nos dávamos conta da complexidade e da diversidade dos métodos de trabalho sobre si, mais as dificuldades do caminho se tornavam evidentes para nós. Compreendíamos a necessidade imperiosa, além de um extenso saber e de imensos esforços, de uma ajuda tal que nenhum de nós estava em condições nem tinha o direito de esperar. Dávamo-nos conta de que o simples fato de empreender seriamente o trabalho sobre si era um fenômeno excepcional que exigia milhares de condições favoráveis, interiores e exteriores. E o fato de iniciar o trabalho não dava nenhuma garantia para o futuro. Cada passo exigia um esforço, cada passo reclamava uma ajuda. A possibilidade de atingir fosse o que fosse parecia tão ínfima em comparação com as dificuldades, que muitos de nós perdiam qualquer desejo de fazer esforços.

Cada um tem que passar por isso, obrigatoriamente, antes de poder compreender quão inútil é pensar na possibilidade ou na impossibilidade de grandes e longínquas realizações; o homem deve aprender a apreciar o que adquire hoje, sem pensar no que pode adquirir amanhã.

Mas, sem dúvida alguma, a idéia de um caminho difícil e exclusivo era justa. E levou-nos mais de uma vez a fazer a G. perguntas deste gênero:

— É possível que haja alguma diferença entre nós e os que não têm nenhuma idéia deste ensinamento?

— Devemos compreender que, fora dos caminhos, as pessoas estão condenadas a girar eternamente num só e mesmo círculo, que não são outra coisa que "alimento para a Lua" que para elas não há nenhuma saída, nenhuma possibilidade?

— É justo pensar que não há nenhum caminho *fora dos caminhos*? e então por que certos homens, talvez entre os melhores, não encontram nenhum caminho, enquanto a possibilidade de encontrar um é oferecida a outros homens, fracos e insignificantes?

Voltávamos sem cessar a esse problema. Antes, G. sempre insistira sobre a impossibilidade de encontrar seja o que for *fora dos caminhos*. Mas, um dia ele se pôs a falar de modo um pouco diferente:

— Não há nada e não pode haver nada que distinga particularmente os que entram em contato com os "caminhos". Noutros termos, ninguém os escolhe, eles se escolhem a si mesmos, em parte por acidente, em parte porque têm fome. Quem não está faminto não pode ser ajudado por acidente. Mas quem sentir essa fome com muita força pode ser levado por acidente ao ponto de partida do caminho, apesar das mais desfavoráveis condições.

— Mas que dizer dos que, nessa guerra, por exemplo, foram mortos ou morreram de doença? perguntou alguém. Entre eles não há muitos que podem ter tido essa fome? E, então, em que pôde essa fome ajudá-los?

— É totalmente diferente, disse G.. Esses homens caíram sob uma lei geral. Não falamos deles nem podemos fazer isso. Só podemos falar daqueles que, graças à sorte, ao destino ou a sua própria habilidade, escapam à lei geral, isto é, dos que se mantêm fora da ação de qualquer lei geral de destruição. Por exemplo, as estatísticas mostram-nos que cada ano, em Moscou, certo número de pessoas cai debaixo dos bondes. Pois bem, por maior que seja a fome de um homem, se ele cair debaixo de um bonde e este o esmagar, não poderemos mais falar dele do ponto de vista do trabalho, do ponto de vista dos "caminhos". Só podemos falar dos que estão vivos e só enquanto estão vivos. Os bondes ou a guerra são exatamente a mesma coisa. Simples questão de escala. Falamos aqui dos que não caem debaixo dos bondes.

"Se um homem tem fome, tem uma possibilidade de encontrar o começo do caminho. Mas, além da fome, são necessários outros "recursos". De outro modo nunca verá o caminho. Imaginem que um europeu culto, isto é, um homem que nada sabe sobre a religião, encontra a possibilidade de um caminho religioso. Nada verá, nada compreenderá. Para ele, isso será estupidez e superstição. E, no entanto, pode ser que esteja muito faminto, embora sua fome só se expresse por uma busca intelectual. O mesmo ocorre com um homem que nunca ouviu falar dos métodos de ioga, do desenvolvimento da consciência e assim por diante: se for posto em presença de um caminho iogue, tudo o que ouvirá será coisa morta para ele. E o quarto caminho é ainda mais difícil. Para que um homem possa apreciar seu justo valor, é necessário que tenha pensado e sentido, é necessário que antes tenha sido decepcionado por muitas coisas. É necessário que, mesmo sem ter experimentado antes os caminhos do faquir, do monge e do iogue, tenha ao menos tomado conhecimento deles, tenha meditado sobre eles e se tenha convencido de que não são bons para ele. Não tomem ao pé da letra o que acabo de dizer; esse processo mental pode ser ignorado pelo próprio homem, mas seus resultados devem estar nele e só eles podem lhe ajudar a reconhecer o quarto caminho. De outro modo esse caminho pode estar muito próximo e ele não ver.

"Mas é certamente falso dizer que um homem não tem oportunidade alguma se não entrar num desses caminhos. Os "caminhos" são apenas uma ajuda; uma ajuda dada a cada um de acordo com o seu tipo.

"É claro que os "caminhos", os caminhos acelerados, os caminhos de evolução pessoal, individual, por se distinguirem da evolução geral, podem preceder essa evolução, podem conduzir a ela; mas, em caso algum, se confundem com ela.

"Se a evolução geral ocorre ou não, é ainda outra questão. Basta compreender que ela é possível e que, por conseguinte, a evolução é possível para os homens fora dos "caminhos". Para maior precisão, diremos que há dois "caminhos". O primeiro chamaremos "caminho subjetivo". Engloba os quatro caminhos de que falamos. O outro, chamaremos "caminho objetivo". É o caminho dos homens na vida. Não devem entender de modo demasiadamente literal os termos "subjetivo" e "objetivo". Só expressam um aspecto. E me sirvo deles porque não há outras palavras.

— Seria possível dizer: caminho "individual" e caminho "geral"? perguntou um de nós.

— Não, disse G. . Seria mais impróprio que "subjetivo" e "objetivo"; o caminho subjetivo não é individual no sentido habitual desta palavra, pois este caminho é um "caminho de escola". Desse ponto de vista, o "caminho objetivo" é mais individual, porque permite muito mais particularidades individuais. Não; é preferível conservar essas palavras: "subjetivo" e "objetivo". Não são de todo satisfatórias e as empregaremos com reserva.

"Os que seguem o caminho objetivo vivem simplesmente na vida. São o que se chama boa gente. Para eles, não há nenhuma necessidade de métodos ou sistemas particulares; apoiando-se nos ensinamentos intelectuais e religiosos costumeiros, na moral comum, vivem de acordo com sua consciência. Não fazem forçosamente muito bem, mas não fazem mal algum. Trata-se, às vezes, de pessoas completamente simples e sem instrução, mas que compreendem muito bem a vida, que têm uma avaliação justa das coisas e um ponto de vista justo. E, é claro, aperfeiçoam-se e evoluem. Só que seu caminho pode ser muito longo e comportar muitas repetições inúteis."

Desejava há muito obter de G. dados precisos sobre a repetição, mas ele se esquivava sempre. Dessa vez ainda fez o mesmo. Em vez de responder a minha pergunta a respeito, prosseguiu:

— Aqueles que seguem o caminho subjetivo e, principalmente, os que acabam de iniciá-lo, imaginam freqüentemente que os outros, isto é, os que seguem o caminho objetivo, não progridem. Mas isso é um erro grave. Às vezes um simples *obyvatel* pode fazer tal trabalho sobre si mesmo que alcançará os outros, mesmo que sejam monges ou até iogues.

"*Obyvatel* é uma palavra estranha da lingua russa. Tem o sentido corrente de "habitante", sem outra conotação. Mas é empregada, também, desdenhosamente ou por escárnio: *Obyvatel*! — como se não pudesse haver nada pior. Mas os que assim falam não compreendem que o *obyvatel* é o núcleo robusto, saudável, da vida. E, do ponto de vista da possibilidade de uma evolução, um bom *obyvatel* tem muito mais oportunidades do que um "lunático" ou um "vagabundo". Talvez explique daqui a pouco o que entendo por essas duas palavras. Enquanto isso, falaremos do *obyvatel*.

"Não quero dizer, em absoluto, que todos os *obyvatels* sigam o caminho objetivo. De modo nenhum. Entre eles, podemos encontrar ladrões, malandros e loucos. Mas existe uma outra espécie. Quero dizer apenas que o simples fato de ser um bom *obyvatel* não é impedimento para o "caminho". Aliás, existem diferentes tipos. Imaginem, por exemplo, o *obyvatel* que vive como todo mundo, que não é notável em nada; talvez seja um bom patrão, que ganha muito dinheiro; talvez seja até um pouco mão fechada. Ao mesmo tempo, sonha com uma vida religiosa, sonha abandonar tudo um dia ou outro e entrar num mosteiro. E tais casos ocorrem realmente no Oriente e até na Rússia. Um homem vive sua vida de família e trabalha, depois, quando os filhos e netos cresceram, dá-lhes tudo e entra num mosteiro. Tal é o *obyvatel* de que falo. Talvez nem entre para um mosteiro, talvez não seja preciso. Sua própria vida de *obyvatel* pode servir-lhe de caminho.

"Os que pensam nos caminhos de determinada maneira, principalmente os que seguem os caminhos intelectuais, consideram muitas vezes de cima o *obyvatel* e, em geral, desprezam suas virtudes. Mas assim só fazem provar sua própria ausência de qualificação para qualquer caminho, pois nenhum caminho pode começar num nível inferior ao do *obyvatel*. Perde-se com freqüência de vista que muitas pessoas incapazes de organizar a própria vida e fracas demais para lutar a fim de dominá-la sonham com caminhos ou com o que consideram caminhos, porque imaginam que isso será mais fácil para elas do que a vida, e que isto justifica, por assim dizer, sua fraqueza e falta perpétua de adaptação. Quem é capaz de ser um bom *obyvatel* é certamente mais útil, do ponto de vista do caminho, que um "vagabundo" que imagina ser superior a ele. Chamo "vagabundos" todos os membros da chamada "intelligentsia" — artistas, poetas e todos os "boêmios" em geral, que desprezam o *obyvatel* e, ao mesmo tempo, seriam incapazes de existir sem ele. A capacidade de se orientar na vida é, do ponto de vista do trabalho, uma qualidade das mais úteis. Um bom *obyvatel* é capaz de sustentar, com seu próprio trabalho, pelo menos umas vinte pessoas. Que pode valer um homem que não é capaz de fazer outro tanto?

— Que significa exatamente *obyvatel*? perguntou alguém. Pode-se dizer que um *obyvatel* é um bom cidadão?

— Um *obyvatel* deve ser patriota? perguntou outro. Em caso de guerra que atitude deve adotar?

— Pode haver diversas espécies de guerra e diferentes espécies de patriotas, disse G.. Continuam todos acreditando nas palavras. Um *obyvatel*, se for um bom *obyvatel*, não crê nas palavras. Dá-se conta de quantas quimeras se escondem por trás delas. Os que ostentam aos gritos seu patriotismo são para ele psicopatas e os trata como tais.

— E como considera um *obyvatel* os pacifistas ou aqueles que se recusam a fazer a guerra?

— Exatamente como lunáticos! São provavelmente piores ainda."

Em outra ocasião, a propósito da mesma questão, G. disse:

— Muitas coisas permanecem incompreensíveis para vocês, porque não levam em conta a significação de algumas das palavras mais simples; por exemplo, nunca pensaram no que quer dizer *ser sério*. Tentem responder vocês mesmos a esta pergunta. Que significa *ser sério*?

— Ter uma atitude séria para com as coisas, disse alguém.

— É bem assim que cada um pensa, disse G.; na realidade, é exatamente o inverso. Ter uma atitude séria para com as coisas não significa de modo algum ser sério, dado que toda a questão é saber *em relação a que coisas*. Grande número de pessoas tem uma atitude séria em relação a coisas insignificantes. Podemos dizer que são sérias? Certamente que não.

"O erro vem de que o conceito "sério" é tomado num sentido muito relativo. O que é sério para um não o é para outro e inversamente. Na realidade, a seriedade é um dos conceitos que não podem, em circunstância alguma, ser tomados relativamente. Só uma coisa é séria para todo o mundo e em todos os tempos. O homem pode se dar conta dela mais ou menos, mas nem por isso a seriedade das coisas será alterada.

"Se o homem pudesse compreender todo o horror da vida das pessoas comuns que giram em torno de um círculo de interesses e metas insignificantes, se pudesse compreender o que elas perdem, compreenderia que só pode haver uma coisa séria para ele: escapar da lei geral, ser livre. Para um homem na prisão e condenado à morte, que pode haver de mais sério? Uma só coisa: como se salvar, como escapar. Nada mais é sério.

"Quando digo que um *obyvatel* é mais sério que um "vagabundo" ou um "lunático", quero dizer com isso que um *obyvatel*, habituado a lidar com valores reais, avalia as possibilidades dos "caminhos", as possibilidades de "libertação" e de "salvação", melhor e mais depressa que um homem que em toda a sua vida é prisioneiro do círculo habitual de valores imaginários, de interesses imaginários e de possibilidades imaginárias.

"Para o *obyvatel*, não são sérios os que vivem de ilusões e, sobretudo, da ilusão de que são capazes de fazer alguma coisa. O *obyvatel* sabe que a única coisa que fazem é enganar as pessoas em volta deles, prometendo-lhes Deus sabe o quê, enquanto, na realidade, estão muito simplesmente tratando de arranjar seus pequenos negócios — ou ainda, o que é bem pior, que são lunáticos, pessoas que crêem em tudo o que se diz.

— A que categoria pertencem os políticos que falam desdenhosamente do *obyvatel*, das opiniões do *obyvatel*, dos interesses do *obyvatel*? perguntou alguém.

— São os piores *obyvatels*, disse G., isto é, *obyvatels* que não têm em si, nada positivo, nada que os redima — ou então charlatães, lunáticos ou tratantes.

— Mas não haverá homens honestos e decentes entre os políticos? perguntou outro.

— Certamente pode haver, disse G., mas, nesse caso, não são homens práticos, são sonhadores que outros utilizarão como biombos para esconder seus próprios negócios suspeitos.

"O *obyvatel*, mesmo que não o saiba de maneira filosófica, isto é, mesmo que não seja capaz de formular, sabe, entretanto, que as coisas "acontecem" sozinhas, sabe através de sua própria perspicácia; por conseguinte, ri interiormente dos que crêem ou querem fazer crer que eles próprios significam alguma coisa, que algo depende da decisão deles e que podem mudar — ou, de modo geral, fazer — seja o que for. Para ele isto não é ser sério e a compreensão do que não é sério pode ajudar a apreciar o que é sério."

Voltávamos com freqüência às dificuldades do caminho. Nossa própria experiência da vida em comum e de um trabalho constante jogava-nos sem cessar em novas dificuldades interiores.

— Aí está toda a questão: estar pronto a sacrificar sua própria liberdade, dizia G.. O homem, consciente ou inconscientemente, luta pela liberdade tal como a imagina, e é isto que o impede, antes de tudo, de atingir a verdadeira liberdade. Mas aquele que é capaz de alcançar alguma coisa chega mais cedo ou mais tarde à conclusão de que sua liberdade é uma ilusão e consente em sacrificar essa ilusão. Torna-se escravo voluntariamente. Faz o que lhe dizem que faça, repete o que lhe dizem que repita e pensa o que lhe dizem que pense. Não tem medo de perder seja o que for, porque sabe que nada possui. E, desse modo, adquire tudo. O que nele era real, em sua compreensão, em suas simpatias, seus gostos e seus desejos, tudo volta para ele com novas propriedades que ele não tinha nem podia ter antes, associadas a um sentimento interior de unidade e de vontade. Mas, para chegar a isso, o homem deve passar pelo duro caminho da escravidão e da obediência. E, se deseja resultados, é necessário que obedeça não apenas exteriormente, mas interiormente. Isso exige uma forte determinação, e essa determinação requer, por sua vez, uma grande compreensão do fato de que não há outro caminho, de que um homem nada pode fazer *por si mesmo*, e que, no entanto, alguma coisa deve ser feita.

"Quando um homem chega à conclusão de que não pode viver e não deseja viver mais tempo como viveu até então, quando realmente vê tudo o que constitui sua vida e decide trabalhar, deve ser sincero consigo mesmo para não cair numa situação pior ainda. Porque nada há de pior que começar o trabalho sobre si e depois o abandonar e se encontrar com um pé em cada canoa; mais vale não começar.

"E a fim de não começar em vão ou de não se arriscar a ficar decepcionado a seu próprio respeito, um homem deverá mais de uma vez pôr sua decisão à prova. Antes de tudo, deve saber até onde quer ir e o que está pronto a sacrificar. Nada mais fácil, nem mais vão que responder: *tudo*. O homem nunca pode sacrificar tudo e isso nunca lhe pode ser pedido. Mas ele deve definir com exatidão o que está pronto a sacrificar e, em seguida, não regatear mais a esse respeito. Ou então, ocorrerá com ele o mesmo que com o lobo do conto armênio.

"Conhecem o conto armênio sobre o lobo e os carneiros?

"Era uma vez um lobo que fazia grandes massacres de carneiros e semeava a desolação nas aldeias.

"Com o correr do tempo, não sei bem por que, ele foi de súbito assaltado pelo remorso e se arrependeu; por isto decidiu se reformar e não mais matar carneiros.

"A fim de manter sua promessa com seriedade, foi procurar o cura e pediu que lhe celebrasse uma missa de ação de graças.

"O cura começou a cerimônia; o lobo assistia a ela, soluçando e orando. A missa durou muito tempo. O lobo exterminara muitos carneiros do cura e este rezava, portanto, com ardor para que o lobo realmente se emendasse. De repente, o lobo olhando pela janela, viu os carneiros que voltavam ao redil. Não podia mais se conter no lugar; e o cura se eternizava em suas orações.

"Por fim, o lobo não pôde mais se conter e gritou:

"Acabemos com isto, cura! ou todos os carneiros já terão entrado e não terei mais nada para jantar!

"É um conto muito saboroso, porque descreve admiravelmente o homem: o homem está pronto a tudo sacrificar, mas quanto ao seu jantar de hoje, é outra história...

"O homem quer sempre começar por algo demasiado grande. Mas isso é impossível; não temos escolha: é preciso começarmos pelas coisas de hoje."

Relatarei outra conversação como muito característica dos métodos de G.. Passeávamos no parque. Éramos cinco em torno dele. Um de nós perguntou quais eram seus pontos de vista em matéria de astrologia, se havia algo válido nas teorias mais ou menos conhecidas dessa ciência.

— Sim, disse G., tudo depende da maneira como as compreendemos. Podem ter valor ou, ao contrário, não ter nenhum. A astrologia só diz respeito a uma parte do homem, seu *tipo*, sua essência; não diz respeito a sua personalidade, suas qualidades adquiridas. Se compreenderem isso, compreenderão o que pode haver de válido na astrologia."

Já havíamos tido, em nossos grupos, conversas sobre os tipos e nos parecia que a ciência dos tipos era uma das partes mais difíceis do estudo do homem, devido ao fato de que G. só nos dera muito poucos elementos, exigindo de nós observações pessoais sobre nós mesmos e sobre os outros.

Continuamos a passear, enquanto G. tentava explicar o que, no homem, podia depender das influências planetárias e o que escapava a elas.

Quando saíamos do parque, G. se calou e passou a nossa frente. Nós o seguimos, falando entre nós. Ao passar por trás de uma árvore, G. deixou cair a bengala — era uma bengala de ébano com castão de prata do Cáucaso — e um de nós se abaixou, pegou a bengala e devolveu a G.. Ele deu mais alguns passos e, depois, voltando-se para nós, disse:

— Isso era astrologia, compreendem? Todos me viram deixar cair a bengala. Por que só um de vocês a apanhou? Que cada um responda de acordo com o que lhe diz respeito."

Um disse que não vira a bengala cair, porque olhava para o outro lado. O segundo disse que observara que G. não tinha deixado cair a bengala acidentalmente, como acontece quando ela se engancha em qualquer coisa, mas que a largara de propósito. Isso excitara sua curiosidade e esperava para ver o que aconteceria. O terceiro disse que vira a bengala cair, mas sem prestar atenção suficiente, pois estava absorto demais em seus pensamentos sobre a astrologia, tentando principalmente lembrar-se do que G. dissera uma vez a respeito. O quarto também vira cair a bengala e pensara pegá-la, mas, exatamente nesse momento, o outro a tinha pegado e estendido a G.. O quinto disse que tendo visto cair a bengala, se tinha visto imediatamente apanhando-a e devolvendo-a a G..

G. sorriu enquanto nos escutava.

— É astrologia, disse. Na mesma situação, um homem vê e faz uma coisa, outro, uma outra coisa, um terceiro, uma terceira e assim por diante. E cada um age segundo seu tipo. Observem os outros, observem a si mesmos dessa maneira e talvez então falemos mais adiante de uma astrologia diferente."

O tempo passou muito depressa. O curto verão de Essentuki chegava ao fim. Começávamos a pensar no inverno e a elaborar toda sorte de planos.

E, de repente, tudo mudou. Por uma razão que me pareceu acidental e resultava de atritos entre alguns de nossos companheiros, G. anunciou a dissolução do grupo todo e a suspensão de qualquer trabalho. De início, simplesmente nos recusamos a acreditar nisso, pensando que nos submetia a um teste. E, quando ele disse que partia sozinho com Z. para as costas do mar Negro, todos — com exceção de alguns que deviam voltar para Moscou ou São Petersburgo — anunciaram que o seguiriam para onde ele fosse. G. consentiu nisso, mas disse que cada um teria daí por diante que se ocupar de si mesmo e não haveria nenhum trabalho, por maior que fosse o desejo que tivéssemos.

Tudo isso me surpreendeu muito. Achava que era o pior momento possível para uma "comédia", e se o que G. dizia era sério, então por que toda essa obra fora empreendida? Durante esse período, nada de novo surgira em nós. E se G. tinha começado a nos fazer trabalhar como éramos, então por que deixava agora de o fazer?

Para mim, isso não mudava nada materialmente. Decidira passar o inverno no Cáucaso, de qualquer maneira; porém, transtornava os projetos de vários outros membros de nosso grupo, que ainda estavam na incerteza; para eles, a dificuldade tornava-se insuperável. E devo confessar que, desde então, minha confiança em G. começou a se abalar. De que se tratava? E o que me chocou particularmente? Tenho dificuldade em definir, mesmo agora. Mas o fato é que, a partir desse momento, comecei, pouco a pouco, a separar G., ele mesmo, de suas idéias. Até então nunca os havia separado.

No final de agosto, segui primeiro G. até Tuapsé e de lá fui a São Petersburgo com a intenção de trazer alguns objetos. Infelizmente, tive que deixar para trás todos os meus livros. Pensava, na época, que seria arriscado levá-los comigo para o Cáucaso. Mas em São Petersburgo, é claro, tudo se perdeu.

Capítulo Dezoito

Só consegui deixar São Petersburgo em 15 de outubro, uma semana antes da revolução bolchevista. Era impossível ficar mais um dia. Algo imundo e viscoso se aproximava. Havia uma tensão mórbida no ar. Podia-se sentir em toda parte a expectativa de acontecimentos inevitáveis. Rumores rastejavam, cada um mais absurdo, mais estúpido que o outro. Havia um estado de torpor geral. Ninguém podia visualizar o futuro. O "governo provisório", tendo vencido Korniloff, negociava da maneira mais correta com os bolchevistas, que não escondiam seu desprezo pelos "ministros socialistas" e tentavam apenas ganhar tempo. Os alemães, por alguma razão, não tinham marchado sobre São Petersburgo, embora não houvesse mais resistência. E eram muitos os que depositavam agora confiança neles, para salvá-los ao mesmo tempo do "governo provisório" e dos bolchevistas. Mas eu não compartilhava dessas esperanças, porque, na minha opinião, o que acontecia na Rússia fugia a todo controle.

Em Tuapsé reinava ainda uma calma relativa. Uma espécie de soviete estava sediado na casa de campo do Xá da Pérsia, mas as pilhagens ainda não haviam começado. G. se instalara bastante longe de lá, ao sul, a uns trinta quilômetros de Sochi. Ele alugara uma casa com vista para o mar, comprara uma parelha de cavalos, e ali vivia, com um pequeno grupo de umas dez pessoas.

Reuni-me a eles. O local era maravilhoso, cheio de rosas; de um lado o mar, do outro as cadeias de montanhas já nevadas. Estava triste pelos nossos amigos que ainda se encontravam em Moscou ou São Petersburgo.

Desde o dia seguinte de minha chegada, porém, notei que algo não ia bem. Não era mais de modo nenhum a atmosfera de Essentuki. Fiquei particularmente espantado com a atitude de Z. . Quando o deixara, no começo de setembro, para ir a São Petersburgo, Z. estava cheio de entusiasmo; insistia continuamente comigo para que não me demorasse lá, com receio de que em breve fosse impossível voltar.

— Pensa nunca mais rever São Petersburgo ? perguntei-lhe.

— Aquele que voa para as montanhas não olha para trás ! tinha-me respondido.

E, agora, mal chegado a Ouch Dere, soube que Z. tinha a intenção de partir para São Petersburgo.

— Que vai fazer lá? Deixou seu emprego. Por que quer partir? perguntei ao Dr. Sh.

— Não sei. G. está descontente com ele e disse que é melhor que parta.

Teria gostado de falar com Z., mas ele me evitava e não tinha, manifestamente, nenhum desejo de me explicar seus motivos. Contentou-se em dizer-me que tinha realmente a intenção de partir.

Pouco a pouco, perguntando aos outros, descobri o que acontecera: uma discussão bastante absurda entre G. e alguns letões, nossos vizinhos. Z., que estava presente, dissera ou fizera algo de que G. não gostara e, a partir desse dia, a atitude deste último, mudara completamente a seu respeito. G. não lhe dirigia mais a palavra e, em geral, punha Z. numa tal situação que este tivera que lhe anunciar sua partida.

Eu achava tudo isso simplesmente idiota. Ir a São Petersburgo em tal momento era o cúmulo do absurdo. Havia lá fome, desordens de rua, pilhagens e nada mais. Naturalmente ninguém, nessa época, teria podido ainda imaginar que nunca mais veríamos São Petersburgo. Tinha a intenção de voltar lá na primavera. Pensava que então a situação teria mudado. Mas, agora, durante o inverno, era insensato! Se Z. estivesse interessado na política, se tivesse querido estudar os acontecimentos, eu teria podido compreendê-lo; mas como não era este o caso, eu não podia encontrar o menor motivo para sua partida. Propus-me convencê-lo a esperar, a não decidir nada ainda, a falar com G. para tentar esclarecer o assunto. Z. prometeu-me não precipitar nada. Mas vi que se encontrava, com efeito, numa posição muito difícil. G. ignorava-o completamente e isto produzia nele uma impressão deprimente. Duas semanas decorreram assim. Meus argumentos haviam agido sobre Z. e disse-me que ficaria se G. permitisse. Foi falar com G., mas voltou logo, com uma fisionomia transtornada.

— E então! que lhe disse ele?

— Nada de particular. Disse-me que, como eu decidira partir, o melhor é que parta.

Z. partiu. Eu não podia admitir. Não teria deixado um cão partir para São Petersburgo num momento como esse.

G. tinha a intenção de passar o inverno em Uch Dere. Ocupávamos várias casas, espalhadas num terreno bastante grande. Não havia nenhum "trabalho" do gênero do que houvera em Essentuki. Cortávamos árvores a machado, para nossa reserva de inverno; íamos colher peras selvagens; G. ia freqüentemente a Sochi, onde um de nossos amigos estava no hospital, tendo contraído o tifo antes de minha chegada de São Petersburgo.

De repente, G. decidiu partir. Ele pensava que aqui podíamos facilmente ficarmos sem víveres, cortados de qualquer comunicação com o resto da Rússia.

G. partiu com a metade de nós e enviou em seguida o Dr. Sh. para trazer os outros. Novamente reunidos em Tuapsé, começamos a fazer excursões ao longo da costa em direção ao norte, onde não havia estrada de ferro. Numa das excursões, Sh. descobriu alguns de seus amigos de São Petersburgo, que tinham uma casa de campo a uns quarenta quilômetros ao norte. Passamos a noite com eles e, na manhã seguinte, G. alugou uma casa a cerca de um quilômetro de lá. Foi aí que nosso pequeno grupo tornou a formar-se. Quatro de nós foram a Essentuki.

Vivemos ali dois meses. Foi uma época apaixonante. G., o Dr. Sh. e eu mesmo íamos a Tuapsé toda semana para nos aprovisionar e trazer forragem para os cavalos. Essas pequenas viagens ficarão gravadas em minha memória para sempre. Cada uma delas deu lugar às aventuras mais inverossímeis e a conversas muito interessantes. Nossa casa, situada a cinco quilômetros da grande aldeia de Olghniki, tinha vista para o mar. Gostaria de ter ficado lá por mais tempo. Na segunda quinzena de dezembro, porém, espalharam-se rumores de que parte do exército caucasiano subiria a pé em direção à Rússia, ao longo da costa do Mar Negro. G. decidiu que voltaríamos para Essentuki para ali começar um novo trabalho. Fui o primeiro a partir. Transportei uma parte de nossa bagagem para Pyatigorsk e voltei. Ainda era possível circular, embora houvesse bolchevistas em Armavir.

Os bolchevistas, em geral, tinham aumentado os efetivos ao norte do Cáucaso e já houvera choques entre os cossacos e eles. Quando passamos por Mineralni Vodi, tudo estava aparentemente tranqüilo, embora já tivessem ocorrido muitos assassinatos de pessoas detestadas pelos bolchevistas.

G. alugou uma grande casa em Essentuki e enviou uma circular, datada de 12 de fevereiro, levando minha assinatura, a todos os membros de nossos grupos de Moscou e São Petersburgo, convidando a eles e aos seus íntimos, para vir viver e trabalhar com ele.

A fome já imperava em São Petersburgo e em Moscou; entretanto, reinava ainda a abundância no Cáucaso. Tornara-se muito difícil circular e alguns, apesar de todo o seu desejo, não conseguiram reunir-se a nós. Mas vieram umas quarenta pessoas. Com elas voltava Z. a quem a circular também fora enviada. Chegou completamente doente.

Em fevereiro, enquanto estávamos ainda na incerteza, G. disse-me um dia, mostrando-me a casa e tudo o que tinha conseguido:

— Compreende agora por que recolhemos dinheiro em Moscou e São Petersburgo? Você dizia então que mil rublos era demais. Mesmo essa soma não seria bastante! Uma pessoa e meia pagaram ... E já gastei muito mais do que recebi então.

G. tinha a intenção de alugar ou comprar um terreno, formar pomares e, em geral, organizar uma colônia. Mas foi impedido pelos acontecimentos que começaram durante o verão.

Quando nossos amigos foram reunidos, em março de 1918, foram estabelecidas regras muito estritas em nossa casa; era proibido deixar o recinto; havia guardas dia e noite se revezando. E começaram então os mais variados trabalhos.

Na organização da casa e de nossas vidas, entravam princípios muito interessantes.

Desta vez, os exercícios eram muito mais difíceis e variados que no verão anterior: exercícios rítmicos acompanhados de música, danças de dervixes, exercícios mentais, estudo das diversas maneiras de respirar e assim por diante. Entre os que exigiam mais de nós, estavam os exercícios de imitação de fenômenos psíquicos: leitura de pensamento, clarividência, manifestações mediúnicas, etc. Antes de começar esses últimos, G. nos explicara que o estudo desses "truques", como os chamava, era obrigatório em todas as escolas orientais, porque, antes de haver estudado todas as imitações, todas as falsificações possíveis, era inútil começar o estudo dos fenômenos de caráter supranormal. Um homem só pode distinguir o real do ilusório, nesse domínio, se conhece todos os truques e se se mostra ele mesmo capaz de reproduzi-los. Além disso, G. dizia que um estudo prático dos "truques psíquicos" era em si mesmo um exercício insubstituível, pois nada poderia favorecer mais o desenvolvimento da perspicácia, da acuidade de observação, da sagacidade e de outras qualidades que a linguagem da psicologia ordinária ainda ignora, mas que devem ser desenvolvidas.

No entanto, nosso esforço se dirigia principalmente para a rítmica e para estranhas danças destinadas a nos preparar para fazer, depois, exercícios dervixes. G. não nos dizia seus objetivos, nem suas intenções, mas, pelo que ele dissera antes, podia-se pensar que tudo isto tendia a levar-nos a um melhor controle do corpo físico.

Além dos exercícios, das danças, da ginástica, das palestras, das conferências e das tarefas domésticas, foram organizados trabalhos especiais para aqueles que não tinham dinheiro.

Lembro-me de que, quando tínhamos deixado Alexandrópolis no ano anterior, G. levara com ele uma caixinha com meadas de seda, que ele conseguira por quase nada numa venda. Sempre transportara essa caixinha consigo. Quando estávamos reunidos em Essentuki, G. distribuiu a seda às mulheres e crianças. Para desenrolá-la, fez-nos fabricar pentes em forma de estrela. Em seguida, aqueles que tinham dons de comerciante foram encarregados de vender essa seda aos lojistas de Pyatigorsk, Kislovodsk e Essentuki. Devemos lembrar que, nessa época, as mercadorias eram raras. Quanto à seda, era incrivelmente difícil de encontrar. Esse trabalho prolongou-se por dois meses e forneceu uma renda desproporcional ao preço de compra.

Em tempos normais, uma colônia como a nossa não teria podido existir em Essentuki, nem provalvelmente em nenhuma outra região da Rússia. Teríamos chamado a atenção, excitado a curiosidade pública, a polícia teria intervido, um escândalo não teria podido ser evitado, todas as espécies possíveis de acusações nos teriam ameaçado e tendências políticas, sectárias ou imorais, nos teriam sido, certamente, atribuídas. As pessoas são feitas de tal modo que devem atacar tudo o que não podem compreender. Mas, nessa época, isto é, em 1918, os que teriam sido mais indiscretos estavam ocupados em salvar dos bolchevistas a pele; quanto a estes, não eram ainda bastante fortes para se interessarem pela vida privada das pessoas ou das organizações desprovidas de qualquer caráter político. E, como entre os intelectuais da capital, reunidos então em Mineralni Vodi, acabavam de se organizar muitos grupos e associações de "trabalhadores", ninguém nos prestou a menor atenção.

Uma noite, durante uma conversa, G. nos convidou a encontrar um nome para nossa colônia, e, em geral, a encontrar um meio de nos legitimar. Pyatigorsk estava, na época, em poder dos bolchevistas.

— Pensem em alguma coisa como "Sodrujestvo"[1], dizia, acrescentando a isto "conquista do trabalho" ou "internacional". De qualquer modo, eles não compreenderão. Mas é necessário que eles possam nos colocar um rótulo qualquer."

Cada um de nós, por sua vez, propôs várias designações.

Conferências públicas foram organizadas em nossa casa duas vezes por semana. Reuniram uma assistência numerosa e também fizemos demonstrações de imitação de fenômenos psíquicos, que não foram muito bem sucedidas, porque o público submetia-se mal a nossas instruções.

Minha posição pessoal no trabalho de G. se modificara pouco a pouco. Por todo um ano vira muitas coisas que não podia compreender, tudo isto se acumulara e eu sentia que *devia ir embora*.

---

(1) *Sodrujestvo* : aproximadamente, a "União dos Amigos para um Objetivo Comum".

Essa mudança pode parecer estranha e inesperada depois de tudo o que escrevi até aqui, mas aparecera pouco a pouco. Há algum tempo, como disse, via a possibilidade de separar G. de suas *idéias*. Não tinha nenhuma dúvida no que refere a suas idéias. Ao contrário, quanto mais refletia sobre elas, mais penetravam em mim, mais aprendia a apreciar e a medir sua importância. Mas começava a duvidar que fosse possível para mim, ou mesmo para a maioria dos companheiros, continuar a trabalhar sob a direção de G.. Não quero dizer em absoluto que achasse más as suas ações ou os seus métodos, nem que cessassem de responder ao que esperara. Teria sido uma atitude no mínimo imprópria em relação ao mestre, uma espécie de inconseqüência com relação a um trabalho cuja natureza esotérica havia reconhecido. Em semelhante caso, ou é uma coisa ou outra; num trabalho desta ordem, nenhuma espécie de crítica é concebível, nem mesmo uma "discordância" com tal ou qual pessoa. Ao contrário, todo o trabalho consiste em fazer o que o mestre indica, em conformar-se com suas idéias, mesmo quando não as expresse claramente; trata-se apenas de ajudá-lo em *tudo* o que faz. Não pode haver outra atitude. E G. nos havia dito muitas vezes: o mais importante no trabalho é *lembrar de que se veio para aprender* e não para outra coisa.

Isto, entretanto, não significa de modo algum que um homem deva seguir, contra sua vontade, um caminho que não corresponda ao que ele busca. O próprio G. dizia que não havia escolas "gerais", que cada *guru* numa escola tem sua própria especialidade. Um é escultor, outro músico, um terceiro ensina outra coisa, e todos os alunos de um *guru* devem estudar sua especialidade. Existe, portanto, a possibilidade de uma escolha. Cabe a cada um encontrar o *guru* cuja especialidade é *capaz* de estudar, aquela que está de acordo com seus gostos, suas tendências e suas capacidades.

É certo que existem caminhos muito interessantes, tais como a música e a escultura. Mas nem todo o mundo pode ser obrigado a aprender música ou escultura. No trabalho de escola há assuntos *obrigatórios*, mas há também assuntos auxiliares, propostos unicamente como meios de estudo dos obrigatórios. Assim, as escolas podem diferir muito. Segundo a doutrina dos três caminhos, os métodos de cada *guru* podem aproximar-se mais seja do caminho do faquir, seja do caminho do monge, seja do caminho do iogue. E é evidente que um aluno pode começar por equivocar-se, seguindo um guia que não pode realmente acompanhar. Será tarefa do guia afastar o aluno realmente incapaz de trabalhar com ele, isto é, de assimilar seus métodos e alcançar a compreensão dos assuntos que são sua especialidade. Se tal coisa ocorre, entretanto, e um homem que começou um trabalho com um guia que ele não pode seguir, nota isto e o compreende, então, é claro, deve ir embora, buscar outro *guru* ou empreender o trabalho independentemente, se for capaz.

No que se referia a minhas relações com G., via assim, na época, que me equivocara e que, se ainda ficasse com ele, não iria mais na direção inicial. E pensava que todos os membros de nosso pequeno grupo, salvo raras exceções, estavam em situação análoga, se não idêntica.

Era uma constatação surpreendente, mas absolutamente correta. Eu nada tinha que dizer dos métodos de G., a não ser que não me convinham. Um exemplo muito claro me veio, então, à mente. Eu nunca tivera uma atitude negativa em relação à religião, quer dizer, ao "caminho do monge"; no entanto, nunca poderia pensar, nem por um instante, que tal caminho fosse possível ou conveniente para mim. Se, portanto, após três anos de trabalho, eu percebesse que G. nos estava conduzindo, de fato, em direção ao mosteiro e exigia de nós, de agora em diante, a observância de todos os ritos, de todas as cerimônias, isto seria para mim, naturalmente, um motivo suficiente para não estar de acordo e ir-me embora, mesmo com o risco de perder sua direção imediata. E isso certamente não queria dizer que o caminho religioso me tivesse aparecido como um caminho falso em geral. Ao contrário, esse caminho talvez seja muito mais correto, mas *não é o meu*.

Não foi sem grande luta interior que tomei a decisão de deixar o trabalho com G. e de deixar o próprio G.. Tinha construído muitas coisas nesse trabalho para poder recomeçar tudo desde o início com facilidade. Mas eu não podia fazer outra coisa. Sem dúvida, não abandonava nada do que adquirira nesses três anos. No entanto, foi-me necessário quase um ano inteiro para conseguir esmiuçar tudo isso e descobrir como me seria possível continuar a trabalhar na mesma direção que G., conservando minha independência.

Fui morar noutra casa e retomei o livro que começara a escrever em São Petersburgo e deveria ser editado mais tarde sob o título *Um Novo Modelo do Universo*.

No "Lar", as conferências e demonstrações continuaram durante um certo tempo ainda e depois cessaram.

Às vezes, encontrava G. no parque ou na rua, algumas vezes vinha a minha casa. Mas eu evitava ir ao "Lar".

Nessa época, a situação no norte do Cáucaso começava a piorar. Estávamos isolados da Rússia central; não sabíamos mais nada do que ali se passava.

Depois das primeiras incursões dos cossacos a Essentuki, a situação se agravou mais ainda e G. decidiu deixar Mineralni Vodi. Não disse para onde tinha a intenção de ir e, de fato, que teria podido dizer em tais circunstâncias?

Os que já haviam deixado Mineralni Vodi tinham tentado alcançar Novorossiysk e eu supunha que G. tentaria também ir nessa direção. Decidi por minha vez deixar Essentuki. Mas não queria partir antes dele. Experimentava a esse respeito um sentimento estranho. Queria esperar até o fim, fazer tudo o que dependia de mim, para não ter que me recriminar depois ter deixado escapar uma só possibilidade. Era-me muito difícil recusar a idéia de um trabalho comum com G..

No início de agosto, G. deixou Essentuki. A maioria dos que viviam no "Lar" o acompanhou. Alguns haviam partido mais cedo. Umas dez pessoas foram deixadas em Essentuki.

Decidi ir para Novorossiysk. Mas as circunstâncias se modificaram rapidamente. Uma semana depois da partida de G. , todas as comunicações estavam interrompidas, mesmo com as localidades mais próximas. Os cossacos multiplicavam suas incursões à linha férrea que levava a Mineralni Vodi e, onde estávamos, começavam as pilhagens dos bolchevistas, suas "requisições" e tudo mais. Foi então que foram massacrados os "reféns" de Pyatigorsk, o general Russki, o general Radko-Dimitriev, o príncipe Urussov e muitos outros.

Devo confessar que me sentia muito tolo. Não partira para o estrangeiro quando ainda era possível, a fim de continuar o trabalho com G., e eis que me havia separado de G. e me encontrava isolado de tudo pelos bolchevistas.

Aqueles de nós que tinham ficado em Essentuki tiveram que viver tempos muito difíceis. Para mim e minha família, as coisas correram relativamente bem. Apenas dois de cada quatro de nós pegaram tifo. Nenhum morreu. Não fomos vítimas de nenhum roubo. E nunca deixei de ter um trabalho e de ganhar dinheiro, o que não aconteceu com todo mundo. Em janeiro de 1919, fomos liberados pelos cossacos do exército Denikine. Mas só pude deixar Essentuki no verão.

As notícias que tínhamos de G. reduziam-se a pouca coisa. Ele alcançara Maikop pela estrada de ferro, depois do que, todos os que se tinham reunido a ele empreenderam juntos a travessia das montanhas, por um itinerário muito interessante mas muito difícil, alcançando a pé o porto de Sochi, que acabava de ser tomado pelos geórgios. Levando consigo toda a bagagem por regiões sem estradas nem atalhos, enfrentando todos os perigos possíveis, tinham transposto desfiladeiros elevados onde os próprios caçadores só raramente se aventuravam. E levaram um mês inteiro para atingir o mar.

Mas a disposição não era mais a mesma. Em Sochi, a maioria separou-se de G., como eu previra. Entre outros, P. e Z.. Apenas quatro pessoas permaneceram com ele, entre as quais o Dr. Sh., que pertencera ao primeiro grupo de São Petersburgo. Os outros só haviam participado dos "grupos jovens".

Em fevereiro, P., que se estabelecera em Maikop depois de sua ruptura com G., veio a Essentuki para reunir-se à sua mãe, e foi por ele que soubemos de todos os detalhes da expedição a Sochi. Os de Moscou tinham partido para Kiev. G., com seus quatro companheiros, alcançara Tíflis. Na primavera, soubemos que continuava o trabalho ali com uma nova equipe e uma nova orientação, baseando-se principalmente na música, nas danças e nos exercícios rítmicos.

No final do inverno, estando um pouco melhores as condições de vida, comecei a folhear as notas e os diagramas que eu conservara desde São Petersburgo, com a permissão de G.. Minha atenção foi particularmente atraída pelo *eneagrama*. A explicação do eneagrama, com toda evidência, ficara incompleta, mas eu sentia, por alguns indícios, que poderia ser prosseguida. Vi, dentro em pouco, ser necessário, antes de tudo, compreender a significação do "choque" aparentemente mal situado no eneagrama, entre as notas *sol* e *lá*. Lembrando-me então dos comentários que tinham sido feitos, prestei atenção ao que os relatórios de Moscou diziam da influência das três oitavas uma sobre a outra, no "diagrama da alimentação". Desenhei o eneagrama como nos fora mostrado e vi que, até certo ponto, representava o "diagrama da alimentação".

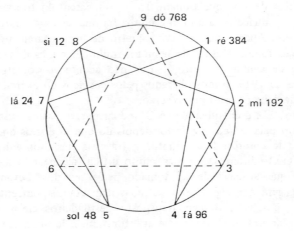

O ponto 3, ou o intervalo *mi-fá*, era o local onde intervinha o "choque", dado pelo *dó* 192 da segunda oitava. Colocando o início dessa oitava no eneagrama, vi que, no ponto 6, estava o intervalo *mi-fá* da segunda oitava, e o "choque" desse intervalo aparecia sob a forma do *dó* 48 da terceira oitava, que começava nesse ponto. O desenho completo das oitavas configurava-se assim:

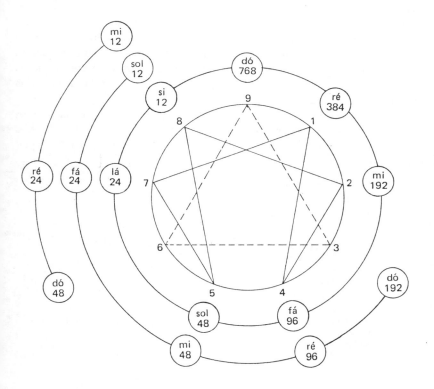

Isso significava que o lugar do "choque" não estava de modo algum mal situado. O ponto 6 designava a entrada do "choque" na segunda oitava e o "choque" era o *dó* que iniciava a terceira oitava. As três oitavas atingiam todas H 12. Numa, era *si* 12, na segunda *sol* 12 e na terceira, *mi* 12. A segunda oitava, que terminava em 12 no eneagrama, deveria ter prosseguido. Mas *si* 12 e *mi* 12 exigiam um "choque adicional". Refleti muito, na época, sobre a natureza desses "choques", mas falarei deles mais adiante.

Sentia toda a riqueza do conteúdo do eneagrama. Os pontos 1, 2, 4, 5, 7, 8 representavam, segundo o "diagrama da alimentação", diferentes "sistemas" do organismo. 1 = o sistema digestivo; 2 = o sistema respiratório; 4 = a circulação do sangue; 5 = o cérebro; 7 = a medula espinhal; 8 = o sistema simpático e os órgãos sexuais. Seguia-se daí que a direção das linhas interiores 1 4 2 8 5 7 1, isto é, o resultado da divisão de 1 por 7, indicava a direção da corrente sangüínea, ou a distribuição do sangue arterial no organismo e, depois, seu retorno sob a forma de sangue venoso. Era particularmente interessante notar que o *ponto de retorno* não era o coração, mas o sistema digestivo, o que verdadeiramente é o caso, pois o sangue venoso mistura-se primeiramente aos produtos da digestão; é então empurrado para a aurícula direita, através do ventrículo direito, depois para o pulmão, a fim de absorver o oxigênio, e dali passa à aurícula esquerda e, depois, ao ventrículo esquerdo; depois do que, através da aorta, passa para o sistema arterial.

Um exame ulterior do eneagrama devia mostrar-me ainda que os *setes pontos* podiam representar os *sete planetas* do mundo antigo; noutros termos, o eneagrama podia ser um símbolo astronômico. E, tomando os planetas na ordem dos dias da semana, obtive a seguinte figura:

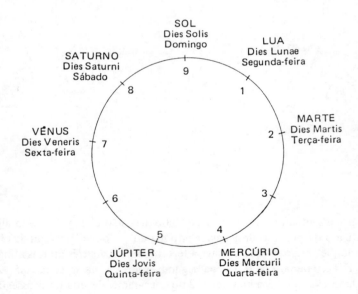

Não tentei prosseguir, pois não tinha os livros necessários à mão e faltava-me tempo.

Os "acontecimentos" não permitiam de nenhum modo as especulações filosóficas. Era necessário viver, isto é, procurar simplesmente onde ainda se poderia morar e trabalhar. A revolução, com tudo o que a acompanhava, despertava em mim um profundo asco físico. Mas, apesar de minha simpatia pelos "brancos", não podia crer em seu sucesso. Os bolchevistas multiplicavam promessas que nem eles próprios nem ninguém mais teria podido cumprir. Aí residia sua força. Nesse plano, eram imbatíveis. Acrescente-se que a Alemanha os apoiava, vendo neles uma possibilidade de desforra no futuro. O "exército voluntário" que nos libertara dos bolchevistas podia combatê-los e vencê-los. Mas não sabia administrar os territórios que liberava. Seus chefes não tinham, nesse domínio, nem programa, nem saber, nem experiência. Naturalmente, isto não lhes podia ser pedido. Mas os fatos são os fatos. A situação era muito instável e a onda que continuava a arrojar-se sobre Moscou podia do mesmo modo refluir num próximo dia.

Era necessário partir para o estrangeiro. Eu fixara Londres como meu objetivo final. Primeiramente porque era lá que conhecia mais gente, e depois, pensava que, entre os ingleses, minhas idéias encontrariam mais eco do que em qualquer outro lugar. Além disso, quando estivera em Londres, por ocasião de minha partida para Índia, e depois, na volta no início da guerra, decidira que seria aí que escreveria e publicaria o livro começado em 1911 sob o título *A Sabedoria dos Deuses* e que devia aparecer mais tarde com o nome de *Um Novo Modelo do Universo*. De modo geral, esse livro, onde eu abordava questões de religião e, em particular, métodos de estudo do Novo Testamento, não teria podido ser publicado na Rússia.

De modo que decidi partir para Londres e tentar organizar ali conferências e grupos análogos aos de São Petersburgo. Mas só conseguiria alcançar meus fins três anos e meio mais tarde.

Em junho de 1919 finalmente consegui deixar Essentuki. Nessa época, a calma voltara e a vida tinha retomado um curso relativamente normal. Mas essa calma não me inspirava nenhuma confiança. Eu precisava partir para o estrangeiro. Fui primeiro para Rostov, depois para Ekaterinodar e Novorossiysk e, finalmente, voltei a Ekaterinodar. Essa cidade era, na época, a capital da Rússia. Encontrei ali vários membros de nossos grupos que haviam deixado Essentuki antes de mim e alguns de meus amigos de São Petersburgo. Guardarei a lembrança de uma conversa com um deles.

Perguntou-me, quando falamos do ensinamento de G. e do trabalho sobre si, se eu podia dizer-lhe quais resultados práticos eu obtivera.

Lembrando-me de tudo o que vivera no ano anterior, particularmente depois da partida de G. , disse-lhe que adquirira uma *estranha confiança*, que não podia definir numa palavra, mas que ia descrever.

— Não é uma confiança em si no sentido comum da palavra, disse-lhe. Ao contrário. É, melhor dizendo, uma confiança ou uma certeza da perfeita insignificância de meu *eu* comum — falo desse "eu" que conhecemos habitualmente. Sim, se algo de terrível devesse acontecer-me, como a tantos de meus amigos no ano passado, então *não seria esse eu ordinário, mas um outro*, que saberia mostrar-se à altura da situação. G. perguntava-me há dois anos se não sentira dentro de mim mesmo a presença de um novo eu e tive que responder-lhe que não experimentara nenhuma mudança. Agora falaria de outro modo. E posso explicar-lhe como essa mudança se produziu. Isso não se fez de uma vez e não é uma mudança que abranja todos os momentos de minha vida. Minha vida segue seu curso habitual, com todo os seus pequenos "eus" ordinários e estúpidos, com exceção talvez de alguns que já se tornaram insuportáveis para mim. Mas, se algum acontecimento grave exigisse a tensão de todo o meu ser, então sei que poderia encará-lo, não mais com esse pequeno "eu" ordinário que lhe fala agora e que pode ser intimidado — mas com outro, um grande Eu, que nada poderia assustar e estaria à altura de tudo o que acontecesse. Não lhe posso dar melhor descrição. Mas, para mim, é um fato. E esse fato está nitidamente relacionado com meu trabalho. Você conhece minha vida e sabe que eu não era homem que se deixasse perturbar pelo que, interior e exteriormente, assusta as pessoas. Mas trata-se agora de um estado diferente, com um sabor completamente diferente. Eis por que sei que essa nova confiança não é fruto de minha experiência da vida. É o resultado desse trabalho sobre mim, que comecei há quatro anos.

Em Ekaterinodar e, mais tarde, durante o inverno em Rostov, formei um pequeno grupo e, segundo um plano que elaborara no inverno anterior, fiz conferências para expor as idéias de G. ; tomei como ponto de partida as coisas da vida ordinária que permitem ter acesso a elas.

Durante o verão e o outono de 1919, recebi duas cartas de G. , uma em Ekaterinodar e outra em Novorossiysk. Escrevia-me dizendo que abrira em Tíflis um "Instituto para o Desenvolvimento Harmonioso do Homem", cujo programa era muito vasto. Anexava à carta um prospecto que me deixou realmente muito pensativo.

Começava por essas palavras:

"Com a autorização do Ministro da Educação Nacional, foi aberto em Tíflis o Instituto para o Desenvolvimento Harmonioso do Homem, baseado no sistema de

G. I. G.. O Instituto aceita crianças e adultos dos dois sexos. Cursos pela manhã e à noite. O programa de estudos comporta: ginástica de todos os gêneros (rítmica, médica e outras), exercícios para o desenvolvimento da vontade, da memória, da atenção, da audição, do pensamento, da emoção, do instinto, etc, etc.

"O sistema de G. I. G., acrescentava o prospecto, já é posto em prática numa série de grandes cidades tais como: Bombaim, Alexandria, Kabul, Nova Iorque, Chicago, Cristiania, Estocolmo, Moscou, Essentuki, e em todas as filiais e todos os centros de verdadeiras fraternidades internacionais de trabalhadores".

No fim do prospecto, encontrava-se uma lista dos professores especialistas" do Instituto para o Desenvolvimento Harmonioso do Homem e, entre eles, encontrei meu próprio nome, bem como os do engenheiro P. e de J., outro membro de nossos grupos, que vivia na época em Novorossiysk e não tinha a menor intenção de ir a Tíflis. G. escrevia-me que estava preparando seu ballet "A Luta dos Magos" e, sem fazer a mínima alusão a todas as dificuldades do passado, convidava-me para ir a Tíflis e ali trabalhar com ele. Era bem sua maneira. Mas, por diversas razões, eu não podia ir a Tíflis. Primeiro, havia grandes obstáculos materiais e, depois, as dificuldades que haviam surgido em Essentuki eram bem reais para mim. Minha decisão de deixar G. custara-me muito caro e eu não podia renunciar a ela tão facilmente, tanto mais que todos os seus argumentos pareciam-me duvidosos. Devo confessar que o programa do Instituto para o Desenvolvimento Harmonioso do Homem não me entusiasmara especialmente. Claro que compreendia que, devido às circunstâncias, G. fosse obrigado a dar a seu trabalho uma forma exterior qualquer, como o fizera em Essentuki e que podia parecer uma caricatura. Entretanto, não era menos certo para mim que, por detrás desta forma, permanecia sempre a *mesma coisa* e que ela não podia mudar. Minhas únicas dúvidas referiam-se a minha capacidade de me adaptar a uma forma como essa. Ao mesmo tempo, estava convencido de que me seria necessário rever G. dentro em breve.

De Maikop, P. veio ver-me em Ekaterinodar; falamos muito do ensinamento e do próprio G.. Seu estado de espírito era francamente negativo. Entretanto, minha idéia da imperiosa necessidade de distinguir entre G. e seu ensinamento, pareceu ajudar P. a compreender melhor a situação.

Eu começava a ter um interesse muito grande pelos meus grupos. Via uma possibilidade de continuar o trabalho. As idéias do ensinamento encontravam, manifestamente, um eco; respondiam às necessidade dos que queriam compreender o que se passava, tanto em si como em torno de si. Assistíamos ao fim desse breve epílogo da história russa que terrificara tanto nossos "amigos e aliados". Diante de nós, tudo estava totalmente obscuro. Passei o outono e o começo do inverno em Rostov. Lá encontrei dois ou três membros dos grupos de São Petersburgo e Z. que acabava de chegar de Kiev. Este último morava no mesmo lugar que eu. Também ele tinha então uma atitude negativa em relação a todo o trabalho. Ainda aí tive a impressão de que nossas conversações permitiram-lhe situar-se e reconhecer que suas primeiras avaliações tinham sido corretas. Decidiu juntar-se a G. em Tíflis. Mas seu destino era adverso. Deixamos Rostov quase ao mesmo tempo. Quando chegou em Novorossiysk, ele já estava doente e, nos primeiros dias de janeiro de 1920, morreu de varíola.

Pouco depois, consegui alcançar Constantinopla.

Constantinopla regorgitava então de russos. Encontrei ali muitos conhecidos de São Petersburgo e, com seu auxílio, dei algumas conferências nos locais da "Russki Mayak". Reuni rapidamente um auditório bastante numeroso, composto principalmente de rapazes. Continuei a desenvolver os temas que expusera em Rostov e Ekaterinodar, ligando todas as idéias gerais de psicologia e de filosofia às do esoterismo.

Não recebi mais cartas de G., mas estava certo de que ele não tardaria a desembarcar em Constantinopla. De fato, ali chegou no mês de junho, com grande número de pessoas.

Em toda a Rússia, até nas províncias mais longínquas, o trabalho tornara-se impossível e era o momento da partida para a Europa, que eu previra em São Petersburgo.

Estava feliz por rever G. e parecia-me que, no interesse do trabalho, todas as dificuldades anteriores poderiam ser afastadas. Acreditava ainda poder trabalhar com ele como em São Petersburgo. E convidei-o às minhas conferências a fim de apresentá-lo a todos os meus ouvintes, particularmente a esse pequeno grupo de cerca de trinta pessoas que se reuniam nos escritórios da "Mayak".

G. fazia então do seu ballet "A Luta dos Magos" o centro do trabalho. Além disso, ele queria retomar, em Constantinopla, o programa de seu Instituto de Tíflis, que reservava o maior espaço às danças e aos exercícios rítmicos, destinados a preparar seus alunos a tomar parte do ballet. Pensava fazer de seu ballet uma escola. Trabalhei em seu cenário, o que me permitiu compreender melhor sua idéia. Todas as danças e cenas de "A Luta dos Magos" exigiam uma preparação longa e muito especial. Assim, os alunos que deviam participar no ballet eram forçados a estudar e a adquirir o controle de si mesmos, aproximando-se dessa maneira da revelação das formas superiores de consciência. Danças sagradas, exercícios, cerimônias de diferentes confrarias de dervixes, numerosas danças orientais pouco conhecidas, entravam nele como elementos indispensáveis.

Foi uma época muito interessante para mim. G. vinha freqüentemente a Prinkipo. Juntos, passeávamos nos "bazares" de Constantinopla. Fomos ver os dervixes Mehvlevi e ele me explicou o que eu não fora capaz de compreender por mim mesmo, a saber, que os rodopios deles se relacionavam com exercícios de cálculo mental, análogos aos que nos mostrara em Essentuki. Algumas vezes trabalhava com ele dia e noite. Entre todas, uma noite ficou-me na memória. "Traduzíamos" um canto dervixe para a "A Luta dos Magos". Então vi o artista G. e o poeta G., que ele escondia tão cuidadosamente, principalmente o último. Trabalhávamos assim: G. relembrava os versos persas, algumas vezes recitava-os para si mesmo com uma voz tranqüila, depois traduzia-os para mim em russo. Depois de cerca de um quarto de hora, quando eu estava completamente submerso pelas formas, os símbolos e as assimilações, ele me dizia: "Bem, resumamos agora tudo isto *numa linha*". Eu não tentava pôr em versos, nem mesmo encontrar um ritmo. Era completamente impossível. G. continuava, e depois de novo quarto hora: "E, agora, outra linha!" Ficamos sentados até de manhã. Isto se passava na rua Kumbaradji, um pouco abaixo do antigo consulado russo. Finalmente, a cidade despertou. Eu tinha escrito, creio, cinco estrofes e parara na última linha da quinta. Nenhum esforço teria podido tirar de meu cérebro mais alguma coisa. G. ria, mas também estava cansado e não teria podido continuar. De modo que o canto ficou inacabado, porque nunca mais voltamos a ele.

Passaram-se assim dois ou três meses.
Ajudava G. com todas as minhas forças na organização de seu Instituto. Mas, pouco a pouco, levantaram-se de novo as mesmas dificuldades de Essentuki. De tal modo que, na inauguração de seu Instituto, creio que em outubro, não pude me juntar a ele. Entretanto, para não ser um estorvo, e para que minha ausência não fosse um motivo de discórdia entre os que seguiam minhas conferências, interrompi-as e não voltei mais a Constantinopla. A partir de então, alguns de meus ouvintes habituais vieram ver-me regularmente em Prinkipo e foi aí que continuamos nossas conversações.

Mas, dois meses mais tarde, quando o trabalho de G. já estava consolidado, reiniciei minhas conferências na "Mayak" e continuei a dá-las ainda por seis meses. Visitava-o de vez em quando e ele próprio veio ver-me em Prinkipo. Nossas relações permaneciam excelentes. Propôs-me, na primavera, que fizesse algumas conferências, o que aceitei, em seu Instituto, uma vez por semana. O próprio G. tomava parte nelas, para reforçar minhas explicações.

No início do verão, G. fechou seu Instituto e estabeleceu-se em Prinkipo. Foi mais ou menos nessa época que lhe submeti detalhadamente o plano de um livro, que decidira escrever para expor suas idéias e comentá-las. Aprovou o plano e deu-me autorização para publicar o livro. Eu sempre me submetera até então à regra geral, obrigatória para todos, segundo a qual ninguém tinha, em caso algum, o direito de escrever, mesmo para uso próprio, nada que se referisse à pessoa de G. , nem às suas idéias, nem àqueles que trabalhavam com ele, bem como de guardar cartas, notas, etc. , e menos ainda, naturalmente, de publicar o que quer que fosse. Durante os primeiros anos G. insistia muito sobre o caráter obrigatório desta regra e qualquer pessoa aceita no trabalho era, só por isto, considerada como tendo dado a palavra de nada publicar sobre ele sem sua autorização especial, mesmo no caso em que abandonasse o trabalho e deixasse G. .

Era uma das regras fundamentais. Todos os que entravam no grupo deviam observá-la. Mas G. , mais tarde admitiu junto de si pessoas que davam pouca atenção a essa regra ou se recusavam a levá-la em consideração. É o que explica a publicação posterior de descrições variadas que podiam fazer crer que o trabalho de G. não fora sempre o mesmo.

Passei o verão de 1921 em Constantinopla e, em agosto, parti para Londres. Antes de minha partida, G. propôs-me uma viagem em sua companhia à Alemanha, onde tinha uma vez mais a intenção de abrir seu Instituto e de montar seu balé. Mas parecia-me impossível organizar alguma coisa desse gênero na Alemanha e, quanto a mim, não acreditava mais poder trabalhar com G. .

Pouco depois de minha chegada a Londres, recomecei o ciclo de minhas conferências de Constantinopla e de Ekaterinodar. Soube que G. partira para a Alemanha com seu grupo de Tíflis, e com alguns de meus amigos de Constantinopla que se haviam unido a ele. Tentou organizar o trabalho em Berlim depois de comprar as instalações do antigo Instituto Dalcroze em Hellerau, perto de Dresden. Mas isso não foi possível. Em fevereiro de 1922, G. veio a Londres. É desnecessário dizer que o convidei imediatamente para minhas conferências e apresentei-lhe todas as pessoas que compareciam a elas. Desta vez, minha atitude para com ele era muito mais definida. Esperava ainda enormemente de seu trabalho e decidi fazer tudo o que estivesse em meu poder para ajudá-lo na organização de seu Instituto e na preparação de seu balé. Mas continuava acreditando não poder trabalhar com ele. De novo levantavam-se todos os obstáculos de Essentuki. Desta vez, surgiram desde antes de sua chegada.

G. fizera muito para a realização de seus planos. Preparara certo número de alunos, uns vinte, com os quais era possível começar. A música do balé estava quase totalmente escrita (com a colaboração de um músico bem conhecido). A organização do Instituto fora estudada a fundo. Mas, para a realização, faltava dinheiro. Pouco depois de sua chegada, G. disse que pensava abrir seu Instituto na Inglaterra. Grande número dos que tinham vindo às minhas conferências interessaram-se por essa idéia e abriram uma subscrição para cobrir as despesas do empreendimento. Certa quantia pôde assim ser entregue a G. para permitir-lhe trazer todo seu grupo à Inglaterra. Continuei minhas conferências, fazendo nelas alusão a tudo o que G. dissera em sua permanência na Inglaterra. Mas, de minha parte, eu decidira que, se o Instituto fosse aberto em Londres, eu iria para Paris ou para a América. O Instituto abriu finalmente suas portas em Londres em más condições e a tentativa foi abandonada. No entanto, meus amigos de Londres e meus ouvintes habituais reuniram uma soma considerável, que ajudou G. na aquisição do castelo histórico do Prieuré, com seu enorme parque descuidado, em Avon, perto de Fontainebleau. E foi aí que, no outono de 1922, ele abriu seu Instituto. Um grupo bastante variado reuniu-se ali. Havia lá pessoas que lembravam São Petersburgo; alguns alunos de Tíflis; outros que tinham acompanhado minhas conferências de Constantinopla e Londres. Esses últimos estavam repartidos em diversos grupos. Na minha opinião, alguns haviam demonstrado uma pressa excessiva, abandonando de imediato suas ocupações na Inglaterra para seguir G. . Eu não podia lhes dizer nada, porque já haviam tomado a decisão quando me falaram dela. Temia que se decepcionassem, devido ao fato de que o trabalho de G. não me parecia, na época, suficientemente bem organizado para ser estável. Mas, ao mesmo tempo, não podia estar seguro da justeza de minhas próprias opiniões e não queria intervir. Se tudo corresse bem, se meus temores fossem vãos, eles é que teriam razão.

Outros tinham tentado trabalhar comigo, mas, por diversos motivos, me haviam deixado, julgando agora mais fácil para eles trabalhar com G. . Estavam particularmente atraídos pela idéia de encontrar o que denominavam *atalho*. Quando pediram minha opinião a respeito, é claro que os aconselhei a ir a Fontainebleau. Alguns se fixaram ali. Outros só passaram com G. quinze dias ou um mês. Eram ouvintes de minhas conferências que não queriam decidir por si mesmos, mas que, ouvindo falar das decisões dos outros, vieram me perguntar se deviam "abandonar tudo" pelo Prieuré e se esse era o único meio de trabalhar. A isto eu lhes respondia que esperassem até que eu fosse lá.

Cheguei ao Prieuré pela primeira vez, no fim de outubro ou no início de novembro de 1922. Fazia-se ali um trabalho muito interessante, muito animado. Um pavilhão para as danças e para os exercícios fora construído; a administração tinha sido organizada e a arrumação do castelo estava terminada. E a atmosfera, em geral, era excelente; causava forte impressão. Lembro-me de uma conversa com Katherine Mansfield que, nessa época, vivia no Prieuré. Foi pouco menos de três semanas antes de sua morte. Eu lhe dera o endereço de G. . Ela assistira a duas ou três conferências minhas e, depois, viera dizer-me que partia para Paris. Um médico russo curava ali a tuberculose, dizia-se, tratando o baço pelos raios X. Nada pude dizer-lhe, é claro, a esse respeito. Ela já me parecia a meio caminho da morte. E creio que se dava perfeitamente conta disto. No entanto, ficava-se tocado por seus esforços. Queria fazer o melhor uso de seu últimos dias e encontrar a verdade cuja presença sentia tão claramente, sem conseguir tocá-la. Não pensava então revê-la nunca mais. Entretanto, quando ela me pediu o endereço de meus amigos de Paris e, mais precisamente, de pessoas com quem pudesse ainda falar das mesmas coisas que comigo, não pude recusar. E eis que a reeencontrava no Prieuré. Passamos juntos toda uma tarde. Ela falava com voz fraca que não parecia vir de lugar algum, mas sem ser desprovida de encanto.

"Compreendi que é verdade e que nada mais é verdadeiro. Você sabe que há muito eu considerava a todos nós sem exceção náufragos, perdidos numa ilha deserta, mas que não o sabem ainda. Pois bem, os que estão aqui o sabem. Os outros, lá na vida, pensam ainda que um navio atracará amanhã para pegá-los e tudo recomeçará como nos bons velhos tempos. Mas os que estão aqui já sabem que nunca mais haverá bons velhos tempos. Estou tão feliz de poder estar aqui!"

Pouco depois de minha volta a Londres, soube de sua morte. G. fora muito bom para ela. Tinha-a autorizado a permanecer, embora fosse evidente que ela não podia viver mais. E, por isso, naturalmente, recebeu com juros o seu pagamento de mentiras e calúnias.

Durante o ano de 1923, fiz com freqüência viagens a Fontainebleau.

Pouco depois de sua abertura, o Instituto havia atraído a atenção dos jornalistas e, por um ou dois meses, a imprensa francesa e inglesa ocupou-se muito dele. G. e os alunos eram chamados "filósofos da floresta", eram entrevistados, suas fotografias publicadas e assim por diante.

Nessa época, isto é, a partir de 1922, G. parecia preocupado sobretudo em desenvolver certos métodos para o estudo do ritmo e da plástica. Nunca cessou de trabalhar em seu balé, introduzindo nele danças de dervixes, de sufis e árias que ouvira muito tempo antes na Ásia. Tudo isso, em grande parte, era novo e cheio de interesse. Era a primeira vez, sem dúvida alguma, que as danças e a música dos dervixes eram apresentadas na Europa. E esse espetáculo produziu uma impressão muito grande em todos aqueles que tiveram a possibilidade de assisti-lo.

Continuava-se igualmente no Prieuré, com muita intensidade os exercícios mentais para o desenvolvimento da memória, da atenção e da imaginação, referentes ao estudo da "imitação dos fenômenos psíquicos". Enfim, havia para cada um toda uma série de trabalhos domésticos obrigatórios, sob a forma de tarefas caseiras que exigiam esforços muito grandes devido à rapidez exigida no trabalho e a diversas outras condições.

Das palestras desse período, guardei sobretudo a que G. consagrou aos métodos de respiração e, embora tivesse passado despercebida em meio a tudo o que se fazia então, mostrava a possibilidade de considerar a questão de um ponto de vista inteiramente novo.

— A meta, dizia G , é o domínio do organismo e a sujeição de suas funções conscientes e inconscientes à vontade. Os exercícios que conduzem a isto em linha reta começam pela respiração. Sem um domínio da respiração, nada pode ser dominado. Entretanto, esta não é uma tarefa fácil.

"Devem compreender que há três espécies de respiração. Uma é normal. A segunda é artificial. A terceira é a respiração auxiliada por movimentos. O que quer isso dizer? Quer dizer que a respiração normal se faz inconscientemente; efetua-se sob o controle do centro motor. Quanto à respiração artificial, em que consiste? Se, por exemplo, um homem disser a si mesmo que vai contar até dez inspirando e até dez expirando ou que vai inspirar pela narina direita e que expirará pela narina esquerda — sua respiração efetua-se sob controle do aparelho formatório. E é por si mesma diferente porque o centro motor e o aparelho formatório agem por intermédio de grupos de músculos diferentes. O grupo de músculos através do qual o centro motor age não é nem acessível nem subordinado ao aparelho formatório. No caso de uma parada momentânea do centro motor, o aparelho formatório pode, entretanto, exercer influência sobre um grupo de músculos com o auxílio do qual pode desencadear o mecanismo da respiração. Mas seu trabalho, é claro, não será igual ao do centro motor e não poderá durar muito tempo. Vocês leram manuais de "respiração iogue", leram também ou talvez ouviram falar de métodos especiais de respiração em uso nos mosteiros ortodoxos onde se pratica a "Oração mental". É sempre a mesma coisa. A respiração efetuada a partir do aparelho formatório não é normal, é artificial. A idéia é a seguinte: se um homem, com freqüência, pratica essa espécie de respiração por bastante tempo sob o controle do aparelho formatório, o centro motor, que durante esse tempo permanece ocioso, pode cansar-se de não fazer nada e começar então a trabalhar "imitando" o aparelho formatório. E, de fato, isto acontece algumas vezes. Mas para que isto se produza, devem estar reunidas diversas condições: jejuns e orações, vigílias estafantes e toda sorte de tarefas extenuantes para o corpo. Se o corpo for bem tratado, nada disto é possível. Crêem, talvez, que não há exercícios físicos nos mosteiros ortodoxos? Tentem então executar cem prosternações segundo todas as regras. Ficarão com os rins muito mais doloridos do que depois de qualquer ginástica.

"Tudo isso só tem uma meta: encarregar da respiração os músculos convenientes; fazê-la passar para o centro motor. E, como já disse, é algumas vezes possível. Mas o centro motor corre sempre o risco de perder seu hábito de trabalhar corretamente e, como o aparelho formatório às vezes tem necessidade de parar, durante o sono por exemplo, e como o centro motor não o deseja, então a máquina pode encontrar-se numa situação lamentável. Pode-se até mesmo morrer de uma parada respiratória. O desarranjo das funções da máquina pelos exercícios respiratórios é quase inevitável para aqueles que tentam se exercitar sozinhos, a partir de livros, sem serem dirigidos convenientemente. Muitas pessoas vieram ver-me em Moscou anos atrás, com a máquina completamente avariada por exercícios de respiração supostamente "iogues", aprendidos nos livros. Os livros que recomendam tais exercícios são muito perigosos.

"Amadores nunca poderão fazer passar o controle da respiração do aparelho formatório para o centro motor. Para que essa transferência possa efetuar-se, o organismo deve ser levado em seu funcionamento ao mais alto grau de intensidade; mas um homem nunca pode chegar a isso sozinho.

"Entretanto, como acabo de dizer, há um terceiro modo de respiração: a respiração pelos movimentos. Mas ela necessita de um conhecimento muito grande da máquina humana e esse método só pode ser seguido nas escolas dirigidas por mestres muito sábios. Em comparação, todos os outros métodos são coisas de amadores e não se pode confiar neles.

"A idéia essencial é que certos movimentos, certas posturas podem provocar à vontade qualquer espécie de respiração, conservando no entanto um caráter *normal* a essa respiração, sem nada de artificial. Aqui a dificuldade é saber que movimentos e posturas provocarão certas espécies de respiração e *em que espécie de homens*. Esse último ponto é particularmente importante porque, desse ponto de vista, os homens dividem-se em certos número de tipos e, para chegar à mesma respiração, cada tipo tem seus próprios movimentos definidos; em contrapartida, os mesmos movimentos acarretam respirações diferentes segundo os tipos. Um homem que sabe o movimento que provocará nele essa ou aquela espécie de respiração já é capaz de controlar o organismo e pode à vontade, em qualquer momento, pôr em movimento tal ou qual centro ou, ao contrário, deter essa ou aquela função. É claro que o conhecimento desses movimentos e a capacidade de controlá-los têm graus, como qualquer coisa neste mundo. A ciência dos homens difere tanto quanto o uso que dela fazem. Enquanto isto, o que importa é compreender o princípio.

"É indispensável a compreensão desse princípio, principalmente para um estudo da divisão dos centros. Já falamos disto mais de uma vez. Lembrem-se: cada centro divide-se em três partes, segundo a divisão inicial dos centros em "intelectual", "emocional" e "motor". Baseado nisso, cada uma dessas três partes divide-se, por sua vez, em três. Além disso, cada centro, desde sua formação, divide-se em dois setores: positivo e negativo. E, em todas as partes dos centros, há grupos de "rolos" associados uns aos outros, segundo orientações diversas. Eis o que explica as diferenças entre os homens — o que eles chamam de "individualidade". Naturalmente não há traço de verdadeira individualidade em tudo isso, mas apenas diferenças de "rolos" e de associações."

A conversa ocorrera no grande pavilhão do jardim, que G. decorara à maneira de um *tekkeh* dervixe.

Tendo-nos explicado a significação das diversas espécies de respiração, G. começou a dividir os alunos presentes em três grupos, de acordo com o tipo. Eram uns quarenta. A idéia de G. era mostrar como os mesmos movimentos provocam, segundo o tipo, diferentes "momentos de respiração", por exemplo, inspiração nuns, expiração noutros; e como diferentes movimentos e posturas podiam determinar um único e mesmo período de respiração: inspiração, retenção do fôlego e expiração.

Mas essa esperiência se deteve aí. E G., tanto quanto eu saiba, nunca mais voltou a ela.

Nessa época, G. convidou-me várias vezes a vir viver no Prieuré. Isto me tentava. Mas, apesar de todo o interesse, não podia achar qual seria meu lugar em seu trabalho e não compreendia sua orientação. Ao mesmo tempo, não podia deixar de ver, como já vira em Essentuki em 1918, que havia numerosos elementos destrutivos na organização da própria obra e que ela devia desagregar-se.

Em dezembro de 1923, G. organizou demonstrações de danças dervixes, movimentos rítmicos e exercícios diversos, no Théatre des Champs-Elysées.

Pouco depois, nos primeiros dias de 1924, G. partiu para a América com um número importante de seus alunos, com a intenção de organizar ali conferências e demonstrações.

Eu estava no Prieuré no dia de sua partida. E essa partida lembrou-me muito da de Essentuki em 1918 e de tudo o que com ela se relacionava.

De volta a Londres, anunciei aos que vinham
às minhas conferências que meu trabalho se desenrolaria
no futuro de maneira completamente independente,
como o havia iniciado em Londres em 1921.

ÍNDICE ANALÍTICO

Absoluto:

o – como "totalidade" ou "unidade", 97.
unidade das três forças no –, 99-102.
vontade do – e desenvolvimento mecânico dos mundos, 100, 103-5, 107-9, 116, 162, 351.
o – e o Raio de Criação, 103-7, 156-7, 162, 195-6, 348, 351.
o – é material, 107, 201.
o – : fonte das vibrações, 108.
"Deus Santo, Deus Forte, Deus Imortal", 157, 367.
–, Sol, Terra, Lua: três oitavas de radiações, 195-9, 222, 316, 333, 334.
o –, *Protocosmos*, 237-8, 241, 243, 383.
o – nas escalas de hidrogênio, 201, 314-6.
o – no "Diagrama de Todas as Coisas Vivas", 366-7.

Acidente:

–, destino e vontade, 60, 100, 114, 117, 122, 124, 186.
a lei do –, 156, 157-8, 188, 192, 232-234, 236, 347, 407.

Acontece (tudo –), 36-7, 48, 70, 77-8, 86, 94, 123, 136, 151, 159, 168, 261, 359, 411.

Acumuladores:

a vida orgânica sobre a Terra, 106.
os – na máquina humana, 268-72.

Adição teosófica, 323. 331.

Adoradores do diabo, 52.

Adormecidos (os), 168-9, 185, 303-4.

Ajuda:

– dos que sabem, 46, 56, 159, 168-9, 175, 232-3, 255, 406.
– mútua, 256, 266.
– das regras no Trabalho, 260, 408.
pode-se ajudar os outros? 122, 125, 308-9, 314-6.
ajudar-se a si mesmo, 76, 125.
ajudar o mestre, 267, 421.

Alegorias: 79, 345, 360.
(*ver também*: Analogia, Símbolos).

Alimentação:

a idéia de – na evolução, 347-8.
diagrama da – representado pelo eneagrama, 424-6.

Alimento, 110, 203, 210-21, 271, 403, 405.
– para a Lua, 106, 347-8, 407.
três espécies de –s, 211-2, 222, 270, 333-4, 364.
transformação das três espécies de –s no organismo humano, 212-222, 292, 333-5.
– de impressões, 211-2, 217-8, 222, 296, 334, 364-5.
– e grau de ser, 363-7.

Alquimia:

– e química, 22-3, 60-1, 111-2, 205.
os quatro elementos, 112
– interior, 171.
– da fábrica humana, 209, 220, 223-4, 292.
– e simbólica, 324, 336.

Ámo:

   o – e a carruagem, 58, 113-4, 343.
   uma casa à espera de seu –, 79-80.
   ser o – (ou senhor) de si mesmo, 67, 94, 123-5, 158, 258.

Amor, 125, 184, 193, 291.

Amortecedores:

   os –, 180-4, 186-7.
   a moralidade é feita de –, 183.
   a destruição dos –, 182, 186-7, 191, 193.
   a ação dos – sobre o trabalho do centro sexual, 293-5.

Análise, 128.

Analogia:

   – entre o homem e a carruagem, 58, 113-4, 343.
   – entre o homem e uma casa de quatro quartos, 61-2.
   – entre o homem e uma casa a espera de seu amo, 79-80.
   – entre o homem e o universo, 95-6, 222, 235-40, 320, 334.
   – entre todos os fenômenos de diferentes ordens, 99, 110, 146-7.

Andares (o organismo humano composto de três –), 212, 294, 361-2.

Animais, 361-2, 363-4.

Anjos, 366-7.

Aparato formatório, 271, 435-6.

Apocalipse (os quatro animais do –), 337.

Apreciação, 47, 87, 180, 296, 308, 309.

"Aprenda a separar o sutil do espesso", 210.

Ar:

   –, o segundo alimento, 110, 203, 205, 211-2, 214, 216, 220, 222. 364-5.

Arca de Noé, 360.

Arcanjos, 366-7.

Arte:

   –, atividade mecânica, 34, 291.
   –, criação da personalidade, 189.
   – subjetiva e – objetiva, 42-4, 337-340.
   uma escultura curiosa, 43.
   uma – tradicional: os tapetes, 51-2.
   o conceito de relatividade aplicado à –, 93-4, 340.
   – e psicologia, 306.
   a – da plástica, 369.

Associações, 78, 88-9, 95, 132, 135, 140, 175, 338, 398, 437.

Astrologia, 324, 413-4.

Astronomia, 104, 426.

Astúcia; o homem astuto, 68, 317.

Atenção, 74, 134, 143-4, 168, 175-6, 209, 298, 304, 346, 387, 396, 398-9, 400, 404, 429, 434.

Atitude; – justa em relação ao Trabalho, 174, 263, 296, 307, 308-9, 402, 421.

Átomos:

   – e ordens de materialidade, 108-9, 161.
   – de substância, 95, 111, 205, 237.
   –, o microcosmos, 237, 239-41, 243, 247, 377.

Automatismo, 59-60, 124, 136, 168, 227, 352, 394.
   ações automáticas e conscientes, 137-8.
   círculo mágico das posturas, pensamentos e sentimentos, 398-9.

Auto-sugestão, 21, 342.

Avaliar:
   – alguém, 276-7, 280.
   avaliação das idéias, 263.

Ayocosmos, 237, 243-4, 376, 382-3.

Balé (*ver*: "A luta dos Magos").

Barreiras, 263-5.

Bem e o Mal (o), 107, 184-5, 261, 305.

Bocejo (o), 271-2.

Bom Ladrão (o), 395.

Brahma, 99.
   "Respiração de –", 384.

Buda, budismo, 82, 396.

Busca; a – do caminho, 231-2, 234, 279.

Cadinho (alegoria do –), 60-1, 182.

Caminho:
   os –s tradicionais do faquir, do monge e do iogue, 62-9, 187, 191, 224, 346, 355, 408, 421-2.
   significado dos –s em relação à vida ordinária, 65-6, 230.
   onde começa o –? 230-4, 407, 410.
   a "escada" entre a "vida" e o " – ", 232-3.
   – falso e – verdadeiro, 69, 234, 261-2.
   convergência dos –s fundamentais, 326-327.
   quem pode encontrar o –? 407-8.
   dois –s de transmissão do conhecimento, 319.
   os –s, meio de acesso aos círculos interiores da humanidade, 354-5.
   o – dos homens na vida: – "subjetivo" e – "objetivo", 408-12.
   (*ver também*: 127, 271, 278-9, 285, 402, 403).

Caminho (o quarto –):
   condições, princípios e métodos do –, 66-8, 187, 224, 233, 234-5.
   o caminho do homem astuto, 68-9.
   dependência dos homens na "escada", 232-3, 235.
   lei das relações entre mestre e aluno no –, 234-5.
   organização e regras de trabalho no –, 255-61, 265-7, 271.
   aparecimento, desaparecimento e razão de ser do –, 355-6.
   as dificuldades do –, 406-12.
   reconhecer o –, 234, 408.

O caminho que sobe é também o caminho que desce, 239, 377.

Carbono, 112, 198-202, 205, 213-7, 219, 314, 368.

Carpenter (Edward), 142.

Carruagem (o homem comparado a uma –), 58, 113-4, 343.

Casa:
   alegoria da – sem amo, 79-80.
   analogia entre o homem e uma – de quatro quartos, 61-2.

Célula, 77, 248-9, 348, 350, 374-6, 378-381, 383.

441

Centros:

- e funções, 73-4, 88, 129-39, 224, 272, 436-7.
- os − do andar inferior, 73-4, 139.
- subdivisão dos −, 73-4, 132, 272, 294, 321, 436-7.
- o trabalho equivocado dos −, 73, 132-135, 209, 227-8, 229, 291, 294-7, 393-394.
- os rolos nos −, 79, 191, 268, 270, 437.
- os − como aparelhos receptores, 138, 171.
- os hidrogênios no trabalho dos −, 224-227.
- velocidade dos −, 224-6, 382-4.
- o problema da ligação dos − inferiores aos − superiores, 225-8, 322.
- Kundalini, 253-4.
- e acumuladores, 268-72.
- e abuso do sexo, 294-7.
- o trabalho harmonioso dos −, 322.
- interdependência dos −, 393.
- (*ver também:* 337, 435-7).

Centro de gravidade:

- de um homem, 91-2.
- permanente, 92, 186, 296-7.
- e hidrogênio médio, 361-3.

Centro emocional, 73-4, 92, 129, 132-3, 135-6, 139-40, 225-6, 271, 294-6, 322, 340, 393-4, 400.
(*ver também:* Centros).

Centro esotérico, 233, 236.

Centro instintivo, 73-4, 129, 225, 271-2, 294, 322, 382-4.
(*ver também:* Centros).

Centro intelectual, 73-4, 92, 129, 132-9, 225-6, 268, 271-2, 294-6, 322, 382, 384, 393-4, 400, 406, 435-7.
(*ver também:* Centros).

Centro magnético, 231-2, 234-6.

Centro motor, 73-4, 92, 129, 132-9, 225, 268-9, 271-2, 294-6, 322, 384, 393-4, 400, 406, 435-7.
(*ver também:* Centros).

Centro sexual, 73-4, 139, 292-7, 322, 383-4.
(*ver também:* Centros, Sexo).

Centros Superiores:

- e estados superiores de consciência, 167.
- hidrogênios finos e trabalho dos −, 210, 225-6.
- contato com os −, 226-7, 272.
- e corpos superiores, 228.
- mitos e símbolos, linguagem para os −, 319.

Centro emocional superior, 167, 225-7, 294, 297, 383-4.

Centro intelectual superior, 167, 225-7, 294, 383-4.

Cérebros, 72, 129.

Choques:

- acidentais e voluntários, 156-9.
- nas oitavas cósmicas, 163, 196-7, 199-201, 222.
- e amortecedores, 180-1.
- mecânicos, 214, 216-8, 223.
- artificiais e conscientes, 218-24.
- para despertar, 254.
- na passagem de *si* a *dó*, 292, 333-4.
- lugar dos − de acordo com o eneagrama, 331-3, 424-5.
- (*ver também:* 136, 269-70, 322-3, 325, 329, 350).

Ciência:

- subjetiva e objetiva, 278-9, 318-320, 325, 363.

(*ver também:* 94, 97, 103-4, 109, 111-2, 142, 147-9, 166, 189, 219, 233, 239, 247, 271, 306, 325, 347, 374, 378).

Círculos da humanidade (os), 230, 353-5, 356.

Civilização, 69-70, 352.

Colar de Buda, 82-3.

Compreender:

primeiro — , 35-8, 67-8.
impossibilidade de se — uns aos outros, 38, 88-9, 118, 129-30, 281.
pretensão de — , 84, 274.
— o que não se compreende, 281, 354.
— os mitos e os símbolos, 319-20.
a possibilidade de se —, 353-4.
(*ver também:* 87-93, 95-6, 171, 179-80, 187, 208, 231, 256, 260, 267, 271, 276, 282-3, 285, 296, 307-8, 321-2, 324-5, 336).

Compreensão:

— ligada à experiência, 29, 35.
a — no quarto caminho, 67, 187, 296.
— , conjunção do saber e do ser, 87-8.
— , função de três centros, 88.
— e linguagem, 88-9.
um exemplo de diferença de — de acordo com os homens, 145-6.
energia para a —, 208.
— ou capacidade de distinguir as influências, 231.
— através do centro emocional, 271.
o sabor da —, 281.
um método de —, 316.
a — dos símbolos, 324-5.
o eneagrama, medida de —, 336.
a — nos diferentes círculos da humanidade, 353-4.

Condições:

— comuns de existência e de vida para o homem, 18, 66-7, 107, 136, 209, 217-8, 222, 231, 282, 405.
as — de vida nas quais está colocado um homem que encontra o trabalho são as melhores para ele, 67.
— colocadas pelo Trabalho, 28-30, 255, 257 *e seg.*, 300.
— criadas por uma escola, 159, 255-7, 298.

Confiança:

uma nova — em mim, 145, 428.
— mútua, 266.
ter perdido a — em si mesmo, 278.
ter — no mestre, 309.

Conhece-te a ti mesmo, 127, 320.

Conhecimento:

o — é mantido secreto? 53, 55-6.
materialidade do —, 53-6.
aquisição e transmissão do —, 56, 318-320.
o — necessita de uma nova linguagem, 90-1, 320 *e seg.*
o — objetivo, 170, 233.
o — velado, 324.
— de si, 30, 35, 95, 123, 127.
— através do estudo de si, 127-8, 135, 275, 321-3.
— de sua própria nulidade, 182, 187, 251.
— e traço principal, 306.
(*ver também:* 97-8, 103, 112, 130, 141, 146, 147-9, 155, 194, 278, 299, 399).

Consciência:

— manifestada no corpo do homem, 57, 59-60, 71, 114-5.
evolução da — no homem, 77, 91, 107, 350-1.
— e possibilidade de — cósmica, 140-141.

443

quatro estados de – para o homem, 166-170.
obscuridade e luz, 171.
– e moral, 181-4.
inteligência, – da matéria, 205, 360.
estados superiores de –, 210.
– contínua de sua nulidade, 251.
– e cosmos, 238-9.
ampliação da –, 239.
"*O caminho que sobe é também o caminho que desce*", 239, 377.
(*ver também:* 70, 99, 113, 302, 352-3, 400, 409).

Consciência de si, 166-7, 170, 219.

Consciência moral, 181-4, 307, 409.

Consciência objetiva, 166-7, 170, 318-9, 322, 340.

Consciente:

–, inconsciente e subconsciente, 72, 137.
egoísta –, 125.
influências – s, 230.

Consideração:

– interior, 39, 74, 177-9, 222.
– exterior, 179-80, 306.
a falta de –, 258-9, 265.

Constatações, 128-9, 135, 171-3.

Contemplação, 134, 354, 396.

Conto:

– do mago e dos carneiros, 252-3.
– do lobo armênio e dos carneiros, 413.

Contradição, 180-3, 186, 301.

Controle, 158, 168, 186-7, 228, 340, 353, 392, 396-7, 398, 406, 419, 435.

Corpo:

os quatro –s do homem, 57-62, 72, 113-116.
crescimento dos –s superiores, 57, 60-1, 210, 212, 223.
funções dos quatro – s, 59-61, 228.
os caminhos, trabalho sobre os quatros –s, 62-9.
nove medidas básicas do – humano, 160.
–s superiores e centros superiores, 228.
centro de gravidade dos –s, 362.
é o – um obstáculo? 394-5.

Corpo astral, 48, 57-9, 72, 82, 114-6, 119-20, 210-11, 228, 292-3.

Corpo causal, ou quarto corpo, 57-9, 114-116, 210-11, 228.

Corpo físico, 48, 57-60, 72, 82, 114-6, 210-17, 292-3.

Corpo mental, 57-9, 114-6, 210-11, 228.

Cosmos:

doutrina dos sete –, 235-9.
a relação de três –, 237-9, 377.
os – do ponto de vista das dimensões, 240-5, 375-7.
conversações sobre os – , 245-9.
uma teoria sobre as diferenças de tempo nos diferentes – , 373-384.
(*ver também:* 277, 314, 333-4).

Crescimento:

– interior, 107, 167, 210, 251-2, 292.
– dos corpos superiores, 210, 223.

Criação:

a – dos mundos dentro do Absoluto, 99-102, 156.
processo de – no mundo já criado, 195 *e seg.*

Cristalização, 48-9, 92, 116, 210, 224, 292.

Cristão; ser um –, 94, 124-5, 183-4, 341-2.

Cristianismo:
diferentes –s, 94, 106, 154, 295.
– esotérico, 58, 125, 154, 346-7.
origem e forma do culto cristão: as escolas de repetição, 344-6.

Cristo, 94, 119-20, 122, 169, 184, 193, 234, 272, 341, 347, 363.

Danças sagradas, 31-3, 346, 430.

Decepcionado; necessidade de estar –, 278-9, 408.

Decisão, 175, 187, 252, 307-9, 322.

Defeito principal, *ver*: Traço principal.

Densidade:
– da matéria, 198-9, 201, 360-1, 363.
– (freqüência) das vibrações, 149-150, 198, 360-1, 363.

Derviches mehlevi, 430-1.
(*ver também:* 32, 337, 406, 419, 434, 437).

Desigualdade, 231, 350.
(*ver também:* 54).

Desperdício, 209, 227-8, 296, 395.

Despertador, 254-5, 260.

Despertar:
como –, 168-70, 313.
a destruição dos amortecedores, 182-183.
o – e a compreensão do Bem e do Mal, 185.
dificuldade do –, 192, 252-5.
–, *morrer e nascer*, 250-1.
condições do trabalho para –, 254-7.
(*ver também:* 114, 145, 181, 260, 268, 290, 311, 403).

Destino, 122-3, 188, 192-3, 231.

Deus, 64-5, 107, 113, 155.
invocação a –, 344.
"Deus Santo, Deus Forte, Deus Imortal", 157, 367.

Deuterocosmos, 237-8, 240, 243, 376, 382-4.

Devaneio, 134, 140, 228, 254.

Diagrama:
– do universo, 195 *e seg.*
idéia de um – móvel, 316, 336-7.
"– de Todas as Coisas Vivas", 365.

Diagramas (tabelas e esquemas):
quadro dos quatro corpos do homem, 58.
quadro das funções paralelas de um homem de corpo físico e de um homem de quatro corpos, 59.
– do Raio da Criação do Absoluto à Lua, 103.
representação comparada de um átomo de cada um dos sete mundos, 109.
esquema dos quatro corpos do homem e de suas relações, 115.
– s paralelos do Raio de Criação e dos quatro corpos do homem, 116.
linha de desenvolvimento das vibrações segundo a Lei de Oitava, 148-53.
representação de uma oitava e das oitavas interiores, 161.
– do Raio de Criação, do Absoluto ao Absoluto: oitava cósmica descendente, 162.

445

– s paralelos da oitava cósmica e de uma oitava lateral, 164.
– do Raio de Criação sob a forma de três oitavas de radiações, 195-7.
quadros das tríades, 199-201.
quadros das doze categorias de matérias do Absoluto à Lua, 202-3.
tabela dos hidrogênios, 204.
– s da fábrica humana de três andares e do processo de desenvolvimento das oitavas da alimentação, 212-18, 220-221.
– das influências (centro magnético), segundo Ouspensky, 236.
– s dos centros e dos acumuladores na fábrica humana de três andares, 268-269.
tentativa de estabelecimento de uma tabela dos hidrogênios ampliada em doze escalas, 315.
símbolos (aplicados ao desenvolvimento interior do homem), 321.
símbolo universal do eneagrama e figuras relativas à posição dos intervalos, 327-333.
– s das oitavas cósmicas de radiações e do processo de passagem dos intervalos, 333, 335.
símbolo da combinação das substâncias *fá* e *lá*, 335.
– s do homem, do carneiro e do verme, 361.
– dos hidrogênios – centros de gravidade, 362.
"– de Todas as Coisas Vivas", 366.
tabelas comparativas da respiração dos cosmos, segundo Ouspensky, 373-4.
tabelas do tempo nos diferentes cosmos, 376, 383.
o eneagrama encarado como – da alimentação, 424, 425.
o eneagrama encarado como símbolo astronômico, 426.

Dimensões; a teoria pluridimensional aplicada ao estudo dos cosmos, 240-9, 375-7.
(*ver também:* 347, 373, 384).

Dinheiro; a questão do – no Trabalho, 27-8, 193-4.

Dó, 149-53, 156-7, 161, 162, 164-5, 195-205, 212-24, 323, 325-35, 424-5.

Dualidade (lei de –), 321-2.

Educação, 169-70, 181, 189, 325.
(*ver também:* 78, 92-3, 175, 293).

Egito, 344-5.

Egoísta; – consciente, 125.

Elétron, 95, 248-9, 375 *e seg.*

Emoção:

– e arte objetiva, 43.
as – s negativas, 74, 209, 229, 272.
sensação, –, pensamento, 129-30.
luta contra a expressão das – s desagradáveis, 135-6. 178, 209, 222.
– e o segundo choque consciente, 222, 223.
transmutação das – s, 223-4.
novas – s, 226.
(*ver também*: 64, 67, 143, 168, 171, 219, 304, 308, 313, 393, 394-5).

Eneagrama:

o – , expressão perfeita da Lei de Sete, 327-37.
o triângulo interior no –, 329, 331, 335, 336.
o – , símbolo universal, 336, 424-6.
o – vivido pelos exercícios de movimentos, 337.
(*ver também:* Diagramas).

Energia:

– liberada na morte, 106.
– , matéria e materialidade, 112, 161.

produção e desperdício da − no corpo humano, 208-9, 211, 227, 229, 296, 395.
os acumuladores de −, 268-72.
− sexual, 292-7.
(*ver também:* 108, 155, 178, 181, 215-219, 253, 304).

Ensinamento:

meta do −, 121.
relação com os outros sistemas, 326.
o −, arca de Noé, 360.
(*ver também*: Escolas).

Entonação (da voz), 284, 288-90, 311.

Equilíbrio, 86, 209, 228, 256, 297.

Escada:

a − entre a "vida" e o "caminho", 232-3, 235.
uma − levantada da Terra ao Céu, 206.

Escala:

a − evolutiva, 91.
− reduzida dos hidrogênios, 314-5.
a idéia de −, 347.

Escala musical:

a −, esquema de lei cósmica, 149-52.

Escola:

idéias fantásticas e idéia real sobre as −s, 18-20.
diferentes tipos e métodos das −s, 18-19, 22-3, 30-1, 53, 62-8, 189-90, 274, 421.
necessidade de uma −, 65-6, 391-2, 394.
uma − criada segundo o princípio da Lei de Oitava, 159.
disciplina de −, 187, 296, 400.
"− preparatória", 256.
as −s esotéricas, 319, 357-8.
− s de repetição, 344-6.
as − s do quatro caminho, 355-6.
as −s pseudo-esotéricas e seu papel, 356-8.
(*ver também:* 81, 92, 149, 261-2, 317, 336, 346-7, 396, 404, 419, 436).

Escravidão:

o homem escravo das leis que cria para si, 105.
a − interior, 39, 126-7.
a − devido ao sexo, 292.
o homem ama sua −, 352.
o homem escravo de seu corpo, 395.
tornar-se um escravo voluntariamente, 412.
(*ver também:* 55, 174, 177, 349).

Esfinge, 43.

Esforço:

os −s e o peso das exigências, 264-5,
− habitual e super-esforço, 267-71, 392, 405-6.
(*ver também:* 144-5, 180, 227-8, 255-6, 324, 412).

Esforço consciente:

necessidade do −, 46, 70, 185.
o − no rendimento da fábrica humana, 218-24.

Espírito Santo, 118, 368.

Esoterismo, 18-9, 46, 53-6, 353-8, 360.
cristianismo esotérico, 58, 125, 154, 346-7.

Esquecimento de si, 141, 145, 175.

Essência e personalidade:

divisão do homem em − e −, 188, 193.
crescimento da essência, 188-92, 251, 284-5.
necessidade do equilíbrio entre − e −, 191.
distinguir a − da −, 190, 284.

experiência de separação da – e da
–, 189-90, 288-91.
conflito entre a – e a –, 289-91.
(*ver também:* 92, 352, 413).

Estar com um pé em cada canoa, 275, 307, 309, 412.

Estudo de si, 209:

meta e métodos do –, 32-3, 127-136, 141, 170-5, 187, 209, 256-7, 398-400.
– e do universo, 95, 110, 146, 162, 210, 219, 222, 320-1, 334.
(*ver também:* 23, 98, 182).

Eternidade; tempo e –, 242-3.

Eterno imutável, 366-7.

Eterno retorno, 286-7, 329.

Eu:

Eu permanente e imutável, 57-60, 78-9, 91, 124, 167, 190, 353.
Eu e os "eus", 78-80, 86, 93, 185-6, 251, 257, 275, 342-3, 428.
dois homens: Eu e Ouspensky, 172-175, 176.
"Eu", 219, 343.
o "falso Eu", 252.
"onde ressoa essa palavra em você?", 346.
"Eu" e Ouspensky, 388.

Eus:

alternância dos –, 30, 71, 78-9, 136, 343.
os – contraditórios e os amortecedores, 181.
a luta contra os falsos –, 262-3.

Evangelhos:

os –, escritos para os que sabem, 119.
"Vigiai ...", 169, 250.
"Se o grão não morrer ...", 250.

(*ver também:* 80, 154, 235, 272, 342).

Evolução:

o problema da – do homem, 65, 69, 75-77.
a – do homem opera-se em duas linhas, 84.
a – tomada como idéia fundamental de uma linguagem exata, 91.
a escala evolutiva, 91.
a linha de – oposta à linha de criação, 159.
três etapas na – da máquina humana, 222-4.
o processo de – da vida orgânica, da humanidade e do homem, 347-52.
processo involutivo e processo evolutivo, 350-1.
há oposição consciente ao processo de –? 350-2.
possibilidade de – ligada à quantidade de impressões, 365.
– geral e – individual, 408-9.
(*ver também:* 110, 185, 191, 228, 278, 358).

"Exigências", 177-8.

Existência, 85, 121, 241-2, 244-5, 247-8.

Êxtase, 140, 226, 228.

Fábrica de produtos químicos (o organismo humano):

– de três andares: digestão dos alimentos, 209-29.
– humana e a fábrica cósmica, 222, 333-5.
(*ver também:* 292-3, 364, 378, 395).

Falar; o hábito de –, 228, 258, 260, 310-12, 402-3.

Falatório, 209, 309, 311-2, 402-3.

Faquir:
   o caminho do —, 62-9, 191, 224, 355, 421.
   o — de Benares, 80-1.

"Fatos", 38, 44, 298-9, 387-8.

"Fazer":
   a questão do —, 36-8, 70, 77-8, 86-7, 121-2, 125, 136, 151, 158-9, 167-8, 180, 184, 185-6, 188, 208, 344, 359.
   a religião é —, 124, 341-2, 346.
   o — e o princípio do desvio das forças, 151.
   — e ilusão de —, 157-9.
   "fazer como se", 260, 266.
   o verdadeiro —, 261.
   "fingir —", 317.
   o "Grande Fazer", 324.

Fé, 63-4, 262, 278, 313, 319.
   (ver também: 48, 67, 261).

Fenômenos:
   — de ordem superior, 304.
   — psíquicos e "truques", 419, 434.
   — e númeno, 347.

Filosofia; estar decepcionado com a —, 278-9.
   (ver também: 94, 142, 166, 189, 233, 239, 319, 326, 341, 354).

Física e físicos, 95, 109, 147, 149, 204-205.

Flutuação (das vibrações), 154-5.

Forças:
   correlação das — nos diferentes mundos, 40.
   a lei fundamental das três —, 97-102, 147, 314, 316.
   a terceira —, 98-9, 343.
   o princípio do desvio das —, 151-5.
   as — e os estados da matéria, 111-2.
   as — cósmicas, 126, 158-9, 292.
   as três — no universo e as tríades, 198-201.
   (ver também: 74, 103-6, 108, 139, 162-3, 195, 253-4, 302, 335, 350-1, 405).

Formas, 318-9, 355.

Fotografias mentais, 171-2, 175.

Funções:
   — de um homem de corpo físico e de um homem com quatro corpos, 59-60, 114-116.
   observação e discriminação das —, 127-132.
   — e centros, 129-30, 138-9, 224-8.
   as —, meios de percepção e instrumentos de conhecimento, 130.
   interdependência das —, 130-2, 398.
   as — e a consciência, 166.
   — do homem e planos do Universo, 205-206.
   (ver também: 23, 62-3, 68, 72, 88, 91-92, 171, 203, 218, 239, 253, 435-6).

Fusão, 48-9, 60-1, 182.

Futuro; conhecer o —, 121-3, 304.

G.:
   primeiro encontro de Ouspensky com — e seu ensinamento, 21-6.
   descrição física de — e impressões de Ouspensky, 21-2, 24-6, 49-50.
   — e a questão do dinheiro, 27-8, 193-4, 418-19, 419-20.
   viagens de — em busca do conhecimento, 27, 43, 52-3.
   companheiros de —, 31.
   sentido das palavras de —, 36.
   sistema de —: um todo indivisível, 44.
   organização das reuniões, 47.

449

talentos de —, 49-52.
—, mercador de tapetes, 50-2.
infância de —, 52.
como — revela as idéias do Ensinamento, 73-4.
a propósito do sistema inteiro do Ensinamento de —, 84.
uma forma de trabalho com —, 273.
uma atitude de —, 299 e seg.
conversação mental de Ouspensky com —, 300-3.
— define o traço principal de cada um, 305-7.
meta de —, 307.
atmosfera do apartamento de —, 310-311.
uma refeição em casa de —, 312.
uma "transfiguração" de —, 368-9.
artigo de um jornalista a respeito de —, 369-70.
— e seu pai, 385, 386-7.
um período de vida em comum, 391.
um aspecto dos métodos de —, 413-414, 428-9.
Ouspensky separa — de suas idéias, 415, 421-2.
com — no Cáucaso, 416-24.
— funda um Instituto em Tíflis, 428-9.
— traduz um canto derviche, 431.
— abre um Instituto no Prieuré de Avon, 433-7.

Grupo:

condições fundamentais de um trabalho de — no quarto caminho, 28-30, 257-261, 262-5, 276.
necessidade de um — de trabalho, 46, 255-7.
o — e o mestre, 256.
atitude de um homem que deixou o —, 263, 308-10.
o que é um —? 266-7.
a lei de responsabilidade comum, 266.
um trabalho de — realiza-se em três direções, 267.
(ver também: 273-83).

Guerra:

pode-se impedir as —s ? 39, 126, 168.
a —, resultado de influências planetárias, 40, 126, 138.
"a arte da —", 341-2.
(ver também: 17-8, 183, 410).

Guia, 64, 232. (ver: Mestre).

Guru, 31, 421-2.

Hábitos; luta contra os —, 131, 135-6, 191, 209, 228, 393-4, 402.

Hermes Trismegistos, Tábua de Esmeralda, 210, 320.

Hidrogênio:

conceito de —, 112, 198.
os —s, 198-296.
transformação dos —s no organismo humano, 208-24.
— s superiores, 209-10, 220-4, 228-229, 292, 294-6, 334.
— s e trabalho dos centros, 224-7.
inteligência dos —s, 361-4.
o — "médio" de uma criatura, 362-3.
— como alimento, 363-7.
o — morto, 367-8.
(ver também: Tabela dos hidrogênios).

Hipnose:

sono hipnótico, 252.
conto do mago e dos carneiros, 252-3.
(ver também: 81, 190, 253-4, 291, 300, 342, 403).

Hoje:

—, ontem e amanhã, 122-3.
começar —, 286-7.
começar pelas coisas de —, 413.

Homem:

o – não é *um*, 30, 71, 78-80, 257, 342.
é o – responsável? 35.
o – não pode "fazer", 36-8, 136.
diferença dos tempos para os planetas e para o –, 40.
diferentes níveis de –, 42-3, 91-5.
um – só, nada pode fazer, 46, 255-256.
o – "máquina", 33-7, 48, 65, 78, 140-141, 158, 159, 168, 170-1, 179, 394-395.
(*ver também*: Máquina humana).
seqüência correta do desenvolvimento possível do –, 57-61.
os quatro corpos do –, 113-6, 210, 228, 362.
o – comparado a uma carruagem, 58, 113-4, 343.
o – comparado a uma casa de quatro quartos, 61-2.
os caminhos e as possibilidades ocultas do –, 65-6.
é o – imortal? 61, 113, 116, 124, 247.
a evolução possível do – e seu processo, 75-7, 350-1.
o – comparado a uma casa à espera de seu amo, 79-80.
o desenvolvimento do – em duas linhas (saber e ser), 84-8.
diferentes significados da palavra –, 89-90.
um conceito relativo: os – s números 1 a 7, 91-5, 116, 223-4, 228, 341, 362.
estudo do – e do mundo, 95, 146, 235, 320.
o – vive em todos os mundos, 97.
escravidão e libertação, 105, 126, 292, 352, 395, 412.
influência da Lua sobre o –, 106-7.
o –, universo em miniatura, 110, 222, 235.
o –, um mundo inacabado, 110.
leis e influências para o –, 123-4, 221, 230-2, 233-4, 236.

as três etapas da evolução do –, 222-224.
os quatro estados de consciência acessíveis ao –, 166-70.
dois – s: eu e Ouspensky, 172-5, 176.
essência e personalidade no –, 188-193, 290-1.
o lugar do – no universo, 195, 201.
funções do –, substâncias e planos do universo, 205-6.
o –, estrutura de três andares, 212 *e seg.*, 361-2.
o – que busca e o – ligado ao caminho, 231-2, 234.
o – na doutrina dos cosmos, 235-40, 246-9, 373-4.
o – está em sono hipnótico, 252-4, 291.
o sentido dos símbolos com relação ao desenvolvimento interior do –, 320-323.
o – no Diagrama de Todas as Coisas Vivas, 366-7.
(*ver também:* Organismo humano e Fábrica de produtos químicos).

Homem "moderno":

características do –, 55-6, 86, 191.
teorias fantásticas sobre a vida da humanidade, 350.

Humanidade:

a – sujeita a influências, 41, 163, 230, 353.
repartição do conhecimento na –, 54-6.
a – evolui? 75-7, 349-52.
a Lei de Sete na – mecânica, 154.
os círculos da –, 230, 353-5, 356.

Idéias, 73, 90-1, 95-6, 146, 160, 206, 233, 257, 263, 276-82, 298, 318, 387-8, 415, 421.

Identificação, 74, 175-8, 222, 251, 275, 279.

451

Ignorância:

- e escravidão interior, 126
- e compreensão do Bem, 184.

Igreja, 344-5.

Imaginação, 134, 144, 168, 172, 175, 193, 209, 251, 301, 313, 403, 411, 434.
Kundalini, o poder da —, 253-4.
a — ligada ao sexo, 293-6.

Imitação, 138

(*ver também:* 92, 169, 181, 188-9, 261, 266, 285, 356, 419, 434, 435).

Imortalidade, 57 *e seg.* (62, 65), 113, 116, 124.
(*ver também:* 47-9, 91, 247, 251).

Impressões:

- produzidas por uma obra de arte, 43, 338-9.
- como alimento, 211-2, 217-8, 222, 296, 334, 364-5.
- e esforço consciente, 218-21, 223-224.
- produzidas sobre os que nos rodeiam, 306.
as — e a evolução do homem, 364-5.
(*ver também:* 226-7, 270, 272, 375-377).

Individualidade; 57, 60, 190, 251, 252, 353.
ausência de —, 78-9.
(*ver também:* 167, 185, 192, 437).

Influências:

resultado das — planetárias sobre os homens, 40, 126, 138-9, 188, 413.
a vida orgânica sujeita a —, 41.
escolha das —, 41.
- dos mundos sobre o homem, 97.

- exteriores, 123-4.
recepção e transmissão das — planetárias, 163, 347.
- entre os mundos, 157, 195.
as três espécies de — para o homem, 230-2, 233-4, 236.
duas fontes de — para a humanidade, 353.

Iniciação, 357-8.

Injustiça, 54, 177.

Instinto, Instintivo, 137-8. (*ver também:* Centro Instintivo)

Intelecto (*ver:* Pensamento, *e* Centro intelectual).

Inteligência:

- dos planetas e do Sol, 41.
- da matéria, 205, 360-4.
(*ver também:* 264-5, 377).

Intervalos:

- na Lei cósmica de Oitava, 148-56, 162-3, 325.
- no Raio de Criação, 162-3, 164, 195-197.
- nas oitavas de alimento, 214-5, 217.
lugar dos — no eneagrama e aplicação aos processos de alimentação, 329-35, 425.
os "cruzamentos", 349.
(*ver também:* 158-9, 323).

Iogue:

o caminho do —, 62-9, 355, 408, 421.
"— débil" e "santo estúpido", 87.
(*ver também:* 19, 142, 396).

Irmandade de Sangue, 120.

Jejum, 68, 298-9, 403, 406.
condições do —, 404-5, 435.

Judaismo, Judeus, 120, 326, 344.

Júpiter, 104.

Kabala, 235, 323.

Kant, 41, 347.

Karppe, 328.

Kundalini, 253-4.

Laplace, 41.

Lei de Sete ou Lei de Oitava, 147-62.

descontinuidade das vibrações intervalos, 147-54.
desvio das forças, 151-4.
oitavas ascendentes e descendentes, e flutuações periódicas, 154-7.
um exemplo completo da – : o Raio de Criação, 156-7.
choques adicionais, 156-9.
a – na transformação dos alimentos na fábrica humana de três andares, 212 e seg.
leis do Universo e da fábrica de três andares, 222.
a simbólica dos números, 323.
símbolo da – : o eneagrama, 325-35.
a – em sua união com a Lei de Três, 159, 329-31, 335.
(*ver também:* 102, 206, 237; *e* Oitavas).

Lei de Três, 97-102, 111, 147.

exemplo da ação das três forças no homem, 98.
princípio da divisão das três forças nos mundos criados dentro do Absoluto, 99-102.
– nas oitavas de radiações, 198-201.
a – em sua união com a Lei de Sete, 159, 329-31, 335.
(*ver também:* Tríades).

Leis:

ordens de – nos diferentes mundos, 100-2, 104-6.
escravidão e libertação das –, 105.
conhecimento das –, 128, 287.
as – são as mesmas em toda parte, 146.
as – fundamentais do universo, 146-147, 320, 323.
– e planos do universo, 237.
escapar à – geral, 292, 407, 411.
as 48 –, 282, 292.
a lei de dualidade, 321.
(*ver também:* 40, 95, 110, 117, 124, 149, 151, 192, 239, 246, 349, 365).

Lembrança de si:

um problema capital: lembrar-se de si mesmo, 141-6, 318, 343.
– ou consciência de si, 166-70.
o homem esquece de si mesmo sem cessar, 141, 145, 175, 285.
obstáculos à –, 176, 350.
energia indispensável à –, 208, 304.
a – no rendimento da fábrica humana: primeiro choque consciente, 218-219, 224.
as regras do Trabalho como auxílio à –, 258-60.
o "stop", exercício de –, 399.
(*ver ainda:* 179, 277).

Liberação, Liberdade, Libertar, 46, 60, 80, 105-7, 126-7, 135, 174, 176-7, 192-3, 227, 251, 259, 276, 292, 310, 313, 349, 411, 412.

Ligações:

– entre os corpos, 113-5.
– dos centros inferiores com os corpos superiores, 225-8, 322.
– entre os centros e o grande acumulador, 270.

Linguagem:
- "especial", 38.
- subjetiva, causa de incompreensão entre os homens, 88-90.
- exata, baseada no princípio de relatividade, 90-1.
imperfeição da nossa –, 282, 318-9.
- simbólica, 320, 324.
(*ver também:* 118).

Línguas:
- universais, 118, 337.
"círculo da confusão das –", 354.

Liturgia, 345.

Lua:

a –, ser vivo, 41, 106-7.
a – no Raio de Criação, 101, 103 *e seg.*, 157, 162, 348.
a –, planeta nascente, 41, 104.
processo de crescimento e influência da –, 106-7.
a – e a vida orgânica, 76, 106-7, 117, 165, 347-9, 407.
materialidade da –, 107-9.
Absoluto, Sol, Terra, –, três oitavas de radiações, 195 *e seg.*, 222, 316, 334.
(*ver também:* 201, 238).

Lugar:

a idéia de –, 118.
- na ordem cósmica, 110-1, 118.
- dos hidrogênios no organismo humano, 222.
cada centro tem seu –, 132-3, 297.
- do homem no universo, 195, 201, 238.

Luta:
- do "sim" e do "não", 48-9, 61.
- das forças do mundo, 350-1.
- contra o traço principal, 306.
- contra si mesmo, 64, 135, 176, 182, 209, 262, 265, 307, 321, 322, 393.

A – *dos Magos,* 20, 24, 31-3, 337, 429, 430-1, 432, 434.

Macrocosmos, 235, 237-8, 240, 243, 246-7, 320, 376, 383-4.

Magia, 22-3, 52, 82, 120, 261-2, 290, 324, 344, 398.

Mahamanvantara, 384.

Mal (*ver:* o Bem e o Mal).

Mansfield (Katherine), 433-4.

Máquina humana:

o homem é uma máquina, 33-7, 48, 65, 70, 78, 124-5, 136, 140-1, 158, 159, 168, 170-1, 179, 180, 394-5.
os cérebros na –, 72.
conhecimento da –, 77-8, 127-8.
máquina louca, 123.
equilíbrio da –, 131-3, 209.
comportamento da – segundo a Lei de Sete, 153-5.
evolução da –, 222-4.
problema da ligação dos centros na –, 225-8.
os acumuladores dentro da –, 268-72.
(*ver também:* 264, 352, 436).

Máquinas; as " – " nas oitavas cósmicas, 333-5.

Matéria:
- e as vibrações, 108, 147, 198, 211, 360-1.
divisão da – : o átomo, 108-9, 205-6.
sete –s, 109.
interpenetração das –s (substâncias), 110, 161.
propriedades cósmicas da –, 110-12, 205-6, 237.
- condutora de forças, 111-2, 198-9.

densidade de —, 198-9, 201, 360-1, 363.
dozé categorias de — no universo, 201-2.
relação das substâncias com o organismo humano, 59, 203-6.
— s imperceptíveis, 204.
inteligência da —, 205, 360-4.
planos do universo e da —, 204-6.
transformação das — s (substâncias) na máquina humana, 209-19, 364-5.
(*ver também:* 103).

Materialidade:

o conhecimento é *material*, 53-4.
— do Universo, 107.
um conceito relativo, sete ordens de —, 107-10.
— dos processos interiores do homem, 228-9.

Maya, 95.

Mecanicidade, 33-7.

compreender a —, 88, 140-1, 251, 296, 322.
— e ordens de leis, 100-2, 104-5.
— e a Vontade do Absoluto, 104-5.
os estímulos exteriores, 136.
papel do sexo na —, 291.
(*ver também:* 91).

Meditação, 346.

Medo; a conquista do —, 187-8, 265, 293, 310-1.
(*ver também:* 178, 229, 270, 295).

Megalocosmos, 237, 247.
(ver: *Ayocosmos*)

Memória e lembrança de si, 144.
(*ver também:* 226, 429, 434).

Mental:

faculdade mentais, 107.
corpo —, 57-9, 114-6, 210-1, 228.

Mente, 138. (*ver:* Centro intelectual; Pensar; Pensamento).

Mentir, mentira, 38, 86, 182, 188, 189, 281, 285, 309, 311, 357.
— a si mesmo, 179-80, 186, 193, 291, 343, 392-3.
conquista da —, 258-9, 264-5, 322.

Mercúrio, 380.

Mesocosmos, 237-8, 243, 247, 374, 376, 382-4.

Mestre:

o — nos diferentes caminhos, 64-5, 67.
o — no quarto caminho, 234-5.
a meta do —, 256-7, 307.
atitude para com o —, 258-60, 263-266.
— e trabalho de grupo, 262-4.
o — não pode ser enganado, 308.
vontade do —, 392, 399.
(*ver também:* 31, 232-3, 267, 336, 344, 400, 421-2, 436.

Meta:

a —, as — s, 121-7, 134, 174, 175-176, 178, 186, 230-2, 256, 260, 261, 266, 270, 343, 346, 353, 435.
a ilusão das — s habituais, 157-8.
a — permanente e a idéia do Bem e do Mal, 185.
a — do mestre e o trabalho de grupo, 256-7, 307.
— do quarto caminho, 355-6.

Metais, 292, 366-7.

Microcosmos, 235, 237-8, 240-1, 243, 246-9, 320, 373-4, 376, 381, 383-4.

Mi 12; significado e transmutação de —, 223-4.
(*ver também:* 220-3).

455

Minerais, 106, 366-7.

Minkovski (Fórmula de —), 380-4.

Milagre, milagroso, 17, 20, 38, 50, 52, 105, 117, 145, 239, 279, 299-303, 394-5.

Mistérios antigos, 357-8.

Misticismo, místicos, 35, 170, 226, 345.

Mitos, 155, 319, 360.

Molécula, 95, 248-9, 375 e seg.

Monge: 49.

o caminho do —, 62-9, 191, 224, 355, 421-2.

Monte Atos, 53, 346.

Moral:

"dever" e "não dever", 178.
(ver também: Consciência moral).

Moralidade: 394, 409.

—, fenômeno artificial, 182-4.

Mordomo-suplente, 79-80.

Morte:

— e vida futura, 47-8, 123-4.
vida e — sobre a terra, 106.
existência depois da —, 113, 116.
o longo caminho que conduz à — total, 281.
(ver também: 82, 119-20, 122, 211, 250-1, 268, 270, 395).

Mortos vivos (os), 170, 192.

Movimento perpétuo, 336.

Movimentos:

G. mostra posturas e —, 299-300, 346, 404.

exercícios de — segundo o eneagrama, 336-7.
(ver também: 133-5, 171, 393, 396-400, 435-437).

Mudar:

estudar-se e —, 131, 136, 171, 187.
mudanças indesejáveis, 131-2.
— o estado de coisas, 291-2, 350.
mudança do ser, 86, 87-8, 185, 239, 267, 286-7, 305.

Mundos:

uma teoria orgânica dos —, 40-2.
idéia de — contidos uns dentro dos outros, 95-7, 100-2, 104-5.
criação e ordens de leis nos —, 99-102, 161-2.
ordens de materialidade dos —, 107-110, 161-2.
influências transmitidas entre os —, 157, 195-8.

Música, 339-40.

(ver também: 149-51, 291, 424).

Narcóticos, 22-3, 190, 226, 300.

Nascer:

despertar, morrer, —, 250-1.
um novo nascimento, 292.

Netuno, 380.

Nitrogênio, 112, 198-202, 205, 213-7, 314, 368.

Nível:

— do ser, 210.
— em que começa o caminho, 230-1.
— do mestre e — do aluno, 234-5.
(ver também: 284, 363).

Novo Modelo do Universo, 206, 241, 245, 304, 373, 378-80, 422, 427.

Nulidade:

    reconhecer sua própria –, 182, 187, 251, 260-2.

Números; simbólica dos –, 321-3.

Obedecer, obediência, 64, 187-8, 255-6, 276, 393, 400, 412.

Observação de si:

    –, análise e constatações, 128-9.
    caminho prático para a –, 134-6.
    necessidade da lembrança de si na –, 141-3.
    a – como instrumento para despertar, 170-1.
    ver a si mesmo, 171-5, 256-7, 275.
    (*ver também:* 132, 142-3, 219, 393, 399, 413-4).

Obyvatel, "o homem da rua", 180, 409-412.

Ocultismo, 35, 225, 239, 253, 261-2, 278-9, 323, 326-7, 356-7.

Oitavas:

    a idéia de –, 148-53.
    – criadoras e – evolutivas, 159.
    – fundamentais e – subordinadas, ex: o corpo humano, 159-60.
    – interiores, 160-2, 339-40.
    – lateral originada do Sol, 164-5.
    – cósmicas de radiações, 195-7 *e seg.*, 333-5.
    – de alimentos, 212-23, 424-5.
    – cósmicas de radiações e alimentos, 212-7.
    – para a fábrica humana de três andares, 222, 333-5.
    – a partir de *Si 12*, 292.
    (*ver também:* Lei de Oitava).

O que está em cima é como o que está em baixo, 235, 246, 320.

Oração:

    orações comuns, 117, 342, 344.
    uma –, expressão da Trindade, 157.
    aprender a orar, 342-4.
    pensamentos e –, 344.
    – e postura, 396.
    (*ver também:* 298, 435).

Orfeu, 340.

Organismo humano:

    todas as matérias são encontradas no –, 203-6.
    a energia no –, 208-11, 228-9, 292-3.
    o –: fábrica química de três andares, 209-24, 333-5.
    o – tem necessidade de três espécies de alimentos, 211-2.
    o tempo dos processos fisiológicos, 378-9.
    os "sistemas do –", segundo o eneagrama, 426.
    –, analogia com o universo, 222.

Oriente:

    o – e o milagroso, 17-20.
    o – e as escolas especiais, 30-1.

Outro; colocar-se no lugar de –, 179.

Oxigênio, 112, 198-202, 205, 213-7, 314, 368.

Padres da Igreja, 344.

Pagar, 208.

    (*ver também:* 27, 193-4).

Papéis; repertório e estudo dos – de um homem, 274-5.

Pau; o – é necessário, 393.

Paz; perder sua –, 275.

Pecado, 402-3.

Pedra filosofal, 336.

Pensamento (o), 34, 58, 59, 67, 75, 88, 115, 129, 133, 142, 144-5, 146, 154, 219, 224, 300, 319-20, 338, 343-4, 400, 429.

Pensamentos (os), 78, 136, 137, 141-3, 171, 174, 175, 186, 190, 227, 251, 321, 393, 397-8.

Pensar (o), 33, 88, 132, 225.
(*ver também:* Centro intelectual).

Pentagrama, 321-2.

Percepção:

—, mundo dos fenômenos e mundo real, 98.
formas de —, 129-30.
(*ver também:* 36, 146, 219, 316, 321, 350, 380, 383).

Pergunta:

— que incomoda, 280.
— s ingênuas, 289, 291-2.

Personalidade:

a — e os "eus", 78-9, 181.
libertar-se da —, 193.
—, influências e centro magnético, 231.
"falsa —", 257, 260.
(*ver também:* Essência e Personalidade).

Pesos atômicos; — e relação de oitava, 205.

Pílula; a — do homem astuto, 69.

Pitágoras, 19.

Planetas:

os —, seres vivos, 40-2, 103-4, 162-164.

a ação dos —, 195.
(*ver também:* 75-6, 96, 101, 109, 138, 157, 188, 238, 347-8, 367, 383, 413, 426).

Plantas, 336, 366-7, 373.

Ponto do universo; pontos fundamentais do universo, 195, 198.

Possibilidade:

período de realização das — s, 41-2, 242-4, 287, 293, 348-9.
— de evolução do homem, 65-6, 75-7, 79-80, 113, 170-1, 225, 292.

Posturas:

o círculo mágico das —, 393, 397-9.
(*ver também:* 396-400, 435-7).

Prazer; o —, atributo do Paraíso, 404.

Preparação para o trabalho, 278-80.

Prisão; o homem está na —, 46, 411.

Progresso, 69-70, 75, 280, 341, 349.
(*ver também:* Evolução).

Protocosmos, 237, 240-1, 243, 247, 376, 382-4.

Prova, 30, 320.
uma — no caminho, 285.

Psicanálise, 34.

Psicologia, 34-5, 145, 306.
(*ver também:* 136, 188, 345, 419).

Psíquica; matéria da vida —, 204-5, 229.

Pulso, 396-7.

Quartos:

    o homem comparado a uma casa de quatro —, 61-2.

    o trabalho sobre os quatro — de acordo com os caminhos, 62-9.

Química:

    —, magia e estudo de si, 22-3.
    uma — diferente, 111-2, 205.
    (*ver também:* 107, 109, 149, 204-5).

Radiações; o universo considerado sob a forma de três oitavas de —, 195-8, 333-5.
(*ver também:* 157, 163).

Raio de Criação:

    —, a cadeia dos Mundos do Absoluto à Lua: um esquema do Universo, 101-3.

    crescimento do — a partir do Absoluto, 104-6.

    o — e a materialidade do universo, 107-9.

    os corpos do homem no diagrama do —, 116.

    o — como exemplo da Lei de Oitava, 156-7.

    o — considerado como uma oitava, 162-163.

    o — e a oitava lateral, 164-5.

    três oitavas de radiações, 195-8.

    relação entre os mundos do —, 237-238.

    o — comparado ao ramo de uma árvore, 348-9.

    função da vida orgânica no —, 348-9.

Ramakrishna, 19.

Realidade:

    a — e o milagroso, 17.
    nós não vemos a —, 192.

Recapitulações, 342.

Reflexas; ações —, 137-8.

Regras; — obrigatórias de um trabalho em grupo, 257-60, 266, 276, 393, 432.

Reencarnação, 47-8, 57.

Relatividade:

    o princípio de —, 90 *e seg.*, 238-9, 245.

    o conceito de — aplicado aos diferentes mundos, 95-7.

    — e lugar na ordem cósmica, 110, 118.

    (*ver também:* 341).

Relaxamento muscular, 396-7.

    (*ver também:* 299-300, 346).

Religião:

    — s desfiguradas, 65, 118-9.

    o conceito de relatividade aplicado à —, 94, 341.

    ensinamento visível e ensinamento oculto nas — s, 278, 346-7.

    "técnica" da —, 346.

    (*ver também:* 78, 154, 230, 291, 324, 342, 355, 357).

Respiração, 219-20, 334, 396, 404-6, 419, 435-7.

    "o Tempo é —", 245, 373-8, 384.
    (*ver também:* 243 *e seg.*, 363-5, 426).

Responsabilidade:

    a lei da — comum, 266, 276.
    ser responsável, 35, 124-5.

Riso, 271-2.

Ritos, 118-20, 344-5, 357-8.

Rolos; os — dos centros, 79, 191, 268, 270, 408, 437.

Roubar; — o conhecimento, 317.

Saber:

   o — no quarto caminho, 68.
   o — depende do ser, 84-7.
   desenvolvimento unilateral do —, 87.
   diferença entre — e compreensão, 87-8.
   o conceito de relatividade aplicado ao —: sete espécies de —, 92-3.
   o — encarado como terceira força, 98.
   onde começa o —? 235.
   um novo — através do centro emocional, 271.
   o — nos diferentes círculos da humanidade, 353-4.
   (*ver também:* 282, 308, 324, 349, 406).

Sabor, 128, 141, 281, 295.

Sacrifício:

   o — na luta entre o "sim" e o "não", 49.
   a idéia do —, 313.
   o que sacrificar? 187, 412.
   (*ver também:* 40, 64, 80, 233, 255-6, 265, 276).

Sangue:

   irmandade de —, 120.
   (*ver também:* 138, 426).

Santa Ceia, 119-20, 345.

São João, 250.

Segredo; o problema do — no trabalho, 29-30, 257-8.

   (*ver também:* 276).

Selo de Salomão, 321-323.

Semana, 155, 426.

Semente; a — ou o "fruto", 292.

Senhor de si mesmo; ser o —, 122, 124-5.
   (*ver:* Amo).

Senhor, tende piedade, 344.

Sensação, 88, 128-30, 141, 171, 188, 206, 222, 227, 294-5.

   — s instintivas, 129-30.
   — de si, 142-3, 218-9, 378, 388.
   exercício da — "circular", 396, 404.

Sentimentos, sentir, 88, 153, 155, 181-2, 188, 190, 295.
   (*ver também:* Centro Emocional, Emoções, Funções).

Ser:

   é necessário —, 30, 38, 124, 278.
   a idéia de níveis de —, 84-6, 341, 361-2.
   — e saber: as duas linhas paralelas da evolução do homem, 84-8.
   o — exterior do homem, 86.
   necessidade de equilíbrio do — e do saber, 86-7.
   o —, o saber e a compreensão, 87-8, 282.
   o conceito de relatividade aplicado ao — do homem, 93-4.
   — e imortalidade, 123-4.
   passagem de um nível de — a outro, 358.
   níveis cósmicos de —, 363-7.
   (*ver também:* 98, 118, 210, 284, 308, 321, 324, 354).

Sério, 307, 343, 410-12.

Sexo:

   a energia sexual, 73, 139, 253, 292-297.
   o papel do — na mecanicidade, 291.
   o — como possibilidade de libertação, 292.

abstinência do –, 293-4.
abuso do –, 294-7.

Si 12, 215-6, 218, 224, 292, 294-5, 334.

Silêncio:

a disciplina do –, 258, 266, 403.
o medo de guardar –, 310-2.

Símbolo:

o estudo dos –s, 319-29.
os –s aplicados ao desenvolvimento interior do homem, 320-3.
simbólica dos números e da linguagem, 321-4.
a verdadeira compreensão dos –s, 324-325.
um – essencial no Ensinamento, 326-335.
o eneagrama, – universal, 336-7.
os –s religiosos, 345.

Sinceridade:

a – deve ser aprendida, 174, 258-9, 264-5, 283-5.
o temor de perder sua –, 178-9.
pergunta sincera, 280.
(*ver também:* 257, 392-3, 402, 412).

Sistema decimal, 323, 329-31.

Siva, 99.

Só; um homem não pode trabalhar –, 46, 175, 232, 254-6, 393.

Sócrates, 127.

Sofrimento:

o – no despertar da consciência, 182, 309.
libertar-se do apego ao –, 251.
sacrificar seu –, 313.
sentido do – do homem, 350.
submeter-se voluntariamente ao –, 404.
(*ver também:* 92, 395).

Sol, 31-2, 41-2, 101.

o – no Raio de Criação, 103-5, 107-9, 162.
materialidade do –, 107-9.
a oitava lateral, 164-5.
Absoluto, –, Terra, Lua: três oitavas de radiações, 195 *e seg.*, 222, 316.
o – e o sistema solar; o *Deuterocosmos* na doutrina dos cosmos, 237, 243, 247-8.

Sonhos:

–, obstáculos ao milagroso, 20.
o poder dos –, 252.
(*ver também:* 134, 140, 169-70, 181, 228, 254-5).

Sono:

–, o traço principal do homem moderno, 86.
o homem vive no –, 145, 166-70, 181-2, 184-5, 285, 303-4, 403.
– e vigília, respiração da vida orgânica, 245.
o homem está hipnotizado, 252-5, 291.
(*ver também:* 192, 250-1, 257, 260, 268, 286, 290, 313, 351-3, 373, 375, 397).

Stop; exercício do –, 398-402.

Subconsciente, 137.

Substância (*ver:* Matéria).

Super-esforço (*ver:* Esforço).

Tabela dos hidrogênios, 202-4, 206, 224, 225, 228, 314-5, 360-1, 362-4.

Tábua de Esmeralda, 210, 320.

Tagarelice, 209, 258, 311, 403.

Tapetes, 50-2.

461

Tarefas:

- e "barreiras", 262-5.
- individuais, 262-3, 276.
- de grupo, 267, 276, 434.
contar sua própria vida, 283-5.

Tarô, 35, 112, 324.

Templos; − e mosteiros do Oriente, 357.

Tempo:

diferença de − s para os planetas e para o homem, 40, 75, 163.
Teoria de Ouspensky sobre os diferentes − s, 241-3, 248, 373-84.
− s diferentes nos diferentes cosmos, 245.
"o tempo é respiração", 245, 373, 377-378.
− limitado para cada coisa, 42, 287.
− dos processos fisiológicos, 378-9.
(*ver também:* 98, 106, 195, 238, 322).

Tendências, 287.

Tensão muscular:

− e desperdício da energia, 209, 227.
controle da −, 395-7.
a − e o exercício do *stop*, 398-400.
tensão entre os planetas, 40.

Teosofia, 262, 278, 326, 357.

Terra:

crescimento da −, 41, 347-9.
inteligência da −, 41-2.
a − no Raio de Criação, 101, 103-111, 157, 162-3.
a − e a Lua, 106-7.
materialidade da −, 107-11.
a − na teoria dos cosmos, 237-8, 244-245, 247-8, 374, 377-8.
Absoluto, Sol, −, Lua: três oitavas de radiações, 195-7, 222, 316.

Tertium Organum, 35, 140.

Tipos:

− e o destino, 123, 188.
os − no trabalho em grupo, 256, 276.
ciência dos −, 282-3, 290-1, 311, 413-414, 436-7.
os − nas relações do homem e da mulher, 290-1.
o problema da abstinência segundo os −, 293.
(*ver também:* 139).

Todo (o), 96-7, 156, 162, 318-9.

Todos os Mundos, Todos os Planetas, Todos os Sóis (*ver:* Raio de Criação).

Tolstoi e a não-resistência, 305.

Trabalho:

a questão do dinheiro no −, 27-8, 193-194.
condições de entrada no −, 28-30.
condições desconfortáveis, 39, 47, 275.
organização de um − de grupo, 45-6, 255-60, 266-7.
o nível do − e o nível do "homem da rua", 180, 230, 410.
a consideração exterior no −, 179-180, 258-9.
− interior da fábrica cósmica, 222.
as primeiras exigências do −, 264-5.
as três direções do −, 267.
formas do −, 273.
quem pode vir ao −? 277-80.
atitude em relação ao −, 296, 402.
decidir-se a trabalhar, 307.
o − no quarto caminho, 355-6.
(*ver também:* 127, 261, 343, 428, 432-3).

Trabalho sobre si, 25, 111, 123, 145, 256, 275, 325, 343, 393, 402.
escolha de influências, 41.
trabalho simultâneo sobre os "corpos" e sobre as "ligações", 114.

o – sujeito à Lei de Sete, 153-4.
o primeiro passo no –, 174-5.
a questão da essência e da personalidade, 190-1, 193, 284.
energia necessária para começar o –, 209.
criação de um centro de gravidade permanente, 296-7.
o – e a paz, 275.
necessidade do esforço e da ajuda, 406.

Traço principal:

— do homem moderno, 86.
estudo e luta contra o –, 260, 262, 276, 285.
G. define o – de cada um, 305-7.

Traços cósmicos do ser; definições dos –, 363-5.

Transformação:

— dos alimentos na fábrica humana, 209-224, 334-5.
–, transmutação das emoções, segundo "choque" consciente, 223.
(*ver também:* 322; Transmutação).

Transmissão:

— do conhecimento, 56, 90.
— oral, 232.
transmitir as idéias do Ensinamento, 257-8, 276-80.
— das idéias da ciência objetiva, 318-329.

Transmutação, 223-4, 292-3.

Tríades:

relação das densidades nas – (tabela dos hidrogênios), 199-205.
— nos processos de alimentação da fábrica de três andares, 213-8.
(*ver também:* Lei de Três).

Trimurti, 99.

Trindade, 99, 157, 331.

Trindade (Lei de –); transformação da dualidade em trindade, 321-2.

Tritocosmos, 237-8, 240, 243, 246-7, 248, 373-4, 376, 382, 383-4.

Truques psíquicos; distinguir o real do ilusório, 419.

Turgueniev, 117.

Unidade:

ausência de – no homem, 30, 71, 78-80, 86, 321-2, 343, 412.
— interior e conflito no homem, 48-9.
transformação da – em pluralidade no universo, 97, 99-102.
a idéia da – de todas as coisas, 146, 318-20, 323-4.
elaboração da – interior, 228.
— do homem e do universo, 235.
(*ver também:* o Todo).

Universo:

estudo paralelo do homem e do –, 95, 110, 146, 222, 235, 320.
o Raio de Criação do Absoluto à Lua: um esquema do –, 103 *e seg.*
materialidade do –, 107-110.
o – é vibrações, 147.
doutrina dos cosmos, 235-9.
G. traça o diagrama do –, 195-202.
(*ver também:* 102, 151, 165, 205-6, 245, 358, 363, 384).

Útil; ser – ao trabalho, ao mestre e a si mesmo: as três direções do trabalho de grupo, 267.

Vedanta, 95.

Velocidade; – dos centros e das funções, 224-6, 382-4.

463

Ver (-se):

- a si mesmo, 32-3, 171-2, 275, 309, 310-1.
sem ajuda um homem não pode —, 174-5, 256.
- e ver os outros, 256-7, 306.
experiência do autor, 304-5.

Verdade:

aprender a dizer a —, 38, 186, 258, 264-5, 285, 300, 311.
o sabor da —, 281.
— objetiva, 318.
a — sob a forma da mentira, 319, 324, 357.
(*ver também:* 179, 184, 189, 192, 261-2).

Vertebrados e Invertebrados, 366-7.

Via Látea, 96, 101, 157, 195.

(*ver também:* Macrocosmos).

Vibrações:

— e matéria, 108, 147, 198, 211, 360-361.
descontinuidade das — e desvio das forças, 147-54.
densidade e freqüência das —, 149-150, 198, 360-1, 363.
— interiores, 160-2.
velocidade das —, 360-1.

Vida:

trabalhar para a —, 124.
a — vem do alto, 165.
a — é fácil demais, 275-6, 393.
contar sua própria —, 283-5, 299, 311.
uma — é o bastante, 287.
criar uma — nova, 292.
duração da — nos diferentes cosmos, 374-6, 380-4.
o trabalho na —, 403, 408-9.
(*ver também:* 66, 211, 350-3, 365-367).

Vida futura (*ver:* Imortalidade, Morte).

Vida orgânica sobre a Terra:

a — submetida a influências, 41, 117.
a — : alimento para a Lua, 76, 106-107, 117, 347-8.
a — na perspectiva dos mundos, 96.
a — : acumulador de energia, 106.
a — : choque do Raio de Criação, 157, 163, 197.
a — : órgão de percepção e de radiação da Terra, 163, 347-8.
a — : elo da oitava lateral, 164-5.
a — na doutrina dos cosmos, 246-248.
função da — no Raio de Criação, 347-348.
a evolução da —, 348-9.
(*ver também:* 245, 373-4, 383).

Violência; ineficácia da —, 305.

Vishnu, 99

Volinsky, 146.

Vontade:

" — " do homem mecânico e — oriunda da consciência, 57-8, 59-60, 77, 86, 91, 107, 114, 139, 166, 185, 252, 258, 295, 322, 343, 353, 359, 397-8, 435.
o desenvolvimento da — de acordo com os três caminhos tradicionais, 62-4; e de acordo com o quarto caminho, 68.
— do Absoluto, 99-100, 104-5, 117, 302.
o acidente, o destino e a —, 122-3.
submeter-se à — de outro, 186-8, 193, 276, 278, 392-3, 412.
linha de —, 321.
(*ver também:* Amo, Liberdade, *Stop*).

Voz; entonações da —, 284, 288-90, 311.

Wundt, 146.

Yezidas, 52.

Zeus, 339.

Zero:
    relação de — ao infinito, 238, 240-5, 249, 375.
    o — do sistema decimal, 329.

PSICOLOGIA DA EVOLUÇÃO POSSÍVEL AO HOMEM

Ouspensky

PSICOLOGIA DA EVOLUÇÃO POSSÍVEL AO HOMEM abrange o texto das conferências psicológicas de Ouspensky, lidas a partir de 1934 para todos os grupos novos, de cerca de quarenta pessoas, formados para estudar o "sistema". "Porque o 'sistema' não pode ser aprendido pelos livros", Ouspensky não as escreveu para publicação, mas para dar às pessoas recém-chegadas idéia da direção do seu trabalho, iniciado com a publicação, em 1912, de *TERTIUM ORGANUM* e prosseguindo, de 1915 a 1918, com Gurdjieff em Moscou, São Petersburgo e Essentuki. Gurdjieff expressou a substância do seu trabalho em três livros sob o título geral de *ALL AND EVERYTHING* (DO TODO E DE TODAS AS COISAS). O relato de Ouspensky se encontra sob o título de *FRAGMENTS OF AN UNKNOWN TEACHING* (FRAGMENTOS DE UM ENSINAMENTO DESCONHECIDO), que só foi publicado depois da sua morte com o nome de *IN SEARCH OF THE MIRACULOUS* (EM BUSCA DO MILAGROSO). Com o dom de redigir com clareza, Ouspensky torna acessíveis numa forma moderna, a qualquer leitor sério, os sistemas tradicionais de psicologia e cosmologia. Nas derradeiras poucas páginas (375-389) dessa obra descreve o seu afastamento, em 1918, de Gurdjieff e como se sentiu capaz de continuar o "trabalho", fazendo conferências sobre o "sistema" para pequenos grupos em Ekaterinodar e Rostov em 1919; em Constantinopla em 1920, em Londres de 1921 a 1941 e em Nova Iorque de 1941 a 1946. Para estes últimos grupos escreveu, em 1945, uma introdução à PSICOLOGIA DA EVOLUÇÃO POSSÍVEL AO HOMEM a fim de alertá-los para o fato de que estamos realmente ouvindo coisas novas.

EDITORA PENSAMENTO

Impresso por :

Graphium
gráfica e editora
Tel.:11 2769-9056